Serious Accidents Punishment Act and Disaster Management

중대재해처벌법과 재난관리

이연

박영사

　우리나라에서는 지난 2021년 1월 27일부터 "중대재해처벌법"이 시행되었지만, 실제로 산업현장에서의 중대재해발생 건수는 그다지 줄어들지 않고 있다. 1970년대부터 수출입국을 외치면서 고도경제성장과 함께 각종 건설사업도 신화를 낳을 정도로 급속하게 성장했다. 그 결과, 경제정책도 대부분 수출과 건설위주의 산업정책으로 집중된 반면, 사회 안전이나 보건위생 분야는 그 속도를 따라가지 못했다. 1994년 10월 성수대교 붕괴사고, 1995년 6월 삼풍백화점 붕괴사건, 1997년 괌 대한항공 추락사고, 1999년 씨랜드 참사, 2003년 2월 대구지하철 참사, 2016년 4월 세월호 참사 등으로 '사고공화국'이라는 오명이 붙을 정도였다. 끊이지 않는 사건 사고에도 불구하고 그다지 개선되지 않은 채 또다시 2018년 12월에 태안화력발전소 김용균 씨 압사사고, 2020년 4월 이천 물류센터 화재사고 등이 잇달아 일어났다. 재난안전에 대한 획기적인 제도개선은 차치하고라도 법 규정 미비 등으로 책임자 처벌조차도 제대로 이루어지지 않았다. 김용균 씨 압사사고로 점화된 분노한 민심 속에서 충분한 법규정 검토가 이루어지지 않은 상태에서 '중대재해처벌법'이 특별법으로 선포되기에 이른다.

　그런데 이번에 시행된 '중대재해처벌법'은 노동자를 보호하고 재난피해를 줄이는 감재(減災) 정책이라기보다는 오히려 처벌에만 무게를 둔 처벌법으로 보인다. '중대재해처벌법'은 앞으로 처벌보다는 노동자를 보다 더 안전한 환경 속에서 작업할 수 있도록 기업이나 사업주의 역할을 유도하는데 주안점을 두어야 할 것이다.

재난을 예방하거나 피해를 줄이는 방법은 재난을 사전에 미리 예지해서 예방하고 대비, 대응을 잘하는 것이다. '처벌이 능사가 아니라 미연에 피해를 줄여야 한다.'는 점에 방점을 둬야 한다. 기업이나 사업주가 재난에 대비해서 작업현장에 전문 안전 요원을 상주시키는 한편, 재난에 대비해 만반의 인력과 예산 투입, 그리고 지속적인 보건 안전위생 점검과 함께 노동자들도 안전 매뉴얼을 충분히 익힐 수 있도록 반복적인 훈련활동을 지원하도록 해야 한다.

일본은 '기업처벌법'이나 '중대재해처벌법'과 같은 법규는 없지만, 노동재해나 건설현장에서의 안전 요원인 감시 감독관을 파견하는 등 재해를 줄이는 방법을 도입하고 있다. 재해를 최소화하는 방법에 대해서 우리가 참고할 가치가 있어 소개했다.

특히 주목하고자 하는 부분은 일본의 '스트레스 체크 제도 의무화' 정책이다. 일본은 2015년부터 50인 이상 노동자 상주 기업에는 매년 종업원들의 스트레스 체크를 실시하도록 법적으로 의무화했다. 스트레스 체크 제도란, 노동자들이 받는 정신적인 스트레스 정도를 미리 체크해 이에 대처하고 전문 의사의 진찰을 받아 「우울증」 등 급속하게 진행되는 정신건강 악화 상태를 방지하기 위한 제도이다. 만병의 원인이 되는 스트레스 체크를 제도화해 노동자들의 정신건강의 악화 상태를 조기에 진단하여 악화를 방지할 뿐만 아니라, 체크 결과를 분석해서 직장 환경 개선이나 작업장의 능률향상 등을 배가할 수 있는 방법까지도 모색해 직장 환경 개선에 크게 도움을 주고 있다. 본서에서는 스트레스 체크 제도의 실시방법과 진행 수순 등에 대해서 자세하게 분석했다.

외국인 노동자 재해관련 법규도 참고할 부분이 있다. 2024년 6월 24일 우리나라의 경기도 화성 리튬전기 화재 폭발 사고는 희생자 23명 중 18명이 외국인 노동자였다. 일본도 우리와 같은 인력부족 현상을 겪으면서 임금체불이나 불법거주자, 안전사고 등의 문제를 근본적으로 해소하고자 외국인 노동자에 대해 철저하게 사전 안전위생교육을 실시하고 있다. 특히, 일본어 이해력이 충분하지 않은 외국인에 대해서는 노동안전위생법(1972년 법률 제57호) 제61조 규정에 따라, 일본어 이해력을 배려해서 적절한 기능 강습을 충분하게 시키도록 당부하고 있다. 원칙적으로 외국인용 코스를 별도로 설치해, 개개의 외국인 수강자의 일본어의 이해력에 따라 해당 외국인 수강자가 이해할 수 있는 언어(외국어)에 의한 보조 교재를 사용하거나 통역자로 동시통역을 실시하는 코스도 설치하도록 규정하고 있다.

일본에서도 이태원 '10·29 대참사'와 아주 유사한 압사사고가 2001년 7월 21일 아카시(明石)시에서 발생하여 11명이 압사하고 183명이 부상당했다. 당시 아카시(明石)시의 '군중 안전관리 부실'과 '효고현 경찰의 경비체제 미흡', 그리고 경비회사를 포함한 '사고 이후의 대응미비' 등의 문제에 대해 참사 내용을 소상하게 소개해 두었다.

영국도 소개했다. 영국은 노동재해에 대해 일찍부터 대응한 경험이 있고 '기업처벌법'의 원조라고 할 수 있다. 영국은 18세기 유럽의 산업혁명 이후 급격하게 증가하는 노동재해에 대응하기 위해 1961년에 '공장법(Factory Acts)'과 1963년 '사무실, 점포 및 철도 시설법'을 제정했다. 1972년에 공표된 영국의 로벤스 보고(Report of the Committee, 1970-1972, Lord Robens)에 의하면, 1974년에는 "산업안전보건법(Health and Safety at Work etc. Act 1974")이 제정되고, 보건안전청(Health and Safety Executive)이 신설되었다.

하지만 2000년에 들어와서도 건설현장에서 고질적인 사망재해가 끊이지 않았다. 거물급 정치인 선거구에서 한꺼번에 4명이 사망하는 현장 사망재해 사고가 발생했다. 당시 토니 블레어(Tony Blair) 정권의 부총리였던 존·프레스코트(John Prescott)의 선거구에서 사망재해사고가 발생한 것이어서 존·프레스코트는 매우 큰 충격을 받게 되었다. 2001년 2월, 그는 관련 업계 단체들과 함께 CEO회의를 주최하게 된다. 동 회의에서는 건설공사 도중에 재해를 입은 사상재해 이재민과 그 가해자, 이재민 소속기업 CEO, 이재민의 가족 등 모두가 참여해 참사 당시의 상황을 생생하게 증언하는 참회모임을 가지게 되었다. 당시 증언자들에 의하면, 참혹했던 현장 동영상 인터뷰를 지켜보던 회의장은 몇 분간은 숙연하리만큼 정적에 휩싸이기도 했다고 한다. 이 참회를 계기로 '소위' 영국의 'Safety Culture(안전 문화)'가 창출되는 계기가 되었고, 이후 재해로 인한 사망자의 숫자도 2/3로 크게 줄어들었다고 한다.

오늘날 영국은 'Safety Culture'에 따라 발주자, 설계자, 시공자, 작업자 모두가 스스로 안전 위생을 진지하게 생각하고 파악하여, 리스크 제거 또는 저감을 위한 공동노력을 하고 있다. 그 이후로도 영국 정부는 계속해서 보건안전청(HSE)이나 업계 단체가 하나가 되어 안전 위생 정책에 적극적으로 협조하고 있다. 이에 더해 영국 정부는 2007년에는 '기업 과실치사 및 기업 살인법'(Corporate Manslaughter and Corporate Homicide Act 2007)까지 도입해 기업주나 사업주의 과실에는 엄격하게 그 처벌 수준을 강화한 바 있다.

그러나 우리가 영국의 기업처벌법을 인용해 도입한 '중대재해처벌법'은 영국과 같이 세세하게 규정한 재난안전 가이드라인이나 매뉴얼 등은 뒤로한 채 너무 기업 처벌에만 무게를 두어 향후는 보다 더 합리적인 방법으로 완화할 필요가 있어 보인다. 영국은 이 법의 시행 이후 지금까지 약 30여 건의 유죄 판결이 내려졌지만, 그 중에서 고위 경영진의 실수로 인해 노동자가 사망에 이르게 된 경위를 입증하기에는 여러 가지로 어려운 점들이 뒤따랐다. 노동자들의 사망에 미치는 영향과 요인분석은 다양하기 때문에 인과관계를 입증하기란 매우 어려운 측면이 있었다.

우리나라는 2023년 5인 이상 기업에도 전면적인 「중대재해처벌법」이 시행됨에 따라 준비 없이 직면하게 된 기업현장에서는 상당한 어려움과 혼란을 겪고 있다. 필자는 산업현장에서의 인사상 사망피해나 피해보상에 대한 책임을 강화하는 데에는 동의하지만, 영국이나 일본 사례에 비추어 기업의 처벌위주에만 치우쳐진 현행 법에 대해서는 좀 더 완화해야 한다는 입장이다. 어떻게 하면 피해를 줄일 수 있을까 하는 데에 초점을 맞춰야 한다고 생각한다. 영국의 경우, 석면피해가 잘 발생하는 장소나 건축물, 또 이를 접하게 되는 노동자들에 대한 주의점, 어쩔 수 없이 건설현장에서 석면에 접촉해야 한다면 어떻게 하면 피해를 최소화하고 후유증도 줄일 수 있을까 하는 구체적인 매뉴얼이나 지침을 지루할 정도로 반복적으로 시달하고 있다. 일본도 건설현장에서 가장 많이 사상자가 나오는 작업사다리 사용상의 위험성을 경고하고 있다. 작업장에서 작업 통로사다리의 경우 어떻게 하면 안전하게 잘 세워서 넘어지지 않게 해 사고 없이 작업을 수행할 수 있을까를 노동후생성 작업지침으로 설계도면까지 제작해 자세하게 지침으로 시달하고 있다. 뿐만 아니라, 사다리나 작업통로 설치 이후에도 수시로 안전성을 점검하도록 하는 후속 점검 규정까지 두고 있을 정도다.

필자가 보기에는 '중대시민재해처벌'에 관한 규정이 다소 애매모호하다. 이 법을 법규 그대로 적용한다면 상주 작업인원이 없는 산이나 강, 바다, 그밖에 학교나 공공장소, 공원, 전시장, 공연장 등 공공건물 등에서의 대형 재해가 발생할 경우 어떻게 누구를 처벌할 것인가? 아울러 지진이나 태풍, 호우, 홍수 등 자연재해는 '중대재해처벌법'에서 제외되어 있다는 점도 지적하지 않을 수 없다. 현대 사회의 재난은 대체로 복합재난이 대부분인데, 칼로 무 자르듯 자연재해와 인재를 구분하기란 여간 어렵지 않다. 강가에 지어진 대형 창고가 불량기자재에 설계상 결함 등 부실 건물로 지어져서 홍수로 인해 제방 둑이 무너지면서 떠내려가 많은 사상자가 발생한 경우에는, 중대시민재해로 관계 기관장이나 지자체장이 처벌 대상이 될 수도 있는 것이다.

필자는 30여 년간 재난현장을 지켜보면서 재난피해를 크게 줄이기 위해서는 재난발생시 '신속한 재난정보전달시스템'이 매우 중요하다는 사실을 깨닫게 되었다. 언론이나 인터넷 등 미디어를 통해 재난정보전달시스템에 집중해, 2003년『위기관리와 커뮤니케이션』, 2006년『위기관리와 매스미디어』, 2010년『정부와 기업의 위기관리커뮤니케이션』, 2016년『국가위기관리와 재난정보』를 출간하기도 했다. 2014년 세월호 참사 직후는 한국기자협회 주최 재난보도준칙제정위원회 위원장을 맡으며 우리나라 '재난보도준칙' 제정에 조금이나마 기여한 바도 있다. 2019년 말에는 '코로나19'의 창궐로 우리사회는 가히 '패닉상태'에 빠져들게 되어 온 국민들이 재난경보의 중요성을 절실하게 느끼게 되었다. 따라서 필자는 2023년『국가위기관리와 긴급재난경보』라는 저술로 그 해법을 제시하고자 했다. 이 책을 집필 중인 2024년에도 화성리튬전지 폭발 사고로 다수의 외국인을 포함한 23명이 희생되는 뉴스를 접했다. 뿐만 아니라, 2024년 12월 29일 오전 9시 3분 '제주항공-무안공항참사'로 179명이나 희생딩하는 대형참사로 온 국민이 비탄에 잠겼다. 이는 항공법 위반으로 중대재해처벌법 대상이다. 즉, 항공기 안전관리나 수리 등 조종사의 과실일 때는 항공사가, 공항안전관리 미비나 둔덕 등이 문제이면 공항관리공단 측이, 새떼 등 관제관리 과실일 때는 담당 항공청이 각각 책임을 져야 할 것으로 보인다. 이에 중대재해 예방과 사후처리 문제를 해결 정착시켜야 한다고 집필을 더욱 서두르게 되었다.

처벌만으로는 대형재난이 근절되지 않는다. 문제는 국가정책의 대전환과 함께 노동현장에서 안전수칙을 획기적으로 향상시키고자 하는 제도적인 뒷받침이 필요하다. 평소 그 기업이나 사업장에서 얼마만큼이나 안전교육 수칙을 지켰으며, 매뉴얼대로 훈련을 실시해 종업원들의 안전 수칙을 위해 노력했는지 등을 점검해야 할 것이다. 아울러 재난안전 위생과 관련된 예산 편성이나 집행, 전문 인력 파견과 감시 감독 등을 종합적으로 평가해 사용자에게 책임을 물어야 할 것이다. 노동자나 종업원들도 수칙을 준수했는지 여부 등도 함께 따져야 할 것이다. 이러한 관점에서 본서가 참고가 될 것을 기대해 본다. 마지막으로 출판사정이 매우 어려운 상황인데도 불구하고 국가적인 위기 극복을 위해 기꺼이 출판에 이르기까지 지원해주신 안종만 회장님과 안상준 대표님, 제안과 마케팅을 열심히 해주신 정연환 과장님, 그리고 영어와 일본어, 한국어를 넘나들며 교정과 편집, 표지에 이르기까지 세심하게 심혈을 기울여 주신 장유나 차장님께도 진심으로 감사드린다.

2025년 1월

저자 씀

4장   영국의 산업안전보건법 관계 법령

6장   중대재해처벌법의 제정 목적과 주요 내용의 문제점

제1장

총 론

제1장

총 론

　지난 2021년 1월 27일부터 우리나라에서는 "중대재해처벌법"이 시행되었는데 실제로 산업현장에서는 중대재해발생 건수가 그다지 줄어들지 않고 있다. 1970년대부터 우리는 수출입국을 외치면서 고도경제성장과 함께 각종 건설사업 분야도 신화를 낳을 정도로 급속하게 성장했다. 그 결과, 경제정책도 대부분 수출과 건설위주의 성장정책에 집중된 반면 사회 안전이나 재난, 보건위생 분야에서는 균형있게 그 속도를 따라가지 못했다. 1994년 10월 성수대교 붕괴사고, 1995년 6월 삼풍백화점 붕괴사건, 1999년 씨랜드 참사, 2003년 2월 대구지하철 화재사건, 2016년 4월 세월호 참사 등으로 '사고공화국'이라는 오명이 붙을 정도다. 끊이지 않는 사건 사고에도 불구하고 안전위생 분야는 제도적으로 그다지 개선되지 않은 채 또다시 2018년 12월에 태안화력발전소 김용균 씨 압사사고, 2020년 4월 이천 물류센터 화재사고 등 안타까운 사고가 잇달아 일어났다. 그간 재난안전에 대한 획기적인 제도개선은 차치하고라도 법 규정 미비 등으로 책임자 처벌조차 제대로 이루어지지 않았다. 이와 같이 대형재난은 빈발하는데도 제도개선이나 책임자처벌이 제대로 이루어지지 않자 사회적인 불안과 불만이 점점 누적되어 갔다. 이러한 상황 속에서 특히 김용균 씨 압사사고로 분노한 민심 속에서 법규정에 대한 충분한 검토가 이루어지지 않은 상태에서 '중대재해처벌법'이 특별법으로 선포되기에 이른다.

　재난은 갑자기 발생하기 때문에 인위적으로 컨트롤이 되지 않는 경우가 많다. 지진이나 쓰나미, 홍수, 산사태 같은 경우가 그렇다. 그러나 재난도 이제는 과학적인 방법으로 사전에 예방하거나 대비, 대응을 잘하면 피해를 최대한 줄일 수 있다. 예를 들면, 지진의 경우도 이제는 조기경보시스템과 함께 내진설계나 면진설계 등의 과학적인 방재시스템을 최대한 활용해 그 피해를 최소화하도록 노력해야 한다.

그런데 이번에 시행된 '중대재해처벌법'은 노동자를 보호하고 재난피해를 줄이는 감재(減災) 정책이라기보다는 오히려 기업처벌에만 무게를 둔 규제법으로 보인다. 따라서 '중대재해처벌법'은 앞으로 사업주나 기업처벌위주보다는 노동자들이 보다 더 안전한 환경 속에서 작업할 수 있도록 기업이나 사업주의 역할을 적극적으로 유도해 낼 필요가 있다.

필자는 언론학자이자 재난연구자의 한 사람으로서 재난현장을 볼 때마다 안타까운 마음을 자제하기 어려웠다. 재난이 일어나기 전에 조금이라도 미리 예방활동을 했었더라면 대형재난은 피할 수 있었을 텐데, 때로는 조금만 일찍 재난발생 정보를 미디어를 통해 신속하게 전달했더라면 충분히 대피할 수도 있었을 텐데 하는 자조 섞인 생각도 여러 번 해보았다. 재난을 예방하거나 피해를 줄이는 방법은 재난을 사전에 미리 예지해서 예방하고 대비, 대응을 잘하는 것이다. 재난대응은 '처벌이 능사가 아니라 미연에 피해를 줄여야 한다.'는 점에 방점을 둬야 한다. 기업이나 사업주도 재난에 대비하여 작업현장에 전문 안전요원을 상주시키는 한편, 재난에 대비해 만반의 인력과 예산 투입, 그리고 지속적인 보건안전 위생 점검과 함께, 노동자들도 안전 매뉴얼을 충분히 익힐 수 있도록 반복적인 훈련활동을 실시해야 한다. 이 책을 집필 중인 금년에도 경기도 화성 리튬전지 폭발 사고로 18명의 외국인을 포함한 23명이 희생되는 뉴스를 접했다. 이에 더 이상 사업장에서 대형재난이 일어나지 않도록 중대재해 예방과 사후처리 문제 해결에 도움을 주고자 집필을 더욱 서두르게 되었다.

특히, 본서는 재난안전 선진국으로 우리나라의 산업안전정책에 참고자료가 될 수 있는 일본과 영국의 산업안전 관련 법규 및 지침, 대응 매뉴얼 등을 다양하게 발췌하여 소개했다. 아울러 재난안전위생분야에 대한 폭넓은 이해를 구하기 위해 관련 판례나 재해보상청구 등 소송 관련 참고자료도 함께 국가별로 소개했다. 그 내용을 국가별로 요약하면 다음과 같다.

　일본의 경우(제2장 제1절), '기업처벌법'이나 '중대재해처벌법'과 같은 법규는 없지만, '노동안전위생법' 제10조에 따라 사업장이나 건설현장에서의 재난안전 요원인 감시 감독관을 파견하는 등 재해를 최대한 줄이는 방법을 도입하고 있는데, 이에 대해 간단히 소개하면 다음과 같다.

　우선, '노동안전위생법'에서는 사업자가 꼭 지켜야 할 중요 항목으로 사업장의 노동자숫자에 비례하여 총괄안전위생관리자, 안전관리자, 위생관리자, 안전위생추진자, 산업의(醫), 작업주임자, 통괄안전위생책임자, 원청 안전위생관리자, 현장(店社) 안전위생관리자, 안전위생책임자, 안전위원회, 위생위원회, 안전위생위원회 등 안전위생에 중심적인 역할을 하는 관리자를 다양하게 선임하고 있는 것이 특징이다. 다시 말해서 일본에서는 이러한 안전관리책임자를 선임하여 사전에 전문교육을 실시한 다음 이를 현장에서 성실하게 이행하도록 하는 법 규정을 두고 있다. 이와 같이 일본 기업들은 노동현장에 안전관리자를 파견해 감시 · 감독을 조정하는 한편, 사전 · 사후에도 안전 점검을 철저히 실시하고 있는 것을 볼 수 있다.

　나아가 기업들이 사업을 수행하기 위해 2차, 3차로 업무를 도급, 위탁할 경우에도 원청 또한 하청업체와 함께 안전위생관리자를 선임해 현장 안전관리를 책임지도록 하는 규정을 두고 있다. 또한, 그중에서도 산업의(産業醫)의 선임규정이나 직무권한 부여 등 건강관리에 관한 분야는 아주 자세하게 기술하고 있는데 이는 우리에게도 참고가 될 만한 내용이라 생각된다.

　일본도 위험물 취급시에는 충분한 주의 사항과 함께 보호 장구 착용 등 매뉴얼을 상세하게 제정하여 이를 꼭 지키도록 지침으로 규정하고 있다. 예를 들면, 화학물질 관리자 및 보호구 착용 규정을 두어 관리책임자의 보호구 착용 등에 대한 규정과 함께 위험물 보관이나 유통 등 소비에 이르기까지 정기적으로 위험도 평가와 유통 과정의 리스크 개선 방안, 유해물질의 취급상 주의점 등을 상세하게 지침으로 규정해 의무적으로 지키도록 하고 있다.

특히, 필자가 주목하고자 하는 부분은 일본의 '스트레스 체크 제도 의무화' 도입 정책이다. 즉, 일본은 2015년부터 50인 이상 노동자 상주 기업에는 매년 종업원들의 스트레스 체크를 실시하도록 하는 규정을 법적으로 의무화했다. 스트레스 체크 제도란, 노동자들이 받는 정신적인 심리적 부담 정도를 미리 체크해 이에 대처하거나 경우에 따라서는 전문 의사의 진찰을 받아 우울증 등이 급속하게 진행되어 정신건강이 악화되는 것을 방지하기 위한 제도이다. 이 경우, 경영자는 물론 조사에 관여한 담당자는 조사내용이나 결과 통보 등을 알 수 없도록 엄격하게 관리하기 위해 수비의무(守秘義務: 비밀 엄수) 규정까지 두고 있다. 이미 알려진 바와 같이 스트레스는 이제 정신적인 질환뿐만 아니라, 혈압이나 심장, 심혈관계 및 우울증, 치매의 원인이 되고 있다. 이러한 만병의 근인이 되는 스트레스 체크를 제도화해 노동자들의 정신건강의 악화 상태를 조기에 진단하여 더 이상 악화방지를 차단할 뿐만 아니라, 체크 결과를 분석해서 직장 환경 개선이나 작업장 능률향상 등을 높일 수 있는 방법까지도 모색하게 함으로써 작업 환경 개선에 크게 도움을 주고 있다.

일본에는 우리나라에서 말하는 정신과나 신경외과와는 달리 스트레스를 전문적으로 관리하는 전문의 심료내과(心療内科: 스트레스 전문 진료과목)가 있다는 점에 주목하고자 한다. 이에 본서에서는 스트레스 체크 제도의 실시방법과 진행 수순 등에 대해서 자세히 소개하고 있다.

제2장 제2절에서는 일본에서 노동재해가 발생했을 때 기업이나 사업자들의 책임과 의무에 대한 규정도 자세하게 소개했다. 일본은 우리나라와 같이 중대재해처벌법은 없지만, '노동안전위생법'에 따라 노동재해를 방지하기 위하여 안전위생관리책임 제도를 도입해 의무화하고 있다. 만약 법 위반이 있을 경우, 산재사고발생의 유무에 관계없이 노동안전위생법 등에 의해서 형사책임을 질 수도 있는 벌칙 규정이 있다. 또한, 노동안전위생법에 의해 해당 사업주는 노동기준법에 따라 보상 책임까지 지도록 하는 엄격한 규정을 두고 있다. 특히, 보상능력이 없는 중소기업이나 영세 사업주는 노동재해보험에 가입해 피해자에게 보상을 해 줄 경우 노동기준법상의 보상 책임을 면할 수 있다. 또, 일본의 경우는 사안에 따라서 노동기준법상의 보상 책임과는 별도로, 해당 노동재해에 대해서 불법 행위·채무 불이행(안전 배려 의무

위반) 등의 사유에 따라, 피해자가 사업주에 대해 민법상의 손해배상도 청구를 할 수 있다. 이러한 경우에 이중 청구라는 불합리함을 해소하기 위해, 먼저 노동기준법에 의해서 보상받은 가액분에 해당하는 금액만큼은 민사법에서도 손해배상의 책임을 면하도록 하는 구체적인 기준이 노동기준법에 규정되어 있다.

일본이 시행하고 있는 외국인 노동자에 대한 안전위생교육의 법적 근거도 참고할 만하다. 올해 2024년 6월 24일 우리나라 경기도 화성에서 발생한 리튬전기 화재 폭발 사고의 경우 희생자 23명 중 18명이 외국인 노동자였다. 이 사고로 우리나라의 국제적인 이미지가 실추될 우려가 있고, 산업현장에서 가뜩이나 인력부족 현상이 심화되고 있는 가운데 외국인 노동자 유치에 더욱 더 어려움을 겪을 수도 있다. 일본에서는 우리보다도 훨씬 더 일찍 이런 상황에 직면하여 외국인 노동자들을 받아들이는데 어려움을 겪은 바 있다. 일본도 우리와 똑같은 인력부족 현상을 겪으면서 임금체불이나 불법체류자, 안전사고 등의 문제를 근본적으로 해소하고자 외국인 노동자에 대해 철저하게 사전 안전위생교육을 실시하고 있다. 본서에서도 언급하고 있지만, 2019년 3월 일본 후생노동성 노동기준국장은 각 도도부현(都道府県) 노동국장에게 지침을 보내 외국인 노동자에게는 안전교육을 필수적으로 시키도록 지시한 바 있다. 즉, 외국인 노동자들의 노동재해 방지를 위해 안전위생교육을 철저히 이행하도록 하는 한편, 위험한 작업환경도 충분히 이해할 수 있도록 주의를 환기시키기도록 했다. 특히, 외국인 노동자가 가운데 전문적 또는 기술적인 면 등에서 일본어 이해력이 충분하지 않은 외국인에 대해서는 노동안전위생법(1972년 법률 제57호) 제61조 규정에 따라, 일본어 이해력을 배려해서 적절한 기능 강습을 충분하게 시키도록 당부하고 있다. 이때 원칙적으로 외국인용 코스를 별도로 설치해, 개개의 외국인 수강자들의 일본어의 이해력에 따라 해당 외국인 수강자가 이해할 수 있는 언어(자국어)에 의한 보조 교재를 사용하거나 통역자로 하여금 동시통역을 실시하는 코스도 설치하도록 규정하고 있다. 이러한 일본의 사례는 이번 화성 리튬전지 화재 사고에서도 보았듯이 안전점검은 물론, 소방훈련도 제대로 하지 않은 우리나라 현실에서는 좋은 참고자료가 될 것으로 본다.

제2장 제3절에서는 일본에서도 과거 고질적인 건설현장의 사망사고를 줄이기 위해 1995년 4월, 역시 노동후생성이 결단을 내려 각 도도부현에「건설현장 안전관리 14개 지침」을 시달하게 되는데, 이때 일본 정부의 강력한 지침 통달을 계기로, 중대재해가 획기적으로 줄어들게 된다는 내용을 자세하게 소개했다.

제3장 제1절에서는 '노동안전위생법'에서 노동재해발생시의 책임에 대해서 소개하고 있다. 특히 형사처벌(편)에서는, 기업이 '노동안전위생법'을 위반하여 노동재해가 발생했을 경우, 관계자의 '업무상 과실치사상죄'(형법 제211조)에 대한 해당여부, 그리고 '고의'나 '과실' 등에 의해 노동재해가 발생했을 때의 경우 형사처벌도 받을 수 있다는 부분을 일본의 로펌 자료들을 통해 분석하였다.

제3장 제2절에서는 열사병에 대한 안전배려의무 및 피해보상에 대해 소개했다. 최근 일본에서는 일본 열도도 급격한 기후변화로 인해 폭염 현상이 심각해지고 있는 상황이다. 2024년 7월 10일 NHK 뉴스보도에 의하면 7월 첫째 주 동안 일본에서 열사병에 걸린 사람이 무려 9,105여 명이나 된다고 한다. 일본은 '열사병' 피해가 급증해 이에 대해 '안전 배려 의무' 규정을 신설하는 등 열사병에 대해 사업주들의 '안전배려 의무위반' 규제 대책도 서두르고 있다. 구체적으로는 기온과 더위지수(WGBT) 등을 표기한 열사병 예측시스템으로 휴식과 수분공급, 응급처치 등 3단계로 주의의무를 강화해 지침으로 활용하고 있다. 그 외에 열사병에 관련된 피해보상 제도 부분에 대해서도 언급했다.

제3장 제3절 일본의 노동판례 연구(사례 부분)에서는 최근 일본 법정의 노동재해 분쟁 경향 등에 대해서도 자세하게 소개했다. 특히, '노동안전위생법' 위반 사례와 벌칙 및 위반시 형사책임, 그리고 서류 송검(送檢)과 그 후의 절차, 기소를 회피하기 위한 적극적인 활동 등을 담고 있는 판례를 소개했다.

제3장 제4절 일본의 '중대재해발생과 사업자의 법적 책임'에 관해, 해난(海難)사고 발생시 조난심판 · 조난재판 등 법적 책임에 대해서 자세하게 소개했다. 일본에서도 2014년에 우리나라의 세월호 참사와 비슷한 사고가 있었다. 이 사고는 2022년 4월 일본 홋카이도 샤리군 시레토코 유람선 카즈 원(KAZU I)이 침몰되어, 20명이 사망하고 6명이 행방불명되는 대형 참사였는데, 본서에서는 이에 대한 사건사고 발생

경위와 재판진행 사례도 함께 자세하게 소개하였다. 또한, 일본에서도 우리나라의 2022년 이태원 '10·29 대참사'와 아주 유사한 압사사고가 일어난 적이 있다. 이 사고는 2001년 7월 21일 아카시(明石)시에서 발생하여 11명이 압사하고 183명이 부상당했다. 당시 아카시(明石)시의 '군중 안전관리 부실'과 '효고현 경찰의 경비체제 미흡', 그리고 경비회사를 포함한 '사고 이후의 대응미비' 등의 문제에 대해 참사 내용을 소상하게 소개하였다. 마지막으로 일본의 '노동자재해보상보험제도'도 소상하게 설명하여 노동자들의 권익보호 실태에 대해서도 소개하고 있다. 또한, 이러한 재해를 경험한 기업주들이 재해로 인한 어려움을 극복하면서 안정적으로 사업을 유지해나가고 있는 노사 간의 원원 (win win)전략 등에 관해서도 객관적으로 기술했다.

끝으로 제5절에서는 일본의 '노동자재해보상보호법'의 제도와 보상 및 지급신청 방법에 대해서도 소상하게 소개하고 있는데, 보상금 신청 관련 관계자들에게는 좋은 참고자료가 될 수 있으리라 생각된다. 특히, 그중에서도 본서에는 노동자재해보상보험이 인정된 사망 사고의 케이스나 사망사고로 유족에게 지불되는 보상금, 그리고 노동재해보험으로부터 지불되는 지급금과 지불되지 않는 금액에 대해서도 분리해 자세하게 설명했다. 나아가 재해사망자의 유족에 대한 보상지원금 지급 금액과 상제(喪祭)시 지급 금액 및 장례비용 청구 수속, 위자료 청구 등에 대해서도 자세하게 소개했다. 우리나라는 재난이 발생하면 가장 큰 어려움은 사고원인 규명과 책임자 처벌, 그리고 유족과의 보상금 등 합의문제 등이다. 피해자의 슬픔과 절망, 가해자의 무성의나 배려심 부족 등이 서로 얽혀, 가해자와 피해자, 노사와 관계 당국 등의 이해관계가 극한적인 투쟁으로 얼룩지는 경우도 허다하다. 이러한 문제에 대한 다소나마 해결책을 제시하고자 본서에서는 일본의 사례들을 소상하게 설명하고 있는데 이 부분도 참고가 되리라고 생각한다.

🔖 영국 편

제4장 제1절, 영국은 일찍이 산업혁명을 거치면서 기업의 안전위생에 대응한 경험이 많아 '기업처벌법'의 원조라고 할 수 있다. 제4장 제1절에서는 1970년대 영국의 산업안전보건법의 태동과 로벤스(Lord Robens) 보고서 등에 대해서 간략하게 언급했다. 즉, 영국은 18세기 유럽의 산업혁명 이후 급격하게 증가하는 노동재해에 대응하기 위해 1961년에 '공장법(Factory Acts)'과 1963년 '사무실, 점포 및 철도 시설법'을 제정했다. 1972년에 공표된 영국의 로벤스 보고(Report of the Committee, 1970-1972, Lord Robens)에 의하면, 1974년에는 "산업안전보건법(Health and Safety at Work etc. Act 1974)"이 제정되고, 보건안전청(Health and Safety Executive: HSE)이 신설되었다. 영국인이 산업현장에서 '산업안전보건법' 체계를 준수하는 것은 당연한 일이겠지만, 그 하위법인 ① 규칙(Regulations)이나 ② 지침(Guidance), ③ 공인 실시 준칙(ACOP)도 준수해야 한다는 당위성도 설명하고 있다.

영국은 2012년 런던 올림픽을 계기로 대회장의 안전 및 인프라 사업 정비 등 건설사업과 관련해 사망 재해를 제로(Zero) 사회로 만들어 안전신화를 이룩한 사례가 있다. 이런 신화가 있기까지 영국은 우선, ① 발주자나 ② 설계자의 책임뿐만 아니라, ③ 시공자나 ④ 작업원도 안전책임을 함께 지도록 하는 처벌 규정을 강화했다. 나아가 영국 정부는 안전문화 리스크를 줄이기 위해 HSE(보건안전청)의 역할을 활용해, ① 리스크의 색출 ② 리스크의 제거 또는 ③ 리스크의 저감을 촉구하는 일도 추진해 왔다. 이렇게 영국 정부와 산업업계는 보건안전 위생에 대해서는 다 함께 일체가 되어 노력함에 따라 소위 사망 재해 제로시대를 이룩한 것이다. 뿐만 아니라 이를 위해 영국은 발주자나 설계자의 책무에서 시공자나 작업원도 함께 책임지도록 하는 벌칙 규정을 강화했다. 이 규칙을 '건설설계와 매니지먼트 규칙(CDM)'이라고 한다. 즉, 시공자나 발주자뿐만 아니라, 설계사나 관리자, 작업원도 함께 책임지는 규칙이다.

이 규칙은 1994년에 처음으로 만들어져 2007년과 2015년에 각각 개정되었다. 이와 함께, 영국의 보건안전위생 관련 기관인 보건안전청(HSE), 안전위생연구소(HSL), 노동조합회의(TUC), 영국산업연맹(CBI) 등도 조직되어 유럽의 산업사회를 선도하게 된다.

영국에서는 **"리스크를 발생시키는 사람 또는 조직이 그 리스크를 제거 또는 저감하는 책임을 진다"라는 원칙이 있다.** "리스크를 발생시키는 사람 또는 조직"이란 올림픽 등의 대회경기장 정비나 인프라 정비 사업 등의 경우에는 발주자가 책임을 져야 한다는 것을 의미한다. 왜냐하면, 발주자가 토지를 정비하고 거기에 구조물을 건설하는 사업을 하기 때문이다. 그렇게 생각한다면 확실히 존재하지 않던 리스크가 발주자에 의해서 발생하는 것이므로, 발생시킨 장본인 또는 조직 자체가 그것을 제거 또는 관리하는 것이 보다 더 합리적이다.

영국에는 2000년에 들어와서도 건설현장에서의 고질적인 사망재해가 끊이지 않았다. 그러던 중, 당시 거물급 정치인의 선거구에서 한꺼번에 4명이 사망하는 재해가 발생했다. 당시 토니 블레어(Tony Blair) 정권의 부총리였던 존 프레스코트(John Prescott)의 선거구에서 사망재해사고가 발생했는데 이 사고로 존 프레스코트는 큰 충격을 받았다. 2001년 2월, 그는 관련 업계 단체들과 함께 CEO회의를 주재했다. 동 회의에서는 건설공사 도중에 재해를 입은 피해자와 가해자 측, 피해자 소속기업 CEO, 피해자 가족 등 모두가 함께 참여해 참사 당시의 상황을 생생하게 증언하는 참회 모임을 가졌다. 당시 증언자들에 의하면, 참혹했던 현장 동영상 인터뷰를 지켜보고 있던 회의장의 분위기는 순식간에 몇 분 동안은 숙연해지리만큼 정적에 휩싸이기도 했다고 한다. 이 참회 모임을 계기로 '소위' **영국의 'Safety Culture**(안전문화)'가 창출되는 계기가 되었으며, 그 이후에는 재해로 인한 사망자의 숫자도 2/3로 크게 줄어들었다고 한다. 이와 같이 오늘날 영국의 'Safety Culture'에 따라 발주자, 설계자, 시공자, 작업자 모두가 스스로 안전 위생을 진지하게 생각하고 파악하여, 리스크 제거 또는 저감을 위해 공동으로 노력하고 있다.

제4장 제2절에서는 2008년 산업안전보건법 개정으로 종래의 HSC(보건안전위원회)와 HSE(보건안전청)는 폐지되고, 안전위생행정에 관한 기구는 모두 HSE에 통합되게

된다. 새로 발족한 영국의 HSE는 보건안전위생에 관한 국가 최고의 행정규제기관이다. 또한, HSE는 근로자와 작업장을 보호하고 모든 사람이 더 안전하고 건강한 삶을 영위할 수 있도록 돕기 위해 최선을 다하는 기관이다. HSE의 역할은 근로자의 보호를 넘어 공공의 안전보증까지 포함한다. 나아가서, 사람들이 살고 있는 곳, 일하는 곳, 환경에서 안전함을 느낄 수 있도록 노력하는 것 등이 동 청의 역할이다. 내부 규정으로는 규칙, 지침, 승인 지침, 또는 승인 실시 준칙(ACOP) 등으로 보건안전위생을 관리·감독하고 있다. 나아가 HSE의 법적 지위와 노동 감독관의 역할 및 임무 등에도 자세하게 소개했다.

또한, 영국의 HSE가 내린 주의 지침 중에서 기업이 법적 의무로 지켜야 할 중요한 안전 지침 중에서 우리생활과 밀접한 석면이나, 개인 보호 장비, 화재 안전, 가스, 유해물질, 방사선 등 **위험물질 사용상의 주의 지침 12개를 엄선**해 번역 소개했다. 특히, HSE가 제시한 '주의 지침' 내용들을 살펴보면, 아주 상세하고 자세한 대응 매뉴얼을 제작하여 지침으로 시달하고 있어서 우리는 이 부분에 주목해 볼 필요가 있다. 예를 들면, 석면 접근에 대한 자세한 주의사항이나 취급 매뉴얼 등을 구체적으로 제시하고 있는데, 이런 부분은 우리에게는 좋은 참고자료가 될 만하다. 또, HSE는 건설현장에서의 인사사고가 자주 일어나는 사다리문제에 대해서도 20개 항목에 걸쳐서 소상하게 주의해야 할 대응 지침을 소개하고 있다. 뿐만 아니라, 작업하기 이전에 다시 한 번 사다리를 점검해 줄 것 등을 당부하는 지침도 볼 수 있다. 그 밖에도 높은 건축물이나 작업 현장에서 높은 고공 등에서 작업할 때 주의해야 할 사항이나 지침과 함께, 직장에서의 필수 사항인 개인보호 장비, 화재안전 등에 대해서도 지루하리만큼 상세하게 지침을 시달하고 있다.

제5장 제1절에는 영국의 기업 과실치사에 대한 법적규제와 책임에 대해 소개하였다. 즉, 2007년 '기업과실치사 및 기업 살인법'에서 과실치사법의 혐의 배경에서부터 중과실 과실치사죄 성립까지 심층 분석해 문제점 등을 지적하고 자료도 요약제시했다. 특히, 기업의 '고위 경영진'이란 의미에 대해서도 자세하게 설명해 두었다.

제5장 제2절에서는 기업치사에 대한 기소와 처벌 사례 및 유죄 판결에 이르기까지 영국의 최근 판례 25가지를 유형별로 선별해 간략하게 소개하고, 최근 영국의

기업치사에 대한 처벌 수위나 판결 트렌드 등을 소개했다. 본서에서 소개한 영국의 판례 부분을 보면, 이 법의 시행 이후 지금까지 약 30여 건의 유죄 판결이 내려졌는데, 그중에서 고위 경영진의 실수로 인해 노동자가 사망에 이르게 된 경위를 입증하기에는 여러 가지로 어려운 점들이 뒤따랐다. 다시 말해서 노동자들의 사망에 미치는 영향과 요인분석은 다양하기 때문에 인과관계를 입증하기란 매우 어려운 측면이 있었다. 따라서 작업현장에서 사망한 재해 사건들에 대한 원인 규명은 고도의 전문적인 분야인 동시에, 또한 고위 경영진의 책임만도 아니기 때문에 법 논리전개상 분명히 법리적인 한계점은 지니고 있다고 본다. 마지막으로 '2007년 기업과실치사 및 기업살인법'에 대해 이해를 돕고자 추가적인 해설 자료도 함께 덧붙였다.

 ## 한국 편

우리나라는 2021년 1월 「중대재해처벌법」 시행에 이어, 2023년에는 5인 이상 기업까지 「중대재해처벌법」이 확대 시행되게 되었다. 우리가 영국의 기업처벌법을 참조해 도입한 '중대재해처벌법'은 영국처럼 사전에 자세하게 규정한 '재난안전 지침'이나 가이드라인 같은 것은 뒤로한 채 너무 서두른 감이 없지 않다. 게다가 노동자들의 보건안전위생보다는 기업 처벌에만 무게를 두어 산업 현장에서는 상당한 어려움과 혼란을 겪고 있다. 향후에는 보다 더 합리적인 방법으로 완화할 필요가 있어 보인다. 한 마디로 필자는 산업현장에서의 인적인 사망재해나 피해보상에 대한 책임강화에는 동의하지만, 영국이나 일본 사례에 비추어 기업의 처벌위주에만 치우쳐진 현행법에 대해서는 좀 더 처벌 수준을 완화해야 한다고 생각한다. 즉, 영국이나 일본의 입법취지를 자세히 살펴보면, 처벌 위주보다는 어떻게 하면 피해를 줄일 수 있을까 하는 데에 초점이 맞춰져 있음을 알 수 있다.

예를 들면, 영국과 일본의 사례에서도 보았듯이, 석면의 경우, 석면피해가 자주 발생하는 장소나 건축물 또는 석면을 접할 수 있는 노동자나 어쩔 수 없이 건설현장에서 석면을 접해야 하는 노동자들에게는 자세하게 주의해야 할 지침을 마련하고 있다. 뿐만 아니라, 어떻게 하면 피해를 최소화하고 후유증도 줄일 수 있을까 하는 구체적인 행동 매뉴얼도 지루할 정도로 반복해서 주의를 당부하고 있다.

일본의 경우도 건설현장에서 가장 많이 사상자가 나오는 작업사다리의 사용상 위험성을 경고하고 있다. 즉, 작업장에서 작업을 하면서 다녀야 하는 통로사다리의 경우 어떻게 하면 안전하게 잘 세워서 부서지거나 넘어지지 않게 해 사고 없이 작업을 완수할 수 있을까에 대해 노동후생성 작업지침으로 설계도면까지 제작해 지침으로 통달하고 있다. 그뿐만 아니라, 사다리나 작업통로 설치 이후에도 수시로 사다리의 안전성을 점검하도록 하는 등 후속 규정까지 두고 있을 정도다.

우리나라에서는 흔히 작업현장에서 작업 도중 통로가 무너지거나 건물에서 떨어져 사망하는 사례가 빈번하기 때문에 사소하더라도 작업현장에서는 가장 기본적인 사다리 사용 작업 매뉴얼의 안전성에서부터 주의를 기울일 필요가 있다. 2021년 6월 광주에서 5층 건물을 철거하면서 부주의한 작업 끝에 9명이 사망하고 8명이 부상당하는 대참사를 겪은 바 있다.

제6장 제1절에서는 '중대재해처벌법'의 제정 이유와 목적, 처벌 규정에 대해서 간략하게 서술하였다. 나아가 **"중대재해처벌법"에는 "중대산업재해"와 "중대시민재해"**로 구분해서 언급했다. 이번에 시행된 '중대재해처벌법'에는 대부분의 처벌 내용이 이미 '산업안전보건법'에도 규정돼 있어서 이중 규제법이라는 지적도 있다. 또, 한 가지 중요한 부분은 필자가 보기에는 '중대시민재해처벌'에 관한 규정이 다소 애매모호하다는 점이다. 이 법을 법규 그대로 적용한다면 상주 작업인원이 없는 산이나 강, 바다, 그 밖에 학교나 공공장소, 공원, 전시장, 공연장 등 공공건물 등에서의 대형 재해가 발생했을 경우 어떻게 누구를 처벌할 것인가? 아울러 지진이나 태풍, 호우, 홍수 등 자연재해는 '중대재해처벌법'에서 제외되어 있다는 섬도 지적하지 않을 수 없다.

현대 사회의 재난은 대부분 복합재난의 성격을 띠고 있어, 칼로 무 자르듯 자연재해와 인재를 명확하게 구분하기가 쉽지 않다. 예를 들면, 강가에 지어진 대형 창고가 불량 기자재에 설계상 결함 등 부실 건물로 지어져서 홍수로 인해 제방 둑이 무너지면서 떠내려가 많은 사상자가 발생한 경우에는, 중대시민재해로 관계 기관장이나 지방자치단체장이 처벌 대상이 될 수도 있다.

또한, 개인사업주와 경영책임자 등은 법적 의무 사항인 '안전 및 보건 확보의무'를 사업장에서 실행에 옮겨야 하는데, 본서에서는 이를 강조하기 위하여 '안전 및 보건 확보의무 이행 체계도'를 제시해 사업장에서 이를 활용해 수시로 점검하도록 경각심을 일깨우도록 했다. 참고로 영국이나 일본의 경우는 사업장에 대한 '사전에 위험도 평가'를 철저하게 실시해 대형 재난을 미연에 방지하고 있다. 이와 관련하여 제1절에는 '위험성평가 실시 흐름도'를 도표로 제시했는데, 이 부분 또한 계획에 그치지 말고 실행하도록 하는 데 중점을 두고 제시하였다.

제6장 제2절에서는 "중대시민재해" 용어 정의 및 해석을 함에 있어서 용어의 모호성을 지적하여 '공중이용시설'과 '공중교통수단'의 개념 확대로 인해 '중대시민재해'의 영역이 아주 넓어질 수 있다는 사례를 들었다. 코로나 이후 우리 국민들의 의식도 이전과는 상당히 바뀌어서 웰빙이나 워라밸 등 레저에 대한 의식이 한층 높아졌다. 따라서 어린이부터 노인에 이르기까지 모든 시민의 휴식처가 산이나 강, 바다, 공원 등 자연환경이 되었다. 이제 이런 곳은 계절이나 시간에 관계없이 언제 어디서나 군중 인파가 몰려들고 있다. 게다가 지역사회의 요청에 따라 인근 학교나 도서관, 전시관, 공연장 등 공공기관들도 속속 무료로 개방하고 있어서 이제는 언제 어디서든지 수시로 시민들이 몰려들어 휴식을 즐기는 공간이 되었다. 이러한 자연 공간에서는 관리자의 상근 인원수와는 관계없이 기후나 자연환경, 인간의 실수나 고의, 과오 등으로 이들이 훼손, 파괴 또는 변형되는 순간 휴식처는 순식간에 시민 안전을 심각하게 위협할 수도 있다. 또한, 일정한 건물 규모에 따라서 중대시민재해가 적용될 수도 있지만, 관리자의 잘못이나 기자재의 결함 등으로 인해 '중대시민재해'는 어느 장소를 불문하고 발생할 수 있다. 따라서 자연환경이나 공공기관 등에도 안전관리 기관장이나 시도지사 및 지자체장의 안전관리 부실이나 관리자의 잘못, 또는 시설물 결함 등 관리소홀로 인한 손해배상청구나 '중대시민재해법'의 저촉 문제가 제기될 수도 있다.

앞에서도 언급했지만, 중대재해처벌법은 원래 법안대로라면 상시 근무 5인 이상 이라는 인원수 기준이 있지만, 산불의 경우는 상근 인원 조건을 충족하기 어렵고, 자연재해라는 이유로 제외되어 있다. 하지만, 주의나 예방 등 관리 소홀로 대형 산불이 발생하여 막대한 삼림 등이 훼손되면 기반이 약해져서 대수롭지 않은 비에도 홍수나 산사태가 일어날 개연성은 상대적으로 높아지게 된다. 뿐만 아니라, 산을 절개하거나 채석, 강의 준설공사, 도로 건설 등으로 산림이나 강둑을 훼손하게 되면, 홍수나 산사태에 매우 취약한 기반이 된다. 2023년 청주 오송 지하차도 참사가 그 대표적인 사례 중의 하나다. 그 밖에 지역에서도 골프장 건설이나 리조트, 관광단지 건설 등 지자체들이 자연환경을 훼손하는 경우가 점점 많아지고 있는데, 이러한 곳은 특히 자연재해에 취약해서 '중대시민재해'가 발생할 가능성이 높아진다. 따라서 이러한 훼손된 자연환경 속에서 지진이나 산사태, 홍수 등 대형재해가 발생하면 관계 기관장이나 시도지사 및 시장, 군수의 책임을 물을 수도 있다. 대학이나 학교시설물의 경우도 운동장이나 연구실, 실험실 등에서 운동 중 또는 실험 실습 중 대형 사고가 발생나면 고의든 실수든 손해배상책임과 함께 기관장이나 재단이사장은 책임을 면하기가 어려울 것으로 보인다.

필자는 30여 년간 재난현장을 지켜보면서 일관되게 재난연구에 집중해 온 재난연구자이자 언론윤리 법제를 강의해온 언론학자이다. 1984년 일본 조치대학(上智大學)에 유학하면서 '소위' 재난천국이라고 일컫는 일본에서 각종 재난에 대처하는 방법을 체험하기도 했다. 1991년 귀국해서 '재해보도 기본법'이나 언론법을 강의하면서 '재난보도 윤리' 문제나 신속한 재난정보전달시스템 문제에 천착해 왔다. 주지하는 바와 같이 1994년 10월 성수대교 붕괴사고, 1995년 삼풍백화점 붕괴사건, 1999년 씨랜드 참사, 2003년 2월 대구지하철 참사 등 대형 재난이 꼬리를 물고 일어나 '사고공화국'이라는 오명이 붙을 정도로 재난이 빈발했다. 필자는 그동안 재난피해를 크게 줄이기 위해서는 재난발생시 '신속한 재난정보전달시스템'이 매우 중요하다는 사실을 깨닫게 되었다. 그래서 특히, 언론이나 인터넷 등 미디어를 통해 재난정보전달시스템을 강조해 왔으며, 2003년에 『위기관리와 커뮤니케이션』이라는 저서를 시작으로, 2006년 『위기관리와 매스미디어』, 2010년 『정부와 기업의 위기관리커뮤니케이션』, 2016년 『국가위기관리와 재난정보』를 연이어 출간하기도 했다. 2014년 세월호 참사 직후는 한국기자협회 주최 재난보도준칙제정위원회 위원장을 맡으며 우리나라 '재난보도준칙' 제정에 조금이나마 기여한 바도 있다. 2019년 말에는 '코로나19'의 창궐로 우리사회는 가히 '패닉상태'에 빠져들게 되어 온 국민들이 재난경보의 중요성을 절실하게 느끼게 되었다. 이에 필자는 2023년 『국가위기관리와 긴급재난경보』라는 저술로 그 해법을 제시하고자 했다. 이러한 와중에도 2018년 12월에 태안화력발전소 김용균 씨 압사사고를 비롯하여, 2020년 4월 이천 물류센터 화재사고, 2022년 1월 29일 삼표 채석장 매몰사고 등 '중대재해'가 끊이질 않고 있다.

영국이나 일본의 사례에서 보듯이 처벌만으로는 대형재난이 근절되지 않는다. 문제는 국가적인 정책의 대전환과 함께 노동현장에서도 노사정이 함께 합심하여 공동으로 안전수칙을 획기적으로 향상시키고자 하는 의지와 제도적인 뒷받침이 필요하다. 이를 테면, 대형재해가 발생하더라도 법규정에 의한 처벌만이 능사가 아니라, 평소 그 기업이나 사업장에서 얼마만큼이나 안전교육 수칙을 지켰으며, 매뉴얼대로 훈련을 실시해 종업원들이 안전 수칙을 위해 노력했는지 등을 평가해 봐야 할 것이다. 아울러 재난안전 위생과 관련된 예산 편성이나 집행, 전문 인력 파견과 감시 감독 등을 종합적으로 평가해 사용자에게 책임을 물어야 할 것이다. 아울러 노동자나 종업원들도 수칙을 준수했는지 여부 등도 함께 따져 보아야 할 것이다. 단순히 법규적 해석이나 문구에만 법리를 국한할 경우, 처벌 수위에서 오류를 범할 위험이 있다.

이번 '의료분쟁사태'에서도 보았듯이 국민들이 피해를 입기 전에 이해 당사자 간의 사전 조정과정이 절대적으로 필요해 보인다. 노사정과 함께 전문가, 시민들이 함께하는 '중대재해법조정위원회' 같은 협의체를 구성해서 세부항목들이 합리적으로 잘 조정된다면 노동문화 강국으로 도약할 수 있는 길이 되지 않을까? 그 과정에 본서가 참고가 될 것을 기대해 본다.

제2장

일본의 '노동안전위생법(Industrial Safety and Health Act)'과 중대재해

일본 편

- 제1절 일본의 '노동안전위생법'과 기업이 지켜야 할 중요 사항 해설
- 제2절 '노동안전위생법(労働安全衛生法)'을 위반할 경우의 벌칙
- 제3절 중대사고의 격감을 위한 「건설현장 안전관리 기본방침」 제정
- 제4절 안전의식과 안전행동 고양으로 재해제로(Zero) 현장을

제1절

일본의 '노동안전위생법'과 기업이 지켜야 할 중요 사항 해설[1)

　일본의 '노동안전위생법(労働安全衛生法)'[2)은 노동자의 안전과 건강 확보, 쾌적한 직장 환경의 형성과 촉진을 목적으로 제정된 법률이다. 노동자가 안전하고 건강하게 직무를 수행할 수 있도록 다양한 규정이 제정되어 있다. 만약 위반할 경우에는 엄격한 벌칙규정이 있어서 기업은 반드시 이 법을 지키지 않으면 안 된다. 본절에서는 노동안전위생법에서 기업이 지켜야 할 사항들을 철저하게 해설함과 동시에 벌칙이나 위반 사례도 아울러 소개하고자 한다.[3)

1. '노동안전위생법'이란?

　'노동안전위생법(労働安全衛生法: Industrial Safety and Health Act)'은 노동자들의 직장환경에서 안전과 위생상 지켜야 할 최저 기준을 정한 법률이다. 「직장에서 노동자의 안전과 건강의 확보」, 「쾌적한 직장 환경의 형성 촉진」을 목적으로 1972년에 제정된 법이다.

　이 법 제1조의 목적을 실현하기 위한 수단으로써는, 「노동재해 방지를 위하여

---

1) https://go.chatwork.com/ja/column/efficient/efficient-460.html, 労働安全衛生法とは？企業が守るべき重要事項や罰則例, 違反事件を解説 | ビジネスチャットならChatwork(2024.2.18)

2) https://elaws.e-gov.go.jp/document?lawid=347AC0000000057, 労働安全衛生法 | e-Gov法令検索(2024.6.3)

3) 労働安全衛生法とは？企業が守るべき重要事項や罰則例, 違反事件を解説 | ビジネスチャットならChatwork(2024.2.15)/https://go.chatwork.com/ja/column/efficient/efficient-460.html.

위해방지 기준의 확립」이나「책임 체제의 명확화」,「자주적 활동 촉진」등의 목적
달성을 위함이라고 정의하고 있다.[4]

1) 노동안전위생법의 성립 배경

'노동안전위생법(이하, 안위법)'은 1972년에 노동기준법으로부터 분리해서 독립한
형태로 성립된 법률이다. 이 법 제정 이전에는 1947년에 제정된「노동기준법(労働
基準法)」에서 '노동안전위생'에 관한 조문이 규정되어 있었는데, 필요에 따라 관련규
칙을 그때마다 정비하면서 운용되었다. 그러나 그 후 일본은 고도의 경제성장에 의
해 대규모의 건설공사의 급증과 함께 새로운 화학물질 개발 등의 영향으로 노동 재
해가 급격하게 증가했다. 그 결과 매년 6,000명 이상이 노동 재해로 인해 사망사고
가 발생해 사회적으로 큰 문제가 되었다. 이 법 시행 이후로는 급격하게 산재가 줄
어들었다고 한다.

2) 노동안전위생법의 독립

이러한 노동환경 배경 속에서 노동안전위생에 관한 법령을 정비해 1972년에는
아래 도표와 같이 '노동기준법'에서 독립한 '노동안전위생법'이 제정되었다.

노동안정위생법의 독립

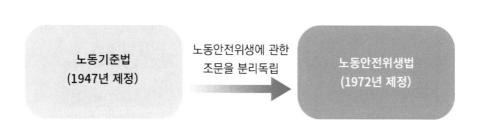

4)【よくわかる】労働安全衛生法とは?違反しないために企業は何をするべき?重要点を解説｜d's JOURNAL
(dsj) − 採用で組織をデザインする｜人事労務・法務 (dodadsj.com)(2023.9.1)

2. '노동안전위생법시행령'·'노동안전위생규칙'과의 차이

노동안전위생법과 노동안전위생시행령, 노동안전위생규칙의 상관관계는 다음의
도표와 같다.

- 국가 최고법인 헌법이 존재하고, 이를 토대로 국회에서 이 법을 통해 법률이
  제정된다.
- 시행령(정부령: 政令): 일본 정부 내각이 발령한 명령으로 법률의 원칙을 구체
  적으로 정한 것.
- 성령(省令: 施行規則): 각 성의 대신(大臣: 우리나라의 장관에 해당)이 발하는 명
  령으로 시행령을 한층 더 세세하게 정한 것.

즉, 시행령이 성령보다 법적 구속력이 강해, 「법률·시행령·성령」의 순서대로 자
세하게 구체적인 내용이 규정되어 있다. 이 때문에 '노동안전위생법'에는 '노동안전
위생법시행령'의 적용 범위나 용어의 정의 등을 규정하고, '노동안전위생규칙'에는
'후생노동대신'이 발령하는 '성령'으로 구체적인 작업이나 의무 사항 등을 규정하고
있다.5)

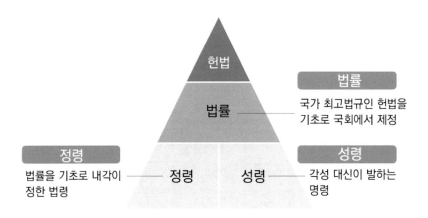

---

5) 【よくわかる】労働安全衛生法とは?違反しないために企業は何をするべき?重要点を解説 | d's JOURNAL
(dsj) ‒ 採用で組織をデザインする | 人事労務·法務 (dodadsj.com)(2023.9.1)

3. '노동안전위생법'의 대상이 되는 '노동자·사업소'

'노동안전위생법'에 대상이 되는 「노동자」나 「사업소」를 구체적으로 열거하면 다음과 같다.

1) 노동자의 정의

◉ 노동안전위생법

'노동안전위생법'에서 노동자의 정의는 '노동기준법' 제9조와 같이 「근로자는 직업의 종류를 불문하고, 사업 또는 사업소에 사용되는 사람으로, 임금을 지불받는 사람」[6]이라고 정의하고 있다.

'노동안전위생법'은 '노동기준법'에서부터 파생된 법률이기 때문에, 노동자의 정의는 노동기준법의 정의와 똑같은 내용이다. 즉, 노동계약을 체결하고 임금을 지불하고 있는 모든 노동자가 대상이 된다는 것이다.

또한, '노동안전위생법 제2조 제2항'에 의해, 「동거하는 친족만을 사용하고 있는 사업주에게 사용되는 노동자」나 「가사 도우미」는 노동자에 포함되지 않는다.[7]

2) 사업소의 정의

'노동안전위생법'에서 사업소의 정의는 「사업을 실행하고 있는 사람으로, 노동자를 사용하는 곳」을 말한다. 개인 사업주이면 사업주 본인, 법인이면 법인 자체를 가리킨다. 그 때문에 어떠한 사업을 수행해 그 사업을 위해서 노동자를 사용하고 있는 사업자는 모두 '노동안전위생법'의 대상이 된다.

---

6) 일본의 근로기준법 제9조 원문은 다음과 같다(第九条　この法律で「労働者」とは、職業の種類を問わず、事業又は事務所 (以下「事業」という。) に使用される者で、賃金を支払われる者をいう。
7) 労働安全衛生法第2条 2 /https://elaws.e-gov.go.jp/document?lawid=347AC0000000057(2024.5.1)

3) 사업자 등의 책무

'노동안전위생법' 제3조[8]에 사업자는, 단지 이 법률에서 정한 노동재해 방지를 위한 최저 기준을 지킬 뿐만 아니라, 쾌적한 직장 환경의 실현과 노동조건 개선 등을 통해 직장에서의 노동자의 안전과 건강을 확보하도록 노력해야 한다. 또, 사업자는 국가가 실시하는 노동재해 방지에 관한 시책에도 협력하도록 해야 한다고 규정하고 있다.

제2항에는 기계, 기구 및 그 외의 설비를 설계, 제조 혹은 수입하는 사람, 원재료를 제조 혹은 수입하는 사람 또는 건설물을 건설 혹은 설계하는 사람은, 이러한 것의 설계, 제조, 수입 또는 건설에 의한 노동재해 발생 방지에 노력해야 한다.

제3항에도 건설공사 주문자 등 일을 타인에게 하청받게 하는 사람은, 시공 방법, 공사기간 등에 대해서, 안전하고 위생적인 작업 수행을 해칠 우려가 있는 조건을 제공하지 않도록 배려해야 한다고 규정하고 있다.

'노동안전위생법' 제4조[9] 노동자는 노동재해를 방지하기 위하여 필요한 사항을 지키는 것 외에, 사업자 및 그 외의 관계자가 실시하는 노동재해 방지에 관한 조치에 협력하도록 노력해야 한다는 규정이 있다. 이 조항이 갖는 의미는 매우 크다고 하겠다. 즉, 노동재해는 사업자만의 책임이 아니라, 근로자 자신들도 준수해야 할 매뉴얼이나 책임이 있다는 조항이다.

'노동안전위생법'(사업자에 관한 적용 규정) 제5조,[10] 2개소 이상의 건설업에 속하는 사업의 사업자가 하나의 장소에서 행해지는 해당 사업의 일을 공동 연대해서 청부 받은 경우에는 후생노동성령으로 정하는 바에 의해 그중 한 명을 대표자로서 정해, 이것을 도도부현 노동국장에게 신고해야 한다.

---

8) 労働安全衛生法 第3条, https://elaws.e-gov.go.jp/document?lawid=347AC0000000057(2024.5.10)

9) 労働安全衛生法 第3条, https://elaws.e-gov.go.jp/document?lawid=347AC0000000057(2024.5.10)

10) 労働安全衛生法第3条, https://elaws.e-gov.go.jp/document?lawid=347AC0000000057(2024.5.1)

2. 전항의 규정에 의한 신고가 없을 때는 도도부현 노동국장이 대표자를 지명
   한다.

3. 앞 2항의 대표자의 변경은 도도부현 노동국장에게 알리지 않으면 그 효력은
   발생하지 않는다.

4. 제1항에 규정하는 경우에 있어서는 해당 사업을 동항 또는 제2항의 대표자
   만의 사업으로 해당 대표자만을 해당 사업의 사업자로, 해당 사업의 일에
   종사하는 노동자를 해당 대표자만이 사용하는 노동자로 각각 간주하고, 이
   법률을 적용한다.

4) 노동재해방지계획

'노동안전위생법' 제6조(노동재해방지계획의 책정),[11] 후생노동대신은 노동정책심의
회의 의견을 듣고 노동재해방지를 위한 주요한 대책에 관한 사항 및 그 외 노동재해
방지에 관해 중요한 사항을 정한 계획(이하 "노동재해방지계획")을 책정해야 한다.

동 법 제7조(변경), 후생 노동대신은 노동재해의 발생상황, 노동재해의 방지에 관
한 대책의 효과 등을 고려하여 필요할 경우에는 노동정책심의회의 의견을 들어서
노동재해방지계획을 변경해야 한다.

동 법 제8조(공표), 후생 노동대신은 노동재해방지계획을 책정했을 때는 지체 없
이 이것을 공표해야 한다. 이것을 변경했을 때도 똑같이 해야 한다.

동 법 제9조(권고 등), 후생 노동대신은 노동재해방지계획이 적확하고 원활하게
실시하기 위하여 필요할 때는 사업자, 사업자의 단체 및 그 외의 관계자에 대해, 노
동재해의 방지에 관한 사항에 대해서 필요한 권고 또는 요청할 수 있다.

---

11) 労働安全衛生法第6条, https://elaws.e-gov.go.jp/document?lawid=347AC0000000057(2024.
   5.10)

4. '노동안전위생법'에서 사업자가 꼭 지켜야 할 중요 항목

1) 안전위생관리체제

노동안전위생법에는 사업장의 노동자수에 따라 총괄안전위생관리자, 안전관리자, 위생관리자, 안전위생추진자 등, 산업의(醫), 작업주임자, 통괄안전위생책임자, 원청 안전위생관리자, 현장(店社)안전위생관리자, 안전위생책임자, 안전위원회, 위생위원회, 안전위생위원회 등 안전 위생에 중심이 되는 관리자를 선임해서 교육하고 이를 성실하게 이행하는 것이 주된 의무다.[12]

이와 같이 기업이 지켜야 하는 여러 가지 항목 중에서도 특히 중요한 항목들을 자세하게 소개하면 다음과 같다.

(1) 총괄안전위생관리자의 선임

〈총괄안전위생관리자를 선임해야 하는 사업장〉

◉ 노동안전위생법

'노동안전위생법' 제10조[13]에는, "정부령에 의해 정해진 규모의 사업장마다 후생 노동성령이 정한 대로 총괄안전위생관리자를 선임하고, 그 사람에게 안전관리자 또는 제25조의2 제2항[14]의 규정에 따라 기술적 사항을 관리하는 자를 지휘하게 함과 동시에, 다음 업무를 총괄관리하게 해야 한다."고 규정하고 있다.

① 노동자의 위험 또는 건강 장애를 방지하기 위한 조치에 관한 것.
② 노동자의 안전 또는 위생을 위한 교육의 실시에 관한 것.
③ 건강진단의 실시 및 그 외 건강 유지 증진을 위한 조치에 관한 것.
④ 노동재해의 원인 조사 및 재발방지 대책에 관한 것.

---

12) e-Gov法令検索「第三章 安全衛生管理体制」
　　https://elaws.e-gov.go.jp/document?lawid=347AC0000000057(2024.5.10)
13) 労働安全衛生法第10条, https://elaws.e-gov.go.jp/document?lawid=347AC0000000057(2024.5.10)
14) 제25조의2 제2항에는 '노동자 구호에 관한 필요한 사항에 대해서는 훈련을 실시할 것'

⑤ 앞 각호에 제시한 것 외, 노동재해 방지를 위해 필요한 업무로 후생노
  동성령으로 정하는 것

2. 총괄안전위생관리자는 해당 사업장에 있어서 그 사업의 실시를 통괄 관리
   하는 사람을 선임해야 한다. 만약, 총괄안전위생관리자가 여행, 질병, 사고
   및 기타 이유로 직무를 수행할 수 없을 때는 **총괄안전위생대리자를 선임**해
   야 한다(노동안전위생규칙 제3조).

3. 도도부현(都道府県) 노동국장은, 노동재해를 방지하기 위해 필요가 있을
   때는 총괄안전 위생관리자의 업무 집행에 관해서 사업자에 권고할 수 있다.

즉, 일정 규모 이상의 특정 업종의 사업장에는 사업 전체를 총괄 관리하는 총괄
안전위생관리자의 선임이 필요하다. 공장장·작업 소장 등 명칭을 불문하고, 사업장
에는 실질적으로 총괄 관리하는 권한과 책임을 가진 사람을 지목해야 한다.

◉ 노동안전위생법시행령

'노동안전위생법시행령' 제2조에 의하면, "총괄안전위생관리자를 선임해야 하는
사업장 규모는 업종의 구분에 따라 상시 각호에 해당하는 인원 이상의 노동자를 사
용하는 사업장을 말한다."[15]라고 규정하고 있다.

① 임업, 광업, 건설업, 운송업 및 청소 업은 **100인 이상**

② 제조업(물건 가공업 포함), 전기, 가스, 열공급, 수도, 통신, 각종상품도매,
   가구·건축·잡기 등 도매, 각종상품소매, 가구·건축·잡기 등 소매, 연료
   소매, 여관, 골프, 자동차 정비 및 기계 수리업은 **100인 이상**

③ 그 외 업종 **1000인 이상**

◉ 노동안전위생시행규칙

'노동안전시행규칙' 제2조, 노동안전위생법 제10조 제1항의 규정에 의한 총괄안전
위생관리자의 선임은 총괄안전위생관리자를 선임해야 하는 사유가 발생한 날부터
14일 이내에 선임해야 한다.

---

15) 労働安全衛生法施行令, https://elaws.e-gov.go.jp/document?lawid=347CO0000000318(2024.5.10)

2. 사업자가 총괄안전위생관리자를 선임했을 때는, 지체 없이, 양식 제3호에 의한 보고서를, 해당 사업장의 소재지를 관할하는 노동기준감독서장(이하 "관할 노동기준감독서장")에게 제출해야 한다.

〈총괄안전위생관리자가 통괄 관리하는 업무〉

'노동안전시행규칙' 제3조의2, 노동안전위생법 제10조 제1항 제5호 후생노동성령으로 정하는 업무는 다음과 같다고 규정하고 있다.

① 안전위생에 관한 방침의 표명에 관한 것.

② 노동안전위생법 제28조의2 제1항, 또는 제57조의3 제1항 및 제2항의 위험성 또는 유해성 등의 조사 및 그 결과에 입각해 강구한 조치에 관한 것.

③ 안전위생에 관한 계획의 작성, 실시, 평가 및 개선에 관한 것.

(2) 안전관리자의 선임

〈안전관리자를 선임해야 하는 사업장〉

◉ 노동안전위생법

'노동안전위생법' 제11조, 사업자는 정부령으로 정해진 업종 및 규모의 사업장마다 후생노동성령으로 정하는 자격을 가진 사람 중에서, 후생노동성령으로 정하는 바에 따라 안전 관리자를 선임하고, 그 사람에게 전 조 제1항 각호의 업무(제25조의2 제2항의 규정에 의해 기술적 사항을 관리하는 사람을 선임한 경우에 있어서는, 동 조 제1항 각호의 조치에 해당하는 것은 제외) 중 안전에 관련된 기술적 사항을 관리해야 한다.

2. 노동기준감독서장은 노동재해를 방지하기 위하여 필요하다고 인정할 때는 사업자에 대해서 안전관리자의 증원 또는 해임을 명할 수 있다.

◉ 노동안전위생법시행령

'노동안전위생법시행령' 제3조에 의하면, 노동안전위생법 제11조 제1항 정부령에 정해진 업종 및 규모의 사업장은 전 조 제1호 또는 제2호에 제시한 업종의 사업장에서 **상시 50인 이상의 노동자**를 사용하는 것으로 한다. 즉, 상시 50인 이상의 노동자를 고용하는 사업장에는 안전 관리자의 선임이 의무로 되어 있다. 안전관리자의 업무16)는 안전에 관련된 <u>기술적 사항의 관리가 주된 업무</u>이다. 안전관리자는 작업장 등을 순시해서 설비나 작업 방법 등에 위험성이 있을 때에는 즉시 그 위험을 방지하기 위해 필요한 조치를 강구해야 하는 등의 역할이다. 따라서 사업자도 안전관리에 대해서는 할 수 있는 권한은 다 위임해야 한다.

◉ **노동안전위생규칙**

한편, '노동안전위생규칙' 제4조17), 「'노동안전위생법' 제11조 제1항의 규정에 따라 안전관리자의 선임은, 다음의 규정에 따라 실시해야 한다.」 라고 자세하게 규정하고 있다.

1. 안전관리자를 선임해야 하는 사유가 발생한 날부터 14일 이내에 선임할 것.

2. 그 사업장에 전속인 사람을 선임할 것. 단, 두 명 이상의 안전관리자를 선임하는 경우에는 해당 안전관리자 중에 다음 조 제2호에 거론하는 사람이 있을 때는, 해당 사람 중 한 사람에 대해서는 그러하지 아니하다.

3. 화학 설비(노동안전위생법시행령 제9조의3 제1호에 제시한 화학설비를 말한다.) 중, 발열 반응이 일어나는 반응기 등 이상 화학반응 또는 이것에 비슷한 이상 사태에 의한 폭발, 화재 등을 발생시킬 우려가 있는 것(배관은 제외. 이하 "특수 화학 설비")을 설치하는 사업장에서는, 해당 사업장의 소재지를 관할하는 도도부현 노동국장("관할 도도부현 노동 국장")이 지정하는 것("지정 사업장")에 있어서는, 해당 도도부현 노동국장이 지정하는 생산 시설의 단위에 대해서, 조업 중, 상시, 노동안전위생법 제10조 제2항 각호의 업무 중 안전에 관련된 기술적 사항을 관리하는데 필요한 수의 안전 관리자를 선임할 것.

4. 다음 표의 중간 난에 제시한 업종에 따라 상시 이 표의 하단에 제시한 수 이상의 노동자를 사용하는 사업장에 대해서는 그 사업장 전체에 대해서 노동안전위생법 제10조 제1항 각호의 업무 중 안전에 관련된 기술적 사항을 관리하는 안전관리자 중 적어도 한 명을 전임의 안전관리자로 할 것. 단, 아

---

16) 労働安全衛生規則第6条, https://elaws.e-gov.go.jp/document?lawid=347M50002000032(2024.5.15

17) 労働安全衛生規則第4条, https://elaws.e-gov.go.jp/document?lawid=347M50002000032(2024.5.15)

래 표 4항의 업종에서는 과거 3년간의 노동재해에 의한 휴업이 하루 이상의 사상자수의 합계가 100명을 넘는 사업장에 한정한다.

1	건설업, 유기화학공업제품제조업, 석유제품제조업	300인
2	무기화학공업제품제조업, 화학비료제조업, 도로화물운송업, 항만운송업	500인
3	종이·펄프제조업, 철광업, 조선업	1000인
4	정령 2조 제1호 및 제2호에 제시한 업종(1항에서 3항까지 거론한 업종은 제외)	2000인

자료: 노동안전규칙 제7조 4항[18]

2. 제2조 제2항 및 제3조의 규정은, 안전 관리자에 대해서 준용한다.

〈안전관리자의 자격〉

◉ 노동안전위생시행규칙

'노동안전위생규칙' 제5조, 노동안전위생법 제11조 제1항 후생노동성령에 정해진 자격이 있는 사람은 다음과 같다.

1. 다음 중 하나에 해당되는 사람으로, 노동안전위생법 제10조 제1항 각호의 업무 중 안전에 관련된 기술적 사항을 관리하는데 필요한 지식에 대한 연수는 후생노동대신이 정한 것을 수료한 사람.

① 학교교육법(1947년 법률 제26호)에 의한 대학(구 대학령 : 1918년 칙령 제388호)에 의한 대학을 포함 또는 고등전문학교(구 전문학교령 : 1903년 칙령 제61호)에 의한 전문학교를 포함, 이과 계통의 정규과정을 이수한 졸업자(독립행정법인 대학개혁 지원·학위수여기구)에 의해 학사의 학위를 수여한 사람(해당 과정을 수료한 사람에게 한한다) 혹은 이와 동등 이상의 학력을 가졌다고 인정되는 사람 또는 해당 과정을 수료하고 동법에 의해 전문직 대학의 전기 과정(전문대학 과정)을 수료한 사람을 포함한다. 동

---

18) 労働安全衛生規則第7条, https://elaws.e-gov.go.jp/document?lawid=347M50002000032(2024.5.15)

법 제18조의4 제1호)와 같이, 그 후 2년 이상 산업안전의 실무에 종사한 경험을 가진 사람.

② 학교교육법에 따라 고등학교(구 중등학교령 : 1943년 칙령 제36호)에 의한 중등학교를 포함 또는 중등교육학교에서 이과 계통의 정규학과를 수료하고 졸업한 사람으로, 그 후 4년 이상 산업안전의 실무에 종사한 경험을 가진 사람.

2. 노동 안전 컨설턴트.

3. 전 2호의 노동안전 컨설턴트 외, 후생노동대신이 정하는 사람.

〈안전 관리자의 순시 및 권한의 부여〉

'노동안전위생규칙' 제6조, 안전관리자는 작업장 등을 순시하고, 설비, 작업방법 등에 위험 우려가 있을 때는, 즉시, 그 위험을 방지하기 위하여 필요한 조치를 강구해야 한다.

2. 사업자는 안전관리자에 대해서 안전에 관한 조치를 할 수 있는 권한을 부여해야 한다.

(3) 위생관리자의 선임

〈위생관리자를 선임해야 하는 사업장〉

◉ 노동안전위생법

'노동안전위생법' 제12조, 사업자는 정부령에서 정한 규모의 사업장마다 도도부현 노동국장의 면허를 받은 사람 및 그 외 후생노동성령에서 규정한 자격을 가진 사람 중에서 후생노동성령으로 정하는 바에 따라, 해당 사업장의 업무 구분에 따라 위생관리자를 선임한다. 또한, 그 사람에게 제10조 제1항 각호의 업무(제25조의2 제2항의 규정에 의해 기술적 사항을 관리하는 사람을 선임한 경우에 있어서는, 동 조 제1항 각호의 조치에 해당되는 것을 제외한다.) 중 위생에 관련된 기술적 사항을 관리하게 해야 한다.

2. 전조 제2항의 규정은 위생 관리자에 대해서 준용한다.

◉ 노동안전위생법시행령

　'노동안전위생법시행령' 제4조에 의하면, <u>상시 50명 이상의 노동자</u>를 사용하는 사업장에서는 위생관리자의 선임이 의무로 되어 있다. 직장에서 일하는 사람의 건강장애나 노동재해방지를 위한 활동이 주된 역할이다. 위생 관리자가 되기 위해서는, 제1종 또는 제2종 위생 관리자 면허가 필요하다.

◉ 노동안전위생규칙

　'노동안전위생규칙' 제7조[19])에는, "노동안전위생법 제12조 제1항의 규정에 의해서 위생관리자의 선임은 다음과 같이 정해진 바에 따라 실시해야 한다."고 규정하고 있다.

1. 위생관리자를 선임해야 하는 사유가 발생한 날부터 14일 이내에 선임할 것.
2. 그 사업장에 전속인 사람을 선임할 것. 단, 두 명 이상의 위생관리자를 선임하는 경우에는, 해당 위생관리자 중에 제10조 제3호에 거명한 사람이 있을 때는 해당 사람 중 한 명에 대해서는 그러하지 아니하다.
3. 다음에 제시하는 업종의 구분에 따라 각각 거론되는 사람 중에서 선임할 것.
   ① 농림축수산업, 광업, 건설업, 제조업(물건의 가공업 포함), 전기업, 가스업, 수도업, 열공급업, 운송업, 자동차정비업, 기계 수리업, 의료업 및 청소업 제1종 위생관리자 면허 혹은 위생공학 위생관리자 면허를 가진 사람 또는 제10조 각호에 제시하는 사람
   ② 그 외의 업종 제1종 위생관리자 면허, 제2종 위생관리자 면허 혹은 위생공학 위생관리자 면허를 가진 사람 또는 제10조 각호에 제시한 사람
4. 다음 표의 위의 난에 제시한 사업장의 규모에 따라, 동 표의 아래 난에 제시한 수 이상의 위생 관리자를 선임할 것.[20])

---

19) 労働安全衛生規則第7条, https://elaws.e-gov.go.jp/document?lawid=347M50002000032(2024.5.22)
20) 労働安全衛生規則第4条, https://elaws.e-gov.go.jp/document?lawid=347M50002000032(2024.5.15)

■ 사업장규모별 위생관리자 인원수

사업장의 규모(상시 사용 노동자 수)	위생관리자 수
50인 이상~200인 이하	1인
200인 이상~500인 이하	2인
500인 이상~1000인 이하	3인
1000인 이상~2000인 이하	4인
2000인 이상~3000인 이하	5인
3000인을 초과하는 경우	6인

자료 : 노동안전규칙 제7조 4항[21]

    5. 다음에 제시한 사업장에서는, 위생관리자 중 적어도 한 명은 전임 위생관리
       자로 할 것.
       ① 상시 1000명을 초과하는 노동자를 사용하는 사업장
       ② 상시 500명을 초과하는 노동자를 사용하는 사업장으로, 갱내 노동 또는
         노동기준법시행 규칙(1947년 후생성령 제23호) 제18조 각호에 제시한 업
         무에 상시 30명 이상의 노동자를 종사하게 하는 사업장
    6. 상시 500명이 넘는 노동자를 사용하는 사업장으로, 갱내 노동 또는 노동안
       전위생규칙 제18조 제1호, 제3호로부터 제5호까지 혹은 제9호에 제시한 업
       무에 상시 30명 이상의 노동자를 종사하게 하는 사업장은 위생관리자 중 한
       명을 위생공학 위생관리자 면허를 받은 사람 중에서 선임할 것.
  2. 제2조 제2항 및 제3조의 규정은 위생관리자에 대해서 준용한다.

〈위생관리자 선임의 특례〉

'노동안전위생규칙' 제8조[22] 사업자는 전 조 제1항의 규정에 의해 위생관리자를

---

21) 労働安全衛生規則 제7조4항 참조, https://elaws.e-gov.go.jp/document?lawid=347M50002000032
    (2024.5.15)
22) 労働安全衛生規則第8条, https://elaws.e-gov.go.jp/document?lawid=347M50002000032(2024.5.15)

선임할 수 없는 어쩔 수 없는 사유가 있는 경우로, 관할 도도부현 노동국장의 허가를 받았을 때는 동항의 규정에 따르지 않을 수 있다.

〈공동의 위생관리자의 선임〉

'노동안전위생규칙' 제9조, 도도부현 노동국장이 필요하다고 인정할 때는 지방노동심의회의 회의를 거쳐서 위생관리자 선임을 필요가 없는 두 개 이상의 사업장에서 동일한 지역에 있는 것에 대해서는 공동으로 위생관리자를 선임할 것을 권고할 수 있다.

〈위생관리자의 자격〉

'노동안전위생규칙' 제10조, '노동안전위생법' 제12조 제1항의 후생노동성령으로 정하는 자격을 가진 자는 다음과 같다.

1. 의사
2. 치과 의사
3. 노동위생 컨설턴트
4. 전 3호에 제시한 사람 외에 후생노동대신이 정하는 사람

〈위생관리자의 정기 순시 및 권한의 부여〉

'노동안전위생규칙' 제11조, 위생관리자는 적어도 매주 1회는 작업장 등을 순시해서 설비, 작업 방법 또는 위생 상태에 유해의 우려가 있을 때는 즉시 노동자의 건강 장애를 방지하기 위한 필요한 조치를 강구해야 한다.

2. 사업자는 위생관리자에 대해 위생에 관한 조치를 할 수 있는 권한을 부여해야 한다.

〈위생공학에 관한 사항의 관리〉

'노동안전위생규칙 제12조', 사업자는 제7조 제1항 제6호의 규정에 의해 선임한 위생관리자에게, 동 법 제10조 제1항 각호의 업무 중에 위생에 관련된 기술적 사항으로 위생공학에 관한 것을 관리하게 해야 한다.

(4) 산업의(醫)의 선임

〈산업의 등을 선임해야 하는 사업장〉

◉ 노동안전위생법

'노동안전위생법' 제13조, 사업자는 정부령으로 정해진 규모의 사업장마다 후생노동성령의 규정에 의해서 의사 중에서 산업의를 선임하고, 그 사람에게 노동자의 건강관리 및 그 외의 후생노동성령에 정해진 사항(이하 "노동자의 건강관리 등")을 실행하게 해야 한다.

2. 산업의는 노동자의 건강관리 등을 실행하기 위해 필요한 의학에 관한 지식에 대해서 후생 노동성령으로 정하는 요건을 갖춘 사람이어야 한다.

3. 산업의는 노동자의 건강관리 등을 실행하는 데 필요한 의학에 관한 지식에 기초하여, 성실하게 그 직무를 수행해야 한다.

4. 산업의를 선임한 사업자는, 산업의에 대해 후생노동성령으로 정하는 바에 따라 노동자의 노동 시간에 관한 정보 및 그 외의 산업의가 노동자의 건강관리 등을 적절히 실행하기 위해서 필요한 정보는 후생노동성령으로 정하는 것을 제공해야 한다.

5. 산업의는 노동자의 건강을 확보하기 위해 필요하다고 인정할 때는, 사업자에 대해 노동자의 건강관리 등에 대해서 필요한 권고를 할 수 있다. 이 경우에 사업자는 해당 권고를 존중해야 한다.

6. 사업자는 전항의 권고를 받았을 때는 후생노동성령에서 정하는 바에 따라 해당 권고의 내용 및 그 외의 후생노동성령에서 정한 사항을 위생 위원회 또는 안전위생위원회에 보고해야 한다.

◉ 노동안전위생법시행령

'노동안전위생법시행령' 제5조23)에 의하면, 상시 50명 이상의 노동자를 사용하는 사업장에서는 산업의의 선임이 의무로 되어 있다. 노동자의 건강관리 등에 관해서는 전문적인 입장에서 지도·조언을 행할 의사의 선임이 필요하다.

---

23) 労働安全衛生法施行令, https://elaws.e-gov.go.jp/document?lawid=347CO0000000318(2024.5.12)

● 노동안전위생규칙

'노동안전위생규칙' 제13조,[24] '노동안전위생법' 제13조 제1항의 규정에 의해 산업의의 선임은 다음과 같이 정해진 규정에 의해서 실시해야 한다.

1. 산업의를 선임해야 하는 사유가 발생한 날부터 14일 이내에 선임할 것.
2. 다음에 제시한 사람(① 및 ②에는, 사업장의 운영에 관해서 이해관계를 가지지 않는 자를 제외) 이 외의 사람 중에서 선임할 것.
   ① 사업자가 법인의 경우에는 해당 법인의 대표자
   ② 사업자가 법인이 아닌 경우에는 사업을 영위하는 개인
   ③ 사업장에서 그 사업의 실시를 통괄 관리하는 사람
3. 상시 1000명 이상 노동자를 사용하는 사업장 또는 다음에 제시한 업무에 상시 500명 이상의 노동자를 사용하는 사업장에는 그 사업장에 전속된 사람을 선임할 것.
   ① 다량의 고열 물체를 취급하는 업무 및 현저하게 혹서인 장소에서의 업무
   ② 다량의 저온 물체를 취급하는 업무 및 현저하게 한랭한 장소에서의 업무
   ③ 라듐 방사선, 엑스선 및 그 외의 유해 방사선에 노출되는 업무
   ④ 토석, 짐승의 털 등의 먼지 또는 분말을 현저하게 비산(飛散)하는 장소에서의 업무
   ⑤ 이상 기압 하에서의 업무
   ⑥ 바위를 부수는 기계, 압정기 등의 사용으로 신체에 현저한 진동을 주는 업무
   ⑦ 중량물의 취급 등 무거움이 격한 업무
   ⑧ 보일러 제조 등 강렬한 소음을 발하는 장소에서의 업무
   ⑨ 갱내에서의 업무
   ⑩ 심야업을 포함한 업무
   ⑪ 수은, 비소(砒素), 황린(黃燐), 불화수소산, 염산, 초산, 황산, 청산, 가성

---

24) 労働安全衛生規則13条,https://elaws.e-gov.go.jp/document?lawid=347M50002000032(2024.5.15)

알칼리, 석탄산 및 그 외 이것들에 준하는 유해물을 취급하는 업무

⑫ 납, 수은, 크롬, 비소, 황린, 불화수소, 염소, 염산, 초산, 아황산, 황산, 일산화탄소, 이황화탄소, 청산, 벤젠, 아닐린 및 그 외 이것들에 준하는 유해물질 가스, 증기 또는 분진을 발산하는 장소에서의 업무

⑬ 병원체에 의해 감염의 우려가 현저한 업무

⑭ 그 외 후생 노동대신이 정하는 업무

4. 상시 3000명이 넘는 노동자를 사용하는 사업장에서는 두 명 이상의 산업의를 선임할 것.

② 제2조 제2항의 규정은 산업의에 대해서 준용한다. 단, 학교보건안전법(1958년 법률 제56호) 제23조(취학 전의 어린이에 관한 교육, 보육 등의 종합적인 제공의 추진에 관한 법률(2006년 법률 제77호. 이하 이 항 및 제44조의2 제1항에서 "인정 어린이 원법(園法)" 제27조에서도 준용하는 경우를 포함)의 규정에 따라 임명하고, 또 위촉된 학교의로, 해당 학교(동 조에서 준용하는 경우에는, 인정 어린이 원법 제2조 제7항에 규정하는 유치원보육원 연대형 인정 어린이 원)에서 산업의의 직무를 실시하게 된 것에 대해서는 그러하지 아니하다.

③ 제8조의 규정에는 산업의에 대해서도 준용한다. 이 경우에는 동 조 중에 "전 조 제1항"이라고 하는 것은 "제13조 제1항"으로 대체한다.

④ 사업자는 산업의가 사임했을 때, 또는 산업의를 해임했을 때는 지체 없이 그 취지 및 그 이유를 위생위원회, 또는 안전위생위원회에 보고해야 한다.

〈산업의 및 산업치과의의 직무 등〉[25]

'노동안전위생규칙' 제14조에는, '노동안전위생법' 제13조 제1항의 후생노동성령으로 정한 사항은 다음에 제시한 사항으로 의학에 관한 전문적 지식을 필요로 하는 것으로 한다.

---

25) 厚生労働省, https://anzeninfo.mhlw.go.jp/yougo/yougo101_1.html(2024.5.24)

① 건강진단의 실시 및 그 결과에 따라 노동자의 건강을 유지하기 위한 조치에 관한 것.

② '노동안전위생법' 제66조의8 제1항, 제66조의8의2 제1항 및 제66조의8의4 제1항에 규정된 면접지도 및 동 법 제66조의9에 규정된 필요한 조치의 실시 및 이러한 결과에 입각해 노동자의 건강을 유지하기 위한 조치에 관한 것.

③ 동 법 제66조의10 제1항에 규정된 **심리적인 부담**(스트레스)의 정도를 파악하기 위한 검사 실시 및 동 조 제3항에 규정하는 면접 지도의 실시 및 그 결과에 입각해 노동자의 건강을 보전 유지하기 위한 조치에 관한 것.

④ 작업 환경의 유지 관리에 관한 것.

⑤ 작업의 관리에 관한 것.

⑥ 앞 각호에 제시한 것 외, 노동자의 건강관리에 관한 것.

⑦ 건강교육, 건강 상담 및 그 외 노동자의 건강 유지 증진을 도모하기 위한 조치에 관한 것.

⑧ 위생교육에 관한 것.

⑨ 노동자의 건강 장애의 원인 조사 및 재발 방지를 위한 조치에 관한 것.

2. '노동안전위생법' 제13조 제2항에, 후생노동성령으로 정한 요건을 갖춘 사람은 다음과 같다.

① '노동안전위생법' 제13조 제1항에, 규정된 노동자의 건강관리 등("노동자의 건강관리 등")을 실시하는데 필요한 의학에 관한 지식에 대한 연수로 후생노동대신이 지정하는 사람(법인에 한정한다.)이 실시하는 것을 수료한 사람

② 산업의의 양성 등을 실행하는 것을 목적으로 하는 의학의 정규의 과정을 설치하고 있는 산업의과대학 및 그 외의 대학에서 후생노동대신이 지정한 것으로 해당 과정을 수료하고 졸업한 사람으로 그 대학이 실시하는 실습을 이수한 자.

③ 노동위생 컨설턴트 시험에 합격한 사람으로 그 시험의 구분이 보건 위생
일 것

④ 학교교육법에 의해 대학에서 노동위생에 관한 과목을 담당하는 교수, 준
교수 또는 강사(상시 근무하는 사람에게 한정한다. 상근자)나 또는 경력을
지닌 자.

⑤ 전 각호에 제시한 사람 외에 후생노동대신이 지정하는 사람

3. 산업의는 제①항 각호에 제시한 사항에 대해서, 총괄안전위생관리자에 대해
권고, 또는 위생관리자에 대해 지도하고 또 조언할 수 있다.

4. 사업자는 산업의가 '노동안전위생법' 제13조 제5항의 규정에 의한 권고를 한
것 또는 전항의 규정에 의한 권고, 지도 혹은 조언을 한 것을 이유로 산업의
에 대해 해임 및 그 외에 불이익한 취급을 하지 않도록 해야 한다.

5. 사업자는 '노동안전위생법시행령' 제22조 제3항의 업무에 상시 50명 이상의
노동자를 사용하는 사업장에 대해서는, 제1항 각호에 제시한 사항 중 해당
노동자의 치아 또는 그 지지조직에 관한 사항에 관해서 적시에 치과의사의
의견을 듣도록 해야 한다.

6. 전항의 사업장의 노동자에 대해서 '노동안전위생법' 제66조 제3항의 건강진
단을 행한 치과의사는 해당 사업장의 사업자 또는 총괄안전위생관리자에 대
해, 해당 노동자의 건강 장애(치아, 또는 그 지지조직에 관한 것에 한정)를 방지
하기 위해 필요한 시행을 권고할 수 있다.

7. 산업의는 노동자의 건강관리 등을 실행하기 위해 필요한 의학에 관한 지식
및 능력의 유지 향상에 노력해야 한다.

〈산업의에 대한 정보의 제공〉[26]

◉ 노동안전위생규칙

'노동안전위생규칙' 제14조의2에는, '노동안전위생법' 제13조 제4항의 후생노동성
령으로 정한 정보는 다음에 제시한 정보로 한다.

---

26) 厚生労働省, https://anzeninfo.mhlw.go.jp/yougo/yougo101_1.html(2024.5.24)

① '노동안전위생법' 제66조의5 제1항, 제66조의8 제5항(동법 제66조8의2 제2항, 또는 제66조8의4 제2항으로 대체해서 준용한 경우도 포함) 또는 제66조의10 제6항의 규정에 의해 이미 강구한 조치, 또는 강구하려고 하는 조치의 내용에 관한 정보(이러한 조치를 강구하지 않는 경우에는, 그 취지 및 그 이유)

② '노동안전위생규칙' 제52조의2 제1항, 제52조7의2 제1항 또는 제52조7의4 제1항을 초과한 시간이 1개월당 80시간을 넘는 노동자의 이름 및 해당 노동자에 관련된 해당 초과 시간에 관한 정보

③ 전 ②호에 거론한 것 외에 노동자의 업무에 관한 정보에서 산업의가 노동자의 건강관리 등을 적절하게 실시하기 위하여 필요하다고 인정되는 것

2. '노동안전위생법' 제13조 제4항의 규정에 의한 정보의 제공은, 다음 각호에서 제시한 정보의 구분에 따라 해당 각호에 정해진 규정에 따라 실시하는 것으로 한다.

① 전항 제①호에 제시한 정보, '노동안전위생법' 제66조의4, 제66조의8 제4항(동법 제66조8의2 제2항, 또는 제66조8의4 제2항에서 준용하는 경우를 포함) 또는 제66조의10 제5항의 규정에 의한 의사 또는 치과의사로부터의 의견 청취를 실시한 후 지체 없이 제공할 것.

② 전항 제2호에 제시한 정보, 제52조의2 제2항(제52조7의2 제2항 또는 제52조7의4 제2항에 있어서 준용하는 경우를 포함)의 규정에 의해 동 호를 초과한 시간의 산정을 실시한 후 신속하게 제공할 것.

③ 전항 제3호에 제시한 정보, 산업의로부터 해당 정보의 제공이 요청이 있으면 신속하게 제공할 것.

〈산업의에 의한 권고 등〉[27]

'노동안전위생규칙' 제14조의3, 산업의는 '노동안전위생법' 제13조 제5항의 권고를 하려고 할 때는 미리 해당 권고의 내용에 대해서는 사업자의 의견을 구하는 것으로 한다.

---

27) 厚生労働省, https://anzeninfo.mhlw.go.jp/yougo/yougo101_1.html(2024.5.24)

2. 사업자는 '노동안전위생법' 제13조 제5항의 권고를 받았을 때는, 다음에 제시한 사항을 기록하고 이것을 3년간 보존해야 한다.
   ① 해당 권고의 내용
   ② 해당 권고에 입각해서 강구한 조치 내용(조치를 강구하지 아니한 경우에는 그 취지와 이유)
3. '노동안전위생법' 제13조 제6항의 규정에 의한 보고는 동 조 제5항의 권고를 받은 후 지체 없이 실시할 것.
4. '노동안전위생법' 제13조 제6항의 후생노동성령으로 정한 사항은 다음에 제시한 사항으로 한다.
   ① 해당 권고의 내용
   ② 해당 권고에 입각하여 강구한 조치 또는 강구하려고 하는 조치 내용(조치를 강구하지 않은 경우에는, 그 취지 및 그 이유)

<산업의에 대한 권한의 부여 등>[28]

'노동안전위생규칙' 제14조의4, 사업자는 산업의에 대해서 제14조 제1항 각호에 거론한 사항을 할 수 있도록 권한을 주어야 한다.

2. 전항의 권한에는, 제14조 제1항 각호에 거론한 사항에 관련된 다음 제시 사항에 관한 권한이 포함되는 것으로 한다.
   ① 사업자 또는 총괄인진위생관리사에 대해서 의견을 말하는 것.
   ② 제14조 제1항 각호에 거론한 사항을 실시하기 위하여 필요한 정보를 노동자로부터 수집할 것.
   ③ 노동자의 건강을 확보하기 위해서 긴급을 요하는 경우에는, 노동자에 대해서 필요한 조치를 취해야 한다는 것을 지시할 것.

〈산업의의 정기 순시〉

'노동안전위생규칙' 제15조, 산업의는 적어도 월 1회(산업의가 사업자로부터 매월 1

---

28) 厚生労働省, https://anzeninfo.mhlw.go.jp/yougo/yougo101_1.html(2024.5.24)

회 이상, 다음에 제시한 정보의 제공을 받고 있는 경우에 사업자의 동의를 얻었을 때는 적어도 2개월에 한번) 작업장 등을 순시하고, 작업방법 또는 위생 상태에 유해의 우려가 있을 때는 즉시 노동자의 건강장애를 방지하기 위하여 필요한 조치를 강구해야 한다.

① 제11조 제1항의 규정에 의해 위생관리자가 실시하는 순시의 결과

② 전 호에 제시한 것 외에 노동자의 건강 장애를 방지하고, 또 노동자의 건강을 유지하기 위하여 필요한 정보가 있으면, 위생위원회 또는 안전위생위원회에서의 조사 심의를 거쳐 사업자가 산업의에게 제공할 것

〈산업의를 선임해야 하는 사업장 이외의 사업장 노동자의 건강관리 등〉

'노동안전위생규칙' 제15조의2, 동법 제13조의2 제1항의 후생노동성령으로 정한 사람은 노동자의 건강관리 등을 실시하는데 필요한 지식을 가지는 보건사로 한다.

2. 사업자는 동 규칙 제13조 제1항의 사업장 이외의 사업장에 대해서, 동법 제13조의2 제1항에 규정하는 사람에게 노동자의 건강관리 등의 전부 또는 일부를 실행함에 있어서 노동자의 건강관리 등을 실시하는 동 항이 규정하는 의사의 선임, 국가가 노동안전위생법 제19조의3에 규정하는 원조로서 행하는 노동자의 건강관리 등에 관한 업무에 대해서 상담 및 그 외의 필요한 원조사업의 이용 등에 노력해야 한다.

3. 동 규칙 제14조의2 제1항에는 「'노동안전위생법' 제13조의2 제2항에서 준용하는 '노동안전위생법' 제13조 제4항의 후생노동성령으로 정하는 정보에 관해서 동 규칙 제14조의2 제2항의 규정은 '노동안전위생법' 제13조의2 제2항에서 준용하는 '노동안전위생법' 제13조 제4항의 규정에 의한 정보의 제공에 대해서 각각 준용한다.」고 규정하고 있다.

(5) 작업주임자의 선임

〈작업주임자를 선임해야 하는 사업장〉[29]

'노동안전위생법' 제14조,[30] 사업자는 고압실내작업 및 그 외의 노동재해를 방지하기 위해 관리를 필요로 하는 작업에서 정부령으로 정해진 것에 관해서는, 도도부현 노동국장의 면허를 받은 사람 또는 도도부현 노동국장의 등록을 받은 사람이 실시하는 기능강습을 수료한 사람 중에서 후생노동성령이 정하는 바에 따라, 해당 작업을 구분해서 작업주임자를 선임하고, 그 사람에게 해당 작업에 종사하는 노동자의 지휘 및 그 외의 후생노동성령에서 정해진 사항을 실행하게 해야 한다.

'노동안전위생법시행령'[31] 제6조에는 작업주임자를 선임해야 하는 작업을 간략하게 소개하면 다음과 같다.

① 고압 실내작업(이하 생략)

② 아세틸렌 용접장치 또는 가스집합용접장치를 이용한 금속의 용접, 용단 또는 가열작업(이하 생략)

③ 기계집제장치(機械集材裝置), 즉 집제기, 가선, 반기, 지주 및 구성, 동력 이용, 공중 운반, 도로운반 등(이하 생략)

④ 보일러 취급 작업(소형 제외) 등(이하 생략)

'노동안전위생규칙'는 제16조에 의하면, 「'노동안전위생법' 제14조의 규정에 의한 작업주임자의 선임은 별표 제1[32]의 위의 난에 제시한 작업의 구분에 따라 동 표의 중간 난에 제시한 자격을 가지는 사람 중에서 선임하도록 하고, 그 작업 주임자의 명칭은 동 표의 아래 난에 제시한 대로 한다.

2. 사업자는 '노동안전법시행령' 제6조 제17호의 작업 중, 압축수소, 압축천연가스 또는 액화천연가스를 연료로 하는 자동차 「(도로운송차량법: 1951년 법률 제185

---

29) 厚生労働省, https://anzeninfo.mhlw.go.jp/yougo/yougo101_1.html(2024.5.24)

30) 労働安全衛生法第14条, https://elaws.e-gov.go.jp/document?lawid=347AC0000000057(2024.5.11)

31) 労働安全衛生法施行令, https://elaws.e-gov.go.jp/document?lawid=347CO0000000318(2024.5.12)

32) 労働安全衛生規則, https://elaws.e-gov.go.jp/document?lawid=347M50002000032(2024.5.19)

호)에 규정된 보통자동차 소형자동차 또는 경자동차(동 법 제58조 제1항에 규정하는 검사 대상 외 경자동차를 제외.)로, 동 법 제2조 제5항에 규정한 운행 용도로 이용하는 것에 한정한다.」의 연료 장치 중 동법 제41조 제1항의 기술기준에 적합한 것으로 이용되는 제1종 압력용기 및 고압가스보안법(1951년 법률 제204호), 가스 사업법 (1954년 법률 제51호) 또는 전기사업법(1964년 법률 제170호)의 적용을 받는 제1종 압력용기의 취급 작업에 대해서는, 전항의 규정에 관계없이 보일러 및 압력용기안전 규칙(1972년 노동성령 제33호: 이하 "보일러 칙")이 정하는 바에 따라 특정 제1종 압력용기 취급 작업 주임자 면허를 받은 사람 중에서 제1종 압력용기 취급 작업주임자를 선임할 수 있다.

〈작업주임자의 직무 분담〉

'노동안전위생규칙' 제17조, 사업자는 별표 제1의 위의 난에 제시한 하나의 작업을 동일한 장소에서 시행할 경우에, 해당 작업에 관련된 작업주임자를 두 명 이상 선임했을 때는 각각의 작업주임자의 직무 분담을 정해 두어야 한다.

〈작업주임자의 이름 등의 주지〉

'노동안전위생규칙' 제18조, 사업자가 작업주임자를 선임했을 경우, 해당 작업주임자의 이름 및 그 사람이 행해야 하는 사항을 작업장에서 보기 쉬운 장소에 게시하는 등으로 관계 노동자에게 주지시켜야 한다.

(6) 통괄안전위생책임자의 선임

〈통괄안전위생책임자의 선임해야 하는 사업장 등〉

'노동안전위생법' 제15조에 의하면[33] 사업자가 하나의 장소에서 실시하는 사업 중 일의 일부를 청부인에게 하청하는 것(해당 사업 일의 일부를 하청하는 하청계약이 2개 이상이기 때문에, 그 사람이 2개 이상 가지고 있을 때는, 해당 청부 계약 중 가장 먼저 청부계약에서 주문한 자를 선임한다. 이하 "원청 사업자") 중, 건설업 및 그 외 정부시행

---

33) 労働安全衛生法第15条, https://elaws.e-gov.go.jp/document?lawid=347AC0000000057(2024.5.10)

령에 정한 업종에 속하는 사업(이하 "특정 사업")을 실시하는 사람(이하 "특정 원청 사업자")은, 그 노동자 및 그 청부인(원청 사업자의 해당 사업의 일이 수차의 청부계약으로 이루어질 때는, 해당 청부인의 청부 계약이 차후에 모두 청부 계약의 당사자인 청부인을 포함. 이하 "관계 청부인"이라 한다.)의 노동자가 해당 장소에서 작업을 실시할 때는 이러한 노동자의 작업이 동일한 장소에서 이루어지고 발생하기 쉬운 노동재해를 방지하기 위해, 통괄안전위생책임자를 선임해서 그 사람에게 원청 안전위생관리자의 지휘를 맡김과 동시에, 동 법 제30조 제1항 각호의 사항을 통괄관리하게 해야 한다. 단, 이러한 노동자의 수가 정령에서 정한 수 미만일 때에는 그러하지 아니하다.

2. 통괄안전위생책임자는 해당 장소에서 그 사업의 실시를 통괄관리하는 사람을 배치하지 않으면 안 된다.

3. 동 법 제30조 제4항의 경우, 동 항의 모든 노동자의 수가 정령으로 정하는 수 이상일 때는 해당 지명된 사업자가 이러한 노동자에 관해서 노동자의 작업이 동일한 장소에서 행해지는 것으로 발생하기 쉬운 노동재해를 방지하기 위해, 통괄안전위생책임자를 선임하고, 그 사람에게 원청 안전위생관리자를 지휘케 함과 동시에, 동 조 제1항 각호의 사항을 통괄관리하게 해야 한다. 이 경우에 해당 지명된 사업자 및 해당 지명된 사업자 이 외의 사업자에 대해서는 제1항의 규정은 적용하지 않는다.

4. 제1항 또는 전항에 정하는 것 외에 제25조의2 제1항에 규정된 일이 수차에 걸쳐 청부 계약이 이루어지는 경우에는, 제1항 또는 전항의 규정에 의해 통괄안전위생책임자를 선임한 사업자는, 통괄안전위생책임자에게 제30조의3 제5항에서 준용하는 제25조의2 제2항의 규정에 의해 기술적 사항을 관리하는 사람을 지휘케 함과 동시에, 동 조 제1항 각호의 조치를 통괄관리하게 해야 한다.

5. 동 법 제10조 제3항의 규정은 통괄안전위생책임자의 업무 집행에 관해서 준용한다. 이 경우에 동 항 중「사업자」라고 하는 것은「해당 통괄안전위생책임자를 선임한 사업자」로 대체한다.

'노동안전위생법시행령' 제7조,[34] '노동안전위생법' 제15조 제1항 정령에 정해진 업종은 조선업으로 한다.

2. '노동안전위생법' 제15조 제1항에 단서 및 제3항의 정령에 규정된 노동자 수는, 다음 각호에 거론하는 일을 구분해서 대응하고 해당 각호에 정해진 인수로 한다.

① 터널 등을 건설하는 일, 교량 건설사업(작업장이 좁은 것 등으로 안전한 작업 수행에 지장을 줄 장소로 후생노동성에서 정해진 장소에서 실시되는 것에 한한다.) 또는 압기공법에 의한 작업을 수행하는 일. 상시 30인 이상인 작업

② 전항에 거론한 일 이외의 일. 상시 50인 이상 작업

즉, **통괄안전위생책임자**는, 일정한 업종에 대해서 하나의 사업 장소마다 선임되어, 복수의 관계 청부인의 노동자가 혼재하는 장소 등에서 노동재해방지를 위해 지휘 및 통괄관리를 한다.

〈통괄안전위생책임자의 선임 업종〉[35]

① 업종

통괄안전위생책임자를 선임해야 하는 업종은 **건설업, 조선업 2개의 업종으로**, 이들을 특정 사업이라고 말한다. 하나의 장소에서 실시하는 일의 일부를 관계 청부인(협력회사)에 하청받게 해서 하청을 주는데, 가장 먼저 주문자를 원청 사업자라고 말한다. 특정 사업의 경우는, 원청 사업자가 동일한 장소에서 복수의 관계 청부인에게 일을 하청받게 하는 것이 많기 때문에, 혼재작업 시 노동재해방지 관점에서 특정 사업의 원청 사업자는, 특정 원청 사업자로 지정되어 안전위생법령상 각종 의무를 지게 된다.

---

34) 労働安全衛生法施行令, https://elaws.e-gov.go.jp/document?lawid=347CO0000000318(2024. 5.10)

35) 厚生労働省, https://anzeninfo.mhlw.go.jp/yougo/yougo101_1.html(2024.5.24)

② 장소

하나의 장소의 범위에 대해서는 노동자의 작업의 혼재성을 고려해 정해지지만, 일반적으로는 다음과 같다.

건축공사 관계	빌딩 건설공사	해당 공사의 작업장의 전역
	철탑 건설공사	해당 공사의 작업장의 전역
	송배전선전기공사	해당 공사의 공구(工区)까지
	변전소 또는 화력 발전소 건설공사	해당 공사의 작업장의 전역
토목공사 관계	지하철도 건설공사	해당 공사의 공구까지
	도로 건설공사	해당 공사의 공구까지
	터널 건설공사	해당 공사의 공구까지
	교량 건설공사	해당 공사의 작업장의 전역
	수력 발전소 건설공사	제방 공사의 작업장의 전역
		수로 터널 공사의 공구까지
		발전소건설공사 작업장의 전역
조선업 관계	선각(船殼) 작업장의 전역, 의장(艤装) 또는 수리 작업장의 전역, 조기(造機) 작업장의 전역 또는 조선소의 전역	

자료출처: 厚生労働省(職場のあんぜんサイト)[36]

〈하청사업자 모델〉[37]

다음 도표는 일본의 원청 사업자와 하청사업자를 알기 쉽게 도표로 그려 설명한 내용이다.

기업이나 특정 기관 등에서 사업을 발주하는 발주자(發注者)가 있고, 이를 수행하기 위한 첫 번째 수탁사업자인 '원청 사업자(元請負人: 元方事業者)'가 있다. 경우에

---

36) 厚生労働省, https://anzeninfo.mhlw.go.jp/yougo/yougo101_1.html#top(2024.5.19)
37) 厚生労働省, https://anzeninfo.mhlw.go.jp/yougo/yougo101_1.html#top(2024.5.25)

따라서는 원청 사업자가 다시 제2차 발주를 해 하청을 받은 '하청부인(下請負人)'이 있고, 이를 제3차로 발주해 하청을 주면, 재하청(孫請負人)으로 설명하고 있다.[38]

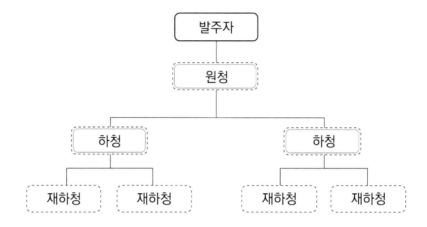

1. 선으로 그린 네모상자 안의 사람은 하나의 장소에서 시행하는 사업의 일부를 또 다른 청부인에게 청부하여 하청 준 그림
2. 점선으로 그린 네모상자 안의 사람은 하나의 장소에서 하청 주지 않고 자기 스스로가 사업을 시행하고 있는 사업임

자료 출처: **厚生労働省(職場のあんぜんサイト)**[39]

③ 선임 요건

다음 표와 같이 공사의 종류에 따라 선임 요건이 다르다. 또, 현장(店社) 안전위생관리자에 대해서도 공사의 종류 및 하나의 장소 규모에 따라 선임 요건이 다르기 때문에 선임해야 하는 공사의 종류와 하나의 장소의 규모에 대해서 통괄안전위생책임자(및 원청 안전 위생관리자, 안전위생책임자)와 사업장 안전위생관리자의 선임 구분을 정리하면 다음 표와 같다.

---

38) 厚生労働省, https://anzeninfo.mhlw.go.jp/yougo/yougo101_1.html(2024.5.19)
39) 厚生労働省, https://anzeninfo.mhlw.go.jp/yougo/yougo101_1.html(2024.5.25)

■ 안전위생관리자의 선임 요건

구분	규모: 노동자수		
공사의 종류	20인 이상	30인 이상	50인 이상
(1) 터널 등의 건설작업	현장(店社)안전위생관리		통괄안전위생책임자 원청 안전위생관리자 안전위생책임자
(2) 압기공법에 의한 작업을 행하는 일	현장(店社)안전위생관리		통괄안전위생책임자 원청 안전위생관리자 안전위생책임자
(3) 일정한 교량건설작업	현장(店社)안전위생관리		통괄안전위생책임자 원청 안전위생관리자 안전위생책임자
(4) 철골 구조, 철골 철근 콘크리트 구조의 건축물 건설 작업	현장(店社) 안전위생관리		통괄안전위생책임자 원청 안전위생관리자 안전위생책임자
(5) 그 외의 작업(조선 현장, 목조 건축, 개수 보수 공사 현장 등)	-		통괄안전위생책임자 원청 안전위생관리자 안전위생책임자

자료 출처: 厚生労働省(職場のあんぜんサイト)[40]

주 1. (1)~(4)의 작업에, (원청 안전위생관리자 포함) 통괄안전위생책임자를 선임, 지휘 및 통괄관리시킨 경우에는 원청 안전위생관리자를 선임해서 해당 직무를 수행하고 있다(동 규칙 제18조의6 제2항).

주 2. (1)~(5)의 작업에서, 건설업에서의 원청 사업자가 통괄안전위생책임자를 선임할 경우는 전속된 사람으로 선임하도록 노력해야 한다(원청 사업자에 의한 건설현장안전관리지침).

---

40) 厚生労働省, https://anzeninfo.mhlw.go.jp/yougo/yougo101_1.html(2024.5.19)

주 3. 「일정한 교량」이란, 인구가 집중하고 있는 지역 내의 도로 혹은 도로에 인접한 또는 철도의 궤도상 혹은 궤도에 인접한 장소를 말한다(동 규칙 제18조의2).

주 4. (1)의 작업 중, 출입구로부터의 거리가 1,000m 이상의 장소에서 작업을 실시하는 것 또는 깊이가 50m 이상이 되는 수직 갱(통로로서 이용되는 것에 한정한다.)의 굴착을 수반하는 것. (2)의 작업 중, 게이지 압력 0.1 메가 파스칼 이상으로 실시하게 되는 것에 대해서는 건설업의 원청 사업자는 구호에 관한 기술적 사항을 관리하는 사람(구호기술 관리자)을 선임할 필요가 있다(노동안전위생법 제25조의2, 노동안전위생법 제30조의3, 노동안전위생법시행령 제9조의2).

④ 선임자

통괄 안전 위생 책임자를 선임(임명)하는 것은 특정 원청 사업자이다.

⑤ 자격

통괄안전위생책임자는 해당 장소에서 그 사업의 실시를 통괄관리 하는 사람으로 충당해야 한다. 또한, 통괄안전위생책임자에 대해서는 통괄안전위생관리에 관한 교육을 받은 사람 중에서 선임하도록 노력해야 한다(원청 사업자에 의한 건설현장안전관리지침).

⑥ 보고

특정 원청 사업자는 사업 개시 후, 지체 없이 해당 장소를 관할하는 노동기준감독서장에게 특정 원청 사업자의 사업 개시 보고를 실시해야 한다. 다만, 통괄안전위생책임자를 선임해야 할 때는 그 취지 및 통괄안전위생책임자의 이름을 병행해서 보고할 필요가 있다.

⑦ 대리자의 선임

특정 원청 사업자는, 통괄안전위생책임자가 여행, 질병, 사고 및 그 외 어쩔 수 없는 사유로 직무를 행할 수 없을 때는 대리자를 선임하지 않으면 안 된다.

⑧ 통괄안전위생책임자의 직무

통괄안전위생책임자의 직무는 원청 안전위생관리자를 지휘하고, 다음 사항에 대해서 통괄관리 하는 것이다.

ⓐ 협의 조직의 설치 및 운영

ⓑ 작업 간의 연락 및 조정

ⓒ 작업 장소의 순시

ⓓ 관계 청부인이 실시하는 노동자의 안전위생교육에 대한 지도 및 원조

ⓔ 작업 공정에 관한 계획, 작업 장소에서의 기계 설비 등의 배치 계획 작성 및 해당 기계, 설비 등을 사용하는 작업에 관해 관계 청부인이 노동안전위생법 또는 이에 입각한 명령 규정에 따라 강구해야 하는 조치에 관한 지도

ⓕ 그 외 노동재해를 방지하기 위해서 필요한 사항

또, 건설업에서 원청 사업자에 대해서는, 「원청 사업자에 의한 건설현장안전관리 지침(1995년 4월 21일부 기발 제267호의2)」에서 원청 사업자가 실시해야 하는 역할에 대해서도 확인 후, 원청 안전위생관리자와 일체가 되어 현장의 통괄안전위생관리에 노력하도록 했다.

이어서 구호기술 관리자를 선임한 경우, 통괄안전위생책임자는 구호기술 관리자를 지휘하고, 다음 사항에 대해서 통괄관리하도록 했다.[41]

ⓐ 노동자의 구호에 관해 필요한 기계 등의 비치 및 관리

ⓑ 노동자의 구호에 관해 필요한 사항에 대한 훈련

ⓒ 폭발, 화재 등에 대비하여 노동자의 구호에 관해 필요한 사항

---

41) 厚生労働省, https://anzeninfo.mhlw.go.jp/yougo/yougo101_1.html(2024.5.24)

(7) 원청 사업자(元方) 안전위생관리자의 선임[42)

'노동안전위생법' 제15조의2, 전 조 15조 제1항 또는 제3항의 규정에 의해 통괄안전위생책임자를 선임한 사업자로, 건설업 및 그 외 정부령으로 정하는 업종에 속하는 사업을 수행하는 사람은 후생노동성령에서 정하는 자격을 가진 사람 중에서 후생노동성령이 정하는 규정에 따라, 원청 안전위생관리자를 선임하고 그 사람에게 제30조 제1항 각호의 사항 중 기술적 사항을 관리하게 해야 한다.

2. 동 법 제11조 제2항의 규정은 원청 안전위생관리자에 대해서도 준용한다. 이 경우에 동항 중 「사업자」라는 것은 원청 안전위생관리자를 선임한 사업자로 대체한다.

'노동안전위생규칙' 제18조의3, '노동안전위생법' 제15조의2 제1항의 규정에 의한 원청 안전 위생관리자의 선임은 그 사업장에 전속인 사람을 선임해서 실행하게 해야 한다.

〈원청 안전위생관리자의 자격〉

'노동안전위생규칙' 제18조의4, '노동안전위생법' 제15조의2 제1항의 후생노동성령에서 정해진 자격을 가지는 사람은 다음과 같다.0

① 학교교육법에 의한 대학 또는 고등전문학교에서의 이과 계통의 정규 과정을 이수하고 졸업한 사람으로, 그 후 5년 이상 건설공사의 시공에서 안전위생의 실무에 종사한 경험이 있는 자

② 학교교육법에 의한 고등학교 또는 중등교육학교에서 이과 계통의 정규의 학과를 이수하고 졸업한 사람으로, 그 후 5년 이상 건설공사의 시공에서 안전위생의 실무에 종사한 경험을 가잔 자

③ 전 ②호에 제시한 사람 외, 후생 노동대신이 정하는 사람

---

42) 労働安全衛生規則, https://elaws.e-gov.go.jp/document?lawid=347M50002000032(2024.5.24)

〈권한의 부여〉

'노동안전위생규칙' 제18조의5, 사업자는 원청 안전위생관리자에 대해서 그 노동자 및 관계청부인의 노동자의 작업이 동일한 장소에서 이루어짐에 따라서 발생하는 노동재해를 방지하기 위하여 필요한 조치를 취할 수 있는 권한을 부여하여야 한다.

(8) 현장(店社) 안전위생관리자[43] 선임[44]

〈현장 안전위생관리자의 선임에 관한 노동자 교육〉

'노동안전위생법' 제15조의3[45] 건설업에 속하는 사업의 원청 사업자는, 그 노동자 및 관계 청부인의 노동자가 하나의 장소(이러한 노동자의 수가 후생노동성령이 정하는 수 미만인[46] 장소 및 제15조 제1항 또는 제3항의 규정에 의해 통괄안전위생책임자를 선임해야 하는 장소를 제외)에서 작업을 실시할 때는, 해당 장소에서 행해지는 일에 관련된 청부계약을 체결하고 있는 사업장마다, 이러한 노동자의 작업이 동일한 장소에서 행해지며 발생하는 노동재해를 방지하기 위해, 후생노동성령이 정하는 자격을 가진 사람 중에서 후생노동성령의 규정에 따라, **현장**(店社) **안전위생관리자**를 선임한다. 또한 선임한 그 사람에게 해당 사업장에서 체결하고 있는 해당 청부 계약에 관련된 일을 실시하는 장소에서 제30조 제1항 각호의 사항을 담당하는 사람에 대한 지도 및 그 외 후생노동성령에서 정한 사항을 실행해야 한다.

---

43) 건설현장에서 통괄안전위생책임자, 원청 안전위생관리자, 안전위생책임자의 선임 의무가 없는 중소 규모의 건설 현장에서는, 현장 전체의 안전관리체제가 충분히 확립되지 않아, 노동재해 발생 우려가 매우 높은 상황에서, 통괄안전위생책임자, 원청 안전위생관리자, 안전위생책임자를 선임해야 하는 법적요건은 필요 없지만, 상시 20인 이상 50인 미만(49인) 규모의 건설공사에 청부계약을 체결하고 있는 사업장에, 원청이 현장(店社) 안전위생관리자를 선임해 해당 건설공사의 통괄안전위생관리를 실시하도록 하는 사람(현장 대리인 등)을 말한다. 즉 현장 통괄안전위생관리책임자를 말한다.

44) 労働安全衛生規則, https://elaws.e-gov.go.jp/document?lawid=347M50002000032(2024.5.25)

45) 労働安全衛生法第15条, https://elaws.e-gov.go.jp/document?lawid=347AC0000000057(2024.5.12)

46) 예를 들면, 건설 현장에서 원청이 여러 개 하청을 주고 동시에 동시다발로 건축을 실시할 경우 작업 현장마다 20인 이상 49인 이하 현장에 현장(店社) 안전위생관리자를 임명해 관여하게 함을 말한다.

2. '노동안전위생법' 제30조 제4항의 경우, 동 항의 모든 노동자의 수가 후생노동성령에서 정하는 수 이상일 때(제15조 제1항 또는 제3항의 규정에 의해 통괄안전위생책임자를 선임해야 할 때를 제외)는, 해당 지명된 사업자에서 건설업에 속하는 사업 일을 실시하는 사람, 또한 해당 장소에서 관련된 일을 청부계약하고 실행하고 있는 사업장마다, 노동자와 관련해 노동자의 작업이 동일한 장소에서 이루어지며 발생하는 노동재해를 방지하기 위해, 후생노동성령에서 정하는 자격을 가진 사람 중에서 후생노동성령이 정하는 바에 따라 현장안전위생관리자를 선임해야 한다. 동시에 그 사람에게 해당 사업장에서 체결하고 있는 청부계약에 관련된 일을 실행하는 장소에서 '노동안전위생법' 제30조 제1항 각호의 사항을 담당하는 사람에 대한 지도 및 그 외 후생노동성령으로 정하는 사항을 실행하게 해야 한다. 이 경우에는 해당 지명된 사업자 및 해당 지명된 사업자 이외의 사업자에 대해서는 전항의 규정은 적용하지 않는다.

'노동안전위생시행규칙' 제18조의6에는, '노동안전위생법' 제15조의3 제1항 및 제2항의 후생노동성령이 정하는 노동자의 수는 다음 각호의 작업의 구분에 따라, 해당 각호에 정해진 수라고 규정하고 있다.

① '노동안전위생법시행령' 제7조 제2항 제1호의 작업 및 주요 구조부(構造部)가 철골조철근 콘크리트 구조인 건축물의 건설 사업, 상시 20명

② 전 호의 일(仕事) 이외의 작업 상시 50명

2. 건설업에 속하는 사업의 일을 행하는 사업자로, '노동안전위생법' 제15조 제2항에 규정에 의해, 해당 사업을 실시하는 장소에는 통괄안전위생책임자의 직무를 실시하는 사람을 선임하고, 또 그 사람에게 동 조 제1항 또는 제3항 및 동 조 제4항의 지휘 및 통괄관리하게 한다. 동시에 '노동안전위생법' 제15조의2 제1항의 자격을 가진 사람 중에서 원청의 안전위생관리자 직무를 수행하는 사람을 선임하고, 또한 그 사람에게 동 항의 사항을 관리하게 하는 것('노동안전위생법' 제15조의3 제1항 또는 제2항의 규정에 의해 현장(店社) 안

전위생관리자를 선임해야 하는 사업자에 한정한다.)은 해당 장소에서 동 조 제1항 또는 제2항의 규정에 의해 현장((店社) 안전위생관리자를 선임해서 그 사람에게 동 조 제1항 또는 제2항의 사항을 수행하게 해야 한다.

〈현장(店社) 안전위생관리자의 자격〉[47]

'노동안전위생시행규칙' 제18조의7에는, '노동안전위생법' 제15조의3 제1항 및 제2항의 후생노동성령에서 정하는 자격을 가진 사람은 다음과 같다고 규정하고 있다.

① 학교교육법에 의해 대학 또는 고등전문학교를 졸업한 사람(대학개혁지원·학위수여기구에 의해 학사의 학위가 수여된 사람 혹은 이와 동등 이상의 학력을 가진 자라고 인정되는 사람 또는 전문직대학 전기 과정을 수료한 사람을 포함한다. 별표 제5 제1호의 표 및 별표 제5 제1호의2의 표와 같다.)으로, 그 후 3년 이상 건설공사의 시공에서 안전위생 실무에 종사한 경험을 가진 자.

② 학교교육법에 의해 고등학교 또는 중등교육학교를 졸업한 사람(학교교육법시행 규칙(1947년 문부성령 제11호) 제150조에 규정한 사람 또는 이와 동등 이상의 학력을 가졌다고 인정되는 사람을 포함한다. 별표 제5 제1호의 표 및 제1호의2의 표와 같다.)으로, 그 후 5년 이상 건설공사의 시공에서 안전위생 실무에 종사한 경험을 가진 사람.

③ 8년 이상 건설공사의 시공에서 안전위생 실무에 종사한 경험을 가진 사람.

④ 전 3호에 제시한 사람 외에 후생노동대신이 정하는 사람.

〈현장(店社) 안전위생관리자의 직무〉

'노동안전위생시행규칙' 제18조의8에는, '노동안전위생법' 제15조의3 제1항 및 제2항의 후생 노동성령으로 정하는 사항은 다음과 같다고 규정하고 있다.

① 적어도 매월 1회 '노동안전위생법' 제15조의3 제1항 또는 제2항 노동자가 작업을 하고 있는 장소를 순시하는 것.

---

47) 労働安全衛生規則, https://elaws.e-gov.go.jp/document?lawid=347M50002000032(2024.5.24)

② '노동안전위생법' 제15조의3 제1항 또는 제2항 노동자의 작업 종류 및 그 외 작업 실시 상황을 파악하는 것.

③ '노동안전위생법' 제30조 제1항 제1호 협의조직 회의에 수시로 참가하는 것.

④ '노동안전위생법' 제30조 제1항 제5호의 계획에 관해서 동 호의 조치가 강구되고 있다는 것에 대해서 확인하는 것.

〈안전위생책임자의 직무〉

'노동안전위생시행규칙' 제19조, '노동안전위생법' 제16조 제1항 후생노동성령에서 정하는 사항은 다음과 같다.

① 통괄안전위생책임자와의 연락

② 통괄안전위생책임자로부터 연락받은 사항을 관계자에게 연락

③ 전 호의 통괄안전위생책임자로부터의 연락에 관련된 사항 중 해당 청부인에 관련된 것의 실시에 대한 관리

④ 해당 청부인이 그 노동자의 작업 실시에 관해 계획을 작성하는 경우에 해당 계획과 특정 원청 사업자가 작성하는 '노동안전위생법' 제30조 제1항 제5호의 계획과 정합성의 확보를 도모하기 위한 통괄안전위생책임자와의 조정

⑤ 해당 청부인의 노동자가 실시하는 작업 및 해당 노동자 이외의 사람이 실시하는 작업에 의해 발생하는 '노동안전위생법' 제15조 제1항의 노동재해에 관련된 위험 유무의 확인

⑥ 해당 청부인이 그 일의 일부를 다른 청부인에게 하청하고 있는 경우에 해당 다른 청부인의 안전위생책임자와의 작업 간의 연락 및 조정

〈통괄안전위생책임자 등의 대리자〉

'노동안전위생시행규칙' 제20조, 동 규칙 제3조 규정은 총괄안전위생책임자, 원청안전위생관리자, 사업장안전위생관리자 및 안전위생책임자에 대해서도 준용한다.

(9) 안전위원회를 설치해야 하는 사업장

〈안전위원회〉

'노동안전위생법' 제17조[48] 사업자는, 정부령으로 정해진 업종 및 규모의 사업장마다 다음 사항을 조사 심의시켜, 사업자에 대해 의견을 낼 수 있도록 안전 위원회를 설치해야 한다.

① 노동자의 위험을 방지하기 위해 기본이 되어야 하는 대책에 관한 것.

② 노동 재해의 원인 및 재발 방지 대책으로, 안전에 관련된 것에 관한 것.

③ 전 2호에 제시한 것 외에 노동자의 위험방지에 관한 중요 사항.

2. 안전위원회의 위원은 다음 사람으로 구성한다. 단, 제①호의 사람인 위원(이하 "제①호의 위원"이라고 한다.)은 1명으로 한다.

① 총괄안전위생관리자 또는 총괄안전위생관리자 이외의 사람으로 해당 사업장에서 그 사업의 실시를 통괄관리하는 사람 혹은 이에 준하는 사람 중에서 사업자가 지명한 사람.

② 안전관리자 중에서 사업자가 지명한 사람.

③ 해당 사업장의 노동자로 안전에 관해 경험을 가진 자 중에서 사업자가 지명한 사람.

3. 안전위원회의 의장은 제①호의 위원이 되는 것으로 한다.

4. 사업자는 제①호의 위원 이외의 위원의 반수(半数)에 대해서는, 해당 사업장의 노동자 과반수로 조직하는 노동조합이 있을 때에는 그 노동조합이, 노동자의 과반수로 조직하는 노동조합이 없을 때에는 노동자의 과반수를 대표하는 자의 추천으로 지명해야 한다.

5. 앞 ②항의 규정은 해당 사업장의 노동자의 과반수로 조직하는 노동조합과의 사이에 노동 협약에 별도의 규정이 있을 때는, 그 한도를 적용하지 않는다.

---

48) 労働安全衛生法第17条, https://elaws.e-gov.go.jp/document?lawid=347AC0000000057(2024.5.10)

'노동안전위생법시행령' 제8조[49])에는, 「'노동안전위생법' 제17조 제1항 정부령으로 정한 업종 및 규모의 사업장은, 다음 각 호에서 제시한 업종의 구분에 따라, 상시 당해 각호에 규정한 수 이상의 노동자를 사용하는 사업장으로 한다.」고 기술하고 있다.

① 임업, 광업, 건설업, 제조업 중 목재·목제품 제조업, 화학공업, 철강업, 금속 제품 제조업 및 수송용 기계 기구 제조업, 운송업 중 도로 화물 운송업 및 항만 운송업, 자동차 정비업, 기계 수리업 및 청소업 50명.

② '노동안전위생법' 제2조 제1호 및 제2호에 규정한 업종(지난 호에 제시한 업종을 제외) 100명.

〈안전위원회의 부의(付議) 사항〉

'노동안전위생규칙' 제21조, '노동안전위생법' 제17조 제1항 제3호 노동자의 위험 방지에 관한 중요 사항에는 다음 사항이 포함된다.

① 안전에 관한 규정 작성에 관한 것.

② '노동안전위생법' 제28조의2 제1항 또는 동법 제57조의3 제1항 및 제2항의 위험성 또는 유해성 등의 조사 및 그 결과에 입각하여 강구하는 조치 중, 안전에 관련된 것.

③ 안전위생에 관한 계획(안전에 관련된 부분에 한한다.)의 작성, 실시, 평가 및 개선에 관한 것.

④ 안전교육 실시계획의 작성에 관한 것.

⑤ 후생노동대신, 도도부현 노동국장, 노동기준감독서장, 노동기준감독관, 또는 산업안전 전문관으로부터 문서에 의해 명령, 지시, 권고 또는 지도를 받은 사항 중, 노동자의 위험 방지에 관한 것.

---

49) 労働安全衛生法施行令, https://elaws.e-gov.go.jp/document?lawid=347CO0000000318(2024. 5.10)

(10) 위생위원회를 설치해야 하는 사업장

〈위생위원회〉

'노동안전위생법' 제18조,[50] 사업자는 정부령에서 정해진 규모의 사업장마다 다음 사항을 조사 심의하게 해서, 사업자에 대해서 의견을 진술하도록 위생위원회를 설치해야 한다.

　① 노동자의 건강 장애를 방지하기 위한 기본 대책에 관한 것.

　② 노동자의 건강 유지 증진을 도모하기 위한 기본 대책에 관한 것.

　③ 노동재해의 원인 및 재발 방지 대책으로 위생에 관련된 것에 관한 것.

　④ 전 ③호에 제시한 깃 외에 노동자의 건강 장애의 방지 및 건강의 유지 증진에 관한 중요 사항.

2. 위생위원회의 위원은 다음과 같은 사람들로 구성한다. 단, 제①호의 사람인 위원은 1명으로 한정한다.

　① 총괄안전위생관리자 또는 총괄안전위생관리자 이외의 사람으로 해당 사업장에서 그 사업의 실시를 통괄관리하는 자 혹은 이에 준하는 사람 중에서 사업자가 지명한 사람

　② 위생관리자 중에서 사업자가 지명한 사람

　③ 산업의(醫) 중에서 사업자가 지명한 사람

　④ 해당 사업장의 노동자로, 위생에 관해 경험을 가진 자 중에서 사업자가 지명한 사람

3. 사업자는 해당 사업장의 노동자로, 작업 환경 측정을 실시하는 작업 환경 측정사를 위생위원회의 위원으로서 지명할 수 있다.

4. 동 법 제17조 제3항으로부터 제5항까지의 안전위원회 규정은 위생위원회에 대해서도 준용한다. 이 경우에, 동 조 제3항 및 제4항 중 제①호의 위원이 있으면 제18조 제2항 제1호의 사람인 위원으로 대체한다.

---

50) 労働安全衛生法第18条, https://elaws.e-gov.go.jp/document?lawid=347AC0000000057(2024.5.10)

'노동안전위생법시행령' 제9조[51) 동법 제18조 제1항의 정부령으로 정한 규모의 사업장은 상시 50명 이상 노동자를 사용하는 사업장으로 한다고 규정하고 있다.

(11) 안전위생위원회

'노동안전위생법' 제19조,[52) 사업자는 제17조 및 전조의 규정에 의해 안전위원회 및 위생위원회를 설치해야 할 때는, 각각의 위원회의 설치에 대신하여 안전위생위원회를 설치할 수 있다.

    2. 안전위생위원회의 위원은 다음과 같은 사람으로 구성한다. 단, 제①호의 사람인 위원은 1명으로 한다.

        ① 총괄안전위생관리자 또는 총괄안전위생관리자 이외의 사람으로 해당 사업장에서 그 사업의 실시를 통괄관리하는 사람 혹은 이에 준하는 사람 중에서 사업자가 지명한 사람.

        ② 안전관리자 및 위생관리자 중에서 사업자가 지명한 사람.

        ③ 산업의 중에서 사업자가 지명한 사람.

        ④ 해당 사업장의 노동자로, 안전에 관한 경험을 가진 자 중에서 사업자가 지명한 사람.

        ⑤ 해당 사업장의 노동자로, 위생에 관한 경험을 가진 자 중에서 사업자가 지명한 사람.

    3. 사업자는 해당 사업장의 노동자로, 작업 환경 측정을 실시하고 있는 작업 환경 측정사인 사람을 안전위생위원회의 위원으로서 지명할 수 있다.

    4. 동 조 제17조 제3항으로부터 제5항까지의 규정은, 안전위생위원회에 대해서 준용한다. 이 경우에, 동 조 제3항 및 제4항 중 제1호의 "위원"이라고 있는 것은 제19조 제2항 제1호의 사람인 위원으로 대체한다.

---

51) 労働安全衛生法施行令, https://elaws.e-gov.go.jp/document?lawid=347CO0000000318(2024. 5.12)

52) 労働安全衛生法第19条, https://elaws.e-gov.go.jp/document?lawid=347AC0000000057(2024. 5.13)

〈위생위원회의 부의 사항〉

'노동안전위생규칙' 제22조에는, '노동안전위생법' 제18조 제1항 제4호 노동자의 건강 장애의 방지 및 건강 유지 증진에 관한 중요 사항에는 다음 사항이 포함된다.

① 위생에 관한 규정 작성에 관한 것.

② '노동안전위생법' 제28조의2 제1항 또는 제57조의3 제1항 및 제2항의 위험성 또는 유해성 등의 조사 및 그 결과에 입각하여 강구하는 조치 중, 위생에 관련된 것에 관한 것.

③ 안전위생에 관한 계획(위생에 관련된 부분에 한정)의 작성, 실시, 평가 및 개선에 관한 것.

④ 위생교육의 실시 계획의 작성에 관한 것.

⑤ '노동안전위생법' 제57조의4 제1항 및 제57조의5 제1항의 규정에 의해 행해지는 유해성의 조사 및 그 결과에 대한 대책 수립에 관한 것.

⑥ '노동안전위생법' 제65조 제1항 또는 제5항의 규정에 의해 행해지는 작업 환경 측정 결과 및 그 결과의 평가에 기초한 대책 수립에 관한 것.

⑦ 정기적으로 행해지는 건강진단, '노동안전위생법' 제66조 제4항의 규정에 의해 지시를 받고 행해지는 임시 건강진단, 동 법 제66조의2 자기 스스로 받은 건강진단 및 법에 입각해 다른 성령의 규정에 따라 행해지는 의사의 진단, 진찰, 또는 처치 결과 및 그 결과에 대한 대책 수립에 관한 것.

⑧ 노동자의 건강 유지 증진을 도모하기 위해 필요한 조치의 실시계획 작성에 관한 것.

⑨ 장시간에 의한 노동으로 노동자의 건강 장애 방지를 도모하기 위한 대책 수립에 관한 것.

⑩ 노동자의 정신적 건강 유지 증진을 도모하기 위한 대책 수립에 관한 것.

⑪ 동 규칙 제577조의2 제1항, 제2항 및 제8항의 규정에 의해 강구하는 조치에 관한 것 및 동 조 제3항 및 제4항 의사 또는 치과 의사에 의한 건강진단의 실시에 관한 것.

⑫ 후생노동대신, 도도부현 노동국장, 노동기준감독서장, 노동기준감독관 또

는 노동위생 전문관으로부터 문서에 의해 명령, 지시, 권고 또는 지도를 받은 사항 중, 노동자의 건강 장애 방지에 관한 것.

〈위원회의 회의〉

'노동안전위생규칙' 제23조, 사업자는 안전위원회, 위생위원회 또는 안전위생위원회(이하 "위원회"라고 한다.)를 월 1회 이상 개최하도록 해야 한다.

2. 전항에 정하는 것 외에 위원회의 운영에 대해서 필요한 사항은 위원회가 정한다.

3. 사업자는 위원회의 개최 때마다 지체 없이 위원회에서의 의사의 개요를 다음과 같이 게시한 후 어떠한 방법에 의해서라도 노동자에게 주지시켜야 한다.

① 상시 각 작업장에 보기 쉬운 장소에 게시 또는 비치할 것.

② 서면으로 노동자에게 교부할 것.

③ 사업자의 사용에 관련된 전자계산기에 딸린 파일 또는 전자적 기록매체(전자적 기록(전자적 방식, 자기적 방식 및 그 외 사람의 지각에 따라서 인식할 수 없는 방식으로 만들어지는 기록으로, 전자계산기에 의한 정보처리의 용으로 이용되는 것을 말한다.)에 관련된 기록 매체를 말한다.)를 가지고 파일에 기록함과 동시에, 각 작업장에 노동자가 해당 기록 내용을 상시 확인할 수 있도록 기기를 설치할 것.

4. 사업자는 위원회의 개최 때마다 다음에 제시할 사항을 기록해서 이를 3년간 보존해야 한다.

① 위원회의 의견 및 해당 의견에 입각해 강구한 조치 내용.

② 지난 호에 게재된 것 외에 위원회의 의사로 중요한 것.

5. 산업의는 위생위원회 또는 안전위생위원회에 대해 노동자의 건강을 확보하는 관점에서 필요한 조사 심의를 요구할 수 있다.

〈관계 노동자의 의견 청취〉

‘노동안전위생규칙’ 제23조의2, 위원회를 마련하고 있는 사업자 이외의 사업자는, 안전 또는 위생에 관한 사항에 대해서 관계 노동자의 의견을 듣기 위한 기회를 마련하도록 해야 한다.

즉, 상시 50명 이상 노동자를 고용하고 있는 모든 사업장에는 「위생위원회」의 설치가 의무화 되어 있지만, 특정 업종에 관해서는 「안전위원회」의 설치도 의무화 되어 있다. 그 때문에 안전에 관한 사항을 협의하는 「안전위원회」와 위생에 관한 사항을 협의하는 「위생위원회」를 통합해, 「안전위생위원회」의 설치가 인정되고 있다. 안전위생위원회는 노동자의 건강 유지나 보호를 위한 대책, 직장의 노동재해 방지에 관한 대책 등의 대응책 협의가 주된 목적이다.

(12) 안전위생책임자

‘노동안전위생법’ 제16조,[53] 동법 제15조 제1항 또는 제3항의 경우에, 이러한 규정에 의해 통괄안전위생책임자를 선임해야 하는 사업자 이외의 청부인으로, 해당 일을 스스로 실시하는 사람은 안전위생책임자를 선임하고, 그 사람에게 통괄안전위생책임자와의 연락 및 그 외의 후생노동성령으로 정하는 사항을 실행하게 해야 한다.

    2. 전항의 규정에 의해 안전위생책임자를 선임한 청부인은 동 항의 사업자에 대해 지체 없이 그 취지를 통보해야 한다. 또한, ‘노동안전위생법시행령’에는 ‘안전위생책임자’ 규정에 대해서는 별도로 언급하지 않고 있다.

(13) 안전위생추진자 등의 선임

‘노동안전위생법’ 제12조의2,[54] 사업자는 동 법 제11조 제1항의 사업장 및 전 조 제1항의 사업장 이외의 사업장에서 후생노동성령에 정해진 규모의 모든 사업장에, 후생노동성령의 규정에 따라 안전위생추진자(제11조 제1항의 정령으로 정해진 업종 이

---

53) 労働安全衛生法第16条, https://elaws.e-gov.go.jp/document?lawid=347AC0000000057(2024.
   5.13)

54) 労働安全衛生法第12条, https://elaws.e-gov.go.jp/document?lawid=347AC0000000057(2024.
   5.13)

외의 업종의 사업장에서는 위생 추진자)를 선임하고, 그 사람에게 제10조 제1항 각호의 업무(제25조의2 제2항의 규정에 의해 기술적 사항을 관리하는 사람을 선임한 경우에는, 동 조 제1항 각호의 조치에 해당하는 것을 제외하고, 제11조 제1항의 정령으로 정하는 업종 이외의 업종의 사업장에서는 위생에 관련된 업무에 한정한다.)를 담당시켜야 한다. 또한, '노동안전위생법시행령'에는 '안전위생추진자' 등에 관한 규정은 없다.

'노동안전위생규칙' 제12조의3에는, '노동안전위생법' 제12조의2의 규정에 의해 안전위생추진자 또는 위생추진자(이하 "안전 위생 추진자 등")의 선임은, 도도부현 노동국장의 등록을 받은 사람이 실시하는 강습을 수료한 사람 및 그 외 '노동안전위생법' 제10조 제1항 각호의 업무(위생추진자로서 위생에 관련된 업무에 한정한다.)를 담당하기 위해 필요한 능력을 가졌다고 인정되는 사람 중에서 다음에 정하는 바에 따라 실시해야 한다.

> ① 안전위생추진자 등을 선임해야 하는 사유가 발생한 날부터 14일 이내에 선임할 것.
>
> ② 그 사업장에 전속하는 사람을 선임할 것. 단, 노동안전 컨설턴트, 노동위생컨설턴트 및 그 외 후생 노동대신이 정하는 사람 중에서 선임할 때는 그러하지 아니하다.
>
> 2. 다음에 제시한 사람은 전항의 강습과목(안전위생추진자에 관련된 것에 한정한다.) 중 후생노동대신이 정하는 것에는 면제를 받을 수 있다.
>
> ① '노동안전위생규칙' 제5조 각호에 제시된 사람.
>
> ② '노동안전위생규칙' 제10조 각호에 제시된 사람.

〈안전위생추진자 등의 이름의 주지(周知)〉

'노동안전위생규칙' 제12조의4, 사업자는 안전위생추진자 등을 선임했을 때는 해당 안전위생추진자 등의 이름을 작업장에서 보기 쉬운 곳에 게시하는 등으로 관계 노동자에게 주지시켜야 한다.

(14) 화학물질관리자 및 보호구 착용 관리 책임자

〈화학물질관리자가 관리하는 사항 등〉

'노동안전위생규칙' 제12조의5, 사업자는 '노동안전위생법' 제57조의3 제1항의 위험성 또는 유해성 등의 조사(주로 일반 소비자의 생활 용도로 이용되는 제품에 관련된 것은 제외한다. "리스크 어세스먼트(risk assessment: 위험 평가)"라고 한다.)를 해야 하는 '노동안전위생법시행령' 제18조 각호에 제시한 것 및 '노동안전위생법' 제57조의2 제1항에 규정하는 통지 대상물(이하 "리스크 어세스먼트 대상물"이라고 한다.)을 제조하거나 또는 취급하는 사업장마다 화학물질 관리자를 선임해서 그 사람에게 해당 사업장에서 다음에 제시한 화학물질 관리에 관련된 기술적 사항을 관리하게 해야 한다. 단, '노동안전위생법' 제57조 제1항의 규정에 의한 표시(표시하는 사항 및 표장(標章)에 관한 것에 한정한다.), 동 조 제2항의 규정에 의한 문서의 교부 및 동법 제57조의2 제1항의 규정에 의한 통지(통지하는 사항에 관한 것에 한정한다.) 및 제7호에 거론한 사항(표시 등에 관련된 것에 한정한다. 이하 이 조에서는 "교육 관리"라고 한다.)을 해당 사업장 이외의 사업장(이하 이 항에서는 "다른 사업장"이라고 한다.)에서 실시하고 있는 경우에는 표시 등 및 교육 관리에 관한 기술적 사항에 관해서는, 다른 사업장에서 선임된 화학물질 관리자에게 관리하게 해야 한다.

① '노동안전위생법' 제57조 제1항의 규정에 의한 표시, 동 조 제2항의 규정에 의한 문서 및 동 법 제57조의2 제1항의 규정에 의한 통지에 관한 것.

② 리스크 어세스먼트(risk assessment: 위험 평가)의 실시에 관한 것.

③ '노동안전위생규칙' 제577조의2 제1항 및 제2항의 조치 및 그 외, '노동안전위생법' 제57조의3 제2항의 조치 내용 및 그 실시에 관한 것.

④ 리스크 어세스먼트(위험 평가) 대상물이 원인이 돼 노동재해가 발생한 경우의 대응에 관한 것.

⑤ '노동안전위생규칙' 제34조의2의8 제1항 각호의 규정에 의한 리스크 어세스먼트의 결과의 기록 작성 및 보존과 그 주지에 관한 것.

⑥ '노동안전위생규칙' 제577조의2 제11항의 규정에 의한 기록 작성 및 보존과 더불어 그 주지에 관한 것.

⑦ 동 규칙 제577조의2 제1호로부터 제4호까지의 사항 관리를 실시할 때 노동자 교육에 대해 필요한 것.

2. 사업자는 리스크 어세스먼트 대상물의 양도 또는 제공을 실시하는 사업장(전 항의 리스크 어세스먼트 대상물을 제조 또는 취급하는 사업장을 제외한다.)마다 화학물질 관리자를 선임하고, 그 사람에게 해당 사업장에서의 표시 등 및 교육 관리에 관련된 기술적 사항을 관리하게 한다. 단, 표시 등 및 교육 관리를 해당 사업장 이 외의 사업장(이하 이항에서는 "다른 사업장"이라고 한다.)에서 행하고 있는 경우에는, 표시 등 및 교육 관리에 관련된 기술적 사항에 대해서는 타 사업장에서 선임한 화학물질 관리자에게 관리하게 해야 한다.

3. 앞 2항의 규정에 의한 화학물질 관리자의 선임은 다음 규정에 따라 실시해야 한다.

① 화학물질 관리자를 선임해야 하는 사유가 발생한 날부터 14일 이내에 선임할 것.

② 다음에 제시한 사업장의 구분에 따라 각각 거론한 사람 중에서 선임할 것.

ⓐ 리스크 어세스먼트 대상물을 제조하고 있는 사업장, 후생노동대신이 지정하는 화학 물질 관리에 관한 강습을 수료한 사람 또는 이것과 동등 이상의 능력을 가진자라고 인정되는 사람.

ⓑ ⓐ에서 제시한 사업장 이외의 사업장, ⓐ에서 지정한 사람 이외, 제1항 각호의 사항을 담당하기 위해 필요한 능력을 가졌다고 인정되는 사람.

4. 사업자가 화학물질 관리자를 선임했을 때는 해당 화학물질 관리자에 대해, 제1항 각호에 제시한 사항을 할 수 있는 권한을 부여하여야 한다.

5. 사업자가 화학물질 관리자를 선임했을 때는, 해당 화학물질 관리자의 이름을 사업장에 보기 쉬운 부분에 게시하는 것 등으로 관계 노동자에게 주지시켜야 한다.

〈보호구(保護具) 착용 관리 책임자의 선임 등〉

'노동안전위생규칙' 제12조의6, 화학물질 관리자를 선임한 사업자는 리스크 어세스먼트의 결과에 입각한 조치로서 노동자에게 보호구를 사용하게 할 때는, 보호구 착용 관리 책임자를 선임하고 다음에 제시한 사항을 관리하게 해야 한다.

① 보호구의 적정한 선택에 관한 것.

② 노동자 보호구의 적정한 사용에 관한 것.

③ 보호구의 보수 관리에 관한 것.

2. 전항의 규정에 의한 보호구 착용 관리 책임자의 선임은 다음에 정하는 바에 따라 실시해야 한다.

① 보호구 착용 관리 책임자를 선임해야 하는 사유가 발생한 날부터 14일 이내에 선임할 것.

② 보호구에 관한 지식 및 경험을 가지고 있다고 인정되는 사람 중에서 선임할 것.

3. 사업자는 보호구 착용 관리 책임자를 선임했을 때는, 해당 보호구 착용 관리 책임자에 대해서 제1항에 제시한 업무를 할 수 있는 권한을 주어야 한다.

4. 사업자는 보호구 착용 관리 책임자를 선임했을 때는, 해당 보호구 착용 관리 책임자의 이름을 사업장의 보기 쉬운 장소에 게시하는 것 등으로 관계 노동자에게 주지시켜야 한다.

2) 노동자의 안전위생관리 등에 관한 교육 실시

'노동안전위생법' 제19조의2,[55) 사업자는 노동자의 안전위생 수준을 향상시키기 위하여, 안전관리자, 위생관리자, 안전위생추진자, 위생추진자, 그 외 노동재해방지를 위해 업무에 종사하는 사람에 대해서, 또 이들이 종사하는 업무에 관한 능력 향상을 위한 교육, 강습 등을 실시하고 이를 받을 수 있는 기회를 제공해야 한다.

    2. 후생노동대신은 전항의 교육, 강습 등 적절하고 유효한 실행을 위해 필요한 지침을 공표해야 한다.

    3. 후생노동대신은 전항의 지침에 따라 사업자 또는 그 단체에 대해서 필요한 지도 등을 할 수 있다.

'노동안전위생법' 제59조,[56) 사업자는 노동자를 고용할 때 해당 노동자에 대해서 후생노동성이 규정한 대로 그가 종사하는 업무에 관한 안전 또는 위생을 위한 교육을 실시해야 한다.

    2. 전항의 규정은 노동자의 작업 내용을 변경했을 때도 이에 준한다.

    3. 사업자는 위험, 또는 유해한 업무로 후생노동성령에서 정해진 규정에 따라 노동자를 사용할 때도 후생노동성이 정한 대로 해당 업무에 관한 안전, 또는 위생을 위한 특별 교육을 실시해야 한다.

뿐만 아니라, 일반 노동자를 고용할 때나 작업 내용을 변경했을 때에도 안전위생 교육을 실시하도록 의무화하고 있다. 또한, 노동자에게 위험·유해 업무를 맡길 때에는 안전·위생에 관한 특별 교육을 실시해야 한다. 예를 들면, 인상 하중이 5톤 미만의 크레인의 운전 업무 등을 맡길 때는 노동자에 대해 특별 교육을 실시할 필요가 있다.

---

55) 労働安全衛生法第12条, https://elaws.e-gov.go.jp/document?lawid=347AC0000000057(2024.5.13)

56) 労働安全衛生法第59条, https://elaws.e-gov.go.jp/document?lawid=347AC0000000057(2024.5.13)

3) 노동재해 방지 조치

사업자는 노동자의 작업 행동으로부터 발생하는 노동재해를 방지하기 위해 필요한 조치를 강구하지 않으면 안 된다.

앞에서도 언급했지만, '노동안전위생법' 제6조에 의해서 「노동재해방지계획」을 세우고 책정해야 한다. 또한 동법 제7조에 의해서 후생노동대신은 노동재해의 발생상황, 노동재해의 방지에 관한 대책의 효과 등을 고려하여 노동정책심의회의 의견을 들어서 노동재해방지계획을 지체 없이 공표해야 한다. 또한, 후생노동대신은 노동재해방지계획이 적확하고 원활하게 수행되도록 하기 위해 사업자, 사업자 단체 및 그 외의 관계자에 대해 노동새해 방지에 관한 사항에 대해서 권고 또는 요청할 수 있다.

예를 들면, 기계의 동작 범위에 울타리나 덮개 등을 마련하거나 화기를 사용하지 않도록 처치를 하는 등 실제로 노동재해방지 조치를 강구할 수 있다. 또, 노동재해 발생에 대한 급박한 위험이 있을 때에는 즉시 작업을 중단하고, 노동자를 작업장으로부터 퇴피(退避:퇴거해 대피)시키는 등 필요한 조치를 강구하지 않으면 안 된다.

4) 위험한 장소에서의 작업이나 위험물 취급시의 신고

위험 혹은 유해한 작업을 필요로 하는 기계나 건강 장애를 방지하기 위하여 물건을 설치·이전 등을 행하는 경우에는 노동기준감독서장에게는 신고가 필요하다. '노동안전위생법' 제33조,[57] 기계 등에서 정부령으로 정해져 있는 것을 다른 사업자에게 대여하는 사람도 후생노동성령에서 정해져 있는 「기계 등 대여자」는 해당 기계 등의 수탁사업자는 노동재해를 방지하기 위한 사전 조치를 강구해야 한다. 뿐만 아니라, 기계 등의 대여자는 수탁사업자에게 해당 기계 조작으로 인한 노동재해방지를 위해 사전에 필요한 조치를 취해야 한다.

'노동안전위생법' 제55조,[58] 노동자의 건강에 장애를 유발하는 화학 물질인 제조

---

57) 労働安全衛生法第33条, https://elaws.e-gov.go.jp/document?lawid=347AC0000000057(2024. 5.14)

58) 労働安全衛生法第55条, https://elaws.e-gov.go.jp/document?lawid=347AC0000000057(2024.5.14)

금지물질에는 반드시 사전허가가 필요하다. 예를 들면, 황린(黃燐) 성냥, 벤지딘을 함유한 제재 및 그 외의 노동자에게 중증 건강 장애를 일으키는 것으로, 정부령에 규정돼 있는 것은 제조, 수입, 양도, 제공 또는 사용해서는 안 된다. 단, 시험 연구 때문에 제조, 수입 또는 사용하는 경우, 정부령에 정해진 요건에 해당될 경우에는 그러하지 아니하다. 동법 제56조에, 디클로르벤지딘(Dichlorobenzidine)[59]이나 디클로르벤지딘을 함유한 제재(製劑)로 중증 건강 장애를 일으킬 우려가 있는 것을 제조할 때는 미리 후생노동대신의 허가를 받도록 하는 규정이 있다.

5) 위험도 평가(risk assessment) 실시[60]

위험도 평가란 방사능이나 화학 물질 등이 건강에 미치는 위험도를 양적, 질적으로 평가하는 것을 말한다. 즉, 직장에 잠재하는 위험성이나 유해성을 찾아내 조기에 제거 · 저감하기 위한 수법이다.

예를 들면, 위험성이나 유해성의 특정(特定), 리스크의 견적, 우선도의 설정 등 적절한 노동 재해 방지대책의 실시 등이 위험도 평가에 해당한다. 위험도 평가 실시는 노력 의무로 여겨지고 있기 때문에 사업자는 노동자의 위험이나 건강 장애를 방지하기 위해 필요한 조치를 강구하도록 노력하지 않으면 안 된다.

또한, 기술은 진보하는 한편, 다른 한편으로는 기업에게 다양한 리스크도 항상 따라다닌다. 리스크는 기업경영에 큰 영향을 미칠 뿐만 아니라, 종업원의 생명에도 직결되는 일이기 때문에 「위험도 평가」를 충분히 고려하지 않으면 안 된다. 따라서 위험도 평가의 개요나 필요성을 파악한 다음에 기업에서의 위험도 평가를 다음과 같이 진행해야 한다.[61]

---

59) Toxicological Profile for 3,3'-Dichlorobenzidine: 인체에 장애를 일으키는 유해한 물질을 생성 유발하는 물질 등 Endrin의 독성정보 프로필(Toxicological Profile Information). The ATSDR toxicological profile succinctly characterizes the toxicology and adverse health effects information for the toxic substance described therein. Each peer-reviewed profile identifies and reviews the key literature that describes a substance's toxicological properties.

60) 「労働安全衛生法とは？違反しないために企業は何をするべき？重要点を解説」JOURNAL, https://www.dodadsj.com/content/210325_industrial-safety-and-health-act/,(2024.5.26)

61) リスクアセスメントとは？必要性や進め方をわかりやすく解説, https://go.chatwork.com/ja/column/work_evolution/work-evolution-097.html(2024. 5. 26)

(1) 위험도 평가의 의미

원래 「**위험도 평가**」란 기업이 직장에서의 위험성이나 유해성에 대해서 조사하고 그 결과에 따라 대책을 실행해 가는 흐름이다. 1999년에 '노동안전위생관리시스템에 관한 지침(노동성 고시 제53호)'62)이 개정되어 2006년 4월 1일부터 시행되면서, 위험도 평가가 의무화 되었다.

즉, 모든 기업은 직장에서의 위험성이나 유해성의 평가를 실시해 문제점이 있으면 개선해야 한다. 종업원이 안심하고 일할 수 있도록 직장 환경을 유지하기 위해서도 위험도 평가의 실시가 필요하다는 것이다.

원래 기존의 노동안전위생 규칙(1972년 노동 성령 제32호) 제24조의2의 규정을 1999년에, 노동안전위생 매니지먼트시스템에 관한 지침(1999년 노동성 고시 제53호)으로 일부를 개정한 지침이다.

(2) 위험도 평가의 필요성63)

건전한 직장을 실현하기 위해서는 위험도 평가에 대한 대처가 필요하다. 일상적인 기업 활동에 있어서 어떤 목적에서 위험도 평가가 꼭 필요한지에 대해서 알아보기로 한다.

① 재해로부터 종업원을 지키기

일본에서는 태풍이나 지진과 같은 자연재해가 자주 발생하고 있어서 기업경영에도 악영향을 미치고 있다. 소규모의 자연재해라면 피해는 적지만, 한신 아와지 대지진이나 동일본 대지진과 같은 규모의 큰 재해는 인적 피해가 발생할 가능성이 매우 높다. 자연재해로부터 인재라는 귀중한 경영 자원을 지키기 위해서는 재해에 강한 기업 만들기에 목표를 두어야 한다. 즉, 재해가 발생하면 종업원을 어떻게 지키고 기업경영도 어떻게 수정해야 할지에 대응하기 위해서도 위험도 평가에 대한 생각이 필요하다.

---

62) 労働安全衛生マネジメントシステムに関する指針,
　　https://www.mhlw.go.jp/web/t_doc?dataId=74999504&dataType=0&pageNo=1(2024.5.14)
63) https://www.dodadsj.com/content/210325_industrial-safety-and-health-act/(2024.5.26)

② 노동재해(産災)로 이어지는 위험성 배제

노동재해로 이어지는 위험성을 배제하기 위해서도, 위험도 평가에 대응하는 것이 필요하다.

예를 들면, 공장에 근무하고 있는 종업원은 항상 기계의 위험성이나 유해 물질과 같은 리스크와 마주보면서 일을 하고 있다. 또, 화이트칼라라도 장시간 노동이나 직장권력 등에 의해 종업원에게 멘탈 면에서 부조화(不調和)가 일어나는 리스크가 있다. 위험도 평가는 모든 직장에서 노동자들의 피해보상보험의 원인을 없애기 위해 필요한 시책이며 모든 조직은 여기에 임하지 않으면 안 된다.

③ 거래처로부터의 신용 관계

위험도 평가에 대한 대응책으로는 자사 종업원의 안전성을 확보할 뿐만 아니라, 거래처와의 신용성에도 관련이 있다. 평소에 기업 내부의 리스크나 자연재해에 대한 대책을 철저하게 세움으로써, 타사로부터의 평가로 이어져 자사의 신용성이 향상된다.

또, 투자가나 금융기관에서 평가를 받을 때에 위험도 평가 부분에 대한 기업의 대처능력의 하나의 기준으로 보여질 수도 있다.

자사 내부용에 더해 대외적으로도 위험도 평가에 주력하고 있는 것을 어필하는 것은 기업의 영속적인 성장에도 공헌한다.

④ 우수한 인재 확보

위험도 평가에 대한 대처는 종업원의 계약(engagement)을 높임과 동시에 인재를 새롭게 채용할 때도 큰 역할을 한다. 자사에 입사를 희망하는 구직자에 대해서 위험도 평가의 사례나 개선책 등을 어필하는 것도 안전성이 높은 기업이라는 인상을 심어줄 수 있기 때문이다.

특히, 위험물 취급이나 재해가 발생하기 쉬운 장소에서 일하는 것이 예상되는 경우, 구직자들에게는 위험도 평가가 기업의 안전성을 나타내는 지표이기도 하다. 우수한 인재 확보나 기존 종업원의 이직을 막기 위해서도 위험도 평가를 공개해 신뢰를 주도록 노력해야 한다.

(3) 위험도 평가의 진행 방식

사내에서 위험도 평가에 대해 대응할 때에는 올바른 방법으로 진행하는 것이 가장 중요하다. 직장의 안전성을 높이기 위해서는 단계적으로 과정을 밟아 가는 것이 좋다.

① 사내의 리스크 가시화

위험도 평가에 대한 대응에서 최초로 실행해야 하는 것은 사내의 리스크를 가시화하는 것이다. 종업원이 일하는 장소에는 어떠한 리스크가 존재하는지 노동 환경에서 문제가 되는 포인트 등을 열거해 본다.

예를 들면, 속인화(屬人化)에 의한 장시간 노동, 기계의 조작 방법이 숙지되지 않아서 일어나는 트러블과 같은 과제가 있다. 주의할 것은 경영층뿐만 아니라, 현장에서 일하는 종업원으로부터 현장 청취도 하면서 가시화하도록 노력해야 한다는 점이다.

기업 리스크에는 이러한 '위험과 영향'이 있기 때문에 위험을 관리하면서 위험에 대한 회피나 대처를 해야 한다.

② 리스크에 대한 개선 방법 모색

자사의 리스크를 가시화한 뒤 개선 방법을 모색한다. 이때 자사에서의 판단은 물론, 외부의 전문가 상담이나 타사의 사례를 참고로 하는 등 구체적인 개선 방법을 구축해 나가는 것이 중요하다. 또, 개선해야 할 리스크가 방대한 양에 달할 경우에는 각각의 리스크를 평가해서 우선순위를 붙이도록 한다. 개선 방법을 정리하기 위해서는 담당자나 책임자를 결정해 톱다운 방식으로 진행하도록 한다.

③ 종업원과 위험도 평가 공유

위험도 평가에 대한 대처로는 먼저 종업원에게 리스크의 저감 방법이나 개선 방법을 주지시키는 것이 필요하다.

특히, 위험성이 높은 업무에 임하는 종업원에 대해서는 1회로 한정할 것이 아니라, 정기적으로 주지하도록 해서 위험성을 항상 의식하도록 해야 한다.

주지 방법으로는 사내 게시판에서의 공유나 관련된 종업원에 대해서 메일로도 알리고, 채팅 툴로도 연락이 되도록 검토해야 한다. 불분명한 점이나 개선 방법에 오류가 있을 때에는 신속하게 연락할 수 있는 체제를 갖추는 것이 중요하다.

6) 위험물 · 유해물의 취급주의와 라벨 표시

〈명칭 등 표시해야 할 위험물과 유해물질〉

'노동안전위생법 제57조'[64]에는 폭발성물질, 발화성물지질, 인화성물질 그 외 노동자에 위험을 일으킬 수 있는 물질 또는 벤젠, 벤젠을 포함한 제재, 그 외 노동자에게 건강상 장애를 유발할 수 있는 물질은 정부령으로 정하고 있다. 또, 전조 제1항의 물건을 용기에 넣거나 포장해서 전달, 제공하는 자는 후생노동성령에서 정한 대로 그 용기 또는 포장(용기에 넣거나 포장해서 양도, 제공할 때에는 그 용기)에 이하의 사항을 반드시 표시해야 한다. 단, 그 용기 또는 포장해서 일반 소비자의 생활용품으로 제공하는 것에 대해서는 그러하지 않다.

'노동안전위생법시행령' 제22조에서도 방사선업무 등에 대해 구체적으로 언급하고 있다.

① 다음에 제시하는 사항
- 명칭
- 인체에 미치는 작용
- 저장 또는 취급상의 주의
- 앞의 3개항 이외에 후생노동성령에서 정한 사항
② 당해 물질을 취급하는 노동자에게 주의를 환기시키기 위하여 표장에 후생노동대신이 정한 것
2. 전항의 정부령에 규정된 것 또는 전조 제1항의 물건을 전항에서 규정하는 방법 이 외의 방법으로 양도 또는 제공하는 자, 후생노동성령의 규정에 따라 동

---

64) 労働安全衛生法第57条, https://elaws.e-gov.go.jp/document?lawid=347AC0000000057(2024. 5.14)

항 각호의 사항을 기재한 문서를 양도 또는 제공하는 상대에게 교부해야 한다.

'노동안전위생규칙' 제30조에는, '노동안전위생법시행령' 제18조 제2호[65] 후생노동성령에 정해진 것은, 별표 제2의 상란에 제시한 물건을 함유한 제재 및 그 외의 것(동 란에 제시한 물건의 함유량이 동 표의 중란으로 정하는 수치가 있는 것 및 4알킬 납을 함유한 제재 및 그 외의 것(가연 가솔린에 한한다.)) 및 니트로글리세린을 함유하는 제재 및 그 외의 것(98퍼센트 이상의 비휘발성으로 물에 녹지 않는 둔감제(鈍感劑)로 둔성화 한 것으로, 니트로글리세린의 함유량이 1퍼센트 미만의 것에 한정한다.)은 제외한다. 단, 운반 중 및 저장 중에 고체 이외의 상태가 되지 않고, 또한, 분상(粉狀)이 되지 않는 것(다음 각 호의 어느 쪽인가에 해당되는 것을 제외)을 제외한다고 규정하고 있다.

① 위험물(시행령 별표 제1에 제시한 위험물을 말한다. 이하 같다.).

② 위험물 이외의 가연성의 물건 등 폭발 또는 화재의 원인이 될 우려가 있는 것.

③ 산화칼슘, 수산화나트륨 등을 함유하는 제재 및 그 외의 것으로 피부에 대해 부식의 위험을 발생시키는 것.

'노동안전위생규칙' 제31조에는 시행령 제18조 제3호의 후생노동성령으로 정하는 것은 다음에 제시한 것으로 한다. 단, 전조 단서 조항은 제외한다.[66]

① 디클로르벤지딘(Dichlorobenzidine) 및 그 소금을 함유한 제재 및 그 외의 것으로, 디클로르벤지딘 및 그 소금 함유량이 중량의 0.1%퍼센트 이상 1% 이하인 것.

② 알후아ー나프틸아민(alpha-Naphthylamine) 및 그 소금을 함유한 제재 및 그 외의 것으로, 알후아ー나프틸아민 및 그 소금의 함유량이 중량의 1%인 것.

---

65) 별표(別表) 제9에 거론한 것을 포함하는 제재, 그 외 것(동 호 8에 제시한 것 제외)으로 후생노동성령에서 정한 것.

66) 労働安全衛生規則, https://elaws.e-gov.go.jp/document?lawid=347M50002000032(2034.5.26)

③ 염소화 비페닐(biphenyl: 별명 PCB)를 함유하는 제재 및 그 외의 것으로, 염소화 비페닐의 함유량이 중량의 0.1퍼센트 이상 1% 이하인 것.

④ 오르토톨리딘(orthotolidine) 및 그 소금을 함유한 제재 및 그 외의 것으로, 오르토톨리딘 및 그 소금의 함유량이 중량의 1%인 것.

⑤ 디아니시딘(dianisidine) 및 그 소금을 함유한 제재 및 그 외의 것으로, 디아니시딘 및 그 소금의 함유량이 중량의 1%인 것.

⑥ 베릴륨(beryllium) 및 그 화합물을 함유한 제재 및 그 외의 것으로, 베릴륨 및 그 화합물의 함유량이 중량의 0.1% 이상 1% 이하(합금으로, 0.1% 이상 3% 이하)인 것.

⑦ 벤조트리클로라이드(benzotrichloride)를 함유한 제재 및 그 외의 것으로, 벤조트리클로라이드의 함유량이 중량의 0.1% 이상 0.5% 이하인 것.

〈명칭 등의 표시〉

'노동안전위생규칙' 제32조에는, '노동안전위생법' 제57조 제1항의 규정에 의한 표시는, 해당 용기 또는 포장에, 동 항 각호에 제시한 것(이하 이 조에서는 "표시 사항 등"이라고 한다.)을 인쇄하고 또는 표시 사항 등을 인쇄한 표전(票箋: 이름이나 설명을 적은 종이)을 붙여서 실시해야 한다고 규정하고 있다. 단, 해당 용기 또는 포장에 표시 사항 등의 모든 것을 인쇄하고, 또는 표시 사항 등의 모든 것을 인쇄한 표전을 붙이는 것이 곤란할 때는, 표시 사항 등 중 동항 제1호(인체에 미치는 작용, 저장 또는 취급상의 주의, 앞의 3개항 이외에 후생노동성령으로 정한 사항)까지 및 동항 제2호에 제시한 것에 대해서는, 이들을 인쇄한 표전을 용기, 또는 포장에 묶는 것으로 표시할 수 있다.

'노동안전위생규칙' 제33조, '노동안전위생법' 제57조 제1항 제1호(명칭, 인체에 미치는 작용, 저장 또는 취급상 주의) 후생노동성령으로 정하는 사항은 다음과 같다.

① '노동안전위생법' 제57조 제1항의 규정에 의해 표시하는 사람의 이름(법인은 그 명칭), 주소 및 전화 번호.

② 주의 환기어(喚起語).

③ 안정성 및 반응성.

'노동안전위생규칙' 제33조의2, 사업자는 시행령 제17조에 규정한 것 또는 동 령 제18조 각호에 제시한 것을 용기에 넣거나 또는 포장하고 보관할 때(동법 제57조 제1항의 규정에 의한 표시가 된 용기 또는 포장에 의해 보관하는 때를 제외한다.)는, 해당 물건의 명칭 및 인체에 미치는 작용에 대해서, 해당 물건의 보관에 이용하는 용기 또는 포장의 표시, 문서의 교부 및 그 외의 방법에 의해 해당 물건을 취급하는 사람에게 명시해야 한다.

〈문서의 교부〉

'노동안전위생규칙' 제34조, '노동안전위생법' 제57조 제2항의 규정에 의한 문서는, 동 조 제1항에 규정한 방법 이외의 방법에 의해 양도 또는 제공할 때에 교부해야 한다고 규정하고 있다. 단, 계속적으로 또는 반복해서 양도하거나 또는 제공하는 경우에 이미 해당 문서가 교부가 되고 있을 때는 그러하지 아니하다.

7) 위험 업무의 취업 제한

위험 업무의 취업 제한이란 면허 보유자나 기능 강습 수료자 등의 자격을 보유하고 있는 사람만이 특정의 업무에 종사할 수 있다는 것이다. '노동안전위생법' 제61조[67] 사업자는 크레인의 운전 및 그 밖의 업무에서 정부령에 정해진 대로 도도부현 노동국장은 업무에 관한 면허를 수득한 자 또는 도도부현 노동국장의 등록을 받은 자가 행하는 해당 업무에 관한 기능강습을 수료한 자, 그 외 후생노동성령에 규정된 자격을 가진 자가 아니면 해당 업무에 취업시켜서는 안 된다. 또한, 최대 하중이 1톤 이상의 포크리프트(forklift; 지게차)의 운전에는 포크리프트 운전 기능 강습 수료 등이 필요하다.

'노동안전위생법시행령' 제20조에는 떨어져 나갈 수 있는 천공, 탄약 장전, 결선, 점화 및 불발장약 및 장약의 및 처리업무, 제한하중 5톤 이상 양화장치의 운전 업

---

67) 労働安全衛生法第61条, https://elaws.e-gov.go.jp/document?lawid=347AC0000000057(2024. 5.15)

무, 보일러의 취급 업무 등에는 취업제한 규정이 있다. 이와 같이 취업 제한이 발생하는 업무나 필요한 자격취득자에 대해서는, 노동안전위생법시행령이나 노동안전위생규칙에 자세하게 규정하고 있다.

8) 노동자의 건강 유지증진을 위한 조치[68]

'노동안전위생법' 제66조(건강진단),[69] 사업자는 노동자에 대해서 후생노동성령의 규정대로 의사에 의한 건강진단을 실시해야 한다. 또한, '노동안전위생법시행령' 제22조에도 사업자는 노동자의 건강 상태를 지키기 위해서 건강진단 등의 건강 유지에 필요한 조치를 강구할 의무가 있다고 규정하고 있다. 그 밖에 정신위생(mental health)에 관해서도 신체의 건강 상태와 동등한 조치가 필요하다고 생각되어, 50인 이상의 사업소에서는 스트레스 체크가 의무화되어 있다.

9) 쾌적한 직장 환경의 형성[70]

'노동안전위생법' 제65조(작업환경측정), 사업자는 유해한 업무를 행하는 옥내작업장 및 그 외 작업장에서, 정부령으로 정한대로 후생노동성령에 따라 필요한 작업환경을 측정하고 그 결과를 기록해야 한다. 나아가서 작업환경 측정 결과를 평가하고 개선해서 쾌적한 직장을 만들도록 노력해야 한다. 이러한 쾌적한 직장 만들기는 「일에 의한 피로나 스트레스를 적게 느끼는 일하기 쉬운 직장 만들기이다」. 후생노동대신이 공표한 쾌적한 직장 지침으로는 이하의 4개의 조치를 강구하는 것이 바람직하다고 하고 있다.

- 작업 환경의 관리
- 작업 방법의 개선

---

68) 「労働安全衛生法とは？違反しないために企業は何をするべき？重要点を解説」,
https://www.dodadsj.com/content/210325_industrial-safety-and-health-act/(2024.5.26)
69) 労働安全衛生法第66条, https://elaws.e-gov.go.jp/document?lawid=347AC0000000057(2024.5.15)
70) 「労働安全衛生法とは？違反しないために企業は何をするべき？重要点を解説」,
https://www.dodadsj.com/content/210325_industrial-safety-and-health-act/(2024.5.26)

- 노동자의 심신 피로 회복을 도모하기 위한 시설·설비의 설치·정비
- 그 외의 시설·설비의 유지 관리

일본에서 이러한 조치는 사업자의 노력과 의무로 여겨지고 있다.

5. '노동안전위생법' 개정과 '스트레스 체크 제도 도입'

1) 일본은 2015년부터 획기적인 '스트레스 체크 제도 의무화'

일본은 <u>2014년 6월 25일 '노동안전위생법' 제66조의10</u>(심리적인 부담의 정도를 파악하기 위한 검사 등)이 개정됨(법률 제82호)에 따라, 2015년 12월 1일부터 「스트레스 체크 제도」가 새로 도입되었다. 동법은 다음 법 조항과 같이 개정되었는데, 이 법의 적용으로 만병의 근원인 「스트레스 체크 제도」가 제도적으로 의무화됨에 따라서 **일본의 노동자들이 취약했던 '보건안전위생분야'에서는 새로운 획기적인 계기가 되었다.**

'노동안전위생법' 제66조의10,[71] 사업자는 노동자에 대해 후생노동성령에서 정하는 바에 따라, 의사, 보건사 및 그 외의 후생노동성령으로 정하는 사람(이 조에서는 "의사 등"이라고 한다.)에 의한 **심리적인 부담의 정도**를 파악하기 위해 검사를 실시해야 한다.

   2. 사업자는 전항의 규정에 의해 실시하는 검사를 받은 노동자에 대해 후생노동성령에서 정하는 바에 따라 해당 검사를 실시한 의사 등으로부터 해당 검사의 결과가 통지되도록 해야 한다. 이 경우에 해당 의사는 미리 해당 검사를 받은 노동자의 동의를 얻지 않고 해당 노동자의 검사 결과를 사업자에 제공해서는 안 된다.

---

71) 労働安全衛生法第61条, https://elaws.e-gov.go.jp/document?lawid=347AC0000000057(2024.5.15)

3. 사업자는 전항의 규정에 의해 통지를 받은 노동자가 심리적인 부담 정도가 노동자의 건강 유지를 고려해서 후생노동성령이 정하는 요건에 해당되는 것으로 의사에 의한 면접 지도를 받고자 희망 신청했을 때는 해당 제의를 한 노동자에 대해 후생 노동성령이 정하는 바에 따라 의사에 의한 면접 지도를 실시해야 한다. 이 경우에, 사업자는 노동자가 해당 제의를 한 것을 이유로 해당 노동자에 대해 불이익을 받도록 취급해서는 안 된다.

4. 사업자는 후생노동성령에서 정해진 바에 따라 전항의 규정에 의한 면접의 지도 결과를 기록해야 한다.

5. 사업자는 제3항의 규정에 의한 면접 지도의 결과에 입각해서 해당 노동자의 건강 유지 및 필요 조치에 관해서, 후생노동성령이 정하는 바에 따라 의사의 의견을 들어야 한다.

6. 사업자는 전항의 규정에 의한 의사의 의견을 감안해, 그 필요성이 있다고 인정될 때는 해당 노동자의 실정을 고려하여 취업 장소의 변경, 작업의 전환, 노동 시간의 단축, 심야업의 횟수 감소 등의 조치를 강구하는 것 외에, 해당 의사의 의견을 위생위원회 혹은 안전위생 위원회 또는 노동시간 등 설정 개선위원회에의 보고 및 그 외의 적절한 조치를 강구해야 한다.

7. 후생노동대신은 전항의 규정에 의해 사업자가 강구해야 하는 조치가 적절하고 유효한 실시를 도모하기 위해 **필요한 지침을 공표해야** 한다.

8. 후생노동대신은 전항의 지침을 공표한 경우에 필요가 있다고 인정할 때는, 사업자 또는 그 단체에 대해 해당 지침에 관해 필요한 지도 등을 실시할 수 있다.

9. 국가는 심리적인 부담 정도가 노동자의 건강 유지에 미치는 영향에 관한 의사 등에 대한 연수를 실시하도록 노력함과 동시에, 제2항의 규정에 의해 통지된 검사 결과를 이용하는 노동자에 대해 건강 상담 실시 및 그 외의 해당 노동자의 건강 유지 증진 도모를 촉진하기 위한 조치를 강구하도록 노력해야 한다.

〈심리적인 부담의 정도를 파악하기 위한 검사의 실시 방법〉[72]

'노동안전위생규칙' 제52조의9, 사업자는 상시 사용하는 노동자에 대해, 1년마다 1회 정기적으로 다음과 같은 사항에 대해서 '노동안전위생법' 제66조의10 제1항에 규정하는 심리적인 부담 정도를 파악하기 위한 검사(이하 "검사"라고 한다.)를 실시해야 한다.

> ① 직장에서의 해당 노동자의 심리적인 부담의 원인에 관한 항목.
> ② 해당 노동자의 심리적인 부담에 의한 심신의 자각 증상에 관한 항목.
> ③ 직장에서의 다른 노동자에 의한 해당 노동자에게의 지원에 관한 항목.

〈검사의 실시자 등〉

'노동안전위생규칙' 제52조의10, '노동안전위생법' 제66조의10 제1항 후생노동성령으로 정하는 사람은 다음과 같은 사람(이하 "의사 등"이라고 한다.)으로 한다.

> ① 의사
> ② 보건사
> ③ 검사를 실시하기 위해서 필요한 지식에 대한 연수를 하고, 후생노동대신이 정하는 것을 수료한 치과의사, 간호사, 정신보건 복지사 또는 공인심리사
>
> 2. 검사를 받는 노동자에 대해서 해고, 승진 또는 이동에 관해 직접적인 권한을 가진 감독적 지위에 있는 사람은 검사의 실시 사무에 종사해서는 안 된다.

〈검사 결과 등의 기록 작성 등〉[73]

'노동안전위생규칙' 제52조의11, 사업자는 제52조의13 제2항에 규정하는 경우를 제외하고, 검사를 실시한 의사 등에 의해 해당 검사의 결과기록 작성 사무 및 해당 검사 실시 사무에 종사한 사람에 의해 해당 기록의 보존 사무가 적절히 행해지도록 필요한 조치를 강구해야 한다.

---

72) 労働安全衛生規則, https://elaws.e-gov.go.jp/document?lawid=347M50002000032(2034.5.27)
73) 労働安全衛生規則, https://elaws.e-gov.go.jp/document?lawid=347M50002000032(2034.5.27

〈검사 결과 통지〉

'노동안전위생규칙' 제52조의12, 사업자는 검사를 받은 노동자에 대해, 해당 검사를 실시한 의사 등으로부터 지체 없이 해당 검사 결과가 통지되도록 해야 한다.

〈노동자의 동의의 취득 등〉

'노동안전위생규칙' 제52조의13, '노동안전위생법' 제66조의10 제2항 후단의 규정에 의해 노동자의 동의 취득은, 서면 또는 전자적 기록에 따라야 한다.

  2. 사업자는 전항의 규정에 의해 검사를 받은 노동자의 동의를 얻어, 해당 검사를 실시한 의사 등으로부터 해당 노동자의 검사결과를 제공 받은 경우에는, 해당 검사의 결과에 따라 해당 검사의 결과 기록을 작성하고 이것을 5년간 보존해야 한다.

〈검사 결과의 집단마다 분석 등〉

'노동안전위생규칙' 제52조의14, 사업자는 검사를 실시한 경우, 해당 검사를 실시한 의사 등에게 해당 검사의 결과를 해당 사업장 해당 부서에 소속된 노동자의 집단, 그 외의 일정 규모의 집단마다 집계하여 그 결과에 대해서 분석해야 한다.

  2. 사업자는 전항의 분석의 결과를 감안해, 그 필요성이 있다고 인정할 때는 해당 집단의 노동자의 실정을 고려하여 해당 집단의 노동자의 심리적인 부담을 경감하기 위한 적절한 조치를 강구해야 한다.

〈면접 지도의 대상이 되는 노동자의 요건〉

'노동안전위생규칙' 제52조의15, '노동안전위생법' 제66조의10 제3항 후생노동성령에 정해진 요건은, 검사결과 심리적인 부담(스트레스) 정도가 높은 사람으로, 동항의 규정대로 면접 지도(이하 "면접 지도"라고 한다.)를 받을 필요가 있으며 해당 검사를 실시한 의사 등이 인정한 사람으로 한다.

〈면접 지도의 실시 방법 등〉

'노동안전위생규칙' 제52조의16, '노동안전위생법' 제66조의10 제3항의 규정에 의한 신청(이하 "신청"이라고 한다.)은, 전 조의 요건에 해당되는 노동자가 검사결과 통지를 받은 후, 지체 없이 실시해야 한다.

    2. 사업자는 전 조의 요건에 해당되는 노동자로부터 신청이 있었을 때는 지체 없이 면접 지도를 실시해야 한다.

    3. 검사를 실시한 의사는 전조 요건에 해당되는 노동자에 대해서 신청하도록 권장할 수 있다.

〈면접 지도에서 확인 사항〉[74]

'노동안전위생규칙' 제52조의17, 의사는 면접 지도를 실시함에 있어서, 신청을 한 노동자에 대해서 '노동안전위생규칙' 제52조의9 각호에 제시한 사항 외에, 다음에 거론한 사항에 대해서 확인을 실시해야 한다.

    ① 해당 노동자의 근무 상황.

    ② 해당 노동자의 심리적인 부담 상황.

    ③ 지난 호에 제시한 것 외, 해당 노동자의 심신 상황.

〈면접 지도 결과의 기록 작성〉

'노동안전위생규칙' 제52조의18, 사업자는 면접 지도의 결과에 기초하여 해당 면접 지도의 결과 기록을 작성하고, 이것을 5년간 보존해야 한다.

    2. 전항의 기록은 전 조 각호에 제시한 사항 외, 다음에 거론한 사항을 기재해야 한다.

    ① 실시 연월일.

    ② 해당 노동자의 이름.

    ③ 면접 지도를 실시한 의사의 이름.

    ④ '노동안전위생법' 제66조의10 제5항의 규정에 의한 의사의 의견.

---

74) 労働安全衛生規則, https://elaws.e-gov.go.jp/document?lawid=347M50002000032(2034.5.27)

〈면접 지도 결과에 대한 의사로부터의 의견 청취〉

'노동안전위생규칙' 제52조의19, 면접 지도의 결과에 따라 '노동안전위생법' 제66조의10 제5항의 규정에 의해 의사로부터의 의견 청취는 면접 지도 후 지체 없이 실시해야 한다.

〈지침의 공표〉

'노동안전위생규칙' 동 규칙 제52조의20 제24조의 규정은 '노동안전위생법' 제66조의10 제7항의 규정에 의한 지침 공표에 대해서 준용한다.

〈검사 및 면접 지도 결과의 보고〉

'노동안전위생규칙' 제52조의21, 상시 50명 이상의 노동자를 사용하는 사업자는, 1년마다 1회, 정기로 심리적인 부담 정도를 파악하기 위한 검사 결과 등 보고서(양식 제6호의3)를 관할 노동기준감독서장에게 제출해야 한다.

이상 법 규정에서 보았듯이 「스트레스 체크 제도」란, 상시 50명 이상의 노동자가 일하는 사업소에서는 연 1회 「스트레스 체크」 실시가 의무화되었다.[75][76]

스트레스 체크란 노동자가 자기 자신의 스트레스 상황에 대해서 인식하도록 촉구하는 데 1차적인 예방 목적이 있다. 즉, 노동자의 정신위생 부조(不調: 비정상 상태) 리스크를 저감시키는데 목적을 두고 실시되었다. 스트레스 체크 제도는 노동후생성에 의해 사업자에게 부과된 의무제도이다. 스트레스 체크가 의무화된 배경에는 **스트레스 체크 수순과, 위반하지 않게 하는 주의점** 등이 있다.

우선, 스트레스 체크 제도는 실시뿐만 아니라, 그 결과에 입각해 의사에 의한 면접 지도 등으로 대처해야 한다. 스트레스 체크 제도는 우울증을 비롯한 노동자의 정신위생 부진을 미연에 방지하고자 하는 데 주된 목적이 있다. 즉, 검사결과가 통보된 노동자가 희망할 경우에는 의사에 의한 면접 지도도 실시해야 한다. 이때 의

---

75) 厚生労働省「ストレスチェック等の職場におけるメンタルヘルス対策・過重労働対策等」
   https://www.mhlw.go.jp/bunya/roudoukijun/anzeneisei12/index.html(2023.3.19)
76) e-Gov法令検索「第三章 安全衛生管理体制」
   https://elaws.e-gov.go.jp/document?lawid=347AC0000000057(2023.9.1)

사의 의견을 듣고 필요할 경우에는, 작업의 전환, 노동 시간의 단축 등 적절한 취업 상의 조치를 강구해야 한다.[77]

2) 스트레스 체크 제도에 관련된 사람

스트레스 체크 제도에는 많은 사람들이 관련되어 있다. 제도를 도입하기 위해서는 우선 누가 스트레스 체크 제도에 관계되는지를 이해하는 것이 중요하다. 스트레스 체크 제도에 관련된 사람들을 아래 표로 정리해 보았다.

〈스트레스 체크 의무화의 배경, 수순, 위반하지 않기 위한 주의 점〉[78]

(1) 스트레스 체크 제도란?

스트레스 체크 제도란 직원이 자신의 스트레스 정도를 인식하는 것으로 스트레스에 대처하거나 경우에 따라서는 의사의 진찰을 받거나 「우울증」 등의 정신건강 상태의 악화를 방지하기 위한 제도다.

스트레스 체크에 의해 직원의 정신건강의 악화를 방지할 뿐만 아니라, 체크 결과를 분석해서 직장 환경이나 일하는 방법의 재검토를 도모해 직장 환경의 개선으로도 연결될 수 있다.

(2) 스트레스 체크의 의무화에 관해서

후생노동성에 의해 「노동안전위생법 66조의10」이라는 법률이 개정되어, 종업원이 50명 이상 있는 사업소는 2015년 12월 1일부터 매년 1회, 종업원에게 스트레스 체크를 행하는 것이 의무화되어 있다.

① 스트레스 체크 의무화의 배경

원래, 스트레스 체크 제도가 의무화된 법률 「노동안전위생법」이 시행된 이유는,

---

77) 労働安全衛生規則, https://elaws.e-gov.go.jp/document?lawid=347M50002000032(2034.5.26.27)
78) https://go.chatwork.com/ja/column/work_evolution/work-evolution-195.html,ストレスチェック 制度とは？職場における実施義務化について解説 | ビジネスチャットならChatwork(2024.5.1)

노동재해(産災) 피해가 많았기 때문이다.[79] 특히 「노동안전위생법」이 시행된 1972년경에 많았던 산업재해는 건설업이나 공해, 유해화학물질의 사용 등에 관한 것이었다. 최근에도 건설업 등 고소득자의 작업 중 사망사고나 화학물질 사용에 의한 중독 등의 산재가 있다. 후생노동성이 스트레스 체크 제도를 의무화한 이유는 산재 피해 속에서도 정신 장애의 산재 인정 건수가 점점 증가해 노동자의 정신 건강 피해에 대처할 필요성을 느꼈기 때문이다.[80]

② 스트레스 체크 제도의 목적

스트레스 체크 제도는 직원과 사업자 모두에게 이익을 가져다 준다. 스트레스 체크 제도를 통해서 직원은 자신의 스트레스 정도를 미리 알고, 셀프케어를 행하거나 의사와 면담을 통해 스트레스 경감으로 연결될 수 있다. 사업자는 종업원의 스트레스 체크 분석을 통해서 직장 환경의 개선이나 의사와의 면담 추진 등으로 대처를 할 수 있고, 종업원들의 정신건강이 나빠지지 않게 미연에 방지할 수도 있다.

③ 스트레스 체크 제도의 대상자

스트레스 체크 제도의 대상자는 계약 기간이 없는 무기고용 종업원과 계약 기간이 1년 이상 있는 자, 계약 갱신으로 1년 이상 고용이 예정되어 있는 유기 고용종업원, 그리고 1년 이상 계속해서 고용되고 있는 유기고용 종업원이다. 일주일간의 소정 노동시간수가 상시 고용종업원의 4분의 3 이상 있는 종업원도 대상이 된다.

④ 스트레스 체크 제도와 건강진단의 차이

스트레스 체크는 사업자에게는 실시 의무가 있지만, 종업원에게는 실시 의무가 없다. 한편, 건강진단은 종업원도 수진할 의무가 있다.

또, 스트레스 체크 결과는 본인의 동의가 있는 경우를 제외하고는 스트레스 체크 실시자와 스트레스 체크의 사무작업을 행하는 실시 사무 종사자에게만 전달되지만,

---

79) 労働安全衛生法の施行について,
   https://www.mhlw.go.jp/web/t_doc?dataId=00tb2042&dataType=1&pageNo=1(2023.2.18)
80) 労働安全衛生法の一部を改正する法律 (平成26年法律第82号) の概要,
   https://hourei.ndl.go.jp/simple/detail?lawId=0000132945&current=-1(2023.2.19)

경우에 따라서 건강진단 결과를 사업자가 파악해서 2차 건강진단 수진을 권하거나 노동환경을 조정할 수 있다.[81)

(3) 스트레스 체크 종사자란?

스트레스 체크 실시자는 정해져 있기 때문에 누구라도 스트레스 체크를 실시할 수 있는 건 아니다. 다음은 스트레스 체크 종사자에 대한 해설이다.

① 스트레스 체크 실시자

<u>의사나 보건사</u>(공중위생 행정 분야 담당)[82)] 혹은 후생 노동대신이 정하는 연수 수료를 마친 **간호사, 정신보건 복지사**이다. 그 외 사업자들의 산업 의사나, 사업자의 보건 활동에 관련되는 **정신과 의사, 스트레스 관련 전문의 심료내과**(心療内科: 스트레스가 원인인 진료과목 진료) 의사[83)] 등의 의사나 간호사, 보건사는 사업소의 상황을 파악하고 있기 때문에 실시자로서 바람직하다고 여겨진다.[84)] **여기에서 주목할 부분은 일본에서는 스트레스를 전문적으로 관리하는 관련 전문의인 심료내과가 있을 뿐만 아니라, 50인 이상 노동자가 있는 사업장에 대해서는 노동안전위생법에 따라 매년 체크하도록 하는 의무규정을 두고 있다. 특히, 일본의 심료 내과는 우리나라의 정신과나 정신신경과는 달리 여러 가지 스트레스가 원인으로 신체적인 증**

---

81) 健康診断結果に基づき事業者が講ずべき措置に関する指針,
https://www.mhlw.go.jp/file/04-Houdouhappyou-11202000-Roudoukijunkyoku-Kantokuka/shishin.pdf(2023.2.18)

82) 보건사(保健師)는 일본의 독특한 자격제도로 '보건간호법 제2조 및 제42조의3(保助看護法2条及び第42条の3)'에 의해 주로 보건위생 행정 분야에 종사하고 있다. 의사, 양호교사, 영양사 등과 함께 국가자격 고시를 거쳐서 공중위생간호를 관리할 목적으로 도입된 자격이다. 주로 도·도·부·현이나 시·정·촌 등의 보건소, 보건센터 등에서 보건행정에 종사하고 있다. 기업 등에서는 산업보건사, 학교 등에는 학생과 교직원의 심신건강 유지를 위한 학교 보건사 등에 종사. 최근에는 모자보건활동이나 코로나19와 같은 감염병대책, 위생교육 등 공중위생간호 분야가 중심이 되어 활동하고 있다.

83) 심료 내과는 정신과나 정신신경과는 달리 여러 가지 스트레스가 원인으로 신체적인 증상이 나타나 질병을 진료하는 과목이다. 특히, 메스꺼움이나 두통, 강한 가슴 두근거림, 설사·복통, 혈압이 높아짐, 천식 등 신체가 좋지 않은 배경에 심리적인 요인이 있는 경우에 진료하는 과목이다.

84) 労働安全衛生法の一部を改正する法律(平成26年法律第82号)の概要,
https://www.mhlw.go.jp/file/06-Seisakujouhou-11200000-Roudoukijunkyoku/0000049215.pdf(2023.2.19)

상이 나타나는 질병을 진료하는 의료기관이다. 또한 주변의 이목을 의식하지 않고 들를 수 있는 장점도 있을 수 있다.

② 실시 사무 종사자

스트레스 체크 사무 작업을 행하는 사람을 실시 사무 종사자라고 말하며, 스트레스 체크 실시자의 지시로 데이터 입력 등을 행할 수 있다.[85]

③ 실시 사무 종사자가 될 수 없는 자

종업원의 스트레스 체크 결과의 내용을 이용하여 종업원에게 불이익이 되는 일이 일어나지 않게 하기 위하여 종업원의 인사권을 가진 인사부 등은 스트레스 체크의 실시 사무 종사자가 될 수 없다.[86]

■ **스트레스 체크 제도에 관련된 사람들**[87]

종류	주된 역할	어떤 사람이 해당할까?
사업자	스트레스 체크 제도 실시책임	○ 노동자 50인 미만의 사업장
스트레스 체크제도 담당자	스트레스 체크 제도의 실시 계획과 책정	○ 위생관리자 ○ 정신건강추진 담당자 등
실시자	스트레스 체크 실시	○ 의사 ○ 보건사 ○ 후생성노동대신이 정한 연수를 수료한 간호사. 정신보건 복지사, 치과의사, 공인심리사
실시사무 종사자	실시자의 보조	○ 산업보건 스태프 ○ 사무직원
노동자	스트레스 체크	○「무기계약고용자(계약직 근로자로 계약기

---

85) 健康診断結果に基づき事業者が講じなければならない措置に関する指針, https://www.mhlw.go.jp/file/04-Houdouhappyou-11202000-Roudoukijunkyoku-Kantokuka/shishin.pdf(2024.5.28)

86) ストレスチェック制度導入ガイド, https://www.mhlw.go.jp/bunya/roudoukijun/anzeneisei12/pdf/160331-1.pdf(2023.2.19)

	대상자	간이 1년 이상 및 계약경신 1년 이상 고용 예정자, 1년 이상 연장가능 고용자 포함)」및 「주(週) 노동시간수가 통상 노동자의 주(週)의 소정 노동시간수의 ¾이상」의 양쪽 요건을 만족한 노동자

(4) 스트레스 체크 수순(순서)

이상의 절차를 거친 후에 스트레스 체크 검사의 6가지 절차의 흐름을 보도록 한다.

■ 스트레스 체크 검사 수순도[88]

1	사전 준비
	⇩
2	스트레스 체크 실시
	⇩ 「지체 없이」 결과출력 후 신속하게 통지
3	노동자 본인에게 결과 통지
	⇩ 「지체 없이」 대체로 1개월 이내
4	노동자 본인으로부터의 면접지도 신청
	⇩ 「지체 없이」 대체로 1개월 이내
5	의사에 의한 면접지도 실시
	⇩ 「지체 없이」 대체로 1개월 이내
6	의사로부터 의견 청취
	⇩ 「지체 없이」 대체로 1개월 이내
7	취업상의 조치 실시

(参考資料 : 厚生労働省 『改正労働安全衛生法に基づくストレスチェック制度について』 p. 45.)

---

87) 【よくわかる】労働安全衛生法とは？違反しないために企業は何をするべき？重要点を解説 ｜ d's JOURNAL (dsj) – 採用で組織をデザインする ｜ 人事労務 · 法務 (dodadsj.com)(2023.9.1)

88) 【よくわかる】労働安全衛生法とは？違反しないために企業は何をするべき？重要点を解説 ｜ d's JOURNAL (dsj) – 採用で組織をデザインする ｜ 人事労務 · 法務 (dodadsj.com)(2023.9.1)

① 사전준비(실시 방법과 담당자 결정)

먼저 사업자는 스트레스 체크 제도에 관한 기본방침을 정한다. 사업자가 기본방침을 표명하면, 그 다음은 '위생위원회'에서 조사·심의를 한다. '위생위원회'에는 스트레스 체크제도의 「실시 방법」과 「실시 상황」 등을 심의한다. 위생위원회에서 심의를 마치면 사업자는 실시규정을 제정하고 노동자에게 이를 주지시킨다.[89] 또한, 사업자는 스트레스 체크 담당자인 실시자·실시 사무종사자를 결정한다. 스트레스 체크 실시 방법은, 후생노동성이 작성한 「직업성 스트레스 간이 조사표(57항목)」 사용을 권장하여 이를 직원에게 배포해 조사표에 기입하도록 한다.

설문조사를 사업자가 작성하는 경우에는 심리적 부담 원인에 관한 항목, 심리적 부담의 자각 증상에 관한 항목, 심리적 부담 경감을 위한 지원에 관한 항목 3점이 포함되어야 한다.[90][91]

② 스트레스 체크 실시

스트레스 체크를 실시할 때 조사표의 배포는 누가 배포해도 문제는 없지만, 기입 후의 조사표는 스트레스 체크 실시자 또는 실시 사무 종사자가 회수해 개인의 회답지는 엄격하게 비밀을 유지하도록 관리해야 한다. 「조사표의 회수」나 「데이터 입력」 같은 작업은 실시 사무 종사자가 담당한다. 노동안전위생법 제105조에 의하면 「실시자 및 실시 사무 종사자」는 「수비의무(비밀엄수)」가 있기 때문에 스트레스 체크과정에서 얻은 노동자의 기밀은 누설하지 않도록 주의해야 한다. 스트레스 체크에 대한 시기는 정해져 있지 않지만, 매년 1회 실시할 필요가 있다. 실시 시기를 매년 변경하면 이벤트의 유무 등에 의해 직원의 스트레스 변화가 시기적인 것인지 일상적인 것인지 알기 어려워지기 때문에 실시 시기는 미리 정해 두는 것이 좋다.[92]

---

89) https://www.dodadsj.com/content/210325_industrial-safety-and-health-act/(2023.9.1)

90) 労働安全衛生法の施行について(2024.5.28),
　　https://www.mhlw.go.jp/web/t_doc?dataId=00tb2042&dataType=1&pageNo=1

91) ストレスチェック制度導入ガイド(2024.5.28),
　　https://www.mhlw.go.jp/bunya/roudoukijun/anzeneisei12/pdf/160331-1.pdf

92) https://www.dodadsj.com/content/210325_industrial-safety-and-health-act/(2023.9.1)

〈노동안전위생법 제105조(건강진단 등에 관한 비밀유지)〉

동법 제65조의2 제1항 및 제66조 제1항에서 제4항까지의 규정에 의한 건강진단, 제66조의8 제1항, 제66조8의2 제1항 및 제66조의8의4 제1항의 규정에 의한 면접지도, 제66조의10 제1항의 규정에 의한 검사 또는 동조 제3항의 규정에 의한 면접지도의 실시 사무에 종사한 사람은 그 실시에 관해 습득한 노동자의 비밀을 누설해서는 안 된다.

〈조사 항목〉

조사 항목은 ①「직장내 노동자의 심리적 부담의 원인」② 「노동자의 심리적 부담에 의한 심신의 자각 증상」③ 「직장내 다른 노동자에 의한 해당 노동자 지원」의 3개의 영역으로 나누어진다. 이 3개의 영역에 관한 항목에 관해서 스트레스 체크를 실시해 노동자의 스트레스 정도를 점수화한다. 이러한 평가결과를 거치면서 고도의 스트레스를 지닌 사람을 확인한다.[93]

〈조사표〉

스트레스 체크를 실시할 때에는 앞서 제시한 3개의 영역에 관한 조사 항목을 포함한 조사표를 준비해야 한다. 후생노동성은 「직업성 스트레스 간이 조사표(57항목)」를 이용하는 것을 사업자에게 권장하고 있다. 사업자가 독자적으로 작성하는 것도 가능하지만, 정밀도가 높은 조사를 확실하게 수행하기 위해서도 비교적 표준화된 조사표를 권장하고 있다.

③ 노동자 본인에게 결과 통지 및 고 스트레스자 관리

조사 결과가 나오면 실시자는 신속하게 검사를 받은 노동자에게 스트레스 체크 결과를 통지한다. 이때 사업자는 「봉서(封書: 밀봉편지)」나 「메일」 등으로 노동자 본인만 파악할 수 있는 방법으로 통지하도록 실시자에게 요구해야 한다. 또한, 노동자 본인의 동의 없이는 사업자가 스트레스 체크 결과를 받을 수 없다. 본인의 동의가 있는 경우에만 사업자에게 결과가 통지된다. 결과를 통보 받은 사업주는 검사 결과

---

93) https://www.dodadsj.com/content/210325_industrial-safety-and-health-act/(2023.9.1)

에 기초해서 기록을 작성하고, 그것을 5년간 보존할 필요가 있다.[94]

〈통지 내용〉

스트레스 체크 결과의 통지 내용은 이하 3개의 요소 전부를 포함한 것인 것이 필요하다.

〈통지 내용의 3개 요소〉

❍ 개인마다 스트레스의 특징이나 경향을 수치, 도표 등으로 나타낸 것
❍ 개인마다 스트레스의 정도를 나타낸 것으로, 고 스트레스에 해당될지 아닐지를 나타낸 결과
❍ 면접 지도의 필요성과 불필요성

사업자는 조사 결과 이외에도 이하 3개의 항목에 관해서도 통지하도록 실시자에게 촉구하는 것이 바람직하다.

〈스트레스 체크 결과 외에도 통지하는 것이 바람직한 사항〉

❍ 노동자에 대한 자기 건강관리에 관한 조언·지도
❍ 면접 지도 대상자에게는 사업자에게 면접 지도 신청 창구 및 신청 방법
❍ 면접 지도의 신청 창구 이외의 스트레스 체크 결과에 대해서는 상담할 수 있는 창구에 관한 정보 제공

스트레스 체크 실시로 고 스트레스자라고 판단되는 종업원이 의사의 면담 요청이 있었을 경우에는 1개월 이내에 면담을 실행할 수 있도록 조치를 취해야 한다.

사업자는 직원과 면담을 실행한 의사에게 직원의 근무상황 대처에 관한 의견이나 조언을 듣고 실시하는 것이 필요하다. 또한, 사업자는 의사와 종업원 간의 면담 기록 내용을 5년간 보존해야 한다.[95]

④ 노동자 본인으로부터의 면접 지도 신청

의사(醫師)에 면접 지도를 희망하는 노동자는 스트레스 체크 결과를 받고 나서

---

94) https://www.dodadsj.com/content/210325_industrial-safety-and-health-act/(2024.5.1)
95) 労働安全衛生法の施行について(2024.5.28),
　　 https://www.mhlw.go.jp/web/t_doc?dataId=00tb2042&dataType=1&pageNo=1(2024.5.1)

1개월 이내에 면접 지도 신청서를 제출해야 한다. 일정한 요건에 해당하는 노동자로부터 제의가 있었을 경우, 의사로부터 면접 지도를 실시하게 하는 것이 기업의 의무이다. 면접 지도 제의를 이유로 노동자에 대해 「해고」, 「퇴직 권장」, 「배치전환」 등과 같은 불이익을 주는 것은 금지되고 있기 때문에 주의해야 한다.

〈대상자의 요건과 확인 방법〉

의사에 의해서 면접 지도의 대상이 되는 것은 「검사 결과, 심리적인 부담 정도가 높은 사람으로 노동안전위생법 제66조의10 제3항에 규정에 따라 면접 지도를 받을 필요가 있으면 해당 검사를 실시한 의사 등이 인정한」 노동자가 대상이다.

사업자는 노동자로부터 면접 지도의 제의가 있었을 경우, 우선 그 노동자가 면접 지도 대상자인지를 확인한다. 「노동자 본인으로부터의 스트레스 체크 결과의 제출」 또는 「요건에 해당하는 노동자인가 아닌가 하는 실시자의 확인」, 어느 쪽의 방법으로라도 먼저 대상자를 파악한다. 대상자인 것이 확인되면 사업주는 의사에게 면접 지도 실시를 의뢰해야 한다.

⑤ 의사에 의한 면접 지도 실시

사업자는 요건에 해당되는 노동자로부터 신청이 있었을 경우, 의사에 의한 면접 지도를 실시할 의무가 있다. 신청으로부터 대체로 1개월 이내에 의사에 의한 면접 지도를 실시한다. 면접 지도로는 의사가 노동자에게 「근무의 상황」이나 「심리적인 부담 상황」, 「심신의 상황」을 확인한다. 사업자는 면접 지도의 결과에 기초해 기록을 작성하고 그것을 5년간 보존할 필요가 있다.[96] 일반적으로 10명 이상 스트레스 체크를 분석하는 것을 집단 분석이라고 하며, 개인이 특정될 우려가 없기 때문에 집단 분석의 결과는 사업자에게 보고해도 문제가 없다.

사업자는 실시자로부터 분석 결과를 받을 때 구체적인 조언이나 객관적인 의견 등도 듣는 것이 좋다. 그것은 사업자가 직장 환경의 개선점을 알고 꾸준히 개선해 나가는 것이 직원의 정신건강의 난조 예방에 연결되기 때문이다. 법률에서는 노력

---

96) 【よくわかる】労働安全衛生法とは？違反しないために企業は何をするべき？重要点を解説 ｜ d's JOURNAL (dsj) − 採用で組織をデザインする ｜ 人事労務・法務 (dodadsj.com)(2023.9.1)

의무로 여겨지고 있지만, 스트레스 체크로 알 수 있는 개선점을 방치하게 되면 결국 직원의 정신건강 난조로 인해 휴직이나 퇴직이 늘어날 우려가 있다. 따라서 스트레스 체크의 결과를 분석하여 직장 환경을 개선하고자 노력해야 한다.

⑥ 의사로부터의 의견 청취

사업자는 노동자에게 필요한 조치를 생각하기 위해, 면접 지도를 실시한 의사의 의견을 청취할 필요가 있다. 면접 지도의 실시로부터 대체로 1개월 이내를 목표로, 의사에게 의견을 듣는다.

〈의견청취 내용〉

의견 청취 시「취업 구분이나 그 내용에 관한 의사의 판단」과「직장 환경의 개선에 관한 의견」을 확인한다. 취업 구분은「통상 근무」,「취업 제한」,「요 휴업」의 3개가 있고 필요한 조치는 다르다.

■ **취업 구분이나 필요한 조치 내용**[97]

취업구분	내용	필요한 조치 내용
통상근무	통상 대로의 근무가 좋다	
취업 제한	근무에 제한을 가할 필요가 있다	○ 노동 시간의 단축 ○ 시간외 노동의 제한 ○ 작업의 전환 ○ 취업 장소의 변경 등 정신건강 난조 방지를 위하여
요 휴업	근무를 휴무(일정기간 근무를 시키지 않을 필요가 있다)	○ 휴가 ○ 휴직 *요양을 위해

자료 출처: 労働安全衛生法とは？違反しないために企業は何をするべき？重要点を解説

---

97) 전게서, 【よくわかる】労働安全衛生法とは？違反しないために企業は何をするべき？重要点を解説 | d's JOURNAL dsj, 참고(2024.5.28).

스트레스 체크 실시 후에는 「심리적인 부담의 정도를 파악하기 위한 검사 결과 등 보고서」를 사업자마다 정한 기일 내에 노동기준감독서에 지체 없이 제출해야 한다.[98][99]

노동기준감독서(労働基準監督署)에 제출하는 보고서는 후생노동성의 HP에서 다운로드가 가능하다.[100] 노동기준감독서의 보고를 게을리 하게 되면 노동안전위생법 100조 위반으로 50만 엔 이하 벌금에 처해질 수 있으므로 주의가 필요하다.

⑦ 취업상의 조치 실시

사업자는 의사의 의견에 입각하여 필요에 따라서 취업상의 조치를 실시할 의무가 있다. 조치를 결정할 때에는 논의한 장소에서 노동자 본인의 의견을 충분하게 듣고, 조치에 대한 본인의 양해를 얻을 수 있도록 노력해야 한다. 또, 취업상의 조치 실시가 노동자에 대한 부당한 취급이 되지 않도록 주의해야 한다. 노동자의 실정을 고려한 다음에 「취업 장소의 변경」이나 「작업의 전환」, 「노동 시간의 단축」과 같은 조치를 실시한다. 취업상의 조치를 원활하게 실시할 수 있도록 관계부서나 관리 감독자와의 연계를 도모하는 것도 중요하다.

〈2019년 노동안전위생법의 개정 포인트〉[101]

최근, 실제 노동시간이 법정노동시간을 대폭 웃도는 「장시간 노동」이 사회문제가 되고 있다. 장시간 노동의 시정에 대한 일환으로, 2019년 4월 1일에 노동안전위생법이 개정·시행되었다.

(5) 스트레스 체크 제도의 주의점

스트레스 체크 제도는 후생노동성이 의무화한 것과 개인정보를 모으는 것 등 주의해야 할 점이 3가지 있다.

---

98) ストレスチェック制度導入ガイド
   https://www.mhlw.go.jp/bunya/roudoukijun/anzeneisei12/pdf/160331-1.pdf(2024.5.1)
99) 労働安全衛生法の施行について
   https://www.mhlw.go.jp/web/t_doc?dataId=00tb2042&dataType=1&pageNo=1(2024.5.2)
100) https://www.mhlw.go.jp/bunya/roudoukijun/anzeneisei36/24.html(2024.5.28)
101) 전게서, 「労働安全衛生法とは？違反しないために企業は何をするべき？重要点を解説」, 참고.

① 프라이버시 보호를 위한 수비의무(守秘義務: 비밀 엄수)

스트레스 체크를 통해 직원의 정신 상황을 알 수 있으므로, 프라이버시 보호를 위해서도 비밀을 지켜야 하는 수비의무가 있다. 개인정보를 부정하게 이용하는 등 수비의무를 위반한 경우는 벌칙의 대상이 되기 때문에 분석결과 등을 사내 공유할 때도 개인을 특정할 수 없게 하거나 필요 최소한으로 유지하도록 하는 주의가 필요하다.

② 실시상황의 보고의무

스트레스 체크는 실시 상황의 보고 의무도 있으므로, 스트레스 체크 미실시의 경우에는 안전 배려 의무 위반에 해당할 우려가 있다. 또한 스트레스 체크를 실시한 경우에도 정신건강 난조인 직원에게 해고나 퇴직권장 등 해당 직원이 불이익이 되는 행위를 사업자가 행하는 것은 금지되어 있다.

③ 근로기준감독서(監督署) 보고

스트레스 체크는 실시뿐만 아니라, 노동기준감독서에 실시 상황 보고도 의무화되어 있기 때문에 보고 의무를 게을리 하거나 스트레스 체크를 실시하지 않으면, 50만 엔 이하의 벌금형에 처해진다.

(6) 스트레스 체크로 심리적 안전성이 높은 직장 환경으로

스트레스 체크 제도는 후생노동성이 해당 사업자에게 의무를 부과한 제도이지만, 종업원의 멘탈 헬스 난조 방지나 직장 환경의 개선을 목표로 할 수 있기에 종업원의 휴직을 방지하거나 일하기 쉬운 직장이 되기도 한다. 이런 점에서 직원과 사업자 모두에게 장점이 있다.

스트레스 체크 미실시는 법적으로 벌칙 대상이 되기 때문에 주의가 필요하지만, 벌칙의 유무로 실시 미실시를 생각할게 아니라, 직원의 심리적 부하를 경감해 일하기 쉬운 직장 환경 구축을 목표삼아 스트레스 체크를 잊지 않고 실시해야 한다.

(7) 우리나라도 스트레스 체크 제도 도입하자.

스트레스는 만병의 근원이라고 할 정도로 만 가지의 병의 원인이 되기도 한다. 이를 방치하게 되면 노동생산성 저하는 물론 끝내는 암이나 심장 질환, 뇌질환 같은 중증 질환으로 연결돼 마침내는 목숨까지 잃게 된다. 뿐만 아니라, 노동생산성 저하 등으로 노동자는 물론, 사업자도 생산품의 품질저하 등으로 기업이 막대한 손해를 입게 된다. 나아가서 우리사회도 노동력이 부족할 뿐 아니라, 중증 질환자를 양산해 개인의 과도한 의료비지출은 물론, 심지어는 의료보험공단까지 엄청난 피해를 입혀 결과적으로는 국가적인 피해로 이어져 재앙이 될 수 있다.

따라서 이를 사전에 완화하거나 차단하기 위해서는 우리나라도 일본처럼 스트레스 체크 제도를 도입할 필요가 있다.

OECD 가맹국 중에서도 우리나라의 급속한 고령인구 증가는 세계적으로 거의 최고 수준이다. 특히, 우리나라는 그중에서도 심장질환이나 치매환자가 급증해 사회적인 문제로 대두되고 있다. 2019년 기준 65세 이상 치매환자는 약 79만 명으로 65세 이상 어르신 10명 중에 1명이 치매를 앓고 있는 상황이다. 인구 고령화에 따라 치매환자는 점점 더 늘어날 전망으로 약 30년 후인 2050년에는 300만 명이 넘어설 것으로 예측하고 있다. 2020년 65세 이상 노인 인구는 총 813만으로 집계됐으며, 이 중 치매환자는 83만7,992명으로 유병률이 10.3%에 이른다. 마침내 그 규모는 더 커져 2024년에는 100만 명을 넘어설 것으로 추정된다.

이러한 상황에서 일본의 스트레스 체크 제도 의무화를 우리나라도 서둘러 도입할 필요가 있다.

6. 노동재해발생과 사업주의 책임과 의무102)

1) 노동재해발생시 사업자의 책임과 의무

사업주는 노동재해를 방지하기 위하여 노동안전위생법에 따라 안전위생관리책임을 완수해야 한다. 법 위반이 있을 경우, 산재사고발생의 유무에 관계없이 노동안전위생법 등에 의해 형사책임을 추궁당할 수 있다.

노동재해사고가 발생한 경우, 해당 사업주는 노동기준법에 따라 보상 책임을 지지 않으면 안 된다. 그러나 노동재해보험에 가입하고 있는 경우는 노동재해보험에 의해 보상을 해주면 사업주는 노동기준법상 보상 책임을 면하게 된다(단, 노동재해로 노동자가 휴업할 때 4일 미만인 1~3일 째의 휴업 보상은 노동재해보험으로부터 보상금이 지불되지 않기 때문에 노동 기준법에서 정하는 평균 임금의 60%를 사업주가 직접 노동자에게 지불할 필요가 있다). 따라서 노동재해보험에 가입하지 않았을 경우에는 노동 기준법상의 보상 책임을 지게 된다.

또한, 경우에 따라서는 노동기준법상의 보상 책임과는 별도로 해당 노동재해에 대해서 불법 행위·채무불이행(안전 배려 의무 위반) 등의 사유에 따라 이재민 등으로부터 사업주에 대해 민법상의 손해배상 청구를 하는 일도 있다. 이런 경우에는 이중 보충이라는 불합리를 해소하기 위해서 상기의 노동 기준법에 의해서 보상을 했을 때는 그 가액 분은 민법에 의한 손해배상의 책임을 면하도록 하는 것이 노동기준법에 규정돼 있다.

그 외 노동 재해가 발생한 경우, 노동기준감독서에 그 노동재해를 보고(노동자 사상병 보고) 하지 않거나 허위의 보고를 한 경우에는 형사상 책임을 추궁당할 수도 있고, 또한 이것 외에도 형법상의 업무상 과실치사상 죄 등으로 추궁당할 수도 있다.

---

102) 労働災害が発生したとき | 厚生労働省 (mhlw.go.jp)
https://www.mhlw.go.jp/stf/seisakunitsuite/bunya/koyou_roudou/roudoukijun/zigyonushi/rousai/index.html(2024.5.1)

(1) 노동자의 안전·위생에 관한 사업자의 책무[103]

● 사업자의 책무

〈노동자의 전도(轉倒) 재해(업무 중 넘어지는 중상)〉

근래, 노동현장에는 중고 연령의 고령자와 여성 노동자를 중심으로 업무 중에 사고가 자주 발생하고 있다. 특히 고령자와 여성들의 전도나 미끄럼에 의한 골절 등의 사고가 증가하여 연평균 휴업 기간도 약 47일이 되는 등 그 피해는 매우 막대하다. 따라서 50세 이상을 중심으로 전도, 미끄럼에 의한 골절 등의 노동재해가 계속 증가하고 있는 사업자는 노동자의 전도 재해방지를 위한 조치를 강구해야 한다.

다음 매뉴얼(leaflet)을 활용해 피해방지·피해경감을 위해 노력해 보자.

걸려 넘어지는 전도 재해의 원인과 대책

① 아무것도 없는 곳에서 걸려서 전도, 다리가 꼬여서 전도(27%)

⇨ 전도나 다치기 어려운 건강한 신체 만들기를 위한 운동 프로그램 등의 도입

② 작업장·통로에 방치된 물건에 걸려서 전도(16%)

⇨ 뒤뜰이나 공터 등을 포함한 정리, 정돈(물건을 두는 장소의 지정)의 철저

③ 통로 등의 요철(凹凸)에 걸린 전도(10%)

⇨ 부지 내(특히 종업원용 통로)의 요철, 함몰 구멍 등(매우 적은 것도 위험)을 확인 해소

④ 작업상이나 통로 이외의 장애물(차량 금지 등)에 걸린 전도(8%)

⇨ 적절한 통로의 설정

---

103) 安全·衛生 | 厚生労働省 (mhlw.go.jp)(2024.5.1)
https://www.mhlw.go.jp/stf/seisakunitsuite/bunya/koyou_roudou/roudoukijun/anzen/in-dex.html

⇨ 부지 내 주차장에서 차량 통행 금지구역(잘 보이게 설치)

⑤ 작업장이나 통로의 설비, 집기, 가구에 다리가 걸려서 전도(8%)

　　⇨ 설비, 집기 등의 모서리(잘 보이도록 주의표시)

⑥ 작업장이나 통로의 코드(배수구) 등에 걸려서 전도(7%)

　　※ 끌고 다니던 노동자가 스스로 걸려서 넘어지는 사례도 많다.

　　⇨ 전도의 원인이 되지 않도록, 전기 코드 등의 관리 지침을 설정해 노동자에게 철저히 준수하게 한다.

"미끄러짐"에 대한 전도재해의 원인과 대책

① 동결한 통로 등에서 미끄러짐 전도(25%)

　　⇨ 종업원용 통로의 제설·해설·동결(凍結)하기 쉬운 장소에는 융설(融雪: 눈을 녹이는 매트) 매트 등을 설치한다.

② 작업장이나 통로에 흘러넘치고 있었던 물, 세제, 기름 등에 의해 미끄러진 전도(19%)

　　⇨ 물, 세제, 기름 등이 흘러넘치지 않는 상태를 유지한다.(청소 중인 구역에 출입금지, 청소 후 건조 상태를 확인해서 개방하도록 철저)

③ 물(식품 가공장 등)에 미끄러져서 전도(16%)

　　⇨ 미끄러지기 어려운 신발의 사용(노동안전위생규칙 제558조)

　　⇨ 미끄럼방지 바닥재·미끄럼방지 그레친 등 도입, 마모하고 있는 경우는 재시공(★)

　　⇨ 인접 구역까지 젖지 않도록 처치

④ 비에 젖은 통로 등에서 미끄러진 전도(15%)

　　⇨ 우천시 미끄러지기 쉬운 부지 내의 장소를 확인해, 미끄럼 방지 처치 등의 대책을 실행

(★)에 대해서는 고연령 노동자의 전도 재해 방지를 위해, 중소기업 사업자는 부분은(내각부 웹 사이트)

"에이지 프렌들리 보조금"(보조율 1/2, 상한 100만 엔)을 이용할 수 있다. 중소사업자는 무료로 안전위생 전문가의 조언을 받을 수 있다.

전도 리스크·골절 접히는 리스크

① 일반적으로 가령(加齡: 나이가 들면 육체적으로 쇠퇴)과 함께 신체 기능이 저하해, 넘어지기 쉬워짐.

⇨ "전도 예방 체력 체크", "로코모(운동기능저하증후군) 체크"[104]를 권장한다.

자신이 로코모가 되고 있지는 않은가를 미리 알아보는 데는 일본정형외과학회가 공표하고 있는 7개 항목의 체크리스트가 참고가 된다. 해당되는 항목이 하나라도 있으면 정형외과 등에서 로코모 도(度)를 측정하는 테스트를 받는 것이 좋다.

〈7가지의 로코모체크〉
① 한발로 서서 양말을 벗을 수 없다.
② 집안에서 넘어지거나 미끄러지거나 한다.
③ 계단을 오르는데 손잡이가 필요하다.
④ 집에서의 조금 무거운 일이 곤란(청소기의 사용 등)하다.
⑤ 2Kg 정도의 쇼핑을 하고 들고 귀가하는 것이 곤란(1리터 우유팩 2개정도)하다.
⑥ 15분 정도 계속 걸을 수 없다.
⑦ 횡단보도를 파란 신호에 다 건너지 못한다.

---

104) 로코모(Locomotive Syndrome: 運動器症候群, 이하 "로코모)는 나이가 들어 몸을 잘 지탱하지 못하여 넘어지기 쉽거나 골절하기 쉬워서 간호(看護)가 필요한 상태다. 걸을 때 주변 사람에게 자주 추월당하는 일이 많아지는 등 이동기능(移動機能)의 저하를 말한다. 즉, 로코모는 근육이나 뼈 등의 운동기(運動器)의 장애 때문에 이동기능이 저하한 상태를 말한다. 전문기관에서 체크받아 예방을 위한 Squat 등의 트레이닝을 하는 것이 좋다.

로코모라고 판정되면 어떻게 할까? 로코모 도(度) 1의 경우는 「적어도 현상유지를 목표로 하여 근육이나 뼈를 강화한다. 조금씩 운동을 습관화 한다」. 로코모 도(度) 2라고 판정되면, 「다리나 허리에 저림이 있는 경우는 정형외과의 진찰을 받고, 없는 경우는 운동을 습관화한다.」

② 특히 여성은 가령과 함께 골절의 리스크도 현저하게 증대된다.
⇨ 대상자는 시·읍·면(시·정·촌)이 실시하는 "골다공증 검진"을 수진시킨다.

③ 현역이라도, 단 한 번의 전도로 식물인간이 될 수도 있다.
⇨ "단 한 번의 전도로 식물인간이 되는 것도 전도 사고가 일어나기 쉬운 장소는?"
⇨ 내각부 웹 사이트 참조

◉ 직장인 여러분에게

전도 재해(업무 중 전도에 의한 중상)에 주의합시다.

50세 이상 고령자를 중심으로 전도에 의한 골절 등의 노동 재해가 계속 증가하고 있다. 전도재해 피해가 없도록 노동자 자신이 주의하는 것도 필요하다.

전도 재해(업무 중 전도에 의한 중상, 휴업 4일 이상)의 발생 상황(2021년)

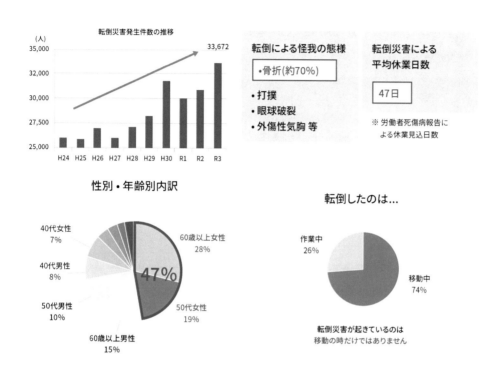

자료 출처: 2023년 후생노동성 자료[105]

위의 막대그래프를 보면 2012년도 전도 재해 건수는 2,300여 건인데 비해 2021년에는 무려 33,672건으로 불과 10년 사이에 10,000여 건이나 늘어날 정도로 급격하게 증가하고 있다. 전도에 의한 재해 중에도 골절에 관한 재해가 70%로 압도적으로 많다. 또한, 전도 재해에 의한 연평균 휴업일수는 47일이다. 성별 연령별로 분석해보면 여성이 47%로 압도적으로 많은데, 그중에도 50대 여성이 19%, 60대 여성이 28%를 차지하고 있다. 전도 원인은 대체로 작업 중에 일어난 재해가 26%이고, 이동 중에 일어난 재해가 74%를 차지해 이동 중에 일어난 재해가 압도적으로 높은

---

105) 「厚生労働省」001101740.pdf (mhlw.go.jp, 2023.9.2)

편이다. 따라서 전도 재해 발생률을 여성이 높아서, 여성들이 많은 사업장은 특별히 예방대책을 수립해 대비할 필요가 있다.

〈종업원의 행복을 위한 SAFE 컨소시엄〉

후생노동성은 2022년 전국 안전 주간(7월 1일부터 7일까지)에 앞서 노동재해 방지의 대처를 수행하기 위해 "종업원의 행복 SAFE 컨소시엄"을 2022년 6월 20일에 설립했다.

이 컨소시엄은 폭넓은 관계자(기업, 단체 등)들이 참여해 획기적인 노동재해를 방지하기 위해 "Safer Action For Employees(SAFE)"를 설립해 새롭게 대처해 나가고 있다. 노동재해방지를 위한 전문의식의 고양이나 기업·노동자뿐만 아니라, 고객과 서비스 이용자 등에까지도 행동의 변화를 위해 협력할 수 있는 모든 기업·단체 등에게 컨소시엄 참여를 독려하고 있다.

2) 노동재해발생시 사업자의 책임과 의무106)

◉ 노동자 여러분에게

(1) 노동재해보험의 청구

노동자가 노동재해에 의해 부상을 입은 경우 등에는, 휴업 보상 지급 등의 노동재해보험보상 청구를 노동기준감독서장에게 할 수 있다. 또한, 휴업 4일 미만의 노동재해에 대해서는, 노동재해보험에 의해 사용자가 노동자에 대해 휴업 보상을 지급하게 되어 있다.

먼저, 노동재해보험을 청구하려면 노동재해에 의해 부상을 입은 경우 등에는, 노동기준감독서에 비치한 청구서를 제출하면 되는데, 노동기준감독서에서는 필요한 조사를 실시해 보험금을 지급하게 된다.

---

106) 労働災害が発生したとき | 厚生労働省 (mhlw.go.jp),
https://www.mhlw.go.jp/stf/seisakunitsuite/bunya/koyou_roudou/roudoukijun/zigyo-nushi/rousai/index.html(2024.5.29)

(2) 요양보상비 지급 청구

요양한 의료기관이 노동재해보험 지정의료기관의 경우에는, 「요양보상 급부인 요양의 급부 청구서」를 그 의료기관에 제출한다. 청구서는 의료기관을 경유해서 노동기준감독서장에게 제출된다. 이때, 요양비를 지불할 필요는 없다. 요양한 의료기관이 노동재해보험 지정의료 기관이 아닌 경우에는, 일단 요양비를 대납하고 지불해야 한다. 그 후 「요양보상 급부인 요양의 비용 청구서」를 직접, 노동기준감독서장에게 제출하면 그 비용이 지불된다.

(3) 휴업 보상비 지급

노동재해에 의해 휴업한 경우에는, 제4일째부터 휴업 보상 급부가 지급된다. 「휴업 보상 급부 지급 청구서」를 노동기준감독서장에게 제출한다.

(4) 그 외의 보험 급부

(1), (2), (3) 외에도 장애보상 급부, 유족보상 급부, 상제료(葬祭料), 병 보상 연금 및 간호보상 급부 등의 보험지급제도가 있다. 이러한 보험금 지급에 대해서는 각각, 노동기준감독서장에게 청구서 등을 제출해야 한다. 이들, 노동재해보험금 지급 청구에 관해 불분명한 점이 있으면, 제일 가까운 도도부현 노동국·노동기준감독서, 또는 노동보험 적용·징수, 노동재해보험 상담소에 전화로 상담할 수 있다.

3) 노동자 사상병 보고 제출 의무

사업자는 노동재해 등에 의해 노동자가 사망 또는 휴업한 경우에는, 지체 없이 노동자 사상병 보고 등을 노동기준감독서장에게 제출하지 않으면 안 된다.[107]

(노동기준법 시행 규칙 제57조)

(노동안전위생 규칙 제97조)

---

107) 労働災害が発生したとき ｜厚生労働省 (mhlw.go.jp) (2024.5.1)

(1) 노동자가 노동재해에 의해 부상, 질식 또는 급성 중독으로 사망하거나 또는 휴업했을 때

(2) 노동자가 취업 중에 부상, 질식 또는 급성 중독에 의해 사망하거나 또는 휴업했을 때

(3) 노동자가 사업장 내 또는 그 부속 건설물 내에서 부상, 질식 또는 급성 중독에 의해 사망하거나 또는 휴업했을 때

(4) 노동자가 사업의 부속 기숙사 내에서 부상, 질식 또는 급성 중독에 의해 사망하거나 또는 휴업했을 때

노동자 사상병 보고는 노동재해 통계 작성 등에 활용되고 있어서 제출된 노동자 사상병 보고를 토대로 노동재해의 원인 분석이 이루어지고, 동종 노동재해의 재발 방지를 위한 대책과 검토에 활용되는 등 노동안전위생행정 추진에 도움이 되고 있다.

이러한 노동자 사상병 보고서 제출에 관해 불분명한 점이 있으면, 제일 가까운 도·도·부·현 노동국·노동기준감독서에 상담하면 된다.

4) 노동재해 재발 방지 대책 책정·실시

노동재해가 발생했을 경우에는 재해의 원인을 분석해서 재발 방지 대책을 세우는 것이 중요하다. 또한, 경우에 따라서는 노동기준감독서로부터 노동재해 재발방지서 등의 작성·제출을 부탁하는 일이 있다. 이 경우에 노동재해 재발방지서 등의 양식은 그때마다 노동기준감독서에서 제시하지만, 노동재해가 발생한 사업장에서는 노동기준감독서의 요구 유무에 관계없이 해당 양식 등을 사용해 재해원인의 분석, 대책 등을 실시해야 한다.

7. '노동안전위생법'에 위반한 경우의 벌칙

일본의 '노동안전위생법'은 한국의 '산업안전보건법'에 해당하는 법으로 다양한 규제가 규정되어 있어서 이 규정에 위반될 경우에는 벌칙이 부과될 가능성이 있다. 따라서 여기에서는 노동안전위생법의 벌칙 사례 중에 몇 가지를 소개하고자 한다.

'노동안전위생법' 제37조 위반(기계 등과 병행해 위험물 및 유해물질에 관한 규제)으로, 이동식 크레인 등 위험성이 높은 기계 등을 제조하려고 하는 자는 미리 도·도·부·현 노동국장의 허가를 받아야 한다. 도·도·부·현 노동국장은 전항의 허가신청이 있었을 경우에는 그 신청을 심사하고, 신청에 관한 특정 기계 등의 구조 등이 후생노동대신이 정한 기준에 적합하다고 인정되지 않으면 이를 허가해서는 안 된다.[108]

이를 위반하여 특정 기계 등을 허가 없이 제조한 경우는, '노동안전위생법' 제37조(제조의 허가)[109] 위반으로, 1년 이하의 징역 또는 100만 엔(円) 이하의 벌금에 처해질 가능성이 있다.

1) '노동안전위생법' 제14조 위반(작업주임자 선임 의무 위반)[110]

'노동안전위생법' 제14조(작업주임자)에서 사업자는 고압실내 작업이나 그 외 노동재해를 방지하기 위하여 관리가 필요한 작업으로 정부령에 정해져 있는 작업에 대해서는 후생노동성령에 의해 해당 작업의 구분에 따라 작업주임자를 선임하고, 그 해당 작업에 종사하는 노동자를 지휘하고, 그 밖에는 후생노동성에 정해진 사항을 수행하도록 의무화하고 있다.

이를 위반하여 작업주임자를 선임하지 않는 경우는, '노동안전위생법' 제14조 위반이 된다. 또 작업주임자를 선임하고 있어도, 작업자의 감시를 게을리하고 사고를

---

108) 労働安全衛生法, https://elaws.e-gov.go.jp/document?lawid=347AC0000000057(2023.9.1)
109) 특히, 위험한 작업을 필요로 하는 기계 등은 정령이 정한대로 제조를 하고자 하는 자는 후생노동성의 규정에 따라 미리 도·도·부·현 노동국장의 허가를 받아야 한다. 도·도·부·현의 노동국장은 허가신청을 심사하여 후생노동대신이 정한 기준에 적합하다면 허가를 해야 한다.
110) 労働安全衛生法, https://elaws.e-gov.go.jp/document?lawid=347AC0000000057(2023.9.1)

냈으면 그것 또한 '노동안전위생법' 제14조 위반이 된다. 이를 위반한 경우는 6개월 이하의 징역 또는 50만 엔 이하의 벌금이 부과될 가능성이 있다.

2) '노동안전위생법' 12조 위반(위생 관리자 선임 위반)

'노동안전위생법' 제12조로 상시 50명 이상의 노동자를 고용하는 사업소에는 위생관리자의 선임을 의무로 하고 있다. 이것을 위반하여 위생관리자를 선임하고 있지 않았을 경우는, '노동안전위생법' 제21조 위반에 해당된다. 위반한 경우는, 50만 엔 이하의 벌금이 부과될 가능성이 있다.

8. '노동안전위생법'의 위반에 의해 발생한 사건

마지막으로 노동자 피해보상보험 은폐로 '노동안전위생법' 위반이 된 사건에 대해서 소개하고자 한다. 어떤 사업소의 토목공사 현장에서 노동자와 굴착 크레인 차(드래그 셔블)가 접촉하는 노동 재해가 발생한 사건이다. 본 사안에 관해 현장 감독자는 굴착 크레인 차와 접촉할 우려가 있는 범위에 노동자가 들어가지 않도록 조치를 강구하지 않았다. 또한, 노동자 사상병 보고에는 「재해 노동자가 스스로 넘어지고 부상을 입었다」라고 기재해 노동기준감독서에 대해 허위로 보고했다.

이로 인한 허위보고로 50만 엔 이하의 벌금과, 노동자에 대한 위험방지 의무위반으로 6개월 이하의 징역 또는 50만 엔 이하의 벌금이 부과된다.

9. 노동안전위생법을 준수하자

'노동안전위생법'은 노동자의 안전과 건강의 확보를 목적으로 하는 법률이다. 이를 위반하면, 벌칙이 부과될 뿐만 아니라 노동자의 생명에 관계되는 일도 있다. 특히, 위험성이 높은 업무에 대해서는 법령의 준수 철저가 필요하다. 또, 근래는 정신적인 고통으로 휴업이나 퇴직을 하는 노동자도 늘어나고 있다.

10. 일본의 외국인 노동자에 대한 노동안전위생교육

1) 외국인 노동자에 대한 안전위생교육의 실시에 관해서[111]

일본에서는 일찍 노동인력 부족으로 동남아시아인을 필두로 외국인 노동자들이 많이 유입되면서 안전관리가 문제되고 있다. 최근에는 코로나 팬데믹 이후 외국인 노동자들의 사상사고 및 안전관리에 더욱 더 힘을 쏟고 있는 실정이다.

특히, 외국인 노동자에 대한 안전위생교육의 실시에 대해서 외국인 노동자(일본 국적을 가지지 않는 사람으로 특별 영주자 및 재적 자격이 「외교 및 "공용(公用)"의 사람은 제외)에 대해서는, 일본어나 일본의 노동관행에 익숙하지 않은 것 등으로부터 안전위생교육 등을 실시함에 있어서 확실히 이해할 수 있는 방법으로 안전위생교육을 실시할 필요가 있다.

외국인 노동자의 안전위생확보 때문에 적절하고 유효한 안전위생교육을 실시하기 위해서는 사전에 해당 강습 내용에 대한 일본어 능력을 확인하는 것이 좋다. 즉, 해당 강습 내용의 일본어 능력 정도에 따라 통상적인 강습에 수강하게 할지 아니면 외국인용 수강 코스에 수강하게 할지를 판단해야 한다.

안전위생교육은 중국어 · 베트남어 · 인도네시아어 · 타갈로그어(필리핀) · 크메르어(캄보디아) · 인도네시아어 · 태국어 · 미얀마어 · 네팔어 · 몽골어 · 영어 등으로 교육한다.

---

111) 外国人労働者に対する安全衛生教育の実施について | きらめき労働オフィス(kirameki-sr.jp)(2024.6.3)

2) 외국인 노동자에 대한 안전위생교육의 법적 근거

(1) 안전위생교육 및 연수 추진에 관해서 「기발(基發: 노동국장명의 통달)[112] 1012 제1호」[113]

◉ 교육 등의 추진에서 유의해야 할 사항

교육 등의 추진에서 중소기업, 제3차 산업, 고연령 노동자, 외국인 및 취업 형태의 다양화 등으로 노동재해 방지상의 과제에 적절하게 대응하는 것이 중요해졌다.

또한, 위험 감수성의 저하가 염려되고 있기 때문에 충분히 안전을 확보한 다음에 작업에 따른 위험성을 체감시키는 교육 등이 필요하다. 이어서 매일 평소의 위험 감수성을 향상시키는 교육도 유효하다.

◉ 외국인 노동자

외국인 노동자에 대해서는 일반적으로 일본어나 일본의 노동 관행에 익숙하지 않기 때문에 적정한 안전 위생을 확보하는 것이 필요하다. 이것 때문에 외국인 노동자에 대해서 안전위생교육 등을 실시함에 있어서 해당 외국인 노동자가 확실하게 이해할 수 있는 방법으로 교육 등을 실시해야 한다. 그때 외국인 노동자가 노동재해방지를 위한 지시 등을 이해할 수 있도록 필요한 일본어나 기본적인 신호 등 사업장 내의 노동재해방지에 관한 표지, 게시물 등에 대해서도 습득하도록 배려해야 한다.

---

112) 기발은 후생노동성노동기준국장이 도·도·부·현 노동국장 등 관계 기관에 문서로 전달하는 통달(通達)을 의미한다. 즉, 기발은 상급행정기관이 하급행정기관에 발하는 명령으로 법령은 아니지만, 행정기관 내부에서 운용함에 있어서 중요한 지시사항을 포함해서 전달하는 것을 통달이라고 한다. 2016년 노동기준국장 1012 제1호 통달은 일종의 후생노동성의 행정지침이다.

또한, 일본의 안전보건관리 부처인 후생노동성의 노동기준국은 안전위생부에는 안전과, 건설안전대책 실, 노동안전위생과, 산업보건지원과, 멘탈 헬스치료 양립지원실, 화학물질대책과, 노동재해보험사무과, 노동보험심의과, 직업병인지대책실, 보상과, 노동보험징수업무실 등으로 구성되어 관련정책을 담당하고 있으며, 전국의 직장에서 일하는 약 5,300만 명의 노동자의 안전과 근로조건의 확보를 위해 약 4천여 명의 노동기준감독관이 배치되어 사업장의 법령준수를 지도 감독하고 있는데, 이들의 주요 업무는 현장감독, 사법경찰사무, 재해조사 등이다.

113) https://www.jaish.gr.jp/anzen/hor/hombun/hor1-57/hor1-57-58-1-0.htm(2024.5.1)

(2) 외국인 노동자의 고용 관리개선 등에 관해 사업주가 적절히 대처하기 위한 지침(2007년 후생노동성 고시 제276호)[114]

*우리도 2024년 6월 24일 경기도 화성 아리셀 리튬 화재사고에서 다수의 외국인노동자 사망 사고에서 보았듯이 많은 참고가 될 항목이다.

◉ 동 지침 제3항 안전위생의 확보[115]

① 안전위생교육의 실시

사업주는 노동안전위생법 등에 정해진 법규에 따라 외국인 노동자에 대해서 안전위생 교육을 실시함에 있어서, 모국어 사용 및 시청각교재를 사용하는 등 해당 외국인 노동자가 그 내용을 이해할 수 있는 방법으로 실시할 것. 특히, 외국인 노동자가 사용해야 할 기계 등 원재료 등의 위험성 또는 유해성 및 이들의 취급방법 등을 확실히 이해시키도록 주의할 것.

② 노동재해방지를 위한 일본어 교육 등의 실시

사업주는 외국인 노동자의 노동재해 방지를 위한 지시 등을 이해할 수 있도록 하기 위하여 필요한 일본어 및 기본적인 신호 등을 습득시키도록 노력할 것.

③ 노동재해방지에 관한 표식(標識), 게시 등

사업주는 사업장 내에 노동재해방지에 관한 표식, 게시 등에 대해서 도해(図解) 등의 방법을 이용하는 등 외국인 노동자가 그 내용을 이해할 수 있는 방법으로 실행하도록 노력할 것.

④ 건강진단의 실시 등

사업주는 노동안전위생법 등이 정하는 바에 따라 외국인 노동자에 대해서 건강진단, 면접 지도 및 심리적인 부담정도를 파악하기 위한 검사를 실시할 것. 실시함에

---

114) 「外国人労働者の雇用管理の改善等に関して事業主が適切に対処するための指針」(◆平成19年08月03日厚生労働省告示第276号) (mhlw.go.jp)(2024.5.1)
115) 「外国人労働者の雇用管理の改善等に関して事業主が適切に対処するための指針」(◆平成19年08月03日厚生労働省告示第276号) (mhlw.go.jp)(2024.5.1)

있어서는 이러한 목적·내용을 모국어 등을 이용하는 등 해당 외국인 노동자가 이해할 수 있는 방법으로 설명하도록 노력할 것. 또, 외국인 노동자에 대해서 이러한 결과에 근거해 사후 조치를 실시할 때는 그 결과 및 사후 조치의 필요성 및 내용을 해당 외국인 노동자가 이해할 수 있는 방법으로 설명하도록 노력할 것.

⑤ 건강 지도 및 건강 상담 실시

사업주는 산업의, 위생관리자 등을 활용해서 외국인 노동자에 대해 건강 지도 및 건강 상담을 실시하도록 노력할 것.

⑥ 모성 보호 등에 관한 조치의 실시

사업주는 여성인 외국인 노동자에 대해서 노동기준법, 남녀고용 기회균등법 등이 정하는 바에 따라 산전 및 산후 휴업, 임신 중의 외국인 노동자가 청구했을 때의 가벼운 업무로의 전환, 임산부인 외국인 노동자가 청구한 경우의 시간 외 노동 등의 제한, 임신 중 및 출산 후의 건강관리에 관한 조치 등 필요한 조치를 강구할 것.

⑦ 노동안전위생법 등의 주지

사업주는 노동안전위생법 등이 정하는 바에 따라 그 내용에 대해서 주지시킬 것. 그때에는 알기 쉬운 설명서를 사용, 모국어 등을 이용해서 설명하는 등 외국인 노동자의 이해를 촉진하기 위해 필요한 배려를 하도록 노력할 것.

그 밖에도 동 지침 제4항에는 외국인 노동자에의 고용관리 개선에 관한 조치사항이나 적정한 근로조건의 확보와 노동시간, 임금 지불, 차별금지, 노동사회보험의 적용, 공적연금, 생활지원, 어려움 상담체제, 후생복지시설, 귀국 및 체류자격 경신 등의 지원, 해고예방 및 재취업 지원, 외국인 노동자의 고용노무책임자의 선임 등을 규정하고 있다.

(3) 외국인 노동자에 대한 안전위생교육의 추진 등에 대해서(2019년 3월 28일 기발 0328 제28호)[116]

다음은 2019년 3월 28일 후생노동성 노동기준국장(厚生労働省労働基準局長)이 각 도·도·부·현 노동국장 都道府県労働局長)에게 보낸 지침[117]

基発0328第28号
平成31年3月28日

都道府県労働局長　殿

厚生労働省労働基準局長
（公　印　省　略）

外国人労働者に対する安全衛生教育の推進等について

出入国管理及び難民認定法及び法務省設置法の一部を改正する法律(平成30年法律第102号)については、平成30年12月14日に公布され、一部の規定を除き平成31年4月1日から施行される予定である。同法により在留資格『特定枝能』が創設され、人材を確保するこ(생략)

(이하 위의 지침 내용)

외국인 노동자에 대한 안전위생교육의 추진 등에 대해서[118]

출입국 관리 및 난민 인정법 및 법무성 설치법의 일부를 개정하는 법률(2018년 법률 제102호)에 대해서는 2018년 12월 14일에 공포되어, 일부의 규정을 제외하고 2019년 4월 1일부터 시행하고 있다. 동법에 의해 체류 자격 "특정 기능"이 창설되어, 인재를 확보하는 것이 곤란한 상황이기 때문에 외국인에 의해 부족한 인재 확보를 도모해야 하는 산업상의 분야로 하고, 특정 기능의 체류 자격에 관련된 제도의 운용에 관한 기본방침(2018년 12월 25일 내각회의 결정)인 별지에 제시한 14분야

---

116) 「厚生労働省労働基準局長」000571530.pdf (mhlw.go.jp)(2024.5.1)
117) 「厚生労働省労働基準局長」000571530.pdf (mhlw.go.jp)(2024.5.1)
118) 「厚生労働省労働基準局長」000571530.pdf (mhlw.go.jp)(2024.5.1)

(이하 "특정 산업 분야"라고 한다. 별지.)에는 새로운 외국인 노동자(이하 "특정 기능 외국인 노동자")의 수용이 개시된다.

특정 기능 외국인 노동자뿐만 아니라, 외국인 노동자들은 일반적으로 일본어나 일본의 노동 관행에 익숙하지 않다. 따라서 향후 체류 외국인은 증가될 것으로 전망되어서 외국인 노동자를 사용하는 사업장에서는 외국인 노동자의 안전 위생 확보를 위해 적절하고 유효한 안전 위생 교육을 실시할 것이 요구되고 있다.

이런 상황에 입각해서 1991년 1월 21일부 기발(基発) 제39호「안전위생교육 및 연수의 추진에 관해서」(이하「제39호 통지」)의 일부를 아래 ①과 같이 개정해 외국인 노동자에 대한 필요한 안전위생교육 및 연수의 추진을 도모하기로 했기 때문에 사업자 단체 등에 대해서는 이 취지를 주지함과 동시에, 안전위생단체와의 연계를 도모해 지역 실정에 맞게 안전위생교육 및 연수 추진에 대해서 지도·원조해야 한다.

또한, 위험 또는 유해한 업무에 관해서는 외국인 노동자에 대한 안전위생교육 시에 사업자가 특히 유의할 사항을 아래 ②에 정리해 두었으므로, 관계 사업자는 주지 및 지도 철저를 도모할 것. 그리고 아래 ③의 사항에 대해서는 외국인 노동자를 사용하는 사업자가 적절하게 실시하도록 주지 및 지도에 노력해야 한다.

〈제39호 통달의 개정〉

제39호 통달의 일부를 다음과 같이 개정한다.

별지「안전 위생 교육 등 추진 요강」5(5)[119]를 다음과 같이 개정한다.

(4) 외국인 노동자[120]

외국인 노동자에 대해서는 일반적으로 일본어나 일본의 노동 관행에 익숙하지 않기 때문에 외국인 노동자에 대해서는 안전 위생 교육을 실시해야 한다. 해당 외국인 노동자에 대해서는 모국어 등을 이용, 시청각교재를 활용하는 등 해당 외국인 노동자가 그 내용을 확실하게 이해할 수 있는 방법으로 실시할 것. 특히, 외국인 노

---

119)「厚生労働省労働基準局長」000571530.pdf (mhlw.go.jp)(2024.5.1)
120)「厚生労働省労働基準局長」000571530.pdf (mhlw.go.jp)(2024.5.29)

동자에게 사용해야 하는 기계 등, 원재료 등의 위험성 또는 유해성 및 이러한 취급 방법 등을 확실히 이해하도록 유의할 것. 아울러 사업장 내의 노동 재해 방지에 관한 표식, 게시 및 표시에 대해서는 도해 등을 이용, 모국어로 주의 환기를 표시하는 등 외국인 노동자가 그 내용을 이해할 수 있도록 함과 동시에 해당 내용을 확실히 이해할 수 있도록 유의해야 한다. 이러한 내용은 대체로 2007년 후생노동성 고시 제276호와 같다. 하지만 2019년 이번 지침은 일부 개정되어 다음과 같이 좀 더 구체적이다.[121)]

① 위험도 평가(risk assessment) 실시

외국인 노동자를 종사시키는 업무에 관해서 기계 설비, 원재료, 작업 환경, 작업 방법 등에 기인하는 위험성 또는 유해성 등의 조사(위험도 평가)를 실시할 때에는 일반적으로 외국인 노동자에게는 일본어로 표시된 작업 표준 등의 이해가 곤란한 것 등을 고려하여 리스크의 색출이나 예상을 해 볼 것. 해당 위험도 평가 결과에 근거해 필요에 따라서는 리스크를 저감하기 위한 기계 설비 등의 재검토 등의 조치를 강구한 다음에 외국인 노동자에 대해서 실시하는 안전 위생교육의 내용을 정리할 것.

② 안전위생교육의 준비

모국어로 번역된 교재·시청각교재 등 상기 ①에 의해 정리된 안전 위생 교육의 내용에 적합한 교재를 입수해서 정리 등을 할 것. 교재로서는 후생노동성 홈페이지에 게재돼 있는 자료 외에 공익재단법인 국제연수협력기구, 외국인 기능 실습 기구, 일반재단법인 국제건설기능진흥기구 등의 자원도 활용할 수 있다.

③ 안전위생교육의 실시 및 추적 조사

외국인 노동자의 일본어 이해도를 파악해서 시청각교재 등을 활용하고, 신호, 표식, 게시 및 표시 등에 대해서도 교육할 것. 또, 안전위생교육실시 책임자의 관리 하에 해당 외국인 노동자와 같은 언어를 말할 수 있는 일본어가 능숙한 노동자(해당

---

121) 「厚生労働省労働基準局長」000571530.pdf (mhlw.go.jp)(2024.5.29)

외국인 노동자와 같은 나라·지역 출신의 상사나 선배 노동자 등)에게 통역이나 교육보조역 등을 의뢰해서 실시하는 것이 바람직하다. 게다가 안전위생교육의 이해도를 확인하면서 계속적으로 교육을 반복하는 것이 바람직하다.

④ 노동재해방지를 위한 일본어 교육 등의 실시

외국인 노동자가 노동 재해 방지를 위한 지시, 주의 환기 등을 이해할 수 있도록 하기 위하여 필요한 일본어 및 기본적인 신호 등을 습득시키도록 노력할 것.

⑤ 노동안전위생법 등 관계 법령의 주지

노동안전위생법 등 관계 법령이 정하는 바에 따라 해당 법령의 내용에 대해서 주지시킬 것. 그때 외국인 노동자가 그 내용을 이해할 수 있는 자료를 이용하는 등 외국인 노동자의 이해를 촉진하기 위해 필요한 배려를 하도록 노력할 것. 특히, 노동안전위생법 등에서 정한 건강진단, 면접지도 및 심리적인부담정도를 파악하기 위한 검사 실시에 관해서는, 이들의 목적·필요성에 관해서도 해당 외국인 노동자가 이해할 수 있는 방법으로 설명하도록 노력할 것.

⑥ 파견 노동이 인정되고 있는 업종에서의 유의 사항

파견 노동자에 대한 안전위생교육을 필요 충분한 내용으로 시간을 들여서 실시하기 위해, 파견 원 사업장과 파견될 사업장 사이에 충분히 연락 조정하는 것이 바람직하다. 파견 노동이 행해지는 경우, 파견 노동자인 외국인 노동자에 대해 고용할 때 안전위생 등 교육은 파견 전 원 사업자의 책임으로 실시할 것. 만약, 파견처 사업자와 협의에 의해, 고용할 때 등의 안전 위생 교육의 실시를 파견처 사업자에게 위탁하는 경우, 파견하는 원 사업자는 파견처 사업자로부터 보고를 받아서 안전위생교육의 실시 상황을 확인할 것. 또한, 해당 교육을 실시함에 있어서 파견처의 안전위생 사정에도 유의할 것.

> (주) 특정 기능 외국인 노동자는 원칙적으로 직접 고용되는 것이지만, 농업 분야 및 어업 분야에서는 노동자 파견이 인정되고 있다는 것 등에 유의할 필요가 있다.

(5) 위험 또는 유해한 업무에 관련된 안전 위생 교육에 있어서 특히 유의해야 할 사항[122]

사업자는 외국인 노동자를 위험 또는 유해한 업무에 종사시킬 때는, 상기 개정 후의 안전위생교육 등 추진 요강에 입각해서 고용 당시 등의 안전 위생 교육에 있어서, 해당 위험 또는 유해한 업무에 수반되는 노동재해발생의 우려와 그 방지대책 등에 관해서는 정확하게 이해시킬 것. 그때 아래와 같은 사항에 대해서도 충분히 이해시킬 필요가 있다.[123]

① 전도재해 방지 때문에 정리정돈 등에 의한 안전한 작업대의 보관 유지, 위험 개소의 표시, 손잡이나 미끄럼방지의 사용 방법 및 적설 시에 미끄러지기 어려운 신발이나 안전한 보행 방법

② 높은 곳의 작업에 종사시키는 경우는 작업 순서 및 그 의미, 추락 제지용 기구의 적절한 사용 방법 및 승강 설비의 적절한 사용 방법

③ 기계 설비, 차량계 건설기계 등에 의한 끼임·휘감김, 격돌, 절단, 찰과상 등의 위험성이 있는 작업에 종사시키는 경우에는 작업 순서 및 그 의미, 안전장치의 적절한 사용 방법 및 출입 금지 등에 관련된 게시

④ 화학물질을 취급하는 작업에 종사시키는 경우에는 해당 화학물질의 위험성 또는 유해성 및 그 취급 방법, 호흡용 보호구나 화학 방호 장갑 등의 보호구의 적절한 사용 방법, 국소 배기장치 등의 환기장치의 적절한 사용 방법

⑤ 석면을 포함한 건축물 등의 해체 작업에 종사시키는 경우에는 석면의 유해성 및 해당 함유품의 취급 방법 및 호흡용 보호구 등의 적절한 사용 방법

⑥ 도쿄 전력 후쿠시마 제일 원자력 발전소 구내나 사고 유래 폐기물 등 처분 사업장소에서 행해지는 방사선 업무 및 제염 특별 지역 등에서 행해지는 제염 등 업무에 종사시키는 경우에는, 전리 방사선이 생체에 주는 영향, 피폭 선량

---

122) 「厚生労働省労働基準局長」000571530.pdf (mhlw.go.jp)(2024.5.29)
123) 「厚生労働省労働基準局長」000571530.pdf (mhlw.go.jp)(2024.5.29)

의 관리 방법, 설비나 보호구의 사용을 포함한 기기의 취급 방법, 건강관리의
필요성 등

⑦ 하계(夏季) 기간의 옥외 작업 등의 혹서 환경에서 작업에 종사시키는 경우에
는, 열사병의 증상, 충분한 염분 섭취·수분 보급 등 예방 방법이나 응급조치
등의 긴급시의 대처 등

또한, 후생노동성은 특정 산업 분야에서의 주요한 안전 위생상의 유의점을 내
용으로 하는 시청각교재를 2019년에 작성·공표하였기 때문에 필요에 따라서
활용할 것.

3) 건강관리 수첩 제도의 주지 등에 관해서[124]

사업자는 특정 화학물질이나 석면 등을 취급하는 업무에 종사하는 외국인 노동자
에 대해는, 고용 당시 해당 업무에 관해서 발생할 우려가 있는 질병의 원인 등 및
건강진단의 목적이나 내용에 대해서 모국어 등을 이용하는 등, 해당 외국인 노동자
가 이해할 수 있는 방법으로 설명할 것.

또, 암 등의 후유증으로 건강 장애를 발생할 우려가 있는 화학물질, 석면 및 분진
의 취급 작업에 대해서는 해당 업무에 종사하고 있었던 외국인 노동자가 이직한 후
에도 그에 대한 건강관리가 중요하다. 따라서 사업자는 노동 안전 위생법(1972년 법
률 제57호) 제67조에 입각해 건강관리수첩제도에 대해서 이직 전에 설명한 후, 요건
에 해당되는 해당 외국인 노동자에 대해서는 이직 후에도 신속하게 관할 도·도·
부·현 노동국에 신청하도록 촉구할 것. 또, 이때 신청에 필요한 서류에 대해서도
사업자 자신이 준비해 해당 외국인 노동자에 대해 이직 전에 서류를 넘겨주는 등
원활하게 수속을 할 수 있도록 지원에 노력할 것.

또한, 특정 화학물질 등에 의한 질병은 그 잠복 기간이 장기간이 되는 경우가 있
다는 점에 입각해 귀국 후에도 노동자재해보상보험법(1947년 법률 제50호)에 따라
노동재해보험급부청구를 할 수 있다는 것에 대해서도 외국인 노동자에게 주지시
킬 것.

---

124) 「厚生労働省労働基準局長」000571530.pdf (mhlw.go.jp)(2024.5.29)

4) 자료 입수처 및 자료 열람

○ 후생노동성(厚生労働省)https://www.mhlw.go.jp/index.html

→ 안전위생에 관한 포털: 安全衛生に関するポータルサイト(職場のあんぜん
サイト)

http://anzeninfo.mhlw.go.jp/

→ 외국인 노동자의 안전위생대책에 관해서: 外国人労働者の安全衛生対策につ
いて

https://www.mhlw.go.jp/stf/seisakunitsuite/bunya/0000186714.html

→ 석면정보: アスベスト(石綿) 情報

https://www.mhlw.go.jp/stf/seisakunitsuite/bunya/koyou_roudou/roudoukiju
n/sekimen/index.html

5) 외국인의 일본어 이해력을 배려한 기능 강습 실시에 대해서(이하, 지침 전문)

(2020년 3월 31일)

(기발 0330 제43호)[125]

(도·도·부·현 노동국장 앞 후생노동성 노동기준국장 통지)

(공인 생략)

외국인에 대한 기능 강습에 대해서는 일상생활에 필요한 일본어의 이해력은 가지고 있지만, 전문적 또는 기술적인 사항에 관한 일본어의 이해력이 충분하지 않은 외국인 노동자에 대해서 일본어의 이해력을 배려한 기능 강습 실시가 절실히 요구되고 있다. 「외국인 노동자에 대한 기능 강습 실시에 대해서」(2012년 10월 10일부 기발 1010 제4호 후생노동성 노동기준 국장 통지)의 별첨 「외국인 노동자에 대한 기능 강

---

125) 「外国人の日本語の理解力に配慮した技能講習の実施について」(◆令和02年03月31日基発第3300
43号) (mhlw.go.jp)(2024.6.3)

습 실시 요령」에 의거해 실시해 왔다.

이번에 출입국 관리 및 난민 인정법(1951년 정부령 제319호)의 개정에 의해 특정 기능의 체류 자격이 설치되어 기능 강습 수강을 희망하는 외국인이 증가할 것으로 전망된다. 이 때문에 노동안전위생법(1972년 법률 제57호) 제77조 제3항에서 규정하는 등록 교습 기관(이하「등록 교습 기관」)은 기능 강습을 수강하는 외국인(이하「외국인 수강자」)를 고용하는 사업자, 또는 외국인 수강자의 신고 등에 의해 외국인 수강자의 일본어 이해력을 파악함과 동시에 해당 외국인 수강자의 일본어 이해력에 응한 배려를 실행한 다음에 기능 강습을 실시해야 한다. 이상을 근거로 또, 가스 용접 기능 강습 규정(1972년 노동성 고시 제110호) 제3조 제3항 등에 입각해 별 첨과 같이「외국인에 대한 기능 강습 실시 요령」을 규정했기 때문에 향후는 관내의 등록 교습 기관이 일본어의 이해력이 충분하지 않은 외국인에 대해 기능 강습을 실시할 경우, 각 기능 강습 규정 시행에 관련된 통지 외에 해당 실시 요령 및 아래와 같은 기능 강습이 적절히 실시되도록 지도해야 한다.

또한, 본 통지를 함으로써 기준의 2012년의「외국인 노동자에 대한 기능 강습 실시에 대해서」(2012년 10월 10일부 기발 1010 제4호 후생노동성 노동기준국장 통지)는 폐지한다.

(1) 수료 시험에 대해서

외국인에 대한 기능강습실시 요령 2(5) 수료 시험에 관해서 후생노동성이 다언어로 작성하는 예정된 기능 강습의 이해도를 측정하는 표준적인 시험 문제(다지 선택 방식)에 대해서는 별도로 지시하는 바에 따라 등록 교습 기관에 제공할 것.

(2) 적절한 교재 사용에 대해서

외국인에 대한 기능강습실시 요령 2(6) 적절한 교재의 사용에 대해서, 시판되고 있는 외국어판의 교재 외 후생노동성이 다언어로 작성하는 예정된 보조 교재에 대해서, 별도 지시하는 바에 따라 학과 강습에 활용할 것을 촉구할 것.

(3) 적절한 감사 지도의 실시에 대해서

일본어의 이해력이 충분하지 않은 외국인에 대해 일본어의 이해력을 배려한 기능 강습이 적절히 실시되지 않은 경우, 엄정한 지도를 행할 것. 특히, 수료 시험에 대해서 강사 등이 정답을 교시하는 등의 부정 사안에 관해서는 본 통지에 기반 해 엄정한 지도를 실시할 것.

(4) 적용

본 통달은 2020년 10월 1일부터 적용한다.

별첨

11. 외국인에 대한 기능 강습 실시 요령

1) 본 요령의 취지

본 요령은 전문적 또는 기술적인 일본어 이해력이 충분하지 않은 외국인에 대해서 노동안전위생법(1972년 법률 제57호) 제61조 제1항의 규정에 취업제한의 대상이 되는 업무에 관련된 기능 강습을 실시함에 있어서, 일본의 이해력을 배려한 기능 강습이 적절히 실시될 수 있도록 규정한 것이다.

2) 기능 강습의 실시

1의 기능 강습은 다음과 같이 실시할 것.

(1) 외국인의 일본어 이해력의 파악

사업자는 외국인 노동자에게 기능 강습을 수강시킬 경우, 해당 외국인 노동자가 해당 기능 강습의 내용을 일본어로 이해할 수 있는지 확인하고 수강신청할 때 그 결과를 등록 교습 기관에 대해서 별지 양식을 참고하여 통지할 것. 또, 사업자의 지시에 따르지 않고 외국인이 기능 강습을 수강하려고 하는 경우, 수강을 희망하는 외국인은 기능 강습에서 사용하는 일본어 교과서 등을 확인해서 수강신청할 때 스스로의 일본어의 이해력에 대해서 별지 양식을 참고하여 자기 신고할 것.

등록 교습 기관은 기능 강습을 수강하는 외국인(이하 「외국인 수강자」)의 일본어 이해력을 사전에 확인하는 것이 바람직하다.

(2) 외국인용 코스의 설치

일본어의 이해력이 충분하지 않은 외국인 수강자에 대해서 기능 강습을 실시하는 경우에는, 원칙적으로 외국인용 코스를 별도 설치할 것. 단, 수강자 전체에서 차지하는 외국인 수강자의 비율이 낮은 등 외국인용 코스를 별도 설치하는 것이 곤란한 경우에는, 개개의 외국인 수강자의 일본어의 이해력에 따라, 해당 외국인 수강자가 이해할 수 있는 언어(이하 「외국어」)에 의한 보조 교재를 사용하거나 통역자에 의한 동시통역을 실시함으로써 일반 코스에 받아들일 수 있다.

(3) 통역자의 배치

외국인 수강자의 일본어 이해력을 감안해서 외국어에 의한 기능 강습을 실시하는 것이 필요한 경우에 강사가 해당 외국어에 통달하지 않은 경우에는, 이하와 같이 통역자를 배치해서 실시할 것.

① 통역자는 해당 기능 강습을 수료한 자 등 강습 과목에 관한 전문적 및 기술적인 지식을 가지고 있는 사람이 바람직하다. 해당 통역자를 물색할 수 없을 경우는 통역자에게 사전에 해당 기능 강습을 수강시키는 등 배려하는 것이 바람직하다.

② 등록 교습 기관에서 통역자를 물색할 수 없을 때는 외국인 수강자 또는 외국인 수강자를 고용하는 사업자에 물색을 요구할 것.

③ 전문적 또는 기술적인 사항도 포함된 일본어를 번역할 수 없는 음성번역기로 통역자를 대체하고자 하는 것은 인정되지 않는다.

(4) 강습 시간

통역자를 배치해서 기능 강습을 실시하는 경우에는, 통역에 필요로 하는 시간은 각 기능 강습 규정에서 정한 학과강습에 관련된 강습 시간에 포함할 수 없다. 통역에 소요되는 시간은 통역의 속도를 고려한 후 일본어에 의한 기능 강습의 내용을 그대로 번역하기 위한 시간에 과부족이 없도록 할 것.

(5) 수료 시험

① 수료 시험 문제의 정도는 통상의 기능 강습과 동등한 것으로 할 것.

② 수료 시험 중 학과시험은 원칙적으로 필기시험으로 실시할 것.

③ 필기시험은 외국인 수강자의 일본어의 이해력을 배려하여 원칙적으로 시험 문제 중 모든 한자에 히라가나 혹은 로마자에 의한 루비(후리가나: 훈)를 첨부 또는 시험 문제를 외국어로 번역해서 실시하는데, 시험 문제를 외국어로 읽어내려 외국인 수강자에게 풀게 하는 방법으로도 지장이 없다. 이 경우, 읽어주는 사람 등이 해답을 외국인 수강자에게 교시하는 등의 부정행위를 실행하지 않도록 시험의 적정한 실시에 충분히 유의할 것.

④ 학과 시험 시간은 외국인 수강자의 일본어의 이해력을 감안해서 통상의 학과 시험 시간의 1.3배까지 연장해서 실시할 수 있다.

(6) 적절한 교재의 사용

외국어에 의한 텍스트, 모형 및 OHP, 비디오 등의 시청각교재의 활용에 노력할 것.

(7) 기능 강습에 관한 요금

통역자를 배치할 때 필요한 경비 및 외국인 수강자의 일본어의 이해력을 배려하여 실시하는 수료시험에 필요한 경비는 미리 업무 규정으로 정한 다음 수강료로서 외국인 수강자에게 부담시킬 수 있다. 또한, 통역자에 따라서 통역비에 차이가 클 경우, 통역자의 배치에 관련된 실비 상당을 수강료에 포함하는 취지를 업무 규정에 명기함과 동시에 외국인 수강자의 요구에 응해 통역자의 배치에 관련된 실비에 대해서는 모두 공시하도록 할 것.

3) 기능 강습 수료증의 발행

이름 난에는 여권(패스포트) 또는 체류 카드에 기재되어 있는 이름을 기입할 것.

4) 업무 규정의 변경

일본어 이해력이 충분하지 않은 외국인을 대상으로 한 기능 강습을 실시하려고 하는 등록 교습 기관은 업무 규정에 정하는 사항 중 기능 강습의 시간, 기능 강습의 실시 방법, 수료 시험의 실시 방법, 기능 강습에 관한 요금에 관한 사항 등 필요한 사항에 대해서 변경을 실시해 노동안전위생법 및 여기에 기반한 명령에 관련된 등록 및 지정에 관한 성령(1972년 노동 성령 제44호) 제23조 제3항의 규정에 의해 기능 강습을 실시하려고 하는 장소를 관할하는 도·도·부·현 노동 국장에게 업무 규정 변경 신고서를 제출할 필요가 있다.

또한, 통역자를 배치하고 기능 강습을 실시하는 경우에는 기능 강습 시간에 관한 사항 및 기능 강습 실시 방법으로서 그 취지 및 통역에 소요되는 시간을 해당 업무 규정에 기재할 것.

5) 외국인 노동자에 대한 안전위생교육의 수강 선택 및 코스

(1) 해당 강습 내용을 일본어로 이해할 수 있는 경우

통상 코스에서 수강하는 것이 가능하다. 읽기·쓰기·회화에서 일본인 노동자와 동일할 정도의 일본어 능력을 가진 사람이 대상이다. 수강하는 강습 내용을 일본어로 이해할 수 있다는 것을 증명하는 해당 회사가 지정한 사업주 증명서를 제출해야 한다.

(2) 해당 강습 내용을 일본어로 충분하게 이해할 수 없는 경우

① 외국인용 코스에서 수강해야 한다.

본 코스를 수강할 경우에는 사업자 측에 통역자(해당 강습 내용의 과목에 관한 전문적 및 기술적인 지식을 가지고 있는 사람이 바람직하다)를 배치해 주고, 동시통역도 실시해 준다. 통역자는 사용 언어마다 최저 1명 이상은 반드시 배치해야 한다.

또 통역에게 필요로 하는 시간은 통역의 속도를 고려해 일본어로 번역하기 위한 시간은 강습 시간에 포함하지 않으므로, 통상 강습의 50% 이상 늘인 강습 시간을 확보해 준다.

이 밖에 스트레스 체크를 반드시 실시해 노동자의 멘탈 케어에도 관심을 가지도록 해야 한다.

제2절

'노동안전위생법(労働安全衛生法)'을 위반한 경우의 벌칙

1. '노동안전위생법' 위반과 벌칙

　'노동안전위생법'을 위반한 경우는「징역」또는「벌금」이 부과될 벌칙 가능성이 높다. 벌칙의 대상과 사례, '노동안전위생법' 위반이 쟁점이 된 사건에 관해서 논해 보고자 한다.

　'노동안전위생법'의 위반으로 벌칙의 대상이 되는 대표적인 케이스는 다음과 같다.

■ '노동안전위생법'의 벌칙 대상과 케이스(사례)[126]

위반 내용	구체적 사례	위반하는 조문	벌칙
작업주임자 선임의무 위반	❍ 일정의 위험작업을 행하면서 작업주임을 선임하지 않은 경우 ❍ 작업주임을 선임은 해도 작업자의 감시를 태만히 한 경우	노동안전위생법 제14조	6개월 이상 징역 또는 50만 엔 이하 벌금
안전 위생교육 실시 위반	❍ 노동자를 고용해서 위생안전교육을 실시하지 않은 경우	노동안전위생법 제59조 제1항	50만 엔 이하 벌금
무자격 운전	❍ 크레인 운전을 시작하면서 특정의 업무를 무자격자가 행한 경우	노동안전위생법 제61조 제1항	6개월 이상 징역 또는 50만 엔 이하 벌금

---

126) https://www.dodadsj.com/content/210325_industrial-safety-and-health-act/(2023.9.1)

노동재해 보고의무 위반(허위 보고)	❍ 노동재해 발생시 노동자 사상병 보고를 노동기준 감독원에 하지 않은 경우 ❍ 노동자사상병 보고를 허위로 한 경우	노동안전위생법 제100조 제1항	50만 엔 이하 벌금

■ '노동안전위생법'의 적용 제외 대상127)

적용 제외되는 노동자 케이스	적용 대상 제외의 범위
선원	적용 제외
광산	일부, 노동안전위생법 대상
국회 직원, 재판소 직원, 방위청 직원	일부, 노동안전위생법 대상
비현업(공권력행사 하는)의 일반직 국가 공무원	일부, 노동안전위생법 대상
비현업(공권력행사 하는)의 지방공무원	일부, 노동안전위생법 적용 제외 법령 등

2. '노동안전위생법'의 위반이 쟁점이 된 사건

공장 폭발로 인한 작업원의 사상사건

석유화학 제조공장에서 폭발이 발생해서 작업원이 사상한 사건이다. '노동안전위생법' 위반 및 업무상 과실치상이 추궁되었다. 회사에 대해서는 벌금 50만 엔, 현장 통솔자 제조부 제조과장에 대해서는 금고 2년 집행유예 3년 판결이 나왔다.128)

---

127) https://www.dodadsj.com/content/210325_industrial-safety-and-health-act/(2023.9.1)
128) https://www.dodadsj.com/content/210325_industrial-safety-and-health-act/(2023.9.1)

3. '노동안전위생법'에서 기업·사업자가 지켜야 할 11가지 중요사항

기업·사업자에게는 노동자의 사고방지·건강 확보를 위하여「안전배려 의무」조치를 취하지 않으면 안 된다. 안전배려 의무를 다하기 위해서는 사업자가 여러 가지에 주의할 필요가 있지만, 여기서는 앞의 1절에서 설명한 내용이 아주 중요하므로 다시 요약 정리해 보고자 한다.

(1) 스태프의 배치(제3장: 안전위생 관리체제)

'노동안전위생법' 제3장 제10조, 제11조, 제12조에서는 직장의 안전위생을 확보하기 위하여, 여러 가지 스태프를 배치하는 것을 의무화하고 있다. '노동안전위생법' 제10조에, 사업자는 정령에 정해진 규모의 사업장마다 후생노동성령에 정해진 대로 총괄안전위생관리자를 선임하고 그 사람에게 안전관리자, 위생관리자 또는 제25조의2 제2항의 규정에 의해서 기술적 사항을 관리하는 사람을 지휘함과 동시에 아래와 같이 사업장의 안전·위생에 관한 업무를 총괄해야 한다. 다음은 스태프의 배치와 역할과 의무에 대해서 표로 정리한 것이다.

■ **스태프 배치 의무자와 주된 스태프의 역할**[129]

명칭	역할	비고
총괄안전위생관리자	사업장 안전·위생에 관한 업무 총괄 관리	몇 명 이상 사업자에서 선임할 필요가 있는지는 업종구분에 따라 다르다.
안전관리자	안전위생 업무 중 안전에 관한 기술적 사항의 관리	상시 50인 이상 노동자를 사용하는 일정 업종의 사업장에 대해서 선임이 의무화 됨
위생관리자	안전위생 업무 중 위생에 관련 기술적 사항의 관리	상시 50인 이상 노동자를 사용하는 사업장에 대해서 선임이 의무화 됨

---

129) https://www.dodadsj.com/content/210325_industrial-safety-and-health-act/(2023.9.1)

산업의(醫)	노동자의 건강관리에 관해서 전문적인 입장에서 지도 조언 역할을 담당하는 의사	상시 50인 이상 노동자를 사용하는 사업장에 대해서 선임이 의무화 됨
작업 주임자	작업의 직접지휘나 사용기계 점검, 안전장치의 사용상황의 감시 등	정령으로 정해진 특정작업을 행할 때 면허 취득자랑 기능강습수료자 중에서 선임이 의무화 됨
총괄안전 위생책임자	복수의 관계 청부인 노동자가 혼재하는 장소에서 노동재해 방지에 관한 지휘통솔관리	특정 종류 · 장소에서 선임이 의무화 됨
안전위생 추진자(위 생추진자)	노동자의 안전과 건강확보 등의 업무(노동자의 위험 또는 건강장애 방지조치), 노동자의 안전 또는 위생교육 실시 등	상시 10인 이상 50인 미만 노동자를 사용하는 사업장에서 선임이 의무화 됨

50인 이상 노동자가 있는 사업장에는 업종을 불문하고 「위생 관리자」 「산업의」를 배치하고, 일정한 업종에는 「안전 관리자」도 선임해야 한다. 이 밖에 노동안전위생법에는 하나의 장소에서 실시하는 사업장 일의 일부를 다른 청부인에게 하청 주고 있는 「원청 사업자」나, 건설업, 조선업의 원청 사업자인 「특정 원도급 사업자」에 관한 규정도 있다.[130]

대한건설정책연구원(원장 유병권)은 일본의 건설업 안전관리 체계를 다양한 관점에서 분석해서 우리 건설업 안전관 체계 개선을 위해 보고서를 발간했다. 이 연구는 안전관리 모범사례를 보여주고 있는 일본 건설현장 안전관리체계를 법과 기준, 관습 등 다양한 관점에서 분석하고 그 시사점을 제시했다. 이 보고서에 따르면,[131] 1995년 기준 한국 건설업 사망자는 715명, 일본 건설업 사망자는 1,021명이었으나, 2017년 한국 건설업 사망자 579명, 일본 건설업 사망자 323명으로 일본 건설업 사망자 수가 우리보다 훨씬 적은 편이다. 또한, 1995년 한국 건설업 사망인율[132]은

---

130) https://www.dodadsj.com/content/210325_industrial-safety-and-health-act/(2023.9.1)

131) 「(일본의 건설현장 사망재해가 적은 이유)安全管理の基本方針/建設現場での14の指針と教育方法」(西武建設株式会社) 『안전환경』(엔지의 conpaper), 2020년 1월 16일자.

132) 사망자 수에 1만 배를 전체근로자 수로 나눈 값, 전 산업에 종사하는 근로자 중 산재로 사망한 근로자가 어느 정도 되는지 파악할 때 사용하는 지표. 즉 상시 근로자 1만 명 당 사고 사망자의 수이다. 건설 산업

일본의 약 2.4배이었으나, 2017년에는 약 2.9배를 기록하는 등 그 격차는 커지고 있는 편이다. 여기에다 일본의 인구가 우리보다 2배인 점을 감안해보면 더욱 격차가 크다고 할 수 있다.

일본 건설업에서 사망재해가 적은 5가지 이유는 다음과 같은 안전관리 체계의 특성에 있다고 본다. 즉, 원청 책임 강화는 중층 하도급 구조를 갖는 건설현장 특성으로 인해 원청(특정 원도급 사업자)에게 총괄 안전관리 및 모든 원청·하도급 근로자의 산업재해 예방 조치 의무를 부여하고 있다.[133] 또한, **① 산업재해 발생 시 원청에게 형사책임(현장소장과 사고의 직접적 원인이 된 지시를 내린 자에게 징역 6월 부과) ② 행정처분(작업정지 등) ③ 민사책임(불법행위 책임, 안전배려 의무 위반 시 근로자 배상) ④ 사회적 책임(공공공사 입찰 참가 금지) 등 4중 책임을 묻고 있다.**[134]

과정 중시·법 기준 이상의 안전관리는 건설현장 재해예방활동의 촉진을 위해 산재가 발생해도 노동안전위생법에서 정한 사항을 건설사가 충실히 이행한 경우에는 별도 형사책임을 묻지 않고 있다(원청 현장소장은 제외). 건설사도 재해 근로자와 민사소송 시 노동안전위생법과 각종 기준을 만족한 재해예방활동만으로는 안전관리가 충분했다고 인정받을 수 없기 때문에 법·기준에서 의무화되지 않은 교육이행과 안전시설설치 등에도 적극적인 노력을 기울이고 있다.

자율 안전감시는 오랜 상호협력을 통해 원청의 안전관리 방식을 잘 이해하고 있는 주요 하도급사(협력회 소속 전문건설업체)는 다른 하도급사의 안전관리를 적극 지원하고, 감시하는 역할까지 수행하고 있다. 이를 통해 이중 삼중의 철저한 자율 안전감시가 이뤄지고 있다.

노동재해은폐는 엄격하게 처벌하고 있는데, 만약 재해은폐가 적발되는 경우에는 개인에 대한 처벌에서 벌금형이 추가되고, 관련된 모든 업체는 지명정지(공공공사 입찰참가 금지) 무기한이 선고된다. 건설사의 생명줄과 같은 공공공사 입찰참

기본법 제23조에 따라 종합건설업으로 등록된 건설업체. 사고 사망만인율=(사고 사망자 수/상시 근로자 수)×10,000

133) https://greenfile.work/articles/2535(2023.9.1)https://conpaper.tistory.com/83937(2023.9.1)

134) 安全管理の基本方針 | 建設現場での14の指針と教育方法,(https://greenfile.work/articles/2535)

가 무기한 금지는 산재은폐 시도를 원천 차단하는 효과를 발휘하고 있다. **원·하도급자간 안전위생경비의 합리적 분담을 위해 2017년 시행된 '건설공사 종사자의 안전 및 건강 확보 추진에 관한 법률'은 원청으로 하여금 하도급 견적조건으로 재해예방대책 실시자와 이에 따른 안전위생경비(산업안전보건관리비) 부담자를 구분해 제시하도록 의무화하고 있는 것을 볼 수 있다.**[135)]

(2) 노동자에 안전위생 교육 실시(제59조, 제60조)[136)]

'노동안전위생법' 제59조[137)] 및 제60조[138)]에는, 노동자에게도 안전위생교육을 실시하도록 규정하고 있다. 일반 노동지에 대해서는「고용 시」나「직업 내용의 변경 시」에 안전위생 교육을 실시할 필요가 있다.「위험·유해 업무」에 새롭게 종사하는 노동자에게는 특별 교육을, 실제로 종사하고 있는 노동자에 대해서는 안전위생 교육을 실시하지 않으면 안 된다. 그에 더해서 새로 직무를 맡게 된 지도·감독자에게는 안전위생 교육의 실시도 의무화 되어 있다. 노동안전위생 관계의 교육에는「면허」나「자격」,「기능 강습」등 다방면에 걸치기 때문에 그 내용을 이해해 두는 것이 중요하다.

(참고: 후생노동성「노동안전위생 관계의 면허·자격·기능 강습·특별 교육 등」)[139)]

---

135) 「(일본의 건설현장 사망재해가 적은 이유)安全管理の基本方針/建設現場での14の指針と教育方法」(西武建設株式会社)『안전환경』(엔지의 conpaper), 2020년 1월 16일자.

136) https://www.dodadsj.com/content/210325_industrial-safety-and-health-act/(2023.9.1)

137) 노동안전위생법 제59조(안전위생교육), 노동자를 고용할 때는 당해 노동자에 대해 후생노동령의 규정에 따라 종사하는 업무에 관한 안전 또는 위생교육을 실시해야 한다. 2. 전항의 규정에는 노동자의 작업내용을 변경할 때도 준용된다. 3. 사업자는 위험 또는 유해한 업무로 후생노동성의 규정에 따라 노동자를 시킬 때는 후생노동성의 규정대로 당해 업무에 관한 안전 또는 위생을 위해 특별교육을 실시해야 한다. https://elaws.e-gov.go.jp/document?lawid=347AC0000000057(2023.9.1)

138) 노동안전위생법 제60조(안전위생교육), 사업자는 그 사업의 종류가 정령에 정해진 규정에 해당할 때는 새로 직무에 종사하는 작업현장의 최하위 감독(職長: 최하위 말단 현장 지휘자, 소장 등), 그 외 작업 중 노동자를 직접지도 또는 감독하는 자(작업 주임은 제외)에 대해서는 다음 사항에 관해 후생노동성의 규정에 따라 안전 또는 위생교육을 실시해야 한다. 1. 작업방법의 결정 및 노동자의 배치에 관한 것. 2. 노동자에 대한 지도 또는 감독에 관한 것. 3. 전 2항 이 외, 노동재해 방지를 위하여 필요한 사항으로 후생노동성령에 정해진 것.

139) https://jsite.mhlw.go.jp/kochi-roudoukyoku/var/rev0/0109/4288/2015810114017.pdf(2023.9.1)

(3) 노동재해방지의 조치 (제4장: 노동자의 위험 또는 건강 장애를 방지하기 위한 조치)

‘노동안전위생법’ 제4장에는 노동재해방지를 위해 사업자가 강구해야 하는 조치에 관해서 규정하고 있다. 예를 들면, ‘노동안전위생법’ 제20조 「기계, 기구 및 그외의 설비」나 「폭발성 물건, 발화성 물건, 인화성 물건」 등에 의한 위험 방지 조치가 있다. 이 밖에 ‘노동안전위생법’ 제22조 「원재료, 가스, 증기, 분진, 산소 결핍 공기, 병원체」나 「방사선, 고온, 저온, 초음파, 소음, 진동, 이상 기압」 등에 의한 건강 피해 방지 조치도 의무화되고 있다. **노동재해를 방지하기 위한 구체적인 조치에 대해서는, 노동 안전위생규칙에 방지 규정이 마련되어 있다.**[140]

① 접사다리(脚立) · 발판(足場: 비계)의 사용 조건

접사다리와 발판은, 소정의 조건을 갖춘 것을 사용할 필요가 있다. 접사다리는 「튼튼한 구조일 것」, 「부식, 손상이 없을 것」과 같은 조건을 갖춘 것만을 사용할 수 있다. 발판에 대해서는 「현저한 손상 · 변형 · 부식이 있는 것을 사용해서는 안 된다.」 「튼튼한 구조의 제품이어야 한다.」는 것이 정해져 있다.

(참고: 후생노동성 「추락 · 전락 재해의 방지 때문에 안전 위생 규칙(발췌)」)[141]

② 높은 곳 작업에는 안전대를 착용

「높이 2미터 이상 높은 곳에서 작업할 때, 작업 상(마루)을 설치하는 것이 곤란한 경우」에는, 노동자가 추락하는 것을 막기 위해, 안전대의 착용이 의무 지워지고 있다. 또한, 안전띠를 착용하도록 촉구받은 경우, 노동자는 그것에 따를 필요가 있다.

(참고: 후생노동성 노동안전위생법령의 추락방지조치와 안전대 사용에 관한 주된 규정)[142]

---

140) https://elaws.e-gov.go.jp/document?lawid=347AC0000000057(2023.9.1)

141) https://jsite.mhlw.go.jp/kochi-roudoukyoku/var/rev0/0109/4288/2015810114017.pdf(2023.9.1)

142) https://www.mhlw.go.jp/file/05-Shingikai-11201000-Roudoukijunkyoku-Soumuka/000
0142646.pdf(2023.9.1)

③ 작업장에서의 헬멧 착용이나 복장 규정

「짐을 올리고 · 내림」이나 「조립 작업」, 「굴착 작업」 등에는 헬멧 착용이 의무로 되어 있다. 또, 위험 방지의 관점에서 복장에 관한 규정도 있다. 예로는 「작업복을 올바르게 착용한다.」, 「신발은 안전화나 안전 작업화(지카타비: 왜버선 모양에 고무창을 댄 노동자용 작업화) 등 작업에 적합한 것을 착용한다.」는 것을 들 수 있다. (참고: 후생노동성 「외국인 노동자에 대한 안전 위생 교육 교재 작성 사업(건설업) 공통 "건설 현장 전반" 안전 위생의 포인트」)[143]

(4) 위험한 장소에서의 작업이나 위험물 취급시의 신고(제88조)

'노동안전위생법' 제88조(계획의 신고 등), 사업자는 기계 등에서, 위험 혹은 유해한 작업을 필요로 하는 것, 위험한 장소에서 사용하는 것 또는 위험 혹은 건강장애를 방지하기 위하여 사용하는 것 중, 후생노동성에서 정해져 있는 것을 설치 혹은 이전 또는 이의 주요 구조부분을 변경하려고 할 때에는 그 계획을 당해 공사개시일 30일 전까지 후생노동성의 규정에 정해진 대로 노동기준감독서장에게 신고해야 한다. 단, 제28조2 제1항이 규정하는 조치, 그 외 후생노동성령에 정해진 조치를 강구하면서, 후생노동성에서 정한 규정에 따라 노동기준감독서장이 인정한 사업자에 관해서는 여기에 한정하지 않는다.(이하 생략)
(참고: 후생노동성 「안전위생 관계 주요 양식」) [144]

(5) 위험 평가 실시(제28조의 2)[145]

위험 평가란, 「사업장에서 위험성이나 유해성의 특정」이나 「리스크의 견적」, 「리스크 저감 조치 결정」 등과 같은 일련의 수순이다. 위험 평가에 관한 규정은 '노동안전위생법' 제28조 제2항에 있다. 사업자는 '후생성노동성령'의 규정에 따라 건설물, 설비, 원재료, 가스, 증기, 분진 등, 또는 작업행동 그 외 업무로 일어나는 위험

---

143) https://www.mhlw.go.jp/content/11200000/01_common_general_jp.pdf (2023.9.1)

144) https://www.mhlw.go.jp/stf/seisakunitsuite/bunya/koyou_roudou/roudoukijun/anzen/anzeneisei36/index.html(2023.9.1)

145) https://www.dodadsj.com/content/210325_industrial-safety-and-health-act/(2023.9.1)

성 또는 유해성 등(제57조 제1항 정령에 정해진 것과 동시에 제57조의2 제1항에 규정된 통지대상물에 의한 위험성 또는 유해성 등을 제외)을 조사하고 그 결과에 따라서 법률 또는 여기에 입각한 명령규정에 따라 조치를 강구하는 외에 노동자의 위험 또는 건강장애를 방지하기 위하여 필요한 조치를 강구하도록 해야 한다. 단, 해당 조사 중에서 화학물질, 화학물질을 포함한 제제(製劑), 그 밖에 물건으로 노동자의 위험 또는 건강장애를 발생할 우려가 있는 것 이외의 것에 대해서는 제조업 그 외 후생노동성령에서 정해진 업종에 속하는 사업자에 한한다.146)

(6) 위험한 업무에 대한 취업 제한(제61조)

'노동안전위생법' 제61조에는 크레인 운전을 비롯한 위험한 업무에 대한 「취업 제한」을 규정하고 있다. 취업 제한이란 면허 보유자나 기능강습 수료자 등의 자격이 있는 노동자만 특정 업무에 종사할 수 있다는 제한이다. 취업 제한이 발생하는 업무나 필요한 자격에 대해서는 '노동안전위생법' '시행령'이나 '노동안전위생규칙'에 상세하게 규정해 두고 있다.147)

(7) 위험물·유해물의 취급·표시 의무(제57조)

'노동안전위생법' 제57조에는 위험물이나 유해물의 취급·표시 의무에 대해 규정하고 있다. 위험물에는 「폭발성 물건」이나 「발화성 물건」 등이, 유해물에는 건강 피해가 발생할 가능성이 있는 「화학물질」이나 「화학물질을 포함한 제재」가 해당된다. 이러한 위험물·유해물을 취급할 때에는 용기나 포장에 「명칭」이나 「인체에 미치는 작용」 「저장·취급상의 주의」 등을 기재하지 않으면 안 된다.148)

(8) 정기 자주 검사의 실시(제45조)

정기 자주 검사는 사업자가 정기적으로 실시하는 검사로, '노동안전위생법' 제45

---

146) https://elaws.e-gov.go.jp/document?lawid=347AC0000000057(2023.9.1)
147) https://www.dodadsj.com/content/210325_industrial-safety-and-health-act/(2023.9.1)
148) https://www.dodadsj.com/content/210325_industrial-safety-and-health-act/(2023.9.1)

조에 규정이 있다. 사업자는 보일러를 비롯한 기계의 정기적인 자주 점검이나, 결과의 기록·보관을 실행하지 않으면 안 된다. 대상이 되는 기계에 대해서는 '노동안전위생법시행령'에 정해져 있다.

(9) 노동자의 건강 유지(제7장: 건강의 보관 유지 증진을 위한 조치)

'노동안전위생법' 제7장에 규정되어 있는 것은 노동자의 건강 유지를 위해서 사업자가 강구해야 하는 조치들이다. 노동자가 건강하게 일할 수 있도록 기업에는 「작업 환경 측정」이나 「건강진단」 「병자의 취업 금지」 등을 지켜야 할 의무가 있다. 작업 환경 측정이나 건강진단에 대해서는 차후에 소개하고자 한다.

(10) 안전위생위원회의 설치(제19조)

'안전위생위원회'란 안전에 관한 사항을 협의하는 「안전위원회」와 위생에 관한 사항을 협의하는 「위생위원회」의 양쪽의 역할을 겸한 조직이다. 안전위원회와 위생위원회의 양쪽 다 설치가 필요한 노동자 수는 50명 이상의 일정한 업종의 사업장이다. 따라서 이를 개별적으로 각각 설치하는 대신에 「안전위생위원회」를 설치해 겸업할 수도 있다.

(11) 쾌적한 직장환경의 형성(제7장의2: 쾌적한 직장환경 형성을 위한 조치)

'노동안전위생법' 제71조의2에는, 사업자는 사업장의 안전위생 수준을 향상시키기 위하여 다음의 조치를 계속적, 계획적으로 강구해서 쾌적한 직장환경 형성을 위해 노력해야 한다는 의무규정이 있다. 사업자는 「1. 작업 환경을 쾌적한 상태로 유지 관리하기 위한 조치」 「2. 노동자가 종사하는 작업에 대해서 그 방법을 개선하기 위한 조치」 등을 실시하도록 노력해야 한다. 또 「3. 작업에 종사하는 노동자의 피로를 회복하기 위한 시설 또는 설비의 설치 또는 정비」 「4. 전항 이 외에도 쾌적한 직장환경을 형성하기 위하여 필요한 조치」에 노력해야 한다. 이러한 구체적인 조치에 대해서는 '노동안전위생법'에 제정된 「사무소위생기준 규칙」 등에 따라 수행 되어야 한다.

① 작업환경의 측정(제65조)

'노동안전위생법' 제65조(작업환경 측정)는 사업자는 유해한 업무를 행하는 옥내 작업장, 그 밖의 작업장에서 정령에 정해져 있는 것에 관해서는 후생노동성령에 정해져 있는 규정에 따라 필요한 작업환경측정을 실행하고, 그에 따른 결과를 기록해야 한다. 즉, 작업환경측정은 후생노동대신이 정한 작업환경측정기준에 따라서 실행해야 한다. 또한, 후생노동대신은 전항의 규정에 따라 작업환경측정의 적절성 또는 유효한 실시를 위해 필요한 작업환경측정지침을 공표해야 한다.[149]

'작업환경측정'이란 작업 환경의 실태를 파악하고, 필요한 대책을 위한 정보를 얻는 것을 목적으로 하는 측정으로 '노동안전위생법' 제65조에 규정되어 있다. 사업자는 작업 환경을 측정하고 결과를 기록할 필요가 있다. 작업환경 측정의 대상이 되는 작업장의 자세한 사항은 '노동안전위생법시행령'에서 확인할 수 있다.[150]

② 조도 기준을 지킨다.

작업 내용에 따라 필요하게 되는 조도 기준이 다르다. 조도 기준에 관해서는 다음 표로 정리했다.

③ 빛의 조도 기준을 준수한다.

작업 내용에 따라서 필요한 조도 기준이 다르다. 조도 기준은 다음과 같다.

■ 조도 기준

작업의 구분	조도 기준
정밀한 작업	300 룩스 이상
보통의 작업	150 룩스 이상
거친 작업	70 룩스 이상

사업자에게는 조명설비의 조도를 6개월마다 1회 정기적으로 점검할 의무가 있다.

---

149) https://elaws.e-gov.go.jp/document?lawid=347AC0000000057(2023.9.1)

150) https://www.dodadsj.com/content/210325_industrial-safety-and-health-act/(2023.9.1)

④ 소음·진동의 방지

실내에서 일하는 노동자에게 영향을 미칠 수 있는 소음·진동의 방지도 사업자의 의무이다. 「격벽(隔壁: 칸, 공간)을 마련한다.」는 조치의 실행으로 소음·진동의 전파를 방지할 필요가 있다.

⑤ 휴식 설비나 휴양실 등의 설치

노동자가 유효하게 이용할 수 있는 「휴식 설비」 설치가 사업자의 노력 의무이다. 노동자에게 야간에 수면을 취해야 할 경우나 작업 중에 쪽잠의 기회를 마련하고 있는 경우에는, 남녀별 수면·간이 수면장소를 마련할 필요가 있다. 또, 업종을 불문하고 「상시 50명 이상」 또는 「상시 여성 30명 이상」의 노동자를 고용하고 있는 경우는 노동자가 잠시라도 누울 수 있는 휴양실·휴양소를 남녀별로 마련해야 한다.

⑥ 이산화탄소 농도나 실내온도 등의 작업 환경 측정과 환기 실시

중앙관리방식의 공기조화설비(공기를 정화해, 온도·습도·유량을 조절해서 공급할 수 있는 설비)를 설치한 건축물의 실내에서 사무소용으로 사용하고 있는 설비에 대해서는, 「일산화탄소·이산화탄소의 함유율」「실내온도 및 실외기온」「상대 습도」의 3가지 점에 대해서 측정하는 「작업환경 측정」을 행할 의무가 있다. 구체적인 기준은 「사무소 위생기준 규칙」에 규정되어 있다. 측정 기록은 3년간 보관해야 한다. 또, 일산화탄소·이산화탄소의 함유율이 기준치 이하가 되도록 환기를 실시해야 한다.

⑦ 화장실을 남녀별로 설치

화장실은 남녀별로 설치할 필요가 있다. 또, 남녀의 노동자 수에 따라 설치가 필요한 변기의 수가 정해져 있다.

⑥ 청소·대청소의 실시

사업자에는 직장의 일상적인 청소 외에 6개월에 한 번 정기적으로 대청소를 하는 것이 의무화되어 있다. 또, 사무소의 청결에 주의하고 쓰레기·폐기물이 소정의 장소 이외에 버려지지 않도록 주의할 필요가 있다.

4. 건강진단은 '노동안전위생법'에 따른 기업의 의무(동법 제66조)

기업에는 '노동안전위생법' 제66조에 따라서 의사에 의한 건강진단을 실시해야 할 의무가 있다.

1) '노동안전위생법' 제66조(건강진단)

동법 제66조, 사업자는 노동자에 대해서 후생노동성령에 정해진 대로 의사에 의한 건강진단(제66조의10 제1항에 규정한 검사는 제외, 이하 이 조항 및 다음 조항도 같다)을 실시해야 한다.

2. 사업자는 유해한 업무로 정부령에 정해진 일에 종사하는 노동자에 대해서, 후생노동성령에 정해진 조항에 따라, 특별한 항목에 대해서는 의사에 의한 건강진단을 실시해야 한다. 정부령에 유해한 업무로 정해진 일에 종사시킨 적이 있는 사업자나 현재 고용하고 있는 사람에 대해서도 똑같다.

3. 사업자는 정부령에 유해한 업무로 정해져 있는 일에 종사하는 노동자에 대해서, 후생노동성령에 정해져 있는 때로 치과 의사에 의한 건강진단을 행해야 한다.

4. 도·도·부·현 노동국장은 노동자의 건강을 유지하기 위해 필요하다고 인정될 때는, 노동위생 지도의의 의견에 기초하여 후생노동성령에 정해진 바에 따라 사업자에 대해서는 임시건강진단의 실시, 그 외 필요한 사항을 지시할 수 있다.

5. 노동자는 전 각항의 규정에 의해 사업자가 행하는 건강진단을 받아야 한다. 단, 사업자의 지정한 의사 또는 치과 의사가 행하는 건강진단을 받는 것을 희망하지 않는 경우에는, 다른 의사 또는 치과 의사가 행하는 이러한 규정에 의한 건강진단에 상당하는 건강진단을 받아서, 그 결과를 증명하는 서면을 사업자에 제출했을 때는 그러하지 아니하다.

즉, 사업자는 노동자에 대해서 후생노동성령에 정해진 대로 의사에 의해 건강진단을 실시하지 않으면 안 된다. 사업자에 의무화된 통상의 건강진단인 「일반 건강진단」은 다음과 같이 5개로 나눌 수 있다.

2) 일반 건강진단

건강진단의 종류	대상 노동자	실시 시간
고용시의 건강진단 (안위규칙 제43조)	상시 고용하는 노동자	○ 고용할 때
정기 건강진단(안위규칙 제44조)	상시 고용하는 노동자 *특정업무 종사자는 제외	○ 1년 이내 1회
특정업무종사자의 건강진단(안위규칙 제45조)	노동안전위생규칙 제13조 제1항 제2호에 제시한 업무에 상시 종사하는 노동자	○ 왼쪽 업무에 배치 교대 시 ○ 6개월 이내 1회
해외 파견노동자의 건강진단(안위규칙 제45조의2)	해외 6개월 이상 파견하는 노동자	○ 해외 6개월 이상 파견 시 ○ 귀국 후 국내업무 에 복귀 시
급식 종업원의 대변검사 (안위규칙 제47조)	사업에 귀속하는 식당 또는 취사장의 급식 업무에 종사하는 노동자	○ 고용 시 ○ 배치 교대 시

(참고자료 : 후생노동성 『노동안전위생법에 기초한 건강진단 실시』)[151]

또한, 「유기용제(有機溶剤)」와 「특수 화학물질」 등 유해물질을 취급하는 노동자에 대해서는 일반 건강진단과는 달리 특수 건강진단실시가 의무화되어 있다. 여기에서 일반 건강진단 중에 중요한 「고용 시 건강진단」 「정기 건강진단」 「특수 업무 종사자의 건강진단」에 관해서 소개하고자 한다.

---

151) 0000103900.pdf (mhlw.go.jp).(2023.9.1)/, https://www.mhlw.go.jp/file/06-Seisakujouhou-11200000-Roudoukijunkyoku/0000103900. pdf

3) 고용 시 건강진단

고용 시의 건강진단이란, 문자 그대로 노동자를 고용할 때에 실시하는 건강진단이다. 「상시 고용하는 노동자」가 대상이다. '노동안전위생규칙' 제43조에 정해진 이하의 11항목에 대해서 건강진단을 실시한다.

〈고용 시의 건강진단 항목〉

1. 환자의 과거 병력기록 및 업무이력 조사
2. 자각 증상 및 타각 증상의 유무 검사
3. 신장, 체중, 가슴둘레, 시력 및 청력 검사
4. 흉부 X선 검사
5. 혈압 측정
6. 빈혈 검사(혈색소량 및 적혈구수)
7. 간 기능 검사(GOT, GPT, γ-GTP)
8. 혈중 지방질 검사(LDL 콜레스테롤, HDL 콜레스테롤, 혈청 트리글리세라이드)
9. 혈당 검사
10. 요검사(뇨 중의 당 및 단백의 유무의 검사)
11. 심전도 검사

(참고: 후생노동성 「노동안전위생법에 기초한 건강진단을 실시한다. ~노동자의 건강 확보를 위해서~」)

(1) 정기 건강진단

정기 건강진단이란, 1년 이내에 1회, 정기적으로 실시하는 건강진단이다. 뒤에서 소개하는 「특정 업무 종사자」를 제외한 「상시 고용하는 노동자」가 대상이다. 노동안전위생규칙 제44조에 정해진 이하의 11항목에 대해서 건강진단을 실시한다.

〈정기 건강진단 항목〉

1. 환자의 과거 병력 및 업무이력 조사

2. 자각 증상 및 타각 증상의 유무 검사

3. 신장, 체중, 가슴둘레, 시력 및 청력 검사

4. 흉부 X선 검사 및 객 담(가래) 검사

5. 혈압 측정

6. 빈혈 검사(혈색소량 및 적혈구수)

7. 간 기능 검사(GOT, GPT, γ-GTP)

8. 혈중 지방질 검사(LDL 콜레스테롤, HDL 콜레스테롤, 혈청 트리그리세라이드)

9. 혈당 검사

10. 요검사(뇨 중의 당 및 단백의 유무의 검사)

11. 심전도 검사

(참고: 후생노동성 「노동안전위생법에 기초한 건강진단을 실시한다. ~노동자의 건강 확보를 위해서~」)

또한, 상기 "3" 중 신장(身長)과 가슴둘레, "4", "6~9" 및 "11"에 대해서는, 후생노동대신이 정하는 기준에 기초하여, 의사가 필요하지 않다고 인정될 때는 생략할 수 있다.

(2) 특정 업무 종사자의 건강진단

특정 업무 종사자의 건강진단이란, '노동안전위생규칙' 제13조 제1항 제3호로 정해진 업무에 상시 종사하는 노동자(특정 업무 종사자)를 대상으로 한 건강진단이다. 이 조문에 규정하고 있는 업무는 이하와 같다.

(3) '노동안전위생규칙' 제13조 제1항 제3호에 규정된 업무

1. 다량의 고열 물체를 취급하는 업무 및 현저하게 혹서인 장소에서의 업무

2. 다량의 저온 물체를 취급하는 업무 및 현저하게 한랭한 장소에서의 업무

3. 라듐 방사선, 엑스선 및 그 외의 유해 방사선에 노출되는 업무

4. 토석, 짐승의 털 등의 먼지 또는 분말을 현저하게 비산하는 장소에서의 업무

5. 이상 기압 하에서의 업무

6. 분쇄기 바위, 압정타기 등의 사용으로 신체에 현저한 진동을 주는 업무

7. 중량물의 취급 등 무거운 물건을 다루는 업무

8. 보일러 제조 등 강렬한 소음을 발하는 장소에서의 업무

9. 갱내에서의 업무

10. 심야업을 포함한 업무

11. 수은, 비소, 황린, 불화수소 산, 염산, 초산, 황산, 청산, 가성 알칼리, 석탄산 및 그 외 이것들에 준하는 유해물을 취급하는 업무

12. 납, 수은, 크롬, 비소, 황린, 불화수소, 염소, 염산, 초산, 아황산, 황산, 일산화탄소, 이황화탄소, 청산, 벤젠, 아닐린, 그 외 이것들에 준하는 유해물의 가스, 증기 또는 분진을 발산하는 장소에서의 업무

13. 병원체에 의한 감염의 우려가 현저한 업무

14. 그 외 후생노동대신이 정하는 업무

「위험을 수반하는 작업에 종사하는 노동자」나 「심야 노동을 하고 있는 노동자」가 특정 업무종사자에 해당된다. 검사항목은 앞에서 소개한 대로 「정기건강진단」과 같다. 단, 실시 빈도는 6개월 이내에 1회와, 정기 건강진단보다도 빈번히 실시할 필요가 있다. 또한, 흉부 X선 검사에 대해서는 1년 이내마다 1회만 실시해도 된다.

4) 2015년부터 스트레스 체크 실시 의무화

앞의 절에서도 이미 언급했지만, 2014년 6월 '노동안전위생법'이 개정됨에 따라 새로 창설된 것이 「스트레스 체크 제도」이다. 스트레스 체크 제도란, 「스트레스 체크의 실시」나 「그 결과에 입각해 의사에 의한 면접 지도」 등의 대처이다. 스트레스 체크 제도는 우울증을 비롯한 노동자의 정신위생 부진을 미연에 방지하는 것을 주된 목적으로 하고 있다. 2015년 12월 1일부터 노동자수 50명 이상의 사업장에 대해서는 스트레스 체크의 실시가 의무화 되었다. 또한, 노동자수가 50인 미만의 사업장

의 경우는 스트레스 체크의 실시는 노력 의무이다. 후생노동성의 「개정노동안전위생법에 의한 스트레스 체크 제도에 대하여」에 입각한, 스트레스 체크 제도에 관련된 사람이나 제도의 흐름을 순서대로 소개한 바 있다.

제3절

중대사고의 격감을 위한 「건설현장 안전관리 기본방침」 제정

1. 일본 노동후생성의 「건설현장 안전관리 14개 지침」 발표

일본도 고도의 경제성장기를 맞아 대형 건설 사업이 이어지다보니 그에 따른 사건 사고도 꼬리를 물고 일어나 건설현장의 안전관리에 문제가 발생하자 일본 정부는 중대사고 격감 대책의 일환으로 당시 노동성(후생노동성)이 1995년 4월 21일에 결단을 내려 각 도도부현에 아래와 같이 **「건설현장 안전관리 14개 지침」**을 통달하게 된다. 일본은 이러한 정부의 강력한 의지의 표현으로 지침을 통달한 것이 계기가 되어 중대재해가 획기적으로 줄어들게 된다.

〈원청 사업자에 의한 건설현장안전관리지침에 대해서〉[152]

기발(基發)[153] 제267호의2

1995년 4월 21일

건설업에서 노동재해를 방지하기 위해서는, 건설 현장을 총괄 관리하는 원청 사업자가 실시하는 안전위생관리의 수준 향상이 중요합니다. 이 때문에 노동성내에 「원청에 의한 건설현장 안전관리 수법검토위원회」를 설치해, 건설현장의 안전관리 구체적 수법에 대해서 검토해 왔지만, 이번에 그 검토 결과 보고에 입각하여, 별첨 1과 같이 「원청 사업자에 의한 건설현장안전관

---

152) 中央労働災害防止協会. https://www.jaish.gr.jp/information/question.html(2024.6.2).
153) 「기발(基発)」은 「노동기준국장(労働基準局長)의 이름으로 발신하는 통달(通達)」, 즉 지침이다.

리지침」을 정했습니다. 거기에는 관계사업자로 본 지침에 입각해 실효성 있는 안전관리가 실시될 수 있도록, 모든 기회를 파악해서 주지(周知) 철저에 노력해 주시기 바랍니다.

또한, 본 지침의 내용은 건설 현장에서 실제로 행해지고 있는 안전관리의 좋은 사례부터 정리한 것으로, 특히 중소 건설업자에서 중장기적인 대처가 필요한 사항을 포함해, 유의점 및 관계 사업자가 스스로 대처할 수 있도록 지도에 힘써 주시기 바랍니다. 따라서 별첨2와 같이, 관계 단체에 대해서 본 지침의 주지 철저 등을 도모하도록 요청했기 때문에 잘 양해해 주기 바랍니다.

별첨1(전문 참조)
(사) 전국 건설업협회
(사) 일본 건설업단체연합회
(사) 일본 토목공업협회
(사) 건축업 협회장

노동성 노동기준국장 인

<상기 별첨:「건설현장 안전관리 14개 지침」전문 참조>

건설 현장에서는 언제나 중대사고가 발생할 수 있기 때문에 노동재해를 미연에 방지하기 위해서 원청 사업자(元請)는 안전관리를 철저히 해야 한다. 일본에서도 대형 건설현장에서 중대사고가 계속해서 일어나고 있어서 후생노동성이 특별지침을 발표하게 된다. 그것이 1995년 노동성(※현 후생노동성) 국장이 업계 단체에 통달한 「원청 사업자에 의한 건설현장 안전관리 지침에 관하여」[154]라는 지침이다. 이 지침에 따라 원청사업자뿐만 아니라, 하청 도급자에게도 요청한 안전관리에 관한 지침을 소개하고자 한다.

---

154) 「安全管理の基本方針/建設現場での14の指針と教育方法」, https://greenfile.work/articles/2535#i(2023.9.5)

1) 안전위생 관리계획의 작성

원청 사업자는 건설 현장에서 안전위생 관리의 기본방침, 안전위생의 목표, 노동 재해 방지 대책의 중점 사항 등을 내용으로 하는 안전위생 관리계획을 작성하는 것. 원청 사업자는 건설 현장에서의 안전위생 관리의 기본방침, 안전위생의 목표, 노동 재해 방지 대책의 중점 사항 등을 내용으로 하는 안전위생 관리계획을 작성하는 것이다.

또한, 이 경우에 원청 사업자가 공동 기업체인 경우에는 공동 기업체의 모든 구성 사업자로 구성된 위원회 등에서 심사하는 등으로 연계해서 이것을 작성할 것.

2) 과도한 중층(重層) 청부의 개선

원청 사업자는 작업 간의 연락 조정이 적절히 행해지기 어려운 것, 원청 사업자에 의한 관계 청부인의 안전위생 지도가 적절히 행해지기 어려운 것, 차후에 관계 청부인에 의해서 노동 재해를 방지하기 위한 경비가 확보되기 어려워지는 것 등의 노동 재해를 방지하기 위한 경비 확보가 어려워지는 등, 노동재해방지상 문제가 발생하기 쉬운 과도의 중층 청부의 개선을 위해, 다음 사항을 준수함과 동시에 관계 청부인에 대해서도 해당 사항의 준수에 관해서도 지도할 것.

① 노동 재해를 방지하기 위하여 사업자 책임을 수행할 수 없는 단순 노동의 노무 제공만을 실시하는 사업자 등에 그 일의 일부를 하청해서는 안 된다.
② 일의 전부를 일괄해서 하청받지 않게 할 것.

3) 청부 계약에서의 노동재해방지대책의 실시자 및 그 경비 부담자의 명확화 등

원청 사업자는 청부인에게 제시한 견적 조건에 노동재해방지에 관한 사항을 명시하는 등으로, 노동재해의 방지에 관한 조치의 범위를 명확히 함과 동시에, 청부 계약에 노동재해방지 대책의 실시자 및 거기에 필요할 경비의 부담자를 명확하게 할 것.

또, 원청 사업자는 노동재해의 방지에 필요로 하는 경비 중에 청부인이 부담하는 경비(시공상 필요한 경비와 떼어내기 어려운 것을 제외하고, 노동재해방지 대책을 강구하기 위해 필요로 하는 경비)에 대해서는 청부 계약서에 첨부하는 청부 대금 명세서 등에 해당 경비를 명시할 것.

또한, 원청 사업자는 관계 청부인에 대해서도 이것에 관해서 지도할 것.

또한, 청부계약서, 청부대금 명세서 등에 실시자, 경비의 부담자 등을 명시하는 노동재해방지대책의 예에는 다음과 같은 것이 있다.

(1) 청부 계약에서 실시자 및 경비의 부담자를 명시하는 노동재해방지대책

① 노동자의 추락 방지를 위한 방제망의 설치
② 물체의 비래(飛來: 날아 옴)·낙하에 의한 재해를 방지하기 위한 방제망의 설치
③ 안전대의 부착 설비의 설치
④ 차량계 건설기계를 이용하고 작업을 실시하는 경우의 접촉 방지를 위한 유도원의 배치
⑤ 관계 청부인의 판매사에 배치된 안전 위생 추진자 등이 실시하는 작업 장소의 순시 등
⑥ 원청 사업자가 주최하는 안전 대회 참가
⑦ 안전을 위한 강습회 등 참가

(2) 청부 대금 명세서에 명시하는 경비

① 관계 청부인에게 상기 ④의 유도원을 배치시키는 경우의 비용
② 관계 청부인의 현장사업장에 배치된 안전위생추진자 등이 작업장소의 순시 등의 현장 관리를 실시하기 위한 비용
③ 원청 사업자가 주최하는 안전 대회 등에 관계 청부인이 노동자를 참가시키기 위한 비용

④ 원청 사업자가 주최하는 관계 청부인의 노동자 등의 안전을 위한 강습회 등에
관계 청부인이 노동자를 참가시키는 경우의 강습회 참가비 등의 비용

4) 원청 사업자에 의한 관계 청부인 및 그 노동자의 파악 등

(1) 관계 청부인의 파악

원청 사업자는 관계 청부인에 대한 안전위생 지도를 적절히 실행하기 위해 관계
청부인에 대해서 청부 계약 성립 후 신속하게 그 명칭, 청부 내용, 안전위생 책임자
의 이름, 안전위생 추진자의 선임 유무 및 그 이름을 통지하도록 하여 이것을 미리
파악해 둘 것.

(2) 관계 청부인의 노동자의 파악

원청 사업자는 관계 청부인에 대해 매회 작업일의 작업개시 전까지 일에 종사하
는 노동자의 수를 통지시키도록 해 이것을 파악해 두는 것.
또, 원청 사업자는 관계 청부인에 대해서 고용하는 노동자의 안전위생에 관련된
면허·자격 취득 및 특별 교육, 직장 교육의 수강의 유무 등을 파악하도록 지도함과
동시에, 새롭게 작업에 종사하게 된 관계 청부인의 노동자에 대해서, 그 사람이 해당
건설 현장에서 작업에 종사하기 전까지 이러한 사항을 통지해서 파악하게 해 둔다.

(3) 안전위생 책임자 등의 주재(駐在) 상황의 파악

원청 사업자는 관계 청부인이 일을 실시하는 날의 해당 관계 청부인의 안전위생
책임자 또는 여기에 준하는 사람의 주재 상황을 조례 시(아침 회의) 작업 간의 연락
및 조정 시 등의 기회에 파악해 둘 것.

(4) 반입 기계설비의 파악

원청 사업자는 관계 청부인에 대해서 관계 청부인이 건설 현장에 반입하는 건설 기계 등의 기계 설비에 대해서 사전에 통지하도록 해서 이것을 파악해 둠과 동시에 정기 자주검사, 작업 개시 전 점검 등을 철저하게 시켜둘 것.

5) 작업진행 순서의 작성

원청 사업자는 관계 청부인에 대해서 노동재해방지를 배려한 작업진행 순서를 작성하도록 지도할 것.

6) 협의 조직의 설치 · 운영

원청 사업자가 설치 · 운영하는 노동재해방지협의회 등의 협의 조직에 대해서는 다음과 같이 활성화를 도모할 것.

(1) 회의의 개최 빈도

원청 사업자는 협의 조직의 회의를 매월 1회 이상 개최할 것.

(2) 협의 조직의 구성

원청 사업자는 협의 조직의 구성원에게 통괄안전위생책임자, 원청 안전위생관리자 또는 이에 준하는 사람, 원청 사업자의 현장직원, 원청 사업자의 판매사(공동 기업체로 이를 구성하는 모든 사업자의 판매사)의 판매사안전위생관리자 또는 공사 시공 · 안전관리책임자, 안전위생책임자 또는 이에 준하는 사람, 관계 청부인의 판매사의 공사 시공 · 안전관리책임자, 경영 간부, 인전위생추진자 등을 넣을 것.

또한, 원청 사업자는 구성원 중의 판매사의 직원에 대해서는 혼재 작업에 따른 노동재해방지상 중요한 공정에 착수하는 시기, 그 외 노동재해를 방지한 이후에 필요한 시기에 개최되는 협의 조직의 회의에 참가시킬 것.

(3) 협의사항

협의사항의 회의에서 채택하는 과제에 대해서는 다음과 같은 것이 있을 것.

① 건설 현장의 안전위생관리의 기본방침, 목표, 그 외 기본적인 노동재해방지대책을 정한 계획
② 월간 또는 주간의 공정 계획
③ 기계 설비 등의 배치 계획
④ 차량계 건설기계를 이용하고 작업을 실시하는 경우의 작업 방법
⑤ 이동식 크레인을 이용하고 작업을 실시하는 경우의 작업 방법
⑥ 노동자의 위험 및 건강장애를 방지하기 위한 기본 대책
⑦ 안전위생에 관한 규정
⑧ 안전위생 교육의 실시 계획
⑨ 크레인 등의 운전에 대한 신호의 통일 등
⑩ 사고 현장 등의 표지의 통일 등
⑪ 유기용제(有機溶劑) 등의 용기의 집적(集積) 부분의 통일 등
⑫ 경보의 통일 등
⑬ 피난 등의 훈련의 실시 방법 등의 통일 등
⑭ 노동재해의 원인 및 재발 방지 대책
⑮ 노동기준감독관 등의 지도에 기초한 노동자의 위험 방지 또는 건강 장애 방지에 관한 사항
⑯ 원청 사업자의 순시 결과에 기초한 노동자의 위험 방지 또는 건강장애 방지에 관한 사항
⑰ 그 외 노동자의 위험 또는 건강 장애 방지에 관한 사항

(4) 협의 조직의 규약

원청 사업자는 협의 조직의 구성원, 협의사항, 협의 조직의 회의의 개최 빈도 등을 정한 협의 조직의 규약을 작성할 것.

(5) 협의 조직의 회의 의사의 기록

원청 사업자는 협의 조직의 회의의 의사로 중요한 것에 관련된 기록을 작성함과 동시에 이를 관계 청부인에게 배포할 것.

(6) 협의 결과의 주지

원청 사업자는 협의 조직의 회의 결과로 중요한 것에 대해서는 조례 등을 통해 모든 현장 노동자에게 주지할 것.

7) 작업 간의 연락 및 조정

원청 사업자는 혼재 작업에 의한 노동재해를 방지하기 위하여 혼재 작업을 개시하기 전 및 매일의 안전시공 사이클 활동 시에 다음 사항에 대해서 혼재 작업에 관련된 모든 관계 청부인의 안전위생책임자 또는 이에 준하는 사람과 충분히 연락 및 조정을 실시할 것.

① 차량계 건설기계를 이용해 작업을 실시하는 경우의 작업 계획
② 이동식 크레인을 이용해 작업을 실시하는 경우의 작업 계획
③ 기계 설비 등의 배치 계획
④ 작업 장소의 순시 결과
⑤ 작업의 방법과 구체적인 노동재해방지대책

8) 작업 장소의 순시

원청 사업자는 통괄안전위생책임자 및 원청 안전위생관리자 또는 이들에 준하는 사람에게 매 작업일에 1회 이상 작업 장소의 순시를 실시하도록 할 것.

9) 신규 입장자 교육

원청 사업자는 청부인(하도급자)에 대해서 그 노동자 중에 신규로 작업에 참여할

사람에 대한 신규 입장자 교육 실시에 필요한 적절한 장소, 자료 제공 등의 원조를 실시함과 동시에, 해당 교육의 실시 상황에 대해서 보고하고 이를 파악할 것.

10) 새롭게 작업을 실시하는 관계 청부인에 대한 조치

원청 사업자는 새롭게 작업을 실시하게 된 관계 청부인에 대해 해당 작업 개시 전에 해당 관계 청부인이 작업을 개시하게 된 날 이전의 협의 조직의 회의 내용 및 작업 간의 연락 조정의 결과 중 해당 관계 청부인에 관련된 사항을 주지할 것.

11) 작업 개시 전의 안전위생회의

원청 사업자는 관계 청부인에 대해 매일 그 노동자를 모아 작업 개시 전에 안전위생회의를 실시하도록 지도할 것.

12) 안전 시공 사이클 활동의 실시

원청 사업자는 시공과 안전 관리가 일체가 된 안전 시공 사이클 활동을 전개할 것.

13) 직장(職長)회(리더회)의 설치

원청 사업자는 관계 청부인에 대해서 직장(職長) 및 노동자의 안전위생 의식의 고양, 직원의 장 간의 연락의 긴밀화, 노동자로부터의 안전위생 정보의 장악 등을 도모하기 위해 직장회(리더회)를 설치하도록 지도할 것.

14) 관계 청부인이 실시하는 사항

(1) 과도한 중층(重層) 청부의 개선

관계 청부인은 노동재해를 방지하기 위하여 사업자책임을 수행할 수 없는 단순 노동의 노무 제공만을 행하는 사업자 등에 그 일의 일부를 하청받지 않게 할 것. 또, 일의 전부를 일괄하여 하청받지 않게 할 것.

(2) 청부 계약에서의 노동재해방지 대책의 실시자 및 그 경비 부담자의 명확화

관계 청부인은 그 일의 일부를 다른 청부인에게 하청받게 하는 경우에는, 청부 계약에서 노동재해방지 대책의 실시자 및 그 경비의 부담자를 명확하게 할 것.

(3) 관계 청부인 및 그 노동자에 관련된 사항 등의 통지

① 명칭 등의 통지

관계 청부인은 원청 사업자에 대해서 청부 계약의 성립 후 신속하게 그 명칭, 청부 내용, 안전위생책임자의 이름, 안전위생추진자의 선임 유무 및 그 이름을 통지할 것.

② 노동자 수 등의 통지

관계 청부인은 원청 사업자에 대해 매번 작업일의 작업개시 전까지 일에 종사하는 노동자 수를 통지할 것.

또, 관계 청부인은 그 고용하는 노동자의 안전 위생에 관련된 면허·자격의 취득 및 특별 교육, 직장 교육 수강의 유무 등을 파악함과 동시에 원청 사업자에게 새로 작업에 종사하게 된 노동자에 대해서는 그 사람이 해당 건설 현장에서 작업에 종사하기 전까지 통지할 것.

③ 반입 기계설비의 통지

관계 청부인은 원청 사업자에게 건설 현장에 반입하는 건설기계 등의 기계 설비에 대해서 사전에 통지할 것.

(4) 작업진행 수순서(手順書)의 작성

관계 청부인은 노동재해방지를 배려한 작업 진행수순을 작성할 것.

(5) 협의 조직에 참가

관계 청부인은 안전위생책임자 또는 이에 준하는 사람을 협의조직의 회의에 매회 참가 시킬 것. 또, 관계 청부인은 혼재 작업에 따른 노동재해방지 상 중요한 공정에 착수하는 시기, 그 외 노동재해를 방지하는 데 있어서 필요한 시기에 개최되는 협의 조직의 회의에 현장사업소의 직원을 참가시킬 것.

(6) 협의 결과의 주지

관계 청부인은 협의 조직의 회의 결과에서 중요한 사항을 그 노동자에게 주지시킬 것.

(7) 작업 간의 연락 및 조정 사항의 실시 관리

관계 청부인은 안전위생책임자 또는 이에 준하는 사람에게 통괄안전위생책임자 또는 이것에 준하는 사람 등으로부터 연락받은 사항의 관계자에게 연락 및 연락을 받은 사항 중 자신에게 관계된 사항의 실시 관리를 확실하게 행할 것.

(8) 신규 입장자 교육 실시

관계 청부인은 그 고용하는 노동자가 건설 현장에서 새롭게 작업에 종사하게 된 경우에는, 해당 작업 종사 전에 해당 건설 현장의 특성에 입각하여, 다음 사항을 주지하게 함과 동시에 원청 사업자에 그 결과를 보고할 것.

① 원청 사업자 및 관계 청부인의 노동자가 혼재해서 작업을 실시하는 장소의 상황
② 노동자에게 위험을 유발하는 장소의 상황(위험 유해 부분과 출입 금지 구역)
③ 혼재 작업 장소에서 행해지는 작업 상호의 관계
④ 피난 방법
⑤ 지휘명령 계통
⑥ 담당하는 작업 내용과 노동재해방지대책

⑦ 안전위생에 관한 규정
⑧ 건설현장의 안전위생관리의 기본방침, 목표, 그 외 기본적인 노동재해방지대책을 규정한 계획

(9) 작업 개시 전의 안전위생회의의 실시

관계 청부인은 매일, 작업개시 전에 그 고용하는 노동자를 모아 다음 사항에 대해서 안전위생회의를 실시할 것.

① 당일의 작업 내용, 작업 순서, 노동재해방지상의 유의 사항 등에 대해 관계 노동자에게 지시
② 작업 간의 연락 조정의 결과 주지
③ 관계 노동자의 노동재해 방지에 대한 의견 등의 파악
④ 위험 예지 활동 등의 안전 활동

(10) 직장(職長)회(리더회)의 설치

관계청부인은 직장(職長) 및 노동자의 안전관리의식의 고양, 직원의 장과의 연락 긴밀화, 노동자로부터 안전위생 정보장악 등을 위해 직장회를 설치할 것.

(11) 「Greenfile.work」, 건설 현장 안전서류 관리서비스

「Greenfile.work」에는 건설 현장의 원청 사업자의 안전관리를 효율화하는 시스템을 제공하고 있다. 원청에서는 유료로, 협력회사의 이용은 완전 무료이다.

안전 서류의 작성·관리에 고생하고 있다는 사람은 꼭 한 번 시험해 보길 바란다.

① 「Greenfile.work」에서 「안전 관리」를 할 수 있는 일
   ◎ 안전 서류의 전자화로 페이퍼리스가 실현 가능
   ◎ 시공 체제 대장·체계도 등, 안전 서류를 자동 작성
   ◎ 안전 위생법이나 크레인 칙에 따른 서류 작성이 가능(자동 체크 기능 있음)

그 밖에도 다양한 기능이 있으므로 서비스에 흥미가 있는 분은 이하의 홈페이지를 보길 바란다.155)

15) 1995년 「건설현장 안전관리 14개 지침」 통달 이후 크게 줄어든 사망재해자 수157)

1995년 4월 21일 일본 후생노동성의 「건설현장 안전관리 14개 지침」이 각 현에 통달되었다. 1995년 지침 발표 당시 일본 전국의 총 재해사망자 수는 2,414명이었다. 그 후 매년 사망자 수가 점점 줄어들어 코로나19 직전인 2018년에는 909명으로 1,000명 이하로 크게 줄어들었다. 다음은 필자가 지침 발표 전후 일본의 총 재해사망자 수를 정리한 통계 수치이다.

■ **연도별 일본 전국 재해사망자 확정수치 통계**156)

2018년(코로나 발생 직전)	909명
2017년	978명
2016년	928명
2010년	1,075명
2002년	1,658명
2001년	1,790명
2000년	1,889명
1999년	1,992명
1998년	1,844명
1997년	2,074명
1996년	2,362명
1995년(지침 통달)	2,414명
1994년(지침 통달 이전)	2,301명

---

155) https://greenfile.work/(2024.5.31)
156) 「厚生労働省」職場のあんぜんサイト (mhlw.go.jp)(2024.6.1)
157) 職場のあんぜんサイト : 労働災害統計 (mhlw.go.jp)(2024.6.2)

제4절

안전의식과 안전행동 고양으로 재해제로(Zero) 현장을

1. 후생노동성의 노동재해방지 사업주에 대한 보조금

1) 고도 안전 기계 등 노동재해방지 도입지원 보조금의 개요[158]

〈고도 안전 기계 등 도입지원 보조금의 개요〉[159]

2022년도 예산액 40억 엔

- 최근 기술의 진보와 함께 사고 방지 포털 등 다양한 기술개발이 이루어지고 있다.
- 산업현장의 차량계 기계 등에서도 안전기능을 갖춘 기계 등의 개발이 이루어지고는 있지만, 지금부터라도 노동재해방지에 유효한 기계 등의 활용을 적극 추진해 노동재해감소를 도모한다.
- 그러나 자력이 부족한 중소기업에 대해서는 이러한 도입이 곤란하기 때문에 중소기업에 대해서는 이들의 도입에 필요한 경비의 1/2을 보조한다.

---

158) 「厚生労働省」 職場のあんぜんサイト (mhlw.go.jp)(2024.6.1)
159) 「高度安全機械等導入支援補助金」 (mhlw.go.jp)(2024.6.1)

건설업노동재해 방지협회	보조금 → 보조율	기계등의 도입사업자 (중소기업)

① 보조대상으로 안전기능이 있는 기계 등을 지정 ② 지정된 대상기계 등을 도입하는 사업자 심사 후 지급 결정

자료출처: 후생노동성자료(高度安全機械等導入支援補助金)[160]

＊보조 대상의 비용 한도

안전 기능이 있는 기계 등을 도입하기 위하여 필요한 비용의 상한액은 200만 엔의 1/2로 100만 엔이 된다.

2) 고령자 고용 보조금이란?[161][162]

고령자의 고용 보조금의 목적은 고령자를 포함한 노동자가 안심하고 안전하게 일할 수 있도록 중소기업 사업자에 의한 고 연령 노동자의 노동재해방지대책이나 고령자 헬스 케어 등 노동자의 건강 유지 증진을 위해 대처하도록 보조금을 지급하는 것이다.

(1) 고령 노동자의 노동재해방지 코스

「고령 노동자의 노동재해방지 코스」에는 고령 노동자가 안전하게 일할 수 있도록 고령 노동자에게 위험한 장소나 부담이 큰 작업의 위험해소 등에 대처하도록 보조를 실시하는 코스다.

---

160) 「高度安全機械等導入支援補助金」_(mhlw.go.jp)(2024.6.1)
161) 「エイジフレンドリー補助金について | 厚生労働省」(mhlw.go.jp)(2024.6.3)
162) 「厚生労働省」 職場のあんぜんサイト」(mhlw.go.jp)(2024.6.2)

(2) 「콜라보 헬스 코스(고령 노동자 종합건강지원 코스)」

「콜라보 헬스 코스(고령 노동자 종합건강지원 코스)」에는 콜라보 헬스 등의 노동자의 건강 확보 및 유지 증진 대처에 대해 보조하는 코스다. 고 연령 노동자의 노동재해방지, 노동자의 건강보험 유지 증진을 위하여 보조금을 활용하게 된다. 콜라보 헬스는 의료보험자와 사업자가 적극적으로 연대해 명확한 역할 분담과 양호한 직장환경 아래서 노동자의 예방·건강증진을 위하여 효과적·효율적으로 실행하는 것이다.

(3) 보조 요건

■ 각 코스의 보조 요건 비교

	고령 노동자의 노동재해방지 코스	콜라보 헬스 코스
대상 사업자	(1) 노동보험 가입자 (2) 중소기업 사상자(※1) (3) 고령 노동자(60세 이상)를 상시1명 이상 고용하고 대상 고령 노동자가 대책을 실시하는 업무에 종사	(1) 노동보험 가입자 (2) 중소기업사업자(※1) (3) 노동자를 상시 1명 이상 고용
보조 대상	고령 노동자의 위험한 장소나 부담이 큰 작업을 해소하는 데 필요한 경비 (기기의 구입, 공사 시공 등)	콜라보 헬스 등의 노동자 건강유지 증진을 위해 필요한 경비
보조율	1/2	3/4
상한액	100만 엔(소비세 제외)	30만 엔(소비세 제외)
주의 사항	※ 2코스 병행하더라도 상한금액은 100만 엔이다. ※ 2코스 병행해서 신청한 경우는 반드시 2코스 동시에 신청할 것 (월(月)을 바꾸거나 변경해서 각각 신청할 수 없다.) ※ 보조금은 사업장 규모, 고령 노동자의 고용상황 등을 심사한 후에 교부를 결정한다. ※ 모든 신청자에게 교부되는 것은 아니다.	

■ (※ 1) 중소기업사업자의 범위

업종		상시 사용하는 노동자 수	자본금 또는 출자총액
소매업	소매업, 음식점, 포장배달 음식서비스업	50인 이하	5,000만 엔 이하
서비스업	의료·복지, 숙박업, 오락업, 교육·학습 지원업, 정보서비스업, 물품임대업, 학술 연구·전문·기술서비스업 등	100인 이하	5,000만 엔 이하
도매업	도매업	100인 이하	1억 엔 이하
그 외 업종	제조업, 건설업, 운수업, 농업, 임업, 어업, 금융업, 보험업 등	300인 이하	1억 엔 이하

※ 노동자 수 또는 자본금 등 어느 쪽이라도 하나만 만족하면 중소기업 사업자가 된다.
※ 의료·복지법인은 원칙적으로 자본금이 없다. 노동자 인원 수만으로 판단한다.

(4) 보조 대상과 대응책

「고령 노동자의 노동재해방지 코스」

고령 노동자(60세 이상)의 노동재해의 방지를 위한 대응에 필요한 비용을 보조 대상으로 한다.

○ 전도·추락 재해방지대책
○ 중량물 취급이나 간호작업의 노동재해방지대책
○ 혹서인 환경에 의한 노동재해방지대책
○ 그 외의 고령 노동자의 노동재해방지대책

「콜라보 헬스 코스」

노동자의 건강 보유 증진을 위한 대처에 필요한 비용을 보조 대상으로 한다.

○ 건강진단 결과 등을 근거로 한 금연 지도, 정신위생 대책, 괴롭힘(harassment) 대책 등의 건강 교육 등(온라인 개최, e 러닝도 포함) ※ 산업의, 보건사, 정신보

건 복지사, 공인심리사, 노동위생 컨설턴트 등에 의한 것

○ 사업소 진료기록카드·건강 스코어링 리포트의 활용 등에 의한 콜라보 헬스를 실시하기 위한 건강진단 결과 등을 전자적으로 보존 및 관리를 실시하는 시스템의 도입

○ 영양·보건 지도의 실시 등의 노동자에게 건강 보전 유지 증진 조치(건강진단, 치과 검진, 체력 체크의 비용은 제외)

또한, 대처에 대한 자세한 사항은 리플릿 및 Q&A는 「후생노동성(厚生労働省)」 직장 안전 사이트를 참조하기 바란다.163)

---

163)「厚生労働省」職場のあんぜんサイト」(mhlw.go.jp)(2024.6.3)

제3장

일본의 '노동안전위생법'에서 노동재해발생시의 책임: 형사처벌(편)[1]

일본 편

- 제1절 '노동안전위생법' 위반과 '업무상 과실치사상의 죄'의 관계
- 제2절 기후변화에 의한 작업현장의 열사병은 기업의 안전배려의무위반
- 제3절 일본의 노동재해 판례 연구
- 제4절 일본의 '중대재해발생과 사업자의 법적 책임'에 관한 연구
- 제5절 일본의 '노동자재해보상보호법'과 제도

1) 「労働安全衛生担当者のための法律学入門（２）労働災害が発生したときの責任：刑事罰編」(osh-management.com)
　　(2024.5.30)

제1절

'노동안전위생법' 위반과 '업무상 과실치사상죄'의 관계

1. '노동안전위생법' 위반과 노동재해발생 시의 책임

1) 머리말

사업장에서 노동재해가 발생한 경우에 사업자가 어떤 책임을 지는지에 대해서는
다음과 같이 5가지 경우의 책임이 있다.

1. 민사 책임: 이재민, 그 유족 등에 대해서 민사 손해배상 책임을 지는 일이 있다.
2. 노동자 재해보상(산재) 책임: 노동기준법에 의한 공법상의 책임. 노동재해가 발생하면
   즉시 책임을 진다.
3. 형사책임: 인적재해 발생에 의해 업무상 과실치사상죄, 화재 발생에 의해 업무상 실
   화죄로 기소되는 일이 있다.
4. 행정책임: 행정상의 조치(입찰로부터의 배제, 조성조치·자격의 정지 등), 메리트 노
   동재해보험료율의 상승 등.
5. 사회적 책임: 노동재해 등을 발생시켜 사회적인 기업 이미지가 저하되는 등.

본절에서는 이 중 3항에 대해서 설명하고자 한다.

또한, 최근 네트워크 사회에서는 5항의 사회적 책임에 대해서도 점점 심각해지고
있다. 중앙노동재해방지협회의 「노동안전위생의 대처가 거래에 미치는 영향에 관한
조사 연구보고서 요약판」(2011년)에 의하면, 「거래를 발주하는 입장인 발주처에게

안전위생의 대처책임을 요구하는 사업장」이 69.2%로 나타났다. 그중에서도 79.2% 는 「발주처는 기업으로서 사회적인 책임이 있기 때문에 이를 배려해야 한다는 이 유」를 들고 있다. 그리고 일단 재해가 발생하면 언론기관 사이트에 보도기사의 기록이 남기 때문에 언제까지나 기업명으로 검색이 가능하다. 만약 언론기관이 삭제했다고 해도 다양한 블로그나 SNS 등에 인용되고 확산되는 일이 있을 수 있다.

최근 어떤 기업이나 개인이 다른 기업과 계속적인 거래를 하려고 할 때, 인터넷으로 검색해 보는 것은 상식처럼 되고 있다. 그리고 노동재해가 발생한 기업이나 노동재해 관련으로 소송이 된 기업에 대해서는 거래에 신중을 기하는 일이 있을 수 있다. 노동재해의 발생은 기업의 이미지나 존속에 심각한 영향을 미치는 일이 있을 수 있다.

반대로 노동재해 발생 우려가 적고 안전하고 쾌적한 직장 환경은 노동자의 사기를 높이고, 나아가 생산성 향상에도 기여할 수 있을 것이다. 이러한 이익 이미지는 수치로 나타내기 어렵고 체감하기도 어렵지만 국내외에 이에 대한 많은 연구사례가 있다.[2]

2) 죄란 무엇인가?

형사처벌이 부과되는 것은 「죄」를 저지른 때이다. 그럼 「죄」라는 것은 무엇일까?[3]

이것에 대해서 많은 사람들은 「법률로 금지되고 있는 것을 하는 것이 죄이다」라고 생각하게 된다. 즉 형법에 「사람을 죽인 사람은 사형 또는 무기 혹은 5년 이상의 징역에 처한다(형법 제199조)」라고 쓰여 있으면, 「사람을 죽인다」는 것이 죄가 된다는 것이다.

하지만, 엄밀히 말하면 이것은 옳지 않다. 예를 들면 구치소의 교도관이 사형수에게 사형을 집행하는 것은 「사람을 죽이는」 것이지만 죄가 되지 않는 것은 당연하

---

2) 예를 들면, 유럽 안전위생기구 "노동 재해의 사회 경제적 코스트의 명세" 등이 있다.
3) https://osh-management.com/legal/information/legal-introduction-02/#google_vignette
  (2024.6.1)

다. 또, 아무도 없는 어두운 밤길에서 젊은 여성에게 나이프를 가진 치한이 갑자기 덤벼들 때 몸을 지키기 위해서 근처에 있던 목재로 후려갈겼는데 상대가 사망한 경우, 만일 이 여성의 측에서 상대를 죽이려는 의사가 있었다고 해도 아마 죄는 되지 않을 것이다. 또, 13세의 소년이 사람을 죽여도 진하게(도덕적으로는 문제가 있는 행위지만 어쨌든) 형법상의 죄는 성립되지 않는다.

　법률적인 용어를 사용해보면 죄라는 것은, 이하 4가지를 만족하는 행위라고 하는 것이다.

> ① 구성요건에 해당한다.
> ② 위법하고,
> ③ 유책한
> ④ 행위

　위 ①에서부터 ④에 이르기까지 자세하게 설명하면, 각각 책을 1권 써도 부족하므로 여기에서는 노동안전위생 담당자가 알고 있어야 할 것을 간략하게 제시해 보고자 한다.

　①에서 구성요건 해당성이라는 것은 죄에 관해서 정해진 조문에 해당된다는 것을 의미한다. 어떤 화학물질에 관해서 어떤 조문으로 국소 배기장치 등의 설치가 정해져 있는 경우, 국소 배기장치 등을 설치하지 않으면 그 조문에 해당된다. 이것이 구성요건 해당성이다.

　②의 위법성이란, 법률적인 가치 판단에서 「나쁜 것」이다. 조금 전의 사례에서 말해보면 형무관에 의한 사형 집행이랑, 젊은 여성이 성인 남성을 죽인 것은, 「나쁜 것」이라고 말하지 않고, 위법성이 없기 때문에 죄가 되지 않는다.

　또한, 전자를 정당업무행위(형법 제35조)4)라고 하고, 후자를 정당방위(형법 제36조)5)라고 한다.

---

4) 일본 형법 제35조. 법령 또는 정당한 업무에 의한 행위는 처벌하지 않는다.
　https://elaws.e-gov.go.jp/document?lawid=140AC0000000045#Mp-At_35(2023.9.1)

노동안전위생 담당자는 위법성에 관해서는 그다지 신경 쓸 필요가 없다. 단지 「위법성」이라고 하는 말은, 어떤 법조문에 위반했다는 의미는 아니라는 것이다.

다음은 ③이다. 유책성이란 그 행위를 한 사람을 「비난」할 수 있음을 의미한다. 위의 아이가 사람을 죽인 사례에서는, 13세의 아이가 한 행위이지만 나쁘다는 것은 틀림없고, 위법성은 있다. 하지만 14세 미만의 아이가 한 것을 처벌할 수는 없기 때문에 유책성이 없고 죄를 물을 수 없다(형법 제41조⁶⁾).

유책성의 판단으로 중요한 것이 '고의'와 '과실'이다. '고의·과실'이 없으면 유책성도 없다(형법 제38조⁷⁾). 또, 법적으로 말한다면, '고의와 과실'은 구성요건 해당성에서도 문제가 된다. 어떤 고의였는지에 따라 해당 조문이 바뀌는 일이 있기 때문이다. 그러나 노동안전위생 담당자의 경우, 거기까지 신경 쓸 필요는 없다. 고의와 과실은 유책성(책임)의 요소라고 생각할 수 있으면 충분하다.

또한, '고의'와 '과실'에 대해서는 '노동안전위생법' 위반과 '업무상과실치사'에 대한 설명이다.

최후가 「행위」이지만 이것은 「죄」의 요건에 포함될 수 없는 것이 많지만, 설명하자면 행위라는 것을 한마디로 말하면 「의사에 기초한 신체의 동정」⁸⁾이다. 여기에 「동(動)」으로 해서는 안 되는 것을 하는 것(작위)이며, 「정(情)」은 해야 하는 것을 하지 않는 것(부작위: 不作爲)이다.

행위라는 말로부터는 무언가를 「한다.」는 것을 떠올리지만, 「하지 않는 것」도 또한 행위라는 것을 기억해야 한다. 예를 들면, 어떤 화학물질을 노동자에게 취급하게 할 때는 국소 배기장치 등을 설치하지 않으면 안 된다고 하는 법령이 정해져 있

---

5) 일본 형법 제36조, 급박 부정한 침해에 대해서 자기 또는 타인의 권리를 방위하기 위하여 부득이하게 행한 행위는 처벌하지 않는다. 방위의 정도를 넘어선 행위는 당시 정황에 따라서 그 형을 감경 또는 면제할 수 있다.

6) 일본 형법 제41조, 14세 미만인 자의 행위는 벌하지 않는다.

7) 일본 형법 제38조, 죄를 범할 의사가 없는 행위는 벌하지 않는다. 단, 법률에 특별한 규정이 있는 경우에는 거기에 한정하지 않는다. 1. 중죄에 해당하는 행위를 범했는데도, 행위 당시에 그것이 중죄에 해당한다는 사실을 알지 못했던 자는, 그 중죄에 의해 처단할 수 없다. 2. 법률을 알지 못했다고 하더라도 그에 의해서 죄를 범할 의사가 없었다고 할 수 없다. 단, 정황상 그 형을 감경할 수는 있다.

8) https://osh-management.com/legal/information/legal-introduction-02/#gsc.tab=0(2023.9.1)

으면, 이것을 행하지 않는 것이 부작위범이라고 하는 범죄가 된다. 즉「하지 않는다.」는 것이 그 죄의 실행 행위가 되기 때문이다.

3) 노동재해(산업재해)가 발생했을 때의 형사 책임

노동재해가 발생했을 때 관계자가 처벌받을 가능성이 있는 형사 책임에는 어떤 것이 있을까. 아마, 많은 사람들은 「'노동안전위생법' 위반」을 떠올릴 것이다. 또, 형법의 「'업무상 과실치사상죄'」(형법 제211조)[9]를 떠올리는 쪽도 있을 것이다.

확실히, 사망재해 등의 위중한 노동재해가 발생한 경우, 관계자가 '노동안전위생법' 위반으로 기소되는 경우도 많다. 또, '업무상 과실치사상죄'로 기소되는 것은, '노동안전위생법' 위반으로 추궁받는 케이스 정도로 많지는 않지만 이것도 상당한 건수가 있다. 물론, 양쪽의 죄로 기소되는 일도 있다.

이하에서는 이 2개의 「죄」에 대해서 해설을 덧붙이도록 한다.

(1) '노동안전위생법' 위반

① 어떤 때에 위반이 되는 것인가?

사실, 법적인 의미로는 「노동재해가 발생했을 때 '노동안전위생법' 위반이 된다.」라고 하는 표현은 옳지 않다.

'노동안전위생법(대부분)'은 사업자가 실시해야 하는 노동재해방지대책(안전배려 의무라고 해도 좋다) 중, 특히 재해발생 리스크가 높은 것에 대해서는 구체적인 내용을 목록화해서 제시하고, 그 위반을 벌칙으로 방지하려고 하는 것이라고 할 수 있다. 즉, 재해를 발생시킨 것에 의해 범죄가 되는 게 아니라, 목록을 따르지 않는 것(노동자를 위험한 상황에 둔 것)을 처벌하는 법률이다.

---

9) 일본 형법 211조, 업무상 필요한 주의를 태만하여 사람을 사상케 하는 자는 5년 이하 징역 혹은 금고 또는 100만 엔 이하의 벌금에 처한다. 중대한 과실에 의해 사람을 사상케 하는 자도 이와 똑같다., https://elaws.e-gov.go.jp/document?lawid=140AC0000000045#Mp-At_21(2024.6.1)

'노동안전위생법' 위반은 있었지만, 노동재해의 위험성은 없었다는 경우는 어떻게 될까? 예를 들면, 노동자를 1명만 고용하고 있는 개인 사업주가, 그 노동자가 해외에 체류하고 있을 때 외부에서부터 침입할 수 없는 창고 안에서 무자격으로 포크리프트(지게차)를 운전하는 것은 '노동안전위생법' 위반(안위법 제61조[11])에 해당할까?

안위법 제61조(취업제한)에, 1. 사업자는 크레인의 운전 및 그 외의 업무에서 정령에 정해져 있는 사항에 대해서는, 도·도·부·현 노동국장으로부터 당해업무에 관해 면허를 받은 사람, 또는 도·도·부·현 노동국장의 등록을 받은 자가 행하는 해당업무에 관한 기능 강습을 수료한자, 그 외 후생성노동성령에서 정한 자격이 있는 자가 아니면, 당해업무에 종사하게 해서는 안 된다. 2. 전항의 규정에 의해 해당업무에 종사할 수 있는 자 이외의 사람은 해당업무에 종사해서는 안 된다. 3. 제1항의 규정에 따라 해당업무에 종사할 수 있는 자는 해당업무에 종사할 때 이와 관련된 면허증, 그 밖에 그 자격을 증명할 수 있는 서류를 휴대해야 한다. 4. 지역능력개발촉진법 제24조 제1항에 인정에 관한 직업훈련을 받은 노동자에 대해서 필요가 있을 경우에는 그 필요 한도에 따라 제3항의 규정으로 후생노동성령에서 별도의 단계로 정할 수 있다.

생각해 보면, '노동안전위생법'의 목적(안위법 제1조[12])은 노동재해의 방지 등이기 때문에 그 목적에 따라 해석해야 하고 노동재해가 발생할 우려가 없을 것 같은 행위에까지, 형식적으로는 법조문에 해당된다고 해도 위반이라고 할 필요는 없지 않을까 하는 생각이 든다.

확실히 노동자가 있는 회사에서 우연히 모든 노동자가 유급휴가를 취하고 있는 경우에, 무자격의 사업주가 포크리프트의 운전을 한 것 같을 때는 노동재해발생의 구체적인 위험은 없다고 하더라도, 우연히 노동자가 와서 사고를 당할 수도 있다는 추상적인 위험은 있기 때문에 죄가 된다고 생각할 수 있고 그것이 통설이라고 할 수 있다.

하지만, 최초의 예와 같이 노동자가 국내에 없는 경우는, 추상적인 위험조차 없다고 말해도 좋을 것이다. 그러나 '노동안전위생법' 위반은 추상적인 위험이 없어도 성립한다는 것이 정부의 견해이다. 물론, 현실로는 이러한 행위가 법 위반으로서 기소되는 일은 없겠지만, 역시 위반에는 해당되기 때문이다.

적어도, "이런 일로 노동 재해가 발생할 리가 없다"고 하더라도, '노동안전위생법'에 위반하는 것을 하는 것은 피하는 것이 좋다.

---

10) https://osh-management.com/legal/information/legal-introduction-02/#gsc.tab=0(2023.9.1)

11) https://elaws.e-gov.go.jp/document?lawid=347AC0000000057#Mp-At_61(2923.9.1)

12) 이 법은 노동기준법과 함께 노동재해방지를 위하여 위해 방지기준을 확립하고, 책임체제의 명확화 및 자주적 활동의 촉진 조치를 강구하는 등 그의 방지에 관한 종합적 계획적인 대책을 추진함으로 직장의 노동자의 안전과 건강을 확보함과 동시에 쾌적한 직장환경 형성을 촉진하는 것을 목적으로 한다.

그렇지만, 현실적으로는 「노동재해가 발생했을 때는 '노동안전위생법' 위반이 된다.」라고 생각하고 있는 사람이 많다.

이것은 실제로 사망 재해 등 중대한 재해가 발생할 경우에, 한편으로는 감독관에 의한 조사를 실시해 '노동안전위생법' 위반이 발각되는 경우도 있을 것이다. 그러나 그것보다도 실제로 재해가 발생한 경우에는, ① 악질적인 케이스가 많은 것 ② 사회적인 문제를 발생시킨 것 ③ 피해자의 처벌 의식도 높을 것이기 때문에 결과적으로 기소에 이르는 것이 많을 수 있다. 또, 기소할까 말까는 기소 편의주의라고 해서 형사소송법에서는 검찰관의 재량에 맡기고 있다.

이 점에서 같은 위반을 했음에도 불구하고, 우연히 노동재해가 발생했는지 어떤지로 처벌되는 가늠자가 될 수도 있어서 공평의 이념에 반한다는 비판이 있을 수 있다. 그렇지만, 예를 들면 사람을 죽이려고 살인 행위를 실행했지만, 결과적으로는 피해자가 사망하지 않았다고 하는 경우에는 살인 미수가 된다. 우연히 사망하면 살인죄의 기수(既遂)가 되는 것으로, 결과에 따라 「죄」가 달라지는 일도 있다.

위중한 결과가 발생했는지 아닌지에 의한 대응이 다른 것은 특히 불공평하지 않느냐 하는 것이다. 스스로 실시한 위반행위에 의해 결과가 나온 이상 그 책임을 추궁당하는 것은 오히려 당연한 일이라고 말할 수 있다.

(2) '노동안전위생법'에서의 「고의(故意)」라는 것은?

범죄는 원칙적으로 그 죄를 실행할 의사가 없으면 성립하지 않는다(형법 제38조 제1항). 과실범은 예외이며, 과실범의 경우는 각 조문에 과실범을 처벌함을 명기하고 있다. '노동안전위생법'의 벌칙은 제12장에 정리했지만, 과실을 처벌하는 것은 어디에도 적혀 있지 않기 때문에 고의가 없으면 성립하지 않는다(고의범).13)

여기에 고의라는 말을 일상의 언어로 바꾸면 「**일부러**」 하는 것이 된다. 즉, 어떤 화학물질에 대해서 국소(局所) 배기장치를 설치하는 등의 조치를 취하는 것이 '노동

---

13) 労働安全衛生担当者のための法律学入門（2）労働災害が発生したときの責任 : 刑事罰編 (osh-management.com)(2024.6.1)

안전위생법'에 의한 의무사항이기 때문에 「굳이」 그것을 설치하지 않았다는 경우이다.

하지만, 여기서 3개의 의문점이 있을지도 모른다.

① 그와 같은 법령을 모르면 어떻게 되는 것인가.
② 자신이 사용하고 있는 화학물질이 법령으로 의무화되어 있다는 것을 몰랐다면 어떻게 되는 것인가?
③ ① 및 ②에 대해서는 알고 있었지만, 국소 배기장치를 설치하는 것이 불가능하다고 생각하는 경우에는 어떻게 되는지?

이하 이들에 대해서 해설해 본다.

우선, ①이지만, 이것은 죄가 된다고 형법에 규정돼 있다(형법 제38조 제3항[14]). 법률을 알지 못했던 것을 법률 용어로는 「**법률의 착오**」라고 하고, 고의가 없다고는 말할 수 없다.

물론, 법 개정 직후 등 법률을 알지 못한 것에 대해서 어쩔 수 없는 사정이 있을 때는, 행정적으로도 법률 주지를 도모하는 것을 제일로 하며, 만일 위반이 발각되더라도 사법 경찰권의 발동을 삼가는 일은 있을 수 있다. 단, 그 경우라도 위반에는 틀림이 없고 중대한 재해가 발생한 경우 등에는 기소될 수도 있다.

노동자를 고용해서 사업 활동을 하고 있는 이상 법률을 몰랐다고 하더라도 면제되지 않는다.

다음은 ②이다. 실은 이것이 의외로 어려운 문제이다. 고의를 법률적으로 설명하면, 어떤 사실('노동안전위생법' 위반이 되는 사실)을 「인식」해, 「인용(認容)」하고 있었다는 것이다. 인식은 그 사실을 알고 있었던 것이고 인용은 그 사실을 받아들이고 있었다는 것이다.

---

14) 법률을 몰랐다고 해도 그로 인해서 죄를 지을 의사가 없었다고 할 수 없다. 단, 정황에 다라 그 형을 경감할 수는 있다.

예를 들면, 국소 배기장치 등을 설치해야 하는 규제 대상 물질(A 물질)이 있다고 하자. 그런데 어떤 사업자가 A물질이 들어간 세척제를 구입해서, 노동자에게 취급하게 했는데, 부주의로 인해서 그것이 A 물질이었다는 것을 몰라서 국소 배기장치 등을 설치하지 않았다고 하자. 그러면, '노동안전위생법' 위반이 된다는 「사실」을 몰랐기 때문에, 행위에서는 고의가 없었다고 해서 죄가 되지 않는다는 것이다.

이것은 통상적인 감각으로 보면 분명히 이상한 일이다. 이러한 안전에 무관심한 사업자는 '노동안전위생법' 위반으로 물을 수 없다는 것일 수도 있다. 한편, 그 세정제를 사용하고 있는 별도의 사업자는 작업환경관리는 중요하다고 생각해서 그 물질의 성분을 조사했는데, A 물질이 포함되는 것을 알았다고 해보자. 그리고 자금 융통이 즉시 이루어지지 않아서, 3개월 후에 국소 배기장치를 설치하는 것으로 하고 생산업체에 발주했다고 한다. 그런데 이 3개월간은 위반행위를 범한 셈이 된다. 그런데 작업 환경 관리 등에는 전혀 무관심했던 위의 사업자는 그 물질이 무언가를 조사하려고 하지 않고 막연히 사용하고 있었기 때문에, 범죄는 성립하지 않게 되어 버렸다.

단, 실제로는 SDS(Safety Data Sheet: 안전 데이터 시트)의 제공을 받고 있었을 것이기 때문에 「몰랐다」는 것은 수사 당국도 간단하게는 납득되지 않을 것이다. 또, 만일 SDS의 제공을 받고 있지 않았다고 해도, 세척제를 업무로 사용하고 있는 사업자가 「세정제 안에 유기용제가 들어 있다고는 생각하지 않았다.」라고 말해도 아무도 신용하지 않을 것이다.

그런데 규제 대상인 A 물질에는 「A'물질」이라는 별도의 이름도 있어 법령에는 A 물질이라고 쓰여 있지만, 사용하고 있던 세정제에는 A'물질이라고 쓰여 있기 때문에 사업자는 A'물질이라고 생각한 경우는 어떻게 할까. 이 경우에는 고의적인 잘못은 없다고 판단될 것이다. 왜냐하면, 법이 규제를 걸고 있는 A 물질과 A'물질은 동일한 것이기 때문에 법은 확실히 A'물질에 규제를 걸고 있는 것이다. 따라서 「A'물질을 이용하고 있으면서 규제에 따르고 있지 않다.」라고 하는 인식은 있기 때문에 고의적인 잘못은 없기 때문이다. 이것은 대심원판 1924년 4월 25일(무사사비모마 사건) 이래 확립된 판례이다.[15]

---

15) 労働安全衛生担当者のための法律学入門 (２) 労働災害が発生したときの責任 : 刑事罰編 (osh-

역시 어떠한 화학물질을 사용하는 경우, 그것이 어떤 규제를 받는 것인지에 관해서는 최대한 조사해야 한다는 것이다. 단지, 그 세정제에 B 물질이라고 쓰여져 있는데 A 물질과 B 물질은 다른 물질로, B 물질에는 규제가 걸려 있지 않다고 하자. 그리고 사업자가 이 물질은 B 물질이었다고 믿고 있었다고 한다. 그러자 이 경우에는 고의가 아니기 때문에 범죄는 성립하지 않게 된다.

마지막으로 ③이다. 이 경우에는 특히 고의적인 잘못은 없다. 확실히, 학문연구에는 「기대 가능성」이라는 이론이 있는데, 법률을 지키는 것을 기대할 수 없을 경우에는 무죄로 해야 한다는 생각이다.

그러나 예를 들면 작업 장소가 지하에 있고, 건물의 일부를 부수지 않는 한 국소 배기장치는 달려있지 않고 건물 소유자와의 관계에서 그것을 할 수 없는 경우였다고 하더라도 작업 장소를 옮길 수는 있었을 것이다. 원래 그와 같은 장소를 작업 장소로 선택할 때, 법령까지도 생각해 둬야 했다고 여길 가능성이 크다. 또, 국소 배기장치를 설치하는 비용을 지출하면, 은행예금액이 감소하고 어음이 2번째 부도가 되는 경우도 동정의 여지는 있다고 해도, 기대가능성이 없다고는 말할 수 없을 것이다.

또한, 최고재판소(대법원)는 적어도 지금까지는 기대가능성이라는 이론을 채용한 적이 없다. 대심원판결(大審院判) 1933년 11월 21일(제5 가시와지마마루 사건 : 柏島丸 事件의 주역)이 기대가능성을 인정한 판결로서 예를 들지만, 최고1 소법정(小判) 1958년 7월 10일(실업보험법위반 사건)은 "(과거의 판례는) 판결문 중 기대가능성의 문자를 사용했다고 해도, 아직도 기대가능성 이론을 긍정 또는 부정하는 판단을 한 것은 인정받지 못하고 있다."라고 하고 있다.

다만, 검찰관이 죄는 되지만 기소는 유예한다고 하는 판단은 있을 수 있는 일이다.

---

management.com)(2024.6.1) 일본에는 무사사비(다람쥐의 일종)를 지방에서 방언으로 모마라고도 한다. 하지만 1924년 판결에서 모마가 무사사비라는 것을 모르고 포획했지만 동일종으로 포획의 의사가 있었다고 인정한 사건이다.

(3) 누가 처벌되는가?

'노동안전위생법'에는 「**양별규정**(안위법 제122조[16])」라는 것이 있어, 위반이 있을 경우에는 **실행 행위자를 처벌하는 것 외에 사업자도 처벌**한다고 여겨지고 있다.

여기서 사업자는, 법인기업에서는 그 법인, 개인 기업에서는 그 개인을 말한다. 즉 회사이면 그 회사, 개인 상점 등이 그 개인이라는 것이다.

또한, 최고판결 1957년 11월 27일(입장, 세법위반 피고사건), 양별규정은 종업원의 위반행위에 대해서 사업자의 과실을 추정하는 것이라고 한다. 이것은 '노동안전위생법'에 대한 판단이 아니지만, '노동안전위생법'의 양별규정에 대해서도 같이 적용된다(또한, 고용계약이 없는 경우에 대해: 도쿄 고법판결 1981년 8월 11일).[17] 즉, 회사가 처벌될 뿐만 아니라, 종업원도 또 처벌되는 경우가 있다는 것을 우선 이해해야 한다.

하지만, 여기에서의 문제는 '노동안전위생법' 위반은 거의 대부분이 부작위범이라는 점이다. 작위범의 경우, 그 행위를 행하는 사람이 실행 행위자인 것은 분명하다. 그런데, 부작위범의 경우, 그 행위를 실시해야 하는 사람이 실행 행위자라야 된다. 그러나 현실적으로 회사의 법규에는 그 행위를 해야 한다고 판단해 담당자를 정하지 않는 경우가 보통이다. 결정되어 있었다면, 실행했을 것이다. 그 때문에 누가 실행 행위자였는지가 문제되는 경우가 많다.

실행 행위자(작위 의무가 있는 사람)에 대한 기본적인 생각은, 작위 의무는 법령(작업 주임자, 안전관리자 등의 의무), **계약**(회사와의 개별 계약/취업규칙/업무 명령), **조리**(条理等＝관행) 등에 의해 발생한다는 것이다. 또한, 실행 행위를 시키는(작위범의 경우에는 시키지 않는다) 의무가 있는 사람(상사나 경우에 따라서는 사업장의 책임자)도 처벌될 수 있다.

작업환경관리 등에 간 적이 없는 사업장에서 화학물질관리 등 자신의 일이 아니라고 생각하더라도, 그 직원의 입장이나 권한 등으로부터 '노동안전위생법' 위반을 추궁당하는 일이 있을 수 있다는 것은 이해해 두는 것이 좋다.

---

16) 법인의 대표자 또는 법인 혹은 사람의 대리인, 사용인 및 그 외의 종업원이 그 법인 또는 사람의 업무에 관해, 제116조, 제117조, 제119조 또는 제120조의 위반행위를 했을 때는 행위자를 처벌하는 것 외에, 그 법인 또는 사람에 대해서도, 각기 본조의 벌금형을 과한다.

17) 労働安全衛生担当者のための法律学入門（２）労働災害が発生したときの責任：刑事罰編 (osh-management.com)(2024.6.1)

2. '업무상 과실치사상죄'[18]

1) '업무상 과실치사상'이란?

'업무상 과실치사상죄'(형법 제211조[19])에 대해서 생각해보자. 이것은 「**업무상 필요한 주의를 게을리해 사람을 사상**」시키는 **죄이다.** 즉, 이 죄의 내용은 ① 업무상 ② 과실(업무상의 과실)에 의해서 ③ 타인을 사상으로 이르게 하는 것으로 나누어 생각할 수 있다.

이를 차례대로 해설해 보자. 우선 업무라는 것은 「사회 생활상의 지위를 가지고, 반복적으로 계속해서 행해지는 행위로 정형적·외형적으로 봐서 타인을 사상시키는 일정한 우려가 있는 행위」라고 말할 수 있다.

업무라고 해도 별도의 일에만 한정하지 않는다. 레저(여가)를 위해서 운전을 하는 행위도 업무이다. 또, 반복 계속이라고 해도 사고 시까지 반복 계속되고 있을 필요는 없다. 반복 계속해서 실행하는 것이 예정되어 있으면 1회째의 행위라도 업무가 된다.

게다가 정형적·외형적으로 보고 위험한 행위라고 해도, 그만큼 위험한 것이 아니라 해도 해당된다. 현시점에서 해당되지 않는 것은, 자전거로 주행하는 행위나 가정에서 조리를 하는 행위 정도의 것이다. 단, 최근 자전거 사고는 다발하고 있어서 향후는 해당될 것이라고 판단될 수도 있다.

자동차 운전에 의한 교통사고는 노동안전위생 담당자에게는 관계가 없다고 생각할지도 모른다. 그러나 심적인 건강 문제로 휴업한 노동자의 직장 복귀의 가부를 판단할 때에는 그 노동자가 복귀 이후에도 사고를 낼 수 있다고 보는 것과 전혀 무관하다고 말할 수는 없다.

아무튼 노동재해 발생 가능성이 있는 일이 업무에 해당되는 것은 틀림없다고 보

---

18) 労働安全衛生担当者のための法律学入門 (2) 労働災害が発生したときの責任 : 刑事罰編 (osh-management.com)(2024.6.1)

19) 업무상 필요한 주의를 게을리해 이로 인해 사람을 사상시킨 사람은, 5년 이하의 징역 혹은 금고 또는 100만 엔 이하의 벌금에 처한다. 중대한 과실에 의해 사람을 사상시킨 사람도 똑같다.

는 쪽이 좋다. 다음에 ②의 업무상의 과실이다. 과실이란 일상의 언어로 말하면 「무심코」 하는 것이 된다. 법적으로는, 과실의 판단 기준으로서는 판례 실무 등에는 신과실론이 이용된다. 신 과실론에 따르면 과실이란 ① 결과(노동재해)의 발생을 예견하는 것(결과 예견 의무), ② 예견한 결과를 회피하는 것(결과 회피 의무)의 2개의 의무를 완수하지 못한 것이다. 따라서 결과를 예견할 수 있는 것과 결과를 회피하는 것이 가능한 것이 그 조건이 된다.

단지, 교통사고 등은 별도로 하고, **대부분의 노동재해는, 결과의 발생을 예견할 수 있으면, 결과의 회피는 가능할 것이다.** 그래서 결과(노동재해 발생)의 예견이 가능한지 어떤지는, 문제가 된 위험성·유해성을 사전에 알았는지 어떤지에 의해서 판단할 수 있다.

여기에서 이 경우의 과실은 업무상의 과실이기 때문에, 일반사람이 예측할 수 없는 것 같아도, 업무에 종사하고 있는 사람이라면 예측할 수 있는 것이라고 판단되면 과실이 있었다고 볼 것이다. 일반 사람이 SDS의 내용을 이해할 수 없다고 하더라도, 화학물질을 취급하고 있는 사업자가 이해할 수 없다면 용납되지 않는다.

적어도, ① '노동안전위생법' 등 관계 법령이나 통달을 준수하지 않아서 ② 리스크 어세스먼트(risk assessmen: 위험 평가)를 실시하면 리스크가 판명될 수 있었음에도 불구하고, 그것을 실시하지 않고(또는 부적절하게 해서), ③ SDS 등의 공개된 위험 유해 정보를 활용하지 않고(또는 오독·오해해서) 사고가 발생한 경우 등에는 과실이 있다고 본다.

〈위험 평가와 과실〉[20]

위험 평가를 실시하는 과정에는, 「시나리오 추출」과 「위험 견적」을 본다. 여기서 시나리오 추출이란, 그 직장에서 어떤 상황이 되면 재해가 발생하는지를 예측하는 것이다. 즉, 스위스 치즈는 어떻게 줄을 늘어세우면 구멍이 일치해 통과하는지를 생각한다는 것이다. 한편, 위험의 견적이란, 말 그대로 결과의 중대성과 발생의 가능성이 크기 때문에 위험의 크기를 평가하는 것이다.

위험 평가의 해설서를 보면, 「위험의 견적」에 대해서는 상당한 페이지를 할애해서 논술하고 있지만, 「시나리오 추출」에 대해서는 거의 기술하지 않은 것이 많다.

그러나 사고가 발생했을 때 과실이 있었다고 하지 않기 위해서는 결과의 발생을 예견하는 것, 즉 시나리오 추출이 중요하다.

화학물질의 위험 평가에 있어서도, 특히 폭발·화재의 위험이나 급성 중독에 대해서는, 이 시나리오 추출이 중요함을 잊지 말아야 한다.

그런데 신 과실설을 전제로 하면, 예를 들면, 유해성의 식견이 없는 화학물질을 유해성이 없는 것으로서 노동자에게 취급하게 했는데, 그때는 판명되고 있지 않았던 유해성이 있어 결과적으로 재해가 발생했다고 해보자. 이 경우 사업자는 결과를 예견할 수는 없었기 때문에, 과실은 없고 책임은 추궁당하지 않는 것일까?

확실히 신 과실론의 생각을 철저히 한다면 그와 같이 볼 수 있다. 사실, 그런 취지의 판례도 많다. 그러나 다카마쓰(高松) 고등재판소 3부(高等裁判所第三部)[21] 업무상 과실치사상 피고사건 1966년 3월 31일(분유 사건), 식품에 화학물질이 혼입된 사안(소비자 피해)에 대해서, "신 신과실론"(불안감설)을 채용해, 이런 견해에 따르면 과실이 인정될 수 있다. 단, 다른 많은 판례 예를 보면, 삿포로 고등재판소(札幌高判所) 1976년 3월 18일(호쿠다이 전기 메스 사건: 北大電気メス事件)[22] 등은, 꽤 명확히 신신과실론을 부정하고 있어, 현실적으로 죄로 추궁당할 가능성은 매우 낮은 편이다.

단지, 다카마쓰(高松) 고법판단이 말하는 것은 다음과 같다. 즉, 그 화학물질에 의해 발생한 재해를 과학적으로 예견할 수는 없었다고 하더라도, 화학물질을 섭취하면 무언가 문제가 일어난다는 불안감은 가질 것이다. 그런 불안감이 있는 이상은 과실도 있다는 것이다. 확실히, 과학적인 증명은 없다고 해도, 공업용 화학물질에 피폭이

---

20) 労働安全衛生担当者のための法律学入門（2）労働災害が発生したときの責任：刑事罰編 (osh-management.com)(2024.6.3) 스위스의 치즈이론: 구멍난 치즈를 여러 장이 일치한 구멍으로 세우면 대형 사고가 난다는 비유의 재난이론이다.

21) https://www.courts.go.jp/outline/webaccessibility/index.html#vcb00000752-1-1841-default1-01,裁判例検索(2023.9.1)

22) https://www.courts.go.jp/app/files/hanrei_jp/155/024155_hanrei.pdf,裁判例検索(2023.9.1)

되면 어떠한 건강 피해를 받을 우려가 있지 않을까 하는 불안감은 누구라도 가질 것이다. 그럼에도 불구하고 피폭방지 조치를 취하지 않은 결과, 어떠한 건강상 피해가 나왔다고 한다면 과실을 인정하여도 특히 가혹하다고는 말할 수 없을 것이다.

현실적으로는 불안감설을 부정하고 신 과실론을 채용한 다음, 결과 예견 가능성을 느슨하게 판단하는 판례, 예를 들면 오사카 고법판례(大阪高判例) 2008년 7월 10일(아카시 모래사장 함몰 사건: 明石砂浜陷没事件)(상고심 : 최1 소법정 2014년 7월 22일) 등)도 이것은 신 신과실론으로의 접근이라고도 할 수 있다.[23]

죄가 되는지 되지 않는지에 관계없이, 위험 유해성이 판명되지 않은 화학물질의 취급에는 충분히 신중해져야 할 것이다. 또한, 통상의 사업자라면 예측할 수 있던 상황에서 그 사업자가 예측할 수 없었던 경우는 어쩌면 책임을 추궁당하는 것이 당연하다고 하겠다.

마지막으로, ③의 「치사상」인데, 이것은 고의가 없이 사상시켜 버렸다는 것이라고 보면 된다. 강도치사죄 등에는 고의가 있어도 성립하는데 노동안전위생의 세계에서는 고의성 문제와는 무관하다.

2) 누가 처벌되는 것인가

'업무상 과실치사상죄'의 실행 행위자도 부작위범에 대해서는 기본적으로 '노동안전위생법' 위반과 같다고 생각해도 된다. 작위범의 경우 특히 문제는 없을 것이다.

물론, '업무상 과실치사상죄'에는 「양벌규정」은 없다.

단, 실행 행위를 시킨 사람(업무 명령을 내린 사람)도 종범 또는 정범으로서 처벌될 수 있다. 노동안전위생의 담당자가 너무 상세하게 개입할 필요는 없지만, 과실범이어도 의사에 기초한 "행위"라는 것에 있어서 직접적인 실행 행위자와 책임자와의 공동의 행위라고 판단되는 경우는 있다. 또, 감독 책임을 추궁받는 경우도 있다. 현장의 과실이어도 노동안전위생담당자가 책임을 추궁당하는 일도 있을 수 있다는 것은 알아 두는 것이 좋다.

---

23) 労働安全衛生担当者のための法律学入門（２）労働災害が発生したときの責任 : 刑事罰編 (osh-management.com)(2024.6.1)

3) '노동안전위생법' 위반과 '업무상 과실치사상죄'의 관계[24]

마지막으로 몇 개의 「죄(罪)」에 대해서 법정형 중 가장 무거운 것의 일람을 보도록 하자.

'노동기준법'과 '노동안전위생법'에서는 통상의 사업자에 과하여지는 형 중에 가장 무거운 것을 나타내고 있다. 이것을 보면 '노동기준법'이나 '노동안전위생법'이 입법자가 중죄라고 판단하는 것을 알 수 있다. 잘못해서 사람을 죽게 하는 죄(과실치사)보다 상당히 무겁다. 또, 업무상 과실치사와 비교해도 노동기준법 위반 쪽이 무겁고, '노동안전위생법' 위반도 그다지 가볍다고는 할 수 없다.

(1) 법령의 종류와 형(刑)의 경중(輕重)과 효과

■ 〈참고자료〉 형의 경중(형법 제10조)

부가형(付加刑)	몰수(科料만의 죄에 대해서는 특별한 경우에만 부과)							
주형(主刑)	사형	무기 징역	무기 금고	유기 징역	유기 금고	벌금	과료 (科料)	과료 (過料)
노동안전위생법				3년		300만		
노동기준법				10년		300만		
업무상 과실치사상				5년	同左	100만		
(참고) 과실치사						50만		
(참고) 과실상해 (친고죄)						30만	同左	

※자료출처: 柳川行雄「民事賠償請求訴訟からみたリスクアセスメント」より[25]

---

24) 労働安全衛生担当者のための法律学入門 (2) 労働災害が発生したときの責任 : 刑事罰編 (osh-management.com)(2024.6.1)

25) 労働安全衛生担当者のための法律学入門 (2) 労働災害が発生したときの責任 : 刑事罰編 (osh-management.com),
https://www.courts.go.jp/outline/webaccessibility/index.html#vcb00000752-1-1841-default 1-01(2023.9.1)

* 징역, 금고, 벌금 등의 수치는 장기 또는 다액(多額)을 표시(구류는 표에서 제외)
* '노동기준법', '노동안전위생법'은 조문에 의해서 법정형은 다르다. 통상의 사업자, 사용자, 피용자 등에 적용이 있는 조문으로 가장 무거운 형을 열거.
* 과료(過料)는 형이 아니다. '노동안전위생법'에서 과료를 과하는 조문이 있다.(특정 기관만 대상)
* 유기금고는 장기가 유기징역의 2배를 넘을 때는 징역보다 무겁다.
* 일본의 과료(科料)는 1,000엔 이상 1만 엔 미만(즉 9,999엔 이하)의 금전을 강제적으로 징수하는 재산형이다. 일본의 현행 형법에서 주형(主刑)에는 가장 가벼운 형벌로 경미한 범죄에 대해 부과.

마지막으로 이 2개의 「죄」가 동시에 성립하는 경우에 그 처벌이 어떻게 부과되는지를 간단하게 설명해 보자.

이 2개의 「죄」가 동시에 성립하는 것은 다음 2개의 경우가 있다.

1. '노동안전위생법' 위반에 저촉되어 그것에 의해 재해가 발생하고 있는 경우. 즉, 피의자의 하나의 행위가 '노동안전위생법' 위반과 동시에 업무상 과실치사상의 행위에도 해당되는 경우

2. '노동안전위생법' 위반이 성립하고 있지만, 그것에 의해 재해가 발생했다고는 말할 수 없는 경우. 즉, 피의자가 '노동안전위생법' 위반과 '업무상 과실치사상'이라는 2개의 행위를 행하고 있는 경우

1. 에 대해서는 관념적 경합이라고 불려, 무거운 쪽의 형을 부과하게 된다. 2. 에 대해서는 단순 병합 죄라고 부르며, 쌍방의 형을 부과하게 된다. 단, 징역 등으로는 무거운 쪽의 형기 중 긴 쪽의 1.5배를 넘는 것은 없고, 유기형으로는 30년을 넘는 것도 없다.

또한, 초범의 경우, 3년 이하의 징역이나 50만 엔 이하의 벌금의 경우에는 집행이 유예되는 경우도 있다.

기후변화에 의한 작업현장의 열사병은 기업의 안전배려의무위반

1. 지구온난화와 기업의 열사병 대응

작업현장에서 급작스런 기후변화에 따른 열사병 발생은 기업의 '안전배려의무위반'이 된다. 지구 온난화 현상 등에 의한 영향으로 일본의 여름 기온은 해마다 급상승하고 있다. 2023년은 연일 무더위(최고기온 35℃ 이상)에 더해 기상청의 관측 사상 최고기온이 갱신되었다. 따라서 노동현장에는 열사병으로 구급 이송되는 빈도가 점점 많아지고 있다. 또한, 일상생활 속 옥내·외를 불문하고 열사병은 새로운 질병으로 등장하고 있다.

기업의 경우 종업원이 업무 중에 열사병에 걸리면 회사는 안전배려의무위반으로 처벌을 받게 된다. 한국의 경우는 고용노동부가 폭염 속에서 들에서 일하다가 쓰러져도 경고태만 등으로 지자체장이 '중대재해처벌법'으로 처벌될 수 있다. 폭염사망자는 온열환자로 분류되며 온열질환은 구체적으로 열사병 및 일사병으로 등으로 구분된다. 그중 사망에 이르는 중증질환은 주로 열사병과 일사병이다.[26] 그러면 여기서는 열사병에 대한 안전배려 의무에 대해서, 어떤 대책이 필요한지 어떤 케이스로 위반이 되는지 노동자 피해보상보험에 대해서도 언급해 보고자 한다.

---

26) 김도우 외 3인, 『우리나라 폭염 인명피해 발생특징』, 한국기상학회(제24권2호), 2014년, 226~227쪽.

1) 안전배려의무위반이란?[27]

「노동계약법 제5조」[28]에 정해져 있는 것이 "노동자의 안전배려의무"이다. 기업(사용자)은 종업원(노동자)에 대해서 안전하고 건강하게 일할 수 있도록 배려해야 하는 의무가 있다. 즉, 기업은 「노동안전위생법」이나 「노동기준법」 등의 법령에 따라, ① 업무 중의 사고의 방지 대책 ② 안전 위생 관리의 철저 ③ 노동 시간 관리 철저 등 노동자에 대해 다양한 배려를 할 필요가 있다.

또 자사의 종업원뿐만 아니라, 같은 현장에서 일하는 모든 사람들도 '안전배려 의무'의 대상이라는 점도 염두에 두고 주의할 필요가 있다.

예를 들면 파견 사원, 하청 기업의 종업원, 자사의 종업원이 해외 근무 중인 경우도 안전배려의무의 대상이 된다.

즉, 종업원이 업무 중에 부상, 질병, 장애로 사망한 경우, 그 재해가 업무로 인해, 사용자의 관리 하에서 발생했다고 인정된 경우는 노동재해 대상이 된다. 또한, 기업에 과실이 있다고 인정된 경우에는, 안전배려의무위반으로 다음과 같이 큰 문제가 발생할 수도 있다.

안전배려의무위반이 인정된 경우, 근거법인 노동계약법상 안전배려의무위반에 대한 자세한 벌칙 규정은 없지만, 종업원으로부터 손해배상을 요구받거나, 사회적 신용을 잃으며 작업이 중단되어 손해가 발생하는 리스크가 예상된다.

(1) 종업원의 열사병이 안전 배려 의무 위반이 되는 것은 어떤 때?

안전배려의무위반으로 판단되는 기준에는 3개의 포인트가 있다.

1. 예견 가능성 및 결과 회피성의 유무

기업이 열사병의 발생을 예견할 수 있었는지, 또는 필요한 대책을 취하는 등 예견할 수 있던 리스크를 회피할 수 있었는지 인과관계의 유무

---

27) 熱中症は安全配慮義務違反？違反になるケースや企業ができる対策など：福祉共済ブログ：神奈川県福祉共済協同組合 (fukushikyosai.or.jp)

28) 노동계약법(노동자 안전배려) 제5조, 사용자는 노동계약에 따라 노동자가 그의 생명, 신체 등 안전을 확보해서 노동을 할 수 있도록 필요한 배려를 하도록 한다.

2. 기업의 안전배려의무가 부족했던 것이 열사병의 원인이라고 말할 수 있는지?

3. 노동자 측의 과실 유무

노동자 본인의 과실로 인해 열사병이 발생한 것은 아닌지 이러한 판단 기준에 입각하여 확인해야 한다. 후생노동성은 "직장에서의 열사병 예방에 대해서" 사업자에 열사병에 대해 WBGT[29]치(더위 지수)를 활용하도록 통지하고 있다.

더위지수(WBGT)는 열사병의 위험도를 판단하는 지표의 하나로, 단위는 기온과 같은 섭씨도(℃)로 나타내지만 그 값은 기온과는 다르다. 대체로 WBGT의 수치가 28℃를 넘으면 열중증 환자가 급증한다. 나아가 WBGT 수치가 33℃ 이상이 되면, 열사병의 위험성이 지극히 높아질 것으로 예상되어 "열사병 경계 경고"가 발령된다.

일본 스포츠협회는 기온과 WBGT의 수치기준에 대한 지침으로, 다음과 같이 수치를 공표하고 있다.[30]

○ 기온 35℃ 이상: WBGT수치 31℃ 이상/운동은 원칙적 금지. 외출은 되도록 피하기

○ 기온 31~35 ℃: WBGT수치 28~31℃/격렬한 운동은 중지. 더운 날씨를 피하고 실온의 상승에 주의

○ 기온 28~31 ℃: WBGT수치 25~28℃/적극적으로 휴식이나 수분을 보충하기

○ 기온 24~28 ℃: WBGT치 21~25℃/격렬한 운동이나 중 노동 시는 주의. 적극적인 수분 보충

---

29) 더위지수(WBGT)는 Wet-Bulb Globe Temperature(습구흑구온도)의 약칭으로, 아래의 측정 장치의 3종류로 측정값(흑구온도, 습구온도 및 건구온도)을 바탕으로 산출된다. 흑구 온도(GT: Globe Temperature)는 검은색으로 도장된 얇은 동판의 구(속은 공동, 직경 약 15cm)의 중심에 온도계를 넣어 관측한다. 흑구의 표면은 거의 반사되지 않는 도료가 칠해져 있다. 이 흑구 온도는 직사광선에 노출된 상태에서 공안의 평형온도를 관측하고 있어서 약풍 시에 양지에서의 체감온도와 좋은 상관관계가 있다. 습구온도(NWB: Natural Wet Bulbtemperature)는, 물로 적신 거즈를 온도계의 구부에 감아 관측한다. 온도계 표면에 있는 수분이 증발했을 때의 냉각열과 평형했을 때의 온도로, 공기가 말랐을 때 기온(건구 온도)과의 차이가 커져 피부의 땀이 증발할 때 느끼는 시원한 정도를 나타내는 것이다.

30) 「熱中症は安全配慮義務違反？違反になるケースや企業ができる対策など : 福祉共済ブログ : 神奈川県福祉共済協同組合 (fukushikyosai.or.jp. 2024.6.1)」

이렇게 WGBT수치나 열사병 경계 경고 등에 의해 열사병 발생을 예측할 수 있는 경우에도 아무런 대응책을 강구하고 있지 않았다면, 「예견 가능성 및 결과 회피성이 있었음」에도 불구하고, 종업원들에게 열사병을 일으키게 했다고 보아 안전 배려 의무 위반으로 추궁당할 가능성이 있다.

(2) 후생노동성이 통달한 안전배려의무의 기준이 되는 열사병 예방 대책

후생노동성은 아래와 같이 5개의 열사병 예방 대책을 상정해서 안전배려의무에 위반하지 않기 위한 각각의 대책을 강구할 필요가 있다고 발표했다.

○ 작업 환경 관리

① WBGT수치의 저감 등: 고온 다습한 작업 장소에서 열을 차단하는 차폐물(遮蔽物), 직사광선 등을 차단하는 간단한 지붕, 통풍·냉방의 설비 등

② 휴식 장소의 정비 등: 고온 다습한 작업 장소의 주변에 냉방을 갖춘 휴식 장소나 그늘 등의 시원한 휴식 장소의 설치, 얼음이나 샤워 등 신체를 적당히 차갑게 식히는 설비, 음료수의 구비 등

○ 작업 관리

① 작업 시간의 단축 등 : 작업의 휴지 시간·휴식 시간의 확보, 고온 다습 작업 장소에서의 연속 작업 시간의 단축, 신체 작업 강도(대사율 레벨)가 높은 작업을 피하는 작업 장소의 변경 등

② 열기에 순화: 계획적인 열기 순화 기간을 설치 등

③ 수분 및 염분의 섭취 : 자각 증상의 유무에 관계없이 작업의 전후, 작업 중의 정기적인 수분·염분 섭취의 지도 등

④ 복장 등 : 투습성(透濕性)·통기성의 좋은 복장의 착용, 직사광선하에는 환기성이 좋은 옷 착용 등

⑤ 작업 중의 순시 : 고온 다습 작업 장소의 작업 중에는 순시를 빈번하게 실시해, 물·염분의 섭취 상황, 작업자의 컨디션 확인 등

○ **건강관리**

① 건강진단 결과에 따른 대응 등: 건강진단 및 이상 소견자에 대한 의사 등의 의견에 따라 취업상의 조치를 철저히 하고, 당뇨병·고혈압증 등 열사병의 발증에 영향을 주는 질환을 치료 중인 노동자에 대한 배려 등

② 일상의 건강관리 등: 수면부족·컨디션 불량·전날의 음주·아침 식사 미 섭취·발열·설사 등 일상적 건강관리에 관한 지도·건강 상담의 실시 등

③ 노동자의 건강 상태의 확인: 작업 개시 전·작업 중의 순시 등에 의해 노동자의 건강 상태 확인 등

④ 신체 상황의 확인: 휴식 장소에 체온계나 체중계를 두어 신체 상황을 확인하기 쉽게 하여, 심박수나 체온의 이상이나 의식 장애 등의 징조를 확인할 것 등

○ **노동위생교육**: 작업을 관리하는 사람이나 노동자에 대해서 미리 다음 사항에 대해서 노동 위생 교육을 실시한다.

① 열사병의 증상

② 열사병의 예방 방법

③ 긴급 시의 구급 처치

④ 열사병의 사례

○ **응급 처치**

① 긴급 연락망의 작성 및 주지: 사전에 병원·진료소 등의 소재지나 연락처를 파악, 긴급 연락망의 작성, 주지 등

② 구급 조치

이러한 예방 대책을 실시하지 않은 결과, 종업원이 열사병에 걸리게 되어 부상, 질병, 장애, 사망한 경우, 안전배려의무위반을 이유로 재해를 당한 종업원이나 그 유족으로부터 손해배상 청구를 당할 수 있다.

(3) 실제로 있던 안전배려의무위반의 판례

사업주에게 안전배려의무위반이 있었다고 인정된 판례로서, 2016년 1월 21일의 오사카 고등재판소(大阪高等裁判所)의 판결이 있다.

조경업을 영위하는 회사(사용자)의 종업원이 한여름의 염천하에 벌채·청소 작업을 하고 있던 도중에 열사병이 발생해 사망하는 재해가 발생했다. 현장 지휘관인 상사는 조난당한 종업원으로부터 컨디션 불량 등의 호소를 듣고, 이변을 인식했음에도 불구하고 그 후에도 당분간 피해종업원의 상태를 확인하지 않고, 시원한 장소에서의 휴양 등의 지시도 하지 않고 방치하여 열사병에 의한 심폐 정지 상태 직전에 이를 때까지 구급차를 부르는 등의 조치를 취하지 않았다.

본래, 현장 지휘관인 상사는 평소부터 고온 환경 하에서 열사병이 의심될 때는 피해자의 상태를 관찰해서 시원한 장소에서 안정시켜 수분·염분을 섭취하게 하고, 신체가 뜨거울 때에는 옷을 벗게 해서 열을 식히는 등의 적절한 치료를 해야 한다. 그럼에도 회복되지 않으면 의사의 치료를 받게 하는 등의 조치를 취해야 한다. 사용자는 평소부터 작업장의 상사에게 그러한 교육을 실시할 의무가 있다.

그러나 오사카 고등재판소 사건의 경우는 사용자가 상사에 대해 충분한 노동 안전 교육을 실시했다고는 인정되지 않아 사용자에게 안전배려의무위반이 있다고 판단했다.

사용자는 종업원에게 열사병이 의심되는 경우에 대응해 교육하는 것은 물론 이 사례처럼 교육한 내용이 제대로 실천되는지 유효성을 확인하는 것이 중요하다고 할 수 있다.

(4) 열사병은 노동자 피해보상보험이 인정된다

노동재해보험은 업무상의 사유 또는 통근 도중의 사고에 의해, 부상, 질병, 고도 장애, 사망 등의 피해를 입은 노동자 본인이나 그 유족의 생활을 지키기 위한 공적 보험제도다.

그 때문에 안전배려의무위반과 노동자 피해보상보험은 판단 기준이 다르고, 안전배려의무위반으로 인정되지 않아도 노동자 피해보상보험이 인정되는 사례는 있다. 그럼 노동자 피해보상보험이 인정되는 사례는 어떤 경우인지 살펴보자.

○ 열사병이 발병되어 노동자 피해보상보험 인정되는 사례는?

업무 중의 열사병은 고온 다습한 장소에서 작업을 실행했을 때에 체내의 수분이나 염분의 밸런스가 무너져 체온 조절 기능이 잘 이루어지지 않았을 때에 발병한다고 알려져 있다.

열사병이 노동자 피해보상보험의 대상이 되는가 하면, '노동기준법시행규칙'의 별표 제1의2 제2호8에서 「혹서인 장소에서의 업무에 의한 열사병」이라고 규정되어, 업무상의 질병으로서 취급하고 있기 때문에 대상이 된다.

일반적으로는, 열사병이 발병했다고 인정되는 것(의학적 진단 요건)과, 발병이 업무에 기인하는 것(일반적 인정 요건)이 인정될 경우에 노동자 피해보상보험에 의해 질병으로 인정된다.

① 의학적 진단 요건
- 작업 조건 온도·습도 조건 등의 파악
- 일반적 병상의 사진 및 체온의 측정
- 작업 중에 발생한 두개골 내출혈, 뇌빈혈, 간질 등에 의한 의식 장애의 감별 진단

② 일반적 인정 요건
- 업무상 돌발적 또는 그 발생 상태를 시간적, 장소적으로 명확하게 할 수 있는 원인 존재.
- 당해 원인의 성질, 강도, 이것이 신체에 작용한 부위, 재해 발생 후 발병까지의 시간적 간격 등에서 재해와 질병 사이에 인과관계가 인정되는 것.
- 업무에 기인하지 않는 다른 원인에 의해 발병(또는 악화)한 것이 아닌 것.

이러한 2개의 요건에 해당된다고 판단되는 경우, 노동자재해보험으로부터 보상을

받을 수 있다. 노동재해라는 것이 인정되면 치료비 등에 대해서 노동자 피해보상보험 보상 급부가 된다. 또, 통근 중에 열사병이 발병된 경우에도, 취업을 위해서 합리적인 경로 및 방법에 의한 이동 중에 열사병이 발병되었다고 인정되면 통근재해로서 인정되는 경우가 있다.

○ **열사병이 노동자 피해보상보험으로 인정되지 않는 경우는?**

업무상의 질병이 노동자재해보상보험으로서 인정되려면, 업무 사이에 상당한 인과관계가 인정될 필요가 있다. 업무상의 질병이란, 노동자가 사업주의 지배하에 있는 상태에서 발병한 질병이 아니라, 사업주의 지배하에 있는 상태에서 유해 인자의 노출에 의해서 발병된 질병을 말한다. 열사병이 노동자피해보상보험으로 인정되기 위해서는 열사병이 발병한 날의 작업 환경이나 일의 내용, 노동 시간, 피복 상황, 신체 상황 등이 종합적으로 고려되어 일과 열사병 발병 사이에 상당히 인과관계가 있는지 아닌지가 노동기준감독서(労働基準監督署)에 의해 판단된다.

그 때문에 업무 중에 발생한 열사병이라도 예컨대 전날의 음주나 수면 부족, 지병에 의해 발병한 열사병 등 다른 원인이 의심되는 경우는 노동재해로 인정되지 않을 가능성이 있다.

열사병의 원인이 작업 환경이나 내용이었다고 인정된 경우에는 노동자 피해보상보험이 인정되어 노동재해보험 급부를 받을 수 있다.

(5) 안전배려의무위반이 되지 않기 위해서 기업이 할 수 있는 열사병 대책

후생노동성이 비교적 용이하게 임할 수 있는 열사병 대책 사례를 열거하고 있기 때문에 여기서 몇 가지 소개하고자 한다.

종업원에게 열사병 의심이 있는 경우는, 이하의 「구급 조치」를 참고해 대응해 보도록 한다.

○ **작업환경 관리: 휴식 장소의 정비**

• 고온 다습한 작업장 근처에 냉방을 준비하고 또는 그늘이 있는 시원한 휴식 장소를 설치

• 몸을 적당히 차갑게 식힐 수 있는 얼음이나 차가운 물수건 등의 물품 혹은 목욕이나 샤워 등의 설비 설치

• 수분·염분을 보충할 수 있도록 음료수 등 비치

○ **작업관리: 작업 시간의 단축**

• 고온 다습한 환경에서 장시간 작업을 하지 않도록 휴식 시간을 확보

• 신체 작업 강도(대사율 레벨)가 높은 작업을 피하고 작업 장소를 변경하는 등 열사병 대책을 상황에 따라 실시

○ **건강관리: 노동자의 건강 상태의 확인**

• 작업 개시 전에 노동자의 건강 상태를 확인하고 작업 중에는 순시를 빈번하게 실시해 노동자에게 말을 거는 등으로 컨디션을 확인해야 한다.

○ **구급 조치**

• 고온 다습한 장소에 노동자를 종사하게 하는 경우는, 미리 병원·진료소의 소재지 및 연락처를 파악해 긴급 연락망을 작성

• 열사병이 의심되는 증상이 발병한 경우 시원한 장소에서 몸을 차갑게 식히고 수분·염분의 보급

• 필요에 따른 구급대의 요청·의사의 진찰

이외의 대책에 대해서 자세한 것은 후생노동성 「도입하기 쉬운 열사병 대책 사례 소개」를 참고하면 된다. 또, 고온 다습한 장소에서 작업을 실시해야 하는 종업원에 대해서는 「수면부족이나 전날의 음주, 아침 식사의 미섭취, 컨디션 불량도 열사병의 발병에 영향을 줄 우려가 있다」는 건강관리에 대해서 지도를 실시하는 것도 중요하다.

열사병의 발생에 영향을 줄 우려가 있는 질환을 가진 노동자에 대해서는 고온 다습한 작업 장소에서의 작업의 가부나 작업을 실시해야 하는 경우의 유의 사항을 산업의나 주치의 등에게 의견을 구해 필요에 따라서 취업 장소나 작업을 변경하도록 하는 등의 대응도 필요하다.

(6) 안전배려의무를 준수한 열사병 대책으로 쾌적한 노동환경 제공

기업에는 「안전배려의무」가 있어서 종업원이 안전하고 건강하게 노동할 수 있도록 배려하지 않으면 안 된다. 이 안전배려의무에는 종업원의 업무에 관련된 열사병도 포함되어 있어서 후생노동성으로부터도 「직장의 열사병 예방에 대하여」라는 통달이 나와 있다.

열사병 대책으로 WBGT 수치를 활용하고, 그 밖에도 작업 환경 관리·작업관리·건강관리·노동위생교육·구급처치의 조치를 취하도록 하고 있다. 이 통달의 조치를 게을리하면 안전배려의무위반으로 판단되어 손해배상 책임을 질 가능성이 있기 때문에 주의가 필요하다.

또한, 안전배려의무위반이 되지 않더라도 열사병은 노동자 피해보상보험에 해당되는 사례도 있다. 열사병 대책을 실행해서 종업원이 안전·건강하게 보낼 수 있는 직장을 제공하면 종업원도 기업도 위험 부담을 지지 않고 쾌적하게 보낼 수 있다.

제3절

일본의 노동재해 판례 연구

1. '노동안전위생법' 위반 사례와 벌칙 연구[31)

1) '노동안전위생법' 위반 사례와 벌칙

'노동안전위생법' 위반 사례는, 일반적으로 노동자의 안전 확보를 사업주에게 의무화한 「노동안전위생법」에 위반하는 행위를 말한다. '노동안전위생법'에는 많은 조문이 있고 그에 대한 위반 내용도 다양하지만, 자주 문제가 되는 것은 이하의 몇 개의 포인트로 요약할 수 있다.

(1) '노동안전위생법' 제14조 위반(작업주임자 선임 의무 위반)

'노동안전위생법' 제14조[32)는, 일정한 위험 작업[프레스(press) 기계의 작업,[33) 발판의 조립 작업 등]에 대해서는 작업주임자를 선임해서 작업자를 지휘시키는 것을 의무화하고 있다.

---

31) 労働安全衛生法違反の刑事責任と必要な対応を事例をもとに解説 | 咲くやこの花法律事務所 (kigyobengo.com, 2023.9.7)

32) 제14조 사업자는, 고압 실내 작업 및 그 외의 노동재해를 방지하기 위하여 관리가 필요한 작업으로, 정부령으로 정하는 것에 대해서는, 도·도·부·현 노동국장의 면허를 받은 사람, 또는 도·도·부·현 노동 국장의 등록을 받은 사람이 실시하는 기능 강습을 수료한 사람 중에서, 후생노동성령으로 정하는 바에 의해, 해당 작업의 구분에 따라 작업 주임자를 선임해서 그 사람에게 해당 작업에 종사하는 노동자의 지휘 및 그 외의 후생노동성령으로 정하는 사항을 실시하게 해야 한다.

33) 여기에서 말하는 프레스(press)는 판금 기계 압축기 등의 공작기계를 말한다. 철판 등을 압축, 압착하거나 운반 용접 등 산업현장에서 위험 부담이 큰 기계작업이다. 이와 아울러 건설현장의 작업 시 안전한 발판(足場) 조립 등이 산재를 줄일 수 있는 방법이다.

이 규정을 위반하여 작업주임자를 선임하지 않은 경우에는 '노동안전위생법' 제14조 위반이 된다. 또한, 주임자를 선임했더라도 작업주임자가 작업자의 감시를 게을리(태만)하고 있는 등의 사정이 있으면, '노동안전위생법' 제14조 위반에 해당한다.

〈위반 사례〉

건설현장의 발판조립 작업 시 작업자의 안전대 사용 상황에 대해서 작업주임자가 감시를 게을리했기 때문에 노동자재해 사고가 발생한 등의 경우

<벌칙>: 6개월 이하의 징역 또는 50만 엔 이하의 벌금

(2) '노동안전위생법' 제20조[34] 위반(기계 등에 의한 위험방지 조치 의무 위반)

'노동안전위생법' 제20조(사업자가 강구해야 할 조치 등)는 기계나 설비에 의한 위험, 인화물이나 전력, 열에 의한 위험 등에 의한 위험이 노동자에게 미치지 않도록 방지하는 조치를 취할 것을 사업자에게 의무화하고 있다. 이를 위반하여 위험 방지 조치를 취하지 않는 것은 '노동안전위생법' 제20조 위반에 해당된다.

〈위반 사례〉

이동식 크레인을 사용함에 있어서, 출입 금지 조치를 강구하지 않은 채 사용하도록 했기 때문에 노동자피해사고가 발생한 등의 사례

<벌칙>: 6개월 이하의 징역 또는 50만 엔 이하의 벌금

---

34) 제20조 사업자(사업자가 강구해야 할 조치 등)는, 다음의 위험을 방지하기 위하여 필요한 조치를 강구해야 한다. 1. 기계, 기구 및 그 외의 설비(이하 "기계 등")에 의한 위험. 2. 폭발성의 물건, 발화성의 물건, 인화성의 물건 등에 의한 위험. 3. 전기, 열 및 그 외의 에너지에 의한 위험

(3) '노동안전위생법' 제21조[35) 위반(작업 등에 의한 위험방지 조치 의무 위반)

'노동안전위생법' 제21조는 작업 방법으로부터 발생하는 위험이나 추락 또는 토사 붕괴에 의한 위험에 대하여 방지 조치를 강구할 것을 사업자에 의무화하고 있다. 이것을 위반해서 위험 방지 조치를 취하지 않는 것은 '노동안전위생법' 제21조 위반에 해당된다.

〈위반 사례〉

난간 등에 의한 추락 방지 조치를 강구하지 않는 작업대 발판 위에서 작업을 시켜서 노동자 피해사고가 발생하는 등의 경우다.

　<벌칙>: 6개월 이하의 징역 또는 50만 엔 이하의 벌금

(4) '노동안전위생법' 제22조[36) 위반(건강 장애의 방지 조치 의무 위반)[37)

'노동안전위생법' 제22조는, 노동자의 건강 장애를 방지하기 위해서 필요한 조치를 취하는 것을 사업자에 의무화하고 있다. 이것을 위반해 필요한 조치를 취하지 않는 것은 '노동안전위생법' 제22조 위반에 해당된다.

〈위반 사례〉

빌딩 해체 공사에서, 분무(내뿜는)된 석면을 제거하는 작업 장소를 격리하지 않고 해체 작업을 실시한 사례 등이다.

　<벌칙>: 6개월 이하의 징역 또는 50만 엔 이하의 벌금

---

35) 제21조 사업자(사업자가 강구해야 할 조치 등)는, 굴착, 채석, 하역, 벌목 등의 업무에서의 작업 방법으로부터 발생하는 위험을 방지하기 위해 필요한 조치를 강구해야 한다. 2. 사업자는 노동자가 추락할 우려가 있는 장소, 토사 등이 붕괴할 우려가 있는 장소 등에 관련된 위험을 방지하기 위하여 필요한 조치를 강구해야 한다.

36) 제22조 사업자(사업자가 강구해야 할 조치 등)는, 다음과 같이 건강 장애를 방지하기 위해 필요한 조치를 강구해야 한다. 1. 원재료, 가스, 증기, 분진, 산소 결핍 공기, 병원체 등에 의한 건강 장애 2. 방사선, 고온, 저온, 초음파, 소음, 진동, 이상 기압 등에 의한 건강 장애 3. 계기(計器) 감시, 정밀 공작 등의 작업에 의한 건강 장애 4. 배기, 배액(排液) 또는 찌꺼기 물에 의한 건강 장애

37) 労働安全衛生法違反の刑事責任と必要な対応を事例をもとに解説 | 咲くやこの花法律事務所 (kigyobengo.com, 2023.9.7)

(5) '노동안전위생법' 제61조 제1항38) 위반(무자격 운전)

'노동안전위생법' 제61조 1항(취업제한)은, 크레인의 운전 등 특정의 업무에 대해서는 자격자만이 실행할 수 있도록 의무화하고 있다.

〈위반 사례〉

크레인 무자격자에게 운전 업무 등을 시키는 것은, '노동안전위생법' 제61조 1항 위반에 해당된다.

<벌칙>: 6개월 이하의 징역 또는 50만 엔 이하의 벌금

(6) '노동안전위생법' 제100조1항 위반(노동자재해보고 의무 위반)

'노동안전위생법' 제100조1항39), '노동안전위생규칙' 제96조, 제97조는 일정한 노동자 피해보상보험 사고 등이 발생한 경우에 노동기준감독서에 보고할 것을 의무화하고 있다. 이것에 반하여, 보고하지 않는 것은 '노동안전위생법' 제100조1항 위반이 된다.

---

38) 제61조제1항 사업자(취업 제한)는, 크레인의 운전 및 그 외의 업무로 정부령으로 정해져 있는 것에 대해서는, 도·도·부·현 노동국장의 해당 업무에 관련된 면허를 받은 사람, 또는 도·도·부·현 노동 국장의 등록을 받은 사람이 실시하는 해당 업무에 관련된 기능 강습을 수료한 사람 및 그 외 후생노동성령으로 정하는 자격을 가진 사람이 아니면 해당 업무를 수행하게 해서는 안 된다. 2. 전항의 규정에 의해 해당 업무에 종사할 수 있는 사람 이외의 사람은 해당 업무를 수행해서는 안 된다. 3. 제1항의 규정에 의해 해당 업무에 종사할 수 있는 사람은, 해당 업무에 종사할 때에 이와 관련된 면허증 및 그 외 그 자격을 증명하는 서면을 휴대하고 있어야 한다. 4. 직업 능력 개발 촉진법(1969년 법률 제64호) 제24조 제1항(동법 제27조의2 제2항에 있어서 준용하는 경우를 포함)의 인정에 관련된 직업 훈련을 받는 노동자에 대해서 필요가 있는 경우에는, 그 필요의 한도에서, 전3항의 규정에 대해서 후생노동성령으로 특별한 규정을 둘 수 있다.

39) 제100조(보고 등) 후생노동대신, 도·도·부·현 노동국장, 또는 노동기준감독서장은, 이 법률을 시행하기 위하여 필요하다고 인정할 때는, 후생노동성령으로 정하는 바에 따라, 사업자, 노동자, 기계 등 대여자, 건축물 대여자 또는 컨설턴트에 대해서 필요한 사항을 보고받거나 또는 출두를 명할 수 있다. 2. 후생노동대신, 도·도·부·현 노동국장 또는 노동기준감독서장은, 이 법률을 시행하기 위해 필요하다고 인정할 때는, 후생노동성령으로 정해져 있는 바에 따라, 등록제조시 등 검사기관 등에 대해서 필요한 사항을 보고받을 수 있다. 3. 노동기준감독관은 이 법률을 시행하기 위해 필요하다고 인정할 때는, 사업자 또는 노동자에 대해서 필요한 사항을 보고받거나 또는 출두를 명할 수 있다.

〈위반 사례〉

4일 이상의 휴업을 요하는 노동재해가 발생했는데, 노동기준감독서에 보고하지 않은 등(노동자 피해를 은폐)이다.

<벌칙>: 50만 엔 이하의 벌금

2) '노동안전위생법' 위반과 형사 책임

특히, 사망사고 등 중대한 노동재해가 발생한 경우에는 '노동안전위생법' 위반으로서 형사 책임을 추궁 받는 경우가 점점 늘어나고 있다.

벌칙 내용은 아래와 같다.[40)

■ 주된 벌칙 일람

죄명	내용	형벌
'노동안전위생법' 14조 위반	작업주임자의 선임의무 위반	6개월 이하의 징역 또는 50만 엔 이하의 벌금
동법 20조~ 22조 위반	노동자에 대한 위험방지의무 위반	6개월 이하의 징역 또는 50만 엔 이하의 벌금
동법 61조 1항 위반	무자격자의 크레인 운전 작업 등	6개월 이하의 징역 또는 50만 엔 이하의 벌금
동법 100조 1항 위반	노동자 피해보상 은폐(보고의무 위반)	50만 엔 이하의 벌금

일본에는 실제로 징역이라는 것은 거의 없고, 벌금이 부과되고 있다. 그래서 벌금형에 대해서는, 「양방규정」이라고 불리는 규정이 설치되었고, 개인과 법인의 양쪽을 처벌할 수 있는 내용이 되었다.

실제로도 영업소나 현장의 책임자(개인)와 법인(회사)의 쌍방에게 벌금형이 부과되는 경우가 점점 많아지고 있다.

---

40) 労働安全衛生法違反の刑事責任と必要な対応を事例をもとに解説 | 咲くやこの花法律事務所 (kigyobengo.com, 2023.9.7)

3) 서류 송검(書類送檢)과 그 후의 수속[41]

'노동안전위생법' 위반에 관한 형사 수속의 흐름은 아래와 같다.

(1) 노동기준감독서에 의한 사정청취

노동기준감독서가 관계자로부터의 사정청취를 실시해 조서를 작성하고 사건을 검찰청에 보낸다. 이를 일반적으로는「서류 송검」이라고 한다.

(2) 검찰청에서 사정청취

서류 송검 후 재차, 검찰청에서 관계자로부터의 사정청취를 해 조서가 작성된다.

(3) 기소, 불기소의 결정

검찰청의 검찰관이 사건을 기소할지, 불기소할지를 판단한다. 기소 시에는「약식 명령」이라는 수속으로 벌금형이 되는 것이 대부분이다. 한편, 불기소 시에는 형사 책임은 추궁받지 않아 형사 수속이 종료된다.

(4) 기소된 경우에 불이익은 중대(重大)

'노동안전위생법' 위반이 형사사건으로서 기소되면 단지 벌금 지불뿐만 아니라, 아래와 같은 불이익이 있다.

① 입찰 참가 기업은 입찰을 할 수 없게 된다.

국가나 자치체로부터의 입찰에 참가하고 있는 회사에서 기소되어 유죄가 난 경우에는 입찰에 대해서 지명 정지 처분을 받는 것이 보통이다. 벌금형의 경우 도 똑같다.

이것은 많은 공공기관의 입찰에 관한 규칙이며,「업무에 관한 법령 위반」이 있을 경우에는 지명 정지 처분을 받도록 하는 규정에 의거한다는 규정에 따른다.

---

41) 労働安全衛生法違反の刑事責任と必要な対応を事例をもとに解説 | 咲くやこの花法律事務所 (kigyobengo.com, 2023.9.7)

기소가 되어서 유죄가 난 경우는, 「업무에 관한 법령 위반」이 있었다고 해서 지명 정지 처분이 되는 사례가 늘어나고 있다.

② 기소되고 유죄가 되면 전과가 된다.

기소되고 유죄가 되면 벌금형이어도 전과가 된다.

③ 노동기준감독서(労働基準監督署)에 의해서 기업명이 공표의 대상이 된다.

'노동안전위생법' 위반으로 송검(검찰송치)된 사례에 대해서는, 노동기준감독서로부터의 보도자료로 그 개요나 기업명이 공표되는 예가 많아지고 있다. 단, 노동자 재해의 경우는 피재자의 의향을 고려하여 공표하지 않는 경우도 있어서 송검된 사례의 모든 사건이 공표되는 것은 아니다.

④ 신문에 보도된다.

기소된 것이 신문에 보도되는 일이 있다.

신문보도를 계기로, 기소된 것을 알게 된 거래처나 고객으로부터, 거래의 중지 등이 이루어지는 리스크가 발생한다.

⑤ 인허가 업종은 행정 처분 대상이 된다.

국가나 지방공공단체의 허가가 필요한 인허가 업종(건설업이나 운송업 등)에 대해서는 행정에서 행정 처분을 받는 일이 있다. 예를 들면, 건설업으로는 '노동안전위생법' 위반으로 기소되어 유죄가 된 경우는 지시 처분을 받는 것이 늘어나고 있다.

4) 기소를 회피하기 위한 적극적인 활동이 중요[42]

이렇게 기소된 경우의 불이익은 매우 중대하고 사업에 큰 영향을 미친다.

그 때문에 '노동안전위생법' 위반으로 형사수속을 당할 때는, 신속하게 불기소를 목표로 활동을 개시하는 것이 가장 중요하다.

---

[42] 労働安全衛生法違反の刑事責任と必要な対応を事例をもとに解説 | 咲くやこの花法律事務所 (kigyobengo.com, 2023.9.7)

불기소를 목표로 처리하기 위해서 중요한 점은 사안에 따라 각각 다르겠지만, 일반적으로 가장 중요한 포인트는 아래와 같다.

(1) 송검(검찰송치)된 시점에서 변호인이 검찰관과 면담한다.

일본에서는 사건을 기소할지 말지를 결정하는 것은 검찰관이다. 그 때문에 노동기준감독서나 경찰의 수사가 일단락되면 사건기록이 검찰청으로 송부된다.

사건이 검찰청에 송부된 단계에서, 회사 측의 변호인이 검찰관과 면담하는 것이 포인트가 된다.

변호인에 의뢰해 변호인이 먼저 검찰관과 이야기를 하는 것으로,「검찰관이 어떤 방침으로 사건을 진행하려고 하는 것」인지 또는「기소를 회피하기 위해서는 무엇을 하면 좋을까 하는지」를 미리 파악하는 것이 필요하다.

(2) 회사가 노동안전재해예방에 노력하고 있었음을 자료로서 제출한다.

회사가 노동재해 예방을 위해서 노력을 하고 있었음을 자료로 검찰관에게 전달하는 것도 중요하다.

신규 입사자 교육, 사전에 위험 예지 활동의 실시 상황이나, 안전위원회, 위생위원회의 실시 상황 등에 대한 적절한 자료를 제출한다.

(3) 개선 내용에 대해서 자료로 제출한다.

노동자 산재사고를 계기로 수사가 진행되고 있는 경우는 **향후에 같은 사고가 일어나지 않도록 하는 개선 조치를 사고 후라도 될 수 있는 한 신속하게 실시하고, 그 내용을 자료로써 검찰관에게 제출하는 것도 중요하다.**

(4) 피해자나 유족으로부터 합의(示談), 용서(宥恕)의 의사 표시를 얻는다.

가장 중요한 것은 피해자와의 관계를 원만하게 해결하는 것이다. 피해자가 사망했을 경우는 유족과의 관계를 원만하게 해결하는 것이 중요하다.

구체적으로는 피해자나 그 유족과의 금전적인 합의를 끝마치는 것. 만약 가능하면 피해자와 그 유족으로부터 용서나 화해의 의사 표시를 얻는 것이 기소를 피하기 위해서는 매우 유효하다.

여기서 말하는 「용서의 의사 표시」란, 「회사나 책임자에 대한 형사 처벌은 원치 않습니다.」라고 하는 피해자 측의 화해의 의사 표시이다.

「용서의 의사 표시」를 서면으로 받아, 검찰관에게 제출할 수 있으면 불기소 처분을 받아내는 데에는 유력한 자료가 된다.

5) '노동안전위생법' 위반과 형사 책임에 관한 판례[43)]

'노동안전위생법' 위반의 형사 책임에 관해서는 아래와 같은 판례가 있다.

회사에 벌금 50만 엔 정도의 지불을 명하고, 현장 책임자에게 집행 유예 포함인 금고형을 명하는 사례가 많아지고 있다. 금고형이란 형무소에 일정 기간 감금할 수 있는 형벌이지만, 징역형과는 달리 형무소 내에서의 작업은 하지 않는 형벌이 된다. 노동안전위생법 위반 시에는 집행 유예를 포함된 금고형이 되는 것이 많고, 그 경우에는 집행 유예 기간 중에 다시 범죄를 저지르지 않으면 형무소에 갈 필요는 없다.

(1) 빌딩 해체 현장에서 크레인 작업 중에 자재 낙하에 의한 작업원 사망 사고

'노동안전위생법' 위반, 업무상 과실치사상죄로 기소되어 아래의 판결이 나왔다 (2017년 2월 22일 히로시마(広島) 지방재판소 판결).

〈판결〉

○ 회사에 벌금 50만 엔 부과

○ 현장 책임자에게 금고 2년, 집행 유예 3년

---

43) 労働安全衛生法違反の刑事責任と必要な対応を事例をもとに解説 | 咲くやこの花法律事務所 (kigyobengo.com, 2023.9.7)

(2) 석유화학 제조 공장에서의 폭발에 의한 작업원 사망 사고

'노동안전위생법' 위반, 업무상 과실치사상죄로 기소되어 아래의 판결이 나왔다 (2018년 7월 19일 고베(神戸) 지방재판소 판결).

❍ 회사에 벌금 50만 엔 부과
❍ 현장의 통솔자였던 제조부 제조과 과장에게 금고 2년, 집행 유예 3년

(3) 주차장 조성 공사에서의 옹벽 붕락(擁壁崩落)에 의한 작업원 사망 사고

'노동안전위생법' 위반, 업무상 과실치사상죄로 기소되어 아래의 판결이 나왔다 (2018년 11월 8일 나하(那覇) 지방재판소 오키나와 지부 판결).

❍ 회사에 벌금 50만 엔 부과
❍ 대표이사에게 금고 2년, 집행 유예 4년

(4) 안전대 미착용에 의한 추락사망사고

'노동안전위생법' 위반, 업무상 과실치사상죄 기소되어 아래의 판결이 나왔다 (2018년 4월 26일 도쿄 고등재판소 판결).

❍ 회사에 손해배상 9000만 엔 배상
❍ 대표이사에게 금고 2년, 집행 유예 4년

(5) 창고 내 운반 업무 중 출입구로부터의 추락 사망 사고

'노동안전위생법' 위반, 업무상 과실치사죄로 기소되어 아래의 판결이 나왔다 (2019년 4월 24일 오사카(大阪) 지방재판소 판결).

❍ 회사에 벌금 50만 엔 부과
❍ 대표이사에게 벌금 40만 엔 부과

(6) 발판(足場) 해체 중에 낙하물에 의한 보행자 사망 사고

'노동안전위생법' 위반, 업무상 과실치사죄로 기소되어 아래의 판결이 나왔다 (2019년 5월 21일 도쿄(東京) 지방재판소 판결).

- ❏ 회사에 벌금 50만 엔 부과
- ❏ 공사 현장 책임자에게 금고 1년 6개월, 집행 유예 4년

(7) 빵 공장에서의 인화, 폭발에 의한 사망 사고

'노동안전위생법' 위반, 업무상 과실치사죄로 기소되어 아래의 판결이 나왔다 (2020년 1월 15일 후쿠시마(福島) 지방재판소 판결).

- ❏ 회사에 벌금 50만 엔 부과
- ❏ 공장장에게 금고 1년 2개월, 집행 유예 3년, 벌금 30만 엔

제4절

일본의 '중대재해발생과 사업자의 법적 책임'에 관한 연구

1. 해난(海難) 사고발생 시 조난심판·조난재판 등 법적 책임에 대한 대응[44]

「선박이나 대형 보트끼리 부딪혀 다수의 사상자가 발생했는데, 누구에게 책임과 치료비를 청구해야 하는지 알 수 없다」 「낚싯배가 좌초하고 부상을 입어 일도 쉬게 되는 등과 같이 곤란한 처지다」. 바다에서 배끼리 충돌해 배를 파손시킨 등의 해난 사고를 당한 경우에는 어떤 법적 책임·법적 수속이 필요한가? 우선 해난·조난 사고의 정의와 같은 기본적인 개념에서부터 조난 사고로 이루어지는 재판이나 합의의 흐름, 변호사 상담 이유 등에 대해서 설명해 보고자 한다.

1) 해난(海難) 사고의 정의와 법적 책임

해난(海難) 사고가 일어난 경우, 어떤 법적 책임이 발생하는가? 법적 책임에 대해서 해설하기 전에 해난 사고의 정의를 확인해보자.

(1) 해난(海難) 사고의 정의

바다 위에서 발생하는 선박에 관한 사고를 「해난」이라고 한다. 예를 들면, 선박이나 여행으로 페리나 관람선에 올라간 승객이 부상 또는 배끼리 충돌해서 부상자

---

44) 「海難事故が起こった場合の海難審判·裁判への対応について解説」| アトム法律事務所弁護士法人 https://atomfirm.com/jiko/46662(2024.5.3)

가 나온 경우 등 배가 파손했으며, 요트가 전복하고 승객이 부상한 경우 등의 사안이다.

① 해난 사고의 발생 상황

2020년 해난사고 발생 상황에 대해서 해상보안청은 이하와 같은 데이터를 공표했다.

• 선박 사고 등

선박의 운항에 관련된 손해나 구체적인 위험이 발생한 선박 사고는 62척(사망자·불명자: 4명), 선박 사고 이외의 것에 대해서는 22척이다.

• 인신사고

해상 또는 해상에서의 사상자는 80명(자살이나 병은 제외), 사망·불명자는 35명, 해상 또는 바다 속 활동 중에 사상자가 발생하지는 않았지만, 신체에 관계되는 부상에 대해서는 107명에 이른다.

이 데이터로부터, 결코 적지 않은 경우 바다에 관한 사건 사고 사례가 발생하고 있다는 것을 알 수 있다.

(2) 해난 사고에 의한 법적 책임

해난 사고에는, <민사 책임>·<형사 책임>·<행정 책임>이라는 3개의 법적 책임이 발생하게 된다. 법적 책임에 대해서 하나씩 살펴 보자.

① 민사 책임

해난 사고가 발생한 것에 따라 야기되는 결과로서는 다음과 같은 것이 있다.

- 사망 사고나 상해 사고 등의 인적 손해
- 선체의 손상이나 하물(荷物)의 유출, 시설의 파괴 등의 물적 손해
- 연료나 수송물의 유출·산란(散亂 : 어지럽고 어수선함)에 의한 해양 오염 등의 자연 손해

여기에서 선원의 과실에 의해 제3자에게 손해가 발생한 경우에는, 손해를 배상하는 책임이 발생한다. 이것은 '불법 행위 책임'이라고 말하며, 민법상의 책임(민사 책임)이다.

상법에는 선박소유자 간의 책임 분담에 관해서 특칙(특별한 규칙)이 정해져 있기 때문에 분석해 보고자 한다. 선박끼리의 충돌사고의 경우, 선박의 소유자 또는 선원에게 과실이 있었을 때 재판소는 이러한 과실의 경중을 고려해서, 각 선박소유자에 대해서 손해배상의 책임·액수를 결정하게 된다. 여기서 과실의 경중을 가릴 수가 없는 경우에는 각 선박소유자가 동일한 비율로 부담하게 되어 있다(상법 제788조 참조).

② 형사 책임

민사 책임 외, 이하와 같은 경우에는 형사 책임을 추궁받을 가능성도 있다.

과실에 의해 「선박 왕래의 위험을 발생하게 하거나」 또는 「선박을 전복, 침몰 혹은 파괴」한 경우에는 '업무상과실왕래위험죄'가 성립할 가능성이 있다(형법 제129조 참조).

또, 해난 사고로 사람을 사망시키거나 상해를 입힌 경우에는, '업무상과실치사상죄'에 해당될 가능성도 있다(형법 제211조 참조).

③ 행정 책임

게다가 해난심판청에 의해 행정 처분을 받을 가능성도 있다. 장래에 해난사고 발생을 미연에 방지하고자 하는 등 행정 목적을 달성하기 위해서는 해난 사고를 일으킨 당사자는 이하와 같이 행정상의 책임(행정 책임)을 질 가능성이 있다.

- **면허 취소**
- **업무 정지**
- **계고**(戒告: 경고 또는 주의)

2) 해난 사고의 합의 · 해난심판에 대해서

해난 사고 시의 합의 교섭이나 법적 수속에 대해서 알아보고자 한다.

(1) 해난 사고에 대한 합의 교섭

충돌 등의 해난 사고를 일으킨 선박이 일본 선적인 경우에는 일본의 보험에 가입하고 있을 가능성이 높기 때문에 보험회사끼리 논의해 합의 교섭이 이루어지는 경우가 많다.

사고의 양상이나 피해의 정도가 **경미한 경우에는 보험 회사끼리의 의논해 원활하게 해결**하는 경우가 많다.

합의 교섭은 쌍방 당사자의 손해배상액과 과실 비율에 대해서 의논하여 결정하고, 상대방의 손해액에 대해서는 자기 과실의 비율에 따라 배상금을 지불하게 된다. 쌍방의 손해배상 청구액에 대해서 서로 상쇄를 실시하고, 그 차액 분을 지불하는 것이 일반적이다. 합의 교섭으로 해결되지 않는 경우에는 재판소에 '**손해배상 청구소송**'을 제기하게 된다.

하지만, 해난 사고에 대한 손해액이 고액일 경우에는 간단하게 합의 교섭 할 수 없는 경우도 있다. 그런 경우에는 다음과 같이 해난심판에 의한 판단을 지켜보고 의논을 하는 방법도 있다.

(2) 해난심판에 대해서

해난심판이라는 것은 국토교통성이 관할하는 '해난심판소'에 의한 심판을 말한다. 해난심판의 대상이 되는 해난은, ① 「**선박의 운용에 관련된 선박 또는 선박 이외의 시설 손상**」, ② 「**선박의 구조 · 시설 또는 운용에 관련된 사람의 사상**」, ③ 「**선박의 안전 또는 운항의 저해**」이다.

해난심판은 중대한 해난에 대해서 「**항해기술사 · 소형 선박 조종사 · 수로 안내인에 대한 징계를 실시하기 위해서 조사 · 심판**」을 실시한다. 여기서 말하는 중대한 해난이라는 것은 다음과 같다.

- 여객 중 사망자 혹은 행방불명자 또는 2명 이상의 중상자 발생
- 5명 이상의 사망자 또는 행방불명자 발생
- 화재 또는 폭발로 운항 불능이 된 경우 등

(3) 해난심판 · 재판의 흐름

해난심판과 그에 따르는 재판의 흐름은 다음과 같다.

① 이사관에 의한 조사

이사관은 해난을 인지하면 즉시 조사를 실시해 고의·과실이 있다고 인정되면 관계자에 대해서 심판 개시를 제기한다.

② 심판 개시의 제기

이사관이 해난심판소에 심판 개시를 제기한다.

③ 심판

해난심판은 공개되어 심판관과 서기관이 열석해, 이사관 입회로 거행된다. 당사자와 그것을 보좌하는 보좌인이 출정해서 구두 변론으로 행해진다.

④ 재결(裁決)

심사를 받는 사람에게 고의 또는 과실이 있다고 인정된 경우에는 재결에 의해 징계처분이 판단된다.

⑤ 집행

심판의 집행으로서는 「면허 취소」「업무 정지」「계고(戒告: 경고 또는 주의)」가 내려진다. 또한, 해난심판소의 재결에 불복하는 경우에는, 도쿄 고등재판소에 대해 재결 취소 소송을 제기하게 된다. 이 취소 소송은 재결 언도 다음날부터 30일 이내에 제기해야 한다.

3) 해난 사고를 당한 경우의 변호사 상담(무료상담 가능)

해난 사고가 발생한 경우 곧바로 변호사에게 상담해야 하는 점을 이하와 같이 설명한다.

(1) 합의 교섭 · 배상 청구를 대리한다.

변호사이면, 평소부터 많은 손해배상 청구 사건에 관계되어 의뢰자의 이익을 최대화할 수 있도록 교섭하는 것을 전문적으로 상담하고 있다.

보험 회사는 자사가 결정한 기준에 따라서 합의액을 제시해 오는 경우가 있는데 재판소가 인정하는 기준보다도 낮은 액수로 합의가 되는 것도 많다.

그리고 해난 사고는 책임의 내용이나 과실 비율에 대해서도 통상의 교통사고 등과는 달리 전문적인 지식을 갖고 있지 않으면 적절한 주장 · 반론을 할 수 없는 일이다.

따라서 해난 사고에 정통한 변호사에게 합의 교섭을 맡김으로써 적시에 적절한 주장 · 반론, 증거의 작성 · 제출까지 실시해 주기 때문에 피해자도 납득할 수 있는 화해 내용이 될 수도 있다.

(2) 해난심판에 있어서도 변호사가 대리인이 될 수 있다.

해난심판에 있어서 당사자를 대리할 수 있는 것은 「해사 보좌인」이나 「변호사」이다.

해사보좌인은 변호사와 달리 등록 자격 제도가 아니다. 따라서 해난심판에 정통하여 법적 능력이 보장되고 있는 법률 전문가인 변호사에게 의뢰하는 것이 유리할 수도 있다.

또 해난사고가 발생하면 해상보안청이나 운수안전위원회가 조사를 실시한다. 이러한 조사로 작성된 보고서는 이후의 해난심판에 있어서도 중요한 자료가 된다.

(3) 해난사고로 인신 손해를 입은 사람의 무료 상담

해난사고로 무거운 후유증을 입거나, 해난 피해로 가족은 이미 죽고 없는 사람 등은 변호사에게 상담해 보기를 권장한다.

2. 시레토코 유람선 카즈 원(知床遊覽船 KAZU Ⅰ) 침몰사고 발생과 법적 책임[45]

1) 시레토코 침몰사고의 법적 책임

2022년 4월 23일 오전 3시 9분 홋카이도 샤리군 샤리쵸(北海道斜里郡斜里町) 바다에서 시레토코 유람선 침몰사고(知床遊覽船沈沒事故)가 발생해 20명이 사망하고 6명이 행방불명되어 26명 탑승자 전원이 희생되는 대참사가 일어났다. 이 참사는 2014년 세월호참사와 거의 비슷한 경우로 선체를 개조하고 날씨를 무시한 무리한 항행, 전문성이 미숙한 선장의 선박운행이 참사를 빚은 것이다. 참사 당시 선박에는 승무원 2명과 승객 24명(어린이 2명 포함)이 탑승해 있었다.[46] 이 유람선은 사고 당시 소프트웨어 측면(악천 후에도 출항 지시, 요건을 채우지 못했는데도 운행 관리자의 무리한 출항 지시), 하드웨어 측면(무선장치 고장, 불법적인 선체 개조, 근해사양 선박을 외양에 사용,[47] 배 밑바닥의 상처) 등 양면에서 문제점이 지적되었다.

게다가 회사 사장의 기자회견도 사고 직후에 이루어지지 않았으며, 마지못해 열린 기자회견 자리에서도 시종 책임회피 발언 등으로 일관하는 한편, 화려한 퍼포먼스 등으로 대응이 불성실하다는 소리가 피해자들의 가족 사이에서 터져 나왔다.

결국, 이 회사는 5월 2일에 '업무상 과실치사죄' 용의로 강제 수사를 당하는 등 형사사건으로 비화했다. 또한, 6월 4일에는 「시레토코 관광선 사건 피해자 변호인단」이 결성되는 등 민사소송으로도 손해배상 청구소송이 진행되었다. 마침내 6월 6일에는 사업 허가권이 취소되는 등 행정 처벌이 내려졌다. 이러던 중, 12월 15일에는 국토교통성이 「시레토코 유람선 사고 대책 검토 위원회」의 해난사고의 경과 보

---

45) https://osh-management.com/essay/information/kazu1/#gsc.tab=0
運輸委員会によるKAZUⅠ事故の経過報告書 (調査中間報告) と予見可能性(osh-management. com)(2024.6.4)

46) 国土交通省「知床遊覧船事故の概要」, 2022년 5월 10일 진상조사 발표자료.
https://www.mlit.go.jp/common/001481055.pdf,(2024.6.4)

47) 내륙인근으로 바다 깊이가 얕은 내해사양(内海仕様)의 기자재를 사용한 배를 바다가 깊은 외양(外洋)에서 사용한 것을 말함.

고서를 공표하게 되는데, 여기에는 새로운 하드웨어 상의 문제점이 밝혀졌다. 이것이 형사, 민사 양면에서 어떤 법적 책임이 있는지에 대해서 논해보고자 한다.[48]

(1) 시레토코 유람선 KAZU I (카즈 원)의 침몰사고 발생

① 사고의 경위

2022년 4월 23일 홋카이도 샤리군 샤리쵸에서 시레토코 유람선 KAZU I이 침몰되어, 20명이 사망하고 6명이 행방불명되는 대형 참사가 일어났다. 국토교통성이 발표한 시레토코 유람선 사고 대책 검토 위원회의 자료에 따르면 사고의 경위는 다음과 같다.[49]

4월 23일 13시경, KAZU I의 귀항이 늦어지는 것에 불안을 느낀 타사의 사원이 시레토코 유람선에 문의한 다음, 아마추어 무선으로 KAZU I과 연락을 했다. 그로부터 이상한 점을 느낀 타사의 사원이 13시 13분에 118번 통보하는 등 이를 해상보안본부에 제1보로 알렸다.[50]

KAZU I에는 승객 중 어른 22명, 아이 2명, 승무원 2명(1명은 선장)이 승선하고 있었다. 이 시점에서 배가 침수되고 있는 것이 판명되었지만, 자력 항행이 가능한지는 모르는 상황이었다. 시레토코 유람선은 오후 2시경, 'KAZU I'에서 시레토코 유람선 사무소에 '뱃머리가 30도 정도 기울고 있다'라고 연락온 이후로 'KAZU I'으로부터 연락은 끊어졌다. 마침내 KAZU I에서는 14시 17분경 '침수' 통보를 마지막으로 연락이 두절된 후에는 연락을 취할 수 없었다. 이 시점에서는 시레토코 유람선 사무소의 무선전화도 고장나 연락 불통 상황이었다.[51]

그 후 16시 30분 경 해상보안청 항공기가 사고 현장에 도착해 수색 구조 활동을 개시했다. 또한 자위대도 수색에 참가했지만 당일은 선체 및 승객·승무원(요구조자)을 발견할 수 없었다. 4월 24일부터 28일까지 5일간 민간선이나 러시아의 협력사도

---

48) 運輸委員会によるKAZU I 事故の経過報告書 (調査中間報告) と予見可能性 (osh-management.com)(2024.6.4)

49) 国土交通省第「知床遊覧船事故対策検討委員会会議資料」, 2022年5月27日付け。

50) 『朝日新聞』 2024年4月24日付け。

51) 『朝日新聞』 2024年4月23日付け。

14명의 승객(요구조자)을 발견했지만 모두 사망한 이후였다. 4월 29일에는 시레토코에서 남서쪽 약 14km의 지점에서 침몰하고 있는 선체가 확인되었다. 그러나 그 이후에도 생존이 확인된 승객·승무원은 없으며, 승객 24명·승무원 2명 전원이 사망·행방불명되었다.

(2) 시레토코 유람선의 문제점[52)]

① 사고의 제일보(第一報: 첫 속보)와 구조까지의 구명 조치의 문제점

이 사건의 특징은 사고 직후부터 시레토코 유람선의 체제나 운행실정 등 소프트웨어 측면, 또, 무선고장이나 보유 유람선의 하드웨어 측면 등 여러 방면에서 다양한 문제점이 지적되었다.

당시 사고가 일어난 지점은 연안 지역으로 관광선이 왕래하는 유명한 해역이다. 만약 유람선에 물이 침수하고 침몰의 위험이 있으면 가까운 선박이 즉시 달려가고 구조에 임할 수 있는 해역이다. 구조가 늦었다고 해도 아주 급속히 침몰하지 않는 한 구명보트에 갈아탈 여유는 있다. 홋카이도라고는 해도, 4월이라면 구명보트 위에서 동사하는 것은 없을 것으로 생각했다.

그런데 실제로 그날(23일)은 날씨가 거칠었고, 근처선박도 거의 없는 상태였다. 전술한 것처럼 KAZU I으로부터의 마지막 연락은 14시 17분이다. 약 2시간 이후 16시 30분경 해상보안청 항공기(헬리콥터)가 현장에 도착해서 수색하기 시작했다. 그러나 침몰선인 KAZU I이 있어야 할 해역에 배의 그림자는 물론이고 생존자나 KAZU I의 흔적마저 찾아볼 수 없었다.

게다가 KAZU I에는 구명보트도 구명뗏목조차도 탑재되어 있지 않았다. 구명조끼는 준비되어 있었다고 해도 당시 사고 현장의 해수는 $4℃$여서 당시 홋카이도와 같은 한랭지의 관광선으로서는 치명적인 결함을 지니고 있었다. 이것은 법령 위반이 있는지 아닌지의 문제가 아니라 승객·승무원의 생명을 지키기 위한 필요한 조치가 없었다는 것이다.

---

52) https://osh-management.com/legal/information/legal-introduction-02/#google_vignette(2024.6.7)

② 시레토코 유람선의 문제점 부상

　Ⓐ 출항 판단

　사고발생 직후부터 언론기관이 시레토코 유람선의 관리상의 문제를 지적하기 시작했다. 최초에 왜 KAZU I은 어선이나 다른 회사의 유람선조차도 구조할 수 없는 거친 날씨에 단독으로 바다에 출항했는가라는 의문이었다. 사고 당일 샤리쵸(斜里町)에는 새벽 3시 9분에 강풍주의보(해상에서는 6시부터 24시까지, 풍속 15.0 m/s 이상), 9시 42분에 파랑주의보(해상 9시부터 12시까지 파고 2.0m, 12부터 15시까지 파고 2.5m)라고 발표되었다. 출발 이전 시점에서 운항기준에 따르면 출발중지조건(풍속 8m/s 이상, 파고 1m 이상)에 달할 위험성이 매우 컸다. 또한 출항 인근 우토로 어항의 파고는 오전 10시에 32cm로 낮았으나, 11시 40분경에 상승해 12시 20분에는 1m를 넘었고, 13시 18분에는 2m, 14시에는 3.07m에 달할 정도였다.

　여기에 대해 시레토코 유람선 측은, 다른 유람선 업자가 출항을 보류하는 거친 날씨라도 출항하는 일이 있었다고 많은 언론기관이 보도하고 있다. NHK는, KAZU I과 같은 소형의 관광선을 시레토코에서 2003년부터 운항하고 있는 다른 회사 사장의 증언으로, 「(시레토코 유람선은 = 인용자) 날씨에 입각해 다른 3사가 출항을 중단하는 경우에도 운항하거나, 도중에 회항하는 것을 합의해도 시레토코까지 향하거나 하는 것이 1시즌에 5, 6회는 있었다.」「위험한 운항을 그만 두도록 충고해도 듣지 않을 때가 있었다.」[53]라고 보도하고 있다.[54]

　이것은 「시레토코 유람선 사고대책 검토 위원회 중간보고」(2022년 7월 14일)에도 「사고 당일, 운항 기준에 입각해 항해를 중지해야 하는 조건(풍속 8m/s 이상, 파고 1m 이상)에 달할 우려가 있던 것이 분명함에도 불구하고, KAZU I의 선장은 항해를 중지하지 않고, 또한 운항 관리자인 사장은 항행 중지 지시를 하지 않았다」라고 지적하고 있다. 즉, 안전을 무시한 운행을 하고 있었다는 것이다. 그뿐 아니라, 현장이

---

53) 『NHK北海道NEWS WEB』 「運航会社元従業員が証言 安全教育・出航判断の実情」, 2022年05月23日付け。

54) 『読売新聞オンライン』 「荒天予報の海, 社長と船長「行ける」 「荒れたら戻ればいい」…漁師の忠告に耳貸さず」, 2022年05月22日付けなど。

출항은 무리라고 판단되어도 사장은 출항을 강요하고 있었다는 보도[55])도 있다. 이것이 사고의 원인이 되었다고 한다면 사장의 책임은 크다고 하지 않을 수 없다.[56])

Ⓑ 운행 관리자의 요건 등

또한, 운행 관리자인 사장이 운행 관리자로서의 요건을 채우지 못했을 가능성도 지적되고 있다. 이것은 중간 보고서에서도「동 회사는 운항 관리자의 자격 요건에 대해서 허위 신고를 실시해 안전관리 체제의 요점이 되는 운항관리자에 의한 운항 관리 실태가 존재하지 않는 상태였다.」라고 지적하고 있다. 운행에 필요한 지식이 부족한 사장이 위험한 출항을 지시해, 그 결과 발생한 사고라고 한다면 국가의 운행 관리자 제도 그 자체의 신뢰성이 문제가 된다.[57])

게다가 운행 관리자가 배 운항 중에 사무소를 떠나는 경우, 보조자를 배치해야 함에도 불구하고 보조자를 배치하지 않고 사무소를 떠나 있었다는 지적도 있다. 사실이라고 한다면 책임자인 사장이 사고방지나 사고발생시의 대응에 대한 책임을 방기하고 있었다고 볼 수 있다.[58])

Ⓒ 무선 고장

더욱 더 놀랄 만한 것은, 시레토코 유람선의 무선 장치가 고장나 있었다는 사실이다.[59]) 때문에 KAZU I과 시레토코 유람선 사무소는 휴대전화로 연락할 수밖에 없는 상태였다. 그러나 고정형태 전화는 KAZU I의 항해 중에서는 연결되지 않는 일이 있다. 따라서 긴급 시에 회사 측은 어떤 형태로든 이에 대한 대응은 곤란해진다. 사실, 해상보안청의 최초 통보는, 전술한 것처럼 타사의 직원이 연락한 것이었다.[60])

55) 『NHK北海道NEWS WEB』「運航会社元従業員が証言 安全教育・出航判断の実情」, 2022年05月23日。

56) 『読売新聞オンライン』「荒天予報の海、社長と船長「行ける」「荒れたら戻ればいい」…漁師の忠告に耳貸さず」, 2022年05月22日付け。

57) 『日本経済新聞』「知床事故の観光船社長、運航管理者の要件満たさぬ可能性」, 2022年05月05日付け)

58) 『読売新聞オンライン』「知床観光船「運航管理補助者」定めず、社長不在は違法…国交省は処分検討」, 2022年05月06日付け。

59) 『読売新聞オンライン』「運航会社の無線設備、壊れて観光船と交信できず…別の会社が「救命胴衣着せろ」の声聞き通報」, 2022年04月27日付け。

60) 知床遊覧船事故対策検討委員会,「事故調査の過程で得られた情報の提供」, 2022年09月28日

ⓓ 그 외

또, KAZU I은 세토나이카이(瀬戸内海)라는 내해(内海)를 항행하는 사양으로, 파도의 영향이 큰 시레토코와 같은 외해(外海)에서 사용하는 데는 적합하지 않다는 지적도 있었다.[61] 따라서, 원래부터 꽤 사고가 일어날 리스크가 높은 배라는 것이다.

게다가 시레토코 유람선 회사에 의한 개조로 인해 한층 더 사고 리스크가 높아졌다는 지적마저 있다. 배 밑바닥부 등을 개조해 엔진도 2기에서 1기로 줄이고 있었다는 것이다.[62] 이번 사고와 인과관계가 있는지는 불명확하지만, 안전보다 효율을 우선시킨 이 회사의 체질이 나타나고 있다고 말할 수 있다.

또한, 시레토코 유람선이 과서에도 많은 사고를 일으켰다는 것도 지적되고 있다. 예를 들면, 이 회사의사의 KAZU III는 2020년 7월에 충돌사고[63]를 일으킨 바 있다.

침몰된 배인 KAZU I은 2021년 6월에도 좌초 사고를 일으킨 바 있다. 즉, 과거에 복수의 사고가 일어났으며, 앞으로도 사고가 일어날 가능성을 충분히 예측할 수 있었을 것이다. 그럼에도 불구하고 동 회사가 관리 면이나 하드웨어 면에서 이만큼의 여러 번 지적을 받는다는 것은 동 회사가 안전을 소홀히 하고 있었다고 비판을 받아 마땅하다.

(3) 시레토코 유람선 회사 사장의 사고대응에 대한 비판[64]

① 기자회견의 지연(뒤늦은 기자회견)

게다가 사고 발생 후 시레토코 유람선의 회사 사장의 뒤늦은 기자회견으로 피해자에게는 불성실하다는 비판을 받아 불난 데 부채질하는 격이 되었다. 동 사장은 24일과 25일에 해상보안청 등의 가족을 대상으로 한 설명회에 동석했지만, 승객의 가족에 대해서 사고 원인에 대한 설명을 하지 않았다.[65] 그뿐 아니라 25일 오전의

付け。

61) 『朝日新聞』「不明の観光船、もともとは瀬戸内海の仕様関係者'よく知床で'」, 2022年04月27日 付け。

62) 『共同通信』「知床、エンジン減らし船底改造 専門家 '不適格な部分多い'」, 2022年06月11日 付け。

63) 運輸安全委員会, 「船舶事故調査報告書」, 2021年03月24日付け。

64) https://osh-management.com/legal/information/legal-introduction-02/#google_vignette (2024.6.7)

설명회 후는 「도주」 상태가 되어 버렸다. 이 때문에 정부나 샤리초에서도 설명을 하라는 요청이 빗발치기도 했다.

② 책임 떠넘기기(회피)

간신히 27일에 기자회견을 실시했지만, 그 설명에서도 출항의 판단에 대해서 명확하게 설명을 하려고 하지 않았다. 「조건부 운항」이라는 용어를 꺼내, 회항하지 않았던 것은 선장 판단으로서 책임을 침몰로 실종된 선장에게 돌리는 등 시종 책임회피에만 급급해 여론의 분노를 받은 바 있다.[66]

국토교통성은 이에 대해 「'조건부 운항'의 의도는 없었다」라고 명언하고 있다.[67]

③ 기자회견에서 퍼포먼스

또 무릎을 꿇는 화려한 퍼포먼스를 실시하는 등이 불성실하다고 밖에 볼 수 없을 정도의 태도 또한 분노를 샀다. 본인은 퍼포먼스를 하면 동정의 여론이 모아진다고 생각했을지 모른다. 그러나 진정으로 사죄의 의식이 있었다고 한다면 27일까지, 승무원의 가족에 대해 진지하게 사죄를 하는 일 등 그것 외에 해야 할 더 급한 것이 있었겠는가?[68]

가족에게조차도 사죄하지 않고 땅에 엎드려 무릎을 꿇은 것에서, 가장된 포즈라고밖에 생각할 수 없다. 많은 승객이 행방불명이 되어 가족이 불안과 절망감에 괴

---

65) 『時事通信社』 「乗客家族 'きちんと説明を' 運航会社、ようやく会見へ　知床観光船事故·北海道」, 2022年 4月 26日付け.

66) 『東京中日スポーツ』 「知床遊覧船社長は'船長判断'を連発テレビ生中継に怒りの声続々」, 2022年 04月 27日付け.

67) 『日テレニュース』 「国交省 '条件付き運航'という考え方はない. 運航会社社長の説明受け」, 2022年 04月 27日付け.

68) 『北海道ニュース』 「桂田社長記者会見'前日'の通話記録'とりあえず謝罪はもちろんする' 録音した人'反省の色が全くない'」, 2022年 04月 27日付け. 홋카이도 뉴스 「가쓰라다 사장은 기자회견 '전날' 통화 기록 '먼저 사죄는 물론 한다.' 녹음한 사람 '반성의 기색이 전혀 없다'」에 따르면, 사장은 회견 전날에 「사실 관계는, 분명히 사고의 원인을 알지 못하기 때문에, 그다지 말해도 어쩔 방법이 없기 때문에, 사과할 수밖에는 없다고 생각합니다만, 우선 사죄의 말씀은 물론 하겠습니다만」이라고, 지인에 대해 말했다고 생각된다.

로워하고 있는 상황에서, 최고의 책임자가 이런 불성실한 퍼포먼스를 실시한 것은, 관계자에게 형언할 수 없는 괴로움을 준 것은 아닌가.[69]

2) 형사상, 민사상 책임의 가능성[70]

시레토코 유람선은 2022년 6월 16일에 영업허가 취소처분을 받았으니, 동 회사는 심사청구나 취소소송 등은 제기하지 않아서 행정처벌로 처분 종료되었다.[71]

형사상은 사장에 대한 '업무상 과실치사죄'의 용의자로 수사가 이미 시작되었다. 또한, 총무성 홋카이도 종합통신국이 전파법 위반으로 시레토코 유람선 및 동사 사장을 형사 고발해서 이 점에 대해서도 수사가 이루어질 것으로 보인다.[72]

'업무상 과실치사죄'가 성립하기 위해서는 피의자의 행위와 치사의 결과 사이에 인과관계가 있을 것 및 피의자에게 과실이 있을 것이 필요하다. 이 피의자의 「행위」란, 법률적인 가치 판단에 있어서 실행해야 할 것을 하지 않았던 것(부작위)도 해당된다.

사장 개인은 운행 관리자이며 또, 시레토코 유람선 대표이사로서, KAZU I의 사고를 미연에 방지해야 하는 의무도 지녔다. 문제는, 사고의 원인이 무엇인가라는 것과, 사장 개인에 대해서 그것을 방지할 의무가 있었던가가 최대의 문제가 된다.

여기에 관해서는, 「운수안전위원회」[73]가 12월 15일에 공표한 「사고의 개요」가

---

69) 『北海道ニュース』 「桂田社長が一度も個別に謝罪をしていない…'知床観光船沈没事故乗客家族が会見へ 社長や国を批判」, 2022年10月15日付け. '가쓰라다 사장이 한 번도 개별적으로 사죄를 하지 않은 …' '시레토코 관광선 침몰사고 승객 가족이 회견에 사장이나 나라를 비판', 2022년 10월 15일자.

70) https://osh-management.com/essay/information/kazu1/#gsc.tab=0
運輸委員会によるKAZU I 事故の経過報告書 (調査中間報告) と予見可能性(osh-management.com)(2024.6.6)

71) 『朝日新聞DIGITAL』 「事業許可取り消し'受け入れる' 知床遊覧船社長がコメント」, 2022年06月17日付け.

72) 総務省「電波法違反に係る告発及び行政処分」, 2022年06月21日付け.『時事通信』 「運航会社を告発 知床観光船事故, 電波法違反で – 総務省」, 2022年06月21付け.

73) 운수안전위원회는 국토교통성 산하 외청으로 2008년 10월 1일이 발족했다. 항공사고, 철도사고, 항해사고 등의 원인을 운수안전 사고 등을 조사하고, 피해를 줄이기 위한 정책대안 등을 분석 연구하는 행정기관이다.

지극히 중요한 의미를 지니므로 나중에 상세하게 설명하고자 한다.

한편, 민사 책임에 대해서도「시레토코 관광선 사건 피해자 변호단」이 발족하였기 때문에 손해배상 청구소송을 할 것으로 보인다.[74]

또한, 언론보도에 의하면, 우연히도 2022년 4월에「선객 상해 배상책임 보험」의 보험액 상한액을 인상해서, 사장은 민사배상은 그다지 신경쓰지 않는다는 것이다. 그러나 보험회사가 주장하는 지불액이 민사 손해배상 청구소송의 손해배상액과 일치한다고는 할 수 없다. 보험에 의해 완전히 배상을 하는지에 대해서는 약간 불명확하다고 봐야 한다.

이런 종류의 소송으로는 상대측의 자산을 찾아내고, 공탁금을 쌓고 가차압을 하는 것이 소송의 성공여부를 결정하는 경우가 많다. 그런데 시레토코 유람선이나 사장 개인의 재산을 가차압했다는 보도는 눈에 띄지 않는다. 경우에 따라서는 변호단은 보험금의 지불이 원활하게 진행될 것이라고 생각했을지도 모른다.

3) 운수안전위원회「경과보고」로 밝혀진 새로운 사실

(1) 새롭게 판명된 사고의 원인

① 사고의 직접 원인

운수안전위원회는 12월 15일에「경과보고서」를 공표했다. 이에 따라 새로운 사실이 판명되었다. 뿐만 아니라,「여객선 KAZU I 침수사고 경과보고 설명자료」[75]가 알기 쉽게 되어 있다.

운수안전위원회는 향후의 조사 방향성을 다음과 같이 실시한다고 했다.[76]

---

74) 『NHK北海道NEWS WEB』「観光船沈没で被害者弁護団が発足」, 2022年06月14日付け。) による。

75) 運輸安全委員会「旅客船KAZU I 浸水事故」, 2022年12月15日, https://www.mlit.go.jp/jtsb/ship/p-pdf/keika20221215-0-p.pdf(2024.6.6).

76) https://osh-management.com/essay/information/kazu1/#gsc.tab=0 運輸委員会によるKAZU I 事故の経過報告書 (調査中間報告) と予見可能性(osh-management.com) (2024.6.6)

본 사고의 발생에 이르는 복합적인 요인 (1)~(6)

1. 직접적인 원인

   (1) 선체 구조의 문제

2. 현재까지 판명된 사실 관계

   (2) 출항 가부 판단 및 운항 계속의 판단에 문제가 있었던 것

   (3) 본 건 회사가 안전관리규정을 준수하지 않았던 것

   (4) 감사·검사의 실효성에 문제가 있었던 것

3. 여객 등에게 막대한 피해가 발생. 수색·구조 활동에 시간을 필요로 한 것에 관하여

   (5) 구명설비나 통신설비에 불비가 있었던 것

   (6) 수색·구조 체제에 과제가 있었던 것

운수안전위원회 「여객선 KAZU I 침수사고 경과보고 설명자료」 (2022년 12월 15일) 참고.

문제는 이 「(1) 선체 구조의 문제」이다. 직접적인 침몰의 원인이 「침수」인 것은, KAZU I과의 무선통신으로 거의 판명되고 있다. 그 침수의 경로가 이 경과보고에 의해 판명되었다.

침수의 경로는 당초 말했던 선체 하부의 상처가 아니라 뱃머리 갑판부의 해치(hatch: 배 갑판의 승강구)라고 생각된다.

그리고 「해치 뚜껑을 폐쇄하고 고정하기 위한 4개소의 클립 중, 전방의 2개소는, 본 사고 발생의 2일 전에 실시된 구명 훈련에서 클립을 돌려도 확실히 고정할 수 없는 상태였고, 후방 우현 측의 1개소는, 클립 고정부 표면의 마모 상태로 보아 클립 고정부 아래에 클립이 걸리지 않고, 표면이 벗겨진 상태였다」.[77]

원래, KAZU I은 평수구역(不水区域: 파도가 일지 않는 구역)을 항행구역으로 하는 것을 전제로 설계된 선박이다. 그럼에도 불구하고 물결이 높은 상황에서 무리하게 출항했기 때문에 고정되지 않은(또는 당초부터 열려 있었다) 해치에 물결이 덮쳐 해수가 침입했다.

---

77) 運輸委員会「経過報告書」,2022年12月15日付け。

다음은 운수위원회 경과보고서 ③의 일부분이다.[78]

【여객선 KAZU I 침수사고 경과보고 설명자료 ③】[79]

③ 해수의 유입

본 선박은 원래 평수구역을 항행구역으로 하는 선박이었기 때문에, 뱃머리 갑판 외부 가
장자리의 불워크(bulwark: 방파 벽)의 높이가 갑판부에서 약 10cm로 비교적 낮고, 또,
해치 코우밍(hatch coaming: 창구연재) 상단이 불워크 상단보다 낮아(뱃머리 방향에서
약 26cm, 선측 방향에서 약 9cm 낮다.) 파고가 높으면 불워크를 넘어 뱃머리 갑판부에
직접 물결이 부딪치는 상태이고, 해치 뚜껑이 열린 상태에서 물결이 부딪치자 상당양의
해수가 해치 내의 뱃머리 구획에 유입된 것으로 생각된다.

단지, 이것뿐이었다면 선박은 침몰하지 않았다. KAZU I에는 한층 더 중대한 문제가 있었다. 그중 하나는, 기관실에 있어야 하는 밸러스트(ballast: 모래 주머니)가 앞뒤 구역으로 분산되어 놓여 있었던 것이다. 그리고 한층 더 중대한 문제는, 선체를 복수의 구획으로 나누는 격벽(隔壁)에 구멍이 열려 있었던 것이다.[80] 같은 사례로 타이타닉은 방수 격벽(隔壁)의 높이가 부족해서 전방의 구획에 진입한 해수가 차례차례로 후방의 구획에까지 침수해, 이것으로 인해 부력을 유지할 수 없게 되어 침몰되고 말았다.

하지만, KAZU I는 연안 소형선박에 해당되어, 격벽에 구멍이 열려 있던 것 자체는 소형 선박 안전 규칙 제15조 제5항에 의해 법 위반이 아니다.[81] 그렇다하더라도 시레토코 유람선이 면책될 수도 없다. 소형선박안전규칙과 같은 행정적인 단속규정

---

78) 『運輸安全委員会』「運輸委員会によるKAZU I 事故の経過報告書 (調査中間報告) と予見可能性」
(osh-management.com)(2024.6.7)

79) 運輸安全委員会「旅客船KAZU I 浸水事故 経過報告 説明資料」2022年12月15日付け。

80) 『テレ朝news』「격벽에 구멍이 열려 있던 것 자체는, TV 아사히 news '시레토코 관광선 KAZU 1 원래
선장이 '개조'를 증언 '엔진 2기 → 1기로' 배 밑바닥에 공동도」, 2022년 05월 29일자로 보도.

81) 『時事通信』「水密隔壁」設置求めず船内の穴、検査で一部未確認—知床観光船事故で国交省」, 2022
年06月04日자 보도에 의하면, 당국은 KAZU 1에 대해 '수밀 격벽' 설치도 요구하지 않아 선내의 구멍,
검사로 일부 미확인-시레토코 관광선 사고가 났다. 국토교통성에 따르면 국가의 검사에서도 지적이 없었
다고 한다.

d="216">
216   중대재해처벌법과 재난관리

은 최소한으로 정해져 있어서 행정적인 단속 규정 위반이 없다고 해도 면책되는 것은 아니다. 아무리 행정적인 단속 규정을 준수하고 있어도 사고는 발생할 수 있다. 행정적인 단속 규정 위반 유무에 관계없이 예견할 수 있는 사고를 일으키고 손해가 발생되면 민·형사상의 책임은 면할 수가 없다.

【선박안전법】[82]

제1조 일본 선박은 본 법에 의해 그의 감항성(堪航性: 안정성 확보 능력) 유지. 또한 인명의 안전을 유지하는 데 필요한 시설을 갖추지 않으면 이것을 항해용으로 허용하지 않는다.

제2조 선박은 위에 제시한 사항에 의거하여 국토교통성령(어선에만 한해서는 국토교통성령·농림수산성령)에 정해진 바에 의해 시설할 것을 요(要)한다.

(*해설: 어선에 한해서는 선박안전을 위해 감항성뿐만 아니라, 국토교통성령·농림수산성령도 따라야 한다.)

　　1. 선체

　　2~13(생략)

② (약어)

【소형선박안전규칙】[83]

수밀갑판(水密甲板)[84]의 설치

제7조 연해(沿海) 이상의 항행 구역을 다니는 소형 선박에는, 수밀 구조의 전노선 개통 갑판 또는 이에 준하는 수밀 구조의 갑판을 마련해야 한다. 단, 연안 소형 선박 및 2시간 한정 연해 소형 선박(이하 "연안소형선박 등"이라고 한다.)에 마련하는 수밀 구조의 갑판에는 뱃머리 노출부만으로 할 수 있다.

　　2. 및 3(생략)

수밀격벽(水密隔壁)[85]의 설치

제15조 연해 이상의 항행 구역을 다니는 소형 선박(목제 선체의 것을 제외한다. 이하 이 조에서는 같다)에는 뱃머리보다 배의 길이(상갑판 벽의 표면(무갑판선에서는 아래 끝 부분)의 연장 면에서 뱃머리재(船首材)의 전면에서 선미재의 후면까지의 수평 거리를 말한다. 제102조에도 같다)의 0.05배의 개소에서 0.13배의 개소까지의 사이에 수밀격벽을 마련해야 한다. 단, 수밀격벽의 위치에 대해서는, 검사 기관이 해

당 뱃머리 부의 구조, 형태 등을 고려하여 지장이 없다고 인정되는 경우는 검사 기관의 지시하는 바에 따른다.

2. 연해 이상의 항행 구역을 통행하는 소형 선박에는, 기관실 앞의 끝부분에 수밀 격벽을 마련해야 한다.

3. 제2항의 격벽은 수밀갑판까지 달하게 해야 한다. 단, 전항의 격벽에는 해당 격벽 이 조정석(cockpit) 아래에 있는 경우는 해당 조정석의 마루 아래쪽 면에 세워도 무방하다.

4. 앞 3항 규정 외에 근해 이상의 항행 구역을 다니는 소형선박에는 어느 한 구획에 침수한다 하더라도 다음에 제시 요건을 만족하는 평형상태로 해당 소형선박이 떠 있을 수 있는 위치에 수밀격벽을 배치해야 한다.
   ① 침수 후의 수면이 침수 가능성이 있는 어떤 개구(開口)의 가장자리보다 하 부에 있을 것.
   ② 침수 후의 메터센터(傾心: 기울기에서 중심점) 높이가 50㎜ 이상일 것.

5. 여객선 이외의 소형 선박에서는 검사 기관이 그 구조 등을 고려해서 지장이 없다 고 인정되는 것 및 <u>연안 소형선박 등에서는 앞의 각항의 규정에 따르지 않을 수 있다.</u>

격벽이 그 기능을 유지하고 있으면 어느 한 쪽 구획에 해수가 침수했다고 해도 다른 구획이 부력을 유지하게 되어 침몰하지 않는다. 선박의 형태에 따라서는 침수 한 해수가 배 밑바닥에 머무르고 있으면 오히려 안정도가 높아지는 경우도 있다.

그런데 KAZU I은 이 격벽에 구멍이 열려 있었기 때문에 어느 한 쪽 구획에 해수 가 침수하게 되면 다른 구획의 구멍을 통해 해수가 흘러들어와 부력을 유지할 수 없

---

82) 「船舶安全法」https://elaws.e-gov.go.jp/document?lawid=308AC0000000011(2024.6.7)

83) 「小型船舶安全規則」
   https://elaws.e-gov.go.jp/document?lawid=349M50000800036(2024.6.7)

84) 선박에서 선체의 위쪽 면에 갑판을 설치해 침수나 화재를 방지하기 위한 수밀 구조로 제작하여 부력을 확 보하기 위한 선체 위의 갑판.

85) 水密隔壁(watertight bulkhead): 배에는 몇 개의 구획을 나누어 침수나 화재를 일부 구획에서 사전 차 단하기 위해서 만든 강도 높은 횡단 차단벽으로, 선수와 선미, 기관실 전후에 차단벽을 설치하는데 이를 수밀격벽이라고 한다.

게 된다. 말하자면 최고의 안전장치를 일부러 스스로 무력화하고 있었던 것이다.[86]

운수안전위원회의 조사는 책임 추궁을 위해서 조사하는 것이 아니기 때문에 누가 언제 격벽에 구멍을 뚫었는지는 경과보고서에 기록되어 있지 않다. 시레토코 유람선에 소유권이 이전한 시점에서 이미 구멍이 열려 있었는지, 아니면 시레토코 유람선이 개조했는지는 현시점에서는 불명확하다.

② 사고를 일으킨 간접 원인

이 경과보고서에서 사고를 일으킨 간접적인 원인으로는 운행관리자인 사장의 임무 해태(懈怠: 나태), 즉 소홀함이라고 지적하고 있다. 선박에 직접적인 원인이 되는 결함이 있다고 해도 출항을 중지시켰다면 본 건 사고는 일어나지 않았다고 하면서 아래와 같이 지적했다.

【여객선 KAZU I 침수사고 경과보고 설명자료 (3)】[87]

(3) 안전 관리 규정이 준수되고 있지 않았던 것
운항관리자 및 본선 선장은, 본 사고 당일 강풍 주의보 및 파랑 주의보가 발령되어, 운항 기준에 정하는 항행 중지조건에 달할 우려가 있음이 명확한 상황이었음에도 불구하고, 출항 중지는 않고, 또, 동 기준에 정해진 운항관리자 및 본선 선장에 의한 운항 가부 판단 등에 관한 협의 결과에 대해서도 기록하지 않았다.
덧붙여 본선과 무선으로 연락할 수 있는 상태도 아니었다는 것과 운항관리자가 본건 회사 사무소에도 없는 것이 일상화되어 있었다는 것도 판명되었다.

이 경우에 단순한 임무 태만뿐만 아니라, 적극적인 출항에 영향을 미친 사장의 책임은 크다고 하지 않을 수 없다.

---

86) 運輸安全委員会 「経過報告」, (2022年12月15日)에 따르면, 「본선에서 뱃머리 구획의 격벽에 출입구가 없게 수밀이 유지되는 것으로 가정해서 계산한다면, 이 조건으로는 해치로부터의 침수가 되어 뱃머리 구획이 만수가 되더라도, 선미끽수(船尾喫水: 배 아랫부분이 물에 잠기는 깊이)가 약 55cm, 뱃머리 끽수가 약 82cm이고, 트림각은 -1.295°밖에 되지 않아 선박의 중량(해수의 중량을 포함) 약 22.2t보다 부력이 약 75.0t을 웃돌기 때문에 침몰은 충분히 피할 수 있었다.」라고 보고하고 있다.
87) 運輸安全委員会 「旅客船KAZU I 浸水事故 経過報告 説明資料」, 2022年12月15日付け。

③ 피해를 확대시킨 이유

또한 경과보고서는 KAZU I의 구명 설비 및 통신 설비의 문제점을 지적하고 있다. 구명 설비인 구명보트나 구명뗏목은 설치되어 있지 않아서, 승객·승무원은 구명조끼만으로 저온수의 바다에 내던져지게 되었다. 뿐만 아니라, KAZU I에는 아마추어 무선 장치가 탑재되어 있었지만, 시레토코 유람선의 사무소 옥외에 설치된 동 무선기의 안테나는 파손되어 있어서 동 무선기는 사용할 수 없는 상태였다. 게다가 2021년의 시점에서 시레토코 유람선이 소유하는 위성 통신전화(이리듐: Iridium Project)도 충전을 할 수가 없어서 사용할 수 없는 상태였다고 한다. 그 결과 KAZU I의 선장은 KDDI(주)(au)[88]의 휴대전화를 사용하고 있었지만 통화가 안 되는 경우도 많았다고 한다.

【여객선 KAZU I 침수사고 경과보고 설명 자료 (5), (6)】[89]

(5) 구명 설비나 통신 설비에 불비가 있었던 것
본 사고로 여객 및 승무원 전원이 사망 또는 행방불명되었고, 사망자의 다수는 저수온의 바다에 내던져져 익수(溺水: 물에 빠짐, 익사)에 이른 것이 판명되었다. 본선에 탑재되어 있었던 구명부기(救命浮器: 구명튜브 등 부력기구)는 저수온 해역에는 적합한 것이 아니었다고 생각된다. 또, 본선 선장은 전파 수신이 곤란한 휴대전화를 사용하고 있어서 육상과의 교신에 의해 상황 확인 및 조언을 받는 기회를 잃은 것으로 생각된다.

(6) 수색·구조 체제에 문제가 있었던 것
수온이 0℃~5℃의 경우에 의식을 유지할 수 있는 시간은 최장 30분, 생존 가능한 시간은 90분으로 되어 있다. 본선은 단시간 중에 침몰한 것으로 보여, 탑재하고 있었던 구명 설비로는 여객 등이 생존한 상태로 구조 기관에 발견되는 것은 곤란한 상황이며, 각 구조 기관이 수색·구조 활동에 나섰지만 생존자의 구조에는 이르지 못했다.
해상보안청은 본 사고 발생시에 동업종 타사로부터의 통보를 받아 순시선정(巡視船艇)·항공기 등을 발동했지만, 본 사고 당일에는 여객 등 및 본선 선체의 발견에 이르지 못했다.

---

88) KDDI는 전기통신회사로 우리나라 KT에 해당하고 이를 이용한 통신사업자인 au(휴대전화사업자)
89) 運輸安全委員會「旅客船KAZU I 浸水事故 経過報告 説明資料」, 2022年 12月 15日付け。

경과보고는 수색·구조 체제에도 문제가 있었다고 하고 있지만, KAZU I의 통신설비가 갖추어져 있었다면, 한층 더 빨리 구원 활동에 착수할 수 있었을 것이다. 또한, 무선기를 탑재한 적절한 구명보트가 있었다면 해상보안청도 신속하게 발견했을 것이고, 그때까지는 승객·승무원이 생존해 있었을 가능성도 부정할 수 없다.

본 건의 사고피해를 확대시킨 원인은 1차적으로는 시레토코 유람선에 있다고 할 수밖에는 없을 것이다. KAZU I은 총 톤수가 19톤으로 연해 구역을 항행하는 소형 선박으로 법적으로는 '소형선박안전규칙' 제58조 제2항이 적용되어 소형선박용 팽창식 구명뗏목 또는 소형선박용구명튜브를 갖추고 있어야 한다.

【선박안전법】[90]

제1조 일본 선박은 본 법에 의해 그의 감항성(堪航性: 안정성 확보 능력) 유지, 또한 인명의 안전을 유지하는 데 필요한 시설을 갖추지 않으면 항해용으로 허용하지 않는다.

제2조 선박은 위에 제시한 사항에 의거하여 국토교통성령(어선에만 한해서는 국토교통성령·농림수산성령)에 정해진 바에 의해 시설할 것을 요(要)한다.

　(* 해설: 어선에 한해서는 선박안전을 위해 감항성 뿐만 아니라, 국토교통성령·농림수산성령도 따라야 한다.)

　1.~5(생략)

　6. 구명 및 소방의 설비

　7.~13(생략)

② (약어)

【소형선박안전규칙】[91]

(구명설비의 설치 수량)

제58조(제1항 생략)

2. 연해 구역을 항행 구역으로 하는 소형 선박에는 다음에 거론한 구명설비를 비치해야 한다. 단, 연안 소형 선박 등(총 톤수 5톤 이상의 여객선을 제외)은 제3호에서 제8호까지의 규정(연안 소형선박에는 제6호의 규정은 제외)으로 대신해서 제4항 제3호 및 제4호의 규정에 따를 수 있다.

---

① 최대 탑재 인원을 수용하기 위해 충분한 소형 선박용 팽창식 구명 뗏목 또는 소형 선박용구명튜브. 단, 연안 소형선박(총 톤수 5톤 이상의 여객선은 제외) 및 2시간 한정 연해 소형선박(다음에 제시한 것에 한정한다.)은 그러하지 아니하다.

i) 총 톤수 5톤 미만의 것

ii) 총 톤수 5톤 이상의 것(여객선은 제외)으로 혼슈(本州), 홋카이도(北海道), 시코쿠(四国) 및 규슈(九州) 및 이들에 부속하는 섬에서 그 해안이 연해 구역에 접하는 것의 각 해안에서 5해리 이내의 수역(연해 구역 이외의 수역은 제외) 혹은 평수(平水) 구역만을 항행하는 것, 또는 비상시에 부근의 선박 및 그 외의 시설에 대해 필요한 신호를 유효하게 확실히 발신할 수 있는 설비로 국토교통대신이 규정하는 것을 비치하고 있을 것.

2.~9(생략)

⑩ 소형 선박용 레이더 · 트랜스폰더(trans ponder: 통신위성 송수신기) 또는 소형선박용 수색구조용 위치지시 송신장치 1개(같은 기능을 가진 설비로 국토교통대신이 정하는 것을 비치하고 있는 소형 선박을 제외한다.)

⑪ 운반식 쌍방향 무선 전화 장치 1개(여객선 또는 국제 항해에 종사하는 소형 선박에 한정한다.)

3~9(생략)

그렇지만, 평수구역(平水区域: 파도가 일지 않는 구역) 운항을 전제로 설계되고 있어서 격벽에 구멍이 열린 해치를 닫지 않은 KAZU I과 같은 배로 단독 항행을 감행하게 된다면, 사고 시에는 해상보안청으로부터 구조가 이루어지기까지의 사이에 승객·승무원을 생존시킬 수 있는 구명보트를 비치해야 한다. 사실, KAZU I은 구명부기를 갖추고는 있었지만, 결과적으로 구조에는 도움이 되지 않았다.

사고가 났던 장소에서 가장 가까운 해상보안부의 항공 기지까지의 거리는 160km이다. 항공 기지의 항공기가 출항해 있는 경우는 즉시 돌아온다고 해도 급유해서 출항해 현장 도착 때까지는 2시간 이상 걸릴 것으로 예상된다. 구명부기는 요

---

90) 「船舶安全法」https://elaws.e-gov.go.jp/document?lawid=308AC0000000011(2024.6.7)

91) 「小型船舶安全規則」
https://elaws.e-gov.go.jp/document?lawid=349M50000800036(2024.6.7)

구조자의 신체가 일부 바다에 잠겨 있는 것이 전제이기 때문에 홋카이도의 경우는 동계에 그다지 도움이 되지 않는다는 것을 쉽게 알 수 있다. 구명보트가 있다면, 몸이 바다 속에 잠겨 있지 않기 때문에 구조까지 생존해 있을 가능성이 높아진다.

KAZU I이 구명부기만 준비되어 있다는 것은 안전보다도 이익을 우선시하고 있다고 평가할 수밖에는 없다. 구명뗏목의 구입비용은 소형 선박용 1개당 약 50만(500만 원)엔, 구명부기(구명튜브)는 약 10만(100만 원)엔으로 그 차이는 약 40만((400만 원)엔이다.[92]

몇 십만(몇 백만 원)엔의 가격과 승객·승무원의 생명을 저울에 단 결과가 본 건 사고의 피해자의 생명을 앗았다고 생각하면 참을 수가 없다.[93] 2022년 10월 22일자 『일본경제신문(日本経済新聞)』에 의하면, 국토교통성은 수온 10도 이상 20도 미만의 경우에는 항행하는 해역이나 선박의 구조 등을 고려해서 구명뗏목의 적재를 의무화한다고 했다.

(2) 새롭게 판명된 사실이 형사상·민사상 책임에 미치는 영향

① 사고의 실행 행위(작위 의무의 존재)

앞에서 설명한 것처럼, 어떤 사고(피해)에 대해서 형사상 민사상의 책임을 묻기 위해서는 피의자의 행위가 그 사고의 원인이 되고 있는 것(상당히 인과관계가 있는 것)이 필요하다.

게다가 피의자의 측에 과실이 없으면 안 된다. 과실이 있다고 주장하기 위해서는 그 사고의 발생을 예견할 수 있을 뿐만 아니라, 결과를 회피할 수 있는 사실이 필요하다.[94] 일반적으로 민사배상청구를 하는 경우, 토지공작물책임에는 과실을 필요로 하지 않는 경우가 있지만 KAZU I의 사고의 경우는 문제되지 않는다.

본 건의 경우, 직접적 원인이 된 전방 갑판 해치의 고장 및 격벽의 구멍에 대해서 피의자(KAZU I의 사고로는 시레토코 유람선의 사장)에게 법적인 가치 판단에서 수

---

92) 『毎日新聞』「寒冷地の救命設備に課題'救命いかだ'は予算面で普及進まず」, 2022年05月01日付け.

93) 『日本経済新聞』「小型観光船北海道や東北, 救命いかだ義務化へ」, 2022年10月22日付け.

94) 運輸安全委員会 「旅客船KAZU I 浸水事故 経過報告 説明資料」, 2022年12月15日付け.

리를 실시할 의무가 있었는지가 우선 문제된다. 사장에게 그 의무가 있었다면 그 수리를 하지 않았다는 부작위가 사장에 의한 '업무상 과실치사'라는 범죄의 실행 행위가 된다.

이 점을 상식적으로 생각하면, 사고 2일 전의 구명훈련에서 해치의 이상이 발견되었기 때문에 운행관리자로서 그 수리를 할 때까지 KAZU I의 운행을 멈출 의무가 있었다고 봐야 할 것이다. 또한, 격벽의 구멍에 대해서는 어느 시점에서 열린 것인지는 명확하지 않지만, 시레토코 유람선이 열려 있었다고 한다면 그 책임은 당연히 사장에게 있을 것이다. 만일, 시레토코 유람선 구멍이 열려 있지 않았다고 해도 점검에 의해 격벽의 구멍은 발견할 수 있었을 것이며, 운행 관리자로서 그것을 막을 의무가 있었다고 보는 것이 자연스럽다.

② 과실의 유무

다음에는 과실 유무에 대한 건으로, 해치가 고장났다면 사고 당시의 날씨로 운항하게 되면, 거기에서부터 해수가 침수한다는 것은 쉽게 예견이 가능하다. 또, 격벽에 구멍이 열려 있던 것, 밸런스 웨이트가 분산되고 있었던 것은 그때까지의 점검에서 알고 있었을 것이므로 KAZU I이 침몰될 위험은 쉽게 예견할 수 있었을 것이다. **따라서 과실은 있었던 것으로 판단해야 한다.**

③ 민사상 형사상의 책임

이상과 같이 운수안전위원회 「경과보고서」에 지적한 사실에 따라 시레토코 유람선의 사장은 '업무상 과실치사죄'가 성립함과 동시에 피해자의 상속인·가족에 대한 민사배상책임이 발생하는 것으로 생각된다.

'업무상 과실치사상죄'로 집행 유예가 나오지 않는 실형 판결이 나올지는 재판관의 판단에 따른다. 다만 지금까지의 판례의 경향을 보면 실형이 선고될 가능성은 높지만, 집행 유예가 내릴 가능성도 전혀 배제할 수는 없다고 생각된다. 요컨대 사장 개인이 어디까지 출항의 결정에 관여되어 있었다고 보는지에 따라 다를 수 있다.

4) 노동안전의 입장에서 어떻게 봐야 할까?

본 건은 공중재해(승객의 사망)인 것과 동시에, 노동재해(연안항로의 선원 사망)이다. 그러나 공장이나 건설 현장에서의 전형적인 노동재해가 아니다.

그렇다고는 해도 이 사건으로부터 배워야 하는 점이 많다. KAZU I 사고의 최대 원인은 사장의 안전에 대한 지나친 무지와 안전의식의 결여일 것이다. 그리고 그러한 인물에 의한 1인 경영이 사고를 일으켰다고 판단된다.

이 사건으로 경영자가 안전에 대한 지식을 가진 부하의 의견을 듣지 않는다고 하는 것이 얼마나 위험한 것인지 이 재해는 새삼 가르쳐 주고 있다. 또, 안전에 책임을 가진 사람(운항관리자)이 당연히 가지고 있어야 하는 지식을 가지려고 하지 않은 것에 따른 위험 부담도 또한 크다고 하겠다.

많은 사업장에서 시레토코 유람선과 같은 상황은 너무나도 비정상인 상황이며, 자기 회사와는 레벨이 다르다고 참고가 되지 않는다고 느껴질 것이다. 하지만 정말로 그럴까? 당신은 당신의 사업현장에서 사용되고 있는 기계나 화학물질의 위험 유해성을 어느정도 명확히 이해하고 있을까? 또, 안전장치가 고장난 채로 방치되고 있는 부분은 없을까. 또, 사용하고 있는 화학물질에 대해서 SDS에 입각하여 리스크 어세스먼트를 효과적으로 실시하고 있을까.

KAZU I의 사고는 우리와 같이 노동안전의 분야에 몸을 담고 있는 사람에게는 타산지석이 될 수 있는 사례이다.

5) 재판의 진행

(1) '손해배상책임'과 '업무상 과실치사상죄'의 책임

「KAZU I」의 갑판원의 양 부모는, 사고는 일본정부 측의 선체 검사가 불충분했던 것이 원인이라고 해서 나라에 합계 약 1억800만 엔의 손해 배상을 요구하는 민사소송을 도쿄 지방 법원에 제출했다. 제소는 2023년 9월 4일 사고를 조사하고 있는 '운수안전위원회'에 따르면, 나라를 대신해서 검사를 담당하는 일본소형선박검사기구(JCI)가 사고 전에 KAZU I의 검사를 실시했을 때, 검사 대상 항목이었던 뱃머리 갑판부 해치의 개폐 시험을 생략하고 합격으로 했다. 동위원회는 해치의 뚜껑을 밀폐할 수 없어 해수가 배 밑바닥에 들어간 것이 침몰 원인이라고 보고 있다. 갑판원의 부모는 소송에서 검사로 해치의 문제를 발견하고 불합격시켰으면, 배는 출항할 수 없어 사고는 일어나지 않았을 것이라고 주장한다. 국가가 안전하게 항행할 수 있는 능력이 없는 배를 검사에 합격시킨 책임이 있다고 손해배상을 요구했다.

또한, KAZU I의 승객 가족에 의한 시레토코 유람선에 대한 소송으로, 승객 14명의 가족 합계 29명이 운항회사와 사장에게 손해배상을 요구해, 2024년 7월 3일에 삿포로 지방법원에 집단 제소할 예정이다. 이와 같이 유족일부가 운항회사인 시레토코 유람선과 카리다 사장(桂田精一 : 60)을 상대로 낸 손해배상 청구액은 약 14억 엔(140억 원)을 웃돌 것으로 알려졌다.

또한, 「KAZU I」의 운수회사 「시레토코 유람선」은 사고 전해인 2021년 승무원과 고용계약을 체결할 당시 고용 계약서를 체결하지 않아서 선원법 위반으로 카츠라다 세이이치(桂田精一) 사장은 홋카이도 아바시리 시 지방재판소에서 이다 히사토시(井田久敏) 재판관에 의해 간이재판(網走簡裁)에서 벌금 10만 엔으로 약식명령을 받은 바 있다.

또한, 시레토코 관광선 침몰사고 수사의 쟁점은 악천후가 예상되는 가운데 출항의 판단을 실시한 운항회사 '시레토코 유람선'의 가쓰라다 세이이치 사장의 과실 책임을 추궁할 수 있는지가 초점이다. 선체나 동 회사의 안전관리에 미비가 있었던 것은 명백하지만, 입건에는 운항과 사고와의 인과관계를 치밀하게 입증해 가는 것이 빠뜨릴 수 없는 증거자료다. 제1관할구역 해상보안본부(오타루: 小樽)는 업무상 과실치사 용의로 신중하게 수사를 진행하고 있다.

운수안전위원회가 2022년 12월, 원인을 해석한 경과보고서에 따르면, 침몰한 "KAZU I(카즈·원)"의 갑판에 있는 해치(승강구)의 뚜껑이 밀폐되지 않은 채 출항해 높은 파도에 의한 흔들림으로 뚜껑이 열린 것이 맞고 객실의 유리창이 파손되어 대량의 해수가 유입되어 침몰했다고 추정했다. 해치의 뚜껑에 문제가 없었으면 침몰은 피할 수 있었던 것인가. 갑판에 높은 파고가 몰려올 정도의 기상 상황이었던 것인가. 사고 당시의 목격 증언을 얻을 수 없는 만큼 사실의 특정에 시간이 걸릴 것이다. 수사 관계자 중에 한 사람은 이렇게 밝혔다. 1관구 안전위원회의 경과보고서에 입각해서 사고 직전에 물결의 높이나 풍속 등으로부터 선체가 어떻게 흔들렸는지 해석을 진행하고 있다고 하며, 수사는 장기화를 예측하고 있다. 사고 당일은 강풍 주의보나 파랑 주의보가 나오고 있어 현지의 어선은 출어를 중단했다. 한편, 가쓰라 다 사장은 출항 전에 이번 침몰로 사망한 도요타 도쿠유키(豊田德幸: 사고 당시 54세) 선장과 협의한 다음 상황에 따라 도중에 되돌리는 조건부 운항을 결단한 것으로 고 여겨진다.

출항 전의 선체 정비는 선장에게 책임이 있어서, 1관구는 도요타 선장인 용의자 는 사망했으므로 서류 송치할 방침이지만, 가쓰라다 사장에 대해서는 입건을 염두 에 두고 있어서 출항 판단의 시비 등이 초점이 된다. 선장이 되려면 통상 갑판원으 로서 3년 정도의 경험을 쌓을 필요가 있는데 가쓰라다 사장은 도요타 선장을 약 1 년만에 선장으로 승격시켰다. "업무상 과실치사상 사건에 정통한 전 검사 다카이 야스유키(高井康行) 변호사는 선장의 경험이 풍부하지 못하고 적확한 기상 판단이나 대처 능력이 갖춰지지 않은 것을 알면서 출항시키고, 그 후의 상황도 확인하지 않 았던 가쓰라다씨의 과실 책임을 부정하기 어렵다."[95]고 지적했다. 2024년 9월 18일 가쓰라다 사장은 결국 업무상과실치사 및 업무상과실 왕래위험 용의 죄로 체포됐다 (海日申報).

3. 일본 효고현(兵庫県) 아카시시(明石市) 불꽃축제 압사참 사와 법적 책임[96]

1) 사고발생의 경위

일본에서도 우리나라의 2022년 이태원 「10·29 대참사」와 꼭 비슷한 참사가

---

95) 『産経新聞』「社長の過失責任否定は困難'捜査は長期化の様相知床事故 1 年」, 2023년04월22일 付け.
96) 이연, 『국가위기관리와 긴급재난경보』, 박영사, 2023. 319쪽.

2001년 7월 21일에 일어나서 11명이 압사당하고 183명이 부상당하는 참사가 일어났다. 당시 아카시시(明石市)의 '군중 안전관리 부실'과 '효고현 경찰의 경비체제 미흡', 그리고 경비회사를 포함한 '사고 이후의 대응미비' 등의 문제로 발생한 참사였다. 이 참사로 일본은 '경비업무법'과 '국가공안위원회규칙'을 개정해 군중관리를 이전보다 훨씬 더 강화해 '중대 시민제해'에도 대응토록 했다. 즉 ① 군중관리는 행사 주최자나 시설관리자 또는 ② 위탁된 경비회사, ③ 경찰관이 담당하게 해서 공중재해 관리를 강화했다. 이러한 참사 이후 일본은 '경비업무법'에 따라 2012년부터 48만 8천여 명의 경찰이 경비업무에 동원되게 되었다. 또한, 이 법에 따라 일본은 2022년 10월 30일 도쿄 시부야(渋谷) 거리의 핼러윈 축제에 경찰이 동원되었다. 일본 경찰은 경찰차를 도로의 교차로에 세워 일명 'DJ폴리스'를 설치하고 핸드마이크 등으로 질서를 지키도록 군중을 유도해 불상사를 미연에 방지했다. 지방자치단체들도 사전에 안전캠페인 등으로 인파 관리를 홍보하는 한편, 이번 2022년은 핼러윈 1개월 전부터 주류 판매도 금지하도록 단속했다고 한다.

미국의 핼러윈 축제는 우리보다도 약 43배나 더 위험하다고 한다. 하지만 철저한 사전계획과 함께 과학적인 인파관리(crowd management) 등을 경찰이 주도해 혼잡한 군중 이동의 흐름을 안전하게 관리하고 있다. 최근 일본 경찰도 자체 홍보를 위해 젊은 경찰관들을 신규로 채용해 조직 홍보뿐만 아니라, 이런 군중행사에서 익살과 유머 등을 구사해 통행을 유도할 수 있는 'DJ폴리스'를 양성해 군중통행 유도에 활용하고 있다.

2) 전복 압사사고 발생

2001년 7월 20일부터 효고현 아카시시(明石市) 오쿠라 해안(大蔵海岸)에서 "제32회 아카시 시민 여름축제 불꽃축제"가 개최되었다. 개최 2일째인 21일 오후 8시 30분경 서일본 여객철도(JR西日本) 산요 본선(山陽本線: JR 고베선) 아사기리역(朝霧駅) 남쪽 육교에서 압사사고가 발생했다. 당시 아사기리 역에서 나오는 손님들과 축제장에서 나온 손님들이 서로 마주보며 교차하는 남단 육교에서, 일시적으로 1㎡당 13명에서 15명이라는 비정상적인 대혼잡한 인파에 의해 밀려 넘어져서 압사사고가 일어났다. 우리나라 이태원 참사와도 아주 비슷한 "군중 전복 압사사고"가 발생한 것이다. 그때 일본의 당시상황도 우리 이태원 상황과 거의 비슷하게 실제 상황을 주위에 알리기 위해서 육교의 지붕 위로까지 올라가는 사람들도 있었다.

압사당한 11명의 희생자 중에는 9명이 모두 초등학생 이하의 아동이고 70대의 여성 2명으로 대부분 어린이들이 참변을 당했다. 일본은 이 사고를 교훈으로 2005년 11월 ① '경비업무법' ② 국가 공안 위원회123 규칙97)을 대폭적으로 개정했다. 또한, 종래 경비업무검정98)124에서 ① 상주경비 ② 교통유도경비 등에 더해 ③ 혼잡경비 내용이 신설되었다.

3) 참사의 원인

축제장과 오쿠라 해안과 아사기리 역 사이에는 국도 2호가 관통하고 있어서, 육교 이외에는 연락통로가 없었던 것이 이번 사고의 큰 원인 중의 하나였다. 이 육교 이외에 접근하는 경로로는 아사기리 역 동쪽의 건널목이나 서쪽의 과선교가 있었지만, 이 도로는 우회하는 먼 길로 축제장에서 많이 떨어져 있는 단점이 있었다. 여기에다 주변 오토바이 폭주족들과 충돌이 발생하게 되면 경비하기가 쉽지 않고, 육교로부터 시가지까지 이어지는 임시 야시장들도 180여 개나 늘어서 있어서 통행에 어려움이 있었다. 그 결과 좁은 통로에 인파가 몰려들면서 육교 아래에서 올라가는 사람과 내려오는 사람사이에 심한 병목현상이 일어나 서로 밀리게 된 것이다. 즉, 역에서 육교 위를 향해 축제장으로 향하는 사람들과 축제장에서 역으로 내려오는 사람들의 흐름이 충돌하는 병목현상 속에서 가파른 계단에서 서로 부딪혀 넘어지면서 전복압사 참사가 발생한 것이다. 마치 이번 이태원의 병목현상과도 똑같은 현상이 일어났던 것이다. 일본의 주최자 측도 우회 수단에 대한 자세한 안내를 실시하

---

97) 국가공안위원회 내각부설치법 제49조 제1항 및 경찰법 제6조에 의해 총리대신의 관할하는 외국(外局)으로 경찰의 민주적 운영과 정치적 중립성을 확보하기 위하여 경찰을 관리하는 최고의 행정위원회이다. 위원장은 장관급으로 5명의 위원과 6명으로 구성된 합의제 기구이다. 도도부현(都道府県) 경찰에도 지방자치법 제180조 9. 또는 경찰법 제38조에 따라 도도부현 지사관할의 공안위원회가 설치되어 있다.

98) 경비업무검정이란 경비업무검정자격취득 제도로 도도부현(都道府県) 공안위원회가 실시하는 학과시험과 실기시험에 합격하고 연수를 통해서 자격증을 취득해 관련 업무에 종사하게 하는 제도다.

지 않았으며 당일은 찌는 듯한 무더운 날씨였다. 육교 위는 투명한 플라스틱으로 천정과 측벽이 덮인 구조였기 때문에 통로는 거의 한증막 상태로 관람객들은 심리적으로도 매우 초조하고 불안한 상태였다.[99]

4) 참사 대응이나 경비상의 문제

사고발생 직후 효고현의 경찰 대응방법이나 경비계획에 대한 문제점도 차례차례로 드러났다. 이번 불꽃축제에서 아카시시와 효고현 경찰 본부(아카시시 경찰서), 경비회사 니시칸(현 JSS)125과의 사이에서 사전 경비계획에 대한 협의가 불충분했던 것으로 나타났다. 사고발생 7개월 전인 2000년 12월 31일에 "세기를 넘어 카운트다운 불꽃축제"라는 행사가 있었는데, 이번 행사에서는 이미 7개월 전에 사용한 행사 경비계획서를 대부분 그대로 베껴서 사용한 것으로 나타났다. 또, 효고현 경찰은 이번 행사에서 폭주족에 대한 대책을 중요시하여 야시장에 경찰을 집중적으로 배치하였다. 따라서 폭주족에 대한 안전관리대응책에는 292명의 경비요원을 배치했지만, 인파관리를 담당하는 혼잡경비대책에는 36명밖에 배치하지 않아서 상대적으로 혼잡경비대책은 크게 경시된 측면이 없지 않았다. 이것도 또한 '이태원' 참사에서 인파관리에 소홀했던 점과 아주 유사하다.

또한, 경비회사 니시칸(JSS)[100]은 사고발생 직후 신문에 "갈색 머리 청년이 무리하게 밀었기 때문에 군중 전복압사사고가 발생했다." "갈색 머리 청년들이 육교 천장에 기어오르고 떠들어 불안을 부추겼다."라고 증언하면서 책임 회피를 도모하려고 했다는 언론 보도도 있었다.[101] 그런데 그 후 정밀 조사 보고서에 의하면, 실제로 그 갈색 머리 청년들은 육교 중앙에서 긴박한 참사정보를 알리기 위해 119로 구급차를 요청했던 것으로 판명되었다. 사고 당시 전화회선의 폭주로 휴대전화를 사용한 110번 통보는 연결되지 않은 상태였다.

---

99) 이연, 『국가위기관리와 긴급재난경보』, 박영사, 2023. 321쪽.
100) JSS: Japan Security Support
101) 『神戸新聞』「明石, 歩道橋事故 誤解された屋根の上の真実」, 2001年 8月 5日付.

이미 이번 사고 발생 5개월 전인 2월 30일에 같은 축제 장소인 오쿠라 해안에서 여자아이 모래사장 함몰 사망 사고가 일어났다. 당시 책임자의 한 사람인 아카시시 시장 오카다 노부히로(岡田進裕)는 이 사고와 함께 전복압사사고까지 일어나자 임기 도중인데도 불구하고 2003년 통일 지방선거 이전에 책임을 지고 시장직을 사임하게 된다.

5) 재판 결과

(1) 민사소송

유족이 아카시시·효고현 경찰·경비회사 니시칸을 상대로 민사 소송을 제기했다. 그 결과 2005년 6월 28일 고베 지방재판소는 이들 3자들에게 합계 금액 약 5억 6800만 엔(약 56억 8000만원)의 손해배상금을 지불하라고 명령했다. 원고·피고 모두 함께 항소하지 않아 판결이 확정됐다.

(2) 형사소송

① 검찰관에 의한 소추

형사재판에서는 효고현 경찰이 사전계획과 당일 경비 양쪽을 '업무상과실치사상' 혐의로 아카시 경찰서·아카시시·니시칸의 당시 담당자 등 합계 12명을 서류상 검찰에 송치하고, 그중에서 고베 지방검찰청은 당일경비 5명에 대해 자택에만 머무르면서 재판받는 재택기소처분을 내렸다.

2004년 12월 17일 고베 지방재판소에서 효고현의 경찰관 1명, 니시칸 1명에 금고 2년 6개월이라는 실형을 내렸고, 시 직원 3명에게는 금고 2년 6개월·집행유예 5년의 유죄판결을 선고했다. 이들은 전원 항소했지만, 아카시시 차장은 다음해 2005년 2월에 항소를 철회했다. 2007년 4월 6일 오사카 고등재판소는 1심 판결을 지지하고, 4명의 피고인 항소는 각각 기각했다. 2010년 5월 31일 최고재판소(대법원)에 상고했던 피고인 2명에 대한 판결도 기각해 고베 지방법원 판단이 확정되었다.

② 검찰심사회에 의한 소추

　한편, 소추 서류가 검찰로 송치되면서 불기소 처분된 효고현 아카시시 경찰서의 서장·부서장에 대해서는 '고베검찰심사회'에 제기돼 3번이나 기소 상당의 의결을 제시했으나, 고베지방검찰청은 3회 모두 불기소 처분을 내렸다. 기소상당 의견을 3회 통보 받고 3회 모두 불기소로 한 사례는 오카야마시 전문대학생 교통 사망사고 (이 사건은 불기소 부당 의결 3회) 등이 있지만 지극히 이례적인 것이었다.

　이번 참사에서 업무상 과실치사죄가 성립하는 공소시효는 2006년 7월 21일까지 이지만, 형사소송법 제254조에 따르면 "공범자의 공판 중에는 공소 시효가 정지된다."는 규정이 있어서, 공판 중인 아카시시 경찰서의 담당자와의 공범관계가 있다고 해석되면 기소할 수 있다고 유족 측은 판단하여, 개정된 '검찰심사회법' 시행 당일인 2009년 5월 21일에 심사제기를 실시했다. 그런데, 아카시시 경찰서장의 경우는 이미 2007년 7월에 사망했기 때문에 경찰서 부서장에 대해서만 소를 제기했다.

　또한, 고의범의 공범과 비교해 과실범의 공범이 성립하는 범위는 좁아서 이 사고에서 기소된 사람과 부서장 사이에 공범 관계를 인정할 수 있는지는 의견이 나뉘어졌다.

　제3회째 고베 '검찰심사회'에 의해 기소상당 의결을 통보받고, 재수사를 한 고베지방 검찰청은 4회째도 불기소 처분했다. 이유로는 유족 설명회에서 당시 경찰관 20명의 사정청취나 사고 당일 무선기록 등을 재수사한 결과, 경찰서 부서장은 계획 단계에서는 육교주변에 경찰관을 고정 배치하고 필요가 있으면 기동대 등을 투입하는 권한(즉 지휘권)을 현장 지휘관이었던 동 경찰서 지역경찰관에게 주었다는 점을 들었다. 또한, 사고 방지에 대한 일단의 필요조치는 강구하고 있었을 뿐만 아니라, 혼잡경비 계획수립 단계 시에서도 주의의무 위반이나 경비 당일 사고를 예견할 수 있는 증거도 나오지 않았다. 따라서 공판을 유지하고 유죄를 인정할 수 있는 자료가 없어서 법과 증거에 의해 적절하게 내린 판단의 결과라고 했다.

　사고발생 1년 후인 2002년 7월 12일에는 사고 현장에 위령비가 설치되었고, 2002년 "아카시 시민 여름축제"는 일단 중지되었으며, 2004년부터 아카시 공원으로 장소를 옮겨 재개되었지만, 불꽃축제는 개최되지 않았다. 또한, 거기에서 가까운 고베시 다루미구의 가이진자에서도 매년 7월에 봉납하는 불꽃축제가 개최되었는데 2007년부터는 이 불꽃축제도 중지되었다.[102]

당시는 이 사고를 계기로 효고현 내 외에서는 이와 같이 많은 불꽃축제가 중지되거나 경비상의 문제 등으로 이벤트성 축제는 중지 내지는 축소되었다. 2002년에 개최된 한일 월드컵 축구경기 때는 경기장 부근 임시역 가고시마 축구장 역까지 도쿄 방면에서 임시 열차를 운행할 예정이었지만, 이 사고를 교훈으로 코마 역에서의 혼란을 미리 방지할 목적으로 동역 노선 연장은 보류하고, 앞의 상설역인 가고시마 신궁 역까지 논스톱 운행하기로 변경했다. 유모차에 태워 유아의 생명을 지킨 희생자 여성(당시 71)에 대해서는 사회공헌지원재단에 의해 사회 공헌자 표창 일본재단상이 수여되었다. 당시 현장에서 구조나 통행유도를 실시하던 남자 대학생은 이후에 현지 소방대원이 되었으며 구조된 여자아이는 간호사가 되었다고 한다.

(3) 일본의 경비업법 개정

일본은 2001년 효고현 아카시시 참사를 계기로 2005년 11월 ① 경비업법(이하 경비법)과 ② 국가 공안 위원회 규칙을 개정하여 혼잡한 인파관리 문제를 근본적으로 해결하였다. 뿐만 아니라, 종래 경비업무검정에 관한 사항도 아래와 같이 ① 상주경비 ② 교통유도경비 등에 더해 ③ 혼잡경비 규정까지 신설하는 등 적극적으로 문제 해결에 노력했다.

① 경비업법[103]

경비법(1972년 7월 5일 법률 제117호)이란 경비업(경비를 사업으로서 영위하는 것 또는 그것을 하려고 하는 사람)에 대해서 규정하고 있는 일본의 법률이다. (최종 개정은 2018년 5월 30일 법률 제33호로 개정)

제2조(정의) 이 법에 「경비업무」란 다음 각 호의 어느 하나에 해당하는 업무로 타인의 수요에 따라 실시하는 것을 말한다.

---

102) 이연, 『국가위기관리와 긴급재난경보』, 박영사, 2023. 324쪽.
103) 「警備業法」 https://elaws.e-gov.go.jp/document?lawid=347AC0000000117(2024.6.9)

(1) 사무소, 주택, 흥행장, 주차장, 유원지 등(이하 「경비업무대상시설」이라고 한다.)에서 도난의 사고의 발생을 경계하고 방지하는 업무

(2) 두 사람 또는 차량이 복잡한 장소 또는 이러한 통행에 위험이 있는 장소에서 부상 등의 사고의 발생을 경계하고 방지하는 업무

(3) 운반중인 현금, 귀금속, 미술품 등에 관한 도난 등의 사고 발생을 경계하고 방지하는 업무

(4) 사람의 신체에 대한 위해의 발생, 그 신변을 경계하고 방지하는 업무

2. 법에서 「경비업」이라는 것은 경비업무를 행하는 영업을 말한다.

3. 법에서 「경비업자」란 제4조의 인정을 받아 경비업을 영위하는 자를 말한다.

4. 이 법에서 「경비원」이란 경비업자의 사용인, 그 외의 종업자로 경비업무에 종사하는 것을 말한다.

5. 이 법에서 「기계경비업무」란, 경비업무용 기계장치(경비업무대상 시설에 설치하는 기기에 의해 감지한 도난 등의 사고발생에 관한 정보를 당해 경비업무대상시설 이외의 시설에 설치하는 기기로 송신 및 수신하기 위한 장치로 내각부령으로 정한 것을 말한다)를 사용해서 행하는 제1항 제1호의 경비업무를 말한다.

6. 이 법에서 「기계경비업」이란, 기계경비업무를 실시하는 경비업을 말한다.

일본의 경비원 복장은 경찰의 복장과 아주 비슷한 것으로 유명하다. 경비법 제정 이전은 경비원의 복장에 관한 규정이 없었고, 경비회사가 경찰의 생산품에 단추만 바꿔 붙이고 지급하는 일도 있었다.[104] 그 때문에 외형을 혼동하기 쉽고, 일반인이 경찰관과 오인하여 신고한 지갑을 실제로 경비원이 착복한 사건이 일어나 문제가 되기도 했다. 경비법 제16조에는 공무원의 제복과 명확히 구분할 수 있는 복장을 이용해야 한다고 명기하고 있다.[105]

제3조(경비업의 요건)에 의하면 경비업을 영위할 수 없는 사람은 아래와 같다. 또, 1~7항에 해당하는 사람과 18세 미만의 사람은 경비원이나 경비업무에 종사할 수

---

104) 猪瀬直樹『民警』, 扶桑社, 2016年, P. 170.
105) 猪瀬直樹『民警』, 扶桑社, 2016年, P. 205.

없다(경비법 제14조). 또한, 경비법 제4조에 의해 경비업을 행하고자 하는 자는 이하의 결격 요건에 해당되지 않으며 도도부현(都道府県) 공안 위원회에서 인정받아야 한다(경비법 제4조).

1. 파산 수속 개시결정을 받고 복권되지 않은 사람

2. 금고 이상의 형에 처하거나 또는 이 법률 규정을 위반하여 벌금형에 처해진 자, 형 집행완료 또는 집행이 끝난 날로부터 기산해 5년이 경과하지 않은 사람

3. 최근 5년간 이 법률 규정, 이 법률에 입각한 명령 규정 혹은 처분 위반 또는 경비업무에 관해 타의 법령규정에 위반하는 중대한 부정행위로 국가공안 위원회 규칙을 위반한 사람

4. 집단적으로 또는 상습적으로 폭력적 불법 행위 및 그 외의 죄에 해당하는 위법한 행위로 국가공안위원회 규칙을 위반할 우려가 있다고 인정하기에 충분한 상당한 이유가 있는 사람

5. 폭력단원에 의한 부당한 행위 방지 등에 관한 법률 제12조 혹은 제12조 6의 규정에 의한 명령 또는 동법 제12조 4 제1항의 규정에 의해 지시를 받은 사람으로, 해당 명령 또는 지시를 받은 날로부터 기산해 3년이 경과되지 않은 자

6. 알코올, 마약, 대마, 아편 또는 각성제 중독자

7. 심신 장애로 인해 경비업무를 적정하게 행할 수 없는 사람으로서 국가 공안위원회 규칙에 정해져 있는 것

8. 영업에 관해 성년과 동일한 행위 능력을 가지지 못한 미성년자. 단, 그 사람이 경비업자의 상속인으로, 그 법정대리인이 전 각호 및 제10호의 어느 쪽에도 해당되지 않는 경우를 제외한다.

9. 영업소 및 해당 영업소에서 취급하는 경비업무의 구분(전 조 제1항 각호의 경비업무의 구분을 말한다. 이하 같음.) 제22조 제1항의 경비원지도교육 책임자선임을 인정받지 못할 상당한 이유가 있는 사람

10. 법인에서 그 임원(업무를 집행하는 사원, 이사, 집행이사 또는 이에 준하는 사람을 말하며, 상담역, 고문 및 그 외 어떤 명칭을 가지는 사람인지 불문하고, 법인에 대한 업무를 집행하는 사원, 이사, 집행이사 또는 이에 준하는 사람과 동등 이상의 지배력

을 가진 것으로 인정되는 사람을 포함) 중에서 제1호에서부터 제7호까지 중 해당되는 사람이 있는 자

11. 제4호에 해당하는 사람이 출자, 융자, 거래 및 그 외의 관계를 통해 그 사업 활동에 지배적인 영향력을 가진 사람

(4) 일본 국가공안위원회(National Public Safety Commission: NPSC)

일본의 국가공안위원회(国家公安委員会)는, 일본의 행정기관의 하나로 경시청을 관리하는 내각부의 외국(外局)이다(행정위원회는 내각부의 외국인 국가공안위원회에 대해서 설명). 비슷한 명칭으로는 법무성 외국인 공안심사위원회(파괴활동방지법이나 무차별대량살인행위단체 규제에 관한 법)가 있고, 경찰에도 공안경찰이 있다. 도도부현(都道府県)에도 현지사의 관할 '공안위원회'가 있다.

① 국가공안위원회의 조직

국가공안에 관련된 경찰 운영사항의 통괄과 경찰 행정의 조정을 실시해 경찰청을 관리하는 최고 기관으로서, 내각부 설치법 제49조 제1항 및 경찰법에 의거해 내각 총리대신 소관하에 둔다. 내각부의 외국으로 여겨지는 합의제의 행정 위원회이다. 위원회는 국무대신에 해당되는 국가공안위원회 위원장과, 5명의 위원 6명으로 구성되어 있다(경찰법 제4조·제6조). 위원장에게는 국무대신에 해당되는 이른바 대신위원회로, 경찰의 정치적 중립성 확보와 치안에 대한 내각 행정상의 책임을 명확히 하는 것을 목적으로 하는 조직이다. 위원회에는 그 특별한 기관으로서 경찰청의 설치(내각부 설치법 제56조, 경찰법 제15조)와 관리(경찰법 제5조 4항), 위원회의 서무는 경찰청에서 처리하는(경찰법 제13조), 국가공안위원회의 회무 전반은, 경찰청 장관관방(長官官房)132에 의해 행해지고 있다.

② 국가공안위원회의 임무

국가 공안에 관련된 경찰 운영을 주관해, 경찰 교양, 경찰 통신, 정보기술의 해석, 범죄 감식, 범죄 통계 및 경찰 장비에 관한 사항을 통괄 및 경찰 행정에 관한 조정

을 실시하는 것 외에, 개인의 권리와 자유를 보호하고, 공공의 안전과 질서를 유지하는 것을 임무로 한다(경찰법 제5조 1항).

③ 검찰총장과의 관계

검찰총장과는 항상 긴밀한 연락을 유지하는 것으로 여겨지지만, 형사소송법상 검찰관의 경찰관에 대한 일정한 지휘권과 같은 것은 존재하지 않고, 항상 협력 관계에 있다. 경찰청은 국가공안위원회 이외의 기관에서 관리 감독되지 않지만, 사법경찰 활동에 임해 개별 경찰관은 일정한 지휘를 검찰관으로부터 받을 수 있다. 당연히 경찰관은 정당한 이유가 있을 경우에는 이 검찰관의 지시에 따를 필요는 없다. 단, 검찰총장, 검사장 또는 검사정(檢事正: 지역검사장)은 국가공안위원회가 징계 권한을 가지는 자, 즉 국가 공무원인 경찰관에 대한 징계 청구권은 국가공안위원회에서 행할 수 있다. 또, 검찰관은 사법경찰관 또는 사법 순경으로 지정된 경찰관에 대해서는 "수사를 적정하게 하고, 그 외 공소의 수행을 완수하기 위해서 필요한 사항에 대해서는 일반적인 준칙으로 정한다." 일반적 지시를 행하는 것은 형사소송법 제193조에 정해져 있다. 동조에 의해 검찰관이 스스로 범죄를 수사하는 경우 필요가 있을 시는 사법경찰관을 지휘하고 수사 보조를 시킬 수 있다.

그러나 검사총장, 검사장 또는 검사정은 자신에게는 징계 권한이 없기 때문에 이에 대한 정당성의 판단은 국가공안위원회가 경찰의 민주적 운영 및 정치적 중립성을 감안하여 독자적으로 판단하게 되어 있다. 국가공안위원회의 관리권과 검찰관의 수사 지휘권이 상반되는 경우에는 어느 쪽을 우선하는지 문제가 되지만, 어디까지나 정당성의 판단 주체는 국가공안위원회이고, 국무대신인 국가공안위원장을 장으로 하는 국가공안위원회의 관리권은 민주주의적 기반을 가지고 있기 때문에 행정기관인 검찰관의 지휘권보다 우위에 있다. 따라서 국가공안위원회의 관리권이 우선된다. 또한, 사법경찰관의 활동과는 달리 범죄 예방·진압 활동 등을 주로 하는 행정 경찰 활동에 대해서는 경찰이 독자적으로 실시하게 되어 있어 검찰관의 지휘를 받지 않는다.

(5) 2005년 11월에 개정된 일본의 경비법이 우리에게 시사해주는 점

이태원 참사를 겪고 나서 일본의 경비법이 우리에게 주는 시사점은 다음과 같다. 일본은 2001년 효고현 아카시시 불꽃축제 참사를 계기로 경비법을 대폭 개편하여 종래의 ① 상주경비 ② 교통 유도경비에 이어 ③ 혼잡경비규정까지 새로 신설하였다. 특히, 대형 이벤트나 축제행사 시에는 '교통유도경비'뿐만 아니라, '혼잡경비'를 위한 인파관리시스템을 도입하여 질서유지와 시민안전 확보에 만전을 기하고 있다. 그리하여, 대형 행사 시 경비업무도 단순히 경찰관들에 의한 통행지도 성격의 경비업무가 아니라, '교통유도경비'와 '혼잡경비'로 분리해서 보다 더 세분화·전문화해서 관리하고 있다.

즉, 행사 시 경비업무는 경찰이나 지자체 등이 담당하던 일들을 경비업무법의 개정으로 '전문경비업체'도 담당하게 해서 경비업무를 전문화하고 있다. 기존의 경찰업무를 아웃소싱해 분산하는 효과도 있고 일자리 창출과 함께 책임소재도 다양화할 수 있다. 따라서 우리도 이를 참고하여 현행 경비법을 개정하여 특별 행사나 대형 행사경비를 체계화·전문화하여 이태원 참사와 같은 대형 재난이 다시는 일어나지 않도록 대비해야 할 것이다.

일본의 '노동자재해보상보호법'과 제도106)

1. 일본의 '노동자재해보상보험법'과 보상107)

1) 이념과 목적

노동자재해보상보험제도(노재보험, 노재)는 제도의 발족 이후, ① 통근 재해보호 제도, ② 돌봄(간호) 보상 지급, ③ 2차 건강진단 등 지급의 창설 등 기본적으로는 '노동기준법'에 기초한 사용자의 재해보상 책임을 보험에 의해 담보하는 것이다.

'노동자재해보상보험법'의 목적은,108) ① 노동자의 업무재해 및 통근 시 사고나 질병, 부상 또는 사망할 때 노동자에 대해 신속하고 공정하게 보호하기 위해서 보험 지급제도를 실시하고, ② 아울러 재해노동자의 사회복귀의 촉진, ③ 재해노동자 및 그 유족의 원호, ④ 적정한 노동 조건 확보 등을 도모하는 것으로, 노동자의 복지 증진에 기여하고자 하는 것이다.

일반적으로 '노동보험은 노동자재해보험과 고용보험을 합해서 노동자재해보상보험'이라고 부르며, 사업주가 종업원을 고용하는 경우는 노동보험뿐만 아니라, 원칙적으로는 고용보험도 가입해야 한다. 노동보험에는 노재보험과 고용보험 2 종류가 있다.109)

---

106) shiryo4.pdf (npa.go.jp),
   https://www.npa.go.jp/hanzaihigai/suisin/kentokai/kentokai1/data1/shiryo4.pdf(2024.6.8)
107) https://www.npa.go.jp/hanzaihigai/suisin/kentokai/kentokai1/data1/shiryo4.pdf
   shiryo4.pdf (npa.go.jp)(2024.6.8)
108) 労働者災害補償保険法 | e-Gov法令検索(2024.6.3)

2) 적용

(1) 적용 사업

원칙적으로, 노동자를 사용하는 모든 사업에 강제적으로 적용된다. 노동자를 보호하기 위한 제도이기 때문에 회사가 노동보험료를 지불하지 않았더라도 노동자는 노동보험제도에 의해 보호를 받을 수 있다.

(2) 적용 노동자의 범위

직종의 종류를 불문하고, 적용 사업에 사용되는 노동자로 임금이 지불되는 자를 말한다. 따라서 **정사원뿐만 아니라, 아르바이트, 파트타임, 계약사원, 파견사원, 준사원, 일용직 노동자도 해당된다.** 즉, 고용형태나 고용일수와 관계없이 가입이 가능하다. 이사나 파견사원, 프리랜서는 대상이 아니다. 파견사원은 파견전의 원청의 가입 대상자이고, 프리랜서는 가입에 특별제도가 있어서 이 조건을 이용해 가입할 수 있다. 또한, 국가 공무원, 지방공무원(현업의 비상근 직원을 제외한다.) 및 선원은 노동재해보험의 적용이 제외된다.

고용보험의 경우는 고용형태를 불문하고 기본적으로 「1주간 소정노동시간이 20시간 이상」이고, 「31일 이상 계속 고용이 예정되는 종업원」은 가입대상이다. 하지만 계속 고용되지 않는 스태프나 법인 대표자, 이사 등은 원칙적으로 제외된다.

앞에서 언급한 파견사원이나 프리랜서의 경우는 특별 가입 제도가 있는데, 업무 실태나 재해 발생 상황에 따라서 고용되고 있는 노동자에 준하여 보호기준에 해당하는 사람에 대해서는, 일정한 요건 하에서 특별히 노동재해보험에 가입을 인정하는 제도를 말한다. 대상이 되는 업무 직종은 다음과 같다.[110]

---

109) 労災保険とは？補償の種類と労災保険料の計算方法について解説　Business Navi ~ビジネスに役立つ情報 ~：三井住友銀行 (smbc.co.jp)(2024.6.3)

110) 労働者災害補償保険法とは？ 対象となる労働者や労働災害について解説 | コラム | 労働災害 (労災) の弁護士無料相談ならベリーベストの専門チームへ | (roudousaigai.jp) https://www.roudousaigai.jp/columns/6987/(2024.6.3)

○ 중소 사업주 등

○ 1인 사업주나 자영업자

○ 특정 작업 종사자

○ 해외 파견자

또한, 2021년부터는 예능 관계와 애니메이션 제작 작업 종사자, 유도 접골사, 창업 지원 등에 관련된 사업을 실행하는 종사자도 대상에 포함된다.

3) '노동자재해보상보험법'의 「재해」

'노동자재해보상보험법상'의 재해는 「노동재해」라고 말하는데, 노동자가 업무 중이나 통근 중에 부상, 질병, 사망한 경우(범죄 피해 등) 등 그것이 업무의 사유 또는 통근에 의한 것으로 인정되는 경우에는 노동재해보험 대상이 된다. 즉, **「업무수행성」**과 **「업무기인성」**이라는 2가지 요건에 의해서 판단된다. 업무수행성은 노동계약에 따라 노동자가 사용자의 지배하에 있을 경우이고, 업무기인성은 업무와 부상 등의 사이에서 인과관계가 있을 때를 말한다. 이러한 요건은 개별 사안마다 노동기준감독서장의 판단기준에 따라서 인정된다.

4) 노동재해의 종류111)

노동재해에는 「**업무 재해**」와 「**통근 재해**」의 2종류가 존재한다.

(1) 업무 재해

업무 재해는 노동자가 업무 중의 사유가 원인으로 부상, 질병, 장애, 사망한 경우를 말한다. 예를 들면, 취업시간 중에 기계 조작을 잘못해서 손가락이 절단돼 버린 경우나 선반의 사료를 집으려 하다가 의자에서 넘어져 다쳤을 경우가 업무 재해의 전형적인 케이스이다.

---

111) 労働者災害補償保険法とは？ 対象となる労働者や労働災害について解説 | コラム | 労働災 (労災) の弁護士無料相談ならベリーベストの専門チームへ | (roudousaigai.jp)(2024.6.3)

근로 시간 중에는 사업자에 의한 지배하에 의한 재해라고 말할 수 있어서 특별한 사정이 없는 한 업무재해라고 말할 수 있다. 또, 휴식 시간 중이어도 회사의 시설이나 설비가 원인으로 부상당한 경우에 대해서도 업무에 내재하는 위험이 현실화되었다고 말할 수 있으므로, 여기에 대해서도 업무 재해로 인정된다. 단, 근로 시간 중이어도 사적인 행위나 업무와는 무관한 사유에 의해 부상을 입은 경우에는 업무 재해로는 인정되지 않는다.

(2) 통근 재해

통근 재해는 노동자가 통근 도중의 사유가 원인으로 부상, 질병, 장애, 사망한 경우를 말한다. 통근 재해로 인정되기 위해서는 노동자가 근무를 위해, 다음과 같이 합리적인 경로 및 방법에 따라 이동하는 중에 발생한 재해여야 한다.

❍ 주거와 근무 장소 사이의 왕복
❍ 근무 장소에서 다른 근무처로 이동
❍ 주거와 근무 장소의 왕복에 선행 혹은 그 후 주거 사이의 이동

예를 들면, 퇴근길에 동료와 선술집에 들러서 돌아오는 길에 사고를 당한 경우에는 합리적인 경로를 일탈했다고 말할 수 있으므로, 통근 재해로는 인정되지 않는다. 단, 귀가 도중에 식료품이나 일용품 쇼핑을 위해서 가게에 들르는 등 그 행위가 어쩔 수 없는 최소한도의 것이라고 인정되는 경우, 합리적인 경로로 돌아온 경우에 발생한 사고에 관해서는 통근 재해로 인정될 가능성이 있다.

5) 노동보험법에 의한 보상금 지급(給付: 급부) 내용과 신청[112]

노동보험에 의해 노동자피해보상보험을 신청하면 동법에 정해진 보험금을 지급받을 수 있다.

---

112) 労働者災害補償保険法とは？ 対象となる労働者や労働災害について解説 | コラム | 労働災害 (労災) の弁護士無料相談ならベリーベストの専門チームへ | (roudousaigai.jp)(2024.6.3)

(1) 노동보험에 의한 지급(급부: 수령) 내용[113]

노동보험은 노동재해보험과 고용보험을 총칭하는 말이다. 양자 모두 노동자를 보호하기 위한 제도로 노동자 피해보상보험을 인정받은 경우에는, 아래와 같이 보험금을 지급받을 수 있다.

○ 노동재해보험

① 요양(보상) 지급(급부)
업무재해 또는 통근재해에 의해 질병이나 부상 등 병을 요양하기 위해 필요한 치료비, 입원비용, 통상요양 등의 비용이 지급된다.

② 휴업(보상) 지급
업무재해 또는 통근재해에 의한 상병(傷病: 부상과 질병)으로 노동을 할 수 없어서 급료를 받을 수 없는 때에는, 휴업 4일째부터 휴업 1일당 급부 기초 일액의 60% 상당 액수가 지급된다. 또한, 특별 지급금으로서, 휴업 4일째부터 휴업 1일당 급부 기초 일액의 20% 상당액이 지급되기 때문에 합계 80% 상당액이 지급된다.

③ 장애(보상) 지급
업무 재해 또는 통근 재해에 의한 상병이 나은 이후는 장애 등급 제1급에서 제7급에 해당되는 장애를 입은 경우에는, 장애의 정도에 따라 연금이 지급된다. 또, 장애 등급 제8급부터 제14급까지 해당되는 장애를 입은 경우에는, 장애의 정도에 따라 일시금이 지급된다.

④ 유족(보상) 지급
업무 재해 또는 통근 재해에 의해 노동자가 사망한 경우에는, 일정 범위의 유족에 대해 연금 또는 일시금이 지급된다. 여기에서 유족은 노동자가 사망할 당시 그의 수입에 의해 생계를 유지하고 있던 배우자(내연의 사람도 포함), 자녀, 부모, 손자, 조부모 및 형제자매를 말한다.

---

113) 労働者災害補償保険法とは？ 対象となる労働者や労働災害について解説 | コラム | 労働災 (労災) の弁護士無料相談ならベリーベストの専門チームへ | (roudousaigai.jp)労働基準監督署, 전자료.

⑤ 상병(傷病) 연금

업무 재해 또는 통근 재해에 의한 상병이 요양 개시 후 1년 6개월이 경과해도 병이 치료되지 않아, 상병에 의한 장애의 정도가 상병 등급에 해당되는 경우에는, 장애의 정도에 따라 급부 기초 일액의 245일분으로부터 313일분의 연금이 지급된다.

⑥ 돌봄(보상) 지급

상병 보상 연금 또는 장애보상 연금 수급자 중, 제1급 또는 제2급의 사람으로, 실제로 돌봄을 받고 있는 경우에는, 돌봄(보상) 급부가 지급된다.

○ **고용보험**[114]

① **기본 수당**

기본 수당은 고용 보험 속에서도 가장 대표적인 급부로, 일반적으로 "실업수당"이라고 불린다. 실업한 쪽이 실업 후의 생활을 걱정하는 일 없이 새롭게 일을 찾아 하루라도 빨리 재취직하기 위해서 지급되는 것이다. 기본 수당을 지급받을 수 있는 날짜는 고용 보험의 피보험자였던 기간이나 이직의 이유 등에 의해 결정되며, 90일부터 360일의 범위에서 결정된다. 회사의 도산이나 해고에 의해 이직한 경우에는, 개인 사정으로 퇴직한 쪽보다 보호의 필요성이 높은 것으로 급부 날짜나 지급까지의 기간이 우대된다.

② **취직 촉진 지급**

취직 촉진 급부는 조기에 재취직을 목적으로 지급되는 급부로, 정해진 기간 내에 취직하는 등의 일정한 조건을 채우는 것으로 "재취직 수당", "직업 촉진 정착 수당", "취업 수당"의 지급을 받을 수 있다.

③ **교육 훈련 지급**

교육 훈련 급부란, 교육 훈련 수강에 지불한 비용의 일부가 지급되는 제도다. 재취직을 위해 자격을 취득하려고 할 때에는 매우 유익한 제도로 이용을 검토하면 좋다.

④ **고용 계속 지급**

고용 계속 지급금은, "고 연령 고용 계속 지급", "육아 휴직 지급", "간호 휴업 지급" 등 일할 수 없는 이유가 있을 때 소득이 보상되는 제도를 말한다.

---

114) 労働保険とは労災保険・雇用保険の総称！ 制度と仕組みの違いを解説 | コラム | 労働災害 (労災)

〈노동재해보험과 고용 보험의 차이〉

노동재해보험과 고용 보험이란, 그 목적이나 지급 내용이 다른 제도다. 노동재해보험은 주로 노동재해에 의해서 병을 얻은 노동자를 보호할 목적이고, 고용 보험은 주로 실업한 노동자의 생활을 보호하는 것과 재고용의 촉진을 목적으로 하고 있다. 모두 노동자 보호라는 큰 목적은 공통이지만 보호하는 장면은 차이가 난다. 또, 노동재해보험과 고용 보험의 차이는, 누가 보험료를 부담하는가 하는 문제이다. 노동재해보험의 보험료는 전액 사업주 부담인 것에 비해 고용 보험의 보험료는 사업주와 노동자가 각각 부담하고 지불하고 있다.

(2) '노동자재해보상보험법'에 의한 신청 방법

'노동자재해보상보험법'에 의거한 수령 내용에는 전술한 대로 다양한 것이 있고 재해노동자에 대해서는 상당한(후한) 보상이다. 단, '노동자재해보상보험법'에 의한 급부를 받기 위해서는, 급부를 받는 보상의 종류에 따라 소정의 청구서에 필요 사항을 기입하여 노동기준감독서에 제출할 필요가 있다.

노동기준감독서에서는 청구서의 내용을 근거로 조사를 해서 업무 재해 또는 통근 재해에 해당된다고 판단될 경우에는 보험 급부가 결정된다. '노동자재해보상보험법'에 따른 신청은, 원칙적으로 재해 노동자 본인이 신청해야 한다. 수많은 기업에서는 노동자의 부담 경감의 관점에서 신청 수속을 대행하고 있기 때문에 사전에 확인을 해 보는 것이 좋다.

6) 회사로부터 '노동자재해보상보험법'의 적용 외라고 통보받은 경우[115]

업무상 또는 통근 도중의 사유로 부상을 입었기 때문에, 노동자피해보상보험 신청을 하려고 해도 회사로부터 「'노동자재해보상보험법'의 적용 외」라고 하여 필요한 서류 작성에 협력을 거절당하는 어려운 일이 있다. 이런 경우에는 어떻게 대처해야 할까?

の弁護士無料相談ならベリーベストの専門チームへ | (roudousaigai.jp. 2024.6.1)
115) 労働者災害補償保険法とは？ 対象となる労働者や労働災害について解説 | コラム | 労働災害 (労災) の弁護士無料相談ならベリーベストの専門チームへ | (roudousaigai.jp. 2024.6.1)

(1) 노동자재해보상보험 은폐는 범죄

소위 노동자재해보상보험 은폐는 노동재해가 발생했음에도 불구하고 회사가 노동기준감독서에 대해 노동사망자 상병보고를 제출하지 않고 허위 내용을 기재하는 등으로 노동재해 발생의 사실을 숨기려고 하는 행위를 말한다.

노동자재해보상보험 은폐는 「'노동안전위생법' 제100조(보고 등)」[116]에 위반하는 행위이기 때문에 노동자재해보상보험 은폐한 사업자에 대해서는 50만 엔 이하의 벌금이 부과된다('노동안전위생법' 제120조 제5호).[117]

이와 같이 노동자피해보상보험 은폐는 범죄임에도 불구하고 노동재해보험의 보험료가 올라가는 것이나 노동자 피해보상보험 조사에 의한 위반 발각이 두려워 의도적으로 노동자 피해보상보험 은폐가 되는 일이 있다. 그러나 '노동자재해보상보험법'에 의한 노동재해보험 제도는 노동자 보호를 위한 제도이므로 노동자 측에서 회사에 대해 강하게 대응을 요구하는 것도 중요하다.

(2) 노동기준감독서에 상담[118]

노동자재해보상보험 신청은 회사의 협력이 없으면 안 된다고 오해하는 노동자도 있지만, **노동자재해보상보험 신청은 회사를 경유하지 않고 노동자가 직접 노동기준감독서에 신청하는 것도 가능하다.**

회사에 노동자재해보상보험 신청을 요구해도 적극적으로 협력해 주지 않는 경우

---

116) '노동안전위생법' 제100조(보고 등), 후생노동대신, 도·도·부·현 노동국장 또는 노동기준감독서장은, 이 법률을 시행하기 위해 필요하다고 인정할 때는, 후생노동성령이 정하는 바에 따라, 사업자, 노동자, 기계 등 대여자, 건축물 대여자 또는 컨설턴트에 대해서 필요한 사항을 보고하도록 하게 하든지 또는 출두를 명할 수 있다. 2. 후생노동대신, 도·도·부·현 노동국장 또는 노동기준감독서장은, 이 법률을 시행하기 위해 필요하다고 인정할 때는, 후생노동성령으로 정하는 바에 의해 등록 제조시 등 검사 기관 등에 대해서 필요한 사항을 보고하도록 하게 할 수 있다. 3. 노동기준 감독관은, 이 법률을 시행하기 위해 필요하다고 인정할 때는, 사업자 또는 노동자에 대해서 필요한 사항을 보고하도록 하게 하거나 또는 출두를 명할 수 있다.

117) 労働安全衛生法 | e-Gov法令検索(2024.6.1)

118) 労働者災害補償保険法とは？ 対象となる労働者や労働災害について解説 | コラム | 労働災害 (労災) の弁護士無料相談ならベリーベストの専門チームへ | (roudousaigai.jp. 2024.6.1)

에는 노동자 자신이 자력으로 신청해 보자. 노동기준감독서에서 신청에 필요한 서류 제공과 기입 방법 등을 지도받을 수 있다. 불분명한 점 등이 있는 경우는 질문할 수도 있기 때문에 회사의 협력을 기다리지 않고 대응해서 진행할 것을 적극 추천한다.

또, 사회보험 노무사 중에는 노동자재해보상보험 신청을 대행하고 있는 사무소도 있으므로 상담해 보는 것도 좋은 방법이 될 수 있다.

끝으로 '노동자재해보상보험법'에 입각한 노동재해보험제도는 재해노동자에게는 매우 중요한 보상이다. 노동재해가 있을 경우는 반드시 소정의 수속을 밟아서 보험금 지급을 받아야 한다. 또한, 노동재해보험에 의한 급부만으로는 충분한 보상이라고는 말할 수 없기 때문에 위자료 등으로 부족한 부분에 대해서는 변호사나 전문 법률가에 의뢰해 손해배상을 청구하는 것도 검토할 수 있다.

2. 노동자재해보상보험 사례 조사119)

노동재해에 의한 사망 사고로 유족이 받을 수 있는 지급액과 신청방법 소개하고자 한다.120) 노동재해에 의한 사망 사고로, 중요한 가족이 사망한 경우, 유족 노동재해보험으로부터 일정한 보상을 받을 수 있다. 노동재해보험은 남겨진 가족에 대한 생활 보장이라는 의미로도 중요한 보상이 되므로 제대로 청구하는 것이 중요하다. 하지만, 노동재해보험은 어디까지나 최저한의 보상이기 때문에 그것만으로는 불충분한 경우도 많다. 그와 같을 때에는 회사에 대해서 손해배상을 청구하는 것을 검토해 보아야 한다.

1) 노동자재해보상보험이 인정된 사망 사고 사례

직장 등에서 발생한 사고에 인해 중요한 가족이 사망한 경우에는 노동재해보상보

---

119) 労働者災害補償保険法とは？ 対象となる労働者や労働災害について解説 | コラム | 労働災害 (労災) の弁護士無料相談ならベリーベストの専門チームへ | (roudousaigai.jp. 2024.6.1)
120) 労働災害による死亡事故で, 遺族が受け取ることができる給付金と申請方法 | コラム | 労働災 (労災) の弁護士無料相談ならベリーベストの専門チームへ | (roudousaigai.jp, 2024.6.2)

험이 인정될 가능성이 있다. 이하는 노동재해에 의한 사망 사고에 대해서 구체적인 사례를 소개한다.[121]

① 트럭의 짐 위에서 추락한 사고

노동자가 포크리프트(Forklift: 지게차)를 사용해 트럭의 짐받이에서 짐을 내리기 위해서, 트럭의 짐받이에 올라가, 지게차의 포크에 로프를 묶는 작업을 하고 있었는데, 몸의 균형을 잃고 2미터의 높이에서 전락해 사망했다. 본 건은, 작업 중에 보호 모자의 착용이나 추락 방지 조치를 강구하고 있지 않았던 것이 사망 사고의 원인이라고 판단해 노동재해가 인정되었다.

② 높은 곳의 작업 차량에서 추락한 사고

설비 개수 공사에서 높은 곳의 작업 차를 사용해 작업을 실시하던 중에, 약 5미터 아래의 마루에 추락해 숨진 사례다. 본 건은 작업 중에 추락 제지용 기구를 사용하지 않았다는 것이 사망 사고의 원인이라고 판단하여 노동재해가 인정되었다.

③ 가동 중의 컨베어에 말려든 사고

이 사례는 노동자가 리사이클 공장 내에서 청소 작업에 종사하고 있었다. 그래서 노동자가 가동 중인 컨베이어의 이물을 제거하려다가 컨베이어에 휘말려 사망했다.

본 건으로 컨베이어를 운전시킨 채로 청소 작업을 실시한 것이나 컨베이어 회전체의 덮개를 열지 않도록 금지시키는 조치가 강구되지 않아서 사망한 것이 사고의 원인이라고 판단해 노동 재해가 인정되었다.

④ 원동기 부착 자전거 주행 중 일어난 접촉 사고

노동자가 돌봄 이용자 집에서 원동기 부착 자전거를 운전해서 사무소로 돌아오는 도중에, 후진 중인 덤프트럭의 뒷바퀴와 접촉하는 사고로 사망했다. 본 건도 노동재해로 인정되었다. 이와 같이 교통사고라도 업무 중에 발생한 사고라면, 노동재해로 인정될 가능성이 있다.

---

121) 労働災害による死亡事故で, 遺族が受け取ることができる給付金と申請方法 | コラム | 労働災 (労災) の弁護士無料相談ならベリーベストの専門チームへ | (roudousaigai.jp, 2024.6.2)

2) 사망 사고로 유족에게 지불되는 주된 배상금

사망 사고가 노동재해로 인정될 경우에는 노동재해보상보험으로부터 수령금을 받을 수 있다.

(1) 노동자재해보상보험으로부터 지불되는 배상금

사망 사고가 발생한 경우에 노동자재해보상보험으로부터 지불되는 배상금은 다음과 같다.[122]

○ **유족 보상 지급**

유족 보상 지급이란 노동자가 업무상의 부상 등에 의해 사망한 경우에 재해 노동자의 유족에 대해 지불되는 보상이다. 유족 보상 급부에는, 「유족 보상 연금」과 「유족 보상 일시금」의 2종류가 포함된다.

유족 보상 연금은 재해 노동자의 수입에 의해 생계를 유지하고 있었던 가족의 생활 보장을 목적으로 하는 수령금이다. 따라서 유족 보상 연금을 수급할 수 있는 유족은, 재해 노동자의 수입에 의해 생계를 유지하고 있었던 배우자·아이·부모·손자·조부모·형제자매로 한정된다. 유족 보상 일시금은, 유족 보상 연금을 수급할 수 있는 유족이 없을 때 등에 지불되는 보상이다.

○ **장례비용(葬祭料)**

장례비용이란, 노동자가 업무상의 부상 등에 의해 사망한 경우에 재해 노동자의 장례에 필요한 비용이 보상되는 제도이다. 장례비용은 유족 보상 지급금과는 달리, 유족의 생활을 보장하기 위해서가 아니라 장례비용을 보태기 위해서 지불된다. 그 때문에 수급 대상자는 유족에게 한정되지 않고 실제로 장례비를 지출한 쪽이 대상이 된다. 나아가 장례에 필요한 비용 전부가 지급되는 것은 아니므로 주의할 필요가 있다.

---

122) 労働災害による死亡事故で、遺族が受け取ることができる給付金と申請方法 | コラム | 労働災 (労災) の弁護士無料相談ならベリーベストの専門チームへ | (roudousaigai.jp. 2024.6.2)

(2) 노동자재해보상보험으로부터 지불되지 않는 돈

사망 사고가 발생한 경우에는 노동자재해보상보험으로부터 유족 보상 지급이나 장례비용 등이 지급된다. 그 때문에 남겨진 가족도 일정한 생활 보장을 받을 수 있다. 그러나 재해노동자의 수입에 의해 생계를 유지하고 있었던 가족으로서는 당장 집안의 기둥을 잃는 막대한 손해로 인해, 노동자재해보상보험 지급액만으로는 충분히 보상되는 일이 아니다.

예를 들면, 중요한 기둥이 되는 가족을 잃은 유족은 엄청난 정신적 고통을 입게 되지만 노동재해보험으로부터는, 재해노동자 본인 및 유족이 입은 정신적 고통에 대한 손해배상금인 「위자료」는 일절 지불되지 않는다. 따라서 위자료나 그 외의 손해의 배상은 노동재해보상보험이 아니라, 노동자피해보상보험을 일으킨 회사에 대해 청구할 필요가 있다. 단, 노동기준감독서에서 노동재해가 인정되었다고 해도 회사에 대한 손해배상 청구가 항상 인정되는 것은 아니다. 회사에 대해 손해배상을 청구하기 위해서는 노동재해에 관한 회사의 책임을 법률적으로 입증할 필요가 있다. 그 때문에 손해배상을 청구할 때에는 법률 전문가에게 상담하는 것이 좋다.

3) 배상금별 받을 수 있는 금액

사망 사고가 발생한 경우에는 노동재해보험으로부터는 얼마 정도의 배상금이 지불될까?

(1) 유족 보상 지급금 금액

유족 보상 지급금에는 유족 보상 연금과 유족 보상 일시금이 있지만, 각각의 금액의 계산 방법은 다음과 같이 크게 다르다.[123]

---

123) 労働災害による死亡事故で, 遺族が受け取ることができる給付金と申請方法 | コラム | 労働災 (労災) の弁護士無料相談ならベリーベストの専門チームへ | (roudousaigai.jp. 2024.6.2)

○ 유족 보상 연금

유족 보상 연금이 급부되는 대상이 되는 사람은, "유족 특별 지급금"과 "유족 특별 연금"도 지급
된다.

유족 보상 연금은 유족의 인원 수가 1명인 경우에는 수령금 기초 일액의 153일분(처가 55
세 이상 또는 일정한 장애 상태에 있는 경우는 175일분)의 금액이 연금으로서 매년 지급된
다."수령금 기초 일액"이란, 노동기준법의 평균 임금에 상당하는 액수이다. 구체적으로 사고
직전의 3개월간에 지불된 임금 총액(보너스나 임시로 지불되는 임금을 제외한다)을 달력의
날짜수(曆日数)로 나눈 1일 해당의 임금액이 된다.

○ 유족 특별 지급금

유족 보상 연금의 수급자에게는 유족 특별 지급금으로서 300만 엔의 일시금도 지급된다.
연금과는 다른 일시금이기 때문에 지급을 받을 수 있는 것은 1회로 한정된다.

○ 유족 특별 연금

유족의 인원 수가 1명인 경우에는 산정 기초 일액의 153일분(처가 55세 이상 또는 일정한
장애 상태에 있는 경우는 175일분)의 금액이 연금으로 매년 지급된다. 「산정 기초 일액」이
란, 사고 직전의 1년간에 지불된 임금 중, 지급 기초 일액의 산정으로부터 제외되고 있었던
보너스를 포함한 임금 총액을 365일로 나눈 1일 해당 임금액이다.

○ 유족 보상 일시금

유족 보상 일시금이 지급되는 대상이 되는 사람은, 「유족 특별 일시금」과 「유족 특별 지급
금」이 지급된다. 유족 보상 일시금은 재해노동자의 사망 당시 유족 보상 연금을 수령할 유
족이 없을 경우는, 수급권자에 대해 「급부 기초 일액」의 1000일 분의 금액이 일시금으로
지급된다. 또, 유족 보상 연금의 수령권자가 모두 실권(失権)한 때 등에는, 지급 기초일액의
1000일 분으로부터 이미 지급된 유족 보상 연금 등의 합계액을 공제한 금액이 일시금으로
서 지급된다.

○ 유족 특별 일시금

재해노동자의 사망 당시, 유족 보상 연금을 수령할 유족이 없을 경우에는, 수급권자에 대해,
「산정 기초 일액」의 1000일 분의 금액이 일시금으로서 지급된다. 또, 유족 보상 연금의 수
급권자가 모두 실권(失権)한 때 등에는, 산정 기초 일액의 1000일 분으로부터 이미 지급된
유족 특별 연금의 합계액을 공제한 금액이 일시금으로 지급된다.

○ 유족 특별 지급금

재해 노동자의 사망 당시, 유족 보상 연금을 수령할 유족이 없는 경우에는 수급권자에 대해 300만 엔의 일시금이 지급된다. 또한, 유족 특별 지급금은 유족 보상 연금의 수급권자가 모두 실권(失權)한 때 등에는 지급되지 않는다는 것에 주의해야 한다.

(2) 장례비용 수령 금액

장례비용 지급 금액은 다음 어느 하나 중에서 많은 쪽의 금액이 지급된다.

○ 31만 5000엔에 급부 기초 일액 30일 분을 더한 금액
○ 급부 기초 일액의 60일 분

4) 청구 수속의 흐름[124]

전술한 것과 같이 노동재해에 의한 사망 사고가 발생한 경우에는, 「유족 보상 급부」 및 「장례비용 지급」을 청구할 수 있다. 그럼 구체적인 청구 수속의 흐름에 대해서 확인해보자.

(1) 유족 보상 지급금의 청구 수속

유족 보상 지급을 청구하는 경우에는, 관할 노동기준감독서에 서류를 제출할 필요가 있다. 이러한 서류는 후생노동성의 홈페이지에서 다운로드할 수 있지만, 노동기준감독서의 창구에서 받는 것도 가능하다.

---

124) 労働者災害補償保険法とは？ 対象となる労働者や労働災害について解説 | コラム | 労働災（労災）の弁護士無料相談ならベリーベストの専門チームへ | (roudousaigai.jp, 2024.6.3)

① 유족보상연금을 청구하는 경우에 필요한 서류 [125]

○ 「유족 보상 연금·복수 사업 노동자 유족연금 지급 청구서(양식 제12호)」 (업무 재해의 경우)

○ 「유족연금 지급 청구서(양식 제16호의 8)」 (통근 재해의 경우)

또, 상기의 서류를 제출할 때에는 첨부 서류로서 이하의 서류도 함께 제출할 필요가 있다.

○ 피재해 노동자의 사망을 증명하는 서류(사망 진단서, 시체검안서, 검시 조서 등)

○ 피재해 노동자와 수급 자격자의 신분 관계를 증명하는 서류(호적 등본 등)

○ 피재해 노동자의 수입으로 생계를 유지하고 있었다는 것을 증명하는 서류

② 유족 보상 일시금을 청구하는 경우에 필요한 서류

○ 「유족 보상 일시금·복수 사업 노동자 유족 일시금 지급 청구서(양식 제15호)」 (업무재해의 경우)

○ 「유족 일시금 지급 청구서(양식 제16호의 9)」 (통근 재해의 경우)

또, 상기 서류를 제출할 때에는 첨부 서류로 이하의 서류도 함께 제출할 필요가 있다.

○ 피재해 노동자의 사망을 증명하는 서류(사망 진단서, 시체검안서, 검시 조서 등)

○ 피재해 노동자와 수급 자격자의 신분 관계를 증명하는 서류(호적 등본 등)

○ 피재해 노동자의 수입으로 생계를 유지하고 있었다는 것을 증명하는 서류

또, 유족 보상 지급 신청은 재해노동자가 죽은 날 익일부터 5년이 경과하면 시효에 의해 청구권이 소멸하게 된다. 따라서 청구권이 소멸되기 전에 빨리 수속을 실시하도록 한다.

(2) 장례비용의 청구 수속

장례비를 청구하는 경우에는 관할 노동기준감독서에 대해서 다음과 같은 서류를 제출해야 한다. 유족 보상 지급의 경우와 똑같이, 이러한 서류는 후생노동성의 홈페이지에서 다운로드할 수 있다. 또한, 노동기준감독서의 창구에서 입수하는 것도 가능하다.

---

125) 労働者災害補償保険法とは？ 対象となる労働者や労働災害について解説 | コラム | 労働災 (労災) の弁護士無料相談ならべリーベストの専門チームへ | (roudousaigai.jp. 2024.6.2)

○「장례비용 또는 복수 사업노동자 장례비용 지급 청구서(양식 제16호)」(업무 재해의 경우)
○「장례비용 지급 청구서(양식 제16호의 10)」(통근 재해의 경우)

장례비용의 경우에도 유족 보상 지급과 똑같이 사망 진단서, 호적 등본 등의 첨부 서류가 필요하다. 단, 유족 보상 급부를 청구했을 때에 이미 제출한 경우에는 다시 제출할 필요는 없다. 또한, 장례비용은 재해노동자가 죽은 날 다음날부터 2년이 경과하면 시효에 의해 청구권이 소멸하게 된다. 따라서 유족 보상 지급의 시효보다 기한이 짧다는 점에 주의해야 한다.

마지막으로 노동재해가 원인으로 노동자가 사망하게 되면 피재해 노동자의 수입에 의해 생계를 유지하고 있었던 유족은 갑작스럽게 생계비 조달이 막막하게 된다. 뿐만 아니라 가정의 기둥인 중요한 가족이 사망하게 되어 극심하게 정신적 고통에 시달리게 된다. 노동재해보험은 이러한 피재해 노동자 유족들의 생활을 보장하기 위해서 유족 보상 지급 등의 각종 보상 제도가 설치되어 있다. 유족들은 우선 노동재해보험부터 제대로 보상을 받도록 해야 한다.

그러나 노동재해보험에서 지급되는 보상만으로는 정신적 고통에 의한 손해배상 위자료는 청구되지 않아서, 그 밖의 면에서는 충분한 보상은 받을 수 없다. 따라서 사망 사고에 의해서 받은 손해의 배상을 적절히 청구하기 위해서는 노동재해를 일으킨 회사의 책임을 추궁할 필요가 있다. 따라서 회사에 대해 손해배상을 청구할 때에는 반드시 법률 전문가의 조언 등이 필요하다.

3. 그외 다른 사회보험 수령액과의 조정

1) 다른 사회보험 지급과의 조정

노동재해보험의 연금과 후생연금보험 등의 연금이 동일한 사유에 대해서 중복되는 경우, 노동재해보험 연금 액수는 정부령으로 정하는 비율에 따라 감액된다. 휴업 (보상) 급부와 후생연금보험 등의 연금이 동일한 사유에 대해서 병행 지급되는 경우도 같다.

2) 노동자재해보상보험과 민사 손해배상과의 조정

(1) 사업주 책임 재해의 경우(노동자재해보상보험 사고에 대해, 사업주에게 민사 배상의 책임이 있는 경우)

동일한 노동재해에 의해 발생한 손해에 대해서 노동재해보상보험 지급과 사업주로부터 민사 손해배상과 양자를 받을 수 있는 경우에는 이 양자 간에 조정을 한다.

(2) 제삼자 행위 재해의 경우(노동자가 제삼자의 불법 행위에 의해 업무 재해 또는 통근 재해를 입은 경우)

① 동일한 손해에 대해서 손해배상이 보험 지급보다 먼저 지불되었을 때는, 그 배상액의 한도로 보험금 지급이 감액된다.

② 보험 지급이 손해배상보다 먼저 지급되었을 때는 정부는 그 지급의 가액 한도로 수급자가 제삼자에 대해 가지는 손해배상 청구권을 대위 취득해, 제삼자에 대해 배상을 요구한다.

3) 노동 복지 사업

적용 사업에 관련된 노동자 및 그 유족의 복지 증진을 도모하기 위해 노동자재해보상보험 취학 등 원호비의 지급 등을 실시하고 있다.

4) 비용의 부담

노동자재해보상보험 사업에 필요한 비용은 사업주가 부담하는 노동자재해보상보험 보험료에 따라 조달되고 있다(일부 국고 보조).

또한, 노동자재해보상보험의 보험률은 사업주 간 부담을 공평하게 하기 위하여 사업의 종류마다 재해율 등에 따라 3년에 한 번 재검토해 정해진다(1000분의 4.5~1000분의 118).

4. '노동자재해보상보험법'과 위자료 지급

1) '노동자재해보상보험법'의 입법취지와 위자료

노동자재해보상보험법 제1조[126] 「노동자재해보상보험은 업무상의 사유, 사업주가 동일인이 아닌 2 이상의 사업에 사용되는 노동자(이하 "복수 사업 노동자") 2 이상의 사업의 업무를 요인으로 하는 사유 또는 통근에 의한 노동자의 부상, 질병, 장애, 사망 등에 대해 신속하고 공정하게 보호하기 위해 필요한 보험금 지급을 실시하고, 아울러 업무상의 사유, 복수 사업 노동자 2 이상의 사업의 업무를 요인으로 하는 사유 또는 통근에 의해 부상 또는 질병에 걸린 노동자의 사회복귀의 촉진, 해당 노동자 및 그 유족의 원호(援護), 노동자의 안전 및 위생의 확보 등을 도모해 노동자의 복지증진에 기여하는 것을 목적으로 한다.」고 규정하고 있다.

또한, 「동 법 제2조 노동자 재해보상 보험은 정부가 이것을 관장한다. 제2조의 2 노동자 재해보상 보험은 제1조의 목적을 달성하기 때문에, 업무상의 사유, 복수 사업 노동자의 2 이상의 사업의 업무를 요인으로 하는 사유 또는 통근에 의한 노동자의 부상, 질병, 장애, 사망 등에 관해 보험 급부를 실시하는 것 외에 사회복귀 촉진 등 사업을 실시할 수 있다. 제3조 이 법률에 있어서는, 노동자를 사용하는 사업을 적용사업으로 한다. ② 전항의 규정에 관계없이, 국가의 직영 사업 및 관공서의 사업(노동 기준법(1947년 법률 제49호) 별표 제1에서 거론하는 사업을 제외한다.)에 대해서는 이 법률을 적용하지 않는다.」[127]로 규정해 **정부가 이 법을 관장하지만, 정부의 직영사업이나 관공서가 발주한 사업은 적용하지 않는다는 예외 규정**을 두고 있다.

---

126) 労働者災害補償保険法 | e-Gov法令検索(2023.9.9)/
　　https://elaws.e-gov.go.jp/document?lawid=322AC0000000050_20220617_504AC0000000068
127) 労働者災害補償保険法 | e-Gov法令検索(2023.9.9)/

2) 노동자 재해사고발생과 위자료(慰謝料: 慰藉料) 청구[128]

일본의 노동자들은 작업현장에서 재해나 사고 등으로 매년 909명(2018년) 정도가 사망하고 있다. 이 수치는 1995년보다는 크게 줄어든 편이다. 하지만, 질병이나 부상 등 각종 노동재해에 의한 사고도 끊임없이 일어나고 있다. 일본은 노동자들의 재해피해가 발생할 때마다 회사는 종업원에 대해서 위자료나 위문금을 얼마나 지불하고 있을까? 즉, 일본에서는 노동자재해보상보험 사고 시의 위자료란 회사의 안전배려 의무 위반 등으로 노동자재해보상 사고가 일어났을 때, 종업원의 정신적 고통에 대해 지불되는 금전적인 위자료이다. 위자료에는 ① 통원(通院) 위자료 ② 후유장애 위자료 ③ 사망 위자료 등이 있다. 치료비나 휴업 보상, 후유증의 보상은 노동자재해보상보험으로부터 지급되지만 위자료는 지급되지 않는다. 그 때문에 회사는 회사부담으로 위자료를 지불할 의무가 있다.

노동자피해보상보험에 의해 노동자가 부상을 입은 경우에는 노동재해보험으로부터 다양한 지급금을 받을 수 있다. 그러나 여기에서 말하는 위자료는 노동재해보험의 지급 내용에 포함되어 있지 않아서 노동재해보험금을 받을 수 없다. 따라서 위자료의 청구는 노동재해보험 지급과는 다른 방법으로 청구해야 한다. 즉, 노동자의 피해보상보험의 발생 원인이 회사의 안전배려의무위반이나 제3자의 고의나 과실에 의한 행위인 경우에는 "회사나 제3자"에 대해 위자료를 청구할 수 있다.[129]

(1) 노동자재해보상보험을 이용해도 위자료는 청구할 수 없다.

위자료는 노동자재해보험 지급 대상 외이다. 그렇다고 해도 노동자재해보상보험에서 위자료의 청구를 단념할 필요는 없다. 노동자재해보상보험의 **발생 원인이 회사의 안전배려의무위반이나 제3자의 고의나 과실에 의한 행위가 인정되는 경우에는 회사나 제3자에 대해 위자료를 청구할 수 있다**. 그럼, 위자료를 청구할 수 있는 방법에 대해서 확인해보자.

---

128) https://atomfirm.com/jiko/38881#1,(2024.6.3)
129) 「労災事故で慰謝料を請求できる？相場額は？仕事中の怪我による精神的苦痛」,
https://atomfirm.com/jiko/38881#1(2024.6.2)

노동재해보험으로 청구할 수 있는 내용

노동자재해보상보험에 의해 노동자가 부상이나 질병을 입은 경우에는 노동재해보험을 지급받을 수 있다. 그러나 위자료는 노동재해보험에 의한 지급 대상은 아니다. 노동재해보험에 의해 지급되는 내용은 다음과 같다.[130]

① **요양보상 지급**

노동자재해보상보험에 의해 부상이나 질병이 발생했기 때문에 요양에 필요한 비용의 지급

② **휴업보상 지급**

노동자재해보상보험에 의한 부상이나 질병을 요양하기 위해 일을 할 수 없어서 임금을 받을 수 없는 손해에 대한 지급

③ **장애보상 지급**

노동자재해보상보험에 의해 부상이나 질병이 완치되지 않고 후유증이 남은 경우에 지급되는 일시금이나 연금

④ **유족보상 지급**

노동자재해보상보험에 의해 노동자가 사망한 경우에 유족이 받을 수 있는 일시금이나 연금

⑤ **장례비용의 지급**

노동자재해보상보험에 의해 사망한 노동자의 장례를 치르기 위해서 지급되는 보험금

---

130) 「労災事故で慰謝料を請求できる？相場額は？仕事中の怪我による精神的苦痛」,
https://atomfirm.com/jiko/38881#1(2024.6.2)

⑥ 부상이나 질병 보상 연금

노동자재해보상보험에 의해 부상이나 질병이 요양 개시 후 1년 6개월이 경과해도 완치되지 않아 병의 내용이 부상이나 질병 등급에 해당되는 경우에 지급

⑦ 돌봄 지급

장애연금이나 부상이나 질병 연금 수급자로 증상이 무거워 실제로 돌봄 지원을 받고 있는 사람에 대한 지급. 이와 같이 노동재해보험에 의한 지급 속에는 위자료가 포함되어 있지 않다.

원래, 위자료는 「노동자가 노동자재해보상보험에 의해 부상이나 후유장애를 입거나, 사망하는 등 정신적 고통을 금전화한 것」이다.

노동자재해보상보험은 치료를 위해서 실제로 드는 비용이나, 부상에 의해 일을 할 수 없게 된 것으로 발생하는 불이익에 대한 손해를 보충하기 위해서 금전적인 보상으로 지급하고 있기 때문에 위자료의 지불에 대한 이야기는 없다. 그 때문에 노동자재해보상보험이 일어났을 때 위자료를 청구하고 싶은 경우에는 노동자 재해보상보험 지급 청구와는 별도의 수단을 취할 필요가 있다.

노동자재해가 일어났을 때에 위자료를 청구하는 방법

노동자가 재해를 당했을 때에 위자료를 청구하려고 한다면 회사나 제3자에 대한 청구를 실시할 필요가 있다. 그러나 노동자재해보상보험이 발생한 경우에는 회사나 제3자에 대해 위자료를 반드시 청구할 수 있다고는 장담할 수 없다. 그 때문에 어떤 사안에서 어떤 이유라야 회사나 제3자에 대해 위자료의 청구가 가능해지는지를 소개하고자 한다.

① 회사에 대한 청구

회사에는 고용하고 있는 노동자에 대해서 노동자의 생명이나 신체에 손해가 발생하지 않도록 노동 환경을 정돈하도록 배려해야 한다는 안전배려의무가 있다.

구체적으로는 노동자가 다치지 않도록 직장의 안전 설비를 정비하고, 피로가 축적되지 않도록 노동 시간을 정할 수 있는 체제를 갖춘다는 것이다. 그 때문에 노동자재해보상보험의 발생 원인이 회사의 안전배려의무위반에 의한 경우에는, 회사에 계약 위반이 있다고 해서 위자료의 청구가 가능해진다.

② 제3자에게의 청구

노동자재해보상보험이 제3자의 「고의」나 「과실」에 의한 행위에 원인이 있는 경우에는, 제3자에 대한 불법 행위에 입각해 손해배상 청구가 가능하다.

구체적으로는 통근 도중에 교통사고가 있었던 경우에 가해자나 업무 중에 동료가 기계 조작을 잘못하여 다친 경우에 동료에 대해서 청구할 수 있다.

원래 어떤 경우에 노동자재해보상이라고 말할 수 있는지?

노동자재해보상보험이란 업무 중이나 통근 도중에 노동자가 부상·질병·사망 등의 피해를 받는 것을 말한다. 노동자재해보상보험에는 근무 중에 발생하는 「업무 재해」와 통근 중에 발생하는 「통근 재해」가 있다.

업무 재해는 다음과 같은 것이 있다.

○ 현장 작업 중에 발판이 무너지고 다쳤다.

○ 접객 중에 손님으로부터 폭행을 당했다.

○ 장시간 노동이 원인으로 우울증이 되었다.

또, 통근 재해는 다음과 같은 것이 있다.

○ 통근 도중에 강풍으로 쓰러진 간판에 의해 부상당한 경우 등.

○ 본업이 완료되어서 부업을 실행하기 위해 직장으로 향하고 있는 도중에 넘어졌다.

노동재해보상보험 지급에 있어서는, 업무 재해와 통근 재해로 청구할 때에 제출하는 서류가 다르다는 점에 주의가 필요가 있다.

(2) 위자료 청구액 소개

노동자재해보상보험을 청구할 수 있는 위자료는 어느 정도 정해진 적정한 산정액이 존재하고 있다. 즉, 위자료에는 3개의 종류가 있는데, 종류마다 각각 적정한 산정액이 정해져 있다.

위자료는 3종류가 있다.

노동자가 청구할 수 있는 위자료는 3종류가 있는데, 이 위자료의 내용과 청구할 수 있는 조건은 다음과 같다.

○ 입통원(入通院) 위자료
부상치료를 하기 위해 입원이나 통원을 실시한 것으로 발생하는 위자료
○ 후유 장애(後遺障害) 위자료
노동자에게 후유증이 남아 후유증의 증상이 후유장애에 해당되는 경우에 발생하는 위자료
○ 사망 위자료
노동자가 사망한 경우에 발생하는 위자료
사망 위자료는 노동자의 상속인이 된 유족이 청구 가능하다.

위자료 청구액을 종류별로 소개

위자료 청구액은 입통원 위자료, 후유장애 위자료, 사망 위자료별로 구분해 본다.[131]

---

131) 「労災事故で慰謝料を請求できる？相場額は？仕事中の怪我による精神的苦痛」,
https://atomfirm.com/jiko/38881#1(2024.6.3)

① 입통원 위자료 신청액

입통원 위자료의 신청액은 입원 기간이나 통원 기간에 따라 정해진다.
구체적으로는 다음의 계산표로부터 산출할 수 있다.

■ 입통원 위자료 평균 시세액(중상)[132]

	0월	1월	2월	3월	4월	5월	6월
0월	0	53	101	145	184	217	244
1월	28	77	122	162	199	228	252
2월	52	98	139	177	210	236	260
3월	73	115	154	188	218	244	267
4월	90	130	165	196	226	251	273
5월	105	141	173	204	233	257	278
6월	116	149	181	211	239	262	282
7월	124	157	188	217	244	266	286
8월	132	164	194	222	248	270	290
9월	139	170	199	226	252	274	292
10월	145	175	203	230	256	276	294
11월	150	179	207	234	258	278	296
12월	154	183	211	236	260	280	298

※ 단위는 만 엔

※ 왼쪽 세로의 구분이 통원 기간, 가로인 위쪽의 상단이 입원 기간에 해당한다.

　　예를 들면, 입원 기간이 2개월, 통원 기간이 4개월로 한 경우에는, 입통원 위자료는 165만 엔이 된다.

　　단, 부상의 내용이 편타성손상(교통사고후유증등), 가벼운 타박이나 좌상 등의 경상인 경우에는, 이하의 계산표
　　를 이용하기 바란다.

---

[132] 「労災事故で慰謝料を請求できる？相場額は？仕事中の怪我による精神的苦痛」,
　　　https://atomfirm.com/jiko/38881#1(2024.6.3)

■ 입통원 위자료 평균 시세액(경상)[133]

	0월	1월	2월	3월	4월	5월	6월
0월	0	25	66	92	116	135	152
1월	19	52	83	106	128	145	160
2월	36	69	97	118	138	153	166
3월	53	83	109	128	146	159	172
4월	67	95	119	136	152	165	176
5월	79	105	127	142	158	169	180
6월	89	113	133	148	162	173	182
7월	97	119	139	152	166	175	183
8월	103	125	143	156	168	176	184
9월	109	129	147	158	169	177	185
10월	113	133	149	159	170	178	186
11월	117	135	150	160	171	179	187
12월	119	136	151	161	172	180	188

※ 단위는 만 엔

※ 왼쪽 세로의 구분이 통원 기간, 가로 위쪽의 상단이 입원 기간에 해당한다.

1개월을 30일로서, 끝수가 발생한 경우에는 일당으로 계산을 실시한다. 예를 들면, 중상이라고 말할 수 있는 상처를 입어, 입원 기간이 30일(1개월), 통원 기간이 40일(1개월과 10일)의 경우에는 이하처럼 계산하면 된다.

77만 엔: 입원 1개월, 통원 1개월 +(98만 엔: 입원 1개월, 통원 2개월 -77만 엔) × 10/30 = 84만 엔

② 후유장애 위자료의 산정액

노동자에게 발생한 후유증의 증상이 후유장애에 해당한다고 판단된 경우에 청구가 가능하다. 후유장애에 해당하는 경우에는 장애의 정도에 따라 등급이 인정된다. 후유장애 위자료의 신청액은 인정된 등급에 따라 다르지만, 구체적으로는 다음과 같다.[134]

---

133) 「労災事故で慰謝料を請求できる？相場額は？仕事中の怪我による精神的苦痛」, https://atomfirm.com/jiko/38881#1(2024.6.3)

등급	위자료 산정액
1급	2,800만 엔
2급	2,370만 엔
3급	1,990만 엔
4급	1,670만 엔
5급	1,400만 엔
6급	1,180만 엔
7급	1,000만 엔
8급	830만 엔
9급	690만 엔
10급	550만 엔
11급	420만 엔
12급	290만 엔
13급	180만 엔
14급	110만 엔

후유장애로 인정되기까지 치료가 되고 있었으므로 입통원 위자료 청구도 가능하다.

③ 사망 위자료의 산정액

사망 위자료의 산정은 노동자의 가정의 입장에 따라 다른데 구체적으로는 다음과 같다.[135]

노동자의 입장	산정액
일가의 지주	2,800만 엔
모친·배우자	2,500만 엔
그 외 입장	200만 엔~2,500만 엔

노동자의 수입으로 가정의 생계가 이어지고 있었다고 말할 수 있는 경우에는 일가의 지주에 해당된다.

---

134) 「労災事故で慰謝料を請求できる？相場額は？仕事中の怪我による精神的苦痛」,
    https://atomfirm.com/jiko/38881#1(2024.6.3)

노동자가 사망하기까지 치료행위가 이어지고 있었던 경우에는, 입통원 위자료의 청구도 가능하다. 그러나 후유장애가 인정되어도 후유장애 위자료 청구는 실시할 수 없다.

위자료를 증액하는 이유에 주의

위자료의 금액은 노동자재해보상보험에서 각각의 사정에 의해 증액하는 일이 있다. 그 때문에 어떤 사정에 의해 증액할 가능성이 있는지에 대해서 알아 둘 필요가 있다. 기본적으로, 노동자의 정신적 고통이 크다고 말할 수 있는 사정이 있는 경우에는 증액 가능성이 있다. 구체적으로는 아래와 같은 사정이다.

❏ 노동자 재해의 원인이 회사의 위법한 행위 때문이었다.
❏ 노동자 재해 발생 후에 발생 원인이 된 제3자가 노동자를 돕지 않았다.
❏ 노동자 재해의 부상이 원인으로 일을 계속할 수 없었다는 것.
❏ 노동자 재해의 상처로 의해 여성의 얼굴에 큰 흉터가 남았다.

실제로 어떤 사정에 의해 증액하고 어느 정도 증액하는지는 불명확하기 때문에 전문가 확인을 거치는 것이 좋다.

(3) 위자료를 포함한 합의금으로 청구해야 하는 것[136]

노동자 재해의 발생 원인이 「회사」나 「제3자」에게 있을 경우, 위자료 이 외에도 청구가 가능하다. 위자료에만 정신을 빼앗겨 청구 누락이 일어나지 않도록 확실히 확인해야 한다.

합의금의 내역 / 위자료 이외의 손해

회사나 제3자에게 위자료의 청구가 가능한 경우에는, 위자료 이외에도 이하와 같은 손해에 대해 청구하는 것이 가능하다.

---

135) 「労災事故で慰謝料を請求できる？相場額は？仕事中の怪我による精神的苦痛」,
　　https://atomfirm.com/jiko/38881#1(2024.6.3)
136) https://atomfirm.com/jiko/38881#1(2024.6.3)

○ **치료비**

치료를 위해서 필요했던 비용

○ **입통원 교통비**

입원이나 통원하기 위해서 발생한 교통비

○ **입통원 시중드는 비용**

입원 중의 생활이나 통원할 때에 시중드는 도우미가 필요한 경우에 발생하는
비용

○ **입원 잡비**

입원 중의 생활 용품이나 통신비용 등

○ **휴업 손해**

부상 치료 때문에 일을 할 수 없어서 발생하는 손해

○ **일실(逸失) 이익**

후유장애 발생 또는 사망 등으로 장래에 얻을 수 있는 수입이 없어지는 손해

○ **장의비용**

장례를 실시하기 위해서 필요한 비용

○ **물손(物損)에 관한 비용**

위자료 이외에도, 물손에 관한 손해는 노동재해보험 지급 대상에서 제외되어
있다.

위자료뿐만 아니라, 이러한 손해에 대해서도 산정해 보상을 받을 필요가 있다.
노동자 재해 사고에 대한 보상에 대해서는, 「회사」나 「제3자」와의 「합의 교섭(의논)」
을 통해 금액이 확정된 경우에 합의금으로 받게 된다. 노동자 피해 사고에는 어떤
흐름으로 합의 교섭을 하는지에 대해서 관련 기사 「노동자 피해보상보험 사고의 합
의 교섭 흐름」에 대해서 자세히 분석해 볼 필요가 있다.

노동자 피해사고의 합의금에는 산정 자료가 있는지?

합의금이란 노동자 재해사고로 입은 손해에 대해서 당사자끼리 합의 교섭으로 결정된 손해 배상금의 모든 것을 말한다. 그중에는 실비를 청구해야 하는 것도 포함해서 노동자 피해보상 합의금에 산정자료가 있다고는 단언할 수 없다. 일견 똑같이 생각되는 노동자 피해사고로도 합의금은 완전히 다른 경우가 있다.

그러나 합의금 속에는 먼저 설명한 위자료와 같이 일반적으로 받아들이고 있는 산정 방법에 따라서 계산할 수 있는 비목도 있다. 여기에서는 일정한 계산 방법으로 청구액을 산정하거나 대략의 청구 상한액이 있는 「휴업 손해 · 일실(逸失) 이익 · 장례비용」에 초점을 맞춰서 설명하고 있다.

① 합의금의 산정액 / 휴업 손해는 얼마나 될까?

휴업 손해는 「회사」나 「제3자」에게는 급료를 「일당」으로 해서 휴업한 날짜를 곱한 금액을 청구할 수 있다.

노동재해 보상보험에는 일당으로 한 숫자의 6할에 휴업 날짜를 곱한 분의 금액밖에 청구할 수밖에 없기 때문에 전액 보상을 받을 수는 없다. 그 때문에 휴업 손해를 전액 청구하기 위해서는 「회사」나 「제삼자」에 대한 청구가 필요하다.

어떤 때에 휴업 손해를 청구할 수 있는 것인지와 휴업 손해의 계산 방법에 대해서는 「노동자재해보상보험으로 휴업 손해가 청구할 수 있는 경우란?」[137] 등에 자세히 해설하고 있다.

② 합의금의 산정액 / 일실(逸失) 이익은 얼마나 될까?

일실(逸失) 이익은 후유장애가 남은 경우에 청구할 수 있는 금전이다.

일실(逸失) 이익의 금액은 피해자가 증상이 고정된 연령, 노동자 피해 사고 전의 수입(1년 당 기초 수입), 인정된 후유장애의 등급에 따른 노동능력상실률 등을 이용해서 계산한다.

---

137) https://atomfirm.com/jiko/39290(2024.6.3)

일실(逸失) 이익을 계산하는 방식은 다음과 같다.

> **〈일실(逸失) 이익의 계산식〉**
>
> 1년당의 기초 수입 × 노동능력상실률 × 노동능력 상실기간에 대한 라이프니츠(Leibniz) 계수138)

이 계산식을 사용해서 일실 이익의 신청액을 계산해보자. 다음과 같은 예를 이용하고, 일실 이익의 조정액을 생각해보자.

예를 들면, 2020년 4월에 노동자 피해보상보험 사고가 일어나 동년 12월에 증상 고정이 되었다. 이재민은 47세, 후유장애 등급 10급이 인정되었다. 노동자 피해보상보험 사고를 당하기 전의 연 수입은 400만 엔이었다.

1년 당 기초 수입: 400만 엔 노동능력상실률: 27%

노동능력 상실 기간: 20년간에 상당하는 라이프니츠 계수: 14.8775

계산식에 적용시키면, 다음과 같다.

※ 400만 엔 × 0.27 × 14.8775= 약 1,606만 엔

   이 사례에 있어서 일실 이익의 청구액은 약 1,606만 엔이 된다.

합의금을 산정할 때에는 일실 이익의 계산 방법도 참고로 하고, 후유장애에 관해 얼마의 보상을 요구하는지 생각해보자. 이때 일실 이익의 산정은 복잡한 계산 공정이 되기 때문에 변호사나 전문가의 확인이 필요하다.

한편, 노동재해보험으로부터는 후유장애 등급에 따라 장애보상 급부도 수령할 수 있다. 장애보상 수급은 1급으로부터 7급까지는 연금 형식, 8급부터 14급까지는 일시금 형식으로 수령되고, 한층 더 조건에 들어맞는 경우에는 별도 특별 지원금이 지급된다. 노동재해보험 급부를 받고 있는 경우에는 일실 이익의 전액을 청구할 수 있는 것은 아니다.

---

138) https://www.takasaki-jiko.net/faq/faq-3135.(2024.6.3). 노동재해로 상실된 이익을 청구하는 경우, 미래에 수십 년 동안 받을 수 있는 수입을 청구하는데 사용하는 수학적인 계산방식의 하나다.

① 합의금의 산정 시세 / 장례비용은 얼마인가?

장례비용은 대략 150만 엔을 상한으로서 실제로 들인 비용을 청구하는 것이 일반적이다. 그 때문에 조정액보다도 실비라고 생각하는 것이 좋다.

노동재해보험으로부터는 장례비용으로서 다음 어느 쪽이든 높은 액이 지급된다.

❍ 315,000엔 + 급부 기초 일액의 30일분

❍ 급부 기초 일액의 60일분

노동자 피해사고로 사망한 사람의 수입에 따라 지급액이 정해지기 때문에 실제 장례에 들인 비용의 모든 것이 보전된다고는 할 수 없다. 그 때문에 만약 실제의 장례에 들인 비용이 노동재해보험의 장례비용을 웃도는 경우에는 상대방에게 청구할 수 있을 가능성이 있다.

노동재해보험 급부를 받고 있는 경우의 주의점

회사나 제3자에게 청구가 가능하다고 해도 이미 노동재해보험으로부터 지급받고 있는 경우에는, 지급받은 부분은 청구할 수 없다. 즉, 이미 지급을 받고 있는 부분에 대해서는 감액하고 청구 금액이 정해지는데 이러한 감액을 '손익 상쇄'라고 한다. 지급받은 부분이라고 말할 수 있는 것은 동일한 내용인 것이 필요하다. 동일한 내용으로 판단되는 것은 구체적으로는 다음 내용과 같다.[139]

노동재해보험의 지급 내용	재해배상청구 내용
요양보상보험	치료비
장례비	장의비용
휴업보상급부 상병보상연금	휴업손해
장애보상급부 유족보상급부	일실 이익

---

139) 「労災事故で慰謝料を請求できる？相場額は？仕事中の怪我による精神的苦痛」,
    https://atomfirm.com/jiko/38881#1(2024.6.3)

단, 노동재해보험에 의해 지급되는 특별 지급금 손해의 보전이 아니라 노동자의 복지라는 다른 목적 때문에 지급되므로, 동일한 내용으로는 판단되지 않는다. 그 때문에 특별 지급금이 지급되는 경우에는 노동재해보험에 의한 지급을 받아야 한다.

특별 지급금을 받게 되는 노동자 피해보상보험의 지급은 다음과 같다.

○ 휴업 보상 지급

○ 장애 보상 지급

○ 상병 보상 지급

○ 유족 보상 지급

노동자 피해보상보험으로부터 급부되는 특별 지급금은 얼마인가? 또한, 회사나 제삼자에게의 청구와 노동재해보험 급부의 청구 어느 한 쪽뿐만 아니라, 양쪽 다 잘 청구해 가면 최대한의 보상을 얻을 수 있게 된다.

노동자에게 과실이 있는 경우에는 감액된다.

노동자 피해보상보험 발생의 원인에서 노동자의 과실이 있는 경우가 있다.

구체적으로는 설비 불량에 대해서 노동자가 눈치챌 수 있었을 텐데도 주의를 기울이지 않은 경우나 교통사고가 일어났을 때에 노동자도 교통위반 행위를 했을 경우 등이다.

이러한 경우로 회사나 제3자에게 청구하는 경우에는 노동자 측의 과실 비율에 따라 청구액이 감액된다는 과실 상쇄가 행해진다. 노동재해보험의 급부를 받는 경우에도 급부액이 제한될 가능성이 있는데, 이 경우 노동자 피해보상보험의 원인이 노동자의 고의나 중대한 과실에 의한 경우에 한정된다.

또, 제한 대상도 지급되는 것 모두가 아니라, 일부의 지급에 대해서 몇 할이나 감액이 될 뿐이므로, 감액의 정도는 과실 상쇄보다 작다.

과실 비율의 판단은 불명확한 부분이 있기 때문에 정확한 과실의 정도를 알기 위해서는 전문적인 법률 지식이 필요하다.

제4장

영국의 산업안전보건법
관계 법령

영국 편

- 제1절 영국의 산업안전보건법의 발전 과정
- 제2절 2008년 산업안전보건법(HSWA)의 개정과 보건안전청 설치

영국의 산업안전보건법의 발전 과정

1. 역사적 배경

1) 영국의 노동재해의 효시

(1) 노동재해나 직업성 질병의 역사를 살펴보면, 몇 천 년 전 고대 이집트 피라미드 등 건설공사에 있어서도 무수한 추락, 전락, 붕괴 등의 사상 재해 사고가 발생하였을 것이다. 직업성 질병에 대해서는 의학의 시조라고 하는 히포크라테스(Hippocrates, BC460경~370경)가 기록한 광산 작업 종사자와 금속 가공업 종사자에게 나타난 납중독 등이 있다.

(2) 영국은 EU의 노동재해에 대한 입법지침이 이루어지기 이전부터 산업안전보건에 관한 오랜 전통적인 특성을 갖고 있었다. 즉, 영국은 18세기 유럽의 산업혁명 이후 표면화해 온 노동 재해에 대응하기 위해 법령으로 사업자에 대해 노동재해방지 의무조치를 취하게 했다. 그 효시는 1961년에 제정된 일련의 '공장법(Factory Acts)'과 1963년 사무실, 점포 및 철도 시설법이 있는데, 당초는 면방직 공장에서 일하는 10대의 청년노동자의 노동 시간, 위생 상태 등을 규제하는 것이었지만, 서서히 공장에서의 노동재해를 방지하는 규칙이 제정 시행되었다.[1]

(3) 하지만, 영국은 1968년 글래스고(Glasgow)의 제임스 와트 스트리트 화재 (James Watt Street fire)로 공장 노동자 22명이 사망하는 비극적인 사건들 (A series of tragic events)이 일어나면서 근로자의 기본적인 건강과 안전 보호

---

1) https://www.jisha.or.jp/international/sougou/pdf/uk_04.pdf(2024.6.9)

가 부족해 위험성이 심각함을 드러냈다. 1974년 6월 1일, 산업안전보건법이 도입된 이후에도 잉글랜드 중부 플릭스버러(Flixborough) 마을 근처 나이프로 (Nypro) 회사 화학 공장에서 화재가 발생 28명이 사망하고 36명이 중상을 입었다. 당시 영국의 어떤 법률에도 화학 공장이나 사무실에 대해서는 다루지 않아 근로자와 대중이 위험에 노출되었다.[2]

따라서 영국은 1974년에 산업안전보건법(Health and Safety at Work Act 1974)을 제정해 고용주들이 지켜야 할 가이드(A guide for employers)를 만든 것이다. 이 법 조항을 분석해 보면, 동 법의 역사, 적용 대상, 고용주가 준수해야 할 책임에 대해 설명하고 있다. 법 조항이 길고 중복된 부분이 많아 이해하기 힘든 긴 법률 조항이기도 하지만, 지금도 이를 준수하지 않을 경우 산업안전보건법 위반으로 벌금과 평판 손상에 크게 영향을 미칠 수 있다. 1974년 산업안전보건법(HSWA)이 제정된 지 40년이 지났지만 오늘날의 직장에서도 여전히 관련성이 있다.

2) 1970년대 산업안전보건법의 태동

(1) 먼저 스스로 자주적으로 대응하는 형태의 재해방지

(2) 법률로는 원칙적인 규정을 두어 그것을 보완하는 것으로서, 규칙이나 실시 준칙 등을 마련하는 것 등 노동안전위생대책이 도입되었다. 그 대표적인 예가 1972년에 공표된 영국의 로벤스 보고(Report of the Committee, 1970 – 1972 조사, 위원장 Lord Robens)에 의해 1974년에 제정 시행된 영국의 "**산업안전보건법**(Health and Safety at Work etc. Act 1974", 약칭 "HSWA")과 영국의 산업안전보건 관계 행정 조직으로서의 **보건안전위원회**(Health and Safety Commission: 약칭 HSC) 및 HSC의 리더십 하에서의 집행기관으로서의 **보건안전청**(Health and Safety Executive: 약칭 HSE)의 설립과 그 활동 개시를 들 수 있다. 또, 2008년의 HSWA의 개정(산업안전보건행정의 더 효율적인 집행을 목적으로 하는

---

2) https://worknest.com/blog/health-safety-work-etc-act-1974/(2024.9.23)

법적인 제도 개정)에 의해 종래의 HSC와 HSE는 일단 폐지되고, 산업안전보건 행정 기구는 통합되어 HSE로 일원화되었다.[3] **보건안전청**은 별도의 웹사이트를 운영하고 있다.[4]

2. 1970년의 로벤스(Lord Robens) 보고서의 개요

1972년 6월에 영국 노동고용성에 제출된 보고서 「**산업안전보건법**(Safety and Health at Work)」에는 「제1장 현 시스템 어디가 나쁜가?」를 시작으로, 「제4장 새로운 법령의 구조」, 「제5장 새로운 입법의 형태와 내용」 등이 나온다. 이 보고서에는 영국의 공장법 제정 이래 노동안전위생시스템의 문제점을 시정하고자 함과 동시에 다음과 같은 개선 대책도 제시했다. 그 제언의 요점은 다음과 같다.

- 안전 위생 문제를 관할하는 행정 조직이 8개의 부처로 너무 세분되어 있다.
- 너무 세분화되어 방대한 관계 법령(8개의 법률, 500종 이상 넘을 정도의 규칙의 종류)
- 세분화된 법률과 너무 많은 규칙에 의해서 사업자의 책임이나 자주성, 자발적인 대처가 경시되는 결과를 낳고 있다.
- 너무 세분화된 행정 조직, 법령 등과 함께 인적, 조직적 요인 등이 충분히는 고려되지 않은 법령으로 기술 혁신에 신속하게 대응을 할 수 없는 시스템이다.

3. 1972년의 산업안전보건법(HSWA)의 제정 및 동법의 개요

1) 산업안전보건법(HSWA)의 제정

로벤스 보고서를 기초로 1974년에 "**산업안전보건법**(Health and Safety at Work etc. Act 1974)"이 제정되었다. 이를 바탕으로 「**보건안전위원회**(Health and Safety

---

3) uk_04.pdf (jisha.or.jp) (2024.6.9)
4) https://www.hse.gov.uk/(2024.4.28)

Commission, 약칭 HSC) 및 HSC의 정책을 집행하는 기관으로 「**보건안전청**(Health and Safety Executive, 약칭 HSE)이 발족했다.

그 기본적인 정신으로는 ① 자주적인 대응 ② 법률적으로 원칙적인 규정을 두고 그것을 보완하기 위해서 아래와 같이 규칙(Regulations), HSC가 공인한 실시 준칙 (Approved Code of Practice. 이하 "ACOP"라고 한다.), 지침(Guidance) 등이 있다.

HSE 규칙(Regulations) 및 공인 실시준칙(Code of Practice)
산업안전보건관계법 제정 및 관련 체계[5]

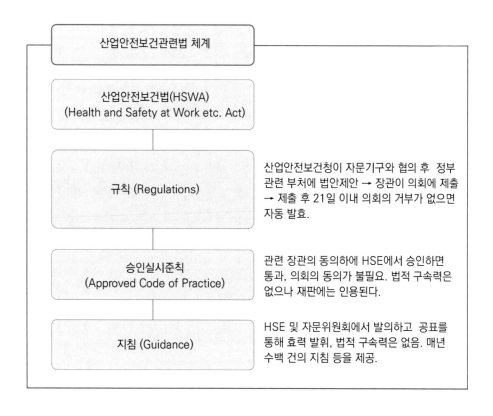

---

5) 산업안전공단 「영국 산업안전보건 제도와 활동」 2013년. 13쪽

2) 산업안전보건법(HSWA)의 개요

산업안전보건법의 개요를 보면, 동법 중 가장 중요한 제2조로부터 제7조까지의 규정은 전체(목차, 단, Schedules(별표)는 제외)는 다음과 같다.

(1) 「사업자가 노동자에 대해서 지는 일반적인 의무(동법 제2조)의 내용으로서, 「취업 중의 안전, 위생, 복지」, 「안전하고 건강에의 위험이 없는 기계 설비」, 「물품, 물질의 사용, 조작, 저장 및 수송에 관련된 안전과 위험의 제거」 등이 규정되어 있다. 단, 그 어느 것도 「합리적으로 실행 가능한 한(so far as is reasonably practicable)」이라는 한정된 단서가 붙어있다.

또한, 여기에서 「합리적으로 실행 가능한 한(so far as is reasonably practicable)의 한정 단서에 관해서는, 영국의 산업안전위생관계법 체계와도 관련해서 다음과 같은 것을 알아 둘 필요가 있다.

(a) 영국의 직장에서 산업안전보건법 체계에 있어서도, 합리적으로 실행 가능한 한 법률 규정준수는 당연한 것이지만, 규칙(Regulations)도 당연히 준수하여야 한다. 만약, 이러한 법령 위반에 관해 소송이 제기되었을 때는, 피고(사업자)는 이러한 법령규정 의무 또는 요건을 채우기 위해서 실제로 행해진 것 외에도, 실행이 불가능했는지? 또는 이러한 법령이 규정하고 있는 조치가 합리적으로 실행이 불가능했는지? 혹은 실제로 행해지고 있었던 것 이상의 최선 수단은 없었던 것인지를 증명할 의무가 있다(동법 제40조).

(b) 지침(Guidance), 공인 실시 준칙(ACOP)에 대해서 사업자(사용자)는, 준수하는 것을 강제는 당하지는 않더라도, 이러한 지침(Guidance) 또는 공인 실시 준칙(ACOP)이 준수되지 않은 상황에서 재해가 발생한 경우, 사업자는 이러한 지침 또는 공인 실시 준칙과 동등 이상의 다른 방지 대책을 강구하고 있었던 것을 증명하지 않는 한, 책임을 추궁당하게 된다. 특히, 공인 실시 준칙(ACOP)에 대해서는 산업안전보건법(HSWA) 제17조에 의해서, 형사소송 공인

실시 준칙(ACOP)의 적용에 관해, 사업자가 다른 방법으로 동등 이상의 조치를 강구하고 있었던 것을 증명하지 않는 한, 이 공인 실시 준칙(ACOP) 형벌 규정에 저촉된다.

(c) 이러한 지침(Guidance),[6] 공인 실시 준칙(ACOP)에 대해서는 다양한 분야에서 많은 내용이 공개되고 있어서 HSE의 Website에서 다운로드할 수도 있다. 뿐만 아니라, HSE의 Book Store에서 유료로도 입수할 수 있는 형태 등으로 거의 대부분이 공개되고 있다.[7] 지침의 주된 목적은 법 규정을 이해하기 쉽고, 산업안전보건법에 어떻게 대응할지 등의 법규준수 지원에 있다. 또한, 지침은 기술적인 조언뿐만 아니라, 강제성은 없어도 사업자가 법을 준수하기 위한 충분한 실마리를 찾도록 판단 자료도 제공하는 데 있다. 공인 실시 준칙은 뛰어난 실시내용(good practice)의 구체적인 제공에 목적이 있다. 즉, 공인 실시 준칙은 어떻게 하는 것이 합리적으로 실행이 가능할지 등에 대한 가이드를 제시함과 동시에 법 준수 방법 등에 대한 조언이다. 예를 들면, 규칙에서 적절하고 충분(suitable and sufficient)하게 표현되지 않은 부분에 대해서는 공인 실시 준칙에서 표현의 구체적인 상황에 대해서 설명해 주고 있다.

공인 실시 준칙은 법률상 특별한 존재이다. 사업자가 안전위생에 관한 법규 위반으로 기소되었을 경우, 공인 실시 준칙의 해당 조항을 사업자가 준수하지 않았다는 것이 입증되었을 때에, 다른 어떤 대응 조치로 법규를 준수하고 있었다고 하는 것을 사업자가 증명할 수 없는 한, 재판소는 사업자의 책임을 묻게 된다.

규칙은 의회에 의해서 승인된 법이다. 따라서 규칙은 통상 보건안전청의 제언으로 산업안전위생에 관한 법규를 바탕으로 작성된 법규이다. 이 규칙은 EU의 지령에 따른 규칙으로 국내의 규칙과도 똑같이 적용되는 것이다. 지침이나 공인 실시 준칙은 어드바이스에 해당한다. 그러나 일부 리스크에 대해

---

6) HSE Guidance;http://www.hse.gov.uk/guidance/index.htm(2024.1.29)
7) HSC가 승인한 실시 준칙(Approved Code of Practice ACOP) 테마마다 선택하고, 각각의 Website에 액세스하면, 입수할 수 있다. http://www.hse.gov.uk/pubns/books/l5.htm(2024.1.29)

서는 그 리스크가 매우 크든지, 적절한 관리수단이 아주 고가일 경우, 이런 리스크에 어떻게 대처할까 하는 것을 사업자의 재량에 맡기기에는 적절하지 않은 경우가 있다. 규칙은 이러한 리스크를 특정해 강구하지 않으면 안 되는 조치를 구체적으로 규정하고 있다. 가끔씩 이러한 조건이 절대적이고. 합리적으로 실행 가능할까 어떨까 문제는 '별도로 이것 이것을 하세요'하는 권유 형태를 취하고 있다.

(d) 영국은 2012년 런던 올림픽을 계기로 대회장의 안전 및 인프라 정비 등 건설 사업에 관련해 사망 재해를 제로로 한 사례가 있다. 이를 위해 영국은 발주자나 설계자의 책무에서 시공자나 작업원의 책임도 함께 지도록 하는 벌칙 규정을 강화했다. 동 규칙은 건설(설계와 매니지먼트) 규칙(Construction(Design and Management) Regulation: CDM)이라고 한다. 즉, 시공자나 발주자뿐만 아니라, 설계사나 관리자, 작업원도 함께 책임지는 규칙이다. 이 규칙은 1994년에 처음으로 만들어져 2007년과 2015년에 각각 개정되었다.

아래에서는 영국의 보건안전위생 관련 기관인 보건안전청(HSE), 안전위생연구소(Health & Safety Laboratory: HSL), 노동조합 회의(Trades Union Congress: TUC), 영국 산업연맹(Confederation of British Industry: CBI) 등을 살펴본다.

영국에서는 "리스크를 발생시키는 사람 또는 조직이 리스크를 제거 또는 저감하는 책임을 진다."라고 하는 대 원칙이 있다. "리스크를 발생시키는 사람 또는 조직"이란, 올림픽 등의 대회장 정비나 인프라 정비 사업 등으로 발주자가 책임을 진다. 왜냐하면, 발주자가 토지를 정비하고 거기에 구조물을 건설하는 사업을 일으키기 때문이다. 그렇게 생각한다면 확실히 존재하지 않았던 리스크가 발주자에 의해서 발생하는 것이므로, 발생시킨 본인 또는 조직 자체가 그것을 관리(제거 또는 저감)하는 것이 보다 더 논리적이다. 발주자의 경우, 왕왕 전문적인 지식이 없어서 설계자나 시공자, 작업원 등과 협력하여 리스크를 관리해야 한다. CDM이 성립된 배경에는 2000년에 들어와서 노동 사망재해가 급속도로 증가해 하나의 현장에서 4명이 사망하는 사고가 계기가 되었다. 그 사고는 당시 토니 블레어(Tony Blair) 정권의 부총리였던 존 프레스코트(John Prescott)의 선거구(Kingston upon Hull East)에서 사망재해가 발생해 존 프레스코트는 매우 큰 충격을 받고, 2001년 2월 관련 업계 단체의 CEO회의를 개최하게 되었다. 동 회의에서, 건설공사 중의 사상재해 이재민, 가해자, 이재민 소속기업 CEO, 이재민의 가족 등이 참가하는 숙연한 회의 장면이었다.[8] 당시 증언자들의 숙연했던 인터뷰 동영상을 본 회의장은 몇 분간 정적에 휩싸였다고 한다. 여기에서 '소위' **영국 "Safety Culture**(안전 문화)"가 전환되어 바뀌게 되었고 사망자 숫자도 2/3로 크게 줄어들었다고 한다.[9]

오늘날 영국의 "Safety Culture(안전 문화)"가 정착된 것은 발주자, 설계자, 시공자, 작업자가 스스로 안전 위생을 진지하게 파악하여 그 리스크를 줄이기 시작해, 리스크를 제거 또는 저감하기 위해 어떻게 하면 좋을지를 진지하게 생각하고 공동으로 노력한 덕택이다. 그 후로도 영국 정부(HSE나 HSL)는 업계 단체와 하나가 되어 안전 위생 정책에 적극 임하게 된다. 특히, 영국정부(HSE, HSL)는 2012년 런던 올림픽 준비를 약 6여 년 전부터 시작하고 있었다. CDM이 개정된 것도 2007년이기 때문에, 아마 2012년 런던 올림픽을 대비한 것으로 보인다. 런던 올림픽 준비를 위해 보건안전청(HSE)이 구체적으로 보건안전위생을 지원한 것은 올림픽 개발청(Olympic Development Authority: ODA)의 일이었다. 올림픽 개발청(ODA)은 각종 건설공사 발주자로서, 발주자가 개최하는 연락협의회 등에 적극적으로 동참해서 안전 위생을 지원한 것이었다. 동 연락 협의회는, 발주자, 설계자, 시공자 등으로 구성되어 있었는데, 여기에서는 일어날 수 있는 모든 리스크를 사전에 줄이기 위해서 리스크의 제거 또는 저감을 도모하는 일을 실행에 옮겼다. 또한, 여기서 중요한 것은 보건안전청(HSE)은 리스크의 책임을 지는 곳이 아니라는 점이다. 앞에서 언급한대로, 어디까지나 리스크의 소재는, 리스크를 발생시키는 사람 또는 조직에 책임이 있

---

8) http://www.hse.gov.uk/construction/resources/turning-concern-into-action.htm: 영국 HSE의 사이트(2024.5.6)

9) https://breathefreely.org.uk/protecting-workers-health-in-construction/(2024.5.6)

다. **HSE의 역할은 리스크의 색출, 리스크의 제거 또는 리스크의 저감을 재촉하는 일이다.** 이렇게 영국 정부와 업계는 보건안전 위생에 대해서는 일체가 되어 임함에 따라 사망 재해는 제로가 되었다. 당시 영국의 총 노동시간 수는 약 8,000만 시간에 이르렀지만, 상해·질병·위험발생 보고서 규칙(Reporting of Injuries, Diseases and Dangerous Occurrences Regulations)에 의하면, 겨우 150 이하에 머물러 도수율도 0.16에 불과하다.

그런데 CDM2007에는 특징적인 것이 보인다. 그것은 CDM 코디네이터(CDM coordinator: CDMC)를 마련한 것이었다. 발주자는 왕왕 전문적인 지식을 가지고 있지 않기 때문에, CDMC는 발주자에게 조언과 충고를 해줌과 동시에 설계자, 시공자 등과 발주자와의 연락 조정 역할도 수행하였다. 단, CDMC는 컨설턴트가 주로 담당하고 있었기 때문에, 담당하는 건설 프로젝트에는 공동으로 임해야 한다는 의식이 남아 있지 않았다. 즉, 어느 쪽인가 하면 제3자적인 역할에 머물러 잘 기능하지 않은 사례가 많았다. 따라서 실질적으로 건설 프로젝트에 공동으로 임하기 위해, CDM2015에서는 CDMC를 폐지하고 새롭게 Principal Designer(주설계자)라는 역할을 부여하게 되었다. 주설계자는, 건설 프로젝트의 설계를 담당할 뿐만 아니라, CDMC의 역할이었던 발주자에게 어드바이스, 설계자나 시공자 간의 연락 조정 역할도 담당하게 했다.

CDM의 개정과 같이 영국에서는 규칙에 관해서도 PDCA(Plan, Do, Check, Act)의 수행도 아주 철저한 편이다. 즉, 규칙을 기획·입안(Plan)하고 실행(Do)해서 체크(Check)한다. 그 규칙에 개선의 여지가 인정된다면, 보다 좋은 것으로 개선(Act)한다.

단, 이들을 포함한 HSE의 행정 시책은 TUC나 CBI의 인터뷰에 따르면, 반드시 좋은 면만 있는 것이 아닌 것 같다. HSE에서는 '**공인 실시 준칙**(Approved Code of Practice: ACOP)'이라는 실시 준칙이 있다. ACOP는 법률을 준수하는 방법에 대해서 어드바이스를 주는 것이다.

HSE에서는 ACOP의 수를 줄이자는 움직임이 있다. TUC는 노동자 단체이기 때문에, 법률이나 규칙을 알기 쉽게 해설한 ACOP가 줄어들면 곤란하게 된다. 한편, CBI

는 대기업 단체이기 때문에, 보다 비즈니스 찬스를 생각하고 있어 조금이라도 HSE에 의한 규제는 적은 쪽이 좋다고 생각한다. CBI는 ACOP에는 만족하고 있지만, 이 이상의 사무의 증대는 바람직하지 않다고 생각한다. CDM2015에 대해서도 지금까지의 규칙으로 만족하고 있었음에도 불구하고, 또 개정되어 새로운 서류 작성 작업이 늘어나는 게 아닐까 염려한다. HSE의 감독관이 건설공사 현장을 시찰해 뭔가 보건안전위생의 향상을 지도한 경우, 지도받은 측은 그 감독관의 시급을 지불해야 한다.[10]

(2) 상기 (1)에 규정된 법적 의무의 위반에 대해서는 벌칙이 적용된다. 예를 들면, 동법 제2조로부터 제6조까지의 위반에 대해서는, 2008년 개정 후의 동법의 별표 제3 A에 다음과 같이 규정되어 있는 것처럼 벌칙이 적용된다.

위반 조항	약식 재판의 경우	정식재판의 경우
어떤 사람이 제2조에서 제6조까지의 의무 이행을 게을리해 제33조 제1항 (a)의 위반	12개월을 넘지 않는 금고 혹은 20,000 파운드를 넘지 않는 벌금 또는 이러한 양쪽이 병과된다.	2년을 넘지 않는 금고 혹은 벌금(상한이 없는 판결에 의해 정해진다.) 또는 이러한 양쪽이 병과된다.
어떤 사람이 제7조 의무 이행을 게을리해 제33조 제1항(a)의 위반	12개월을 넘지 않는 금고 혹은 법정 한도를 넘지 않는 벌금 또는 이러한 양쪽이 병과된다.	2년을 넘지 않는 금고 혹은 벌금(상한이 없는 판결에 의해 정해진다.) 또는 이러한 양쪽이 병과된다

(3) 이와 같이 영국의 산업안전보건정책은 국제노동기구(ILO)나 EU를 중심으로 하는 유럽제국의 안전위생대책에도 크게 영향을 미치고 있다. 다음은 영국의 HSWA의 원문 번역 내용이다.[11] 이 내용은 1974년 제정 이후 2024년 1월 29일 현재 변경 사항을 요약한 법규이다.

---

10) 労働安全衛生総合研究所「建設業における英国の安全衛生の考え方-英国を調査して」(2015), 2020 東京オリンピックの会場整備、インフラ整備等の事業調査報告書.
   https://www.jniosh.johas.go.jp/publication/mail_mag/2015/84-column-3.html(2024.6.28)
11) http://www.legislation.gov.uk/ukpga/1974/37/contents(2024.1.29)

산업안전보건법(HSWA) 원문	번역문
2. General duties of employers to their employees.	2. 근로자에 대한 고용주의 일반적인 의무
(1) It shall be the duty of every employer to ensure, so far as is reasonably practicable, the health, safety and welfare at work of all his employees.	(1) 고용주는 합리적으로 실행 가능한 범위 내에서, 모든 종업원의 보건, 안전, 복지를 보장하는 의무를 진다.
(2) Without prejudice to the generality of an employer's duty under the preceding subsection, the matters to which that duty extends include in particular—	(2) 위의 조항에서 규정한 고용주의 일반적인 의무를 침해하지 않고, 그 의무가 확대되어 적용되는 사항은 아래와 같다. 특히,
(a) the provision and maintenance of plant and systems of work that are, so far as is reasonably practicable, safe and without risks to health;	(a) 합리적으로 실행 가능한 범위 내에서 안전하고 건강에 위험이 없는 기계설비 및 작업시스템 제공 및 유지관리. *역주 plant=장비, 기계 등
(b) arrangements for ensuring, so far as is reasonably practicable, safety and absence of risks to health in connection with the use, handling, storage and transport of articles and substances;	(b) 합리적으로 실행 가능한 범위 내에서, 물품과 물질의 사용, 취급, 저장 및 운송에 관련하여 안전하고 건강을 위협하는 요소가 없도록 환경을 보장하기 위한 제도.
(c) the provision of such information, instruction, training and supervision as is necessary to ensure, so far as is reasonably practicable, the health and safety at work of his employees;	(c) 합리적으로 실행 가능한 범위 내에서, 직장 내 종업원의 고용 중 건강과 안전을 보장하는데 필요한 정보, 지시, 교육 및 감독의 제공.
(d) so far as is reasonably practicable as regards any place of work under the employer's control, the maintenance of it in a condition that is safe and without risks to health and the provision and maintenance of meansof access to and egress from it that are safe and without such risks;	(d) 합리적으로 실행 가능한 범위 내에서, 고용주가 관리하는 작업장과 관련하여, 안전하고 건강에 위험이 없는 상태로 작업장을 유지하고, 안전하고 보건 위험이 없는 접근 및 탈출로의 제공과 유지.
(e) the provision and maintenance of a working environment for his employees that is, so far as is reasonably practicable, safe, without risks to health, and adequate as regards facilities and arrangements for their welfare at work.	(e) 합리적으로 실행 가능한 범위 내에서, 종업원의 복지를 위해 안전하며 건강에 위협이 되지 않도록 하는 시설과 준비로 적합한 작업환경 제공과 유지관리.

(3) Except in such cases as may be prescribed, it shall be the duty of every employer to prepare and as often as may be appropriate revise a written statement of his general policy with respect to the health and safety at work of his employees and the organisation and arrangements for the time being in force for carrying out that policy, and to bring the statement and any revision of it to the notice of all of his employees.

(4) Regulations made by the Secretary of State may provide for the appointment in prescribed cases by recognised trade unions (within the meaning of the regulations) of safety representatives from amongst the employees, and those representatives shall represent the employees in consultations with the employers under subsection (6) below and shall have such other functions as may be prescribed.

(5) (repealed)

(6) It shall be the duty of every employer to consult any such representatives with a view to the making and maintenance of arrangements which will enable him and his employees to co-operate effectively in promoting and developing measures to ensure the health and safety at work of the employees, and in checking the effectiveness of such measures.

(7) In such cases as may be prescribed it shall be the duty of every employer, if requested to do so by the safety representatives mentioned in subsection (4) above, to establish, in accordance with regulations made by the Secretary of State, a safety committee having the function of keeping under review the measures taken to ensure

(3) 위에서 규정된 경우를 제외하고, 모든 고용주는 그 종업원의 보건·안전에 관한 일반적 방침에 대한 서면 진술을 준비하고 가능한 한 자주 수정하는 것이 고용주의 의무다. 이런 방침을 수행하기 위해서 현재 실시하고 있는 조직과 제도를 수립하고 개정된 진술서를 작성하여, 이런 개정된 진술서를 모든 종업원에게 통지해야 한다.
*역주 organisation=영어의 organization

(4) 관할 장관에 의해 작성되는 규정에 따르면, 별도로 정해진 경우에 대해서(당해 규정이 의미하는 바에 따라) 인정을 받은 노동조합이, 종업원 중에서 안전대표자를 지명할 수 있고, 또, 이런 대표자는 이하의 항목(6)에 의해 고용주와의 협의한 후에 종업원을 대표해서 또는 별도로 정해진 기타 기능을 수행하도록 한다.

F3(5) (폐지)

(6) 모든 고용주는 노사가 효율적으로 협력하여 고용 중 종업원의 보건·안전을 보장하는 수단을 증진, 개발하고, 또, 이런 수단의 효율성을 확인하기 위해 협력할 수 있는 방법을 마련하고 유지하기 위해 대표자와 협의하는 것은 고용주의 의무다.

(7) 위에서 규정한 이러한 경우에, 모든 고용자는 위의 항목 4F(4)에 언급된 안전담당자로부터 요청이 있을 경우에는 관할 장관이 제정한 규정에 따라 안전위원회를 설치하고, 취업중의 종업원의 안전과 위생을 보장하기 위한 수단을 검토하는 기능 및 별도로 정해진 이런 기타 기능을 지니게 할 의무가 있다.

the health and safety at work of his employees and such other functions as may be prescribed.

3. General duties of employers and self-employed to persons other than their employees.
(1) It shall be the duty of every employer to conduct his undertaking in such a way as to ensure, so far as is reasonably practicable, that persons not in his employment who may be affected thereby are not thereby exposed to risks to their health or safety.
(2) It shall be the duty of every self-employed person to conduct his undertaking in such a way as to ensure, so far as is reasonably practicable, that he and other persons (not being his employees) who may be affected thereby are not thereby exposed to risks to their health or safety.
(3) In such cases as may be prescribed, it shall be the duty of every employer and every self-employed person, in the prescribed circumstances and in the prescribed manner, to give to persons (not being his employees) who may be affected by the way in which he conducts his undertaking the prescribed information about such aspects of the way in which he conducts his undertaking as might affect their health or safety

4. General duties of persons concerned with premises to persons other than their employees.
(1) This section has effect for imposing on persons duties in relation to those who—
(a) are not their employees; but
(b) use non-domestic premises made available to them as a place of work or as a place where they may

3. 비 종업원에 대한 고용주 및 자영업자의 일반적인 의무
(1) 모든 고용주는 자신의 업무를 다음과 같이 수행할 의무가 있다. 합리적으로 실행 가능한 범위 내에서, 고용되지 않았지만, 그 기업에 의해 영향을 받을 수 있는 사람들이, 보건 또는 안전에 위험이 미치지 않도록, 업무를 수행하는 것은 모든 고용주의 의무다.
(2) 모든 자영업자는 합리적으로 실행 가능한 한, 그 기업에 의해 영향을 받을 수 있는 자신 및 이로 인해 영향을 받을 수 있는 다른 사람(종업원이 아닌 사람)이 안전 보건 위험에 노출되지 않도록 보장하는 방식으로 작업을 수행해야 한다.
(3) 위에서 규정된 경우에 대해서, 모든 고용주 및 자영업자는 별도로 정해진 상황 및 정해진 방법, 작업의 수행 방식에 따라 영향을 받을 수 있는 사람(종업원이 아닌 사람)에 대해, 자신의 사업을 수행하는 동안 자신의 사업을 수행하는 방식이 그들의 건강 또는 안전에 어떤 영향을 미치는지에 대해서 별도로 규정된 방식으로 정보를 제공해야 한다.

4. 종업원이 아닌 사람에 대한 시설관계자의 일반적인 의무
(1) 본 조항은 다음과 같은 사람들에게 의무를 부과하는데 효과가 있다. 즉, 그 사람들
(a) 피고용인(직원)은 아니다. 하지만,
(b) 작업장 또는 그곳에서 사용가능하도록 제공된 플랜트(장비) 혹은 물질을 사용

use plant or substances provided for their use there,
And applies to premises so made available and other non-domestic premises used in connection with them.

(2) It shall be the duty of each person who has, to any extent, control of premises to which this section applies or of the means of access thereto or egress therefrom or of any plant or substance in such premises to take such measures as it is reasonable for a person in his position to take to ensure, so far as is reasonably practicable, that the premises, all means of access thereto or egress therefrom available for use by persons using the premises, and any plant or substance in the premises or, as the case may be, provided for use there, is or are safe and without risks to health.

(3) Where a person has, by virtue of any contract or tenancy, an obligation of any extent in relation to—

(a) the maintenance or repair of any premises to which this section applies or any means of access thereto or egress therefrom; or

(b) the safety of or the absence of risks to health arising from plant or substances in any such premises; that person shall be treated, for the purposes of subsection (2) above, as being a person who has control of the matters to which his obligation extends.

(4) Any reference in this section to a person having control of any premises or matter is a reference to a person having control of the premises or matter in connection with the carrying on by him of a trade, business or other undertaking (whether for profit or not)

할 수 있는 장소로 이용 가능한 비 거주 부지를 사용한다.
따라서 본 절은 이러한 이용 가능한 부지 및 이와 관련하여 사용되는 기타 비 거주용 시설물에 적용된다.

(2) 본 조항이 적용되는 모든 부지, 접근 및 출구 수단, 해당 부지내 기계설비나 물질에 대해 어느 정도 통제권을 갖고 있는 각 사람의 의무는 다음과 같다. 합리적으로 실행 가능한 범위 내에서, 부지, 그곳으로의 모든 접근 또는 탈출 수단을 위해 해당 부지를 사용하는 사람이 사용힐 수 있도록 보징하기 위해 취하는 합리적인 조치, 또는 구내에 있는 물질 또는 경우에 따라 그곳에서 사용하도록 제공되는 물질은 안전하고 건강에 위험이 없도록 하는 것이다.

(3) 어떤 개인이 계약 또는 임대차계약에 의해 다음과 같이 관련된 의무를 지게 되는 경우, 즉, *역주 tenancy=rent

(a) 본 조항이 적용되는 모든 부지(시설)에 접근하거나 탈출로의 유지관리 또는 수리 : 또는
*역주 thereto=to there document

(b) 해당 부지 플랜트 또는 물질로 인해 발생하는 보건 위험의 제거 혹은 안전성 확보
이러한 위의 세부항목 (2)항의 목적에 따라 본인의 의무가 확대 적용되는 문제에 통제하는 사람으로서 취급된다.

(4) 이 조항에서 시설 또는 관련 문제를 통제하는 사람에 대한 언급은 본인이 수행하는 그의 거래, 사업(영리적, 비영리적인지를 불문), 또는 기타 사업과 관련된 시설이나 문제에 대한 통제권을 가진 사람을 의미한다.

5. General duty of persons in control of certain premises in relation to harmful emissions into atmosphere. (omitted)	5. 대기 중에 유해한 배출물과 관련하여 특정 시설을 관리하는 사람의 일반적인 의무(생략)
6. General duties of manufacturers etc. as regards articles and substances for use at work. (1) It shall be the duty of any person who designs, manufactures, imports or supplies any article for use at work or any article of fairground equipment— (a) to ensure, so far as is reasonably practicable, that the article is so designed and constructed that it will be safe and without risks to health at all times when it is being set, used, cleaned or maintained by a person at work; (b) to carry out or arrange for the carrying out of such testing and examination as may be necessary for the performance of the duty imposed on him by the preceding paragraph; (c) to take such steps as are necessary to secure that persons supplied by that person with the article are provided with adequate information about the use for which the article is designed or has been tested and about any conditions necessary to ensure that it will be safe and without risks to health at all such times as are mentioned in paragraph (a) above and when it is being dismantled or disposed of; and (d) to take such steps as are necessary practicable, that persons so supplied are provided with all such revisions of information provided to them by virtue of the preceding paragraph as are necessary by reason of its becoming known that anything gives rise to a serious risk to health or safety.	6. 작업에 사용되는 물품 및 물질에 관한 제조사 등의 일반적인 의무. (1) 작업용 물품 또는 박람회 장비 물품을 설계, 제조, 수입 또는 공급하는 사람의 의무는 다음과 같다. (a) 합리적으로 실행 가능한 범위 내에서, 해당 장비가 작업장에서 설치, 사용, 세척 또는 유지 관리될 때 항상 안전하고 건강에 위해하지 않도록 설계 및 제작되었는지 확인해야 한다. 직장에서 : (b) 전항의 규정에 의해 그에게 부과된 의무를 수행하는데 필요한 테스트 및 검사를 수행하거나 수행을 위한 방법을 마련한다. (c) 노동에 사용되는 물품 공급자는 물품을 공급받는 사람에게 물품의 설계나 테스트 된 용도 등에 대한 적절한 정보가 충분히 제공되도록 보장하는데 필요한 조치를 취해야 한다. 위의 (a)항에서 언급된 시점과 해당 제품이 해제 또는 폐기될 때도 항상 안전하고 건강에 대한 위험이 없도록 보장하는 데 필요한 조치에 대해 설명해야 한다. 그리고, (d) 합리적으로 실행 가능한 범위 내에서, 전항의 규정에 의해서 제공된 정보가 변경된 경우, 모든 수정 사항을 제공받은 사람에게 확실하게 제공되도록 보장하는데 필요한 조치를 취해야 한다. 건강이나 안전에 심각한 위험을 초래하는 모든 것.

(1A) It shall be the duty of any person who designs, manufactures, imports or supplies any article of fairground equipment—

(a) to ensure, so far as is reasonably practicable, that the article is so designed and constructed that it will be safe and without risks to health at all times when it is being used for or in connection with the entertainment of members of the public;

(b) to carry out or arrange for the carrying out of such testing and examination as may be necessary for the performance of the duty imposed on him by the preceding paragraph;

(c) to take such steps as are necessary to secure that persons supplied by that person with the article are provided with adequate information about the use for which the article is designed or has been tested and about any conditions necessary to ensure that it will be safe and without risks to health at all times when it is being used for or in connection with the entertainment of members of the public; and

(d) to take such steps as are necessary to secure, so far as is reasonably practicable, that persons so supplied are provided with all such revisions of information provided to them by virtue of the preceding paragraph as are necessary by reason of its becoming to secure, so far as is reasonably known that anything gives rise to a serious risk to health or safety.

(2) It shall be the duty of any person who undertakes the design or manufacture of any article for use at work or of any article of fairground equipment to carry out or

(1A) 박람회 장비 물품을 설계, 제조, 수입 또는 공급하는 사람의 의무는 다음과 같다.

(a) 합리적으로 실행 가능한 범위 내에서, 해당 장비가 일반 대중의 오락을 위해 또는 그와 관련된 행사에 사용되는 경우, 항상 안전하고 건강에 위험이 없도록 설계 및 제작되었는지 확인한다.

(b) 전항의 규정에 따라 그에게 부과된 의무를 수행하는데 필요한 테스트 및 점검을 수행하거나 준비한다.

(c) 작업에 사용될 물품 공급자는 물품을 공급받은 사람에게 그 물품의 설계나 테스트, 용도 및 물품의 사용을 보장하는데 필요한 조건에 관한 정보가 제공되도록 필요한 조치를 취해야 한다. 대중의 오락을 위해 또는 이와 관련하여 사용되는 경우 항상 확실히 안전하고 건강에 위험을 초래하지 않도록 필요한 모든 조치와 수단을 강구할 것, 그리고,

(d) 합리적으로 실행 가능한 범위 내에서, 전항의 규정에 의해 제공된 정보의 변경사항 모두는 일단 정보를 제공받은 사람에게 확실히 제공되도록 필요한 수단을 강구할 것. 이것은 어떤 경우에도 건강과 안전에 대해 심각한 위해를 초래하는 것으로 알려져 있기 때문에 필요한 조치를 취하는 것이다.

(2) 노동에 사용되는 물품의 설계 또는 제조에 종사하는 사람은, 해당 설계 또는 물품에 기인하는 위생, 또는 안전에의 위험을 발견하고, 한층 더 합리적으로 실행 가능한 범위 내에서 이것을 제거

arrange for the carrying out of any necessary research with a view to the discovery and, so far as is reasonably practicable, the elimination or minimisation of any risks to health or safety to which the design or article may give rise.

(3) It shall be the duty of any person who erects or installs any article for use at work in any premises where that article is to be used by persons at work or who erects or installs any article of fairground equipment to ensure, so far as is reasonably practicable, that nothing about the way in which the article is erected or installed makes it unsafe or a risk to health at any such time as is mentioned in paragraph (a) of subsection (1) or, as the case may be, in paragraph (a) of subsection (1) or (1A) above.

(4) It shall be the duty of any person who manufactures, imports or supplies any substance—

(a) to ensure, so far as is reasonably practicable, that the substance will be safe and without risks to health at all times when it is being used, handled, processed, stored or transported by a person at work or in premises to which section 4 above applies;

(b) to carry out or arrange for the carrying out of such testing and examination as may be necessary for the performance of the duty imposed on him by the preceding paragraph

(c) to take such steps as are necessary to secure that persons supplied by that person with the substance are provided with adequate information about any risks to health or safety to which the inherent properties of the substance may give rise, about the results of

하든지, 혹은 최대한 억제하기 위해서 필요한 연구를 실행하든지, 또는 실행을 위한 조치를 취할 의무가 있다.

(3) 그 물품이 고용 중인 사람에 의해 사용되는 장소의 모든 건물 내에서 작업에 사용되는 물품을, 조립 혹은 설치하는 사람, 또는 박람회의 장치를 조립 또는 설치하는 사람은, 합리적으로 실행 가능한 범위 내에서, 상기의 제1항의 항목(a), 또는 제1항의 항목(a) 또는 (1A)에서 언급된 어떤 때에도, 그 물품이 조립되어, 또는 설치되고 있을 때에, 불안전 또는 건강에 대한 위험성이 확실하게 없어지도록 할 의무가 있다.

(4) 다음과 같은 물질을 제조, 수입 또는 공급하는 사람은, 이하와 같은 의무를 져야 한다. 즉,

(a) 합리적으로 실행 가능한 범위 내에서, 해당 물질이 종업원에 의해서, 또는 상기의 항목 4항이 적용되는 시설물의 내부에서, 사용, 취급, 처리, 보관, 또는 수송된 경우에, 그것이 확실히 안전하게 위생에 위험이 없도록 할 것.

(b) 상기의 규정에 의해 부과된 의무 수행에 필요한 실험 및 검사를 실행하든지, 혹은 그 실행을 위한 조치를 취할 것.

(c) 담당자로부터 물질을 공급받은 사람은, 그 물질의 고유 성질이 초래할지도 모르는, 건강 또는 안전에 대한 위험에 관해서 충분한 정보를 제공받아야 한다. 또한, 이와 관련하여 실시된 모든 검사의 결과 또는 그 물질과 관련해 상기의 항목 (a)에서 언급된 모든 상황

any relevant tests which have been carried out on or in connection with the substance and about any conditions necessary to ensure that the substance will be safe and without risks to health at all such times as are mentioned in paragraph(a) above and when the substance is being disposed of; and

(d) to take such steps as are necessary to secure, so far as is reasonably practicable, that persons so supplied are provided with all such revisions of information provided to them by virtue of the preceding paragraph as are necessary by reason of its becoming known that anything gives rise to a serious risk to health or safety.

(5) It shall be the duty of any person who undertakes the manufacture of any to carry out or arrange for the carrying out of any necessary research with a view to the discovery and, so far as is reasonable practicable, the elimination or minimisation of any risks to health or safety to which the substance may give rise

(6) Nothing in the preceding provisions of this section shall be taken to require a person to repeat any testing, examination or research which has been carried out otherwise than by him or at his instance, in so far as it is reasonable for him to rely on the results thereof for the purposes of those provisions.

(7) Any duty imposed on any person by any of the preceding provisions of this section shall extend only to things done in the course of a trade, business or other undertaking carried on by him (whether for profit or not) and to matters within his control.

및 해당 물질이 배출된 경우에, 확실히 안전하고 건강에 대해 위험이 없도록 하기 위한 모든 조건에 대해서 충분한 정보가 제공되도록 하기 위하여 필요한 조치를 취해야 한다. 그리고,

(d) 합리적으로 실행 가능한 범위 내에서, 전항의 규정에 의해 제공된 정보가 변경된 경우, 모든 수정 사항을 제공받은 사람에게 확실하게 제공하도록 보장하는데 필요한 조치를 취해야 한다. 왜냐하면, 건강이나 안전에 심각한 위험을 초래할 수 있는 그 어떤 것이라도 꼭 전달되어야 하기 때문이다.

(5) 노동에 사용되는 물질을 제조하는 사람은, 그 물질이 야기할 수 있는 건강이나 안전에 대한 위험을 발견하고 합리적으로 실행 가능한 범위 내에서 제거, 또는 최소화하기 위해 필요한 연구를 수행하거나 연구 수행을 위한 방법을 취해야 하는 것이 의무다.

(6) 본 조항 중에서 이전에 언급한 어떠한 조항도 개인이 자신, 또는 자신이 지시한 경우가 아닌 다른 방법으로 수행한 실험, 검사 또는 연구를 반복하도록 요구해서는 안 된다.
해당 조항의 목적에 따른 결과.

(7) 본 조항의 이전 조항에 따라 어떤 개인에게 부과되는 의무는, 그 사람에 의해 수행된 거래, 사업 또는 기타 사업과정 (즉 영리 비영리를 불문하고)에서 이루어진 일에만 적용된다. 그리고 그 사람이 통제할 수 있는 문제에 대해서만 확대 적용된다.

(8) Where a person who designs, manufactures, imports or supplies an article on the basis of a written undertaking by that other to take specified steps sufficient to ensure, so far as is reasonably practicable, that the article will be safe and without risks to health the undertaking shall have the effect of relieving the first-mentioned person from the duty imposed to such extent as is reasonable having regard to the terms of the undertaking.

(8A) Nothing in subsection (7) or (8) above shall relieve any person who imports any article or substance from any duty in respect of anything which—

(9) Where a person ("the ostensible supplier") supplies any to another ("the customer") under a hire-purchase agreement, conditional sale agreement or credit-sale agreement, and the ostensible supplier—

(a) carries on the business of financing the acquisition of goods by others by means of such agreements; and

(b) in the course of that business acquired his interest in the article or substance supplied to the customer as a means of financing its acquisition by the customer from a third person ("the effective supplier"), the effective supplier and not the ostensible supplier shall be treated for the purposes of this section as supplying the article or substance to the customer, and any duty imposed by the preceding provisions of this section on suppliers shall accordingly fall on the effective supplier and not on the ostensible supplier.

7. General duties of employees at work.

---

(8) 합리적으로 실행 가능한 범위 내에서, 제품이 안전하고 건강에 위험이 없음을 보장하기에 충분한 명시적 조치를 취하겠다는 타인의 서면 약속에 의해서 물품을 설계, 제조, 수입 또는 공급하는 경우, 건강상의 이유로 해당 사업은 사업 조건을 고려하여 합리적인 범위 내에서 첫 번째 언급된 사람에게 부과된 의무를 면책하는 효과를 가져야 한다.

(8A) 위 (7) 또는 (8)항의 어떠한 조항도 장비 또는 물질을 수입한 사람을 다음과 관련사항의 의무로부터 면책될 수 없다.

(9) 특정 개인("표면상(ostensible)의 공급자")이, 할부 구매계약, 조건부 판매 계약 또는 신용 판매 계약에 의해 또 다른 사람("고객")과 표면적 공급자에게 공급하는 경우

(a) 이러한 계약에 따라 타인이 상품을 구입하는데 자금을 조달해 주는 사업을 한다. 그리고

(b) 해당 사업 과정에서 고객이 획득하는 자금 조달 수단으로 제3자("실질(effective) 공급자"), 즉 표면 공급자가 아닌 유효 공급자로부터 고객에게 공급된 품목 또는 물질에 대한 지분을 획득해야 한다. 공급자는 이 조항의 목적에 따라 고객에게 물품이나 물질을 공급하는 것으로 간주되어야 하며, 이 조항의 이전 조항에 따라 공급자에게 부과된 모든 의무는 표면적인 공급자가 아닌 실질 공급자에게 부과된다.

7. 사업장에서 피고용인(직원)의 일반적인 의무

It shall be the duty of every employee while at work— (a) to take reasonable care for the health and safety of himself and of other persons who may be affected by his acts or omissions at work ; and (b) as regards any duty or requirement imposed on his employer or any other person by or under any of the relevant statutory provisions, to co-operate with him so far as is necessary to enable that duty or requirement to be performed or complied with.	근무하는 동안 모든 피고용인(직원)의 의무는 다음과 같다. (a) 자기 자신 및 사업장에서 자신의 행동(작위) 또는 부작위로 인해 영향을 받을 수 있는 다른 사람의 건강과 안전에 대해 합리적인 범위 내에서 주의를 기울일 것. 그리고 (b) 관련 법규에 따라 고용주 또는 다른 사람에게 부과된 의무, 또는 요구 사항과 관련하여 해당 의무 또는 요구 사항을 수행하거나 준수하는데 필요한 한 그와 협력해야 한다.
8. Duty not to interfere with or misuse things provided pursuant to certain provisions. No person shall intentionally or recklessly interfere with or misuse anything provided in the interests of health, safety or welfare in pursuance of any of the relevant statutory provisions.	8. 특정 조항에 따라 제공되는 물건을 악용하거나 오남용하지 않을 의무. 어떤 개인도 관련 법령의 규정에 따라 보건, 안전 또는 복지를 위해 제공되는 모든 물건을 의도적으로 또는 함부로 악용하거나 남용해서는 안 된다.
9. Duty not to charge employees for things done or provided pursuant to certain specific requirements. No employer shall levy or permit to be levied on any employee of his any charge in respect of anything done or provided in pursuance of any specific requirement of the relevant statutory provisions.	9. 특정 요구 조건에 따라 수행되거나 제공되는 작업에 대해 직원에게 비용을 청구하지 않아야 하는 의무. 어떠한 고용주도 관련 법규의 특정 요건에 따라 제공되거나 수행된 일에 관련하여 부과된 비용을 피고용인(직원)에게 징수하거나 부과하도록 허용할 수 없다. (이하 조항 생략)

제2절

2008년 산업안전보건법(HSWA)의 개정과 보건안전청 설치

1. 산업안전보건법(HSWA)의 개정

2006년 영국 의회에 제안된 법안은 법적 및 규제 개혁에 관한 법률 2006년(a)의 제2장(section 2 of the Legislative and Regulatory Reform Act 2006(a))이 의회에 제안되었다. 그 주된 내용은 1974년 제정된 "**산업안전보건법**(the Health and Safety at Work etc. Act)"을 개정하고, 그레이트 브리튼(Great Britain: 영 연방)에서의 보건 및 안전을 규제하는 책무에 임명하는 행정 기구를 근대화하기 위한 것이다. 동법은, 2008년에 의회를 통과해 소관 국무장관 명령 "The Legislative Reform(Health and Safety Executive: 보건안전청) Order 2008"에 의해 동년 3월 31일에 공포되어 다음날인 4월 1일부터 시행되었다. 이 명령의 주요한 내용은 전술한 대로 종래의 HSC와 HSE는 폐지되고, 안전위생행정에 관한 기구는 HSE에 통합한다는 것이었다.

2. 보건안전청(Health and Safety Executive: HSE)의 설치 및 역할과 책임

1) 보건안전위생을 관할하는 국가 최고의 행정규제기관

영국의 보건안전청은 보건안전위생에 관한 국가 최고의 행정규제기관이다. 또한, 보건안전청(HSE)은 근로자와 작업장을 보호하고 모든 사람이 더 안전하고 건강한 삶을 영위할 수 있도록 돕기 위해 최선을 다하고 있다. 보건안전청의 역할은 근로자 보호를 넘어 공공의 안전보증까지 포함한다. 나아가서 사람들이 살고 있는 곳, 일하는 곳, 환경에서 안전함을 느낄 수 있도록 노력하는 것이 동 청의 역할이다. 내부 규정으로는 규칙(Regulations), 지침, 승인 지침(Guidance) 또는 승인 실시 준칙(ACOP) 등으로 보건안전위생을 관리·감독하고 있다.

보건안전청의 소관 시행법률(Acts owned and enforced by HSE; 알파벳 순서)에 대해서는 다음 '웹 사이트'12)에서 검색할 수 있다. 또, 보건안전청 또는 지방자치단체 소관 시행규칙(Statutory Instruments owned and enforced by HSE / local authorities)은 '웹 사이트'13)에서도 검색할 수 있다.

하지만, 이들 내용은 아주 방대하기 때문에 노동안전위생 관련 법령 중, 위험 평가, 유해물 관리 및 석면 대책에 관계하는 것에 한해서만 그 개요를 소개하고자 한다.

2) 직장에서의 보건 및 안전관리 규칙(Management of Health and Safety at Work Regulation 1992)

이 규칙은 대체로 EU형 구조 중에서 위험 평가(risk assessment) 실시를 영국 국내에 도입하는 것을 목적으로 1992년에 제정되었는데, 보건안전청(HSE)이 가장 중요시하고 있는 규칙 중의 하나다. 영국에서는 EU형 노동안전위생에 관한 지침 도입은 법률이 아니라, 규칙으로 대응(독일에서는 법률)되었으나, 이 지침과 규칙과의 적합성을 한층 더 향상시키기 위해서 1999년에 다시 개정하여 오늘날에 이르고 있다. 이 규칙은 전부 30조 및 2개의 별표(Schedules)로 구성되어 있다.

이 규칙에는 규칙의 정의, 위험 평가, 안전위생 대책, 건강 조사, 안전위생 대책 지원, 중대·절박한 위험에 대처 수순, 고용 노동자의 정보, 협력과 조정, 혼재 작업, 능력과 훈련, 고용 노동자의 의무 등이 규정되어 있다. 그중에서도 위험 평가 실시에 대해서는, (section2에서 이 규칙의 적용이 제외되고 있는 선원, 선상 작업, 가사노동 종사자 등을 제외하고) 모든 고용자에 대해서, "사업소의 활동에 의해 영향을 받는 모든

---

12) http://www.hse.gov.uk/legislation/acts.htm(2024.2.1)
13) http://www.hse.gov.uk/legislation/statinstruments.htm(2024.2.1)

고용노동자 및 공중에 대한 위험 평가를 적절하고 충분히 실시한다."고 하는 것을 의무화하여 **5명 이상 규모의 사업소**는 이 위험 평가 결과를 기록해야 한다고 규정하고 있다. **우리나라 중대재해철벌법**이 이 규정을 보고 도입했다고 할 수 있다.[14]

또한, 실제 위험 평가의 실시 방법, 평가 기준에 관해서는 관련된 인증 실시 준칙(approved code of practice) 등이 정해져 있고, 게다가 HSE에서 중소 영세 사업자나 경공업 고용자에 대한 위험 평가에 대한 위험 평가는 간편한 방법을 소개하는 가이드로서, 'A brief guide to controlling risks in the workplace(INDG163(rev4): 2014년 발행'),[15] How to control risks at work(HSG268: 2014년 발행[16])으로. 업종마다 위험 평가를 실시한 사례), 각종의 e-tool 등 풍부한 참고 자료를 제공하고 있다.

이와 같이 보건안전청(HSE)에서는 위험 평가가 가장 중요한 안전 위생 대책의 하나로 자리매김하고 있다. 또, 보다 위험 유해도가 높은 작업에 대해서는 개별 규칙(건강에 유해한 물질 관리 규칙, 석면 규칙, 소음 규칙 등)에 의해 보다 엄격한 위험 평가를 실시할 의무를 규정하고 있다. 여기에서는 이 규칙 중, 가장 중요한 section3, section4를, 영어 원문과 한국어 번역문으로 소개한다.

영어 원문	한국어 번역
Risk assessment	위험 평가(규칙 3)
3.—(1) Every employer shall make a suitable and sufficient assessment of— (a) the risks to the health and safety of his employees to which they are exposed whilst they are at work; and (b) the risks to the health and safety of persons not in his employment arising out of or in connection with the conduct by him of his undertaking, for	3.—(1) 모든 고용주는 (다음 사항에 관해서) 적절하고 충분하게 사전 평가를 실시해야 한다. (a) 작업 중에 직원(피고용자)이 위험에 노출돼 건강과 안전에 대해 위험할 때; 그리고 (b) 관련 법령 조항 및 화재 예방 조치 제2부에 의해서 (직장) 경계규정 1997에 의해, 직원(피고용자)이 아닌 사람의 건강과 안전에 대한 위험 및 그의 사업 수행으로 인해 또는 그와 관련하여 발생하는 위험 또는 고용

---

14) https://www.legislation.gov.uk/uksi/1999/3242/contents/made(2024.2.3)

15) http://www.hse.gov.uk/pubns/indg163.htm(2024.2.3)

16) http://www.hse.gov.uk/pubns/books/hsg268.htm(2024.2.4)

the purpose of identifying the measures he needs to take to comply with the requirements and prohibitions imposed upon him by or under the relevant statutory provisions and by Part II of the Fire Precautions (Workplace) Regulations 1997.

(2) Every self-employed person shall make a suitable and sufficient assessment of—

(a) the risks to his own health and safety to which he is exposed whilst he is at work; and

(b) the risks to the health and safety of persons not in his employment arising out of or in connection with the conduct by him of his undertaking, for the purpose of identifying the measures he needs to take to comply with the requirements and prohibitions imposed upon him by or under the relevant statutory provisions.

(3) Any assessment such as is referred to in paragraph (1) or (2) shall be reviewed by the employer or self-employed person who made it if—

(a) there is reason to suspect that it is no longer valid; or

(b) there has been a significant change in the matters to which it relates; and where as a result of any such review changes to an assessment are required, the employer or self-employed person concerned shall make them.

((4,(5),omitted)

(6) Where the employer employs five or more employees, he shall record—

(a) the significant findings of the assessment; and

주에게 부여된 요구사항 및 금지사항을 준수하기 위해 필요할 때는 사전 평가를 실시해야 한다.

(2) 모든 자영업자는 (다음 사항에 관해서) 적절하고 충분하게 사전 평가를 실시해야 한다. 평가-

(a) 자영업자 자신이 일하는 동안 자신이 노출돼 건강과 안전에 대해 위험할 때; 그리고

(b) 관련 법령규정에 의해 고용자에게 부과된 요구사항 및 금지사항을 준수하기 위해 대책을 취할 목적으로, 자영업자 자신이 고용한 사람이 아닌 사람들이나 업무 수행과 관련된 사람들의 건강 및 안전에 대한 사전 평가에도 책임이 있다.

(3) 규정 제(1)항 또는 제(2)항에 언급된 사전평가는 다음과 같다. 만약, 고용주 또는 자영업자에 의한 사전평가가 다음과 같은 사유에 해당할 경우에는 재평가해야 한다.

(a) 사전평가가 더 이상 유효하지 않다고 의심할 만한 이유가 있을 경우 또는

(b) 사전평가에 관련된 문제에서 중요한 변경사항이 있을 경우, 그리고, 그러한 사전평가 결과로, 사전평가에 대한 변경이 요구될 경우에는, 관련 고용주 또는 자영업자는 이를 변경하지 않으면 안 된다.

((4),(5), 생략)

(6) 5명 이상의 직원을 고용하는 고용주는 다음 사항을 기록해 두어야 한다.

(a) 사전평가의 중요한 견해; 그리고

(b) any group of his employees identified by it as being especially at risk.

Principles of prevention to be applied

4. Where an employer implements any preventive and protective measures he shall do so on the basis of the principles specified in Schedule 1 to these Regulations.

Regulation 4
SCHEDULE 1 GENERAL PRINCIPLES OF PREVENTION

(This Schedule specifies the general principles of prevention set out in Article 6(2) of Council Directive 89/391/EEC)

(a) avoiding risks;
(b) evaluating the risks which cannot be avoided;
(c) combating the risks at source;
(d) adapting the work to the individual, especially as regards the design of workplaces, the choice of work equipment and the choice of working and production methods, with a view, in particular, to alleviating monotonous work and work at a predetermined work-rate and to reducing their effect on health;
(e) adapting to technical progress;
(f) replacing the dangerous by the non-dangerous or the less dangerous;
(g) developing a coherent overall prevention policy which covers technology,organisationof work, working conditions, social relationships and the influence of

(b) 사전평가에 의해서 특별히 위험에 처해 있다는 것으로 확인된 직원(피고용자)의 집단 모두.

적용되는 예방 원칙

4. 고용주가 예방조치 및 보호대책을 강구하는 경우, 고용자는 그 규정의 별표 1에 명시된 원칙에 따라 조치를 취해야 한다.

규정 4
별표 1 예방의 일반 원칙

(이 별표는 (EEC) 의사회 지령 89/391/EEC)의 제6조 제2항에 명시된 예방의 일반 원칙을 규정한 것이다.

(a) 위험을 회피하는 것.
(b) 피할 수 없는 위험을 평가하는 것.

(c) 근원적으로 위험발생에 대처하는 것.
(d) 특히, 작업장의 설계를 개인에게 맞추어 적응시켜야 한다. 건강에 미치는 영향을 경감하기 위하여 단조로운 작업이나 작업속도를 완화할 수 있는 작업장비나 작업 방법을 선택해야 한다.

(e) 기술의 진보에 적응시키는 것.
(f) 위험한 것을 위험하지 않다거나 덜 위험한 것으로 대체할 것.
(g) 다음을 포함해 일관되고 총괄적인 예방정책을 개발할 것.
    공학기술, 작업의 조직화, 작업 조건, 사회

factors relating to the working environment; (h) giving collective protective measures priority over individual protective measures; and (i) giving appropriate instructions to employees.	적 관계 및 작업환경과 관련된 요인의 영향을 파악할 것. (h) 개인 보호보다 집단 보호 조치를 우선시할 것; 그리고 (i) 직원에 대해 적절하게 교육을 실시할 것.

3) 유해물질관리규칙(The Control of Substances Hazardous to Health Regulations 2002)

(1) 고용주의 의무

영국의 유해물질관리규칙(COSHH)을 정리해 보면, 고용주는 고용자에 대해 다음과 같이 건강에 유해한 물질을 관리하도록 의무화하고 있다.

- 무엇이 건강에 유해한지를 찾아낸다.
- 건강에 대한 위해를 어떻게 예방할지를 결정한다(위험 평가).
- 건강에 대한 위해를 감소시키는 관리 대책을 강구한다.
- 이러한 대책이 확실히 이용되도록 한다.
- 모든 관리 대책이 질서 있게 유지할 수 있도록 한다.
- 피고용인 및 다른 사람에 대해 정보, 교육 및 훈련을 제공한다.
- 적절한 경우에는, 감시 및 건강 평가에 주의한다.
- 긴급사태에 대비한다.

(2) 유해물 관리규칙 목차

다음은 웹 사이트에서 다운로드할 수 있지만, 1999년의 제정 시, 2003년 및 2004년의 개정을 통합화한 버전은 이용할 수 없으므로, 이러한 개별의 개정을 아울러 읽을 필요가 있다.

- http://www.legislation.gov.uk/uksi/2004/3386/made
- http://www.legislation.gov.uk/uksi/2003/978/made
- https://www.jstage.jst.go.jp/article/safety/40/2/40_121/_pdf/−char/ja 안전방재법령
- https://www2.deloitte.com/jp/ja/pages/risk/articles/cr/global−cybersecurity−news−142.html 영국보건안전보장청

4) 규제기관으로서의 보건안전청의 역할[17]

앞에서 언급한 대로 행정규제기관으로서 우리는 작업장 사망, 부상 또는 질병을 예방하는 것을 목표로 한다.

(1) 보건안전청의 역할

보건안전청은 보건위생 변화에 영향을 미치고 근로자들이 직장에서 위험을 관리할 수 있도록 돕는 다양한 방법을 사용하여 이를 달성하게 한다. 여기에는 다음과 같은 내용이 포함된다.

- 조언, 정보 및 안내 제공
- 영향력을 행사하고 참여시킴으로써 직장에서의 인식 제고
- 주요 위험 산업에서 허가 및 라이센스 활동 운영
- 표적 조사 및 조사 수행
- 피해를 방지하고 법을 위반한 사람들에게 책임을 묻기 위한 집행 조치를 취한다.

(2) 보건안전청의 기본원칙

건강 및 안전법의 기본 원칙은 위험을 일으키는 사람이 위험을 가장 잘 통제할 수 있다는 것이다. 우리는 우리가 취하는 모든 조치가 평등하고, 목표가 정해져 있으며, 일관되고, 투명하고, 책임이 있음을 보장함으로써 경제에 미치는 영향을 고려한다.

---

17) https://www.hse.gov.uk/enforce/our-role-as-regulator.htm(2024.6.10)

(3) 다른 규제 기관과의 협력

우리는 가장 적절한 조직이 개입할 수 있도록 정부 내 다른 사람들과 협력해야 한다.

보건안전청이 집행하는 담당기관이 너무 많아서 작업장의 유형 등을 고려하여 보건안전청과 지방 당국의 책임 등으로 구분하고 있다.[18] 또한, 전문성 등을 고려하여 기타 집행 기관(예: 식품, 환경, 철도)도 나누고 있다.

■ 작업현장에서의 보건·안전 강화에 대한 책임기관

보건안전청(HSE) 책임기관	다음 유형 건물은 지역당국 환경보건부서에 문의
공장	사무실 (관공서 제외)
전원	상점
건축현장	호텔
광산	레스토랑
학교와 대학	레저시설
박람회장	보육원 및 놀이 그룹
가스, 전기 및 수도 시스템	술집과 클럽
병원 및 요양원	박물관(개인 소유)
중앙 및 지방 정부 건물	예배 장소
해양 시설 등	보호 시설 및 요양원

자료출처: 보건안전청(HSE) 자료를 재구성한 자료임.

■ 기타 보건·안전 집행기관과 연락처 정보

보건·안전이 우려되는 기관과 장소	집행기관 및 연락처
원자력규제국	원자력규제국 /https://www.onr.org.uk/
열악한 식품 위생	환경보건부(지방자치단체)

---

18) https://www.hse.gov.uk/index.htm(2024.2.3)

	Directgov
불쾌한 소음을 포함한 오염	환경보건(지방자치단체) Directgov
귀하가 구매한 상품 및 서비스에 대한 문제	거래 기준(지방 당국) Directgov
도로, 고속도로 및 포장도로	고속도로국(지방자치단체) Directgov
도로 교통 문제	경찰
차량의 주행 적합성	운전자 및 차량 표준 기관
철도 건강 및 안전	철도 및 도로 사무국(ORR)
폐기물 처리, 오염된 토양, 일부 대기 오염 문제	환경청
영국의 환자 및 의료 및 사회 복지 서비스 사용자 관리	케어 품질 위원회
스코틀랜드 의료 서비스의 환자 관리	의료 개선 스코틀랜드
웨일스의 의료 서비스에서 환자 관리	웨일스 의료 검사관
스코틀랜드의 사회 복지 서비스 사용자 관리	사회복지 및 사회사업 개선 스코틀랜드
웨일스의 사회 복지 서비스 사용자 관리	웨일스 케어 검사관
의회 소유 재산의 수리	주택 옴부즈맨 서비스
구금시설에 있는 사람들의 조건과 처우	여왕 폐하의 감옥 감찰관
환자 안전에 대한 우려 - 의사	일반 의료협의회
환자 안전에 대한 우려 - 간호사 및 조산사	간호 및 조산사 협의회
학교 복지시설	교육학과
항공기 승무원 및 기내 승무원의 산업보건 및 안전과 항공기 승객건강	민간 항공국
인증, 오염 및 건강, 선원의 안전 및 복지 등 해양 안전에 대한 우려	해양 및 해안경비대

자료출처: 보건안전청(HSE) 자료를 재구성한 자료임.

3. 보건안전청(HSE)의 사명과 조직

1) 보건안전청의 사명과 역할의 우선순위

(1) 직장 안전과 건강보호

보건안전청(HSE)은 작업장 보건 및 안전에 대한 영국의 최고국가 규제기관이다. 우리는 사람과 장소를 보호하고 모든 사람이 더 안전하고 건강한 삶을 영위할 수 있도록 돕기 위해 최선을 다하고 있다. 영국이 산재 예방 선진국이 된 결정적 계기는 1972년 발표된 '로벤스 보고'라고 평가한다. 이 보고에서 산재 예방은 명령이나 통제로는 한계가 있다는 점을 지적하고 사업장을 자율안전관리 방식으로의 전환하게 했다. 이 보고서의 결과를 반영한 것이 영국의 '산업안전보건법'이고, 이 법의 시행으로 영국은 세계에서 가장 안전한 사업장인 안전보건체계를 확립하게 되었다. 따라서 이법에 근거한 보건안전청은 근로자 보호를 넘어 공공 보증까지 포함한다. 영국은 사람들이 살고 있는 곳, 일하는 곳 등의 환경에서 안전함을 느낄 수 있도록 노력하고 있다.

(2) 전략 및 사업 계획

HSE가 무엇을 하는지에 대해 자세히 알아보려면 사람과 장소 보호(Protecting people and places), HSE전략 2022~2032[19] 및 당해 연간 사업계획(HSE annual business plan 2023 to 2024)[20] 등에서 볼 수 있다.

(3) 연례 보고서 및 계정

최신 연례 보고서 및 계정은 이전 회계 연도의 HSE 성과를 요약한 것이다.

---

19) https://www.hse.gov.uk/aboutus/assets/docs/the-hse-strategy.pdf(2024.6.10)
20) https://www.hse.gov.uk/aboutus/the-hse-business-plan.htm(2024.6.10)

2) 보건안전청(HSE)의 조직과 운영

HSE는 2024년 9월 현재 다음과 같이 이사회와 집행위원회에 의해 관리된다.

(1) 비상임 이사(Non-executive board members): 11명

• **사라 뉴턴(Sarah Newton) - 이사회 의장**

사라는 비즈니스, 자원 봉사 및 정부 부문 전반에 걸쳐 복잡한 문제를 다루면서 전략 계획, 리더십 및 변화 관리 분야에서 30년의 경험을 갖고 있다. 사라는 공동의 목표를 달성하기 위해 다양한 사람과 조직 간의 파트너십을 구축해온 상당한 경험을 지닌 전문가다. 그녀는 다양한 이사회에서 활동도 했으며 현재 Royal Cornwall Hospitals NHS Trust의 비상임 이사로 재직하고 있다.

2010년부터 2019년까지는 하원의원으로 3년 동안 과학기술특별위원회 위원으로 활동한 후 내무부 장관이 되었고 나중에는 노동연금부에서도 일했다. HSE 및 보건 업무 부서를 이끌고 있다. 사라는 내무부에서 근무하는 동안 현대판 노예제, 인신매매, 인간 착취를 근절하는 업무를 주도했다. 하원에 입성하기 전에 그녀는 영국 국제 장수 센터(International Longevity Center – UK), Age Concern England 및 American Express Europe의 이사였으며, 또한 런던 머튼 자치구의 의원으로도 활동했다. 사라 뉴턴 이외 10명의 비상임 이사로 구성되어 있다.

• **샤이렐 브라운**(Chyrel Brown)은 현재 One Housing Group의 최고 운영 책임자(COO)이며 화재 안전 전문가이다.

• **데이비드 코츠**(David Coats)는 영국 산업법원인 중앙중재위원회의 위원이자 워릭대학교 노사관계 연구 및 취약한 노동자와 같은 비 노조 환경과 작업을 연구하고 있다.

• **마틴 이솜**(Martin Esom)은 수도 전역의 대테러 및 반급진화와 관련된 중요한 작업을 감독하는 런던 방지 위원회의 의장을 역임하였다.

• **데비 길라트**(Debbie Gilattt)는 오랜 치안판사이자 영국 피해자 지원 관리인으로 영국의 회사법, 회계 표준, 기업 지배구조 규칙, 기업 투명성 및 부패 방지

이니셔티브를 담당을 역임하였다.

- **수잔 존슨**(Susan Johnson)은 Durham 및 Darlington Fire and Rescue Service 의 최고 경영자(영국에서 소방 및 구조 서비스를 이끄는 최초의 여성), 평등인권위 원회 위원, 지방 정부경계위원을 역임하였다.
- **존 맥더미드**(John McDermid)는 요크대학의 소프트웨어 엔지니어링 교수로 민 간 및 국방 어플리케이션을 위한 안전 및 소프트웨어 표준 작업 등을 연구하 고 있다.
- **게드 니콜스**(Ged Nichols)는 1979년 리버풀의 Halifax Building Society에서 직 장 생활을 시작했으며 조합원들의 보건 및 안전 부문 대표를 역임하였다.
- **지나 래드포드**(Gina Radford)는 데번(Devon) 시골 지역 시간제 목사로 의사 훈 련을 받았고 지역, 국가 및 국제 수준의 공중 보건 분야 및 국가 정책 및 전략 개발과 실행을 담당하고 있다.
- **클레어 설리반**(Claire Sullivan)은 물리치료사로 건강과 안전을 포함한 직장에서 의 공정성과 권리에 대한 관심 및 고용 관계와 조합 서비스 분야를 전공하였다.
- **켄 리버스**(Ken Rivers)는 중대사고 위험 통제 전략 포럼의 의장, 그렌펠 타워 화재 이후 건축 산업 환경의 안전 운영 및 폭발 사건 이후 산업/규제 당국 태 스크 포스 의장 등을 역임하였다.

(2) 집행위원회(Executive committee): 10명

- **사라 알본**(Sarah Albon)은 보건 및 안전 담당관(최고 경영자)이다.
- **제임스 앤더슨**(James Anderson)은 HSE(보건안전경영진)의 첫 정보통신 최고 기술 책임자이다.
- **클라레 밀링턴 흄**(Clare Millington-Hume)은 인사조직 및 지역과 국가 수준의 조직과 협력 경험을 바탕(인사부)으로 공공 부문에서 활동하고 있다.
- **데이비드 머레이**(David Murray)는 보건 안전 담당 임원의 재무 및 계획 이사 이다. 그의 책임에는 비즈니스 계획 및 성과(금융 및 기업 서비스)가 있다.
- **앤드루 커런**(Andrew Curran) 교수는 보건 안전 집행부(HSE)와 이전 기관인 보

건안전 연구소(HSL)에서 여러 기술 및 리더십 직책을 맡았다(과학 및 상업).

- **릭 브런트**(Rick Brunt)는 다양한 산업분야에서 검사관 및 고위 운영 역할로 근무, HSE의 비즈니스 서비스, HR 학습 및 개발, 운영정책 및 전략 포함한 다양한 리더십 역할을 하고 있다.
- **필립 와이트**(Philip White)는 공장 조사관으로 HSE에 입사했으며 광범위한 산업을 규제한 경험이 있다. HSE 운영 전략부서 책임자, 건설 최고 검사관 등(건물 안전 및 건설)을 맡고 있다.
- **안젤라 스토리**(Angela Storey)는 HSE에 합류한 보건안전 담당 혁신 이사(변환)이다.
- **마이클 제닝스**(Michael Jennings)는 변호사로 이전에는 런던의 검사로 근무하며 절도부터 살인까지 다양한 사건을 다루었으며 치안법원과 형사법원에 정통(법률 담당)한 전문가이다.
- **제인 래시**(Jane Lassey)는 공장 조사관으로 HSE에 입사했으며 주요 위험 제도는 물론 현장 운영부서 전반에 걸쳐 광범위한 산업을 규제한 경험이 있다.

(3) 이사회 회의

HSE는 개방성을 추구하므로 최신 회의 안건, 논문 및 회의록을 홈페이지에 게시한다.

3) 검사, 집행 및 조사

(1) HSE가 규제하는 방법

규제자로서 우리의 목표는 작업장 사망, 부상 또는 질병을 예방하는 것이다.

우리는 의무 보유자들과 협력하여 그들이 야기하는 위험과 이를 관리하는 방법을 이해하도록 돕는다.

(2) 규제기관으로서의 우리의 역할

규제자로서 우리는 작업장 사망, 부상 또는 질병을 예방하는 것을 목표로 한다.

(3) 다른 규제 기관과의 협력

우리는 가장 적절한 조직이 개입할 수 있도록 다른 규제 기관, 기관 및 정부 부서와 협력하여 작업한다. 우리는 법률이 중복되는 경우 다음과 같은 조치를 취함으로써 이를 수행한다.

- 협력을 촉진한다.
- 중복을 최소화한다.
- 공동 규제 활동 조정한다.
- 정보와 지능을 공유한다.

다른 규제 기관이 해당 영역에 대해 특정한 책임을 갖고 있는 경우 우리는 개입하지 않는다.

(4) 지방 당국과 협력

지방 당국(LA)은 다음과 같이 위험도가 낮은 작업장의 건강과 안전을 규제할 책임이 있다.

- 부엌   • 상점   • 창고   • 소비자 서비스

건강 및 안전(집행 기관) 규정은 우리와 지자체(Local Authority: LA) 사이의 건물 할당을 명시한다. 우리는 LA 시행법에 설명된 대로 위험 기반 접근 방식을 설정하는 데 있어 중앙 정책 역할을 유지할 수 있다.

(5) 관할 당국의 일부로서 우리의 역할

2015년 주요 위험 규제 규정(COMAH)에 따라 당사는 관할 기관으로서 다음과 같이 협력하여 주요 위험을 규제한다.

- 환경청
- 스코틀랜드 환경 보호국
- 국립 자원 웨일스

해양 주요 위험 산업(석유 및 가스)은 당사와 에너지 보안부 및 Net Zero가 공동으로 규제한다.

(6) 다른 규제 기관의 업무 지원

HSE는 원자력 규제국, 도로 및 철도 규제국, 운전자 및 차량 표준국의 업무를 지원한다.

또한 민간항공국(Civil Aviation Authority) 및 해상 해안경비대(Maritime Coastguard Agency)와도 긴밀하게 협력하고 있다. 공식 계약을 맺은 모든 규제 기관의 전체 목록은 온라인에서 확인할 수 있다.

(7) 추가 정보

규제 기관으로서의 우리의 역할.

(8) 자원

① 보건 및 안전 검사관이 전화할 때 예상되는 사항

HSE 담당자가 귀하의 사업장을 방문할 때 기대할 수 있는 것

이런 정보는 고용주나 작업장 관리자등 보건 및 안전법에 따른 의무를 갖고 있는 사업체 담당자를 위한 것이다. 이는 보건 및 안전 검사관이 직장에 전화할 때 무엇을 기대할 수 있는지 설명한다. 또한 직원과 그 대리인이 방문하는 동안 검사관으로부터 어떤 정보를 기대할 수 있는지 알려준다.

또, 조사관이 전화할 때 무엇을 궁금해 하는지, 그리고 조사가 직장에서 사람들의 건강과 안전을 유지하는 데 왜 그렇게 중요한 부분인지 설명하는 데 도움이 된다.

② 직장 내 건강 및 안전 규정

HSE와 지방 당국은 건강 및 안전 위험 관리를 개선하기 위해 다양한 규제 개입을 혼합하여 사용한다. 직장 내 건강 및 안전 규정 문서에는 우리가 사용하는 개입을 포함하여 규제 접근 방식의 주요 특징이 설명되어 있다.

4) 정보의 자유(FOI: Freedom of Information)

2000년 정보자유법(FOIA: Freedom of Information Act)

FOIA는 정부나 공공 기관이 보유한 정보에 대한 공개 접근을 제공한다. 이 법은 잉글랜드, 웨일스, 북아일랜드의 공공 기관과 스코틀랜드에 기반을 둔 영국 전역의 공공기관이 보유하고 있는 모든 기록 정보에 적용된다. HSE는 영국 전역의 공공 기관이므로 2002년 정보자유(스코틀랜드)법의 적용을 받지 않는다.

(1) FOIA에서 고려되는 사항

FOIA에 따라 HSE의 기본 입장은 공개를 선호하지만 그렇게 하는 것이 합법적인 경우에만 가능하다. FOIA에 따라 공개를 고려할 수 있는 요청의 예는 다음과 같다 (단, 이에 국한되지는 않음).

- HSE의 재정 성과 관련 정보(연차 보고서에는 아직 자세히 설명되어 있지 않음)
- HSE와 제3자 간의 계약관계 세부정보
- HSE 내 자원 할당
- 과학 및 연구 보고서
- 정책개발
- 통계 데이터(아직 공개되지 않음)

HSE는 각 요청을 신중하게 검토하여 FOIA에 따른 면제 적용 및 공익 심사가 적절한지 여부를 결정한다.

FOIA 면제에 대한 추가 지침과 공공 기관이 적용할 수 있는 방법은 정보위원회(ICO) 웹사이트에서 확인할 수 있다.

(2) 직장 보건 및 안전사고에 관한 요청

특정 작업장 건강 및 안전사고(예: 사망, 부상, 질병)와 관련된 요청은 우선 FOIA 에 따라 고려된다. 이는 우리에게 결정할 기회를 줄 것이다.

- HSE가 문제의 사건에 대한 집행 기관인지 여부
- HSE가 사건을 조사했는지 여부
- HSE가 사건에 대해 보유할 가능성이 있는 정보(있는 경우)

HSE가 사건에 관한 정보를 거의 또는 전혀 보유하지 않은 경우, 요청자에게 응답하여 법정 기한 내에 이 결과를 알려줄 것이다.

사건과 관련하여 HSE가 보유한 관련 기록이 있는 경우 HSE는 일반적으로 FOIA 면제 적용을 고려한다. 사건의 상황에 따라 여기에는 30항(조사 및 절차), 31항(법 집행), 40항(개인 정보) 및 41항(비밀 제공 정보)이 포함되지만 이에 국한되지는 않는다. 이로 인해 HSE는 찾고 있는 정보의 일부 또는 전부를 보류할 수 있다.

이러한 상황에서 HSE의 응답은 요청자에게 FOIA에 대한 대체 공개 게이트웨이로 민사소송규칙(CPR)을 사용하여 필요한 정보에 접근하는 방법에 대한 지침을 제공한다. 이 기능은 현재 잉글랜드와 웨일스에서만 사용할 수 있다.

(3) 응답에 소요되는 기간

FOIA에 따르면 HSE는 영업일 기준 20일 이내에 요청에 응답해야 한다. HSE는 이 기한 내에 귀하의 답변을 전달하기 위해 노력할 것이다. 이것이 불가능할 경우, 지연에 대한 명확한 이유와 수정된 목표 배송 날짜를 명시하여 서면으로 알려준다.

(4) 비용청구

HSE는 FOIA에 따라 처리된 요청에 대한 비용을 청구하려고 하지 않는다. 대신 HSE는 각 요청에 대해 24시간의 근무 시간 제한을 적용한다. 즉, 요청된 정보를 찾고, 검색하고, 추출하는 데 근무 시간 24시간(또는 3일) 이상 걸리는 요청은 거부된다. 이러한 경우 귀하는 귀하의 요청을 구체화하도록 요청받게 된다. 그러나 필요한 경우 관리 비용을 청구할 수 있다. 자세한 내용은 HSE FOIA 청구 정책을 참조.

(5) 요청 방법

이메일이나 우편으로 정보를 요청할 수 있다.

우리의 응답이 만족스럽지 않은 경우

HSE의 결정에 만족하지 않는 경우 내부 검토를 요청하거나 정보위원회에 불만을 제기할 수 있다.

5) 건강과 안전에 대한 도움(요청)

〈모든 작업장에 대한 일반 지침〉[21]

귀하의 비즈니스를 위한 건강 및 안전 기본사항

소규모 저위험 기업인 경우는, 이러한 기본 단계만으로 보건 및 안전법을 준수하는데 충분할 수 있다. 건강 및 안전 관리에 대한 소개는 귀하가 더 많은 조치를 취해야할 부분을 결정하고 통제 조치를 계획, 모니터링 및 검토하는 데 도움이 된다.

(1) 보건 및 안전 정책 준비

법에 따르면 모든 기업은 건강과 안전을 관리하기 위한 정책을 갖추어야 한다. 건강 및 안전 정책은 건강 및 안전에 대한 일반적인 접근 방식을 제시한다. 이는 고용주로서 귀하가 사업체에서 건강과 안전을 관리하는 방법을 설명한다. 누가, 언제, 어떻게 무엇을 하는지 명확하게 밝혀야 한다.

직원이 5명 이상인 경우 정책을 적어야 한다. 직원이 5명 미만인 경우에는 아무것도 기재할 필요가 없지만 기재해 두는 것이 유용하다. 정책과 정책 변경 사항을 직원과 공유해야 한다.

---

21) https://www.hse.gov.uk/guidance/index.htm(2024.6.10)

(2) 사고 및 질병 신고

법에 따라 특정 작업장 부상, 위험상황 및 업무 관련 질병 사례를 HSE에 보고해야한다. 이 의무는 RIDDOR로 알려진 부상, 질병 및 위험 발생 보고 규정에 따른다. 우리 청의 RIDDOR 페이지에는 신고해야 할 사항과 신고 방법이 설명되어 있다.

(3) 기록의 보관 의무

직원이 10명 이상인 경우 사회보장법에 따라 사고대장을 보관해야 한다. HSE Books에서 구입하거나 자체 기록 시스템에 세부 사항을 기록할 수 있다.

사고 기록을 유지하면 사고 및 부상의 패턴을 식별하는 데 도움이 되므로 직장 내 위험을 더 잘 평가하고 관리할 수 있다. 기록은 보험회사와 거래할 때에도 도움이 될 수 있다. 안전한 장소에 기밀로 기록을 저장하여 사람들의 개인 정보를 보호해야 한다.

(4) 정보, 교육 및 감독 제공

귀하를 위해 일하는 모든 사람은 건강에 대한 위험 없이 안전하게 일하는 방법을 알아야 한다. 여기에는 계약자 및 자영업자가 포함된다. 직원들에게 명확한 지침과 정보를 제공하고 적절한 교육과 감독을 제공해야 한다. 신입 사원, 직업을 바꾸거나 추가 책임을 맡는 사람, 젊은 직원, 보건 및 안전 담당자 등 특별한 교육이 필요한 직원을 포함했는지 확인해야 한다. 우리는 또한 다른 규제 기관, 기관 및 정부 부서와 협력하여 작업한다.

(5) 직원들과 상의 필요

건강과 안전에 관해서는 모든 직원과 상의해야 한다. 다음 사항에 대해 듣고 이야기함으로써 이를 수행할 수 있다.

- 건강과 안전, 그리고 그들이 하는 일.
- 위험은 어떻게 통제되고 있는가.
- 정보와 교육을 제공하는 가장 좋은 방법 등.

(6) HSE 지침 및 ACOP(Approved Codes of Practice: 승인된 실천 강령)의 법적 지위

HSE는 지침(전단지, 서적 및 웹페이지 형식)과 **승인된 실천 강령**(ACOP)을 게시한다. HSE 지침은 법률 준수 방법을 이해하는 데 도움이 되는 조언을 제공한다. 법률의 특정 요구 사항에 대한 설명 및 법적 의무를 준수하는 데 도움이 되는 특정 기술정보 또는 추가 정보 소스에 대한 참조이다.

ACOP는 직장 보건 및 안전법 등이 부과하는 규정 및 의무를 준수하기 위해 사용할 수 있는(또는 충족해야 하는 표준) 선호하거나 권장하는 방법을 설명한다. 지침 및 ACOP의 법적 지위는 아래에 나와 있으며 관련 간행물에 표시된다.

(7) HSE 지침의 법적 지위

이 지침은 보건안전청에서 발행한다. 특별히 명시되지 않는 한 지침을 따르는 것은 필수는 아니며, 다른 조치를 취하는 것은 귀하가 자유롭게 할 수 있다. 그러나 지침을 따른다면 일반적으로 법률을 준수하기에 충분한 조치를 취하는 것이다. 보건 및 안전 조사관은 법률 준수를 보장하기 위해 노력하며 이 지침을 참조할 수 있다.

4. 보건안정청과 감독관

1) 보건안전청의 기능

보선안선청은 사업장 안선과 관련한 법령상의 기능을 가지고 있는, 노동연금부가 관할하는 비 부처(Non-departmental) 정부기구이다. 장관이 보건안전청의 장과 이사회의 이사들을 임명한다. 보건안전청의 가장 중요한 의무는 기업들의 행위가 야기한 위험으로부터 사업장 사람들과 공중의 안전을 보장하는 것을 기획하는 것이다. 보건안전청의 법적인 다른 기능은 장관의 동의를 받아 실행준칙을 승인하고 발간하는 것이다. 보건안전청은 자신을 대신하여 보건안전청의 기능을 수행하도록 정부기구들과 함께 협정을 맺는 것, 집행과 관련하여 지자체에 의무적인 지침을 제시하는 것, 특정인을 지명하여 사고나 다른 문제에 대해 조사하고 보고할 권한을 부여하는 것 등의 기능을 가지고 있다.

2) 보건안전청의 감독관

영국의 집행체계에서 핵심적인 역할을 하는 감독관은 보건안전만을 전담하는 사람이다. 한국을 비롯한 대부분의 국가에서는 보건안전관련 업무가 근로조건 등에 관한 감독관의 업무의 일부로 되어 있거나, 근로조건과 관련한 근로감독관 중에서 보건안전만을 전담한다. **영국은 보건안전청이 다른 근로조건에 대한 감독을 담당하는 기관과 독자적으로 분리되어 있어 산업안전보건청에서 일하는 감독관은 산업안전에 대한 업무만을 담당한다.** 영국 감독관의 권한은 다른 국가에 비해서 더 강한 특성을 지니고 있다. **예를 들어, 영국의 보건안전청의 감독관은 보건안전법 관련 위반행위에 대해 기소할 권한을 갖는다. 한국의 경우 근로 감독관은 수사할 권한을 갖지만, 최종적인 기소권한은 검찰에 부여되어 있다. 반면에 영국의 보건안전감독관은 자신의 이름으로 수사할 권한과 함께 최종적인 기소권한을 갖고 있다.**

(1) 영국의 노동감독제도의 개요[22]

노동기준 전반을 대상으로 한 포괄적인 감독제도는 없고, 복수의 영역에 따른 서로 다른 감독 제도와 기관이 설치되어 있다. 기둥이 되는 노동안전위생제도로는, 1974년 보건안전법(Health and Safety at Work etc Act 1974)을 근거로 보건안전청(Health and Safety Executive: HSE) 및 지방 자치체(Local Authority)가 집행을 담당하고 있다.

---

22) 영국은 감독기관에 따라 소관하는 지리적 범위가 다르다. HSE 및 후술하는 바와 같이 노동자 파견기준국은, 그레이트 브리튼(잉글랜드, 웨일스, 스코틀랜드), 또 관세청, 북아일랜드를 포함 영국 전체 각각을 소관하고 있다.

또, 최저 임금 제도에 관해서는, 1998년 최저 임금법(National Minimum Wage Act 1998)이 근거법이 되고 있다. 비즈니스·에너지·산업 전략성이 소관하고, 세무·사회 보험료 등의 징수 전반을 담당하는 세입관세청(Her Majesty's Revenue and Customs)이 집행기관이 된다.

(2) 기타 감독 업무

그 밖에 일부 사업자를 대상으로 한 감독 제도로서 농업·식품 가공 등 법적으로 인정된 업종에 있어서는 노동력 공급 사업의 사업자(갱 마스터)를 감독하는 갱 마스터 인가국(Gangmasters Licensing Authority, GLA: 사업자의 인가(라이센스 발행)) 외, 공급처가 되는 농장 등의 상황 등의 검사를 실시하거나,23) 파견 노동·고용 비즈니스를 소관하는 노동자 파견 기준국(Employment Agency Standards Inspectorate) 등이 설치되어 있다. 또, 원자력,24) 도로, 철도, 항공, 해운 등의 각 분야에서 감독 기관이 설치되어 있다. 이하 노동 안전 위생 및 최저 임금에 관한 감독 기관의 개요를 소개하고자 한다.

3) 감독 조직

(1) 보건안전위생

보건안전위생제도의 집행기관인 보건안전청(HSE)과 지방 자치단체는 각각 국내의 다른 종류의 사업소를 감독대상으로 하고 있다. 보건안정청은 공장, 농장, 건설 현장, 병원, 학교 등 그 밖에, 석유·가스의 채굴이나 수송, 배전, 위험 물질의 운반, 원자력 등의 분야를 감독하는데 비해, 지방 자치체는 주로 사무소나 점포, 호텔, 레스토랑 등을 감독한다. 또한, 보건안정청(HSE)은 고용연금성(Department for Work and Pensions)을 소관하는 공적기관(Non Departmental Public Body)으로, **리버풀 본**

---

23) 현재는 조직명이 Gangmasters and Labour Abuse Authority(GLAA)로 개칭되어 권한이나 소관영역이 확대되고 있다.

24) 원자력시설에 관해서는 종래 HSE가 소관하고 있었으나, 2011년에 신설된 Office for Nuclear Regulation으로 이관되었다. 즉, 원자력안전부문이 HSE를 흡수했다.

부 외에 전국 7개 지구에 약 30개소의 지방사무소가 설치되어 있다. 2016년 3월 현재 직원 수는 약 2,574명 정도가 되는데, 그중에서 감독관 1,037명, 현장 스태프, 정책 자문, 기술자, 법률 어드바이저, 통계 전문직, 이코노미스, 과학자, 의료전문직 등이 포함되어 있다. 2015년도의 지출액(total operating expenditure)은 약 2억2,387만 파운드이다.

■ 보건안전청(HSE)의 직원 수(풀타임으로 환산)

구분	2016년 3월 현재	2015년 3월 현재
현장(frontline) 직원	1,048	1,047
현장 지원 중 감독관	979	972
현장 이외의 감독관	58	66
그 외의 전문 직원	1,108	1,086
그 밖의 직원	360	375
(감독관 수)	1,037	1,038
총계	2,574	2,574

자료: HSE (2016) "Annual Report and Accounts 2015/16"

(2) 감독기관의 주된 업무

감독기관으로서의 주된 업무는 다음과 같다.[25]

- 직업 관련의 사망 사고, 상처나 질병, 위험 발생 등을 수반하는 심각한 사고의 조사
- 직장에서의 보건·안전·후생의 상황에 관한 노동자나 일반인의 불만(complaint) 대응
- 리스크가 높은 직장이나 위반이 많은 사업자(dutyholders)에 중점을 둔 검사의 실시

---

25) HSE(2013) 본문 및 「イギリスの労働基準監督官制度 (イギリス : 2018年4月) | フォーカス | 労働政策研究・研修機構 (JILPT)」/https://www.jil.go.jp/foreign/labor_system/2018/04/uk.html #link_07

- 일부 위험 업무에 관한 인가제도의 실시
- 집행기관으로서의 결정과 법령준수 확보를 위한 시책 실시

또, **보건안전청의 일부인 보건안전연구소(Health and Safety Laboratory: HSL)에서는 대략 350명의 과학, 의학, 기술적인 전문가가 안전 위생에 관한 연구에 종사**하고 있으며, 전문적인 정책자문을 제공하는 것 외에도 기업 등을 대상으로 다양한 연수도 유료로 실시하고 있다. 예를 들면, 위험 물질 취급이나 위험한 작업에 관한 규제 내용 및 리스크 관리 등이다. 지방자치체에 의한 감독제도로는 그레이트 브리튼(Great Britain: 북아일랜드 제외 영연방)의 **380개소 지방 자치체가 공중위생 유지의 일환으로, 지역 사업소에서 보건안전 위생의 감독 책임을 진다. 감독관의 수는 2015년의 시점에서 736명이었다.**[26)]

4) 노동감독관의 권한

(1) 보건안전위생

보건안전청(HSE)의 감독관은 원칙적으로 모든 사업소에 사전 통지 없이 출입검사를 실시하는 권한을 가진다. 감독관은 종업원이나 노동조합이 있는 사업소에서는 보건안전 위생 대표자에 대한 청취 외에 사업소내의 사진 촬영이나 샘플의 수집, 또 위험으로 판단되는 장치나 물질을 압수할 수 있다. 검사 결과, 보건안전위생기준에 문제가 있다고 판단되는 경우, 그 정도에 따라서 구두 또는 서면에 의한 어드바이스 혹은 시정·금지에 관한 통지(improvement or prohibition notices)를 발행할 수 있다. 시정 통지는 법률에 반하는 사항에 대해서 소정의 기간 내에 시정할 것을 요구하는 것이다. 또, 금지 통지는 심각한 부상 등이 발생했는지 또는 생길 수 있다고 판단되는 경우에 해당 활동을 컨트롤하는 권한을 가진 사람에 대해 시정책이 강구되지 않는 한, 즉시 또는 소정의 기간 후에 대상이 되는 활동을 금지하는 것이다.

---

26) HSL (2016) "Health & Safety Training Courses 2016/17"

중대한 법 위반이나 사업주가 상기 통지에 따르지 않는 경우에 대해서는 재판소에 제소할 수 있다. 잉글랜드 및 웨일스에서는 보건안전청(HSE)이 직접 제소를 실시하지만, 스코틀랜드에서는 Crown Office and Procurator Fiscal Service(COPFS: 검찰청)에 보고 후, 제소를 제언하는 형태를 취한다. 또한, 사업주는 감독관에 의한 개선·금지 통지에 불복할 경우 재판소에 이의 제기를 실시할 수 있다. 이 경우에 개선 통지는 결심까지 금지가 되지만, 금지 통지에 대해서는 심리 중에도 유효해진다. 또한, 통지를 필요로 하는 것이 판명된 경우 검사에 관련된 비용은 사업주에게 청구된다(Fee for Intervention: 납세자). 2015년도의 징수액은 1,471만 파운드였다.[27]

(2) 최저 임금

영국 국세청(HMRC: Her Majesty's Revenue and Customs)의 감독관(compliance officer)도 부적절한 시간이 아닌 한 임의의 타이밍으로 사업소의 출입 검사를 실시할 수 있다. 검사는 통상 급여 지불 기록 및 그 외의 관련 기록의 열람, 고용주나 급여 담당 직원과의 면담, 노동자와의 면담 등을 포함한다. 위반이 있다고 판단될 경우, 감독관은 고용주에 대해 미지급 임금액 및 최저 임금 위반에 대한 벌금의 지불에 관한 통지(Notice of Underpayment)를 발행한다. 고용주가 통지 내용에 기초한 지불을 게을리한 경우, HMRC는 민사 재판소 또는 고용 심판소로의 제기에 의해 지불 확보를 도모한다.[28]

5) 노동감독관의 신분

보건안전청(HSE)의 감독관은, HSE에 직접 고용된 공무원이다. 또, 지방 자치체의 감독관도 일반적으로는 지방 자치체에 직접 고용된 공무원이다.

---

27) HSE (2016a) "Annual Report and Accounts 2015/16"
28) HMRC (2013) "National Minimum Wage compliance in the social care sector" 벌금액은 임금 미지급인 임금액의 2배로, 위반 대상이 된 노동자 한 명당 100~2만 파운드의 범위에서 결정된다(통지의 발행으로부터 14일 이내에 지불하는 경우, 벌금액은 50%에 감액된다). 또한, 미지급액이 100 파운드 이상을 위반한 모든 고용주는 영국 정부 웹 사이트에서 이름이 공표("name and shame")될 뿐 아니라, 해당 사업에 종사하는 것이 일정 기간 금지되는 경우도 있다. 2013년 10월부터 2016년 2월까지의 기간 중에는 490명 정도의 고용주명이 공표되었다. 미지급 임금액으로는 대략 300만 파운드에 상당했다.

6) 노동 감독대상 노동자수

안전 위생

그레이트 브리튼의 거의 모든 노동자들이 감독대상이 되지만, 보건안전청(HSE)과 지방 자치체에서 정확한 규모나 숫자의 내역을 집계하기는 불가능한 일이다. 다만, 2017년 2~4월 3개월의 취업자 수는 약 3,113만 명에 이르고 있는 것으로 나타났다. 또한, 지방 자치체가 감독해야 하는 대상 사업소는 전국에 약 100만 개소가 넘는 것으로 알려졌다. 2016년 시점에서 그레이트 브리튼 전체 기업의 수는 대략 537만 개소로 나타났다.[29]

7) 연간감독건수

안전위생

보건안전청(HSE)에 의한 연간의 검사 실시 건수는 2015년도로 대략 1만8,000건에 달한다. 지방 자치단체에 의한 실시 건수는 불명확하지만, HSE 및 지방 자치단체에 의해 발행된 통지 건수는 1만1,403건에 달한다. 업종별로는, **제조업과 건설업이 전체의 과반수를 차지한다.** 또, 지방 자치단체의 통지 발행 건수는 보건안전청(HSE)의 대략 1/3에 해당한다. 보건안전청(HSE)에 의하면 최근 지방 자치체에서의 발행 건수는 점점 감소하는 경향을 나타내고 있다.

■ **보건안전청(HSE) 및 지방 자치체에 의한 통지의 발행 건수[30]**

구분	지연수반 금지	즉시 금지	개선	계
보건안전청(HSE)	7	2,934	5,830	8,771
농업	–	58	113	171
광업 · 채석업	–	18	97	115
제조업	5	527	3,069	3,599
전기 · 가스 · 열공급업	–	3	10	13

---

29) House of Commons Library (2016) "Business Statistics"(2024.6.10)

수도업·폐기물처리업	–	85	296	381
건설업	2	1,876	1,168	3,046
유통·호텔·식당업	–	109	371	480
운수·창고업	–	21	121	142
통신·비즈니스서비스·금융업	–	170	331	501
행정	–	5	35	40
교육업	–	10	25	35
보건·복지업	–	10	110	120
예술·오락·레트레션·그 외 서비스	–	42	86	128
지방자치체	15	934	1,683	2,638
계	22	3,868	7,513	11,403

자료: https://www.hse.gov.uk/statistics/tables/index.htm(2024.6.10)

또, 동 연도의 보건안전청(HSE) 및 COPFS(스코틀랜드 검찰청)에 의한 재판소의 소추 건수는 696건, 그중 95%에 상당하는 660건은 다음 표와 같이 유죄판결이 났다. 벌금액은 전체 대략 3,827만 파운드로 1건당 평균액이 약 5만8,000 파운드에 달한다. 여기에서도 제조업과 건설업에서의 건수가 가장 많아 1건당 평균 벌금액은 광업·채석업이나 전기·가스·열 공급업, 운수·창고업 등이 두드러지고 있다. 또한, 유죄판결의 태반은 벌금(fee: 84%)으로, 4%가 구금(immediate custody), 6%가 집행유예(suspended sentenses)로 판결이 났다.[31]

---

30) https://www.hse.gov.uk/statistics/tables/index.htm(2024.6.10)
31) https://www.hse.gov.uk/statistics/tables/index.htm/Statistics – Index of tables(hse.gov.uk)

■ 보건안전청(HSE) 및 COPFS(스코틀랜드 검찰청)에 의한 소추 건수, 벌금액(2015년도)[32]

구분	소추 건수	그중 유죄판결	벌금액 계	유죄판결 1건당 평균 벌금액
산업계	696	660	38,266,663	57,980
농업	28	29	612,720	21,883
광업·채석업	5	5	4,164,120	832,824
제조업	213	208	12,105,301	58,199
전기·가스·열 공급업	7	7	4,512,000	644,571
수도업·폐기물처리업	31	27	1,840,445	68,165
건설업	259	242	7,805,975	32,256
유통·호텔·식당업	24	23	608,202	26,226
운수·창고업	23	20	3,335,515	166,776
통신·비즈니스서비스·금융업	52	47	1,228,875	26,146
행정	9	9	350,515	38,946
교육업	10	10	304,115	30,412
보건·복지업	18	17	967,120	56,889
예술·오락·레트레이션·그 외 서비스	17	17	436,760	25,692

자료: https://www.hse.gov.uk/statistics/tables/index.htm(2024.6.10)

8) 노동감독관의 업무와 활동

안전 위생(연간의 감독 건수나 업무의 흐름 등)

보건안전청(HSE)인 감독기관의 업무는 앞에서 언급한 대로 크게는 감독관에 의한 사업소의 검사와 사고나 질병 등의 발생에 따라 실시되는 검사, 그 이외에 직접입회 검사로 크게 구분된다. 후자는 안전 위생에 관한 문제가 많은 것으로 알려져 있

---

32) https://www.hse.gov.uk/statistics/tables/index.htm(2024.6.10)

는 사업소나 상대적으로 위험도가 높은 업종(해상, 원자력, 철도, 일부 화학 산업, 폭발물을 취급하는 업종 등) 등이 대상이 되는 경우가 많다. 감독업무의 목적이나 수법 등에 관한 원칙을 자세하게 정리한 시행원칙(Enforcement Policy Statement)[33]은 안전 위생에 관한 기본적인 생각으로 리스크 평가와 그에 상응하는 관리를 내걸고 있어서 명확한 기준에 기초한 리스크 평가가 중시되고 있다.[34] 따라서 리스크 평가 등의 구체적인 수법은 시행관리 모델(Enforcement Management Model)[35]에 집약되어 있다.

이밖에 최저 임금에 대한 이행 확보는 통보에 기초한 직접 입회 검사를 기본으로 한다. 노동자(또는 제삼자)는 고용주의 최저 임금 위반에 대해서 비즈니스·에너지·산업 전략성 산하의 공적 기관인 ACAS(Advisory, Conciliation and Arbitration Service: 고용상의 알선·중재 등 외, 고용 분야의 법제도에 관한 정보 제공) 및 고용 분야의 법제도에 관한 전화 상담 서비스를 실시하고 있는 헬프 라인, 또는 HMRC에 불만 제기나 통보를 실시할 수 있다.[36] 최저 임금 위반이 의심되는 경우, HMRC의 감독관(compliance officer)은 부적절한 시간이지 않는 한 임의의 타이밍으로 고용주의 사업소에 직접 입회검사를 실시할 수 있다.

검사시에는 일반적으로 급여 지불 기록 및 그 외의 관련된 기록 열람, 고용주나 급여 담당 직원과의 면담, 노동자와의 면담이 포함된다. 최저 임금 위반이 있다고 판단되는 경우, 감독관은 고용주에 대해 과소 지불 통지(Notice of Underpayment)를 발행한다. 여기에는 미지급 임금액 및 최저 임금 위반에 대한 벌금이 기재되어 있

---

33) http://www.hse.gov.uk/enforce/enforcepolicy.htm/(2024.6.10)

34) 또한, 고용주에게는 직장에서의 안전 위생에 관한 방침 설정이 의무로 지워져서, 종업원 5명 이상 규모의 조직은 이것을 서면화해야 한다. 또, 직장에서의 사망 사고, 상처, 직업상의 병, 그 외 잠재적으로 해를 미칠 수도 있는 사고 등이 발생한 경우, 사업주(고용주 외, 사업소의 관리자, 자영업자)에게는 이것을 보고해야 하는 의무규정이 있다(Reporting of Injuries Diseases and Dangerous Occurrences Regulations 1995).

35) http://www.hse.gov.uk/enforce/enforcement-management-model.htm(2024.6.10)

36) ACAS 헬프 라인으로의 최저 임금 위반에 관한 상담은 상담자가 희망하는 경우, HMRC에 소개되어 HMRC는 이것에 관한 조사를 실시한다. 상담자가 조사에 임하고, 이름의 공표에 난색을 나타내는 경우, 공표 가능한 경우와 비교해 시간은 필요 하지만, 해당의 고용주에 대한 조사는 실시된다. 또한, 노동자는 고용주의 최저 임금 위반에 대해서 고용 심판소 등에 직접 제기를 실시하는 것도 가능하다.

다. 고용주가 통지 내용에 기초한 지불을 게을리한 경우, HMRC는 민사 재판소 또는 고용 심판소에 제기하여 지불이행을 확보하도록 노력해야 한다.

5. 보건안전청이 규제하는 작업장의 특정 법적 의무에 대한 지침

1) 작업장의 적당한 온도는?

(1) 추운 기온에서 작업

실내 작업장의 최저 온도는 일반적으로 최소한 다음과 같아야 한다.

보통 16°C 또는 많은 작업이나 엄격한 육체적 노력이 필요한 경우는 13°C 정도이다. 또한 추운 곳에서 일할 때 노동자들이 최대한 편안하게 유지된 온도에서 일할 수 있도록 실제적인 조치가 필요하다.

(2) 뜨거운 온도에서 작업

작업장마다 다르기 때문에 최대 작업 온도 또는 너무 더워 작업하기 어려울 때를 규정하는 법은 없다. 하지만, 최근 폭염과 함께 많은 실내 작업장에서 작업 활동(예: 빵집이나 주조 공장)으로 인해 열사병 등이 발생하기 때문에 표준적인 상한선을 부과할 수는 없다. 우리나라도 폭염과 온열병환자는 재난으로 규정해 보호하고 있다.

그러나 고용주는 다음과 같이 노동법상의 건강 및 안전수칙을 준수해야 한다.

① 쾌적한 수준으로 온도 유지

② 깨끗하고 신선한 공기를 제공

(3) 근로자를 보호하는 방법

고온 또는 저온에서 작업자를 보호하기 위해 취할 수 있는 실질적인 조치가 있다. 만약, 작업장의 온도가 쾌적하지 않은 경우 근로자는 고용주와 상의해야 한다.

나아가 직원들이 더욱 편안함을 느낄 수 있도록 하는 방법에 대해서도 알아보도록 한다.

(4) 야외 작업

덥거나 추운 환경에서 장시간 야외에서 작업하는 것은 근로자의 건강에 나쁜 영향을 미칠 수 있다. 영국은 야외 작업의 위험으로부터 노동자들을 보호할 수 있는 방법과 지침을 갖고 있다.

(5) 업무에 극한의 기온이 수반되는 경우

일부 작업장에서는 일부 제조 공정과 같은 작업 활동으로 인해 극한의 온도가 발생할 수 있다. 이러한 온도를 효과적으로 관리하지 않으면 건강에 심각한 영향을 미칠 수 있다.

예를 들면, 열 스트레스, 탈수 또는 추위 스트레스와 같이 매우 높거나 낮은 온도에서 작업하는 경우 조언을 찾을 수 있다.

2) 고용주의 작업장 온도 관리 책임

여기에서는 고용주의 책임을 설명하고 근로자를 보호하기 위해 직장 온도를 관리할 수 있는 방법을 제안하고자 한다. 온도의 영향을 관리하는 방법은 다음에 따라 달라진다.

- 작업장이 실내에 있든 실외에 있든 해당 환경의 정상 작동 온도

(1) 실내 작업장은 다음과 같은 것을 제공해야 한다.

- 작업실의 합리적인 작업 온도 – 일반적으로 최소 16°C, 격렬한 작업의 경우 13°C
- 냉난방 제조 공정 등 각 작업실 전체에서 쾌적한 온도를 유지할 수 없는 국지적 냉난방(팬 사용, 창문 열기, 라디에이터 사용)

- 필요한 경우 휴게 시설 설치(예: 더운 작업을 하거나 냉장실에서 따뜻한 옷을 입는 경우)
- 위험하거나 불쾌한 수준의 연기를 작업장으로 배출하지 않는 난방 시스템

(2) 야외 작업장

야외에서 작업할 때 위험을 적절하게 관리하지 않으면 날씨가 작업자의 건강에 심각한 영향을 미칠 수 있다. 이러한 영향은 즉각적이거나 장기간에 걸쳐 발생하여 피부암과 같은 상태로 이어질 수 있다. 날씨는 기계를 다룰 때와 같이 작업자의 안전 유지 능력에도 영향을 미칠 수 있다. 야외에서 일하는 사람들을 보호하기 위해 취할 수 있는 간단한 조치를 취해야 한다.

(3) 추운 환경에서 일할 때

추운 곳에서 일할 때 사람들을 최대한 편안하게 유지하기 위해 다음과 같은 실용적인 조치를 취할 수 있다.
- 지급된 개인 보호 장비가 적절한지 확인할 것
- 워밍업, 스프 또는 따뜻한 음료를 위한 이동식 시설 제공
- 휴식 시간을 더 자주 도입할 것
- 안전을 침해하지 않고 1년 중 더 따뜻한 시기까지 작업을 연기하는 것을 고려할 것
- 작업자가 기침이나 몸살 등 감기 스트레스의 초기 증상을 인식할 수 있는지 확인할 것
- 작업 공간이 사용 중일 때 충분히 따뜻할 수 있도록 휴대용 히터와 같은 적절한 작업장 난방장치를 제공할 것
- 추운 지역 및 추운 제품에 대한 노출을 최소화하는 설계 프로세스
- 적절한 환기를 유지하면서 외풍을 줄일 것

- 근로자가 차가운 바닥에 장시간 서 있어야 하는 경우 단열바닥 깔개 또는 특수 신발 제공
- 추운 환경에 적합한 보호복 제공
- 작업 시스템을 변경할 것도 고려
- 유연한 근무 패턴이나 직무 순환 등의 시스템을 도입하여 노출을 제한할 것
- 직원들이 뜨거운 음료를 마시거나 난방이 되는 구역에서 몸을 따뜻하게 할 수 있도록 충분한 휴식 시간을 제공할 것

(4) 뜨거운 환경에서 일할 때

사람들이 따뜻한 환경에서 편안함을 느낄 수 있도록 도울 수 있다.
- 책상, 받침대 또는 천장 장착형 팬 등의 제공
- 냉방 또는 에어컨을 제공하고 적절히 환기를 제공할 것
- 공기 순환을 유지하기 위해 창문을 열 수 있는지 확인할 것
- 블라인드를 사용하거나 창문에 반사 필름을 사용하여 직원에게 직사광선을 차단할 것
- 직사광선이나 열원으로부터 멀리 떨어진 곳에 워크스테이션을 배치할 것
- 뜨거운 플랜트와 파이프 주변에 단열재 배치
- 냉수 디스펜서 제공(카페인이나 탄산음료보다 물이 더 좋음)
- 체온이 너무 올라가는 것을 방지하기 위해 작업 방식 변경을 고려
- 직무 순환, 가능한 경우 직원을 건물내의 더 시원한 곳으로 이동시키는 등 유연한 근무 패턴 도입
- 직원들이 시원한 음료를 마시거나 몸을 식힐 수 있도록 충분한 휴식 시간 허용
- 공식적인 복장 규정을 완화하되 필요한 경우 개인 보호 장비를 사용
- HSE는 열 스트레스의 위험을 평가하고 근로자를 이로부터 보호하는 방법에 대한 조언

(5) 햇빛 속에서 일하기

햇빛이 너무 강하면 일광 화상, 물집, 피부 노화 등 피부 손상이 발생할 수 있다. 장기적으로는 피부암 발병 위험이 높아질 수 있다. 야외 작업자 및 햇빛 노출에 대한 추가 지침을 찾을 수 있다.

3) 직장에서의 위험 관리 및 위험 평가

(1) 개요

고용주는 직원과 비고용자도 위험으로부터 보호해야 할 법적 의무가 있다.

1999년 직장 보건 및 안전관리 규정에 따라 고용주가 취해야 할 최소한의 조치는 다음과 같다.

- 귀하의 사업에서 부상이나 질병을 일으킬 수 있는 요소(위험)를 식별해야 한다.
- 누군가가 해를 입을 수 있는 가능성과 심각도(위험)를 결정한다.
- 위험을 제거하기 위한 조치를 취하거나, 이것이 불가능할 경우 위험을 통제해야 한다.
- 위험 평가는 작업장에서 위험을 통제하는 데 사용되는 전체 프로세스의 한 부분일 뿐이다.

대부분의 소규모 저 위험 기업의 경우 취해야 할 단계는 아래와 같다.

(2) 위험 관리에 필요한 단계

위험 관리는 작업장 내 위험으로 인해 발생하는 건강 및 안전 위험을 통제하기 위한 단계별 프로세스이다. 스스로 할 수도 있고, 유능한 사람을 임명하여 도움을 줄 수노 있다.

① 위험 식별

작업장을 둘러보고 해를 끼칠 수 있는 것이 무엇인지 생각해보자(이것을 위험이라고 한다).

- 사람들이 일하는 방식, 공장과 장비가 사용되는 방식
- 어떤 화학 물질과 물질이 사용되는지 확인
- 어떤 안전한 작업 관행이나 안전하지 않은 작업 관행이 존재하는지 확인
- 귀하의 건물의 일반적인 상태

사고 및 질병 기록을 되돌아보면 덜 분명한 위험을 식별하는 데 도움이 될 수 있다. 유지 관리, 청소 또는 생산 주기 변경과 같은 비일상적인 작업을 고려해야 한다.

수동 취급, 화학 물질 사용, 업무 관련 스트레스 원인 등 건강에 대한 위험에 대해 생각해보자. 각 위험 요소에 대해 직원, 계약자, 방문자 또는 일반 대중이 어떻게 피해를 입을 수 있는지 생각해보자.

〈취약 근로자〉

젊은 근로자, 이주 근로자, 산모 또는 임산부, 장애인 등 일부 근로자에게는 특별한 요구 사항이 있다.

〈근로자와 대화〉

직원들은 대개 좋은 아이디어를 갖고 있으므로 대화에 참여시킨다.

② 위험 평가

위험을 식별한 후에는 누군가가 해를 입을 수 있는 가능성과 심각도를 결정한다. 위험 수준을 평가하는 것이다.
- 누가 피해를 입을 수 있으며 어떻게 통제해야 하는가.
- 위험을 통제하기 위해 이미 하고 있는 일
- 위험을 통제하기 위해 취해야 할 추가 조치는 무엇인가?
- 누가 그 행동을 수행해야 하는가?
- 조치가 필요할 때 어떻게 해야 하는가?

③ 위험 통제

이미 수행 중인 작업과 이미 실행 중인 제어 기능을 살펴보자.
- 위험을 완전히 없앨 수 있는가?

- 그렇지 않다면 피해가 발생하지 않도록 위험을 어떻게 통제할 수 있는가? 추가 제어가 필요한 경우 다음을 고려한다.
- 일을 재설계한다.
- 재료, 기계 또는 프로세스를 교체한다.
- 재료, 기계 또는 프로세스에 대한 노출을 줄이기 위해 작업을 구성한다.
- 안전하게 작업하는 데 필요한 실질적인 조치를 식별하고 구현한다.
- 개인 보호 장비를 제공하고 직원이 이를 착용하도록 한다.

〈합리적으로 실행 가능하다는 것은 무엇을 의미하는가?〉

모든 위험을 제거할 수는 없지만 사람들을 위험으로부터 보호하기 위해 '합리적으로 실행 가능한' 모든 조치를 취해야 한다. 이는 돈, 시간 또는 문제 측면에서 실제 위험을 통제하는 데 필요한 조치와 위험 수준의 균형을 맞추는 것을 의미한다. 사업자의 비즈니스와 관련된 통제에 대한 자세한 지침을 HSE에서 확인할 수 있다.

④ 발견한 내용을 기록하기

5인 이상을 고용하는 경우에는 다음을 포함한 중요한 결과를 기록해야 한다.
- 위험(해를 끼칠 수 있는 것)
- 누가 피해를 입을 수 있으며 어떻게 통제해야 하는지
- 위험을 통제하기 위해 무엇을 하고 있는지
  고용주를 돕기 위해 위험 평가 템플릿과 예시가 있다. 실제 위험을 통제하는 것이 최우선 과제이므로 서류에만 의존하지 말아야 한다.

⑤ 통제의 검토

고용주는 자기가 적용한 통제를 검토하여 제대로 작동하는지 확인해야 한다. 다음과 같은 경우에도 검토해야 한다.
- 더 이상 효과적이지 않을 수 있다.
- 다음과 같은 변화와 새로운 위험을 초래할 수 있는 작업장의 변화가 있다.
- 직원

- 프로세스
- 사용된 물질이나 장비

  또한 직원이 문제를 발견했거나, 사고 또는 순간 위험이 발생한 경우 검토를 고려해야 한다.

변경 사항이 있으면 위험 평가 기록을 업데이트해야 한다.

(3) 위험 평가 템플릿 및 예시

① 템플릿

위험 평가 템플릿을 사용하면 다음 사항을 간단하게 기록할 수 있다.

- 누가 피해를 입을 수 있으며 어떻게 통제해야 하는가.
- 위험을 통제하기 위해 이미 하고 있는 일
- 위험을 통제하기 위해 취해야 할 추가 조치는 무엇인가?
- 누가 그 행동을 수행해야 하는가?
- 조치가 필요한 시기

② 위험 평가 예시

이러한 일반적인 예는 다른 기업이 위험을 어떻게 관리했는지 보여준다. 다음 사항에 대해 생각해 볼 수 있는 지침으로 사용할 수 있다.

- 고용주의 사업에 있는 몇 가지 위험 요소
- 위험을 관리하기 위해 취해야 할 조치

단지 여기에 제시한 예시를 복사하여 회사 이름을 입력하지 말아야 한다. 그렇게 하면 법을 충족하지 못하고 직원을 보호하지 못할 수도 있다. 특정 위험에 대해 생각하고 비즈니스 요구 사항을 제어해야 한다.

(4) 일반적인 작업장의 위험

직장 내 위험에 대한 구체적인 지침을 찾는 데 도움이 되도록 우리는 낙상, 넘어짐, 고소(高所) 작업 등 직장에서 심각한 부상을 일으키는 가장 일반적인 원인을 그

릅화했다. 일부 건강 상태에 따라 작업 및 작업 환경으로 인해 위험이 발생하거나 악화될 수 있다. 여기에는 폐 질환, 스트레스 및 허리 통증과 같은 근골격계 질환도 포함된다.

아래 도표를 보면 직장에서 가장 흔히 발생하는 위험과 이를 관리하는 방법에 대한 보건안전청(HSE)의 조언을 소개하고자 한다.

다음은 영국 보건안전청(HSE)이 지적하는 작업장의 위험관리 장소와 구체적인 조언이다.[37]

■ **위험을 관리해야 하는 장소**

① 석면	② 갇힌 공간	③ 디스플레이 화면 장비
④ 전기 안전	⑤ 장비 및 기계	⑥ 화재 안전
⑦ 가스 안전	⑧ 유해물질	⑨ 수동 취급
⑩ 소음	⑪ 개인 보호 장비	⑫ 압력 장비
⑬ 방사선	⑭ 전표 및 여행	⑮ 진동
⑯ 높은 곳에서 일하기	⑰ 직장 이동	⑱ 업무 관련 스트레스

자료출처: 보건안전청(HSE) 자료를 재구성한 자료임.[38]

(5) 직장 보건, 안전 및 복지

① 작업장 안전에 관한 법률(The law on work place safety)

고용주로서 고용주는 장애인을 포함하여 직장 내 모든 사람에게 건강하고 안전한 복지 시설과 근무 환경을 제공해야 한다. 직장(보건, 안전 및 복지) 규정은 광범위한 기본 보건, 안전 및 복지 문제를 다루며 대부분의 직장에 적용된다.

고용주는 다음 사항을 수행해야 한다.

• 건물이 잘 수리되었는지 확인하기.

---

37) 「Managing risks and risk assessment at work」
   https://www.hse.gov.uk/simple-health-safety/risk/common-workplace-risks.htm(2024.6.10)
38) https://www.hse.gov.uk/simple-health-safety/risk/common-workplace-risks.htm(2024.6.10)

- 안전하고 효율적으로 작동할 수 있도록 작업장과 장비를 유지 관리하기.
- 위험한 결함을 즉시 바로잡거나 위험에 처한 사람을 보호하기 위한 조치를 취하기.
- 울타리나 가드레일과 같은 열린 가장자리에서 사람이나 물질이 떨어지는 것을 방지하기 위해 예방 조치를 취하기.
- 사용하지 않을 때 울타리 또는 덮개 바닥 개구부(예: 차량 검사 구덩이)를 확인하기.
- 안전한 이동과 접근을 위한 충분한 공간이 있는지 확인하기.
- 필요한 경우 안전유리 제공하기.
- 바닥, 복도, 계단 등에 케이블 등의 장애물이 없는지 확인하기.
- 습식 공정에서 우수한 배수 환경을 제공하기.
- 열 수 있는 창문이 안전하게 열리거나 닫히거나 조정될 수 있는지 확인하기.
- 모든 창문과 채광창이 안전하게 청소될 수 있도록 설계 및 제작되었는지 확인하기.
- 창 청소부가 하네스를 사용해야 하는 경우 앵커 포인트(Anchor point)를 장착했는지 확인하기.
- 야외 경로에서 눈과 얼음으로 인한 위험을 최소화하기. 예를 들어 소금이나 모래를 사용하고 쓸어내기.

② 조명

다음을 제공해야 한다.
- 좋은 조명 – 가능하면 자연광을 사용하되 눈부심을 피하도록 한다.
- 필요한 경우 워크스테이션에 적절한 수준의 지역 조명
- 적절한 형태의 비상 조명
- 조명이 밝은 계단과 복도
- 조명이 잘된 외부 공간 – 보행자를 위한 것이며 야간에 싣고 내리는 등의 작업 활동을 돕기 위한 것.

③ 구내 이동

다음과 같은 것이 있어야 한다.

- 보행자와 차량의 안전한 통행 - 별도의 경로가 필요할 수 있다.
- 구멍이나 깨진 판자가 없이 바닥과 표면이 균일할 것.
- 필요한 경우 계단 및 경사로에 난간 설치
- 안전하게 설치된 문과 게이트
- 미끄럽지 않은 바닥과 표면

④ 청결

고용주는 다음을 수행해야 한다.

- 깨끗한 바닥과 계단을 제공하고 필요한 경우 효과적인 배수를 제공.
- 깨끗한 건물, 가구 및 비품 제공.
- 폐기물용 용기를 제공.
- 정기적으로 먼지를 제거하고 폐기물을 처리하며 폐기물 관리.
- 유출물을 즉시 치우기.
- 내부 벽이나 천장을 깨끗하게 유지하기.

⑤ 위생 및 복지

다음을 제공해야 한다.

- 뜨거운 물, 차가운 물, 따뜻한 물, 비누, 수건 또는 기타 적절한 건조 수단을 사용하여 깨끗한 화장실과 세면대
- 식수
- 오염될 수 있는 음식을 먹을 수 있는 시설을 포함, 휴식을 취하고 식사를 할 수 있는 장소
- 더러운 일이나 긴급 상황을 위한 샤워실
- 실용적이고 필요한 경우 젖은 작업복 건조 시설

- 직장에서 착용하지 않는 개인 의류를 보관할 수 있는 공간 또는 걸이 공간(업무상 특수의류를 착용하는 경우 갈아입을 수 있는 장소)
- 임산부, 수유부를 위한 휴게시설

어떤 상황에서는 위험 평가에서 다음과 같은 추가 특정 제어 제공의 필요성을 강조하게 된다.
- 네일 브러쉬가 포함된 스킨 클렌저
- 필요한 경우 크림 및 피부 컨디셔닝 크림
- 기지에서 멀리 떨어진 곳에서 근무하는 근로자를 위한 특정 시설(예: 경우에 따라 화학 화장실)

⑥ 편안한 조건
다음을 제공해야 한다.
- 건물 내부 작업장 내 합리적인 작업 온도(예를 들어 식품 산업에서 그렇게 하는 것이 불가능하지 않은 한 일반적으로 최소 16℃, 격렬한 작업의 경우 13℃)
- 각 작업실 전체에서 쾌적한 온도를 유지할 수 없는 국지적 난방 또는 냉방(예: 고온 및 저온 공정)
- 좋은 환기 – 외부 또는 환기 시스템에서 유입되는 신선하고 깨끗한 공기의 충분한 공급
- 위험하거나 불쾌한 수준의 연기를 작업장으로 배출하지 않는 난방 시스템
- 적절한 작업대와 좌석을 포함한 충분한 작업 공간

⑦ 야외에서 일하기
야외 작업의 경우 날씨, 온도(더위와 추위 모두), 햇빛 노출 등을 고려해야 한다.

6. 기업의 법적 의무에 대한 '보건안전청(HSE)'의 지침(개별 사례)

영국에서 노동재해가 자주 발생하는 사건·사고에 대한 '보건안전청(HSE)'의 지침 중에서 중요한 안전지침 사례 12개를 엄선해 소개하고자 한다.

1) 석면 안전 지침 소개[39]

(1) 개요

석면은 영국에서 업무 관련 사망으로는 가장 큰 원인이 된다. **매년 약 5,000명이 석면 관련 질병으로 사망한다.** 석면 관련 질병은 일반적으로 발병하는 데 수십 년이 걸리고 치료할 수도 없는 질병이다. 석면은 숨을 쉬거나 옷에 닿을 수 있고, 작아서 눈에도 보이지 않는 섬유질로 구성되어 있다. 석면은 영국에서 1999년 금지될 때까지 많은 산업과 건물에서 사용되었다. 그러나 석면이 계속해서 안전하게 제거되는 동안에도 이 물질의 대부분은 여전히 그대로 남아 있었다. 이는 석면이 효과적으로 관리되지 않고 손상되거나 교란되어 오래된 건물에서 일하는 사람들이 오늘날에도 여전히 석면 섬유에 노출될 수 있음을 의미한다. 2000년 이후에 건설된 건물에는 석면이 포함되어 있지 않을 가능성이 매우 높다.

(2) 이 지침은 누구를 위한 것이며 무엇을 다루는가?

이 지침은 다음을 대상으로 한다.
- 건물주와 집주인
- 건물을 유지하거나 수리하는 사람들
- 석면을 건드릴 가능성이 있는 사람의 고용주
- 노동자
- 석면 조사관 및 분석가
- 허가받은 계약자

---

39) https://www.hse.gov.uk/asbestos/introduction/index.htm(2024.6.10)

이 지침에는 다음을 포함하여 법을 준수하기 위해 무엇을 해야 하는지 요약되어 있다.

- 귀하의 직무에 따라 취해야 할 조치.
- 석면 존재 여부와 그 상태를 확인한다.
- 위험을 평가하고 올바른 통제 수단을 마련한다.
- 석면을 건드릴 수 있는 사람에게 올바른 교육, 지침 및 정보 제공한다.
- 면허가 있는 계약자가 언제 작업을 수행해야 하는지 이해해야 한다.
- 자영업자인 경우는 법에 따라 고용주와 근로자와 동일한 책임이 있다.

(3) 석면 피해 가능성이 높은 작업 유형

노동자가 건물 구조 작업을 할 때 석면을 발견할 가능성이 매우 높다. 석면을 건드려 더 큰 위험에 빠뜨릴 수 있는 활동에는 다음이 포함될 수 있다.

- 벽에 드릴 사용
- 파괴
- 개조 또는 구조
- 설치(예: 스마트 미터)

특정 업종에 종사하는 사람들, 특히 2000년 이전 건물에서 일하는 사람들은 석면을 접할 가능성이 매우 높다. 석면의 상태가 양호하고 건드리지 않으면 노출 위험 상태는 매우 낮은 편이다. 석면 안전에 대한 작업자 가이드[40]에서는 작업자와 고용주가 자신이나 다른 사람을 위험에 빠뜨리는 것을 방지할 수 있는 방법을 설명한다.

---

40) 석면을 발견했다고 생각한다면, 일을 멈추고, 건물에 석면이 있는지 알아보려면 고용주나 건물 소유주에게 문의한다. 고용주는 건물의 석면 등록 또는 조사를 확인하도록 요청하고 작업을 수행하는 데 충분한 정보가 있는지 확인해야 한다. 예를 들어, 건물 구조에 침입하는 경우 보수 조사가 필요할 수 있다. 이 작업이 완료될 때까지 어떤 작업도 수행하지 말아야 한다. 조사를 실시하더라도 석면이 있는 모든 위치를 찾지 못할 수도 있다. 작업을 시작할 때 석면이 여전히 숨겨져 있을 수 있다는 점에 유의해야 한다. 석면 관련 작업에 대한 교육을 받지 않은 경우에도 작업을 시작해서는 안 된다.

(4) 석면이 함유된 건물의 근로자

직업상 직접 석면을 건드릴 가능성은 없더라도 석면이 포함된 건물에서 일하는 노동자의 경우, 섬유가 공기 중으로 방출되어 흡입될 때 건강에 위험이 될 수 있다. 노출 위험이 가장 높은 작업자는 건물 구조를 건드릴 수 있는 작업자다(예: 보수 작업 등을 수행하는 작업자). 여기에는 관리인 등 일상적인 건물 유지 관리를 수행하는 사람도 포함된다.

건물 내 석면 관리 의무를 맡은 사람은 관계자들의 안전을 책임진다. 석면 함유 물질의 상태가 양호하고 손상될 가능성이 없는 경우 제자리에 두고 위험을 관리해야 한다. 그러나 석면의 상태가 좋지 않거나 건물을 정상적으로 사용하던 중에 손상될 가능성이 있어 안전하게 수리하거나 밀폐할 수 없는 경우에는 제거해야 한다.

학교건물과 같이 석면이 존재하는 것으로 알려지거나 존재하는 것으로 추정되는 건물에서 일하는 사람은 다음을 충족해야 한다.

- 자신이 사용하는 방이나 구역에 석면 함유 물질의 구체적인 위치에 대한 정보를 제공한다.
- 방해하지 말고 우발적인 손상이 발생한 경우 어떻게 해야 하는지 알려준다. 이는 해당 건물에 대한 석면 관리 계획의 일부를 구성한다.

학교를 포함한 공공건물에서 석면으로부터 근로자를 보호할 의무가 누구에게 있는지 다음과 같은 지침이 있다.

공공 건물

공공건물에서는 누가 유지 관리를 담당하는지에 따라 달라진다.
예를 들어, 대부분의 병원에서 의무자는 고용주가 된다.

학교

의무자가 누구인지는 학교 유형에 따라 다르다. 지방자치단체가 관리하는 학교(예: 지역사회 학교)의 경우 지방자치단체가 고용주이다. 자원봉사학교와 재단학교의 경우에는 학교장

이 된다. 아카데미 및 무료 학교의 경우 아카데미 신탁이 의무자가 된다. 독립 학교와 수수료를 지불하는 학교의 경우 소유자, 주지사 또는 이사가 될 수 있다.

지방 당국은 때때로 유지 관리 예산을 학교에 위임한다. 이 경우 석면 관리 업무는 학교와 지자체가 분담한다. HSE에는 학교 석면에 관한 페이지가 있다. 여기에는 학교가 해야 할 일이 포함되어 있으며 기타 정부 지침에 대한 링크가 있다. 학교용 석면 체크리스트는 학교가 석면 관리 조치를 검토하는 데 도움이 된다.

거주용 건물의 공용 부분

거주용 건물의 공용 부분에서는 임대 숙소의 집주인과 같이 해당 구역을 담당하는 사람이 석면 관리를 담당한다. 이러한 건물의 공용 부분은 개별 아파트를 포함하지 않지만 다음을 포함한다.

현관과 복도, 리프트 및 리프트 샤프트, 계단, 지붕 공간, 정원과 마당, 바깥 집과 차고 공용 부분에는 두 가구 이상이 공유하는 개인 주택의 방은 포함되지 않는다.

여기에는 공유 주택의 욕실과 주방, 보호 시설의 공동 식당 및 라운지가 포함될 수 있다.

(5) 일반인 및 주택 소유자

자신의 집에서 작업을 수행하는 계약자는 자기의 활동으로 인해 건강에 대한 위험으로부터 자신을 보호할 법적 의무가 있다. 여기에는 석면 함유 물질로 인한 위험이 포함된다.

소유자가 거주하는 국내 부동산의 경우 주택 소유자는 작업 활동에 참여하지 않으므로 계약자에 대한 위험에 대해 법적 책임이 없다.

(6) 건물 내 석면 관리의 법적 의무

건물의 석면 관리 의무에는 다음이 포함된다.

- 공장이나 상점과 같은 모든 비거주용 건물
- 목적에 맞게 지어진 아파트와 같은 다인실 거주용 건물의 '공용 부분'

  의무 보유자는 석면 노출 위험으로부터 사람들을 보호해야 하며 건물 내 석면 관리 의무에 대한 보다 자세한 지침이 있으며 여기에는 다음이 포함된다.

- 법적 의무는 무엇인가
- 건물 유형 등에 따라 의무 보유자가 누구인지?
- 의무자가 해야 할 일

(7) 석면이 위험한 이유

석면은 단지 과거의 문제가 아니다. 이는 오늘날 2000년 이전에 건축되거나 개조된 모든 건물에 존재할 수 있다.

공기 중이나 옷에 있는 섬유는 보거나 냄새를 맡거나 느낄 수 없으므로 섬유가 있는지 알 수 없다. 석면이 포함된 재료가 교란되거나 손상되면 섬유가 공기 중으로 방출된다. 사람들이 이러한 섬유질을 흡입하면 치료할 수 없는 심각한 질병을 일으킬 수 있다. 석면으로 인해 발생하는 가장 흔한 질병은 중피종, 석면증, 석면 관련 폐암 등이다.

이러한 질병은 즉시 발병하지 않고 오랜 시간이 걸리는 경우가 많다. 그러나 진단을 받은 후에는 아무것도 할 수 없는 경우가 많다. 그렇기 때문에 지금 자신과 다른 사람을 보호하는 것이 매우 중요하다.

(8) 석면을 발견하면 어떻게 해야 할까?

- 즉시 일을 중단한다.
- 석면을 발견하면 어떻게 해야 하는지에 대한 지침을 따른다.

(9) 석면이 발견되는 곳

1999년부터 건물 건설이나 보수에 석면을 사용하는 것은 불법이다. 그러나 과거에는 다음과 같은 용도로 널리 사용되었다.
- 공장 및 배관 등을 둘러싼 부분
- 내화패널 등 단열제품
- 석면 시멘트 지붕 재료

- 화재 및 소음을 차단하기 위해 강철 구조에 스프레이 코팅을 뿌렸다.

  이는 석면 함유 물질로 알려져 있으며 여전히 건물에 존재할 수 있다. 석면은 건물 내부(예: 천정·벽)에도 숨겨져 있을 수 있다. 이러한 건물에 석면 함유 물질이 있는지 검사하는 것이 매우 중요하다.

2) 고공에서 일하기[41]

* 한국의 건설현장에서는 높은 곳에서 일하다가 가장 많은 추락사고가 일어나서 이 부분은 중요한 참고 자료가 되리라고 본다.

(1) 안전한 고소(고공) 작업 소개

고소 작업은 여전히 사망 및 중상을 초래하는 가장 큰 원인 중 하나다. 일반적인 경우에는 사다리에서 떨어지거나 깨지기 쉬운 표면을 통해 떨어지는 경우가 포함된다. '고공 작업'은 예방 조치가 없는 경우, 사람이 부상을 입을 수 있는 거리로 떨어질 수 있는 장소(예: 취약한 지붕을 통해 추락)에서의 작업을 의미한다.

고용주는 근로자가 고소 작업 중 추락할 위험을 줄이기 위해 간단하고 실용적인 조치를 취할 수 있다.

(2) 고용주가 해야 할 일

업무를 수행하는 데 필요한 기술, 지식 및 경험을 갖춘 유능한 인력이 작업을 적절하게 계획하고 감독하며 수행하는지 확인해야 한다. 고소 작업에는 올바른 유형의 장비를 사용해야 한다. 예방 조치를 고려할 때 합리적인 접근 방식을 취하도록 한다. 위험도가 낮고 상대적으로 간단한 작업은 계획을 세울 때 더 적은 노력이 필요하며 상식적으로 특별한 예방 조치가 필요하지 않다고 판단되는 위험도가 낮은 상황도 있을 수 있다.

---

41) https://www.hse.gov.uk/radiation/introduction.htm(2024.6.10)

(3) 위험 평가 및 통제

먼저 다음을 고려하여 위험을 평가도록 한다.

- 작업의 높이
- 지속시간과 빈도
- 작업 중인 표면의 상태

고소 작업을 시작하기 전에 다음의 간단한 단계를 따른다.

- 합리적으로 실행 가능한 고소 작업을 피하도록 한다.
- 고소 작업을 쉽게 피할 수 없는 경우 이미 안전한 기존 작업 장소나 올바른 유형의 장비를 사용하여 추락을 방지한다.
- 위험을 제거할 수 없는 경우 올바른 유형의 장비를 사용하여 위험거리를 최소화한다.

각 단계마다 개인만을 보호하는 조치(개인 보호)보다 위험에 처한 모든 사람을 보호하는 조치(집단 보호)를 고려한다.

(4) 단계별 가이드

고소 작업과 관련된 위험을 고려하고 이를 관리하기 위해 합리적이고 균형잡힌 조치를 취하는 것은 안전한 작업의 중요한 부분이다. 고소 작업 시 위험을 통제하는 데 도움이 되는 간단한 단계별 가이드를 알아보자.

① 애초에 고공작업을 피할 수 있는가? 아니라면 예방하러 가야 한다.

가능한 한 많은 일을 지상에서 수행해야 한다. 몇 가지 실제 사례는 다음과 같다.

- 지상에서 확장 가능한 도구를 사용하여 사다리를 오를 필요가 없도록 하기
- 지상에 케이블 설치
- 조명 마스트를 지면까지 낮추기
- 가장자리 보호의 지상 조립

② 추락 사고를 예방할 수 있는가? 그렇지 않다면 최소화로 이동해야 한다.

다음 방법으로 이를 수행할 수 있다.

- 이미 안전한 기존 작업 장소(예: 영구적인 주변 난간이 있는 깨지지 않는 지붕)를 사용하거나 그렇지 않은 경우
- 사람들이 넘어지는 것을 방지하기 위해 작업 장비를 사용

기존 작업장을 사용할 때 집단적 보호에 대한 몇 가지 실제 사례는 다음과 같다.

- 기존 가장자리 보호 장치가 있는 콘크리트 평지붕, 보호된 메자닌 바닥, 주변에 고정 가드레일이 있는 공장이나 기계

추락 방지를 위해 작업 장비를 사용한 집단 보호의 실제 사례:

- 가위 리프트와 같은 이동식 승강 작업 플랫폼(MEWP)
- 타워 비계
- 비계

추락 방지를 위한 작업 장비를 사용한 개인 보호의 예:

- 작업자가 추락하는 것을 방지하는 작업 구속(이동 제한) 시스템을 사용한다.

③ 거리 및/또는 추락으로 인한 결과를 최소화할 수 있는가?

사람이 넘어질 위험이 여전히 남아 있는 경우, 거리 및/또는 추락 결과를 최소화하기 위한 충분한 조치를 취해야 한다.

거리와 추락 결과를 최소화하기 위해 작업 장비를 사용한 집단 보호의 실제 예:

- 안전망 및 연착륙 시스템(예: 에어백)을 작업 높이 가까이 설치

추락으로 인한 거리와 결과를 최소화하기 위해 사용되는 개인 보호의 예:

- 산업용 로프 접근(예: 건물 외관 작업)
- 높은 앵커 포인트를 이용한 추락방지 시스템

(5) 사다리와 접사다리 안전한 사용[42]

위험이 낮고 지속 시간이 짧은 작업의 경우 사다리와 발판사다리가 합리적이고 실용적인 옵션이 될 수 있다. 위험 평가를 통해 사다리를 사용하는 것이 옳다고 판단한 경우 작업자에게 다음을 확인하여 위험을 더욱 최소화해야 한다.

- 작업에 적합한 유형의 사다리를 사용해야 한다.
- 유능함(도움을 주기 위해 적절한 교육 및/또는 감독을 제공할 수 있음)
- 제공된 장비를 안전하게 사용하고 안전한 작업 시스템을 따라야 한다.
- 위험과 이를 통제하는 데 도움이 되는 조치를 완전히 인식해야 한다.

사다리와 발판사다리의 안전한 사용에 대한 HSE의 지침에 따른다.

① 직장에서 사다리를 사용하는 방법과 시기

Ⓐ 직장에서 사다리를 사용해야 하는 경우

작업 수행에 대한 위험 평가 결과 더 높은 수준의 추락 방지 기능을 제공하는 장비를 사용하는 것이 타당하지 않은 것으로 나타난 경우 고소 작업에 사다리를 사용할 수 있다.

이는 위험이 낮고 사용 기간이 짧거나 변경할 수 없는 기존 작업 공간 기능이 있기 때문이다.

짧은 기간은 사다리 사용이 허용되는지 여부를 결정하는 판단 요인이 아니다. 먼저 위험을 고려해야 한다. 참고로, **한 번에 30분 이상 기울어진 사다리나 접사다리 위에서 작업해야 하는 경우 대체 장비를 사용하는 것이 좋다.**

사다리는 안전하게 사용할 수 있는 상황에서만 사용해야 한다. **예를 들어 사다리가 수평이고 안정적이며 고정될 수 있는 경우(합리적으로 실행 가능한 경우).**

Ⓑ 사다리를 안전하게 사용하는 방법 알아두기

사다리를 사용하려면 능숙해야 하며, 훈련을 받은 경우에는 유능한 사람의 감독

---

42) https://www.hse.gov.uk/work-at-height/ladders/types-of-ladder.htm(2024.6.10)

하에 작업해야 한다. 역량은 교육, 실무 및 이론 지식, 경험의 조합을 통해 입증될 수 있다.

교육은 해당 작업에 적합해야 하며 여기에는 다음 사항을 알아야 한다.

- 특정 작업에 사다리를 사용할 때의 위험을 평가하는 방법
- 사다리를 사용하는 것이 옳은 경우와 그렇지 않은 경우
- 어떤 종류의 사다리를 사용해야 하는지, 어떻게 사용하는지

ⓒ 사다리를 사용하기 전 안전한지 확인하는 방법

사다리를 사용하기 전에 참조해야 할 경우를 대비하여 제조업체의 사용자 지침을 참조해야 한다.

사다리가 사용하기에 안전한지 확인하기 위해 항상 '사용 전' 점검을 수행하여 명백한 시각적 결함을 찾아내야 한다. 또한 사용 전 점검을 수행해야 한다.

- 사다리를 사용하는 사람에 의해
- 근무일이 시작될 때
- 사다리를 떨어뜨리거나 더러운 곳에서 깨끗한 곳으로 옮기는 등 무언가 변경된 후(발 상태 또는 상태 확인) 수치에는 다음이 포함되어야 한다.
- 계단 – 사다리가 구부러지거나 무너질 수 있으므로 구부러지거나 손상되지 않았는지 확인해야 한다.
- 발 – 발이 없거나 닳았거나 손상된 경우 사다리가 미끄러질 수 있다. 또한 부드럽고 더러운 땅(예: 파낸 흙, 느슨한 모래/돌, 더러운 작업장)에서 매끄럽고 단단한 표면(예: 포장용 석판)으로 이동할 때 사다리 발을 확인하고, 흙(예: 흙)이 아닌 실제 발을 확인하도록 한다. 토양, 파편 또는 박힌 돌이 지면과 접촉하고 있는지 확인한다.
- 가로대 – 구부러지거나 마모되거나, 없어지거나, 느슨해지면 사다리가 고장날 수 있다.
- 모든 잠금장치 – 장치가 제대로 작동하는지, 구성 요소나 고정 장치가 구부러지거나 마모되거나 손상되었는지 확인한다. 그럴 경우 사다리가 무너질 수 있

다. 잠금 막대가 완전히 맞물려 있는지 확인해야 한다.

- 접사다리 플랫폼 – 쪼개지거나 휘어지면 사다리가 불안정해지거나 무너질 수 있다.
- 접사다리의 계단이나 발판 – 오염된 경우 미끄러울 수 있다. 계단의 고정 장치가 느슨하면 계단이 무너질 수 있다.

위의 결함을 발견한 경우에는 사다리를 사용하지 말고 작업 담당자에게 알려야 한다.

Ⓓ 사다리의 종류와 안전한 사용법

사용 전 점검을 마친 후 다음과 같은 간단한 예방 조치를 취하면 추락 위험을 최소화할 수 있다.

- 일자형 사다리
- 접이식 사다리
- 접사다리
- 조합 및 다목적 사다리

(6) 일자형 사다리

일자형 사다리를 사용하여 작업을 수행하는 경우:

- 가벼운 재료와 도구만 운반한다. 사다리에 있는 제조업체 라벨을 읽고 위험을 평가해야 한다.
- 너무 손을 뻗지 않도록 한다. 벨트 버클(또는 배꼽)이 살대 안에 있는지 확인한다.
- 사다리가 작업을 수행할 수 있을 만큼 충분히 길거나 높은지 확인한다.
- 사다리에 과적을 가하지 않도록 한다. 고소 작업을 하기 전에 자신의 체중과 들고 있는 장비 또는 자재를 고려해야 한다.
- 해당 사다리의 정보는 사다리에 있는 그림이나 라벨을 확인해야 한다.
- 사다리 각도가 작업하기에 가장 안전한 위치에 있는지 확인하려면 1-4 규칙

을 사용해야 한다. 이것은 사다리가 4개의 공간 또는 단위마다 하나의 공간 또는 측정 단위가 되어야 하는 곳이다(75° 각도).

- 오르거나 내려갈 때 항상 사다리를 잡고 사다리 가로대를 바라보아야 한다. 계단 아래로 미끄러지지 않도록 주의한다.
- 가로대 위에 서서 사다리를 옮기거나 늘리려고 하지 않는다.
- 상위 3개 단계에서 작업하지 말아야 한다. 사다리가 작업 중인 곳 위로 최소 1미터 또는 3단 이상 연장되는지 확인한다.
- 팔레트, 벽돌, 리프트 트럭, 타워 비계, 굴삭기 버킷, 밴 또는 이동식 승강 작업 플랫폼과 같은 이동식 물체 위에 사다리를 세우지 않는다.
- 등반 시 물건을 잡지 않는다(공구 벨트 사용을 고려하기).
- 가공 전력선이 막혀 있거나 절연체로 보호되어 있지 않는 한, 가공 전력선에서 수평으로 6m 이내에서는 작업하지 않는다. 전기 작업에는 비전도성 사다리(예: 유리 섬유 또는 목재)를 사용한다.
- 등반할 때와 작업 위치에서 가능한 한 세 가지 접촉 지점을 유지하도록 한다.
- 짧은 기간 동안(예: 못을 박기 시작하면서 못을 잡거나 나사를 조이는 등) 외에는 손잡이를 유지할 수 없는 경우 넘어짐을 방지하거나 넘어진 경우 결과를 완화하기 위한 다른 조치를 취해야 한다.
- 사다리를 고정하고(예: 사다리가 바깥쪽으로 또는 옆으로 미끄러지는 것을 방지하기 위해 묶어서) 튼튼한 상부 받침대를 갖춘다(예: 유리나 플라스틱 홈통과 같은 약한 상부 표면에 사다리를 올려놓지 않는다).
- 효과적인 안정성 장치(올바르게 사용하면 사다리가 미끄러지는 것을 방지하는 장치, 일부 유형의 사다리에는 이와 함께 제공됨) 사용을 고려해야 한다.

(7) 접이식(telescopic; 텔레스코픽) 사다리[43]

텔레스코픽 사다리는 기울어지는 사다리의 변형이지만 모두 같은 방식으로 작동하지는 않는다는 점을 기억해야 한다.

---

43) 건축이나 3~5m 높이 정도의 작업을 위해 늘렸다 줄였다 할 수 있는 다락방 사다리를 말한다.

항상 주의해서 사용, 보관, 운반하고 깨끗하게 유지해야 한다. 이 지침을 따르는 것 외에도 제조업체에서 제공하는 사용자 지침을 읽고 따르는 것이 중요하다.

사용하기 전에는 일반 사다리 점검 외에도 제대로 작동하는지, 각 섹션을 잠그는 메커니즘이 제대로 작동하는지 확인해야 한다.

열고 닫는 절차에 관한 사용자 지침을 항상 따르도록 한다. 닫는 부분 사이에 손가락이 끼일 가능성이 있다는 점에 유의해야 한다. 중요한 부품 중 일부는 보이지 않는 내부에 있다는 것을 기억해야 한다. 의심스러운 경우에는 사용하지 않도록 한다.

(8) 접사다리(A형 사다리)

작업을 수행하기 위해 접사다리를 사용할 때:

- 네 개의 발판이 모두 지면에 닿아 있고 계단이 수평인지 확인한다.
- 가벼운 재료와 도구만 가지고 다니도록 한다.
- 지나치게 접근하지 않도록 한다.
- 적절한 손잡이가 없는 경우 맨 위 세 개의 계단(접사다리 맨 위의 계단 포함) 위에서 서서 작업하지 않는다.
- 잠금 장치가 잠겨 있는지 확인한다.
- 접사다리를 옆으로 눕히지 않고 작업 활동을 바라보도록 배치한다. 그러나 위험 평가 결과 좁은 통로의 공간 제약으로 인해 작업 시 접사다리 잠금 장치를 사용할 수 없는 소매 재고실과 같이 측면에서 작업하는 것이 더 안전할 경우가 있다. 이때에는 작업하는 쪽을 잠근다.
- 단단한 재료(예: 벽돌이나 콘크리트)를 통한 측면 드릴링과 같이 측면 하중을 가하는 작업은 피한다.
- 측면 하중을 피할 수 없는 경우 계단을 묶는 등의 방법으로 계단이 넘어지는 것을 방지해야 한다. 그렇지 않으면 보다 적합한 유형의 접근 장비를 사용하도록 한다.
- 작업 위치에서 3개의 접촉점을 유지하도록 한다. 이는 두 발과 한 손을 의미하며, 두 손을 잠시 동안 자유롭게 사용해야 할 경우 두 발과 몸을 접사다리로

지탱하는 것을 의미한다.

손잡이를 잡을 수 없는 접사다리 위에서 특정 작업(예: 선반에 상자 놓기, 벽지 걸기, 천장에 연기 탐지기 설치 등)을 수행하는 것이 안전한지 여부를 결정할 때 그 결정은 타당해야 한다. 다음 사항을 고려한다.

- 작업의 높이
- 작업 전후에 몸을 고정할 수 있는 손잡이가 아직 있는지 여부
- 가벼운 일인지 여부
- 측면 로딩을 방지하는지 여부
- 과도한 접근을 방지하는지 여부
- 접사다리를 묶을 수 있는지 여부(예: 옆으로 작업할 때)

(9) 복합 및 다목적 사다리

조합형 및 다목적 사다리는 접사다리, 접사다리의 변형 또는 기울어지는 사다리 로 사용할 수 있다. 콤비네이션 사다리는 때때로 'A' 프레임 사다리라고도 한다.

이러한 유형의 사다리는 다양한 구성으로 사용될 수 있다. 다음을 수행해야 한다.

- 사용하기 전에 잠금 장치가 제대로 맞물렸는지 확인한다.
- 사다리의 설정이 변경된 경우 항상 잠금 장치를 다시 확인한다.
- 3부분 조합 사다리에서는 상단 부분(A 프레임 위로 연장된 부분)을 사다리에 표 시되고 사용자 설명서에 지정된 한계 이상으로 확장하지 않는다.

(10) 사다리를 사용해야 하는 곳

최대한 사다리만 사용한다.

- 확고한 땅에서 사용한다.
- 평지에서 - 사다리 측면에 있는 제조업체의 그림을 참조한다. 벽돌, 블록, 목재 등과 같은 임시 포장이 아닌 독점 레벨링 장치를 사용해야 한다.
- 깨끗하고 단단한 표면(포장용 석판, 바닥 등)에 사용하고, 이것들은 깨끗해야 하

며(기름, 이끼 또는 낙엽이 없어야 함) 발이 닿을 수 있도록 느슨한 물질(모래, 포장재 등)이 없어야 한다. 반짝이는 바닥 표면은 오염되지 않은 경우에도 미끄러울 수 있다.

• 차량과 충돌하지 않는 곳(적절한 장벽이나 원뿔을 사용하여 해당 지역을 보호)이어야 한다.

• 문이나 창문과 같은 다른 위험 요소로 인해 넘어지지 않는 곳, 즉 가능한 경우 문(화재 비상구 아님)과 창문을 고정해야 한다.

• 일반 대중이 사용하거나 그 아래로 걷거나 너무 가까워서 위험에 처한 곳(방벽, 원뿔을 사용하거나 최후의 수단으로 기지에 서있는 사람을 사용)이 아니어야 한다.

• 어디가 안전해졌는지 확인한다.

(11) 사다리 및 접근에 사용되는 사다리의 보안

① 사다리 고정 옵션

옵션은 다음과 같다:

• 사다리를 적절한 지점에 묶고 양쪽 스타일이 모두 묶여 있는지 확인한다.

• 이것이 실용적이지 않은 경우 효과적인 사다리 안정성 장치로 사다리를 고정한다.

• 이것이 불가능할 경우 사다리를 단단히 고정한다(예: 벽에 기둥을 고정시키기).

• 이러한 옵션 중 어느 것도 달성할 수 없다면 사다리를 밟아야 한다. 발판은 최후의 수단이다.

② 접근에 사용되는 사다리

일반적으로:

• 다른 층에 접근하는 데 사용되는 사다리는 묶여 있어야 하며 안전한 손잡이를 제공하기 위해 착륙 지점 위로 최소 1m 이상 확장되어야 한다.

• 사다리 접근 지점에는 자동 폐쇄형 게이트를 권장한다.

• 발판 사다리는 특별히 설계된 경우를 제외하고는 다른 레벨에 접근하는 데 사용되어서는 안 된다.

(12) 사다리 상태 점검

고용주는 사용하기 전에 모든 사다리나 접사다리가 작업에 적합하고 안전한 상태인지 확인해야 한다. 참고로 다음과 같은 사다리나 발판사다리만 사용한다.

- 눈에 띄는 결함이 없다. 근무일마다 사용 전 점검을 받아야 한다.
- 유능한 사람이 정기적으로 실시하는 상세한 육안 검사에 대한 최신 기록을 보유해야 한다. 이는 제조업체의 지침에 따라 수행되어야 한다. 비계(飛階) 시스템의 일부인 사다리는 비계 검사 요구 사항의 일부로 7일마다 검사해야 한다.
- 의도된 용도에 적합하다. 즉, 해당 작업에 충분히 강하고 튼튼하다.
- 제조업체의 지침에 따라 유지 관리 및 보관되었다.

상세한 육안 검사는 결함을 발견하는 데 사용되며 유능한 직원이 현장에서 수행할 수 있다는 점에서 사용 전 점검과 유사하다. 사용 전 점검을 통해 사다리가 사용하기에 안전한지, 사다리 사용자에게 즉각적인 혜택을 주는지 확인한다.

이러한 점검은 기록할 필요는 없지만, 모든 문제는 관리자에게 보고되어야 한다.

상세한 육안 검사는 고용주의 책임이다. 일정한 간격으로 수행하고 기록해야 한다. 또한, 검사 기록은 시간 경과에 따른 사다리 상태의 스냅샷을 제공한다.

검사를 할 때 다음을 찾아본다.
- 손상되거나 마모된 사다리 발
- 뒤틀리거나 구부러지거나 찌그러진 스타일
- 금이 가거나, 마모되거나, 구부러지거나, 느슨한 가로대
- 타이로드가 없거나 손상된 경우
- 갈라지거나 손상된 용접 조인트, 느슨한 리벳 또는 손상된 스테이

사다리 안정성 장치 및 기타 부속품에 대한 사용 전 점검 및 검사는 제조업체의 지침에 따라 수행해야 한다.

(13) 제품 규격

휴대용 계단 및 사다리에 대한 EN131 표준.

BS2037 및 BS1129가 철회되었지만 원래 철회되기 전에 이러한 표준에 따라 제작된 사다리는 계속 사용할 수 있다(안전한 사용에 대한 사용자 지침 및 지침을 따름).

이상 영국의 HSE는 건설현장에서 사다리에 대한 철저한 안전점검과 사용상의 주의 등을 장황하리만큼 자세하게 설명 지침을 내리고 있다. 마치 건설현장의 안전점검은 사다리가 전부인양 세심한 부분까지 사다리의 종류나 사용처, 그리고 사용 이전과 사후 점검 등 사다리의 안전성 확인과 점검의 필요성을 여러 번 반복해서 강조하고 있다. 그만큼 건설현장에서의 사다리의 안전성이 중요하다는 점을 강조하고 있다고 하겠다. 그렇다. **사다리에서 떨어지거나 사다리로 인한 사고만 줄인다고 해도 건설현장에서의 재난피해는 90% 이상은 줄일 수 있다.**

3) 직장에서의 개인 보호 장비(Using personal protective equipment (PPE) to control risks at work)44)

〈개인 보호 장비(PPE)를 사용하여 직장 내 위험 통제〉

(1) 개요

고용주는 근로자를 건강 및 안전 위험으로부터 보호해야 한다. 이는 위험 평가 결과 필요하다고 판단되면 PPE를 무료로 제공해야 함을 의미한다. 안전을 유지하기 위해 근로자는 안전 헬멧, 장갑, 보안경 또는 청력 보호구, 눈에 잘 띄는 의류, 안전 신발, 하네스(Harness: 안전벨트) 등의 PPE를 착용해야 할 수도 있다.

PPE에는 작업자가 먼지, 미스트(mist: 안개), 가스 또는 연기를 흡입하는 것을 방지하기 위한 호흡기 보호 장비(RPE)도 포함된다.

---

44) https://www.hse.gov.uk/radiation/introduction.htm(2024.6.10)

(2) PPE를 사용해야 하는 경우

고용주는 위험 평가를 수행해야 한다. 엔지니어링 제어 및 작업 안전 시스템을 적용한 후에도 일부 위험은 여전히 남아 있을 수 있다. 그러면 다음과 같은 부상 위험을 줄이기 위해 PPE가 필요할 수 있다.

- 먼지, 미스트, 가스 또는 연기를 흡입한다.
- 떨어지는 물질이 사람을 때리는 현상
- 날아다니는 입자나 부식성 액체가 사람의 눈에 들어가는 경우
- 부식성 물질과의 피부 접촉
- 과도한 소음
- 극심한 더위나 추위

(3) PPE와 관련 법

직장 내 개인 보호 장비 규정 1992는 고용주에게 PPE가 다음과 같은지 확인하는 의무를 부과한다.

- 사용하기 전에 적절하게 평가하여 목적에 적합한지 확인하기
- 적절하게 유지되고 보관되는지 확인하기
- 안전하게 사용하는 방법에 대한 지침을 제공하기
- 작업자가 올바르게 사용하기

고용주는 근로자가 PPE 사용에 대한 충분한 정보, 지침 및 교육을 받도록 해야 한다.

PPE에 관한 의무는 팔 다리 즉, 사지를 말하는데 근로자를 위한 PPE를 포함하도록 2022년 4월 6일에 확장되었다. 변경 사항을 설명하는 지침이 있다. PPE를 제공하는 경우 제품 공급 법규를 준수하는지 확인해야 한다.

〈제품의 안전 및 공급〉

(4) PPE 공급에 관한 법률

PPE를 제공하는 경우 제품 공급 법규를 준수하는지 확인해야 한다.

규정 2016/425(영국 법률에 통합됨)는 PPE 제품을 GB(국가표준)[45] 시장에 출시하기 전에 충족해야 하는 필수 건강 및 안전 요구 사항을 명시한다. 개인 보호 장비(시행) 규정 2018은 2016/425 규정 집행을 위한 시스템을 제공하며 영국의 작업장용 PPE에 대해 HSE에서 시행한다.

(5) 고용주의 의무

고용주인 경우 UKCA 마크(또는 특정 상황에서는 CE 마크)가 표시된 제품을 선택해야 한다. PPE에는 적합성 선언서와 품목 사용 방법에 대한 지침도 있어야 한다. 공급업체가 귀하에게 조언을 드릴 수 있다. 모든 PPE는 제조업체의 지침에 따라서만 사용해야 한다.

직장에서 사용하기 위해 공급된 PPE가 제품 공급 법규를 준수하지 않을 우려가 있는 경우 결함이 있는 제품을 보고하여 HSE에 알릴 수 있다.

(6) 공급망 구성원에 대한 의무

귀하가 PPE 제조업체, 공식 대리인, 수입업체 또는 유통업체인 경우 규정 2016/425(영국 법률에 통합됨)에 따를 의무가 있다. 이러한 의무는 제품 안전 및 표준 사무국(OPSS)의 지침에 더 자세히 설명되어 있으며 공급망 내 어디에 있는지에 따라 달라진다(다양한 역할에 대한 정의는 아래에 나와 있다).

예를 들어 제조업체는 유통업체보다 더 엄격한 제한으로 더 많은 의무를 지게 된다. 그러나 규정을 준수하고 안전한 PPE만 시장에 출시되도록 하는 데 있어 이들 모두 중요한 역할을 한다.

---

45) 영국의 관련 규정을 확인할 때 GB(잉글랜드·스코틀랜드·웨일스)와 UK(잉글랜드·스코틀랜드·웨일스·북아일랜드)의 구분도 반드시 이뤄져야 한다.

(7) 제조업자

제조업체는 PPE를 제조하거나 PPE를 설계 또는 제조하고 자신의 이름이나 상표로 해당 PPE를 판매하는 사람이다.

(8) 공식 대리인

승인된 대리인은 서면 위임장에 따라 제조업체를 대신하여 특정 작업을 수행하도록 제조업체로부터 승인을 받은 사람이다. GB 시장의 위임된 공인 대리인은 영국이나 북아일랜드에 기반을 둘 수 있지만 영국 외부에 기반을 둘 수는 없다.

(9) 수입업자

수입업자는 영국 이외의 국가에서 GB시장에 PPE를 판매하는 영국에 본사를 둔 개인 또는 기업이다.

(10) 대리점

유통업체는 제조업체나 수입업체가 아닌 영국 시장에서 PPE를 판매하는 모든 사람이다.

〈PPE를 사용한 위험 관리〉

위험 평가의 일환으로 PPE가 필요한지 여부를 결정해야 한다. 이 결정을 내리려면 통제 계층 구조를 사용한다.

(11) 통제 계층

PPE는 위험으로부터 보호하기 위한 최후의 수단이어야 한다. 제거가 가장 효과적이며 PPE가 가장 효과적이지 않은 순서로 통제를 고려해야 한다.

- 제거 – 위험을 물리적으로 제거하기.
- 대체 – 위험 요소를 교체하기.
- 엔지니어링 제어 – 위험으로부터 사람을 격리하기.

- 관리적 통제 – 사람들이 일하는 방식을 바꾸기.
- PPE – 장비로 작업자를 보호하기.

장비를 신중하게 선택해야 한다. 모든 작업자가 올바르게 사용하도록 교육을 받고 결함을 감지하고 보고하는 방법을 알고 있는지 확인해야 한다.

(12) 선택 및 사용

PPE를 선택하기 전에 다음 사항을 고려해야 한다.
- 누가 노출했나?
- 그들이 무엇에 노출되어 있나?
- 얼마나 오랫동안 노출되었는가?
- 그들은 얼마나 노출되어 있는가?

PPE를 선택할 때 직원을 참여시키면 직원이 PPE의 중요성을 이해하고 사용할 가능성이 높아진다.

(13) PPE 선택

어떤 PPE가 적합한지 공급업체에 확인하고 해당 작업에 대해 설명한다.

의심스러운 경우 전문 고문에게 추가조언을 구한다(CE 또는 UKCA 표시가 있는 제품을 선택).

작업자에게 적합한 장비를 선택한다. 즉, PPE의 크기, 핏, 호환성 및 무게와 사용자의 신체적 특성을 고려해야 한다. PPE를 적합하게 수정하는 것은 적절하지 않다.

예를 들어, 몸에 꼭 맞지 않는 작업복은 소매가 너무 길면 엉킬 위험이 높아질 수 있다.

하네스나 구명조끼와 같은 일부 PPE의 경우, 적절한 크기를 선택하는 것이 특히 중요하며, 치명적인 위험으로부터 보호하려면 그렇게 해야 한다.

PPE를 선택한 후에는 이를 직원에게 무료로 제공해야 한다. 다양한 유형의 PPE에 대한 지침이 있다.

(14) PPE 사용

동시에 두 개 이상의 PPE 품목을 착용하는 경우 함께 사용할 수 있는지 확인해야 한다. 예를 들어 보안경을 착용하면 호흡보호구의 밀봉이 방해되어 공기 누출이 발생할 수 있다. 안전모와 귀 보호 장치를 신중하게 선택하여 함께 착용할 수 있고 둘 다 효과적인지 확인해야 한다.

예를 들어, 피부를 오염시키지 않고 장갑을 벗는 방법을 교육하는 등 PPE 사용법을 사람들에게 가르치고 훈련하게 한다. PPE가 필요한 이유, 언제 사용해야 하는지, 제한 사항은 무엇인지 알려주어야 한다.

위험 평가에서 작업에 PPE가 필요한 것으로 나타나면 '몇 분밖에 걸리지 않는' 작업에도 항상 PPE를 사용해야 한다.

(15) 유지관리

PPE는 적절하게 관리되어야 하며 사용하지 않을 때는 건조하고 깨끗한 찬장 등에 보관해야 한다. 재사용이 가능한 경우에는 세척하고 양호한 상태로 유지해야 한다.

생각해 보기:
- 제조업체의 교체 일정에 따라 올바른 교체 부품 사용
- 교체용 PPE를 사용할 수 있도록 유지
- 유지 관리를 담당하는 사람은 누구이며 이를 수행하는 방법은 무엇인가?

(16) 장비를 유지하는 방법

착용자가 수행할 수 있는 신발 끈 교체와 같은 일부 유지 관리는 작업자가 직접 수행할 수 있다. 유지보수가 필요한 경우 고소 작업용 안전벨트와 같은 보다 전문적인 장비를 제조업체에 다시 보내야 할 수도 있다. 일부 유형의 PPE, 특히 의류의 효율성은 깨끗하게 유지되지 않으면 크게 감소한다. Hi−vis 재킷, 바지 및 작업복은 재귀반사 스트립을 쉽게 식별할 수 있도록 정기적으로 청소해야 한다.

적절한 일회용 슈트를 공급해야 한다. 예를 들어 보호복이 필요한 방문객과 같이 세탁 비용이 많이 드는 더러운 작업에 유용하다. 근로자는 PPE를 적절하게 사용해야 하며, 제공된 PPE의 분실, 파손 또는 명백한 결함을 보고해야 한다.

(17) 모니터링 및 검토

PPE가 사용되는지 정기적으로 확인하고, 사용하지 않는 경우 그 이유를 알아본다.

안전 표지판은 PPE를 착용해야 한다는 점을 상기시켜 주는 유용한 신호가 될 수 있다. 많은 작업장 입구에 어떤 종류의 PPE를 착용해야 하는지 나타내는 표지판이 있는 경우가 많다.

장비, 재료 및 방법의 변경사항을 기록한다. 제공한 내용을 업데이트해야 할 수도 있다.

〈올바른 유형의 PPE 사용〉

위험 평가에서 PPE를 제공해야 한다고 나타나면 신체의 다양한 부분을 보호할 수 있는 올바른 유형을 선택해야 한다. 이 페이지에서는 이를 수행하는 방법을 설명한다.

(18) 눈

눈에 대한 위험에는 화학 물질이나 금속 튀김, 먼지, 발사체, 가스, 증기 또는 방사선이 포함된다. PPE 옵션에는 안전 안경, 고글, 안면 가리개, 안면 보호대 및 바이저가 포함된다.

선택한 PPE가 충격, 먼지, 튀김 또는 용융 금속의 다양한 위험에 대한 올바른 눈 보호 기능을 갖추고 있는지 확인해야 한다. 또한 작업에 적합해야 하며 사용자에게 적합해야 한다.

(19) 머리와 목

머리와 목에 대한 위험에는 떨어지거나 날아가는 물체, 머리에 부딪힐 위험, 기계에 머리카락이 엉키는 위험, 화학물질이 떨어지거나 튀는 경우, 기후 또는 극한의 온도 등이 포함된다.

PPE 옵션에는 안전 헬멧, 범프 캡 및 헤어네트가 포함된다. 일부 안전 헬멧에는 특별히 고안된 눈 또는 청력 보호 장치가 통합되어 있거나 장착될 수 있다. 예를 들어 용접 중에 목을 보호하는 것을 잊지 말아야 한다. 머리 보호 장치가 손상된 경우 항상 교체해야 한다.

(20) 귀

소음으로 인한 귀의 위험은 소음 수준과 노출 기간의 조합으로 인해 발생한다. 매우 높은 수준의 소리는 짧은 기간에도 위험하다. PPE 옵션에는 귀마개, 귀마개 또는 반 삽입 형/캐널 캡이 포함된다. 작업 유형에 맞는 청력 보호구를 제공하고 작업자에게 착용 방법을 알려주어야 한다. 안전과 통신을 허용하면서 소음을 허용 가능한 수준으로 줄이는 보호 장치를 선택해야 한다.

(21) 손과 팔

손과 팔에 대한 위험에는 마모, 온도, 베임, 충격, 화학 물질, 감전, 방사선, 생물학적 작용제 또는 장기간 물에 담그는 것이 포함된다. PPE 옵션에는 장갑(커프가 있는 장갑 포함), 팔의 일부 또는 전부를 덮는 슬리브가 있다. 벤치 드릴과 같이 끼일 수 있는 기계를 작동할 때는 장갑을 피하도록 한다.

차단 크림은 적절한 PPE를 대체할 수 없다. 별도의 순면 속장갑을 사용하면 장시간 장갑 착용으로 인한 피부 트러블을 예방하는 데 도움이 된다. 화학물질이 빠르게 침투하지 않는 재료로 만든 장갑을 선택해야 한다. 직장에서 피부에 대한 더 많은 지침이 있다.

(22) 발과 다리

발과 다리에 대한 위험에는 온도, 정전기 축적, 미끄러짐, 베임, 물체 낙하, 무거운 짐, 금속 및 화학 물질이 튀거나 차량에 부딪히는 등이 포함된다.

PPE 옵션에는 관통방지 안전장화와 보호용 토우캡이 있는 신발 또는 특정 신발(예: 파운드리 부츠 및 전기톱 부츠)이 포함된다. 위험에 적합한 신발을 선택해야 한다. 기름이나 내화학성 밑창을 포함하여 다양한 조건에서 미끄러짐을 방지하는 데 도움이 되는 다양한 밑창 패턴과 재료를 가질 수 있다. 또한 정전기 방지, 전기 전도성 또는 단열재일 수도 있다.

(23) 폐

폐에 대한 위험에는 산소 결핍 대기, 먼지, 가스 또는 증기가 포함된다.

호흡기 보호 장비(RPE) 옵션에는 작업장 공기에서 오염 물질을 필터링하는 호흡보호구가 포함된다. 이는 간단한 필터링 안면부 및 호흡보호구 또는 전동식 호흡보호구일 수 있다. 일부 RPE는 얼굴에 장착될 수 있다.

일부 유형의 RPE는 신선한 공기 호스, 압축 공기 호스, 자급식 호흡 장치 등 호흡 가능한 공기를 독립적으로 공급한다. RPE가 제대로 맞는지 확인하는 방법을 포함하여 RPE에 대한 자세한 지침이 있다.

(24) 전신

신체 전체에 대한 위험에는 열, 화학 물질 또는 금속 튀김, 압력 누출 또는 스프레이 건으로 인한 스프레이, 오염된 먼지, 충격 또는 침투가 포함된다. PPE 옵션에는 안전장치, 구명조끼, 기존 또는 일회용 작업복, 보일러 슈트, 앞치마 및 화학 슈트가 포함된다. 필요한 경우 난연성, 정전기 방지, 체인 메일(철사 등으로 엮은 사슬 형태의 갑옷), 화학적 불 침투성 또는 가시성이 높은 재료를 선택해야 한다.

(25) 비상 장비

압축 공기 탈출 호흡 장치, 인공호흡기, 안전로프 또는 하네스와 같이 비상 상황에 사용할 장비에 대해서는 신중한 선택 및 유지 관리와 정기적인 작업자 교육이 필요하다.

4) 화재 안전(fire safety)[46]

(1) 화재 안전 소개

대부분의 화재는 예방이 가능하다. 대중이 접근할 수 있는 작업장 및 기타 건물을 담당하는 사람들은 책임을 지고 올바른 행동과 절차를 채택함으로써 이를 피할 수 있다.

이 페이지에서는 화재 안전에 대한 일반적인 조언을 제공하고자 한다. 화재 및 폭발을 일으키는 물질에 대해서는 별도의 지침이 있다.

(2) 일반적인 화재 안전 위험

화재가 발생하려면 3가지가 필요하다.

- 발화원(열)
- 연료원(불타는 것)
- 산소

(3) 발화원

- 히터
- 밝은 불꽃
- 흡연자 물품(담배, 성냥 등)
- 조명
- 전기 장비
- 매우 뜨거워지거나 스파크를 일으키는 것

---

46) https://www.hse.gov.uk/fireandexplosion/fire-safety.htm(2024.6.10)

(4) 연료 공급원

- 목재
- 종이
- 플라스틱
- 고무 또는 폼
- 느슨한 포장재
- 쓰레기
- 가구

산소 공급원에는 우리 주변의 공기가 포함된다.

(5) 고용주가 해야 할 일

고용주(및/또는 건물 소유자 또는 점유자)는 화재 안전 위험 평가를 수행하고 **이를 최신 상태로 유지해야 한다.** 이는 건강 및 안전 위험 평가와 동일한 접근 방식을 공유하며 전체 위험 평가의 일부 또는 별도의 실행으로 수행될 수 있다.

평가 결과에 따라 고용주는 화재 발생 시 부상이나 인명 손실의 위험성을 최소화하기 위해 적절하고 확실한 화재 안전 조치가 마련되어 있는지를 확인해야 한다. 정기적으로 위험 평가를 검토하고 업데이트하는 것을 잊지 않아야 한다.

작업장에서 화재를 예방하려면 위험 평가를 통해 발화원(열 또는 스파크), 타는 물질, 위험에 처할 수 있는 사람 등 화재를 일으킬 수 있는 요소를 제거해야 한다. 위험을 식별한 후에는 이를 통제하기 위한 적절한 조치를 취할 수 있다. 이를 완전히 피할 수 있는지, 아니면 이것이 가능하지 않은 경우 위험을 줄이고 관리할 수 있는지 그 방법을 고려해야 한다.

- **발화원과 가연성 물질을 분리하기.**
- 우발적인 화재를 피하기. 예를 들어 히터가 넘어지지 않도록 하기.
- 항상 좋은 관리 상태를 유지하고, 태울 수 있는 쓰레기가 쌓이지 않도록 노력하기

또한 화재가 발생한 경우 어떻게 사람들을 보호할 것인지 고려해야 한다.

- **화재를 감지하는 방법과 연기 경보기, 화재경보기 또는 벨 설치 등 화재가**

시작되면 사람들에게 신속하게 경고하는 방법 고려하기.

- 신속한 화재 진압을 위한 올바른 소방 장비를 갖추기.
- 화재 비상구와 탈출 경로를 명확하게 표시하고 항상 장애물이 없도록 유지하기.
- 근로자가 소방 훈련을 포함하여 따라야 할 절차에 대해 적절한 교육을 받도록 보장하기.

  자세한 내용은 GOV.UK: 직장 내 화재 안전 참고: 책임이 누구에게 있는지도 확인할 수 있다.

(6) 화재 안전과 법

규제 개혁(화재 안전) 명령은 잉글랜드와 웨일스의 일반적인 화재 안전을 다루고 있다.

스코틀랜드에서는 일반 화재 안전에 대한 요구 사항이 화재 안전(스코틀랜드) 규정의 지원을 받는 화재(스코틀랜드)법 제3부에 포함되어 있다. 대부분의 사업장에서 지역 소방 및 구조 당국은 이 화재 안전법을 집행할 책임이 있다. HSE는 건설 현장과 건설 중이거나 수리 중인 선박에 대한 집행 책임을 진다.

(7) 화재 및 폭발을 일으키는 물질[47]

〈위험물질에 대하여(About dangerous substances)〉

화재 및 폭발성 대기는 가스, 미스트 또는 증기를 포함한 인화성 물질의 보관, 사용 또는 생성과 관련된 작업이나 가연성 먼지로 인해 발생할 수 있다. 공기와 혼합된 물질이 충분하다면 폭발을 일으킬 수 있는 점화원만 있으면 된다. 작업장에서 폭발이나 화재가 발생하면 인명 손실, 부상, 재산과 환경, 비즈니스 커뮤니티에 심각한 피해를 입힐 수 있다.

대부분의 화재는 예방이 가능하므로 작업장 화재 안전을 다루는 것이 중요하다. 일반 대중이 접근할 수 있는 작업장 및 기타 외부 건물의 책임자는 화재 안전 행동 및 절차에 대한 책임을 지고 이를 채택함으로써 이를 피할 수 있다. HSE의 웹사이

---

47) https://www.hse.gov.uk/fireandexplosion/about.htm(2024.6.10)

트에는 폭발물 및 유사 물질에 대한 더 자세한 정보가 있다. 가스 안전에 대한 지침도 찾아볼 수 있다.

(8) 사업장에서 해야 할 일

우발적인 화재나 폭발을 방지하려면 먼저 다음을 확인해야 한다. 사고를 일으킬 가능성이 있는 물질, 자재, 공정, 즉 연소하거나 폭발할 수 있는 물질과 불이 붙을 수 있는 물질, 위험에 처하거나 피해를 입을 수 있는 사람들.

위험을 식별한 후에는 사람들이 피해를 입을 위험을 줄이거나 제거하기 위해 어떤 조치가 필요한지 고려해야 한다. 여기에는 애초에 이러한 사고가 발생하지 않도록 예방하기 위한 조치뿐 아니라 화재나 폭발이 발생할 경우 인명 피해를 입지 않도록 보호하기 위한 예방 조치도 포함된다.

- 사업장에서 사용하거나 생성되는 물질로 인한 화재 및 폭발 위험에 대해 생각하고 위험을 제거하거나 줄일 수 있는 방법을 고려해야 한다.
- 어떤 물질이 가연성일 수 있는지에 대한 정보소스로 공급업체 안전 데이터 시트를 사용해야 한다.
- 현장에 보관하는 인화성/폭발성 물질의 양을 줄이는 것을 고려해야 한다.
- 발화원(예: 노출된 화염, 스파크)과 타는 물질(예: 증기, 먼지)을 분리해야 한다.
- 가연성/폭발성 물질을 안전하게 제거해야 한다.
- 정기적으로 위험 평가를 검토해야 한다.
- 화재를 일으키거나 화재를 악화시킬 수 있는 쓰레기, 먼지 또는 기름이 쌓이는 것을 방지하여 적절한 관리를 유지해야 한다.

또한, 화재 안전 위험 평가의 일환으로 화재나 폭발을 일으킬 수 있는 위험 물질의 존재도 고려해야 한다. 이는 규제 개혁(화재 안전) 명령(잉글랜드 및 웨일스) 및 화재(스코틀랜드)법 제3부에 따라 요구된다. 위험 물질을 보관하고 사용하는 곳의 화재 안전에 대한 집행 책임은 일반적으로 HSE에 있으며, 현장을 조사하는 경우에는 지방 당국에 있다.

소방 및 구조 당국은 조선소를 포함한 건설 현장을 제외한 작업장에서 일반적인 화재 안전 문제를 다루며, 이러한 문제는 HSE 또는 그 대리인이 처리한다.

(9) 위험

작업장에서 발견되는 많은 물질은 화재나 폭발을 일으킬 수 있다. 예를 들면, 범위는 다음과 같다.

- 가솔린
- 셀룰로오스 페인트 희석제
- 용접 가스
- 기타 가연성 화학물질
- 엔진 오일
- 유지
- 나무에서 나온 먼지
- 밀가루와 설탕

사고를 예방하려면 위험을 인지하고 통제하거나 제거하는 것이 중요하다.

(10) 액체

산업용 제품의 액체(예: 휘발유 및 기타 연료)와 용제(예: 페인트, 잉크, 접착제, 세척액)는 가연성 증기를 방출하며, 공기와 혼합되면 발화되거나 폭발할 수 있다. 액체가 가연성 증기를 방출하는 용이성은 '인화점'(특정 테스트 조건에서 액체가 점화원을 적용할 때 순간적으로 발화하기에 충분한 가연성 증기를 방출하는 최소 온도)이라는 간단한 물리적 테스트와 연결된다. 이를 통해 정상적인 사용 시 발생하는 화재 위험에 따라 분류할 수 있다.

인화성 액체는 인화점이 60℃ 이하인 액체로 분류된다.
- 공정 구역, 작업실, 실험실 및 이와 유사한 작업 구역에 인화성 액체 보관

(11) 먼지

폭발성 대기를 형성할 수 있는 먼지도 위험 물질로 분류된다. 석탄, 목재, 밀가루, 곡물, 설탕, 특정 금속 및 합성 유기 화학 물질과 같은 다양한 일상 재료로 발생할 수 있다.

먼지는 식품/동물 사료, 화학, 목공, 고무 및 플라스틱 가공, 금속 분말 등 다양한 산업에서 발견된다. 이는 원자재, 중간체, 완제품 또는 폐기물일 수 있다. 공기 중의 가연성 먼지 구름은 발화원(예: 화염, 스파크)이 있는 경우 격렬하게 폭발할 수 있다.

- 식품 산업의 분진 및 폭발

(12) 가스

액화석유가스(LPG), 수소 또는 기타 가연성 산업용 가스와 같은 가스는 일반적으로 실린더나 벌크 컨테이너에 압력을 가하여 저장된다. 통제되지 않은 방출은 쉽게 점화되거나 실린더가 미사일이 될 수 있다.

메탄(주 가스)도 폭발을 일으킬 수 있는 가연성 가스이다.

- 액화석유가스 등

(13) 고체

고체에는 플라스틱 폼, 포장재 및 직물과 같은 물질이 포함되며, 맹렬하게 탈 수 있고 짙은 검은 연기를 방출할 수 있으며 때로는 독성이 있다.

(14) 용접가스

화기작업, 화염절단 등의 연료로 사용되는 가연성 가스와 산소는 다른 위험물질이나 가연성 물질이 전혀 연루되지 않은 채 그 자체로 화재 및 폭발 위험을 일으킬 수 있다.

DSEAR(The Dangerous Substances and Explosive Atmospheres Regulations. 2002 위험물질 및 폭발성 대기 규정 2002)에 따라 수행된 위험 평가는 작업을 수행하기 전에 올바른 제어 장치와 장비를 식별하는 데 도움이 된다.

- 용접, 화염 절단 및 관련 공정에서 압축가스의 안전한 사용(HSG139)
- 아세틸렌의 안전한 사용

(15) 기타 화재 및 폭발 위험

많은 화학 물질은 불안정하거나 다른 물질과 격렬하게 반응할 수 있기 때문에 유해한 열 및 압력 효과를 일으킬 수 있다. 화학 물질은 올바르게 보관해야 하며 함께 반응할 때 올바른 공정 제어를 사용하여 위험한 발열 폭주 반응을 방지할 수 있도록 충분한 정보를 얻어야 한다.

- 화학물질 창고(HSG71)
- 안전한 화학반응 공정 설계 및 운영(HSG143)

(16) 예

셀룰로오스 희석제

(17) 규정

위험 물질 및 폭발성 대기 규정 2002(DSEAR)에서는 고용주가 위험 물질과 관련된 작업 활동에서 발생하는 화재 및 폭발의 위험을 평가하고 이런 위험을 제거하거나 줄이도록 요구한다.

HSE와 지역 당국은 폭발 가능성이 있는 환경에서의 작업에 관한 법률이 적용되는 작업장을 시행할 책임이 있다.

- ATEX(Atmospheres Explosible, 유럽 방폭 인증 제도) 및 폭발성 대기
- 석유
- 공정 화재 예방 조치

(18) 자원

- 작업장에서의 화재 및 폭발 위험 통제
- 질산셀룰로오스 필름의 위험성
- 더 많은 리소스

HSE는 화재에 대한 대책으로는 화재 예방과 주의에 중점을 두고, 가연성 내지는 발화성 물질의 취급에 각별히 주의해야 한다는 점에 중점적인 지침을 내리고 있다.

5) 가스 안전(Gas safety)[48]

(1) 고용주를 위한 가스 안전(Gas safety for employers)

오븐, 밥솥, 보일러 등의 가스 기기를 제대로 설치하고 유지 관리하지 않으면 다음과 같은 위험이 있다.

- 불
- 폭발
- 가스 누출
- 일산화탄소(CO) 중독

고용주로서 귀하는 근로자와 공공의 안전을 보장하기 위해 관련 규정을 준수해야 한다. 다음 방법으로 이를 수행할 수 있다.

- 가스 기기를 포함한 가스 설비의 유지 관리 및 서비스에 대한 당사의 조언에 따른다.
- 가스 안전 등록 엔지니어 또는 자격을 갖춘 사람을 이용하여 관리해야 한다.

(2) 가스 설비 작업에 능숙한 사람

상점, 식당, 학교, 병원과 같은 가정 및 작업장에서 가스 설비 작업은 해당 작업을 수행할 자격을 갖춘 가스 안전 등록 엔지니어가 수행해야 한다. 다른 사람이 하는 것은 불법이다. 그 사람이 등록되어 있고 자격을 갖추고 있는지 확인하는 것은 고용주의 책임이다.

가스 안전 등록 여부와 가스 자격 여부는 다음을 통해 확인할 수 있다.

---

48) https://www.hse.gov.uk/radiation/introduction.htm(2024.6.10)

- 가스 안전 등록 웹사이트 이용
- 0800 408 5500번으로 가스 안전 등록부에 전화하기.

  등록된 사람들은 자신이 수행할 수 있는 작업 유형과 자격이 최신 상태인지를 보여주는 가스 안전 ID 카드를 소지한다.

다음 장소에서는 유자격자가 가스 설비 작업을 수행해야 한다.
- 공장 · 광산 · 채석장 · 농업 시설 · 건설 현장 오두막 · 하수 작업

그들이 업무를 수행할 능력이 있는지 확인하는 것은 고용주의 책임이다. 유능한 사람은 작업을 안전하게 수행하는 데 필요한 훈련, 기술, 경험 및 지식을 갖추어야 한다. 주거용 또는 수면 시설로 사용되는 위에 나열된 건물의 모든 부분에서 가스 설비에 대한 작업은 반드시 가스 안전 등록 엔지니어가 수행해야 한다.

(3) 고용주가 해야 할 일

〈기본 사항〉

가스 안전 등록 엔지니어 또는 유능한 사람을 고용하여 가스 피팅을 설치, 유지 관리 또는 수리해야 한다.

가스 배관, 기구, 연도를 정기적으로 유지 관리해야 한다. 가스 기기가 있는 모든 방의 환기가 적절한지 확인해야 한다. 외풍을 방지하기 위해 공기 흡입구를 막지 말고 굴뚝과 굴뚝을 막지 말아야 한다.

(4) 가스 누출

누출이 의심되는 경우 전원을 끄고 즉시 아래의 번호로 전화해야 한다.
- 천연가스의 경우 - 전국 가스 긴급 서비스(0800 111 999)
- 액화석유가스(LPG)용 - LPG 공급업체

의심스러운 경우 건물에서 대피하고 경찰은 물론 국립 가스 응급 서비스 또는 가

스 공급업체에 알려야 한다. 유능한 사람이 누출을 처리할 때까지 가스 공급 장치를 다시 켜지 말아야 한다.

(5) 가전제품 및 배관

가스 안전 등록 엔지니어 또는 유능한 사람을 고용하여 가스 기기 및 배관을 설치, 유지 관리 또는 수리하여야 한다. 가스 배관, 기구, 연도를 정기적으로 유지 관리하여야 한다.

안전하지 않다고 생각되거나 의심되는 가전제품은 사용하지 말아야 한다. 방의 환기가 적절하게 이루어지고 있는지 확인해야 한다. 외풍을 방지하거나 굴뚝과 굴뚝을 방해하기 위해 공기 흡입구를 막지 말아야 한다.

(6) 산업 및 상업 플랜트

연소되지 않은 가스의 점화로 인해 폭발이 발생할 수 있다. 필요에 따라 폭발 완화 및/또는 화염 장애 보호의 필요성을 고려해야 한다. 가스 공급이 기기의 환기 장치와 연동되어 있는지 확인해야 한다.

장비는 위험한 수준의 일산화탄소(CO)가 생성되지 않도록 설계, 작동 및 유지 관리 되어야 한다. 통풍이 잘 안 되는 공간에서는 사용하지 말아야 한다. 연소 생성물을 제거하려면 충분한 환기가 이루어져야 한다.

작업자가 충분한 교육을 받았는지 확인하고 공장의 퍼지(purge, 연소되지 않은 가스의 배출, 환기), 조명 및 정지를 위한 안전한 절차를 사용해야 한다.

(7) 가스 안전 등록의 중요성

가스 안전 등록을 하지 않았고 이전에 HSE로부터 금지 통지를 받은 배관공이 상점에서 불법 가스 작업을 계속했다. 이 과정에서 CCTV에 포착된 그는 2건의 보건안전법 위반 혐의로 기소돼 2건의 징역 6개월을 선고받았다.

(8) 이런 경우를 피할 수 있는 방법

가스 기기를 다루는 작업은 어렵고 전문적이며 잠재적으로 매우 위험하다. 유능한 엔지니어만이 시도해야 한다. 미등록 근로자가 법을 우회하려고 시도할 경우, 기소되거나 고액의 벌금, 심지어 징역형을 받을 위험이 있을 뿐만 아니라 고객의 생명도 위험에 빠지게 된다.

(9) 가스 시스템 유지 관리

과거 25명의 학생과 교직원 2명이 위험한 수준의 일산화탄소로 인해 초등학교 교실에서 대피했다. 그런데 사건 조사 결과, 제대로 관리되지 않은 보일러에서 일산화탄소가 발생하여 위층 교실로 누출되고 있는 것으로 나타났다. **고용주는 총 10,000파운드의 벌금을 물었고 6,830파운드의 비용을 지불하라는 명령을 받았다.** 고용주는 유지 관리 시스템을 갖추고 있었지만 열악한 관행이 침투하여 사건이 발생하기 전까지는 이를 확인하지 못했다. 그 결과는 훨씬 더 심각했을 수도 있다.

(10) 그러한 사고를 피할 수 있는 방법

고용주는 유능한 사람이 제조업체의 지침과 적절한 표준에 따라 가스 기기를 안전한 상태로 유지 관리하도록 하는 것이 중요하다.

6) 유해물질(Harmful substances)[49]

COSHH(Control of Substances Hazardous to Health Regulations, 유해물질 통제규정) 기본 사항

법에 따르면 직장에서 건강을 해치는 물질에 대한 노출을 적절하게 통제해야 한다. 이것이 건강에 유해한 물질 통제 규정(COSHH)이다.

---

49) https://www.hse.gov.uk/radiation/introduction.htm(2024.6.10)

(1) 유해물질

직장에서 사용되거나 생성된 많은 재료나 물질은 건강에 해를 끼칠 수 있다. 이러한 물질은 흡입하는 먼지, 가스, 연기일 수도 있고, 눈이나 피부에 닿는 액체, 젤, 분말일 수도 있다. 또한 감염, 알레르기 반응을 일으키거나 독성을 지닌 유해한 미생물이 존재할 수도 있다.

유해물질은 페인트와 세척제부터 흰가루 먼지, 납땜 연기, 혈액 또는 폐기물에 이르기까지 무엇이든 존재할 수 있다. 직장에서 사용되는 이러한 물질로 인한 건강 악화는 예방할 수 있다. 많은 물질이 건강에 해를 끼칠 수 있지만 제대로 사용하면 거의 건강에 해를 끼치지 않는다.

(2) COSHH가 적용되지 않는 물질

COSHH는 자체적인 특정 규정이 있으므로 다음 물질을 다루지 않는다.

- 선두(납)   • 석면   • 방사성 물질

(3) 위험

일부 물질은 천식이나 암을 포함한 기타 질병을 유발할 수 있다. 많은 경우 피부가 손상될 수 있으며, 일부는 폐에 장기적으로 심각한 손상을 초래할 수 있다.

현기증이나 눈의 따끔거림과 같이 효과가 즉각적으로 나타날 수도 있고, 폐 질환과 같이 발병하는 데 수년이 걸릴 수도 있다. 장기적이거나 만성적인 영향 중 다수는 일단 발생하면 치료할 수 없다.

(4) 고용자가 해야 할 일

다음을 통해 근로자의 유해물질 노출을 방지하거나 줄일 수 있다.

- 건강상의 위험이 무엇인지 알아내기
- 건강에 대한 피해를 방지하는 방법 결정(위험 평가)
- 건강에 대한 피해를 줄이기 위한 통제 조치 제공

- 그것이 왜 사용되는지 확인
- 모든 통제 조치를 양호한 상태로 유지
- 근로자 및 기타 사람들에게 정보, 교육 및 훈련 제공
- 적절한 경우 모니터링 및 건강 감시 제공
- 비상사태에 대한 계획

(5) 미용 시 피부염 예방

한 미용사가 습식 작업으로 인한 자극성 접촉 피부염을 앓고 있다는 진단을 받았다. 그의 손은 고통스러울 정도로 가렵고, 딱지가 생기고 피가 나기도 했다.

(6) 고용주가 한 일

고용주는 손 관리 체제를 도입했다. 여기에는 고객의 머리를 감거나 화학 물질을 사용할 때 적합한 장갑을 착용하는 것이 포함된다. 직원들은 피부에 묻은 화학 물질을 즉시 씻어내고, 손을 철저히 건조시키고, 하루 종일 보습하는 등 올바른 손 관리에 대해 이해하고 있어야 한다. **직원들은 정기적인 피부 점검을 통해 문제를 발견하고 조기에 치료할 수 있도록 한다**.

이러한 조치는 피부염을 조절하는 데 도움이 되었고 미용사는 자신이 좋아하는 일을 계속할 수 있게 되었다.

7) RIDDOR – 부상, 질병 및 위험한 사건보고 규정 2013 (Reporting of Injuries, Diseases and Dangerous Occurrences Regulations)[50]

〈신고 대상 사건 유형〉

(1) 사망 및 부상

업무 관련 사고로 인해 누군가가 사망하거나 부상을 입었다면 이를 보고해야 할

---

50) https://www.hse.gov.uk/radiation/introduction.htm(2024.6.10)

수도 있다. 특정 가스 사고를 제외하고 모든 사고를 보고할 필요는 없다. RIDDOR 보고서는 다음과 같은 경우에만 필요하다.

- 사고가 업무와 관련되어 있는 경우
- 보고 가능한 유형의 부상을 초래하는 경우

〈보고 가능한 부상 유형〉

(2) 어떤 사람의 죽음

자살을 제외하고 근로자 및 비 근로자의 모든 사망은 근로자에 대한 신체적 폭력 행위를 포함하여 업무 관련 사고로 인해 발생한 경우 보고되어야 한다.

(3) 근로자의 특정 부상

RIDDOR 2013의 '지정된 부상' 목록은 RIDDOR 1995의 이전 '중상' 목록을 대체한다. 지정된 부상은 다음과 같다(규정 4):

- 손가락, 엄지손가락, 발가락 이외의 골절
- 절단
- 영구적인 시력 상실, 또는 시력 저하로 이어질 수 있는 부상
- 뇌나 내부 장기에 손상을 초래하는 머리나 몸통의 압궤 부상
- 다음과 같은 심각한 화상(화상 포함):
  - 몸의 10% 이상을 덮고 있다.
  - 눈, 호흡계 또는 기타 중요한 기관에 심각한 손상을 초래.
- 병원 치료가 필요한 모든 스캘핑(scalping: 피부가 벗겨짐)
- 머리 부상이나 질식으로 인한 의식 상실
- 밀폐된 공간에서 작업하면서 발생하는 기타 부상:
  - 저체온증이나 온열질환을 일으키게 된다.
  - 24시간 이상 소생술을 받거나 병원에 입원해야 하는 경우

<특정 부상>에 대한 추가 지침은 다음과 같다.

〈근로자의 특정 부상〉

(4) 손가락, 엄지손가락, 발가락 이외의 골절

뼈 골절에는 파손, 균열 또는 칩이 포함된다. GP(general practitioner, 지역 보건의)의 'fit note(업무적합성평가)'에 명시된 경우를 포함하여 의사가 진단하거나 확인한 경우 보고할 수 있다. 어떤 경우에는 골절에 대한 확실한 증거가 없을 수도 있지만(예: X-레이를 촬영하지 않은 경우) 의사가 골절이 있을 가능성이 있다고 판단하면 부상을 보고할 수 있다. 자가 진단된 '골절 의심'은 보고할 수 없다.

(5) 팔, 손, 손가락, 엄지손가락, 다리, 발 또는 발가락의 절단

절단에는 사고 당시의 외상성 절단 부상과 사고 후 부상으로 인한 수술적 절단이 모두 포함된다.

(6) 한쪽 또는 양쪽 눈의 영구적인 시력 상실 또는 시력 저하로 이어질 수 있는 부상

시력 저하를 초래하는 실명 및 부상은 의사가 그 영향이 영구적일 가능성이 있다고 진단할 때 보고할 수 있다.

(7) 머리나 몸통에 압궤상을 입혀 뇌나 내장 기관에 손상을 초래하는 경우

사고로 인한 압궤(壓潰, 눌러서 부러짐)로 인해 뇌나 가슴이나 복부의 내부 장기에 부상이 발생한 경우 보고할 수 있다.

(8) 화상 부상(화상 포함)

어느 부분:
- 몸 전체 표면적의 10% 이상을 차지하거나
- 눈, 호흡계 또는 기타 중요한 기관에 심각한 손상을 초래한 경우

위 기준을 충족하는 화상은 관련된 물질의 특성에 관계없이 보고할 수 있으며, 여기에는 직접적인 열로 인한 화상, 화학적 화상, 방사선 화상이 포함된다.

의료진은 화상 손상을 입은 피부의 대략적인 비율을 표시할 수 있으며 병원 화상 부서에서 차트를 사용할 수 있는 경우가 많다. 근로 연령 성인의 경우 다음 양은 피부표면에 영향을 받는 신체 표면적(BSA)을 추정하는 데 도움이 될 수 있다.

- 머리와 목을 덮고 있는 피부: 9%
- 각 상지를 덮고 있는 피부: 9%
- 몸통 앞쪽을 덮고 있는 피부: 18%
- 몸통 뒤쪽을 덮고 있는 피부: 18%
- 각 하지를 덮고 있는 피부: 18%

성인의 경우 화상의 BSA가 15%를 초과하면 정맥 수액 소생술을 위해 입원해야 할 가능성이 높다. 화상으로 인해 눈, 호흡계 또는 기타 중요한 기관이 심각하게 손상을 입은 경우 이는 화상으로 덮힌 표면적에 관계없이 보고 가능한 부상이다. 연기 흡입으로 인한 피해는 이 정의에 포함되지 않는다.

(9) 병원 치료가 필요한 모든 수준의 스캘핑(scalping: 피부껍질 벗겨짐)

스캘핑은 사고로 인해 머리에서 피부가 외상으로 분리되거나 벗겨지는 현상이다 (예: 머리카락이 기계에 엉키는 현상). 피부가 머리에서 분리되지 않은 열상이나 의도적으로 피부를 제거하는 수술은 포함되지 않는다.

(10) 머리 부상이나 질식으로 인한 의식 상실

의식 상실은 부상자가 의사소통을 시도하는 사람들에게 음성으로든 신체적으로든 반응이 어려운 상태에 들어간다는 것을 의미한다. 사람이 일시적으로 의식을 잃은 상태로 있는 시간은 사고보고 여부에 있어서 그렇게 중요하지 않다.

질식(산소 부족)은 사람이 밀폐된 공간과 같이 산소가 부족한 대기에 들어가거나 일산화탄소와 같은 유독 가스에 노출될 때 발생할 수 있다.

(11) 밀폐된 공간에서 작업하면서 발생한 기타 부상

- 저체온증이나 온열질환을 일으키거나
- 24시간 이상 소생술을 받거나 병원에 입원해야 하는 경우

밀폐된 공간에는 밀폐된 특성으로 인해 해당 공간에 있는 사람의 건강과 안전에 대한 위험이 상당히 증가하는 정도까지 완전히 또는 부분적으로 밀폐된 공간이 포함된다. 여기에는 밀폐 공간 규정 1997에 정의된 모든 밀폐 공간과 저체온 증의 위험이 예측 가능한 유사한 공간(예: 냉장실)이 포함된다.

주의: 저체온증은 밀폐 공간 규정에 명시된 위험이 아니다.

저체온증 및 온열질환에는 신체에 강한 열이나 추위가 작용하여 부작용(신체적 손상)이 나타나 다른 사람의 도움이 필요한 상황이 포함된다.

- 부상 정도가 불분명할 때 대처 방법

어떤 경우에는 고용주와 자영업자가 부상의 전체 범위를 알 수 없는 위치에 있을 수 있다(예: 눈 부상과 관련된 예후가 아직 확립되지 않은 경우 또는 눈 부상을 치료하기 위해 노력하는 경우). 궁극적으로 수술적 절단이 필요할 수 있는 부상당한 사지. 이러한 상황에서는 특정 부상에 대해 사전 예방 보고를 할 필요가 없다. 부상자가 7일 이상 아무런 활동을 할 수 없기 때문에 어떠한 경우에도 사고 신고가 필요할 가능성이 높다. 특정 부상이 확인되는 즉시 집행 당국에 통보되거나 업데이트되어야 한다(이상 특정 부상).

(12) 근로자의 7일 이상의 무능력

직원이나 자영업자가 부상으로 인해 연속 7일 이상 직장을 떠나거나 정상적인 업무를 수행할 수 없는 경우 사고를 신고해야 한다. 이 7일 기간에는 사고 당일은 포함되지 않지만 주말과 휴식일은 포함된다. **사고 발생 후 15일 이내에 신고해야 한다.**

(13) 3일 이상 무능력

사고는 기록되어야 하지만, 근로자가 3일 이상 연속으로 무능력한 결과를 초래한 경우에는 보고되지 않는다. 귀하가 사회보장(청구 및 지불) 규정 1979에 따라 사고 장부를 보관해야 하는 고용주라면 그 기록으로 충분하다.

(14) 비근로자(예: 일반 대중)에 대해 치명적이지 않은 사고

일반인이나 직장에 있지 않은 사람에 대한 사고로 인해 부상이 발생한 경우 반드시 보고되어야 하며 해당 사람은 부상 치료를 위해 사고 현장에서 직접 병원으로 이송된다. 그러한 상황에서는 검사와 진단 테스트가 '치료'를 의미하지는 않는다.

부상이 명백하지 않은데 순전히 예방 조치로 사람들을 병원으로 데려간 사건은 신고할 필요가 없다. 사고가 병원에서 발생한 경우, 부상이 '지정된 부상'(위 참조)인 경우에만 신고가 필요하다.

(15) 직업병

고용주와 자영업자는 업무로 인해 발생했거나 악화되었을 가능성이 있는 특정 직업병 진단은 보고해야 한다. 이러한 질병에는 다음이 포함된다(규정 8 및 9).

- 수근관 증후군(손목터널증후군)
- 직업성 피부염
- 직업성 천식
- 모든 직업성 암

- 손이나 팔뚝의 심한 경련
- 손-팔 진동(떨림) 증후군
- 손이나 팔뚝의 건염 또는 건초염;
- 생물학적 인자에 대한 직업적 노출로 인해 발생하는 모든 질병.

직업병에 대한 추가 지침이 제공된다. 다음에 대한 구체적인 지침도 제공된다.

- 직업성 암
- 생물학적 인자와 관련된 질병

(16) 위험한 사건

위험한 사건은 확실하고 명시적인 니어미스(nearmiss, 아차사고) 사건이다. 이러한 모든 이벤트에 보고가 필요한 것은 아니다. 대부분의 작업장과 관련된 위험한 사건에는 27가지 범주가 있다. 예를 들면 다음과 같다.

- 리프트 및 리프팅 장비의 하중 지지 부품의 붕괴, 전복 또는 고장
- 가공 전력선과 접촉하는 플랜트 또는 장비
- 사람에게 부상을 입힐 수 있는 물질의 우발적인 방출

이러한 위험한 상황에 대한 추가 지침이 제공된다. 광산, 채석장, 해양 작업장 및 관련 운송 시스템(철도 등)에는 위험 발생의 추가 범주가 적용된다.

(17) 가스사고

인화성 가스 유통업체, 충전업체, 수입업체 및 공급업체는 해당 가스와 관련하여 누군가가 사망하거나 의식을 잃거나 부상 치료를 위해 병원으로 이송된 사건을 보고해야 한다. 이러한 사고는 인화성 가스사고 보고서 온라인 양식을 사용하여 보고해야 한다.

등록된 가스엔지니어(가스 안전 등록부에 따라)는 사람들이 사망하거나 의식을 잃거나 병원 치료가 필요할 정도로 위험하다고 간주되는 모든 가스 기기 또는 부속품에 대한 세부 정보를 제공해야 한다. 위험은 해당 기기나 부속품의 설계, 구성, 설치, 개조 또는 서비스로 인해 발생할 수 있으며 이로 인해 다음 사항이 발생할 수 있다.

- 우발적인 가스 누출
- 가스의 불완전 연소
- 가스 연소 생성물의 부적절한 제거

안전하지 않은 가스 기기 및 부속품은 위험 가스 부속품 보고서 온라인 양식을 사용하여 보고해야 한다.

8) 디스플레이 화면(DSE: display screen equipment)[51]

〈디스플레이 화면 장비를 안전하게 사용하기〉

(1) 개요

고용주는 PC, 노트북, 태블릿, 스마트폰 등 디스플레이 화면 장비(DSE)를 사용하여 작업할 때 발생하는 건강 위험으로부터 근로자를 보호해야 한다. 건강 및 안전(디스플레이 화면 장비) 규정은 DSE를 매일 1시간 이상 연속으로 사용하는 근로자에게 적용된다. 우리는 이러한 작업자를 'DSE 사용자'라고 설명한다. DSE를 자주 사용하지 않거나 짧은 시간 동안만 사용하는 근로자에게는 이 규정이 적용되지 않는다.

(2) 근로자의 건강을 보호하는 방법

법적으로 고용주는 다음을 수행해야 한다.
- DSE 워크스테이션 평가를 수행한다.
- 근로자가 DSE 작업을 중단하거나 다른 일을 하도록 하는 등 위험을 줄인다.
- 근로자가 요청하는 경우 시력 검사를 제공한다.
- 근로자에게 교육 및 정보를 제공한다.

DSE를 잘못 사용하거나 제대로 설계되지 않은 워크스테이션 또는 작업 환경은 목, 어깨, 등, 팔, 손목, 손에 통증을 유발할 수 있을 뿐만 아니라, 육체 피로와 눈의 피로를 유발할 수 있다. 원인이 항상 명확하지 않을 수도 있다.

예를 들어 사용자가 다음과 같은 경우 법률이 적용된다.
- 고정된 워크스테이션
- 모바일 작업자
- 재택근무자
- 핫 데스킹(직원이 정기적으로 책상을 바꾸는 경우 기본 위험 평가를 수행해야 함)

---

51) https://www.hse.gov.uk/msd/dse/index.htm(2024.6.11)

(3) 추가 DSE 지침

HSE의 디스플레이 화면 장비 작업 전단지에는 건강 및 안전(디스플레이 화면 장비) 규정을 준수하는 방법에 대한 자세한 정보가 나와 있다.

디스플레이 화면 장비작업에서 규정에 대한 자세한 조언을 찾을 수 있다.
임신 중이거나 간질이 있는 경우 DSE 사용에 대한 조언이 제공된다.

(4) 워크스테이션 및 평가

근로자가 일상 업무의 일부로 디스플레이 화면 장비(DSE)를 매일 한 시간 이상 지속적으로 사용하는 경우 고용주는 워크스테이션 평가를 실시해야 한다.

고용주는 다음을 살펴봐야 한다:
• 장비, 가구, 작업 조건을 포함한 전체 작업장
• 수행 중인 작업
• 장애가 있는 사용자 등 직원의 특별한 요구 사항
위험이 있는 경우 위험을 줄이기 위한 조치를 취해야 한다.

고용주는 다음과 같은 경우에도 평가를 수행해야 한다.
• 새로운 워크스테이션이 설치되었다.
• 새로운 사용자가 일을 시작한다.
• 기존 워크스테이션이나 사용 방식이 변경된 경우
• 사용자가 통증이나 불편함을 호소하는 경우
이 DSE 워크스테이션 체크리스트를 사용하여 평가하는 데 도움을 받아야 한다.

(5) DSE 평가 소프트웨어

소프트웨어 패키지는 사용자를 교육하고 평가에 참여하는 데 도움이 될 수 있다. 그러나 소프트웨어 자체는 평가가 아니다.

항상 숙련된 평가자가 사용자 평가 결과(소프트웨어 또는 종이 기반인지 여부)를 확인해야 한다. 평가자는 의심스러운 점을 정리하고 사용자에게 피드백을 제공하며 DSE 또는 워크스테이션을 변경하여 문제가 올바른지 확인해야 한다.

(6) 업무 루틴 및 휴식

법에 따르면 고용주는 디스플레이 화면 장비(DSE) 사용자인 직원의 휴식 시간이나 활동 변경이 가능하도록 작업을 계획해야 한다.

DSE 작업에 대한 휴식 시간과 빈도에 대한 법적 지침은 없다. 그것은 직원이 하고 있는 일의 종류에 달려 있다. 긴 휴식보다는 자주 짧은 휴식을 취하는 것이 좋다. 예를 들어 1시간마다 5~10분씩 쉬는 것이 2시간마다 20분씩 쉬는 것보다 낫다. 이상적으로는 사용자가 휴식 시간을 선택할 수 있어야 한다. 대부분의 직업에서는 회의에 참석하거나 전화 통화 등의 다른 작업을 수행하기 위해 DSE 작업을 중지할 수 있다. 직업 활동에 자연스러운 변화가 없다면 고용주는 휴식 시간을 계획해야 한다.

활동을 중단하거나 변경하면 사용자가 작업대에서 일어나 움직일 수 있거나 최소한 스트레칭을 하고 자세를 바꿀 수 있어야 한다.

(7) 중단 모니터링 소프트웨어

휴식 시간 모니터링 소프트웨어는 사용자에게 정기적인 휴식을 취하도록 상기시켜 줄 수 있다. 그러나 고용주는 여전히 업무 활동을 적절하게 계획하고 사용자가 적절한 휴식을 취하도록 할 책임이 있다.

(8) 시력 및 시력 검사

법에 따르면 고용주는 디스플레이 화면 장비(DSE) 사용자가 요청할 경우 시력 검사를 준비해야 하며 직원이 DSE 용도로만 안경을 필요로 하는 경우 안경을 제공해야 한다. DSE 작업은 눈에 영구적인 손상을 초래하지 않는다. 그러나 장기간 DSE 작업을 수행하면 다음과 같은 결과가 발생할 수 있다.

- 피곤한 눈
- 불편감
- 일시적인 근시
- 두통

DSE 작업은 시각적으로 까다롭기 때문에 이전에 알아차리지 못했던 시력 문제(나이가 들면서 발생하는 시력 변화 포함)를 깨닫게 할 수 있다.

직원들은 다음과 같은 방법으로 눈을 보호할 수 있다.
- 화면이 올바른 위치에 있고 적절하게 조정되었는지 확인하기
- 조명 조건이 적합한지 확인하기
- 스크린 작업에서 정기적인 휴식을 취하기
- 고용주는 DSE 워크스테이션을 평가하고 건강 위험을 줄이기 위한 조치를 취해야 한다.

(9) DSE 사용자를 위한 시력 검사

고용주는 DSE 사용자가 요청할 경우 시력 검사를 제공해야 한다. 고용주는 시험 비용도 지불해야 한다. 이는 시력 검사와 시력 검사를 포함하여 검안사 또는 의사가 실시하는 전체 눈 및 시력 검사여야 한다.

테스트를 제공하는 방법은 고용주에게 달려 있다. 예를 들어, 사용자가 테스트를 준비하고 나중에 비용을 상환하도록 할 수도 있고, 모든 DSE 사용자를 한 안경원에 보낼 수도 있다.

(10) DSE 작업용 안경

고용주는 검사 결과 직원에게 화면이 보이는 거리에 맞게 처방된 특수 안경이 필요한 경우에만 DSE 작업용 안경 비용을 지불하면 된다. 일반 처방이 적합하다면 고용주는 안경 비용을 지불할 필요가 없다.

(11) 교육 및 정보

고용주는 디스플레이 화면 장비(DSE) 사용자에게 건강 및 안전 교육과 정보를 제

공해야 한다. 교육은 DSE 작업의 위험과 안전한 작업 관행을 통해 이를 방지하는 방법에 관한 것이어야 한다. 여기에는 다음과 같은 내용이 포함되어야 한다.

- 좋은 자세
- 책상 공간 정리
- 휴식과 활동의 변화
- 문제를 보고하는 방법
- 의자 및 기타 가구 조정
- 반사와 눈부심을 방지하기 위해 스크린과 조명 조정
- 위험 평가

고용주는 또한 DSE 업무에서 건강과 안전을 위해 마련한 일반적인 조치와 시력 검사 신청 방법에 대해 사용자에게 알려야 한다. 또한 사용자가 스스로 평가를 하려는 경우, DSE 워크스테이션 체크리스트를 사용하는 방법을 설명하는 것도 고려해 보길 바란다.

(12) 집에서 디스플레이 화면 장비로 작업하기

건강 및 안전(디스플레이 화면 장비) 규정은 다음과 같은 근로자에게 적용될 수 있다.

- 영구적으로 또는 장기적으로 집에서 일함
- 일상적으로 직장과 집에서 작업 시간을 분할한다(하이브리드 근무라고도 함).

직원이 매일 한 시간 이상 지속적으로 DSE를 사용하는 경우 DSE(디스플레이 화면 장비) 사용자이다. DSE 규정이 귀하의 근로자에게 적용되는지 확인해야 한다. DSE를 가끔 사용하거나 집에서 짧은 시간 동안만 사용하는 근로자에게는 이 규정이 적용되지 않는다.

(13) DSE 위험 평가

규정이 적용되는 경우 개별 근로자에 대해 DSE 평가를 수행해야 한다. 대부분의 경우, 필요하다고 결정하지 않는 한 평가를 수행하기 위해 방문할 필요는 없다. 작업자는 인체 공학적 체크리스트나 자체 평가 도구를 사용하는 방법을 설명하는 등 적절한 교육을 받은 경우 자체 평가를 완료할 수 있다.

간단한 DSE 평가를 수행하고 결과를 기록 및 전달하는 데 도움이 될 수 있는 실용적인 DSE 워크스테이션 체크리스트가 있다. 근로자가 집과 사무실에서 DSE를 사용하는 경우 평가에서는 두 가지 상황을 모두 다루어야 한다.

집에서 일하는 사람들이 편안하고 지속 가능한 자세를 취할 수 있는지 확인해야 한다. 이를 달성하기 위해 집에 사무용 가구나 장비가 필요하지 않을 수도 있다. 하지만 자신의 장비가 적합한지 확인해야 한다.

(14) 위험 관리

집에서 DSE를 사용하여 근로자에 대한 평가 결과를 구현할 수 있는지 확인하여야 한다. 합리적으로 실행 가능한 한 평가를 통해 식별된 위험을 줄이도록 한다. 이는 돈, 시간 또는 문제 측면에서 실제 위험을 통제하는 데 필요한 조치와 위험 수준의 균형을 맞추는 것을 의미한다.

DSE 워크스테이션 평가에서 DSE 장비 제공과 같은 조치를 취해야 한다고 명시하는 경우 직원에게 이에 대한 비용을 청구할 수 없다. 특히 중요한 변경 사항이 있는 경우, DSE 준비를 검토해야 한다. 기존 통제 조치가 충분한지 또는 직원이 통증, 통증 또는 불편함을 보고하는 경우와 같은 추가 조치가 필요한지 확인해야 한다.

(15) 추가 DSE 장비 요구 사항

평가를 통해 사람들이 집에서 일할 때 추가 장비가 필요한지 결정해야 한다.

근로자가 제공한 정보와 함께 유능한 조언을 구해야 할 수도 있다. 예를 들면 다음과 같다.

- 적절하게 훈련된 DSE 평가자
- 적합한 산업 보건 전문가

합리적으로 실행 가능한 한 추가 개인 요구 사항을 충족해야 한다.

(16) DSE 정보 및 교육

근로자에게 워크스테이션 및 DSE 장비 사용에 대한 교육을 제공해야 한다. 여기에는 좋은 자세를 취하는 방법과 좋은 작업 관행에 대한 조언이 포함되어야 한다.

(17) 업무 루틴(일상) 및 휴식 시간

법에 따르면 고용주는 근로자의 휴식이나 활동 변경이 가능하도록 작업을 계획해야 한다.

(18) 디스플레이 화면 장비를 사용할 때 올바른 자세

영상으로 올바른 자세를 유지하는 방법에 대한 기본적인 조언을 제공한다.

9) 직장에서의 물건운반 수동 처리(허리 다침 위험 줄이기)[52]

(1) 개요

고용주로서 귀하는 작업장에서 위험한 수동 취급으로 인한 부상 위험으로부터 근로자를 보호해야 한다. 수동 취급이란 손이나 신체적 힘으로 하중을 운반하거나 지지하는 것을 의미한다. 여기에는 물건을 들어올리기, 내려놓기, 밀기, 당기기, 운반 또는 이동이 포함된다. 하중은 물체, 사람 또는 동물이 될 수 있다.

법은 고용주가 수동 취급으로 인한 위험을 어떻게 처리해야 하는지를 명시한다.
- 합리적으로 실행 가능한 한 위험한 수동 취급은 피한다.
- 피할 수 없는 위험한 수동 취급 작업으로 인한 부상 위험을 평가한다.
- 위험한 수동 취급으로 인한 부상 위험을 합리적으로 가능한 한 낮게 줄인다.

화물의 무게는 중요하지만, 법에서는 구체적인 무게 제한을 설정하지 않는다. 어떤 경우에는 부상 위험이 있고 합리적으로 실행 가능한 경우, 각 하중의 무게와 무게 중심 위치에 대한 정보를 제공해야 한다.

---

52) https://www.hse.gov.uk/msd/manual-handling/index.htm(2024.6.11)
https://www.hse.gov.uk/simple-health-safety/risk/common-workplace-risks.htm(2024.6.1)

(2) 위험한 수동 취급은 피해야 한다.

다음을 통해 위험한 수동 취급 작업을 피할 수 있다.

- 부하(짐이나 물건) 이동을 방지하기 위해 작업 재설계
- 프로세스 자동화 또는 기계화

기계화 또는 자동화를 결정하는 가장 좋은 시기는 공장이나 작업 시스템을 설계할 때다. 재료의 이동이 거의 없도록 프로세스 레이아웃을 설계한다. 예를 들어, 위험을 줄이기 위해 컨베이어, 슈트, 팔레트 트럭, 전기 또는 수동 호이스트, 리프트 트럭 도입을 고려한다. 기계적 보조 장치는 수동 취급으로 인한 위험을 줄이거나 제거하는 데도 도움이 될 수 있다.

(3) 피할 수 없는 수동 처리 평가

피할 수 없는 위험한 수동 취급 작업으로 인한 부상 위험을 평가한다.

작업, 부하, 작업 환경 및 개인 능력을 고려해야 한다. 예를 들면 다음과 같다.

- 채택된 자세
- 짐이 얼마나 멀리 들어올리고, 내려가며, 운반되는지
- 작업의 빈도
- 짐의 무게
- 하중의 특성(예: 뜨겁거나 날카롭거나 미끄러움)
- 비좁은 작업 공간
- 바닥 표면이 좋지 않음
- 어두운 조명, 극단적인 온도
- 근로자의 체력, 체력 및 기저 질환(예: 허리 문제 병력)

또한 다음 사항을 주의해야 한다.

- 숨이 차고 땀을 흘리는 근로자
- 과도한 피로를 호소하는 근로자
- 특정한 일하기를 꺼리는 것
- 리프트에 도움이 되는 장비의 가용성

(4) 각 작업에 적합한 평가 수준선택

일부 작업은 위험이 낮고 공식적인 평가가 필요하지 않다. 보다 자세한 평가가 필요한 작업과 위험도가 낮은 작업을 구별하는 데 도움이 되는 간단한 필터가 있다.

또한 고용주는 고위험 처리 작업을 식별하고 위험을 통제하기 위한 조치로 우선순위를 정하는 데 도움이 되는 위험 평가 도구를 갖추어야 한다.

- 리프팅, 운반 및 팀 핸들링을 위한 수동 핸들링 평가 차트(MAC) 도구
- 부하 중량이 다양한 복잡한 수동 핸들링 작업을 평가하는 데 도움이 되는 가변 수동 핸들링 평가 차트(V-MAC) 도구
- 밀고 당기는 위험 평가(RAPP) 도구
- 작업이 상지를 사용하는 반복 작업과 관련된 경우, 반복 작업 평가(ART) 도구

당사의 상세한 체크리스트(PDF)는 보다 복잡한 리프팅 및 운반 또는 밀고 당기기 작업을 평가하는 데 도움이 될 수 있다.

(5) 직원에게 문의

위험 평가에 직원과 상의하고 참여시켜야 한다. 그들과 그들의 대표자는 직장의 위험을 알고 있으며 실용적인 해결책을 가지고 있을 수 있다. 직원은 어떤 활동이 인기가 없거나 어렵거나 힘든 일인지 알려줄 수 있다.

(6) 부상 위험 감소

위험을 통제하기 위한 조치는 작업에 따라 달라진다. 피할 수 없는 위험한 수동 취급 작업으로 인한 부상 위험을 줄인다. 가능하다면 자루 트롤리나 호이스트 같은 기계적인 도움을 제공한다. 이것이 합리적으로 실행 가능하지 않은 경우, 작업, 부하 및 작업 환경의 변화를 탐색해야 한다.

수동 리프팅이 유일한 옵션인 경우, 위험을 줄이기 위해 할 수 있는 작업은 다음과 같다.

- 짐을 더 작거나 가볍게 하여 잡기 쉽게 만든다.
- 큰 화물을 작은 화물로 나눈다.
- 운반 거리, 비틀림 동작 또는 바닥 높이나 어깨 높이 이상에서 물건을 들어야 하는 필요성을 줄이기 위해 작업장을 수정한다.
- 과도한 작업 속도와 촉박한 마감 기한을 피하기 위해 작업 루틴을 변경한다.
- 환경 개선 – 더 많은 공간, 더 나은 바닥재, 추가 조명 또는 공기 온도 변경으로 수동 취급이 더 쉽고 안전해질 수 있다.
- 들어 올리는 사람이 가능한 한 안전하게 들어 올릴 수 있도록 교육을 받았는지 확인한다.

수동 취급 위험과 이를 제어하는 방법에 대한 자세한 내용은 수동 취급에 대한 전단지에 나와 있다.

(7) 훈련

교육은 인식을 높이고 위험을 줄이는 데 중요할 수 있지만, 교육 자체만으로는 안전한 수동 취급을 보장할 수 없다. 먼저 합리적으로 실행 가능한 한 안전하도록 수동 취급 작업을 설계해야 한다. 또한 직원들이 절차를 이해하고 적용할 수 있도록 절차를 모니터링하고 검토해야 한다.

교육은 수행되는 작업 유형과 관련이 있어야 하며 다음을 다루어야 한다.
- 위험 요인을 수동으로 처리하는 방법과 부상이 발생할 수 있는 방법
- 기계 보조 장치를 사용하는 방법
- 올바른 취급 기술을 포함하여 안전한 수동 취급을 수행하는 방법
- 근로자의 업무 및 환경과 관련된 업무 시스템
- 실습을 통해 훈련생이 안전하게 수행하지 않는 사항을 트레이너가 식별하고 바로잡을 수 있다.

올바른 취급 기술에 대한 교육 내용은 근로자가 수행하는 작업에 맞게 조정되어야 한다. 또한 전문가의 도움을 받아야 할 수도 있다.

(8) 법률

수동 취급 작업 규정은 고용주가 수동 취급으로 인한 부상 위험을 피하고 줄이도록 요구한다.

(9) 근골격계 질환

직장에서의 수동 처리를 줄이도록 노력해야 한다.

(10) 수동 처리 개요

작업장에서 수동 취급 부상의 위험으로부터 작업자를 보호하여야 한다.

(11) 위험한 수동 취급 방지

자동화 또는 기계화를 통해 부하 이동을 방지하도록 작업을 재설계한다.

(12) 수동 처리 평가

업무, 부하, 작업환경, 개인능력을 고려한다.

(13) 부상 위험 감소

기계적인 도움을 제공하고, 작업, 하중 및 환경을 변경하고, 사람들이 안전하게 들어 올릴 수 있도록 보장한다.

(14) 훈련

수동 취급으로 인한 위험과 이를 방지하는 방법에 대한 교육을 제공한다.
수동 처리 방법 등 다양한 훈련
수동 취급 작업 규정에 대해 자세히 알아보아야 한다.

10) 방사선(radiation)[53]

(1) 작업장 방사선 소개(introduction to radiation in the workplace)

영국에서는 매일 다양한 방사선 유형이 산업, 의료, 연구 및 통신 응용 분야에서 사용된다. 이러한 응용 프로그램 중 일부는 효과적으로 제어되어야 하는 유해한 노출 위험을 야기한다. 이는 이러한 제어 장치를 배치하는 방법을 설명한다.

(2) 방사선의 주요 유형

방사선은 일반적으로 '이온화(ionising)' 또는 '비이온화(non-ionising)'로 분류된다. 이온화 방사선은 일반적으로 비이온화 방사선보다 더 많은 에너지를 가지고 있다.

(3) 전리 방사선(Ionising radiations)

여기에는 다음이 포함된다.
- 엑스레이(X-rays)
- 감마선(gamma rays)
- X선 세트 또는 방사성 물질에서 생성되는 입자상 방사선(알파, 베타 및 중성자 방사선)

일반적으로 다음과 같은 용도로 사용된다.
- 의료 노출
- 산업용 방사선 촬영 장비
- 공정 제어를 위해 업계에서 사용되는 게이지

그러나 라돈 가스를 포함하여 자연적으로 발생하는 방사성 물질로부터 생성될 수도 있다.

---

53) https://www.hse.gov.uk/radiation/introduction.htm(2024.6.10)

(4) 전리 방사선에 대해 자세히 알아보기

(5) 전리 방사선: 작업자 및 기타 사람 보호

고용주는 근로자와 대중을 보호하기 위해 이온화 방사선의 위험을 현명하게 관리해야 한다. 전리 방사선의 정의와 사람들이 이에 노출되는 방식에 대한 지침은 전리 방사선 및 작업장 노출을 읽어보기를 바란다.

〈고용주로서의 법적 의무〉

(6) 등록 또는 동의를 통지하거나 신청

위험 수준에 따라 전리 방사선을 다루기 전에 다음을 수행해야 할 수도 있다.

• HSE에 알리기 – 위험도가 낮은 활동
• HSE에 등록 신청 – 중간 위험 활동
• HSE에 동의 신청 – 고위험 활동

이는 IRR17(전리 방사선 규정 2017)에 따라 요구된다.

(7) 전리 방사선 작업에 대한 통지, 등록 및 동의가 필요

〈개요〉

이온화 방사선을 사용하는 고용주는 대부분의 작업을 수행하거나 특정 수준 이상의 라돈이 포함된 대기에서 작업하기 전에 HSE에 통보하거나 신청해야 한다.

작업의 경우:

• 위험도 낮음 – 알려야 함
• 중간 위험 – 등록을 신청해야 함
• 위험도 높음 – 동의를 신청해야 한

등록과 동의를 동시에 통지하거나 보류해야 할 수도 있다.

신고는 HSE의 RADAN 온라인 서비스를 이용하여 신고하거나 신청할 수 있다.

HSE는 동의 신청서를 평가하고 검사를 실시한다. 최대 90일이 소요될 수 있다.

등록 또는 동의 신청이 성공하면 제출된 정보 및 관련 조건에 따라 인증서가 발급된다.

(8) 일정 수준 이상의 방사성 물질을 취급하는 경우

지정된 수준을 초과하는 방사성 물질을 다루는 작업을 수행하는 경우, 방사선 비상 대비 및 공공 정보 규정 2019(REPPIR)이 적용될 수 있다.

(9) HSE에 사건 보고

특정 사건은 다음과 같이 HSE에 보고해야 한다.
- 이온화 방사선 규정 2017(IRR17)
- 2013년 부상, 질병 및 위험한 사건보고 규정(RIDDOR)

(10) 이온화 방사선 규정(IRR17)

다음 사건 중 하나가 발생하면 HSE에 이메일로 보고서를 보내야 한다.
- 과다 노출이 발생했다고 의심되거나 통보받은 경우
- 사람이 다음보다 큰 전리 방사선의 유효 선량을 받게 될 수 있는 사고나 기타 사건이 발생하는 경우 선량 평가를 준비하고 결과를 보고해야 한다.
- 눈 수정체의 경우 6mSv보다 큰 선량 또는 15mSv보다 큰 등가선량
- 피부 또는 사지의 경우 150mSv보다 큰 선량
- 일정량의 방사성물질이 분실, 도난 또는 유출된 경우

보고해야 하는 위 사건에 대한 자세한 내용은 승인된 업무 강령 및 지침(L21) 에서 확인할 수 있다.

(11) 리도르(RIDDOR, 2013년 부상, 질병 및 위험한 사건보고 규정)

다음 사건 중 하나가 발생하면 HSE에 보고해야 한다.

- 산업 방사선 촬영 및 식품 방사선 조사 또는 방사선 조사에 의한 제품 가공 중 방사선 발생기 또는 보조 장비의 오작동으로 인해 의도된 노출 기간이 끝날 때에도 전원이 꺼지지 않는다.
- 산업용 방사선 촬영, 또는 감마선 조사에 사용되는 장비의 오작동으로 인해 방사성 선원이 의도된 노출 기간이 끝날 때 정상적인 수단으로 안전한 위치로 돌아가지 않는다.

(12) 비이온화 방사선

여기에는 다음이 포함된다.

- 플라스틱 용접 및 일부 통신 송신기 등의 무선 주파수 및 마이크로파
- 적외선(예: 유리 및 금속 생산 시 매우 뜨겁고 빛나는 광원)
- 자외선(UV) 광선, 예를 들어 용접이나 태양으로부터의 레이저와 같은 고강도 광원의 가시광선

(13) 위험

이온화 방사선은 피부염, 화상, 세포 손상, 백내장, 혈액 변화를 일으킬 수 있다.

- 전자파와 무선 주파수는 노출된 신체 부위에 열을 유발할 수 있다.
- 적외선은 피부 화상과 백내장을 일으킬 수 있다.
- 자외선은 피부 화상, 피부암, 결막염 및 호안 증을 유발할 수 있다.
- 레이저는 눈과 피부에 영구적이고 심각한 손상을 일으킬 수 있다.

이온화 및 UV 방사선에 노출되면 DNA가 손상될 수 있으며 나중에 암과 같은 건강상의 영향을 받을 수 있다. 노출 수준이 낮을 경우 위험은 작지만 높은 수준의 이온화 및 비이온화 방사선에 노출되면 화상, 조직 및 장기 손상과 같은 급성 영향을 일으킬 수 있다.

(14) 고용주가 해야 할 일

작업장에서 이온화 및 비이온화 방사선의 모든 소스와 그에 따른 위험을 식별한다. 중요한 위험을 식별한 후에는 이를 통제해야 한다. 가능한 한 이온화 및 UV 방사선에 대한 노출을 줄이도록 한다. 예를 들어 X선 대신 초음파, 비파괴 검사와 같은 보다 안전한 대체 공정이나 장비를 사용할 수 있다.

다음을 수행해야 한다.
- 전리 방사선 작업을 하기 전에 수행하는 작업의 위험 수준에 따라 HSE에 통지, 등록 또는 신청하여 동의를 구한다.
- 작업장 내 다양한 잠재적 방사선원, 특히 모든 이온화 방사선원, UV 광선 및 고출력 레이저를 알고 있는지 확인한다.
- RPA(방사선 방호 자문가)로부터 유능한 조언을 받는 것을 고려해야 한다. 이는 전리 방사선 작업 시 법적 요구 사항이다. RPA의 이름 및 연락처 정보를 확인한다.
- 직원이 의료 감시를 받아야 하는지 고려한다. RPA가 이에 도움이 될 것이다.
- 위험 평가의 일부로 라돈 가스 노출을 고려해야 한다. 이는 자연적으로 발생하며 방사선을 다루는 다른 작업을 하지 않더라도 직장에서 나타날 수 있다.
- 전리 방사선 작업 시 노출을 줄이고 위험한 적외선(예: 용융 금속) 및 UV(예: 용접) 작업시 피부와 눈을 보호하기 위해 적절한 차폐 및 개인 보호 장비를 사용하는지 확인한다.
- 레이저가 디스플레이(예: 바, 나이트클럽, 무대 쇼)에 사용되고 대중에게 위험이 있을 수 있는 경우 전문가의 조언을 구한다.

(15) 고용주가 하지 말아야 할 일

다음에 대한 접근을 방해하는 모든 연동장치를 무효화 하는 행위
- 고전압 전기 장비
- 엑스레이 캐비닛

- 레이저 인클로저 또는 레이저가 포함된 기계

잠재적으로 유해한 살균 UV 램프를 안전한 살충 장치나 기타 형광등 설비의 교체품으로 사용해야 한다. 제조업체가 지정한 올바른 유형으로 교체했는지 확인힌디.

(16) 방사선 비상사태: 전리 방사선

전리 방사선 관련 작업으로 인해 방사선 비상사태가 발생할 수 있는 경우(예: 일반 대중이 특정 수준 이상의 전리 방사선을 받게 될 수 있는 사건), 방사선(비상 대비 및 공공 정보) 규정 2019가 적용될 수 있다.

(17) 전자기장(EMF)

기업은 작업장에서 일반적인 위험을 관리해야 한다. 여기에는 전기가 사용되는 모든 곳에서 생성되는 전자기장(EMF)과 같은 비전리 방사선원이 포함된다.
- 예: 엑스레이, 라돈

11) 법제, 직장에서의 건강과 안전: 형법 및 민법

(1) 개요

직장 내 건강과 안전에는 형법과 민법이 모두 적용된다. 이 법들은 동일하지 않다. 고용주로서 귀하는 근로자와 다른 사람들이 업무로 인해 다치거나 질병에 걸리지 않도록 보호해야 한다.

따르지 않을 경우:

보건안전청(HSE)과 같은 규제 기관이나 지역 당국이 형법에 따라 귀하에 대해 조치를 취할 수 있다. 피해를 입은 사람은 민법에 따라 귀하에게 보상을 청구할 수 있다. HSE나 지방 당국 모두 민법을 적용하거나 민사 소송 수행에 대한 규칙을 설정할 책임은 없다.

〈산업별 보건 및 안전 법규〉

(2) 법률을 추적하는 방법, HSE의 도움

귀하의 산업과 관련된 법률을 알고 싶다면 이를 확인할 수 있는 몇 가지 방법이 있다.

- 일부 업계 및 주제 사이트에는 특정 법률 섹션이 있으며 이를 모든 사이트에 표준 기능으로 도입할 예정이다.
- 법률 및 법령문서 목록은 제목별로 알파벳순으로 정렬할 수 있으며 관련 법률을 식별하는 데 사용할 수 있다.
- 검색 엔진을 사용하여 법적 정보를 추적할 수도 있다.

모든 작업 환경에 적용되는 일반 법률에도 관심이 있는 경우 다음을 수행할 수 있다.

- 기본 정보를 제공하는 안내 페이지를 방문한다.
- 기업의 법적 책임과 올바른 보건 및 안전 관행이 가져올 수 있는 이점을 설명하는 비즈니스의 보건 및 안전 기본 사항을 확인한다.

기존 규정의 개정 역시 협의 과정을 거쳐야 한다. 위의 소스와 현재 상담 및 토론 영역에서 이에 대해 알아볼 수 있다.

(3) 외부 소스

법률과 규정을 추적할 수 있는 무료 소스와 유료 소스가 많이 있다. 다음 선택이 유용할 수 있다.

Legacy.gov.uk는 영국 법률에 대한 온라인 액세스를 제공한다. 1988년 의회 법안 전문과 1987년 제정법(SI)은 물론 북아일랜드에 대한 SI 초안 및 법안도 사이트에서 확인할 수 있다.

영국 의회 웹사이트에는 의회를 통과하는 법안 및 SI에 대한 정보가 포함되어 있다. 하원 정보 사무소(House of Commons Information Office)는 영국 법률 시스템에 대한 자세한 정보를 제공하는 두 개의 사실 자료(현재 보관됨)도 제작했다.

(4) 안전보건법(형법)

건강 및 안전법에 따라 고용주로서 귀하는 근로자와 다른 사람을 건강과 안전에 대한 위험으로부터 보호할 책임이 있다. 법을 준수하는 방법에 대한 간단한 지침을 보려면 건강과 안전이 간단해짐을 읽어보기를 바란다.

보건 및 안전 법은 대부분 보건안전청(HSE) 또는 지방 당국에 의해 집행된다. 집행 책임은 작업장 유형에 따라 다르다.

(5) 법률 제정

영국의 보건 및 안전 법은 다음과 같이 구성된다.
- 의회 법령
- 법정 문서(규정)

주요 법안은 1974년 직장 보건 및 안전법(HSWA, Health and Safety at Work etc Act 1974)이다. Legacy.gov.uk에서 이 내용을 읽을 수 있다. 특정 작업 활동에는 건설 작업이나 석면 작업과 같은 특정 규정이 있다.

〈산업별 보건 및 안전 법규〉

(6) 법률 준수

HSWA에 따라 범죄를 저지르면 누구도 피해를 입어서는 안 된다. 가장 중요한 것은 직장 내 위험을 관리하고 통제하기 위해 실제로 무엇을 하고 있는지이다. 서류만으로는 귀하가 법을 준수하고 있음을 증명할 수 없다.

(7) 법을 준수하지 않는 경우

귀하의 업무와 관련된 규정을 준수하지 않을 경우 일반적으로 형사 범죄를 저지르게 되며 다음과 같은 행위를 할 수 있다.

- 구두나 서면으로 조언을 구하기

- 개선 또는 금지 통지 받기(PDF)
- 기소되다

HSE가 귀하의 일을 바로잡도록 도와야 한다면, 귀하는 그들의 시간에 대한 비용을 지불해야 한다. 이를 '개입 수수료(FFI)'라고 한다.

(8) 민법 - 보상 청구

건강 및 안전법에 따른 책임을 다한다면 민법에 따라 과실로 판결될 위험이 상당히 줄어들 것이다. 보건안전청이나 지방 당국은 민사법을 집행하거나 민사 소송 수행에 대한 규칙을 정하지 않는다.

민법에 따르면 고용주로서의 과실로 인해 누군가가 부상을 입거나 질병에 걸린 경우 해당 사람이 고용주를 상대로 보상 청구를 할 수 있다. 고용주를 위해 일하는 사람이 부주의하여 다른 사람에게 해를 끼친 경우에도 고용주는 책임을 질 수 있다.

청구가 성공하면 법원은 고용주에게 불리한 판결을 내릴 수 있으며, 발생한 고통, 손실 및 고통을 보상하기 위해 금전('손해')을 지급할 수 있다. 이는 형법상의 유죄 판결과 동일하지는 않다.

(9) 고용주 보험

대부분의 경우 고용주는 고용주 책임 보험에 가입해야 한다. 이를 통해 고용주는 직원의 부상이나 질병에 대한 보상비용을 충당할 수 있다. 만약 고용주가 책임 보험에 가입하지 않았다면 범죄가 된다. 보험사는 위험 관리 및 통제에 대한 지침을 제공할 수 있다. 그들은 고용주가 업무로 인해 발생하는 위험을 관리하기 위한 조치를 취했음을 보여주기 위해 특정 유형의 증거를 보관하도록 요청할 수 있다. 위험을 관리하기 위해 현재 보유하고 있거나 시행할 계획인 조치를 과장하려는 유혹에 빠지지 않아야 한다. 청구를 방어해야 하는 경우 불이익을 받을 수 있다.

(10) 청구 처리

고용주에 대한 청구가 제기된 경우 고용주의 책임 보험사에 문의한다.

(11) 위험관리에 대한 자세한 내용

소규모로 위험성이 낮은 사업체라면 건강과 안전에 대해 지켜야 할 기본 사항은 법을 준수하기 위해 올바른 통제 수단을 마련하는 데 도움이 될 것이다. 건강 및 안전 관리에 대한 소개는 고용주가 조치를 취해야 할 부분을 결정하고 통제 조치 계획, 모니터링 및 검토하는 데 도움이 된다. 또한 규모가 크고 위험도가 높은 기업과 조직을 위한 건강 및 안전 관리에 대한 별도의 자세한 조언도 해 주고 있다.

제5장

영국의 기업과실치사에 대한 법적 책임에 대하여[1]

영국 편

- 제1절 '기업과실치사 및 기업살인법'
- 제2절 기업의 살인에 대한 처벌 사례

1) https://www.hse.gov.uk/corpmanslaughter/about.htm(2024.6.11)

'기업과실치사 및 기업살인법'

영국에서 2007년 '기업 과실치사 및 기업 살인법'이라는 법률을 도입한 것은 획기적인 사건이다. 처음으로 회사와 조직이 기업의 관리 실패로 인해 주의의무를 심각하게 위반하게 되면 기업 과실치사죄'로 유죄 판결을 받을 수도 있게 되었다.

2007년 7월 '기업과실치사 및 기업살인법'(Corporate Manslaughter and Corporate Homicide Act 2007[2]: 이하 '2007년 기업 과실치사법')이 제정되어 2008년 4월 6일부터 시행되었다. 2008년 4월 6일 발효된 이 법은 보건 및 안전 관리에 심각한 실패로 인해 사망자가 발생한 경우 대규모 조직을 포함한 기업의 형사 책임을 명시하고 있다. 법무부가 이 법을 주도하고 있으며 자세한 내용은 '기업 과실치사 및 기업 살인법 2007' 웹 페이지[3]에서 확인할 수 있다.

보건안전청(HSE)은 이 법을 환영하고 지지했다. 새로운 법률은 보건 및 안전법의 일부는 아니지만 기업의 보건 및 안전 관리에 중요한 새 요소를 도입한 것이다. 기소는 개인이 아닌 단체에 속하지만 보건안전법이나 일반 형법에 따른 이사, 이사회 구성원, 또는 기타 개인의 책임은 영향을 받지 않는다. 그리고 기업 자체와 개인은 여전히 별도의 보건 및 안전 위반으로 기소될 수 있다.

---

2) 「기업과실치사 및 기업살인법」 https://www.hse.gov.uk/corpmanslaughter/about.htm(2024.6.1) https://world.moleg.go.kr/web/wli/lgslInfoReadPage.do?CTS_SEQ=12415&AST_SEQ=305&nationReadYn=Y&ETC=1&searchNtnl=UK(2007 기업과실치사 및 기업살인법, 2024.6.11)

3) https://books.hse.gov.uk/(2024.6.11)

또한, 이 법은 종전의 관습법인 '기업 과실치사 범죄'에 적용되었던 국왕이 면제해 주는 대부분의 내용을 제거한 법이다. 이는 환영할 만한 일이며, 건강 및 안전 위반에 대한 국왕의 면제를 최종적으로 제거하려는 정부 및 HSE정책과 일치한다. 이 법은 공공 정책 결정 및 핵심 공공 기능 수행을 포괄하는 것으로 여러 가지의 문제점을 해결하려고 하고 있다.

회사와 조직은 건강 및 안전 관리 시스템을 지속적으로 검토해야 하며, 특히 고위 경영진이 조직을 관리하고 활동하는 방식을 검토해야 한다. 이사회 연구소와 보건안전청은 건강과 안전에 대한 책임에 이사들의 지침도 발표했다. 즉, '직장에서의 보건 및 안전성도 이사 및 이사회 구성원을 위한 리더십 활동' (INDG417) (Leading health and safety at work)[4]이다.

이 법률은 기업, 경찰조직을 포함한 일정한 공공기관, 조합(partnership), 경영자협회 등 단체(organisation)의 업무와 관련된 모든 근로자 및 공중의 안전조치를 취하지 않아 사망사고가 발생할 경우 기업의 형사책임을 강하게 물을 수 있도록 하고 있다.[5]

1. 기업 과실치사법(The Corporate Manslaughter and Corporate Homicide Act 2007)[6]

'기업 과실치사 및 기업 살인법'(2007)은 회사가 심각한 경영 실패 및 주의의무 위반으로 인해 기업 과실치사로 유죄 판결을 받을 수 있음을 의미한다. 기업 과실치사법(이하 생략)은 기업에 대한 획기적인 규제법이다. 이 법은 최초로 회사와 조직

---

4) https://www.hse.gov.uk/pubns/indg417.pdf (2024.6.11)
5) 김재윤, 「영국의 기업과실치사법에 대한 고찰과 시사점」『형사정책연구』 제25권 제4호(통권 제100호, 2014·겨울), 185쪽.
6) 세인트 존 앰블런스(St John Ambulance)에 등록된 사례를 소개/
   https://www.sja.org.uk/course-information/guidance-and-help/the-corporate-manslaughter-act/ (2024.6.11)

이 기업 과실치사죄로 유죄 판결을 받을 수 있도록 하는 법이다. 2008년 4월 6일에 발효된 이 법은 보건 및 안전 관리에 심각한 실패로 인해 사망 사건이 발생한 조직을 포함한 기업에 대해 형사 책임을 지울 수 있도록 명시하고 있다.[7]

*연간 매출액이 £50M(million) 이상인 주요 기업은 더 높은 벌금을 물게 된다.

1) '기업 과실치사법'이란 무엇인가?

이 법은 기업 활동을 관리하거나 조직하는 방식에서 **중대한 실패로 인해 개인이 사망하는 경우 조직이 기소될 수 있는 범죄**를 규정하고 있다. 이는 **공공 및 민간 부문의 광범위한 조직에 적용된다**. 잉글랜드, 웨일스, 북아일랜드에서는 범죄를 기업 과실치사라고 부른다. 스코틀랜드에서는 이를 기업 살인이라고 한다.

'기업 과실치사법(Corporate Manslaughter Act)'은 독립적인 형사법률이며 보건 및 안전법의 일부가 아니다. 그러나 새 법에는 개인 기소에 대한 조항이 포함되어 있지 않지만, 현행법에서는 이미 존재한다(1974년 건강 및 안전산업법 제36조 및 37조[8]).

법에 따라 경찰이 중과실로 의심되는 경우, <u>1974년 건강 및 안전산업법 제36조 및 37조에</u> 따라 기소를 위해 파일을 보건안전청에 넘길 수 있다. 이 법은 보건 및 안전 관리에 심각한 실패가 발생하여 사망이 발생한 경우에 적용된다. 건강 및 안전 절차가 매우 부적절했다는 것이 입증될 수 있는 경우 이사와 고위 관리자를 개인적으로 기소할 가능성은 높아진다.

2) 이 법에 따르면 과실치사로 간주되는 것은 무엇인가?

조직의 활동이 관리되거나 조직되는 방식이 다음과 같을 경우 조직은 위법 행위를 범하게 된다.

- 사람의 죽음을 초래한 경우.

---

7) 세인트 존 앰블런스(St John Ambulance)에 등록된 사례를 소개/
   https://www.sja.org.uk/course-information/guidance-and-help/the-corporate-manslaughter
   -act/(2024.6.11)
8) section 36 and 37 of the Health and safety(2024.6.11)

- 이는 조직이 고인에 대해 부담하는 관련 돌봄 의무를 심각하게 위반한 것에 해당한다.

3) 나에게 어떤 영향을 미치는가?(고용주와 직원 모두에게)

건강 및 안전 절차의 올바른 관리에 대한 법적 책임은 이사와 고위 관리자에게 있다. 그들은 조직의 지도적 의지와 사고방식을 대표하며 조직 활동의 전체 또는 부분이 관리되거나 조직되는 방식에 중요한 역할을 한다. 회사와 조직은 건강 및 안전 관리 시스템을 지속적으로 검토해야 하며, 특히 고위 경영진이 조직하고 관리하는 활동 방식을 검토해야 한다. 기업의 관리자와 보건안전청은 건강 및 안전에 대한 책임에 대해 이사를 위한 지침도 발표했다.

4) 이로 인해 많은 사람들이 벌금을 물거나 감옥에 갇혔는가?

'기업 과실치사법(Corporate Manslaughter Act)'에 따라 많은 기업이 상당한 벌금을 부과받았다. 자세한 내용은 다음에서 확인할 수 있다. 왕립검찰청 홈페이지 참고.

검찰이 '중과실'을 입증해야 하기 때문에 새 법의 발효 문턱은 높았다.

치안 판사의 가이드라인에는 "회사에 과실치사 혐의를 적용하려면 회사의 '통제 정신(지배적 마인드)'인 사람의 중대한 과실 행위나 부작위와 사망의 직접적인 원인 사이에 인과관계가 존재해야 한다는 점을 보아야 한다."고 명시되어 있다.

5) 이 법안은 응급처치 제공에 어떤 영향을 미치는가?

응급처치 제공은 고용주가 갖추어야 할 많은 요소 중의 하나다. 직장에서의 건강과 안전 및 응급처치 과정은 별개의 문제이므로 소방관과 응급처치자는 조직 내에서 별도의 사람이 담당하는 것이 좋다. 예를 들어, 한 사람이 두 가지 역할을 모두 수행하게 되면 화재 또는 화재 훈련 중에 부상을 치료하지 못할 수도 있다.

따라서 기업은 조직의 모든 건강 및 안전 절차와 위험 평가 및 위험 관리를 정기적으로 검토해야 한다. 특히, 기업은 직원과 경영진을 위한 건강 및 안전과 응급처치 교육 등이 필요한 경우에는 전문가의 도움이 필요하다.

6) 이와 관련해 더 자세한 정보는 어디에서 확인할 수 있는가.

- 법무부
- 보건 및 안전집행부

7) 언제부터 기소할 수 있는가?

이 법에 따른 범죄는 해당 법이 2008년 4월 6일에 법으로 제정된 후에만 효력이 발생한다.

8) 더 높은 경영진의 결정에 대해 책임을 질 수 있는가?

사람은 자신의 책임 범위 내에서 발생한 실패에 대해서만 책임을 질 수 있다. 고위 경영진의 실패는 고위 경영진의 책임이다. 그러나 귀하 또는 귀하의 회사가 기소될 경우를 대비해 자신의 활동에 대한 감사 추적을 확보하는 것이 좋다.

2. 2007년 '기업과실치사 및 기업살인법'의 심층 분석(Corporate Manslaughter and Corporate Homicide Act 2007: In Depth)9)

1) 2007년 기업 과실치사법: 심층 요약

2007년 기업 과실치사 및 기업 살인법(Corporate 과실치사 및 기업 살인법)은 치명적인 결과를 초래하는 건강 및 안전 관리에 중대한 실패에 대한 책임을 물어서 회사 및 기타 조직을 기소하기 위해 도입된 새로운 범죄규정이다. **이 법의 제정으로 종전의 중과실치사죄는 기업 및 기타 단체에만 해당되므로 이 법에 의해 폐지되었다.**

---

9) Corporate Manslaughter and Corporate Homicide Act 2007//
  https://app.croneri.co.uk/topics/corporate-manslaughter-and-corporate-homicide-act-2007/indepth(2024.6.11)

이하에서는 이 법의 주요 영역과 과실치사 유형에 대해서 좀 더 차세하게 설명하고자 한다.

영국의 기업이 중대 과실로 인해 사망자를 처리하기 위한 중과실 관습법의 실패로 인해 기업 과실치사 및 기업 살인법이 즉시 채택되었다. 이 법은 관습법의 부적절성을 제거하기 위해 제정되는 한편, 기업의 형사 책임도 훨씬 더 확대되었다. 기업 과실치사는 보통법에 따른 이전 범죄보다 범위가 더 넓어졌다. 이는 가장 심각한 회사 실패책임에만 적용된다. 해당 주의의무를 심각하게 위반했다는 증거를 요구하는 높은 과실 기준이 있다. 그러나 이제는 조직의 '통제 마인드'였던 사람이 범죄에 개인적으로 책임이 있다는 사실을 더 이상 입증할 필요가 없어졌다. 즉, 범죄에 대한 책임은 조직 전체의 잘못을 고려하여 평가되기 때문이다.[10]

2) 2007년 '기업과실치사 및 기업살인법'에 따른 기소

이 법이 시행된 이후 벌써 30여건의 유죄 판결이 내려졌다. 2007년 법률에 의해 도입된 고위 경영진의 실패를 주요 사망 원인으로 간주하는 개념은 입증하기 어려워 보인다. 다시 말해서 사망에 영향을 미친 요인이 다양하여 인과관계를 입증하기가 어려운 경우가 많았다. 직장 사망에 대한 대부분의 잘못은 회사 활동의 여러 측면에 기인할 수 있는데 반드시 고위 경영진의 책임만은 아니다.

직장 사망과 관련된 기업에 대한 가장 최근의 기소는 1974년 직장 보건 및 안전법(보통 ss. 2 또는 3)에 따라 이루어졌다. 이들 혐의는 기업 과실치사 혐의에 비해 입증이 용이하고 벌금 수준도 일반적으로 기업 과실치사 사건과 맞먹는 것으로 알려졌다. 2007년 기업과실치사 및 기업살인법(Corporate Manslaughter and Corporate Homicide Act 2007)이 이제 중복된다는 주장이 제기되어 왔다.

---

10) An overview of the Corporate Manslaughter and Corporate Homicide Act, 2007
   This article is written by Amrit Kaur, a student of Dr B.R. Ambedkar National Law University, RAI, Sonepat. The article gives an overview of the Corporate Manslaughter and Corporate Homicide Act 2007 and also throws some light on India's stance on the same.

(1) 과실치사법의 배경

범죄행위를 분류할 때 현행 영국법은 두 가지 요소로 분류된다.

ⓐ 변호사들에게 '**위법성, 범죄적 행위(라틴어: actus reus)'로** 알려진 범죄 행위가 있어야 한다. 일반적으로 고의나 부작위가 없는 한 어떠한 범죄도 저지를 수 없다.

ⓑ 변호사들에게 '**범의(犯意: 라탄어: mens rea)'라고 알려진 범죄 의도가 있어야 한다**. 무모함과 중과실은 과실치사 범죄 의도의 정의에 포함되기에 충분하다.

살인은 자발적인 살인과 비자발적인 살인의 두 가지 유형으로 나눈다. 비자발적 살인은 불법적인 살인이 있었으나, 살인이나 심각한 신체적 상해를 입힐 의도가 없는 경우에 발생한다. 비자발적 살인은 다시 "불법행위" 살인과 "중과실 살인"으로 세분화된다.

① 불법행위 살인

불법행위 살인은 합리적이고 냉정하게 생각하는 모든 사람들이 피해자를 신체적 상해의 위험에 노출시킬 수 있는 불법 또는 범죄 행위의 결과일 때 발생한다. 피고인이 해당 행위가 불법적이고 범죄적이라는 것을 알고 있는지 여부와 해를 끼칠 의도가 있는지 여부는 중요하지 않다.

② 중과실 과실치사

중과실 과실치사에는 다음 요소가 반드시 존재해야 한다.

• 피고인은 피해자에 대한 보호 의무를 져야 한다. 그러한 의무가 존재하는지 여부를 확인하는 데에는 과실법의 일반 원칙이 적용된다.

• 피고인은 그 의무를 위반한 것이 틀림없다. 개인은 직업의 성격으로 인해 발생하는 적극적인 의무를 위반하여 과실치사에 대한 책임을 질 수 있다.

• 위반으로 인해 피해자가 사망한 것이어야 한다. 이는 배심원단이 결정해야 할 사실의 문제이다.

- 위반은 중대한 과실 또는 무모함으로 특징지어져야 한다.

R v. Stone 및 Dobinson [1977] QB 354 에서 Lane J의 말에 따르면: [11]

> 분명한 위험에 대한 무관심과 그러한 위험에 대한 인식, 그럼에도 불구하고 이를 실행하려는 결단은 둘 다 무모함의 예라는 것이 분명하다. 검찰이 입증해야 하는 것은 배심원이 피고의 행위가 무모하다고 적절하게 설명될 수 있다고 확신하는 상황에서 의무 위반이다. 즉, 환자의 건강과 복지에 대한 위험을 무모하게 무시하는 것이다. 단순한 부주의만으로는 충분하지 않다. 피고는 건강에 대한 명백한 위험에 무관심했거나 실제로 위험을 예견했지만, 그럼에도 불구하고 이를 실행하기로 결정했음이 입증되어야 한다.

위험이 존재한다는 사실을 인식하지 못한다고 해서 그 자체가 무모한 것은 아니니다.

2008년 4월 6일부터 기업 및 기타 조직에 적용되는 중과실에 의한 과실치사라는 관습법 범죄가 폐지되었다. 중과실에 의한 살인이라는 보통법 범죄는 적절한 경우 개인에게는 계속 적용된다는 점에 유의해야 한다.

2021년 1월, 디아나 심슨(Deana Simpson)이라고 하는 여성이 Rugby 근처 농장에서 일하다가 감전사로 사망한 후 제임스 앳킨스(James Atkins)와 트레버 앳킨스(Trevor Atkins)는 중과실 과실치사 혐의로 유죄 판결을 받았다. 2017년 이 여성은 농장에서 제임스 앳킨스(James Atkins)와 공유한 캐러밴에서 밥솥을 사용하다가 감전사했다. 농장은 제임스의 아버지인 트레버 앳킨스가 소유하고 있었다. 캐러밴의 전기 설비는 즉시 감전될 가능성이 있는 열악하고 위험한 상태에 있는 것으로 밝혀졌다. 캐러밴에 공급된 발전기는 자격을 갖춘 전기 기술자가 아닌 제임스 앳킨스에 의해 수정되었다. 트레버 앳킨스는 그의 아들이 수행하는 작업에 공모했다. 그는 고인이 안전이 위험에 노출되지 않도록 해야 할 의무가 있었다. 제임스 앳킨스(James Atkins)는 중과실치사 혐의로 6년 6개월의 징역형을 선고 받았다. 트레버 앳킨스는

---

11) https://app.croneri.co.uk/topics/corporate-manslaughter-and-corporate-homicide-act-2007/indepth(2024.6.11)

'관습법 과일치사 및 직장보건 및 안전법 1974(HSWA) s.3'에 따라 10개월의 징역형과 2년의 집행유예를 선고받았다.[12] 보건안전청 조사관은 사건 이후 농기구와 건물의 유지 관리가 제대로 되지 않을 때 발생할 수 있는 심각한 위험을 강조했다고 논평했다.

(2) 기업 과실치사[13]

기업의 과실치사는 일반적으로 회사나 기업이지만, 법은 의회와 같은 다른 추상적 실체에도 적용된다. 예를 들어, Barrow Borough Council(공공서비스 지원 및 정부)은 2004년 2월 재향군인병(Legionnaires' Disease: 레지오네르병)에 걸려서 7명이 사망한 후 살인 혐의로 기소되었다. 회사의 경우는 그 자체로 별도의 법인체이지만 "실제" 개인은 그렇지 않다. 실존 인물이 아니기 때문에 기업이 고의로 살인을 저지를 수도 없고, 불법적인 살인을 저지를 수도 없다. 그러나 중대한 과실이나 무모함으로 인해 살인을 저지를 수는 있다.

2009년 1월 16일 발효된 2008년 보건 및 안전(범죄)법은 1974년 직장 보건 및 안전법에 따라서 법 위반에 대해 부과할 수 있는 형량을 최대로 높였다. 이 법은 형벌에 직접적인 영향은 미치지 않는다. 기업과실치사 및 기업살인법은 2007년이지만, 보건 및 안전 위반에 대한 벌금 수준이 높아진 것은 2008년 법에 따른 선고와 관련이 있을 수 있다.

이전 법에 따르면, 식별된 인간 개인의 유죄가 회사에 귀속될 수 있는 경우에만 회사가 살인죄로 기소될 수 있었다. 회사가 범죄 의도, 즉 범의(犯意)를 가지고 있었어야 한다. 실제로 회사에 대한 과실치사 기소가 이루어지기 위해서는 회사 이사 또는 유사한 사람에 대한 살인죄에 대한 기소가 성공적으로 이루어져야 했다.

이사가 한두 명 있는 소규모 회사에서는 회사를 이끌어가는 사람을 찾는 것이 상대적으로 간단했다. 실제로 지금까지 성공한 기업살인 사건 5건은 모두 중소기업이

---

12) https://app.croneri.co.uk/topics/corporate-manslaughter-and-corporate-homicide-act-2007/indepth(2024.6.11)

13) https://app.croneri.co.uk/topics/corporate-manslaughter-and-corporate-homicide-act-2007/indepth(2024.6.11)

었다. 그러나 구조가 매우 복잡하고 책임이 분산되어 있는 대기업의 경우, 회사에서 구체적으로 지목할 수 있는 특정 개인 중 심한 태만이나 무모함을 저지른 개인을 식별하는 것은 종종 불가능한 경우가 많다. 이런 경우에 기업을 과실치사로 기소하기가 어려워서 주목받는 사건에서도 종종 실패하는 경우가 있다. 영국에서 과실치사 혐의로 기업이 최초로 기소된 것은 1994년이었다. 당시 OLL Ltd.는 라임 레지스 (Lyme Regis: 여행업체)에서 카누 여행을 하던 중 익사한 10대 4명의 사망과 관련하여 유죄 판결을 받았다. 전무이사도 살인죄로 유죄판결을 받아 구속된 적이 있다.

영국에는 기업 과실치사에 대한 법정 범죄문제가 제기되어 조직을 기소하기 위한 법적 기준이 마련되어 있는지 확인해 보았다. 즉, 보건 및 안전에 대한 적절한 관리자가 필요한 주의를 기울이지 않아 더욱 치명적인 결과를 낳는 경우가 자주 발생하게 되었다. 이에 내무 노동 연금위원회의 첫 번째 공동 보고서(2005/06 HC540)에 의해서 영국정부가 대응한 것이다.

간단히 말해서, '고위 경영진'을 포함하여 기업을 운영·관리 조직하는 방식이 사망을 초래하고, 그에 따라 관련 의무를 심각하게 위반한 경우, 해당 조직은 기업 과실치사를 범한 것으로 간주했다. **즉 피해자를 위한 조직의 배려의무 위반이다.** 기업 과실치사 및 기업 살인에 관한 법률(Corporate 과실치사 및 기업 살인법) 섹션 1(6)에 따르면 기업 과실치사 또는 기업 살인을 저지른 조직은 벌금형에 해당한다. 또한, 피고가 회사 법인이므로 이에 대한 처벌은 벌금이면 충분하다.

(3) 범죄의 주요 요소(Main elements of the offence)[14]

① 피고는 자격을 갖춘 조직이다.
② 조직은 피해자에게 상응하는 주의의무를 진다.
③ 조직의 책임을 심각하게 위반한 경우이다.
④ 조직의 활동이 고위층에 의해 수행되고 관리되는 방식이다.
⑤ 경영진은 위반의 핵심 요소였다.

---

14) https://app.croneri.co.uk/topics/corporate-manslaughter-and-corporate-homicide-act-2007/ indepth(2024.6.11)

⑥ 조직의 책임에 대한 중대한 위반으로 인해 사망이 발생했거나 사망에 기여했다.

또한, 기업 과실치사사건의 경우 주의의무 위반으로 사망이 발생했다는 점을 검찰이 입증해야 한다. 그러한 경우 문제는 위반이 사망에 최소한으로 기여했는지 여부이다. 이 경우 법원은 시정명령, 홍보명령 등 보조명령을 발부할 권한을 갖는다. 선고위원회는 2016년 2월 1일부터 포괄적인 선고 지침을 추가로 발표했다. 이 지침에 따르면 문장 수준은 조직의 규모에 따라 달라질 수 있다. 그러나 £180,000(약 2억 277만 원)에서 £20M(million: 약 3억 4,000만 원)의 범위가 된다.

여기에서 주목해야 할 점은 비법인 파트너십과 관련된 사건을 제외하고 기업 과실로 이어질 수 있는 상황에 대해서는 특수범죄수사대, 즉 특수범죄 대테러부가 담당하게 된다.

(4) 영국에서 2007 기업 과실치사 및 기업 살인법의 도입과 문제점

영국에서 기업 과실치사 및 기업 살인법이 도입된 지 17년이 흘렀다. 이 법은 영국의 기업 내 사망사고에 대한 법적 환경은 변화시켰지만(실제로 '느슨한 건강 및 안전 기준'에 대한 매우 정당한 대응), 규칙에 내재된 불확실성으로 인해 이 법이 완전히 효과를 발휘하고 있다고 보기는 어렵다. 그러나 이 법은 영국에서 처음으로 기업 살해에 대한 구체적인 범죄 규정을 제정했기 때문에 중요하다. 많은 학자와 실무자들이 이 법의 비효율성을 비판하고 이 법이 얼마나 성공적일지 의문을 제기했지만 이러한 변화에 대한 흐름 자체는 대체로 높이 평가하고 있다.

또한, 이 법은 예상보다 기소 건수가 적었고, 양형에 있어서도 정당화될 수 없는 불일치가 여러 번 있었다. 나아가서 개인의 책임 추궁이 부족하고 제한된 피고인 범위에 대한 검사의 집착 때문에 실망스러운 절충안도 있었다. 조직과 개인의 과실 사이에 명확한 선을 그으려는 법의 시도도 문제를 야기했다.

특히 이 법에 따른 범죄는 회사의 고위 경영진이 경영상의 실패를 저지른 경우에만 입증될 수 있다. 실패가 하위 수준에서만 발생한 경우 조직은 책임을 지지

않는다. 고위 경영진의 실패는 위반의 중요한 구성 요소여야 한다. 그러나 고위 경영진의 실패가 그 자체로 의무를 심각하게 위반할 필요는 없다. 이 요구사항은 처음부터 법안을 명확히 했다. 살인이라는 관습법 범죄에서 '법적 신원 확인'을 이행하는 문제는 위반을 조직의 한 명 이상의 특정 이사와 연결할 필요성은 없다. 그러나 '고위 경영층'이라는 모호한 개념이 기업살인죄 기소의 성공 여부에 대한 의문이 제기되어 왔다.

(5) 고위 경영진의 의미(Meaning of senior management)

'기업 과실치사법'은 섹션 1(4)에 따라 고위 경영진은 조직과 관련하여 다음과 같이 주요 역할을 담당하는 사람을 말한다.

① 활동의 전체 또는 상당 부분을 관리하거나 조직하는 방법에 따라 의사 결정.

② 전체 활동 또는 그 주요 부분의 실제 관리 또는 조정.

'고위 경영진'이라는 단어가 법률상 명확하게 정의되어 있는 것처럼 보이지만, '고위 경영진'의 범위에 대해서는 여전히 불확실하다. 이 용어의 개념은 제한적인 정의와 다소 모호한 것으로 묘사되어 많은 학자들로부터 비판을 받기도 했다.

이 '고위 경영진' 테스트의 유효성은 '압도적으로 미시적, 소규모 또는 가끔 중간 규모의 조직'만이 성공적으로 유죄 판결을 받았기 때문에 광범위하게 분석되지는 않았다. 다행스럽게도 R. V. Cornish(Errol)(2015) 사건의 경우 법원은 특히 복잡한 시스템을 갖춘 조직과 관련된 상황에서 테스트에 대한 몇 가지 지침을 제공했다.

ex) R. V. Cornish(Errol)(2015)

이 사건은 2007년 기업 과실치사법 및 기업살인법 하에서 획기적인 사건으로 평가된다. 또한 이 사건은 2008년 이 법이 시행된 이후 처음으로 의료기관이 기소되는 계기가 됐다. 이 사건에 대해 Coulson 판사는 다음과 같이 설명했다. 검찰은 '고위 경영진' 테스트를 통과해야 할 의무가 있다. 법원은 검찰이 '지배심'을 판단하기 보다는 '이 범죄를 저지른… 고위 경영진 중 가장 낮은 직급'을 판단해야 한다는 것, 즉 지정된 직위 이하의 경영진은 무관하다고 판단했다. 이는 CMCHA(2007년 기업

과실치사법) 도입 이전 관습법에 존재했던 문제가 있는 신원확인 원칙을 회피하는 방법으로 볼 수 있다.

그러나 이 기준에 대해서는 여전히 사법부의 추가 설명이 필요하며 여기서 R. V. Cornish 판결은 단순히 형사법원 수준의 판결이었다는 점에 유의해야 한다. 또한 '고위 경영진' 테스트를 더욱 정밀하게 조사할 것을 제안하는 한편, R. V. Cornish(Errol) 사건은 주요 기업과 관련된 상황에서 테스트를 추가로 개발/탐색해야 할 필요성을 강조할 수 있다. 이 법은 개인의 책임은 더욱 줄이고 기업의 책임을 강화했다. 2017년 9월까지 영국에서 기업 과실치사로 유죄판결을 받은 사례는 단 25건에 불과하다.

(6) 법안이 목적에 적합한지 여부의 시각화

냉소적인 분석가들은 이 법이 기업의 책임에 대한 상징적인 메시지를 전달하는 데에만 효과적이며 실제로 구현하기는 어렵다고 보았다. 이 법은 적용 대상 기관과 책임을 유발하는 데 도움이 되는 주의의무 측면에서 광범위한 범죄를 문제삼는 것처럼 보이지만, 이는 실제로 가장 중요한 의무에 기본이 되는 기술적 자격으로 인해 크게 제한되고 있다. 또, 한편으로는 광범위한 규제 완화 추진과 다른 한편으로는 CMCHA 법의 형태로 작업장 사망 후 일부 기업을 기소하려는 특정 입법 추진 사이에 모순이 있는 것으로 보인다.

산업 보건 및 안전과 관련된 사망자 수를 고려할 때, 이 법의 규제 영향 평가에서 보면, 매년 10~15건의 유죄 판결이 예상되는 것처럼 이 법은 결코 기업 살해 문제를 크게 줄이지는 못했다. 목표가 직장 내 사망에 대한 책임을 더 크고 더 정교하게 회사에 두려는 것이기 때문에 배심원은 문자 그대로 여전히 존재하지 않는다. 마지막으로 법의 목적이 상징적인 것이라면 상징이 법의 사용보다는 법의 존재에 기초를 두고 있는지 의문이 제기되고, 만약 후자라면 법이 단지 사용되었다는 점에서 법의 적법성은 반드시 의문시되어야 한다. 9년 만에 21차례, 처음 제안된 지 21년 만이다. 물론, 최종 결과는 기업 살인이 상당한 해를 끼치지만 본질적으로 비범죄화되거나 비범죄화되는 활동 영역이라는 것이다. 따라서 해당 법안은 제정 목적에 부합하지 않는 것으로 입증되고 있어 이로 인해 현재 정책의 개혁이 필요해 보인다.

이러한 맥락에서 가장 일반적인 실체는 회사나 기업이지만 법은 의회와 같은 다른 추상적 실체에도 적용된다. 회사는 그 자체로 별도의 법인체이지만 "실제" 개인은 아니다. 실존 인물이 아니기 때문에 기업이 고의로 살인을 저지를 수도 없고, 불법적인 살인을 저지를 수도 없다. 그러나 중대한 과실이나 무모함으로 인해 살인을 저지를 수는 있다.

2009년 1월 16일 발효된 2008년 보건 및 안전(범죄)법은 1974년에 제정되었던 직장 보건 및 안전법에 따라 위반에 대해 부과될 수 있는 최대 형량을 더 높였다. 이 법은 형벌에 직접적인 영향을 미치지는 않는다. 기업과실치사 및 기업살인법 2007이지만 보건 및 안전 위반에 대한 벌금 수준이 높아진 것은 2008년 법에 따른 선고와 관련이 있을 수 있다.[15]

또한, 이 법은 사람을 고용하는 모든 조직에 효과적으로 적용되며, 여기에는 파트너십, 클럽, 노동조합, 학교 및 기타 교육 기관, 지방 당국, 병원 신탁 및 중소기업에 다른 사람을 고용하는 개인이 포함된다.

따라서 이 법안은 다음과 같은 곳에 영향을 미친다.

- 이 법은 기업의 책임에 보다 효과적인 근거를 제공함으로써 보건 및 안전 관리의 중대한 실패로 인해 사망에 이르렀을 때 기업 및 기타 **대규모 조직을 기소하기가 더 쉬워졌다.**
- 이 법은 **무제한의 벌금을 부과**할 수 있도록 허용하고 법원이 "홍보 명령"을 통해 **기업이 유죄 판결을 공개하도록 강제할 수 있게 하여 명예에 심각한 손상을 초래**할 수 있다.
- 이는 단순히 보건 및 안전 위반뿐만 아니라, 보건 및 안전 관리의 중대한 실패로 인해 사망에 이르게 되는 **과실치사에 대해 중소기업과 대기업 모두가 책**

---

15) https://app.croneri.co.uk/topics/corporate-manslaughter-and-corporate-homicide-act-2007/indepth(2024.6.11)

임질 수 있도록 기소 성공의 주요 장애물을 제거하는 법을 개정한 것이다.

- 이는 개인의 과실에 대한 직접적인 증거가 있는 경우 **개인이 중과실 살인, 보건 및 안전 위반으로 기소될 수 있도록 현행법을 보완**했다.
- 이는 기존의 보건 및 안전 법률을 보완하기 위해 고안되었으며, 위법 행위로 인해 비즈니스에 새로운 규정이 부과되지는 않는다.
- 이 법은 검찰의 기소 면책을 해제하며, 이는 정부 부처와 같은 왕실 기관이 처음으로 기소책임을 지게 된다는 것을 의미한다. **이 법이 통과되기 이전에는 정부 부처와 기타 공공부문 조직(예: 경찰)을 포함한 왕권 기관이 왕권 면제라는 개념에 따라 잠재적 기소에서 제외되는 것이 부당하다고 인식되었다.** 이러한 조직이 건강 및 안전법 위반에 연루되어 민간 기업이 기소될 수 있는 경우 취할 수 있는 유일한 조치는 국왕의 면책벌뿐이었다. 이는 국왕의 면책을 제외하고 현실적인 유죄 판결을 제공할 충분한 증거가 있는 경우에 사용되었다.
- **이는 기업 및 기타 기업체, 공공 및 민간 부문, 정부 부서, 경찰, 고용주인 파트너십과 같은 특정 비법인 단체(고용주)에 적용된다.**

안전 문화는 배심원이 건강 및 안전 관리에 중대한 위반이 있었는지 여부를 결정할 때 고려해야 할 핵심 요소이다. 회사 내의 개인은 법에 따라 기소될 책임이 없다.

3) 누가 기소할 것인가?

경찰과 보건안전 집행기관(예: 보건안전청)은 대부분의 작업장 사망 사고를 조사할 것이며 이러한 조사는 기업 과실치사 기소로 이어질 수 있다. 현재는 경찰과 검찰만이 이 역할을 수행할 수 있다.

제2절

기업의 살인에 대한 처벌 사례

1. 기업에 대한 처벌 사례

2007년 기업과실치사 및 기업살인법(Corporate 과실치사 및 기업살인법)에 따라 **무
제한의 벌금이 부과**될 수 있다. 또한, 법원은 기업에 "공개 명령"을 통해 **유죄 판결
을 공표**하도록 강요할 수 있으며 이로 인해 명예가 심각하게 훼손될 수 있다. 2007년
법에 따른 유죄 판결에 대한 벌금은 8,000파운드에서 600,000파운드까지 다양하다.

2018년 7월, 양형위원회는 중과실 과실치사에 대한 최종 양형지침을 발표했다.
이는 2018년 11월에 발효되었으며 해당 날짜 이후 중과실치사로 선고를 받은 개인
에게 적용된다. 기업 과실치사 혐의로 형을 선고받은 조직은 앞으로도 별도 지침에
따라 평가받을 예정이다.

1) 첫 번째 재판과 기업 살인에 대한 유죄 판결

2011년 2월 15일, 'Cotswold Geotechnical Holdings'는 2007년 법에 따라 기업
과실치사 범죄로 유죄 판결을 받은 최초의 회사가 되었다.

이 사건은 회사에 고용된 지질학자 알렉스 라이트(Alex Wright)의 사망에 관한 것
이었다. 2008년 9월, 그는 글로스터셔주(Gloucestershire) 스트라우드(Stroud)에 있는
개발 현장의 3.5m 깊이의 참호에서 토양 상태를 조사하던 중, 그 참호가 무너져 사
망했다. 회사 이사가 그날 퇴근했을 때 라이트 씨는 참호에서 혼자 일하고 있었다.
그러나 그 현장을 소유한 두 사람이 그 자리에 있었고, 작은 소음과 도움을 청하는

소리가 들렸다. 그들 중 한 명은 응급 구조대에 전화했고, 다른 한 명은 라이트 씨가 참호에 머리까지 묻혀 있는 것을 발견했다. 그는 라이트 씨가 숨을 쉴 수 있도록 흙을 조금 제거했다. 그러나 더 많은 흙이 참호에 떨어져 피해자를 완전히 덮었고 결과적으로 피해자는 외상성 질식으로 사망했다.

〈검찰의 지적〉

라이트 씨는 회사 시스템이 그런 식으로 일하는 것을 방지하기 위해 합리적으로 실행 가능한 모든 조치를 취하지 못했기 때문에 위험한 참호에서 일하고 있었다. 회사는 깊이가 <u>1.2m를 초과하는 굴착 작업을 금지하는 업계에 널리 알려진 지침을 무시</u>했다. 뿐만 아니라, <u>회사는 후배 직원들에게 일반적으로 깊이가 2~3.5m로 구조시스템이 지원되지 않는 시험 구덩이에 들어가 작업하도록 요구했다.</u>

코츠월드 지오테크니컬 홀딩스(Cotswold Geotechnical Holdings)는 8명의 직원을 고용한 소규모 회사였다. 이사인 피터 이튼(Peter Eaton)은 회사의 업무 관리 방식을 전반적으로 통제했다. 이튼 씨는 중과실 과실치사 및 건강 및 안전 위반 혐의로 기소되었다. 2010년에 판사는 그가 너무 아파서 재판을 받을 수 없다고 판결했다. 윈체스터 형사 법원(Winchester Crown Court)의 배심원단은 3주 동안 진행된 판사와 배심원단의 재판 끝에 회사에 기업 과실치사 혐의로 유죄를 선고했다. 유일한 피고인은 회사, 즉 회사법의 일반 원칙에 따라 가상 법인격을 가진 법인이었다.

필드 판사는 라이트 씨에 대한 중대한 의무 위반이 심각한 범죄라고 언급한 것으로 알려졌다. 그는 회사에 385,000파운드의 벌금을 부과했다. 재정 상태가 좋지 않은 것으로 알려진 이 회사는 <u>연간 38,500파운드의 벌금을 10년 동안 납부할 수 있도록 했다.</u> 벌금은 위반의 심각성과 다른 회사에 미칠 수 있는 억제 효과를 나타내고 건강 및 안전 지침을 강력히 준수하는 것을 목표로 했다.

벌금이 더 커지면 소규모 회사가 청산되고, 이로 인해 4명이 일자리를 잃게 된다. 그러나 벌금으로 인해 회사가 청산될 경우 이는 불행하지만 피할 수 없는 심각한 위반의 결과이다.

2) 기업의 과실치사상 사건의 기소와 함께 처벌된 사례들

(1) 2012년 11월, 농업회사 직원이 '대형 금속 통 내부를 세척하던 중 사망한 사고'

로버트 윌슨(Robert Wilson)**이라는 농업회사 직원이 '대형 금속통 내부를 세척하던 중 사망'**했다. 북아일랜드 농업 회사인 제이엠 더블유 팜스 회사(JMW Farms Ltd.)는 **기업 과실치사 혐의로 유죄 판결**을 받은 후 187,500파운드의 벌금과 13,000파운드의 비용을 지불하라는 명령을 받았다. 로버트 윌슨(Robert Wilson)은 대형 금속통을 세척하다가 떨어져 사망했다. 쓰레기통이 고정되지 않은 채 지게차에서 떨어졌고 트럭의 포크가 쓰레기통에 비해 너무 컸다. 벨파스트 기록원(Recorder of Belfast)에 따르면, 기업 과실치사의 정의에 대한 중대한 의무 위반이라고 논평했다. 이러한 비극은 상식적으로 사전에 피할 수 있었던 사건이었다.

(2) 2014년 6월 6일, '직장 보건 및 안전법에 부과된 의무 불이행으로 벌금형'

Belmont Nursery로 거래되는 PS & JE Ward Ltd.는 **기업 과실치사 혐의**와 1974년 직장 보건 및 안전법 2(1)항에 의해 부과된 의무를 이행하지 않은 혐의로 기소되었다. 고용주는 합리적으로 실행 가능한 한 직원의 건강과 안전을 보장해야 한다. 2014년 4월, 노리치 형사 법원의 배심원단은 PS & JE Ward의 과실치사 혐의를 인정했지만, 보건 및 안전법 위반에 대해서는 유죄를 선고했다. 2014년 6월 6일 **5만 파운드의 벌금이 부과되었고 47,937.20파운드의 비용을 지불하라는 명령**이 내려졌다.

(3) 탄광에서 광부 4명, '홍수로 인해 수갱에 갇혀 광부가 사망'

웨일스의 글레이시온(Gleision) 탄광에서 광부 4명이 홍수로 인해 수갱에 갇히게 되어 사망한 후 한 광산 **회사가 과실치사 혐의에서 무죄**를 받았다. 이번 사건은 광산 관리자가 적절한 안전 점검을 실시했는지 여부에 대한 사실 조사에 중점을 두었다. 해당 관리자와 해당 회사의 이사들 역시 관습법상의 과실이 면제되었다.

(4) 2011년 1월, '회사 폐기물 처리장에서 폭발 사고로 근로자가 사망'.

2014년 11월, 오토클레이브 전문업체인 스테레사이클(Sterecycle)이 **기업 과실치사** 혐의로 유죄판결을 받았다. 2011년 1월 회사 폐기물 처리장에서 폭발 사고가 발생해 근로자 1명이 사망한 것과 관련해 유죄 판결이 내려졌다. 회사는 2012년에 관리에 들어갔다. 비난의 표시와 억지력으로 작용하기 위해 **500,000파운드의 벌금이 부과**되었다. 판사는 사건에 대한 대부분의 책임이 고위 경영진, 즉 회사의 실제 또는 추정 두뇌에 있다고 말했다.

(5) 2015년 1월, 카약(보트) 제조 회사에서 산업용 오븐에 갇혀 근로자가 사망

2015년 1월, 카약 제조 회사인 피라냐 몰딩스(Pyranha Mouldings)는 산업용 오븐에 갇힌 근로자가 사망한 후 **기업 과실치사 혐의로 유죄 판결**을 받았다. 2015년 2월, 건축 및 접합 회사인 Peter Mawson Ltd는 지붕 추락으로 직원이 사망한 후 기업 과실치사 혐의로 선고를 받았다. 회사는 **기업 과실 치사 혐의로 200,000파운드의 벌금**을 물었다. 웹사이트에 홍보 명령을 게시하고 지역 신문에 반 페이지 분량의 성명을 게재하라는 명령이 내려졌다.

(6) 2015년 10월, '작업 중 외벽이 무너져 작업자가 사망한 사건

2015년 10월, 건축 회사인 Linley Developments는 벽이 무너져 작업자가 사망한 후 기업 **과실치사 혐의로 200,000파운드의 벌금**을 받았다. 판사는 또한 회사에 대해 홍보 명령을 내렸다.

(7) 2013년 11월, '워터파크에서 보트가 충돌하여 일어난 사망사고'

워터파크에서 풍선 바나나 보트를 타다가 보트 프로펠러와 충돌해 어린이가 사망한 후 프린스 스포팅 클럽(Princes Sporting Club)은 **기업 과실치사 혐의로 134,500 파운드의 벌금을 받게 되었다.** 판사는 회사가 가진 모든 금액에 대해 벌금을 부과하겠다고 제안했다고 말했다. 만약 그것이 가능했다면 그는 벌금을 물고 그로 인해 사업이 중단되었을 것이다.

(8) 2012년 3월, '도로 청소차 수리 중 직원 깔려 사망사고'

Mobile Sweepers (Reading) Ltd의 직원이 도로 청소차를 수리하던 중 깔려 사망했다. 2014년 3월, 회사는 **총 자산인 8,000파운드에 비용 4,000파운드를 더해 벌금**을 물게 되었다. 판사는 경영상의 실패가 법원이 들어본 것 중 가장 심각한 것이라고 논평했다.

(9) 2015년 12월, '크레인의 추락으로 직원이 사망한 사고'

Baldwins Crane Hire Limited는 **기업 과실치사 혐의로 유죄 판결**을 받고 직원 사망으로 인해 **700,000파운드의 벌금**과 비용을 부과받았다. 고인은 회사에 크레인 운전원으로 고용되어 있었다. 사망 당시 그는 16륜 130톤 크레인을 몰고 풍력 발전소 진입로를 달리고 있었다. 그가 진입로를 따라 크레인을 몰고 가던 중 가파른 굽이를 넘지 못해 크레인이 추락해 직원이 사망했다.

이번 사고는 크레인의 브레이크 시스템에 심각한 문제가 발생해 제대로 정비되지 않아 발생한 것으로 파악됐다. 크레인에는 일반 풋브레이크 외에 4개의 별도 보조 제동 시스템이 장착되어 있다. 보조 제동 시스템 중 3개가 완전히 분리되었고 4번째가 손상되었다. 또한 메인 브레이크 시스템에 심각한 결함이 있었다. 7개의 바퀴에는 브레이크가 전혀 작동되지 않았고 나머지 9개 바퀴에도 결함이 있거나 과도한 마모가 발생했다.

(10) 2017년 5월, '창고 수리 중 지붕에서 떨어져서 사망한 노동자'

Koseoglu Metalworks Ltd와 Ozdil Investments Ltd는 Chelmsford Crown Court 에서 **기업 과실치사 혐의로 벌금형**을 선고 받았다. 이는 Harlow의 한 창고 지붕에서 떨어진 노동자의 사망에 따른 것이다. Ozdil은 창고의 소유자였다. 수리는 코서글루와 계약했다. 코서글루는 지붕공사 경험이 없었다. 그 수수료는 공인된 지붕 공사업체가 청구한 것보다 £100,000 적었다. 위험 평가를 수행하지 않았으며 훈련도, 그물망이나 기타 안전 조치도 없이 근로자를 지붕위로 보냈다. Ozdil Investments Ltd는 <u>500,000파운드의 벌금과 53,000파운드의 비용을 부과</u>받았다. Koseoglu는 <u>100,000파운드의 벌금</u>을 물었다. 회사 이사인 Firat Ozdil은 HSWA s.3에 따라 1년의 징역형을 선고 받았다. 또 다른 감독인 오즈구르 오즈딜(Ozgur Ozdil)은 <u>10개월의 징역형을 선고</u>받았다. Koseoglu의 이사인 Kadir Kose는 <u>8개월의 징역형</u>을 선고 받았다. 세 사람 모두 10년간 이사 자격이 박탈됐다.

(11) 2017년 3월, '지붕위서 작업하다가 넘어져 치명적인 부상'

SR 및 RJ 브라운 건설회사는 맨체스터 크라운 법원에서 **기업 과실치사 혐의**로 30만 파운드의 벌금을 선고받았다. MA 굴착에는 <u>150,000파운드의 벌금</u>이 부과되었다. MA 굴착은 채석장의 지붕 작업을 SR 및 RJ 브라운과 계약했다. 한 작업자가 추락 방지 장치 없이 습하고 바람이 많이 부는 환경에서 지붕 위에서 작업하고 있었다. 그는 넘어져 치명적인 부상을 입었다. 회사 이사인 크리스토퍼 브라운(Christopher Brown)과 제임스 브라운(James Brown)은 소급된 허위 건강 및 안전 평가를 작성하고 고인에게 안전 장비를 제공했지만 사용하지 않기로 결정했다는 인상을 주기 위해 다른 직원에게 랜야드(피탈방지끈, 물건은 매어두는 끈)와 하네스(안전벨트의 일종)를 가져오라고 명령했다. 두 사람 모두 보건 및 안전 관련 범죄와 사법 왜곡 혐의로 20개월의 징역형을 선고받았다. MA Excavations의 책임자인 Mark Aspin은 보건 및 안전 위반 혐의로 <u>12개월 징역형</u>을 선고받았다.

(12) 2017년 7월, '소파 들어 올리다가 발코니에 추락사고'

Martinisation(런던 소재)은 회사에서 개조 중인 1층 아파트로 115kg 무게의 소파를 들어 올리던 중 두 명의 근로자가 발코니에서 떨어진 후 **기업 과실치사 혐의**로 유죄 판결을 받고 <u>120만 파운드 벌금</u>을 받았다. 발코니의 난간이 무너졌고 작업자들은 땅에 쓰러졌다. 두 근로자 모두 치명적인 부상을 입었다. 소파 배송 회사에서는 외부 가구 리프트를 사용해야 한다고 권장했다.

(13) 2021년 10월, '요양원 거주 노인 뜨거운 물에 목욕하다 사망'

Aster Healthcare는 **기업 과실치사 혐의로 104만 파운드의 벌금**을 물었다. 회사가 운영하는 요양원에 거주하는 노인이 너무 뜨거운 물에 목욕을 하다 사망했다. 회사는 수온에 대한 경고를 반복적으로 무시했으며 고위 경영진의 전반적인 시스템 실패가 있었다.

(14) 2022년 6월, '슬러리 탱커에서 근로자 2명 익사'

Greenfeeds Ltd는 기업 과실치사 혐의로 200만 파운드 벌금을 선고 받았다. 이는 슬러리 탱커에서 익사한 근로자 2명의 사망과 관련이 있다. 사망자는 조직 관리의 중대한 실패로 인해 발생했다. 여기에는 슬러리 탱커에 진입하는 위험에 대해 근로자가 제기한 우려에 대응하지 못한 것도 포함된다.

(15) 2023년 5월 15일, '버밍엄 성벽이 붕괴, 5명 남성 사망'[16]

버밍엄 성벽이 붕괴해 작업하던 5명의 남성이 사망한 이후 이사들은 투옥되었다.

Wayne Anthony Hawkeswood와 Graham John Woodhouse는 버밍엄에서 금속 재활용 사업을 운영하던 중 **벽이 무너져 5명의 근로자가 사망**했다. 근로자 5명이 사망한 후 **2명의 회사 이사가 투옥**되었으며, 두 회사 모두 합쳐서 160만 파운드의 벌금을 지불해야 했다. 두 사람은 2022년 11월 버밍엄 형사법원에서 5주간의 재판을 거쳐 여러 혐의로 유죄 판결을 받았다. 그들은 5월 15일 월요일 같은 법원으로 돌아와 각각 9개월의 징역형을 선고 받았다. 다섯 명의 남자 직원: Saibo Sumbundo Sillah, Ousman Kaba Diaby, Almamo Kinteh Jammeh, Bangally Tunkara Dukuray 및 Mahamadou Jagana Jagana는 45톤의 벽이 무너지면서 모두 사망했다. 그들은 버밍엄의 Nechells 지역에 있는 Hawkeswood Metal Recycling Ltd와 Shredmet Ltd(현재 Ensco 10101 Ltd로 거래)가 점유한 현장에서 일하는 파견 근로자였다. 약 12

---

16) https://press.hse.gov.uk/2023/05/15/birmingham-wall-collapse-deaths-directors-jailed-after-five-men-lost-their-lives/(2024.5.7)

피트 높이의 Vee 블록 벽은 현장에서 제작되었으며 30개의 콘크리트 블록으로 구성되었다. 각 블록은 가정용 냉장고 크기이고 무게는 대형 가족용 자동차와 같다. 5명의 남성은 2016년 7월 7일 현장으로 데려온 8명의 대리점 직원 그룹의 일부였다. 그날 오전 8시경, 그들 중 7명은 더 많은 고철을 만들기 위해 금속 부스러기만을 청소하는 과정을 시작했다. 작업을 시작한 지 15분 만에 벽이 무너져 5명이 즉사했다. 여섯 번째 남자는 심각한 다리 부상을 입었고, 또 다른 남자는 운이 좋게도 벽이 무너지기 전에 극적으로 밖으로 막 나왔다. 여덟 번째 팀원은 빗자루를 회수하기 위해 현장의 다른 곳으로 갔기 때문에 무사했다.

HSE의 조사에 따르면 벽은 이전에 철거된 후 재조립된 것으로 나타났다. 인접한 면에는 약 263톤의 폐 금속 연탄이 가득했는데, 각각은 대략 야채 통조림 크기였다. 기계로 압축된 금속 연탄의 총 무게는 가득 실린 화물트럭 6대에 해당한다.

두 이사 모두 1974년 직장 보건 및 안전법(Health and Safety at Work Act 1974) 제2(1)항과 제3(1)항에 따라 부과된 의무를 이행하지 않은 혐의로 각각 4가지 혐의로 유죄 판결을 받았다. Hawkeswood Metal Recycling은 <u>1백만파운드의 벌금형</u>을 받았고, Ensco 10101 Limited는 <u>600,000파운드를 지불</u>해야 했다. 판사는 또한 <u>기소비용으로 775,000파운드를 지불하라고 명령</u>했다. 선고 후 HSE 수석 검사관 Amy Kalay는 사망한 남성의 가족과 친구들이 오늘 선고를 통해 위안을 얻기 바란다고 했다.

(16) 2023년 11월 23일, '임시 무대건설 작업 중 근로자가 추락사한 연예기획사, 벌금형'[17]

엔터테인먼트 업계의 한 회사는 근로자 사망으로 인해 £16,000의 벌금을 선고받았다. 자영업자인 Russell Bowry는 2018년 3월 13일 Bedfordshire에 있는 ELP Broadcast and Events Ltd의 Cardington Hangar Studios에서 근무하던 중 높은 곳에서 떨어졌다. Bedfordshire의 Lower Stondon 출신인 <u>52세의 그는 임시 리허설 무대 건설이 필요한 프로젝트의 조립 팀의 일원</u>이었다. 이번 무대는 스튜디오에서

---

17) https://press.hse.gov.uk/2023/11/23/company-fined-after-worker-dies-from-fall/(2014.5.7)

공연될 뮤지컬을 위한 방수, 방풍 큐브였다. Bowry씨는 **큐브 지붕에서 작업하던 중 구조물을 뚫고 10미터 아래로 떨어졌다. 그는 부상으로 3일 후 사망했다.**

HSE의 조사에 따르면 ELP Broadcast & Events Ltd는 Bowry씨가 작업하고 있던 지붕에 안전한 작업 시스템을 계획하지 못한 것으로 나타났다. 또한 회사는 자체 건강 및 안전 정책을 시행하지 않았으며 적절한 감독이 이루어지도록 보장하지도 않았다. HSE 지침은 다음에서 지침을 확인할 수 있다.(고소 작업 – HSE)

따라서 Bedfordshire Thurleigh에 있는 Bedford Technology Park의 ELP Broadcast & Events Ltd는 1974년 직장 보건 및 안전법 3(1)항을 위반한 혐의로 유죄를 인정했다. 이 **회사는 16,000파운드의 벌금을 물었고 Luton에서 2,968.70파운드의 비용을 지불하라는 명령**을 받았다. (2023년 11월 22일 치안법원).

기소는 HSE 집행 변호사 Samantha Wells가 제기했으며 HSE 법률 보조원인 Kirsty Crapper와 Imogen Isaac의 지원을 받았다.

(17) 2023년 12월 19일, '근로자 팔·다리 골절로 회사와 이사가 징역형 선고'[18]

한 직원이 높은 곳에서 떨어져 심각한 부상을 입은 후 회사와 이사가 형을 선고 받은 사례이다.

앤드류 스미스(Andrew Smith)는 2021년 7월 28일 약 3m 사다리에서 떨어진 후 왼쪽 대퇴골, 왼쪽 팔꿈치, 왼쪽 팔, 골반이 골절되었다. 그는 레딩(Reading)의 Tilehurst에 있는 Park Lane 초등학교의 Profascias Ltd에서 일하고 있었다. 스미스씨는 학교 벽에 기대어 작업하던 사다리가 미끄러져 땅에 쓰러졌다. 그는 부상으로 인해 16일 동안 병원에 입원했고 나중에 엉덩이에 볼트를 추가하고 팔에 금속판을 추가하는 수술을 받았다.

HSE의 조사에 따르면 Profascias Ltd와 그 이사인 John Nolan의 작업 계획이 충분하지 않은 것으로 나타났다. 작업자가 작업을 수행하려면 양손이 필요하고 따라

---

18) https://press.hse.gov.uk/2023/12/19/company-and-director-sentenced-after-worker-fractures-arm-and-leg/(2024.5.6)

서 사다리에서 안전하게 작업할 수 없으므로 적절하게 세워진 안전한 플랫폼을 제공해야 한다. 사다리는 접근용으로만 사용해야 하며, 안전한 작업 플랫폼을 제공하는 것이 합리적으로 불가능할 경우 근로자가 일반적으로 3개의 접촉 지점을 유지할 수 있는 최대 30분의 단기 작업을 위해 사용해야 한다. HSE 지침은 다음에서 확인할 수 있다(고층 작업 지침).

Hampshire주 Tadley의 Sandy Lane에 소재한 Profascias Ltd는 2005년 고층작업 규정 4(1)항을 위반한 혐의로 유죄를 인정했다. 이 회사는 **6,000파운드의 벌금**을 물었고 Slough 치안 **법원에서 2,000파운드의 비용을 지불하라는 명령**을 받았다. 판결을 내리면서 Goozee 지방 판사는 이렇게 말했다. 금전적 벌금 때문에 회사가 완전히 청산될 수도 있다. 그러나 그것은 유죄 판결의 결과다. 햄프셔주 태들리주 팜버 히스의 샌디 레인 출신인 존 놀란(John Nolan)은 1974년 직장 보건 및 안전법 제37조(1)항에 따라 2005년 고소 작업 규정 제4(1)항을 위반한 것에 대해 유죄를 인정했다. 그는 180시간의 무급 근무를 수행해야 하는 12개월 지역 사회 명령을 받았으며 2023년 12월 18일 Slough 치안 법원에서 비용으로 1,000파운드를 지불하라는 명령을 받았다.

(18) 2024년 3월 15일, '근로자 추락사고로 건설사에 벌금 부과'[19]

켄트의 한 건설회사는 하청업체의 한 작업원이 넘어져 부상을 입어 벌금을 부과받았다. 51세의 마크 톨리(Mark Tolley)는 2017년 7월 5일 켄트 주 헤드콘의 스마든 로드(Smarden Road)에서 6채의 주택 건설 작업을 하던 중 비계(飛階: 가설발판) 구멍을 통해 2미터 가량 아래로 떨어졌다. 그는 갈비뼈 여러 개가 부러지고 폐에 구멍이 나는 등 심각한 내부 부상을 입었다. 그는 이후 2017년 7월 13일에 사망했다. Tolley씨는 새 건물 중 하나에 수직 타일을 설치하던 중 보호 장치가 없는 비계의 구멍을 통해 2미터 높이의 아래 바닥으로 떨어졌다. HSE의 조사에 따르면 해당 프로젝트의 주요 계약자인 Amberley Homes (Kent) Ltd는 건설 현장을 관리하는 데

---

19) https://press.hse.gov.uk/2024/03/15/construction-firm-fined-after-worker-dies-from-fall/ (2024.5.7)

필요한 기술, 지식, 경험 및 교육을 갖춘 사람을 임명하지 않은 것으로 나타났다. 회사는 프로젝트의 여러 단계에서 비계의 안전한 작업 플랫폼이 유지되는지 확인하지 않았다. 첫 번째 리프트 작업 플랫폼에 대한 접근은 몇 주 동안 지속될 수 있는 여러 개의 개구부가 만들어졌기 때문에 안전하지 않았다. 개구부에는 보호 장치가 없었기 때문에 작업 플랫폼에서 약 1.8m 정도 떨어질 위험이 있었다. Amberley Homes (Kent) Ltd는 사이트를 효과적으로 관리하지 않았다. 안전 컨설턴트가 현장 관리 문제를 지적할 때 제기한 우려 사항에 대해 조치를 취하지 않았기 때문에 모니터링은 효과적이지 않았다. HSE 지침에는 주 계약자가 프로젝트의 건설 단계에서 건강과 안전을 계획, 관리, 모니터링 및 조정해야 한다고 명시되어 있다. 이에 대한 자세한 내용은 건설(설계 및 관리) 규정 2015(hse.gov.uk)에서 알 수 있다.

London Road, Sevenoaks, Kent에 소재한 Amberley Homes (Kent) Ltd.는 2024년 1월 Maidstone Nightingale Court에서 열린 재판에서 2015년 건설(설계 및 관리) 규정 13(1)을 위반한 것에 대해 유죄를 인정했다. 2024년 3월 15일 Canterbury Crown Court에서 25,000파운드의 벌금을 부과받고 83,842.34파운드의 비용을 지불하라는 명령을 받았다.

(19) 2024년 4월 2일, '근로자 압사사고, 회사에 벌금 부과'[20]

Doncaster의 한 회사는 믹서 **왜건**(화물차량)이 **직원에게 떨어져 직원이 사망해 벌금**이 부과되었다. 52세의 이 남성은 2019년 12월 9일 Bankend Quarry에 있는 Booth Mixer Hire Limited 현장에서 차량에 치명상을 입었다. 그는 차량의 앞바퀴 두 개를 교체하던 중 차량이 그의 위로 떨어졌다. 기존 바퀴가 이미 제거된 상태에서 작업자는 차량 아래쪽으로 들어가 병 잭을 사용하여 차량을 더 높이 지탱하려고 했다. 차량이 작업자 위에 떨어진 것은 바로 이 시점이었다. 이 사건에 대한 HSE의 조사에 따르면 Booth Mixer Hire Limited는 왜건의 바퀴 교체에 대해 적절하고 충분한 위험 평가를 수행하지 못한 것으로 나타났다. 또한 회사는 작업을 안전하게

---

20) https://press.hse.gov.uk/2024/04/02/company-fined-after-worker-crushed-to-death-3/
(2024.5.7)

수행할 수 있는 작업 시스템을 마련하지 못했다. 또한 위험 구역 외부에서 차량을 들어 올릴 수 있는 트롤리 잭과 같은 대체 장비의 사용을 고려하지 않았다. HSE 지침에 따르면 고용주는 무거운 짐을 이동할 때 안전한 작업 절차가 마련되어 있는지 확인하고 잭과 스탠드의 모든 리프팅 지점이 해당 차량에 맞는지 확인해야 한다. 이에 대한 자세한 내용은 HSE 지침에서 확인할 수 있다. 차량 아래 작업(hse.gov.uk). 결과로 Booth Mixer Hire Limited는 <u>16,000파운드 이상의 벌금</u>을 물었다. Bankend Road, Blaxton, Doncaster에 소재한 Booth Mixer Hire Limited는 1974년 직장 보건 및 안전법 2(1)항을 위반한 혐의로 유죄를 받았다. 회사는 <u>50,000파운드의 벌금</u>을 물었고 셰필드에서 <u>16,717.15파운드의 비용을 지불하라는 명령</u>을 받았다.

HSE 검사관 John Boyle은 이 비극적인 사고는 위험을 평가하고 안전한 작업 관행을 구현함으로써 피할 수 있었다고 말했다. 이 사건의 기소는 HSE 집행 변호사 Jonathan Bambro가 제기했으며 HSE 법률 보조원 Louisa Shaw의 지원을 받았다 (2024년 4월 2일 치안법원).

(20) 2024년 4월 24일, '<u>울타리 기둥 수리 직원 부주의로 얼굴 화상</u>'[21]

울타리 기둥을 수리하던 직원이 부주의로 지하 케이블에 부딪혀 얼굴에 화상을 입었는데 그 후 켄트에 본사를 둔 주택 회사에 <u>528,000파운드의 벌금</u>이 부과되었다. MHS Homes 직원과 동료는 2023년 1월 10일에 세입자의 뒷마당에 있는 세 개의 울타리 기둥을 수리하라는 회사의 임무를 받았다. 그들은 이미 두 개의 기둥을 수리하고 세 번째 기둥을 수리하기 시작했는데, 이때 근로자 중 한 명이 파업을 벌였다. 그는 차단기를 사용하여 콘크리트를 뚫으려고 시도하면서 지하 전기 케이블을 사용했다. 회사는 직원들에게 전기케이블과 가스배관의 위치 정보나 주변을 안전하게 굴착할 수 있는 도구를 제공하지 않았다.

보건안전청(HSE)의 조사에 따르면 MHS 주택은 종종 땅을 굴착한 것으로 나타났다. 그러나 그들은 직원들에게 지하 서비스 위치에 대한 정보를 전혀 제공하지 않았으며, 지하 서비스를 탐지하고 안전하게 굴착할 수 있는 적절한 장비를 제공하지

---

21) https://www.hse.gov.uk/news/index.htm(2024.5.6)

않았다. 그들은 이전에 2017년 위험 평가에서 지하 서비스의 위험을 확인했다. 이때 두 직원은 전기 케이블뿐만 아니라 가스 공급 장치까지 굴착하고 있었다. 이로 인해 화재나 폭발의 위험이 높아졌으며, 근처의 직원이나 일반 대중이 사망할 가능성이 있을 뿐만 아니라 재산이 파손될 위험도 커졌다. 따라서 MHS Homes of Broadside, Leviathan Way, Chatham, Kent는 2015년 건설(설계 및 관리) 규정 25(4)를 준수하지 않아 규정 16(2)을 위반한 것에 대해 유죄를 인정했다. 회사는 528,000파운드의 벌금을 물었다. 2024년 4월 24일 선고 공판 이후 비용으로 4,122파운드를 지불해야 했다. 청문회 후 HSE 검사관 Peter Bruce는 다음과 같이 말했다. "지하 서비스는 널리 퍼져 있어서 상당한 위험을 초래한다. 굴착 작업을 수행하기 전에 이를 식별하기 위한 중요한 조치를 취하는 것이 중요하다."

(21) 2024년 4월 25, '일용 근로자가 석면에 노출된 뒤 회사와 이사가 벌금'[22)

근로자가 석면(asbestos)과 석면의 잠재적인 유해 영향에 노출된 후 회사와 이사가 형을 선고받은 경우다. 보건안전청(HSE)의 조사관들은 맨체스터 스트렛퍼드(Stretford)에 있는 Eye Track Limited 현장을 방문하여 건물 주변에 석면 함유 물질이 통제할 수 없이 확산되는 것을 발견했다. HSE는 최근 석면 안전에 관한 웹페이지를 업데이트했으며 2023년에는 업계 사람들에게 직장에서 석면을 처리하는 방법과 2024년 초도 직장 규제 기관은 석면 관리에 대한 법적 의무에 대해 이해를 높이는 것을 목표로 하는 '석면, 귀하의 의무(Asbestos: Your Duty)' 캠페인을 시작하기도 했다. 검사 중에 HSE는 현장 전체에서 상당한 양의 석면 함유 물질을 발견했는데 대부분은 철거된 건물에서 석면 함유 지붕 시트가 파손된 것과 관련된 다량의 잔해였다. 후속 HSE 조사에 따르면 석면 제거 작업은 석면의 잠재적 위험을 충분히 인식하고 있던 Eye Track Limited 이사 Selcuk Pinarbasi의 직접적인 통제와 지시에 따라 수행되었다. Pinarbasi 씨는 몇 달 전에 적절한 자격을 갖춘 석면 조사관에게 석면 철거 조사를 수행하도록 지시하여 현장 전체에 허가된 자재와 허가되지 않은

---

22) https://www.hse.gov.uk/news/index.htm(2024.5.6)

자재의 존재를 자세히 확인했다. 따라서 Mr Pinarbasi는 철거 작업이 진행되기 전에 자신의 현장에 있는 석면 물질로 인해 현장이 제기하는 위험을 충분히 알고 있었다고 판단했다.

(22) 2024년 5월 2일 '직원이 마차에 치인 후 재활용 회사에 벌금 부과'[23]

가공 현장에서 작업자가 마차(봉고차)에 치여 부상을 입은 후 요크셔의 금속 재활용 회사에는 120만 파운드의 벌금이 부과되었다. 2020년 8월 10일, CF Booth Limited의 직원이 로더럼(Rotherham)의 현장 마당을 가로질러 걸어가던 중 움직이는 32톤 스킵 왜건(wagon)에 부딪혔다. 그 남자는 하이비스 재킷을 입지 않았으며 봉고차가 다가오는 것을 보지 못했다. 마차 운전자는 직원이 마당을 건너고 있는 곳 근처 모퉁이에 설치된 낮은 높이의 스킵 주위에서 차량을 조종하는 데 집중했기 때문에 충돌 전에 직원을 보지 못했다. 사고 이후 이 남성은 두개골과 쇄골 2곳이 골절되는 부상을 입었지만 이후 완전히 회복됐다. HSE 조사에 따르면 사고 당시 현장은 보행자와 차량이 안전하게 이동할 수 있도록 정리되어 있지 않은 것으로 나타났다. 차량과 보행자의 분리를 위한 적절하고 충분한 작업장 교통 위험 평가가 이루어지지 않았다. 회사는 차량과 보행자의 움직임으로 인한 위험을 적절하게 평가하기 위한 조치를 취하지 못했다. 위험을 적절하게 평가하고 물리적 장벽, 교차점 등 적절한 통제 조치를 구현하면 사고를 예방할 수 있었다. HSE는 교통 경로를 안전하게 유지하고 차량에서 사람을 분리하는 방법에 대한 조언과 함께 직장 교통에 대한 지침을 제공한다.

4월 25일 셰필드 치안 법원에서 Clarence Metal Works(Rotherham, Armer St)의 CF Booth Limited는 1974년 직장 보건 및 안전법 2항을 위반한 혐의로 유죄를 인정했다. 이들은 120만 파운드의 벌금을 물었고 5,694.85파운드의 비용을 지불하라는 명령을 받았다. 청문회 후 HSE 검사관 Kirstie Durrans는 다음과 같이 말했다. "CF Booth Limited가 위험을 평가하고 차량과 보행자가 안전한 방식으로 순환할 수 있도록 보장했다면 이 사고는 쉽게 피할 수 있었을 것이다." 이번 HSE 기소는

---

23) https://www.hse.gov.uk/news/index.htm(2024.5.6)

HSE 집행 변호사인 Karen Park와 Kate Harney가 맡았으며 법률 보조원인 Rebecca Forman의 지원을 받았다.

(23) 2024년 6월 4일, '대형트럭 운전자 사망, 건설회사에 벌금 부과'

Nottinghamshire에 본사를 둔 엔지니어링 및 기초 공사 계약자는 Annan, Dumfries 및 Galloway의 주택 건설 현장에서 52세의 HGV 운전자가 말뚝 건설 장비를 돛대에 부딪혀 사망한 후 안전 위반으로 233,000파운드의 벌금이 부과됐다.

2021년 1월 21일, 다른 회사에 고용된 Gary Dobinson은 Van Elle Limited가 소유한 파일링 장비를 수집하고 운반하기 위해 트럭을 타고 Elm Road의 Hallmeadow 개발 현장을 방문했다.

안타깝게도 장비의 돛대가 운반을 준비하기 위해 낮아지던 중 갑자기 붕괴되어 Dobinson씨를 덮쳤다. 현장 직원과 응급구조대가 그를 돕기 위해 현장으로 달려갔지만 그는 안타깝게도 부상으로 사망했다. 스코틀랜드 경찰과 보건안전국(HSE)의 조사에 따르면 사고 이전에 말뚝 장비를 안전한 상태로 유지하기 위한 조치가 충분하지 않은 것으로 나타났다. 특히, 마스트의 고정 핀 중 하나에 대한 고정 러그가 심하게 부식, 고장나서 핀이 떨어져 마스트가 넘어졌다. 플랜트 유지 관리 및 검사에 대한 HSE 지침은 여기에서 확인할 수 있다. 건설 현장에서 차량의 안전한 사용: 건설 운송과 관련된 고객, 설계자, 계약자, 관리자 및 근로자를 위한 지침 — HSG144(hse.gov.uk).

Southwell Lane, Kirkby—in—Ashfield, Nottinghamshire의 Van Elle Limited는 1998년 작업 장비 제공 및 사용 규정의 규정 5를 위반한 것에 대해 유죄를 인정했다. 회사는 2024년 6월 4일 덤프리스 보안 법원에서 233,000파운드의 벌금을 선고받았다.

HSE 검사관 James Caren은 다음과 같이 말했다. "모든 작업 장비는 해당 장비를 사용하는 사람과 주변 사람들의 안전에 위험 없이 사용할 수 있도록 적절한 검사 및 유지 관리를 받아야 한다. 건설 플랜트는 가혹한 조건에 노출되어 있으므로 안전 결함 발생을 방지하기 위해 효과적인 검사 및 유지 관리 체제가 필요하다."

"회사는 구조적으로 건전하고 안전하게 작동할 수 있도록 말뚝 장비를 유지하기 위한 강력한 조치를 취했어야 했습니다."

대중 보호에 관한 HSE 지침은 여기에서 확인할 수 있다. 공공 보호 – 건설 산업 보건 및 안전(hse.gov.uk)

(24) 2024년 6월 12일, '근로자가 강에 빠져 사망 건설회사, 벌금 234만 5,000파운드 부과'

게리 웹스터(Gary Webster)는 2017년 10월 30일 에어 강에서 익사한 지 이틀 만에 목숨을 잃었다. Mr Webster와 다른 작업자는 보트에 타고 Knostrop Weir의 둑 게이트 바닥에 있는 잔해물을 제거하던 중 보트가 전복되었다. 보트는 둑 꼭대기 위로 흐르는 상당한 양의 물의 흐름으로 인해 급류 속으로 끌려갔다.

60세 남성은 반복적으로 물속에 끌려갔고, 14분 뒤 결국 잠수부에 의해 구조됐다. 다른 작업자는 가까스로 헤엄쳐 안전하게 대피했다. 웹스터 씨는 2017년 11월 1일 리즈 종합병원에서 사망한 것으로 판명되었다.

HSE 조사에 따르면 BAM Nuttall Ltd에는 물의 흐름을 늦출 수 있도록 웨어 게이트를 제어할 수 있는 훈련을 받고 권한을 부여받은 여러 명의 작업자가 있는 것으로 나타났다. 이렇게 하면 잔해가 떠내려가거나 보트로 안전하게 도달할 수 있었을 것이다. 그러나 회사는 이 임무를 수행하지 못했다.

Knoll Road, Camberley, Surrey에 소재한 BAM Nuttall Limited는 1974년 직장 보건 및 안전법 2(1)항 위반에 대해 유죄를 인정했다. 회사는 2,345,000파운드의 벌금을 물었고 Leeds에서 25,770.48파운드의 비용을 지불하라는 명령을 받았다(2024년 6월 12일 치안법원).

HSE 검사관 Jayne Towey는 다음과 같이 말했다. "BAM Nuttall Ltd는 작업 계획에 실패했다. 작업과 관련된 위험에 대한 평가를 수행하지 못했다. 물에서 잔해물을 제거하는 작업과 관련된 위험을 줄이기 위해 인식된 통제 계층 구조를 전혀 고려하지 않았다. 적절한 안전 조치를 마련하지 못했고 안전한 작업 시스템을 마련하지도 못했다."

"올바른 통제 조치와 안전한 작업 관행만 실천했다면 이번 사고는 쉽게 피할 수 있었다."

이 기소는 HSE 집행 변호사 Jonathan Bambro가 제기했으며 HSE 법률 보조원 Sarah Thomas의 지원을 받았다.

(25) '인공 지능(AI)의 위험성에 대한 HSE의 새로운 규제 접근 방식'[24]

① AI 및 HSE의 규제 소관

HSE는 우리의 사명과 우선순위에 부합하는 방식으로 AI를 규제한다.

여기에서 말하는 '우리의 사명과 우선순위'는 아래와 같이, '사람과 장소보호', '전략 및 사업계획', '연례 보고서 및 계정'을 말한다.

사람과 장소 보호

보건안전청(HSE)은 작업장 보건 및 안전에 대한 영국의 국가 규제 기관이다. 우리는 사람과 장소를 보호하고 모든 사람이 더 안전하고 건강한 삶을 영위할 수 있도록 돕기 위해 최선을 다하고 있다.

우리의 역할은 근로자 보호를 넘어 공공 보증까지 포함한다. 우리는 사람들이 살고 있는 곳, 일하는 곳, 환경에서 안전함을 느낄 수 있도록 노력한다.

전략 및 사업 계획

우리가 하는 일과 수행 방법에 대해 자세히 알아보려면 사람과 장소 보호, HSE 전략 2022~2032 및 올해 연간 사업 계획을 읽어 보기 바란다.

연례 보고서 및 계정

최신 연례 보고서 및 계정은 이전 회계 연도의 HSE 성과를 요약한 것이다.

---

24) https://www.hse.gov.uk/news/index.htm(2024.5.6)

AI 규제에 있어 HSE의 역할은 다음과 같다.

- HSE가 집행 권한을 갖고 있는 작업장에서 AI가 건강과 안전에 영향을 미치는 경우 AI 사용을 규제한다.
- 제품 안전 규제 프레임워크에 따라 시장 감시기관으로서 작업장에서 사용할 작업장 기계, 장비 및 제품의 설계, 제조 및 공급에 AI 사용을 규제한다.
- AI는 건물 안전, 화학 물질 및 살충제 규제를 포함하여 사람과 장소를 보호하는 HSE의 역할에 영향을 미친다.

② 보건 및 안전법

HSE가 시행하는 대부분의 보건 및 안전 법률은 1974년 직장 보건 및 안전법에 유래한다. 이 법은 달성 방법을 규정하지 않고 달성할 목표를 설정한다. 이 법안의 목표 설정 성격은 사용되는 기술에 관계없이 적용 가능하며 직장에서의 AI 사용도 포함한다는 것을 의미한다.

③ 위험 평가 및 관리

건강 및 안전법의 핵심 원칙은 위험을 일으키는 사람이 합리적이고, 비례적이며, 실용적인 방식으로 해당 위험을 관리하고 통제하는 데 가장 적합한 위치에 있다는 것이다. AI 사용을 위한 벤치마크가 개발됨에 따라 우리는 AI 위험이 더 이상 새로운 것이 아니며 다른 위험과 동일한 방식으로 관리되는 지점에 도달하고자 한다.

HSE는 건강과 안전에 영향을 미치는 AI의 사용에 대해 위험 평가가 수행되고 사이버 보안 위협을 해결하는 것을 포함하여 합리적으로 실행 가능한 한 위험을 줄이기 위해 적절한 통제가 시행될 것으로 기대한다.

④ 규제 원칙

영국 정부는 백서에서 AI 규제에 대한 혁신적 접근 방식(GOV.UK)을 제시했다. 이는 규제 기관이 AI와 관련된 일반적인 위험에 접근하는 방법을 안내하기 위해 부문 간 원칙을 확립하며, 규제 기관은 상황에 따라 이를 해석하고 적용하도록 요청한다.

작업장 건강 및 안전과 관련된 원칙은 다음과 같다.

- 안전, 보안 및 견고성
- 적절한 투명성과 설명 가능성
- 책임과 거버넌스

⑤ 직장 내 AI로 인한 위험 이해

AI는 기능이 빠르게 발전하고 있으며 혁신적인 기술이다. 이는 건강과 안전에 대한 위험을 야기하고 악화시킬 수 있지만 건강과 안전에 실질적인 이익을 가져올 가능성도 있다.

HSE는 영국이 작업장의 기술 변화에 안전하게 적응할 수 있도록 돕는 데 경험이 있으며 다른 신기술과 마찬가지로 그것이 건강과 안전에 미치는 영향을 이해하기 위해 노력할 것이다. 우리는 위험 기반의 비례 규제기관이며 업계와의 협의를 통해 우리가 규제하는 영역의 혁신을 정기적으로 다루고 있다.

⑥ AI에 대한 HSE의 규제 접근 방식 개발

AI에 대한 규제 접근 방식을 지속적으로 개발하기 위해 우리가 수행하는 작업의 초점은 다음과 같다.

- 내부 AI 공통 이해 그룹을 통해 AI 작업을 조정하고, 지식을 공유하며 핵심 문제를 식별하고, HSE 전반의 동료들을 한자리에 모은다.
- AI 규제에 대한 접근 방식을 형성하기 위해 정부 부서와 협력
- 국제 표준 기관(BSI, IEC 및 ISO)과 협력하여 기계 및 기능 안전과 AI의 상호작용에 대한 벤치마킹을 구축하기 위해 표준 작성 프로세스를 지원한다.
- AI 사용 사례와 건강 및 안전에 미치는 영향에 대한 지식과 학습을 공유하기 위해 업계 및 학계 이해관계자와 관계를 구축한다.
- 일관된 규제 접근 방식을 장려하기 위해 영국 규제 기관을 위한 AI 표준 포럼, 정보 위원회 사무실 AI 규제 기관 포럼 및 영국 보건 및 안전 규제 기관 네트워크 혁신 하위 그룹을 포함한 포럼을 통해 다른 규제 기관과 협력한다.
- 실제 및 규제적 관점에서 영국과 전 세계의 AI 개발 모니터링 및 Horizon 스

캐닝 활동을 통해 HSE가 관심을 갖는 AI 개발을 식별한다.

- HSE의 전문 및 과학 분야 전반에 걸쳐 AI 역량과 경험을 구축하고 적절하게 파트너와 협력한다.
- HSE의 연구 관심 분야(GOV.UK)와 일치하는 연구 입찰을 지원하고 AI의 안전한 사용 및 AI 사용을 규제하는 능력을 개발하는 데 도움을 준다.
- 산업 안전 기술 규제 샌드박스(discoveringsafety.com)의 설정 및 시험을 통해 건설 현장에서 산업 안전 기술 채택에 대한 실질적인 장벽과 이를 분해하는 방법을 탐색한다.

⑦ 규제 접근 방식을 개발하기 위한 향후 작업

HSE는 AI에 대한 규제 접근 방식을 개발하기 위한 노력을 계속할 것이다. 우리는 AI가 발전함에 따라 이해관계자들과 협력하고 전문 지식을 활용하여 AI가 가져오는 과제와 기회를 탐색할 것이다.

3) 책임회피

위험한 활동을 수행하기 위해 재정적으로 취약한 자회사를 설립하거나 유죄(有罪) 회사의 해산 또는 지급 불능 등을 통해 책임을 회피하기 위해 기업 구조를 이용할 수 있는 위험이 있을 수 있다. 정부는 집행 조치가 실질적인 억지력이 되어야 한다고 우려하고 있다.

이 법은 영국에서 사업을 하는 외국 회사에 적용되므로 회사가 해외에 설립되었더라도 기소를 피하기 위해 영국에서 활동하는 것은 불가능하다. 정부는 그러한 기업에 대해 집행 조치를 취하는 데 실질적인 문제가 있을 수 있음을 인식하고 있다.

모회사나 그룹 내 다른 회사의 경영실패가 사망에 기여한 경우 형사소송이 제기될 수 있다. 이를 통해 위험한 사업을 수행하기 위해 자회사를 설립하거나 벌금을 지불할 만큼의 자산이 부족한 재정적으로 취약한 자회사를 설립하는 등의 회피 목적으로 그룹 구조를 이용하는 것을 방지할 수 있다. 이 법은 기소가 이루어지기 전에 회사를 해산하거나 파산하게 함으로써 형사책임을 회피할 수 있는 조항을 두고 있다. 회사는 자산의 동결을 위한 법적 절차를 밟을 수 있으며, 그러한 절차는 자산의 양도 또는 소멸을 방지하기 위해 기소가 시작되기 전에 취해질 수 있다.

4) 개인

이 법은 회사의 주의의무를 전반적으로 위반하여 발생하는 사망에 대해 이사가 아닌 회사에 책임을 지게 한다. 과실치사 범죄는 공공 기관을 포함한 기업에만 적용되므로 개별 이사는 개인적으로 책임을 지지 않는다.

5) 영토 범위

한두 가지 예외를 제외하고 영국 형법은 잉글랜드와 웨일스에만 적용되므로 법원은 잉글랜드와 웨일스 외부에서 저지른 범죄 행위에 대한 관할권을 갖지 않는다. 이 규칙의 예외 중 하나는 법원이 해외에서 저지른 과실치사를 포함한 살인 범죄에 대한 관할권을 갖는다는 것이다.

그러나 **기업과실치사법은 영국에서 저지른 기업 살해 범죄에만 적용**되며, 영국 기업에 의한 **기업 살인이 해외에서 발생하는 경우 해당 국가의 법원에서 문제**가 된다.

6) 왕관 면역

법에 따라 왕권 면책이 해제되었다. 이는 정부 기관이 법의 적용을 받으며, 기업의 중대한 건강 및 안전 실패로 인해 사망을 초래한 것으로 밝혀지면 무제한의 벌금을 물게 된다는 것을 의미한다.

7) 기업 과실치사 개인 기소

이 법안에 따라 제기되는 **모든 기소에는 검찰총장의 동의가 필요**하다.

8) 무모하거나 매우 부주의한 질병 전염

최근 몇 년간 일련의 공공질병이 발생함에 따라 일반적으로 회사와 고용주는 근로자의 안전을 강화해야 한다는 압력이 증가하고 있다. 안주심과 방치가 사망의 원인이 되는 것으로 나타났다. 기업의 경영실패로 치명적인 질병이 전염된다면 기업살인죄에 해당될 수도 있다.

9) 법안 수용

개인뿐만 아니라 기업도 법안을 수용하기 위한 조치를 취해야 한다. 이러한 단계에는 다음이 포함되어야 한다.

(1) 건강과 안전에 대한 책임이 명확하고 회사 내 모든 사람이 이해하고 이행될 수 있도록 기존 시스템, 정책 및 조직적 배치를 검토해야 한다. 이는 지속적인 과정이어야 한다.

(2) 건강 및 안전 정책이 적절하게 기록되고 접근 가능하도록 보장해야 한다. 모든 사람이 정책이 무엇인지, 누가 무엇을 책임지고 필요한 정보를 어디서 찾을 수 있는지 이해할 수 있도록 정책을 적절하게 전파해야 한다.

(3) 전문가 자문을 통해 외부 건강 및 안전 감사를 준비하는 것을 고려해 보아야 한다.

2. 2007년 기업과실치사 및 2007년 기업살인법의 이해 (Understanding the Corporate Manslaughter and Corporate Homicide Act 2007)

1) 2007년 기업 과실치사 및 기업 살인법의 이해

2007년 기업 과실치사 및 기업 살인법(Corporate 과실치사 및 기업 살인법)은 2008년 4월 6일 영국 전역에서 발효되었다. 이 법은 **조직의 활동을 관리하거나 조직하**

는 방식의 심각한 실패로 인해 개인이 사망하는 경우 조직에 유죄를 선고하는 새로운 범죄 규정이다. 이는 공공 및 민간 부문의 광범위한 조직에 적용된다. **잉글랜드와 웨일스, 북아일랜드에서는 새로운 범죄를 기업 과실치사라고 부른다. 스코틀랜드에서는 이를 기업 살인**이라고 한다.

또한, 이 법은 새로운 접근 방식에 따라 법원은 조직 전체의 관리 시스템과 관행을 검토하여 최악의 기업 건강 및 안전 관리 실패를 기소하기 위한 보다 효과적인 수단을 제공할 것이다.

(1) 이 법에 따르면 과실치사로 간주되는 것은 무엇인가?

조직의 활동이 관리되거나 조직되는 방식이 다음과 같은 경우, 조직은 위법 행위를 범하게 된다.

- **사람의 죽음을 초래**하다.
- 이는 조직이 고인에 대해 부담하는 **관련 돌봄 의무를 심각하게 위반**한 것에 해당한다.

(2) 위험 관리 – 위험 혐오가 아님(Managing risks – not risk aversion)

이는 고용주가 위험 관리 방법에 대해 다시 생각해 볼 수 있는 기회다. 이 범죄는 조직이 새로운 규제 표준을 준수하도록 요구하지 않는다. 그러나 조직은 현재의 법적 의무를 충족하기 위해 적절한 조치를 취하고 있는지 확인해야 한다. 2008년 4월부터 적용되는 이 법은 직장에서 다른 사람의 안전을 무시하여 치명적인 결과를 초래하는 사람들이 매우 심각한 형사 고발을 당할 가능성이 더 높다는 것을 의미한다.

(3) 범죄 이해(Understanding the offence)

조직의 활동을 관리하거나 조직하는 방식이 사망을 초래하고 고인에 대한 돌봄 의무를 심각하게 위반하는 경우 해당 조직은 새로운 범죄에 대해 유죄가 된다.

(4) 새로운 테스트(The new test)

심사위원단은 안전 관리를 위한 시스템 및 프로세스와 이러한 시스템이 실제로 어떻게 운영되었는지를 포함하여 조직 전체에서 치명적인 활동이 어떻게 관리되거나 조직되었는지 고려할 것이다. 조직 내 실패의 상당 부분은 고위급에서 발생했을 것이다. 고위급이란 조직이나 조직의 상당 부분에 대해 중요한 결정을 내리는 사람들을 의미한다. 여기에는 중앙 집중화된 본부 기능과 내부 기능이 모두 포함된다.

(5) 심각한 위반(Gross breach)

조직의 행동은 합리적으로 기대했던 수준보다 훨씬 낮아야 한다. 배심원은 조직의 건강 및 안전 위반을 고려해야 한다. 그리고 그 실패가 얼마나 심각하고 위험한지 고려해야 한다.

(6) 주의의무(Duty of care)

예를 들어, 직원이 사용하는 작업 시스템 및 장비, 조직이 사용하는 작업장 및 기타 장소의 상태, 고객에게 제공되는 제품 또는 서비스와 관련하여 주의의무가 존재한다. 이 법은 새로운 의무를 창설하지 않는다. 이는 과실 민법에 이미 부과되어 있으며 새로운 범죄는 이에 근거한다.

(7) 처벌

위법 행위를 저지른 조직은 무제한의 벌금을 물게 된다. 이 법은 또한 법원이 홍보 명령을 부과하여 조직이 유죄 판결 및 벌금의 세부 사항을 공개하도록 요구하는 규정이 있다. 이는 추후 양형 지침이 나오는 대로 시작될 것이다. 법원은 또한 사망 사고 뒤에 숨어 있는 문제를 해결하기 위한 조치를 취하도록 조직에 요구할 수도 있다(시정 명령).

(8) 면제(Exemptions)

이 범죄는 특정 공공분야나 정부 기능에는 적용되지 않는다. 관리에는 더 넓은 공공 정책 문제가 포함되며 이미 다른 형태로 책임이 적용된다. 예를 들어, 공공 자금 지출이나 군사 작전에 관한 전략적 결정에는 적용되지 않는다. 치안 유지, 응급 서비스 대응, 아동 보호 및 법정 조사와 같은 기타 기능도 면제된다. 단, 조직이 직원에 대해 책임을 지는 경우나 직원이 점유하는 장소에 대해서는 제외된다. 새로운 위반 사항은 양육권 관리에도 적용되지만 이는 추후 시행될 예정이다.

(9) 검찰청장(DPP: The Director of Public Prosecutions) 동의

잉글랜드, 웨일스, 북아일랜드에서는 기업 과실치사 사건이 법정에 회부되기 전에 해당 검찰청장의 동의가 필요하다. 이에 대한 추가 정보는 검찰청(www.cps.gov.uk) 또는 북아일랜드 검찰청(www.ppsni.gov.uk)에서 얻을 수 있다. 스코틀랜드에서는 모든 기소가 검찰관(Procurator Fiscal)에 의해 시작된다.

(10) 주요 질문(Key questions)

새로운 범죄의 대상은 누구인가?

이 범죄는 영국 내 민간, 공공 및 제3 부문에서 운영되는 모든 회사 및 기타 법인체에 적용된다. 이는 또한 고용주인 경우 파트너십(및 노동조합 및 고용주 협회)뿐만 아니라 정부 부서 및 경찰에도 적용된다.

2) 법을 준수하기 위해 조직은 무엇을 해야 하는가?

모든 고용주는 이미 보건 및 안전 법규를 준수해야 하며, 이 법은 해당 요구 사항에 영향을 미치지 않는다. 그러나 새로운 법의 도입과 그에 따른 범죄의 규정은 고용주가 건강과 안전을 관리하기 위한 시스템과 프로세스가 적절하다는 것을 스스로 만족시킬 수 있는 기회이다. 건강 및 안전 의무와 이를 충족하는 방법에 대한 지침을 알아보려면 고용주는 관련 규제 당국에 문의해야 한다.

이사, 고위 관리자 또는 기타 개인이 위법 행위로 기소될 수 있을까? 아니다. 이 범죄는 조직 전반에 걸쳐 관리 실패로 발생하는 경우를 대상으로 하며, 기소 대상은 조직 자체이다.

그러나 개인은 이미 중과실 과실치사/치사죄로 기소될 수 있다. 과실치사, 보건 및 안전 위반. 이 법은 이를 바꾸지 않으며 충분한 증거가 있고 공익에 부합하는 경우 개인에 대한 기소는 계속될 것이다.

건강에 대한 책임을 위임하는 고위 관리자가 범법을 피할 수 있을까? 그리고 안전에 대해서는 아니다. 다음을 포함하여 고위 관리자가 건강과 안전을 적절하게 관리하지 못한 경우, 건강 및 안전 문제를 부적절하게 위임함으로써 조직은 기업 과실치사/살인 혐의에 취약해질 수 있다. 고위 관리자는 자신과 조직이 현행 보건 및 안전법을 준수하는지 확인해야 한다. 새로운 지침 "직장에서의 보건 및 안전선도 – 이사 및 이사회 구성원을 위한 리더십 활동"은 이사회와 보건안전위원회가 공동으로 작성 중이며 2008년 말 영국 전역에 게시될 예정이었다.

(1) 실제로 어떤 일이 일어날까?

고용주는 업무 관련 사망을 포함하여 직장 내 특정 사고를 보고할 법적 의무가 있다.

경찰은 범죄 행위(보건 및 안전법에 따른 범죄 제외)가 의심되는 경우 조사를 주도할 것이다. 그들은 HSE, 지방 당국 또는 기타 규제 당국과 협력하여 일할 것이다. 정부는 새로운 범죄가 조직 전반에 걸쳐 건강과 안전을 적절하게 관리하지 못한 최악의 경우에만 적용되도록 의도되었기 때문에 업무 중 사망에 따른 기업 과실치사/살인 사건이 거의 발생하지 않을 것으로 기대하고 있다.

기업 과실치사 사건은 잉글랜드 웨일스에서는 검찰청, 북아일랜드에서는 검찰에 의해 기소된다. 기업 살인 사건은 스코틀랜드의 검찰관(Procurator Fiscal)에 의해 기소된다. 건강 및 안전 관련 혐의는 새로운 범죄에 대한 기소와 동시에 제기될 수 있으며, 기소되지 않은 경우에도 제기될 수 있다.

(2) 추가 정보(Further information)

2007년 기업 과실치사 및 기업 살인법(Corporate 과실치사 및 기업 살인법) 전문은 공공 부문 정보국 웹사이트 www.opsi.gov.uk에서 확인할 수 있다. 배경 정보를 포함하여 범죄에 대한 추가 지침은 법무부(www.justice.gov.uk) 및 북아일랜드 사무소(www.nio.gov.uk) 웹사이트에서 확인할 수 있다.

직장에서의 건강과 안전에 대한 지침은 보건안전국에서 구할 수 있다[(www.hse.gov.uk) 및 북아일랜드 보건안전청(www.hseni.gov.uk)].

제6장

중대재해처벌법의 제정 목적과 주요 내용의 문제점

한국 편

- 제1절 중대재해처벌법의 주요 목적과 내용
- 제2절 "중대시민재해" 용어 정의 및 해석편
- 제3절 중대재해처벌법 적용 사례 연구

제1절

중대재해처벌법의 주요 목적과 내용[1]

1. 중대재해처벌법의 제정 목적

제1장 총칙

제1조 목적

제1조(목적). 이 법은 사업 또는 사업장, 공중이용시설 및 공중교통수단을 운영하거나 인체에 해로운 원료나 제조물을 취급하면서 안전·보건 조치의무를 위반하여 인명피해를 발생하게 한 <u>사업주, 경영책임자, 공무원 및 법인의 처벌</u> 등을 규정함으로써 <u>중대재해를 예방하고 시민과 종사자의 생명과 신체를 보호함</u>을 목적으로 한다.

1) '중대재해 처벌 등에 관한 법률'의 구성

'중대재해 처벌 등에 관한 법률'(이하 '중대재해처벌법'이라고 함)은 제1장 총칙, 제2장 중대산업재해, 제3장 중대시민재해, 제4장 보칙으로 구성되어 있고, 부칙을 제외하면 총 16개 조문으로 구성되어 있다. 산업안전보건법이 총 175개의 조문으로 구성되어 있는 것에 비하면 중대재해처벌법은 상대적으로 짧기는 하지만, 기업처벌의 원조 영국의 기업 처벌법보다도 훨씬 더 강력한 처벌규정으로 구성되어 있다.

---

1) 「중대재해처벌법 중대산업재해 해설서, 고용노동부(업무편람·지침)」(2021.11.17).

2) 법 제정의 목적

사업주와 경영책임자, 공무원 및 법인 등을 처벌함으로써 근로자를 포함한 산업 종사자와 일반 시민들도 안전하게 직장에 종사할 수 있고, 나아가 기업의 안전문화 정착과 함께 안전관리시스템 미비로 일어나는 중대재해사고를 사전에 방지하는데 목적이 있다.[2]

3) 이 법의 제정 이유

(1) 사건 · 사고

2018년 12월 태안화력발전소 압사사고[3], 2020년 4월 이천 물류센터 신축공사 건설현장 화재사고, 2020년 5월 중공업 아르곤 가스 질식 사고와 같은 산업재해로 인한 사망사고와 함께 2011년 가습기 살균제 사건 및 2016년 세월호참사와 같은 대형 시민재해로 인한 사망사고가 발생했음에도 불구하고 기업은 처벌할 수 없는 등의 사회적인 문제가 직접적인 원인이다.

* 저자 해설

뿐만 아니라, 훨씬 이전인 1994년 10월 성수대교 붕괴사고, 1995년 4월 대구 상인동 사스 폭발사고, 1995년 6월 삼풍백화점 붕괴사건, 1995년 7월 시 프린스호 기름유출 사건, 1997년 괌 칼기 추락사고, 1999년 씨 랜드 참사사건, 2003년 2월 대구지하철 참사, 매년 되풀이 되는 강원도 고성 · 울진 산불 등에 대한 법 규정 미비로 책임자 처벌이 제대로 이루어지지 않았다. 이와 같은 중대재해발생 시 법 규정 미비 등으로 책임자 처벌이 제대로 이루어지지 않아서 사회적인 불만이 누적되어 분출하게 된 것 등이 가장 큰 제정 이유라고 본다.

---

2) 중대재해처벌법(법률 제17907호, 2021. 1. 26. 제정) 제정 이유에서 인용.
3) 「중대재해처벌법 해설, 고용노동부(업무편람 · 지침)」(2021.11.17. 참조), 태안화력발전소 압사사고: '2018.12. 10.(월) 한국발전기술(주) 소속 망 김용균 씨가 야간 업무에 투입되어 작업 중' 18.12.11.(화) 03:22경 태안화력발전소 Transfer Tower 04C 5층내 컨베이어에서 끼여 사망한 안타까운 재난이다.

(2) 기업이나 노동자의 체계적인 안전·보건관리시스템의 구축

안전·보건에 관한 법령이나 제도개편이 제대로 이루어지지 않아서 상기 지적한 재난발생에도 불구하고 종업원들에 대한 배상이나 보상이 제대로 이루어지지 않았다. 뿐만 아니라, 법과 제도상의 미비로 기업이나 종업원들의 법적 책임도 제대로 규명되지 않았다. 따라서 이러한 재해가 계속되는 근본적 이유는 법체계는 물론, 기업의 안전·보건관리시스템이 제대로 구축되어 있지 않았기 때문이다.

(3) 국가나 공공기관 및 법인, 기업 등 노동현장에서의 안전·안심문화 구축

국가나 기업, 법인, 회사, 개인사업주 등이 운영하는 기관이나 사업장 등에서 발생한 '중대산업재해'와 공중이용시설 또는 공중교통수단을 운영하거나 위험한 원료 및 제조물을 취급하면서 보건·안전 확보의무를 위반하여 인명사고가 발생한 '중대시민재해'에 대하여 개인사업주와 경영책임자 및 법인 등을 처벌함으로써 근로자를 포함한 종사자와 일반 시민을 보호하고 안전권을 확보하기 위함이다. 나아가 기업 조직의 안전문화 정착과 함께 안전·위생관리시스템 등의 미비로 인해 일어나는 중대재해 사고를 사전에 방지하고자 피해를 최소화하자는 것이 본 법의 제정 이유이다.

2. 동 법의 시행 목적과 배경

1) 중대재해 예방과 피해 최소화

「중대재해 처벌 등에 관한 법률」은 사업 또는 사업장 공중이용시설 및 공중교통수단을 운영하거나 인체에 해로운 원료나 제조물을 취급하면서 안전·보건 확보를 위하여 요구되는 다양한 조치의무를 이행하지 않음으로써 인명피해를 발생하게 한 사업주, 경영책임자, 공무원 및 법인의 처벌 등을 규정함으로써 중대재해를 예방하고 피해를 최소화하여, 시민과 종사자의 생명과 신체를 보호함을 목적으로 한다.[4]

---

4) 「중대재해처벌법 해설, 고용노동부(업무편람·지침)」(2021.11.17. 참조).

2) 사업주 또는 경영책임자, 공공기관 및 보건·안전관리 책임자 등에 대한 '처벌 규정'

동 법의 시행 목적은 근로자를 포함한 사업 종사자나 일반 시민의 생명과 재산, 신체를 안전하게 보전하기 위한 불가피한 조치다. 이 법을 통해서 사업주 또는 경영책임자, 공공기관 및 공중이용시설과 공중교통수단 등을 운영하는 안전·보건관리책임자는 신속하게 중대재해대책시스템을 구축해야 한다. 특히, 재난안전 및 보건 관계 법령에 따른 안전·보건 확보 의무를 충실하게 이행함으로써 궁극적으로는 중대재해를 사전에 예방하고 피해를 최소화하고자 하는 데 목적이 있다.

3. 산업안전보건법 및 산업재해보상보험법과의 관계5)

1) 산업안전보건법과의 관계

(1) 산업안전보건법 제1조(목적)는 '산업 안전 및 보건에 관한 기준을 확립하고 그 책임의 소재를 명확하게 하여 산업재해를 예방하고 쾌적한 작업환경을 조성함으로써 노무를 제공하는 사람의 안전 및 보건을 유지·증진함'에 주된 목적이 있다고 하고 있다. 이에 따라 산업안전보건법은 사업장에 대한 구체적인 안전·보건에 관한 기준 및 그에 따른 사업주의 조치의무, 그리고 해당 '사업장'의 산업재해 예방에 대한 책임자 등에 관하여 규정하고 있다.

(2) 중대재해처벌법은 '사업 또는 사업장'의 개인 사업주 또는 사업주가 법인이나 기관인 경우 그 경영책임자 등이 준수하여야 할 안전 및 보건 확보 의무로서, 안전·보건관리체계 구축 및 운영 등 안전·보건 관계 법령에 따라 의무이행에 필요한 조치 등을 규정하고 있다.

---

5)「중대재해처벌법 해설, 고용노동부(업무편람·지침)」(2021.11.17. 참조).

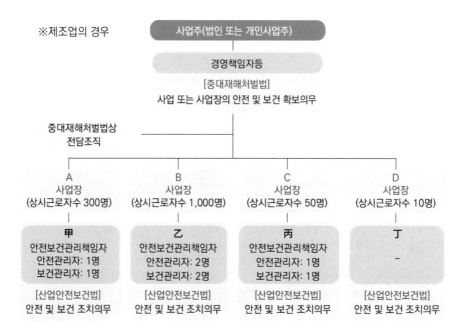

자료 출처: 「중대재해처벌법 해설, 고용노동부」(2021. 1. 26. P. 7. 참조),

2) 산업재해보상보험법과의 관계

(1) 산업재해보상보험법(이하 "산재보험법"이라 함)은 근로자나 직장인의 업무상의 재해를 신속하고 공정하게 보상하며 재해근로자의 재활 및 사회복귀를 촉진하는데 그 목적이 있다. 이에 따라 사용자의 귀책사유 유무와 관계없이 업무상 사유에 따른 근로자의 부상·질병·장해 또는 사망(업무상 재해)을 적용대상으로 하고 있다.

(2) 중대재해처벌법은 종사자의 중대산업재해를 예방하기 위해 개인 사업주, 경영책임자 등에게 안전 및 보건 확보의무를 부과하고 있다. 안전 및 보건 확보의무를 이행하지 아니하거나 방치함으로써 중대산업재해가 발생하는 경우에는 형사처벌을 한다는 점에서 산재보험법과 차이가 있다.

4. 중대재해처벌법의 정의

1) "중대재해"의 정의6)

동 법 제2조(정의) 이 법에서 사용하는 용어의 뜻은 다음과 같다.

1. "중대재해"란 "중대산업재해"와 "중대시민재해"를 말한다.

2. "중대산업재해"란 「산업안전보건법」 제2조제1호에 따른 산업재해 중 다음 각 목의 어느 하나에 해당하는 결과를 야기한 재해를 말한다.

   가. 사망자가 1명 이상 발생

   나. 동일한 사고로 6개월 이상 치료가 필요한 부상자가 2명 이상 발생

   다. 동일한 유해요인으로 급성중독 등 대통령령으로 정하는 직업성 질병자가 1년 이내에 3명 이상 발생

3. "중대시민재해"란 특정 원료 또는 제조물, 공중이용시설 또는 공중교통수단의 설계, 제조, 설치, 관리상의 결함을 원인으로 하여 발생한 재해로서 다음 각 목의 어느 하나에 해당하는 결과를 야기한 재해를 말한다. 다만, 중대산업재해에 해당하는 재해는 제외한다.

   가. 사망자가 1명 이상 발생

   나. 동일한 사고로 2개월 이상 치료가 필요한 부상자가 10명 이상 발생

   다. 동일한 원인으로 3개월 이상 치료가 필요한 질병자가 10명 이상 발생

4. "공중이용시설"이란 다음 각 목의 시설 중 시설의 규모나 면적 등을 고려하여 대통령령으로 정하는 시설을 말한다. 다만, 「소상공인 보호 및 지원에 관한 법률」 제2조에 따른 소상공인의 사업 또는 사업장 및 이에 준하는 비영리시설과 「교육시설 등의 안전 및 유지관리 등에 관한 법률」 제2조제1호에 따른 교육시설은 제외한다.

   가. 「실내공기질 관리법」 제3조제1항의 시설(「다중이용업소의 안전관리에 관한 특별법」 제2조제1항제1호에 따른 영업장은 제외한다)

   나. 「시설물의 안전 및 유지관리에 관한 특별법」 제2조제1호의 시설물(공동주택은 제외한다)

---

6) 「산업안전보건법 ┃ 국가법령정보센터 ┃ 법령본문」 (law.go.kr)(2024.6.15).

다. 「다중이용업소의 안전관리에 관한 특별법」 제2조제1항제1호에 따른 영업장 중 해당 영업에 사용하는 바닥면적(「건축법」 제84조에 따라 산정한 면적을 말한다) 의합계가 1천제곱미터 이상인 것(303.03평, 약 300평 넓이)

라. 그 밖에 가목부터 다목까지에 준하는 시설로서 재해 발생 시 생명 · 신체상의 피해가 발생할 우려가 높은 장소

5. "공중교통수단"이란 불특정다수인이 이용하는 다음 각 목의 어느 하나에 해당하는 시설을 말한다.

가. 「도시철도법」 제2조제2호에 따른 도시철도의 운행에 사용되는 도시철도차량

나. 「철도산업발전기본법」 제3조제4호에 따른 철도차량 중 동력차 · 객차 (「철도사업법」 제2조제5호에 따른 전용철도에 사용되는 경우는 제외한다)

다. 「여객자동차 운수사업법 시행령」 제3조 제1호 라 목에 따른 노선 여객자동차 운송사업에 사용되는 승합자동차

라. 「해운법」 제2조제1호의2의 여객선

마. 「항공사업법」 제2조제7호에 따른 항공운송사업에 사용되는 항공기

6. "제조물"이란 제조되거나 가공된 동산(다른 동산이나 부동산의 일부를 구성하는 경우를 포함한다)을 말한다.

7. "종사자"란 다음 각 목의 어느 하나에 해당하는 자를 말한다.

가. 「근로기준법」상의 근로자

나. 도급, 용역, 위탁 등 계약의 형식에 관계없이 그 사업의 수행을 위하여 대가를 목적으로 노무를 제공하는 자다. 사업이 여러 차례의 도급에 따라 행하여지는 경우에는 각 단계의 수급인 및 수급인과 가목 또는 나목의 관계가 있는 자

2) "산업재해"의 정의[7]

(1) '산업안전보건법' 제2조(정의) 1항에서 "산업재해"란?

1. "산업재해"란 '노무를 제공하는 사람'이 업무에 관계되는 건설물 · 설비 · 원재료 · 가스 · 증기 · 분진 등에 의하거나 작업 또는 그 밖의 업무로 인하여 사망 또는 부상하거나 질병에 걸리는 것을 말한다.

---

7) 「산업안전보건법 ｜ 국가법령정보센터 ｜ 법령본문」 (law.go.kr)(2024.6.15)

〈해설〉

즉, 산업재해는 ① 업무와 관련성을 가지는 건설물이나 설비, 원재료, 가스, 증기, 분진 등 유해하거나 위험한 물적 요인 등 작업환경 ② 작업내용 작업방식 등에 따른 위험 또는 ③ 업무 그 자체에 내재하고 있는 위험 등으로 인해 노무제공자에게 발생한 사망, 부상 또는 질병을 말한다.

한편, 산재보험법의 업무상의 재해는 업무상의 사유에 따른 부상, 질병, 사망만이 아니라 부상 또는 질병이 치유되었으나, 정신적 또는 육체적 훼손으로 인하여 노동능력이 상실되거나 감소된 상태인 장해와 출퇴근 재해도 포함된다.

따라서 사업주의 '예방가능성을 전제로 한' 산업안전보건법의 산업 재해를 개념요소로 한 중대재해처벌법의 중대산업재해에는 해당하지 않는 경우에도 산업재해보험법의 업무상 재해에는 해당할 수 있다.

2. "중대재해"란 산업재해 중 사망 등 재해정도가 심하거나 다수의 재해자가 발생한 경우로서 고용노동부령으로 정하는 재해를 말한다.

3. "근로자"란 「근로기준법」 제2조제1항제1호에 따른 근로자를 말한다.

4. "사업주"란 근로자를 사용하여 사업을 하는 자를 말한다.

5. "근로자대표"란 근로자의 과반수로 조직된 노동조합이 있는 경우에는 그 노동조합을, 근로자의 과반수로 조직된 노동조합이 없는 경우에는 근로자의 과반수를 대표하는 자를 말한다.

6. "도급"이란 명칭에 관계없이 물건의 제조·건설·수리 또는 서비스의 제공, 그 밖의 업무를 타인에게 맡기는 계약을 말한다.

7. "도급인"이란 물건의 제조·건설·수리 또는 서비스의 제공, 그 밖의 업무를 도급하는 사업주를 말한다. 다만, 건설공사발주자는 제외한다.

8. "수급인"이란 도급인으로부터 물건의 제조·건설·수리 또는 서비스의 제공, 그 밖의 업무를 도급받은 사업주를 말한다.

9. "관계수급인"이란 도급이 여러 단계에 걸쳐 체결된 경우에 각 단계별로 도급받은 사업주 전부를 말한다.

10. "건설공사발주자"란 건설공사를 도급하는 자로서 건설공사의 시공을 주도하여 총괄·관리하지 아니하는 자를 말한다. 다만, 도급받은 건설공사를 다시 도급하는 자는 제외한다.

11. (~중략)

12. "안전보건진단"이란 산업재해를 예방하기 위하여 잠재적 위험성을 발견하고 그 개선 대책을 수립할 목적으로 조사·평가하는 것을 말한다.

13. "작업환경측정"이란 작업환경 실태를 파악하기 위하여 해당 근로자 또는 작업장에 대하여 사업주가 유해인자에 대한 측정계획을 수립한 후 시료(試料)를 채취하고 분석·평가하는 것을 말한다.

3) 사망자 1명 이상 발생한 경우[8]

(1) 사망의 경우, 그 원인 등 **중대산업재해**에 해당하기 위한 다른 요건을 규정하고 있지 않으므로 **산업안전보건법상 산업재해에 해당한다면 사고에 의한 사망뿐만 아니라, 직업성 질병에 의한 사망도 중대산업재해에 포함**된다. 다만, 직업성 질병은 산업안전보건법의 산업재해에 해당되어야 하므로 업무에 관계되는 유해·위험요인에 의하거나 작업 또는 그 밖의 업무로 인하여 발생하였음이 명확한 것이어야 한다. 질병으로 인한 사망의 경우 종사자 개인의 고혈압이나 당뇨, 생활 습관 등 다양한 요인이 영향을 미칠 수 있는바, 질병의 원인이 업무로 인한 것인지 여부 등에 대해서는 구체적인 사정을 종합적으로 고려하여 판단하게 될 것이다.

(2) 사망은 부상 또는 질병이 발생한 날부터 일정한 시간이 경과한 이후에 발생하는 경우가 있을 수 있는 바, 이 경우 중대산업재해는 '**종사자의 사망 시**'에 발생한 것으로 보아야 한다. 다만, 이 경우 종사자의 사망은 당초 부상 또는 질병과 직접적인 인과관계가 있는 경우에 한한다.

4) 동일한 사고로 6개월 이상 치료가 필요한 부상자 2명 이상 발생[9]

(1) "동일한 사고로 6개월 이상 치료가 필요한 부상자가 2명 이상 발생"한 경우, 즉, 하나의 사고 또는 장소적·시간적으로 근접성을 갖는 일련의 과정에서 발

---

8) 「중대재해처벌법 해설, 고용노동부(업무편람·지침)」(2021.11.17. P. 10. 인용),
9) 「중대재해처벌법 해설, 고용노동부(업무편람·지침)」(2021.11.17. P. 11. 참조),

생한 사고로 인하여 6개월 이상 치료가 필요한 부상자가 2명 이상 발생한 경우를 말한다.

【예시】화재·폭발 사고 시 직접적으로 화상을 입은 경우 외에 폭발압 충격으로 인한 추락, 파편으로 인한 충돌 등을 포함한다.

만약, 사고가 발생하게 된 유해 위험요인 등 그 원인이 같은 경우라도 시간적·장소적 근접성이 없는 경우에는 각각의 사고가 별개의 사고에 해당할 뿐 동일한 사고에 해당하지 않는다.

【예시】같은 업체로부터 구매 또는 대여 등을 한 기계, 기구, 설비 등을 사용하는 2개 이상의 사업장에서 그 기계, 기구, 설비 등의 동일한 결함으로 발생한 사고라 하더라도 그 원인이 동일한 것일 뿐, 동일한 사고는 아니다.

5) 6개월 이상 치료가 필요한 부상

(1) "6개월 이상 치료가 필요한 기간" 이란 해당 부상과 그로 인한 합병증 등에 대한 직접적 치료 행위가 6개월 이상 필요한 경우를 의미하며, 재활에 필요한 기간 등은 원칙적으로 포함하지 않는다.

(2) 치료의 기간은 재해 조사의 신속성과 법적 명확성 차원에서 원칙적으로 '의사의 진단 소견서' 등 객관적 자료에 의해 판단한다.

(3) 치료 기간이 최초 진단일에는 6개월 미만이었으나, 치료과정에서 기간이 늘어남으로 인해 6개월 이상 치료가 필요한 부상자가 2명 이상 발생하게 된 경우에는 그 진단한 시점에서 중대산업재해가 발생한 것으로 판단된다.

6) 『동일한 유해요인』으로 직업성 질병자가 1년 이내에 3명 이상 발생

(1) 유해요인이란 중대재해처벌법 시행령 별표 1에서 급성중독 등 직업성 질병의 원인으로 열거하고 있는 각종 화학적 ① 유해인자 ② 유해 작업 등을 말한다.

① 【예시】[10]

▲염화비닐 · 유기주석 · 메틸브로마이드(bromomethane) · 일산화탄소

▲납 또는 그 화합물 ▲수은 또는 그 화합물 ▲크롬 또는 그 화합물 ▲벤젠

▲이산화질소 등

② 【예시】

▲보건의료 종사자의 종사 작업(혈액 관련) ▲건강장해를 일으킬 수 있는 습한 상태에서 하는 작업

▲오염된 냉각수에 노출된 장소에서 하는 작업 ▲공기 중 산소농도가 부족한 장소에서 하는 작업

▲고열작업 또는 폭염에 노출되는 장소에서 하는 작업

① 유해요인의 동일성이란?

노출된 각 유해인자와 유해물질의 성분 작업의 양태 등의 측면에서 객관적으로 동일성이 인정되는 경우를 말한다.

② 다수의 종사자에게 발생한 급성중독 등 직업성 질병의 발생 원인이 동일하다고 객관적으로 증명되는 경우라면 각 종사자 간에 유해요인 노출 시기나 장소가 다르고 직업성 질병의 발병 시기가 상이하더라도 동일한 유해요인으로 판단될 수 있다.

---

10) 『중대재해처벌법 해설, 고용노동부(업무편람 · 지침)』(2021.11.17. P. 12. 참조),

(2) 『직업성 질병』이란 작업환경 및 일과 관련한 활동에 기인한 건강장해를 의미한다.

작업환경 및 일과 관련한 활동이 유일한 발병 원인이거나 그 원인이 되었을 것이 유력한 질병으로는 ① 중금속·유기용제중독 ② 생물체에 의한 감염질환 또는 ③ 기온 기압 등에 기인한 질병 등이 있다.

  * "광의의 직업성 질병"에는 직업적 요인이 개인적 소인(素因)에 부가되어 발생하는 작업관련성 질병이 포함될 수 있으며, 이 또한 예방을 위해 최대한 유해요인을 억제하기 위한 노력은 필요하나 인과관계, 예방가능성 등을 종합적으로 고려할 때 "동일한 유해요인으로 급성중독 등 대통령령으로 정하는 직업성 질병"에 포함하기 어려움이 있다.[11]

(3) 1년 이내에 3명 이상 발생

① 동일한 유해요인으로 직업성 질병자가 1년 이내에 3명이 발생한 시점에 중대산업 재해가 발생한 것으로 판단한다.

② '발생한 시점'과 관련하여 중대재해처벌법의 직업성 질병은 급성중독 등 사고성 재해와 유사하여 직업성 질병 여부 및 인과관계 등의 판단이 상대적으로 용이한 질병이므로, 유해·위험요인에 노출된 날을 특정할 수 있는 경우는 노출된 날을, 그 발생일로 특정할 수 없는 경우에는 의사의 최초 소견일 진단일을 발생일로 판단한다. 아울러 1년 이내를 판단하는 기산점은 세 번째 직업성 질병자가 발생한 시점부터 역산하여 산정한다.

③ 동일한 유해요인으로 직업성 질병이 발생한 종사자들이 하나의 사업에 소속되어 있다면 사업장이나 발생 시점을 달리하는 경우라도 중대재해처벌법의 적용대상인 중대산업재해에 해당한다고 보아야 한다.

---

11) 「중대재해처벌법 해설, 고용노동부(업무편람·지침)」(2021.11.17. P. 13. 인용),

    ① 폭염 경보가 발령된 여러 사업장에서 폭염에 노출되는 장소에서 작업을 한 경우

    ② 사업장이 여러 곳에 분포하였더라도 각 사업장의 용광로에서 광물을 제련하는 동일
    ·유사한 공정의 고열작업을 한 경우[12]

(4) 중대재해처벌법에는 '중대시민재해' 개념도 도입한다.[13]

또한, 이번 중대재해처벌법에는 공중이용시설 또는 공중교통수단 등에서 발생하는 사고의 처벌을 위해 '중대시민재해' 개념을 도입하고, '중대시민재해'로 인한 사업자나 법인 등에 대한 처벌 다음과 같이 '중대산업재해'와 동일하다.

처벌 대상 및 내용	사업주 및 경영책임자 등 • 사망자 발생한 경우: '1년 이상의 징역 또는 10억원 이하의 벌금' • 부상 및 질병 발생한 경우: '7년 이하의 징역 또는 1억원 이하의 벌금' 안전 및 보건 확보의무를 위반한 법인이나 기관 • 사망자 발생한 경우: 50억원 이하의 벌금형 • 부상 및 질병 발생한 경우: 10억원 이하의 벌금형
손해배상	• 사업주 또는 경영책임자 등이 고의 또는 중대한 과실로 안전 및 보건 의무를 위반하여 중대재해를 발생하게 한 경우, 손해액의 5배를 넘지 않는 범위 내에서 배상 책임
적용범위	• 상시근로자 5인 이상의 사업(사업장)의 사업주 또는 경영책임자 등
시행시기	• 상시근로자 50인 이상 사업장: 공포 후 1년이 경과한 날부터 시행 • 상시근로자 50인 미만 사업장: 공포 후 3년이 경과한 날부터 시행

---

12) 「중대재해처벌법 해설, 고용노동부(업무편람·지침)」(2021.11.17. p. 14. 인용),

13) **「중대재해처벌법 주요안내 교안 PPT(고용노동부)」(2021.1.26)** https://na-bee.tistory.com/253

(5) 산업안전보건법과 중대재해처벌법의 비교[14]

■ 산업안전보건법과 중대재해처벌법 비교

구분	산업안전보건법	중대재해처벌법(중대산업재해)
의무주체	**사업주**(법인사업주+개인사업주)	개인사업주, 경영책임자 등
보호대상	근로자, 수급인의 근로자, 특수형태근로종사자	근로자, 노무제공자, 수급인, 수급인의 근로자 및 노무제공자
적용범위	전 사업장 적용 (다만, 안전보건관리체제는 50인 이상 적용)	5인 미만 사업장은 적용 제외 (50인 미만 사업장은 시행)
재해정의	• 중대재해: 산업재해 중 ① 사망자 1명 이상 ② 3개월 이상 요양이 필요한 부상자 동시 2명 이상 ③ 부상자 또는 직업성 질병자 동시 10명 이상 *산업재해: 노무를 제공하는 자가 **업무와 관계되는** 건설물, 설비 등에 의하거나 **작업 또는 업무로 인하여** 사망·부상·질병	• 중대재해산업재해: 산업안전보건법 상 산업재해 중 ① 사망자 1명 이상 ② 동일한 사고로 6개월 이상 치료가 필요한 부상자 2명 이상 ③ 동일한 유해요인으로 급성중독 등 직업성 질병자 1년 내 3명 이상
의무내용	• 사업주의 안전조치 ① 프레스·공작기계 등 위험기계나 폭발성 물질 등 위험물질 사용 시 ② 굴착·발파 등 위험한 작업 시 ③ 추락하거나 붕괴할 우려가 있는 등 위험한 장소에서 작업 시 • 사업주의 보건조치 ① 유해가스나 병원체 등 위험한 물질 ② 신체에 부담을 주는 등 위험한 작업 ③ 환기·청결 등 적정기준 유지 → 산업안전보건기준에 관한 규칙에서 구체적으로 규정(680개 조문)	• 개인사업주 또는 경영책임자등의 종사자에 대한 안전·보건 확보 의무 ① 안전보건관리체계의 구축 및 이행에 관한 조치 ② 재해 재발방지 대책의 수립 및 이행에 관한 조치 ③ 중앙행정기관 등이 관계 법령에 따라 시정 등을 명한 사항 이행에 관한 조치 ④ 안전·보건 관계 법령상 의무이행에 필요한 관리상의 조치 → ①~④의 구체적인 사항은 시행령에 위임

---

14) 「**중대재해처벌법 주요안내 교안 PPT(고용노동부)**」(2021.1.26) https://na-bee.tistory.com/253

처벌수준	• **자연인** 사망: **7년 이하 징역** 또는 1억원 이하 벌금 안전·보건조치위반: 5년 이하 징역 또는 5천만원 이하 벌금 • **법인** 사망: **10억원 이하** 벌금 안전·보건조치위반: 5천만원 이하 벌금	• **자연인** 사망: **1년 이하 징역** 또는 10억원 이하 벌금(병과 가능) 부상·질병: 7년 이하 징역 또는 1억원 이하 벌금 • **법인** 사망: **50억원 이하** 벌금 부상·질병: 10억원 이하 벌금

자료출처: 「중대재해처벌법 주요안내 교안 PPT(고용노동부)」(2021.1.26)

5. 종사자

> 7. "종사자"란 다음 각 목의 어느 하나에 해당하는 자를 말한다.
>
> 가. 「근로기준법」상의 근로자
>
> 나. 도급, 용역, 위탁 등 계약의 형식에 관계없이 그 사업의 수행을 위하여 대가를 목적으로 노무를 제공하는 자
>
> 다. 사업이 여러 차례의 도급에 따라 행하여지는 경우에는 각 단계의 수급인 및 수급인과 가목 또는 나목의 관계가 있는 자

1) '중대재해처벌법' 상 "종사자"란?

① '근로기준법' 상의 근로자

② 도급, 용역, 위탁 등 계약의 형식에 관계없이 그 사업의 수행을 위하여 대가를 목적으로 노무를 제공하는 자 또는

③ 사업이 여러 차례의 도급에 따라 행하여지는 경우에는 각 단계의 수급인 및 수급인과 ①, ②의 관계에 있는 자를 말한다.

2) '근로기준법'상의 근로자

① "근로자"란 직업의 종류와 관계없이 임금을 목적으로 사업이나 사업장에 근로를 제공하는 사람을 말함(근로기준법 제2조 제1항 제1호).

② 근로기준법상 근로자에 해당하는지 여부는, 고용계약인지, 도급계약인지 관계없이 그 실질에 있어 근로자가 사업 또는 사업장에 임금을 목적으로 종속적인 관계에서 사용자에게 근로를 제공하였는지 여부에 따라 판단하여야 한다(대법원 2006.12.7. 선고 2004다20736판결).[15]

③ 공무원도 임금을 목적으로 근로를 제공하는 사람으로서 근로기준법상 근로자이므로, 중대재해처벌법 제2조제7호 가목의 종사자에 해당한다.

3) 대가를 목적으로 노무를 제공하는 자

① 근로자 외에 도급, 용역, 위탁 등 계약의 형식에 관계없이 그 사업의 수행을 위하여 대가를 목적으로 노무를 제공하는 자도 종사자에 포함된다.

② "그 사업의 수행을 위하여 대가를 목적으로 노무를 제공하는 자"란, 산업안전보건법의 특수형태근로종사자는 물론이고,

---

15) 「중대재해처벌법 해설, 고용노동부(업무편람·지침)」(2021.11.17. P. 17. 재인용), 근로기준법상의 근로자에 해당하는지 여부는 계약의 형식이 고용계약인지 도급계약인지보다 그 실질에 있어 근로자가 사업 또는 사업장에 임금을 목적으로 종속적인 관계에서 사용자에게 근로를 제공하였는지 여부에 따라 판단하여야 하고, 여기에서 종속적인 관계가 있는지 여부는 업무 내용을 사용자가 정하고 취업규칙 또는 복무(인사)규정 등의 적용을 받으며 업무 수행 과정에서 사용자가 상당한 지휘·감독을 하는지, 사용자가 근무시간과 근무 장소를 지정하고 근로자가 이에 구속을 받는지, 노무제공자가 스스로 비품·원자재나 작업도구 등을 소유하거나 제3자를 고용하여 업무를 대행케 하는 등 독립하여 자신의 계산으로 사업을 영위할 수 있는지, 노무 제공을 통한 이윤의 창출과 손실의 초래 등 위험을 스스로 안고 있는지, 보수의 성격이 근로 자체의 대상적 성격인지, 기본급이나 고정급이 정하여졌는지 및 근로소득세의 원천징수 여부 등 보수에 관한 사항, 근로 제공 관계의 계속성과 사용자에 대한 전속성의 유무와 그 정도, 사회보장제도에 관한 법령에서 근로자로서 지위를 인정받는지 등의 경제적·사회적 여러 조건을 종합하여 판단하여야 한다. 다만, 기본급이나 고정급이 정하여졌는지, 근로소득세를 원천 징수하였는지, 사회보장제도에 관하여 근로자로 인정받는지 등의 사정은 사용자가 경제적으로 우월한 지위를 이용하여 임의로 정할 여지가 크기 때문에, 그러한 점들이 인정되지 않는다는 것만으로 근로자성을 쉽게 부정하여서는 안 된다(대법원 2006.12.7. 선고 2004다29736 판결).

산업안전보건법의 특수형태근로종사자 (산업안전보건법 제77조)

○ 계약의 형식에 관계없이 근로자와 유사하게 노무를 제공하여 업무상의 재해로부터 보호할 필요가 있음에도 「근로기준법」 등이 적용되지 아니하는 사람으로서 다음 각 호의 요건을 모두 충족하는 사람을 말한다.

1. 「대통령령으로 정하는 직종」[16)]에 종사할 것
2. 주로 하나의 사업에 노무를 상시적으로 제공하고 보수를 받아 생활할 것
3. 노무를 제공할 때 타인을 사용하지 아니할 것

직종과 무관하게 다수의 사업에 노무를 제공하거나 타인을 사용하는 경우라 하더라도 이와 상관없이 대가를 목적으로 노무를 제공하는 자이기만 하면 중대재해처벌법의 종사자에 해당한다.

③ 다만 노무를 제공하는 자로서 종사자는 대가를 목적으로 하므로 호기심이나 취미로 노무를 제공하는 자 해당 사업장에 일시적으로 방문한 일반 방문자는 포함되지 않는다.

4) 수급인 및 수급인과 근로관계 또는 노무를 제공하는 관계에 있는 자

① 사업이 여러 차례의 도급에 따라 행하여지는 경우에 각 단계의 수급인과 근로계약 관계에 있는 사람, 각 단계의 수급인에게 대가를 목적으로 노무를 제공하는 사람도 종사자에 포함된다. 도급계약이 여러 단계에 걸쳐 체결된 경우에 각 단계별로 모든 수급인 및 수급인의 모든 종사자를 포함한다.

---

16) 「중대재해처벌법 해설, 고용노동부(업무편람 · 지침)」(2021.1.17. P. 18. 인용), 보험모집인, 건설기계운전자, 학습지 교사, 골프장 캐디, 택배원, 퀵서비스기사, 대출모집인, 신용카드회원 모집인, 대리운전기사, 방문판매원, 방문점검원, 가전제품 수리원, 화물차주(수출입 컨테이너 운송자, 시멘트 운송자, 철강재 운송자, 위험물질 운송자), 소프트웨어 기술자

6. 사업주

> 8. '사업주'란 자신의 사업을 영위하는 자, 타인의 노무를 제공받아 사업을 하는 자를 말한다.

1) '사업주'의 개념

자신의 사업을 영위하는 자, 타인의 노무를 제공받아 사업을 하는 자를 말한다. 자신의 '사업을 영위하는 자'란 타인의 노무를 제공받음이 없이 자신의 사업을 영위하는 자를 말하므로, 중대재해처벌법에 따른 사업주는 근로자를 사용하여 사업을 하는 자로 한정하고 있는 산업안전보건법에 따른 사업주보다 넓은 개념이다.

2) 중대재해처벌법의 수범자로서 '개인사업주'

중대재해처벌법이 산업안전보건법과 달리 제반 의무를 개인으로서의 사업주와 경영책임자등에게 부과[17]하고, 개인사업주가 아닌 사업주를 경영책임자등과 구분하여 법인 또는 기관으로 표현하고 있는 점에 비추어 볼 때 중대재해처벌법 제3조 이하에서 규정하는 사업주는 행위자로서 개인사업주만을 의미한다.

7. 경영책임자등[18]

> 9. "경영책임자등"이란 다음 각 목의 어느 하나에 해당하는 자를 말한다.
> 　가. 사업을 대표하고 사업을 총괄하는 권한과 책임이 있는 사람 또는 이에 준하여 안전보건에 관한 업무를 담당하는 사람
> 　나. 중앙행정기관의 장, 지방자치단체의 장, 「지방공기업법」에 따른 지방공기업의 장,

---

17) 제3조(적용범위) 상시 근로자가 5명 미만인 사업 또는 사업장의 사업주(개인사업주에 한정한다. 이하 같다) 또는 경영책임자등에게는 이장의 규정을 적용하지 아니한다.

「공공기관의 운영에 관한 법률」 제4조부터 제6조까지의 규정에 따라 지정된 공
공기관의 장

1) '경영책임자 등'의 개념

(1) 경영책임자등이란,

① 사업을 대표하고 사업을 총괄하는 권한과 책임이 있는 사람 또는 이에 준하
여 안전보건에 관한 업무를 담당하는 사람

② 중앙행정기관의 장, 지방자치단체의 장, '지방공기업법'에 따른 지방공기업의
장, 「공공기관의 운영에 관한 법률」 제4조부터 제6조까지의 규정에 따라 지
정된 공공기관의 장을 말한다.

(2) 중대재해처벌법은 사업의 대표자이자 사업 경영의 총괄책임자에게 종사자의
중대산업재해를 예방하도록 안전 및 보건확보 의무를 부여하고 있다.

2) 사업을 대표하고 사업을 총괄하는 권한과 책임이 있는 사람

① '사업을 대표하고 사업을 총괄하는 권한과 책임이 있는 사람'이란, 대외적으로
해당 사업을 대표하고, 대내적으로 해당 사업의 사무를 총괄하여 집행할 권한
과 책임이 있는 사람을 말한다.

② 경영책임자등은 사업을 대표하고 사업을 총괄하는 권한과 책임이 있는 사람
이라는 점에서 통상적으로 기업의 경우에는 상법상 주식회사의 경우 그 대
표이사, 중앙행정기관이나 공공기관의 경우에는 해당 기관의 장을 말한다.

* **상법 제389조(대표이사)** ① 회사는 이사회의 결의로 회사를 대표할 이사를 선정하여
야 한다.

다만, 형식상의 직위나 명칭에 관계없이 '실질적으로' 사업을 대표하고 사업을 총
괄하는 권한과 책임이 있는 사람이 안전·보건 확보의무 이행에 관한 최종적인 의

---

18) 「중대재해처벌법 해설, 고용노동부(업무편람·지침)」(2021.11.17. PP. 21~23. 인용)

사결정권을 가진다고 볼 수 있는 경우에는 그가 경영책임자에 해당할 수 있다.

따라서 해당 사업에서의 ① 직무, ② 책임과 권한 및 ③ 기업의 의사결정 구조 등을 종합적으로 고려하여 최종적으로 경영책임자등에 해당하는지를 판단하여야 한다. 또한 경영책임자등과 현장소장, 공장장 등 대표이사의 지시를 받아 개별 사업장에서 생산활동을 총괄하는 자는 개념상 구별되어야 한다.

3) 사업을 대표하고 사업을 총괄하는 권한과 책임이 있는 사람에 준하여 안전보건에 관한 업무를 담당하는 사람

① "이에 준하여 안전보건에 관한 업무를 담당하는 사람"이란, 사업 또는 사업장 전반의 안전 및 보건에 관한 조직, 인력, 예산 등에 관하여 대표이사 등 경영책임자에 준하여 총괄하는 권한과 책임을 가지는 등 최종 결정권을 가진 사람을 의미한다.

따라서 안전보건 업무를 전담하는 최고책임자라 하더라도 사업 경영대표자 등으로부터 사업 또는 사업장 전반의 안전·보건에 관한 조직 인력 예산에 관한 총괄 관리 및 최종 의사결정권을 위임받은 경우로 평가될 수 있는 경우가 아니라면 "이에 준하여 안전보건에 관한 업무를 담당하는 사람"으로 볼 수 없다.

4) 경영책임자등의 특정[19]

① 중대재해처벌법은 원칙적으로 사업을 대표하고 사업을 총괄하는 권한과 책임이 있는 자, 즉 경영을 대표하는 자의 안전 및 보건에 관한 의무와 역할을 규정한 것으로 중대재해처벌법상 의무와 책임의 귀속 주체는 원칙적으로 사업을 대표하고 사업을 총괄하는 권한과 책임이 있는 자이다.

② 사업을 대표하고 사업을 총괄하는 권한과 책임이 있는 자 외에 안전 및 보건에 관한 업무를 담당하면서 그에 관한 최종적인 의사결정권을 행사할 수 있는 사람이 있다면, 그 역시 경영책임자등에 해당할 수 있으므로 제4조 또는

---

19) 「중대재해처벌법 해설, 고용노동부(업무편람 · 지침)」(2021.11.17. PP. 23~24. 인용)

제5조의 안전 및 보건 확보의무 이행의 주체가 될 수 있고, 동 의무 불이행에 대한 책임도 부담할 수 있다.

"이에 준하여 안전보건에 관한 업무를 담당하는 사람"이 선임되어 있다는 사실만으로도 사업을 대표하고 사업을 총괄하는 권한과 책임이 있는 사람의 의무가 면제된다고는 볼 수 없다.

③ 경영책임자에 해당하는 사람이 여러 명이 있는 경우는, 개별 사안마다 안전 및 보건 확보의무 불이행에 관한 최종적 의사결정권의 행사나 그 결정에 관여한 정도를 구체적으로 고려하여 형사책임이 부과되어야 한다.

【 적용 유형 】[20)]

① 사업을 대표하고 사업을 총괄 관리하는 사람이 2명 이상인 경우(공동대표)
  ○ 사업을 대표하고 사업을 총괄하는 권한과 책임이 있는 사람이 2명 이상 있다면 2명 모두 경영책임자가 될 수 있으며, 안전 및 보건 확보의무도 역시 공동으로 부여된 것으로 볼 수도 있다.
  ○ 특히 복수의 대표이사가 있는 경우 회사 내에서의 ① 직무, ② 책임과 권한 및 ③ 기업의 의사결정 구조 등을 종합적으로 고려하여 실질적으로 해당 사업에서 최종 경영책임자가 누구인지를 판단할 수 있을 것이다.

② 하나의 법인에 복수의 사업 부문을 두는 경우
  ○ 하나의 법인에 두 개 이상의 사업이 있고 각각의 사업을 대표하고 총괄하는 권한과 책임이 있는 자가 있고, 각 사업 부문이 독립성을 가지고 분리되어 있어 별개의 사업으로서 평가될 수 있는 경우에는 각 사업을 대표하고 총괄하는 권한과 책임이 있는 사람이 각자 해당 사업 부문의 경영책임자에 해당할 수 있다.

③ 복수의 사업 부문의 대표가 있으면서, 법인을 대표하고 사업 전체를 총괄하는 대표가 별도로 있는 경우
  ○ 사업 부문별 대표가 각 사업 부문의 조직, 인력, 예산 등 경영의 독립성을 가지고 별개의 사업으로서 운영되는 경우에 원칙적으로는 각 사업 부문별 대표가 경영책임자에 해당한다.

다만, 여러 사업 부문들을 총괄하는 차원에서 해당 사업 부문의 경영상의 중요한 의사 결정을 총괄대표가 하거나 부문별 대표와 공동으로 하는 경우에는 법인 내에서의 직위나 직무, 해당 사업 부문에서 실질적인 권한 행사 등 기업의 의사결정 구조에 따른 영향력 등을 종합적으로 고려하여 사업을 총괄하는 대표가 경영책임자에 해당하는지 여부를 판단하여야 할 것이다.

【 개념상의 비교 】[21]

① 경영책임자등 vs 안전보건관리책임자 vs 사업경영담당자
  - ○ 중대재해처벌법의 "경영책임자등"은 사업 전체를 대표하고 사업을 총괄하는 권한과 책임이 있는 자 또는 이에 준하여 안전보건에 관하여 업무를 담당하는 자임
  - ○ 산업안전보건법의 "안전보건관리책임자"는 '하나의 사업장을 단위'로 하여 산업안전보건법 제15조제1호부터 제9호까지의 업무를 총괄하는 자를 말함
  - * 산업안전보건법 제15조(안전보건관리책임자) ① 사업주는 사업장을 실질적으로 총괄하여 관리하는 사람에게 해당 사업장의 다음 각 호의 업무를 총괄하여 관리하도록 하여야 한다.
1. 사업장의 산업재해 예방계획의 수립에 관한 사항
  - – 안전보건관리책임자는 ① 하나의 사업 '장'을 관리 단위로, ② 산업재해 예방에 관한 사항들에 대한 사업주의 업무를 총괄관리하고, 안전관리자, 보건관리자를 지휘·감독하며, ③ 산업안전보건법의 안전보건관리체제 하에서 그 역할이 의무화되어 있는 자를 의미한다.
  - – 다만, 특정 법인사업주가 운영하는 사업장이 하나이거나 복수이더라도 법인의 대표자가 특정 사업 또는 사업장의 안전보건관리책임자에 해당하는 경우에는 안전보건관리책임자임과 동시에 중대재해처벌법상 경영책임자등에 해당할 수 있다.
  - ○ 근로기준법의 "사업경영담당자"는 사업주가 아니면서도 사업 경영 일반에 관하여 책임을 지는 자로서, 사업 경영의 전부 또는 일부에 대하여 포괄적 위임을 받아 대외적으로 사업을 대표하거나 대리하는 자를 말한다.
  - * 근로기준법 제2조(정의) 2. "사용자"란 사업주 또는 사업 경영 담당자, 그 밖에

---

20) 「중대재해처벌법 해설, 고용노동부(업무편람·지침)」(2021.11.17. P. 24. 인용)

근로자에 관한 사항에 대하여 사업주를 위하여 행위하는 자를 말한다.

　　　*【예시】 법인등기부상 대표이사직에서 사임했으나 실제로는 회장으로서 회사를 사실상 경영하여 온 경우 법상 사용자에 해당(대법원 1997.11.11. 선고 97도 813 판결)

　○ 사업경영담당자의 중대재해처벌법상 지위는

　- 사업경영담당자로서 사업주로부터 사업 경영의 전부를 위임받은 사람은 중대재해 처벌법 제2조제9호가목의 "사업을 대표하고 사업을 총괄하는 권한과 책임이 있는 사람"에 해당할 수 있다.

② 중대재해처벌법의 경영책임자 vs 산업안전보건법의 대표이사

　○ 중대재해처벌법의 경영책임자는 사업을 대표하고 사업을 총괄하는 권한과 책임이 있는 자로서 예산, 인력, 조직 등 사업 경영에 '실질적인 결정 권한'을 가지는 자를 말한다.

　○ 산업안전보건법상 회사의 정관에서 정한 절차에 따라 매년 안전 및 보건에 관한 계획을 수립하여 이사회에 보고하고 승인을 받아야 할 의무가 있는 대표이사란, 그 의무 이행의 주체로서 법률상의 지위를 의미한다.

　- 구체적으로, 산업안전보건법 제14조에 따르면 ① 상법상 주식회사 중 ② 상시 근로 자 500명 이상을 사용하는 회사이거나 시공능력 순위 1,000위 이내의 건설회사의 대표이사에게 안전 및 보건에 관한 사항에 관하여 이사회 보고 의무를 부과하는 것으로서 '대표이사'라는 회사 내 '직위'에 기초한 의무이며 대표이사에 갈음하여 대표집행임원을 둔 주식회사의 경우에는 대표집행임원이 이를 담당하도록 하고 있다.

　- 상법상의 대표이사는 원칙적으로 사업을 대표하고 사업을 총괄하는 권한과 책임이 있으므로 중대재해처벌법에 따른 경영책임자에 해당한다.

---

21) 「중대재해처벌법 해설, 고용노동부(업무편람 · 지침)」(2021.11.17. PP. 25~26. 인용)

8. 공공부문의 경영책임자 등[22]

1) 정부부처 및 지방자치단체, 공공기관, 지방공기업 등

① "중앙행정기관의 장"은 정부조직법(제2조 제2항)에 따라 설치된 부·처·청과 방송통신위원회, 공정거래위원회, 국민권익위원회, 금융위원회, 개인정보보호 위원회, 원자력 안전위원회 등 행정기관의 장을 의미한다.

– 정부조직법에서 "중앙행정기관"으로 규정하지 않는 대법원, 국회, 감사원 등 헌법 기관 등의 경우에는 제2조 제9호 가목에 따라 경영책임자를 판단하여야 한다.

   * 사업을 대표하고 사업을 총괄하는 권한과 책임이 있는 사람 또는 이에 준하여 안전 보건에 관한 업무를 담당하는 사람

② "지방자치단체의 장"은, 지방자치법 제2조 제1항의 특별시, 광역시, 특별자치 시, 도, 특별자치도 및 시, 군, 구의 "장"을 의미한다.

③ "공공기관"의 경우, 지방공기업법에 따른 지방공기업의 장, 공공기관의 운영 에 관한 법률 제4조부터 제6조까지의 규정에 따라 지정된 공공기관의 장이 경영책임자에 해당한다.

– 공공기관의 운영에 관한 법률 제4조부터 제6조까지의 규정에 따라 지정된 공 공기관 이외의 공공기관의 경우에는 제2조 제9호 가목에 따라 경영책임자를 판단하여야 한다.

2) 학교의 경우

* 고등교육법 제3조(국립·공립·사립학교의 구분) 학교는 국가가 설립·경영 하거나 국가가 국립대학 법인으로 설립하는 국립학교, 지방자치단체가 설 립·경영하는공립학교(설립주체에 따라 시립학교·도립학교로 구분할 수 있 다), 학교법인이 설립·경영하는 사립학교로 구분한다.

---

22) 「중대재해처벌법 해설, 고용노동부(업무편람·지침)」(2021.11.17. PP. 27~30. 인용)

(1) 국립학교

① 국가가 설립·경영하는 국립학교 중 국립대학: 국립대학 총장

- 국립대학을 대표하며 국립대학의 경영을 총괄하는 권한과 책임이 총장에게 있으므로 총장이 경영책임자에 해당한다.

② 개별 법률에 따라 법인으로 설립된 국립대학법인인 서울대학교, 인천대학교: 총장

- 총장이 국립대학 법인을 대표하며 국립대학 법인의 업무를 총괄하므로 각 국립대학의 총장이 경영책임자에 해당한다.

  * 국립대학법인 서울대학교 설립·운영에 관한 법률 제6조(총장) ① 국립대학법인 서울대학교에 학교의 장으로서 총장을 둔다.

③ 그 외 국립 초·중·고등학교 각 중앙행정기관의 장

- 관련 법령에 따라 각 해당 학교를 설립·운영하는 중앙행정기관의 장이 사업을 대표하고 사업을 총괄하는 권한과 책임이 있는 사람이므로 각 중앙행정기관의 장이 경영책임자에 해당한다.

* 【예시】 ① 국립국악고등학교: 문화체육관광부(국립 국악·전통예술학교 설치령)
　　　　 ② 구미전자공업고등학교: 중소기업벤처부(국립공업고등학교 설치령)
　　　　 ③ 부산해사고등학교: 해양수산부(국립해사고등학교 설치령)
　　　　 ④ 선진학교, 한국우진학교: 교육부(국립학교 설치령)

(2) 공립학교: 교육감

① 지방자치단체의 교육·과학·기술·체육 그 밖의 학예에 관한 사무는 특별시·광역 시 및 도의 자치사무이다(교육자치법 제2조).

② 교육자치법은 지방자치단체의 교육·학예에 관한 자치사무의 집행기관으로 교육감을 두고 있으며, 지방자치단체의 장이 지방자치단체를 대표하고 그 사무를 총괄하듯이 교육·학예에 관한 사항에 대해서는 교육감이 지방자치단체를 대표하고 그 사무를 총괄하는 자에 해당한다(지방자치법 제121조 교육자치법 제3조).

- 따라서 지방자치단체의 교육·학예에 관한 사무(공립학교)를 대표하고 해당 사무를 총괄하는 권한과 책임이 있는 교육감이 경영책임자에 해당한다.

(3) 사립학교: 학교법인의 이사장

① "사립학교"란 학교법인, 공공단체 외의 법인 또는 그 밖의 사인이 설치하는 유아교육법 제2조 제2호, 초·중등교육법 제2조 및 고등교육법 제2조에 따른 학교를 말한다(사립학교법 제2조 제1호).
- "학교법인"이란 사립학교만을 설치·경영할 목적으로 이 법에 따라 설립되는 법인을 말하며 학교법인이 아닌 자는 사립학교를 설치·경영할 수 없다.
② 사립학교는 이사장이 학교법인을 대표하고, 사립학교법과 각 법인의 정관에 따라 규정된 직무를 수행하며, 학교법인 내부의 사무를 총괄하므로, 사립학교를 설치·운영하는 학교법인의 이사장이 학교법인의 운영을 대표하고 학교의 운영을 총괄하는 권한과 책임이 있는 경영책임자에 해당한다.

(4) 국립대학 병원: 국립대학병원 원장

① 서울대학교를 제외한 국립대학병원은 국립대학병원 설치법에 법인으로 설치하도록 하고, 대학병원에 원장 1명을 두며 원장이 대학병원을 대표하고 대학병원의 업무를 총괄하도록 규정하고 있다(국립대학병원 설치법 제2조 제14조).
- 따라서, 국립대학병원의 경우 병원장이 사업을 대표하고 사업을 총괄하는 권한과 책임이 있는 사람으로서 경영책임자에 해당한다.
② 서울대학교병원 설치법에 따라 설립된 서울대학교병원은 법인으로 하고(동법 제2조), 대학병원에 원장 1명을 두되, 원장이 대학병원을 대표하며 대학병원의 업무를 총괄하도록 규정하고 있으므로(동법 제10조 제2항) 원장이 경영책임자에 해당한다.

9. 적용범위와 적용시기[23]

1) 적용 범위(동법 제3조)

> 동 법 제3조(적용범위) 상시 근로자가 5명 미만인 사업 또는 사업장의 사업주(개인사업주에 한정한다.) 또는 경영책임자등에게는 이 장의 규정을 적용하지 아니한다.

(1) 의의

① 중대재해처벌법은 중대산업재해에 관한 규정이 적용되는 "사업 또는 사업장"의 범위를 상시 근로자 수를 기준으로 정하도록 한다.

② 중대산업재해는 원칙적으로 상시 근로자가 5명 이상인 사업 또는 사업장의 경영책임자등(개인사업주를 포함함)에게 적용된다.

(2) 사업 또는 사업장의 개념

〈원칙〉

① 중대재해처벌법은 기업의 안전보건관리체계 미비로 인해 일어나는 중대재해 사고를 사전에 방지하기 위하여 사업을 대표하는 경영책임자등에 대한 처벌 규정을 두고 있다. 이러한 입법취지 등을 고려할 때 법 제3조에서 말하는 "사업 또는 사업장"이란 경영상 일체를 이루면서 유기적으로 운영되는 기업 등 조직 그 자체를 의미하며, 사업장이 장소적으로 인접할 것을 요하지 않는다.

② 따라서 장소적 개념에 따라 사업장 단위로 법의 적용범위를 판단하여서는 안 된다. 원칙적으로 본사와 생산업무를 담당하는 공장, 학교법인 산하의 대학교와 그 부속 병원은 '하나의 사업 또는 사업장'으로 보아야 한다.

---

23) 「중대재해처벌법 해설, 고용노동부(업무편람·지침)」(2021.11.17. PP. 31~38. 인용)

〈대법원 2018. 7. 26. 선고 2018도7650판결〉[24]

같은 법 제28조 제2항의 입법취지는, 하나의 사업 내에서 직종(예컨대 사무직과 생산직), 직위(예컨대 고위직과 하위직), 업종(예컨대 제조업과 서비스업)별로 서로 다른 퇴직금제도를 두어 차별하는 것을 금지하고 하나의 퇴직금제도를 적용하게 하고자 함에 있는 것이므로, 거기에서 말하는 "사업"은 특별한 사정이 없는 한 경영상의 일체를 이루는 기업체 그 자체를 의미한다 할 것이고, 따라서 경영상의 일체를 이루면서 유기적으로 운영되는 기업조직은 하나의 사업으로 파악하여야 할 것이므로, 피고 공사 시청료 징수원의 담당업무는 같은 법 제28조 제2항의 적용에 있어서 단일 기업체인 피고 공사라는 하나의 사업의 일부분에 지나지 않는다고 보아야 할 것이다

③ 또한 사업의 종류, 영리·비영리 여부를 불문한다.

　아울러 사업이 일회적이거나, 사업 기간이 일시적인 경우에도 법의 적용 대상이다(대법원 1994. 10.25. 선고 94다21979 판결).

(3) 상시 근로자 기준

① 상시 근로자에 포함되는 근로자 범위

Ⓐ 사업 또는 사업장의 상시 근로자란 근로기준법상 근로자를 말한다.

　개인사업주나 법인 또는 기관과 기간의 정함이 없는 근로계약을 체결한 근로자, 기간제 근로자뿐만 아니라 일용근로자도 포함된다.

Ⓑ 다만 도급, 용역, 위탁 등 계약의 형식에 관계없이 그 사업의 수행을 위하여 대가를 목적으로 노무를 제공하는 자, 도급, 용역, 위탁 등을 행한 제3자의 근로자는 안전 및 보건 확보의무 대상은 되지만 해당 사업 또는 사업장의 상시 근로자에는 포함되지 않는다. 따라서 상시 근로자가 5명 미만인 개인사업주나 법인 또는 기관에서 노무를 제공하는 특수형태근로종사자, 플랫폼종사자 등이 5명 이상인 경우에도 해당 사업 또는 사업장은 법의 적용대상이 아니다.

---

24) 「중대재해처벌법 해설, 고용노동부(업무편람·지침)」(2021.11.17. P. 35. 재인용)

ⓒ 도급인 소속의 상시 근로자가 5명 이상인 경우에는 수급인 소속의 상시 근로자가 5명 미만으로 수급인이 이 법의 적용을 받지 아니 하되, 도급인은 수급인과 수급인의 근로자 및 노무를 제공하는 자에 대해 안전 및 보건 확보의무를 부담해야 한다.

반대로, 도급인 소속 상시 근로자는 5명 미만이지만 수급인 소속 근로자는 5명 이상인 경우 도급인인 개인사업주나 법인 또는 기관은 법의 적용대상이 아니지만 수급인은 법의 적용 대상이다.

ⓓ 파견근로자는 '파견 중인 근로자의 파견근로에 관하여는 사용 사업주를 산업안전보건법 제2조 제4호의 사업주'로 보며(파견법 제35조),

* 산업안전보건법 제2조(정의) 4. "사업주"란 근로자를 사용하여 사업을 하는 자를 말한다. 도급, 용역, 위탁 등의 관계에서만 적용되는 안전 및 보건 확보의무를 별도로 규정하고 있는 체계 등을 고려할 때 파견근로자는 개인사업주나 법인 또는 기관의 상시 근로자에 포함된다.[25]

* 파견법 34조(「근로기준법」의 적용에 관한 특례) ① 파견 중인 근로자의 파견근로에 관하여는 파견사업주 및 사용사업주를 「근로기준법」 제2조 제1항 제2호의 사용자로 보아 같은 법을 적용한다. 다만, 「근로기준법」 제15조부터 제36조까지, 제39조, 제41조부터 제43조까지, 제43조의2, 제43조의3, 제44조, 제44조의2, 제44조의3, 제45조부터 제48조까지, 제56조, 제60조, 제64조, 제66조부터 제68조까지 및 제78조부터 제92조까지의 규정을 적용할 때에는 파견사업주를 사용자로 보고, 같은 법 제50조부터 제55조까지, 제58조, 제59조, 제62조, 제63조, 제69조부터 제74조까지, 제74조의2 및 제75조를 적용할 때에는 사용사업주를 사용자로 본다.

* 제35조(「산업안전보건법」의 적용에 관한 특례) ① 파견 중인 근로자의 파견근로에 관하여는 사용사업주를 「산업안전보건법」 제2조 제4호의 사업주로 보아 같은 법을 적용한다. 이 경우 「산업안전보건법」 제29조 제2항을 적용할 때에는 "근로자를 채용할 때"를 "근로자파견의 역무를 제공받은 경우"로 본다.

---

25) 「중대재해처벌법 해설, 고용노동부(업무편람 · 지침)」(2021.11.17. P. 34. 참조)

○ 사무직 근로자

직무의 종류에 따른 법의 적용 제외 여부를 규정하고 있지 않으므로 해당 사업 또는 사업장의 상시 근로자가 모두 사무직인 사업 또는 사업장에도 중대재해처벌법이 적용된다.

○ 공무원

공무원이라는 사정만으로 근로자에 해당되지 않는 것은 아니므로 법에서 적용을 배제하는 규정이 없는 한 상시 근로자에 포함된다.

○ 외국인 근로자

우리나리 사업 또는 사업장에서 노무를 제공하는 외국인의 근로 계약에 대한 준거법은 우리나라 법이므로 상시 근로자 수를 산정할 때 해당 외국인 근로자를 포함한다.

외국인 근로자가 불법으로 입국하였거나 체류자격이 만료된 불법 체류자인지 여부는 상시 근로자 여부 판단과 관계가 없다.

〈대법원 1995.9.15. 선고 94누12067 판결〉[26]

… 외국인고용제한규정이 이와 같은 입법목적을 지닌 것이라고 하더라도 이는 취업자격 없는 외국인의 고용이라는 사실적 행위 자체를 금지하고자 하는 것뿐이지 나아가 취업자격 없는 외국인이 사실상 제공한 근로에 따른 권리나 이미 형성된 근로관계에 있어서의 근로자로서의 신분에 따른 노동관계법상의 제반 권리 등의 법률효과까지 금지하려는 규정으로는 보기 어렵다 할 것이다.

외국인이 취업자격이 아닌 산업연수 체류자격으로 입국하여 구 산업재해보상 보험법(1994.12.22. 법률 제4826호로 전문개정되기 전의 것)의 적용대상이 되는 사업장인 회사와 고용계약을 체결하고 근로를 제공하다가 작업 도중 부상을 입었을 경우, 비록 그 외국인이 구 출입국관리법상의 취업자격을 갖고 있지 않았다 하더라도 그 고용 계약이 당연히 무효라고 할 수 없고, 위 부상 당시 그 외국인은 사용 종속 관계에서 근로를 제공하고 임금을 받아 온 자로서 근로기준법 소정의 근로자였다 할 것이므로 구 산업재해보상보험법상의 요양급여를 받을 수 있는 대상에 해당한다.

② 상시 근로자 수 산정방법

    Ⓐ 먼저 '상시'라는 말의 의미는 상태(常態)라고 하는 의미로서 근로자의 수가 때때로 5명 미만이 되는 경우가 있어도 사회통념에 의하여 객관적으로 판단하여 상태적으로 5명 이상이 되는 경우에는 상시 근로자가 5명 이상 사업 또는 사업장에 해당한다. 여기의 근로자에는 해당 사업장에 계속 근무하는 근로자뿐만 아니라 그때그때의 필요에 의하여 사용하는 일용근로자를 포함한다(대법원 2000.3.14. 선고 99도1243 판결).

    Ⓑ 2022.1.27. 법 시행 후 개인사업주나 법인 또는 기관의 상시 근로자 수가 5명 이상이 된 날부터 법이 적용되어 개인사업주나 법인 또는 기관의 경영책임자등에게는 법 제4조 및 제5조에 따른 안전 및 보건 확보의무가 발생한다.

    – 다만 법 제6조의 적용에서는 개인사업주 또는 경영책임자가 법 제4조 또는 제5조를 위반하여 중대산업재해가 발생하여야 하므로 중대산업재해가 발생한 날에도 상시 근로자 수가 5명 이상이어야 한다.

2) 적용시기(동법 부칙 제1조)

> 동법 부칙 제1조(시행일) ① 이 법은 공포 후 1년이 경과한 날부터 시행한다.
> 다만, 이 법 시행 당시 개인사업자 또는 상시 근로자가 50명 미만인 사업 또는 사업장 (건설업의 경우에는 공사금액 50억 원 미만의 공사)에 대해서는 공포 후 3년이 경과한 날부터 시행한다.

(1) 원칙

① 이 법은 공포 후 1년이 경과한 날인부터 시행함

② 예외, 다만 이 법 시행 당시의 상황이나 ~ ③ 구체적인 사례 판단 등은 (생략)

  * 구체적인 내용은 원문 참조 바람.[27]

---

26)「중대재해처벌법 해설, 고용노동부(업무편람 · 지침)」(2021.11.17. P. 35. 재인용)

10. 안전 및 보건 확보의무[28]

1) 개인사업주와 경영책임자등의 안전 및 보건 확보의무

법 제4조(사업주와 경영책임자 등의 안전 및 보건 확보의무) ① 사업주 또는 경영책임자 등은 사업주나 법인 또는 기관이 실질적으로 지배·운영·관리하는 사업 또는 사업장에서 종사자의 안전·보건상 유해 또는 위험을 방지하기 위하여 그 사업 또는 사업장의 특성 및 규모 등을 고려하여 다음 각 호에 따른 조치를 하여야 한다.
1. 재해예방에 필요한 인력 및 예산 등 안전보건관리체계의 구축 및 그 이행에 관한 조치
2. 재해 발생 시 재발방지 대책의 수립 및 그 이행에 관한 조치
3. 중앙행정기관·지방자치단체가 관계 법령에 따라 개선, 시정 등을 명한 사항의 이행에 관한 조치
4. 안전·보건 관계 법령에 따른 의무이행에 필요한 관리상의 조치
② 제1항제1호·제4호의 조치에 관한 구체적인 사항은 대통령령으로 정한다.

(1) 의의

① 중대재해처벌법은 개인사업주 또는 경영책임자등에게 개인사업주나 법인 또는 기관이 실질적으로 지배·운영·관리하는 사업 또는 사업장에서 일하는 모든 종사자에 대한 안전 및 보건 확보의무를 부과한다.

② 동 법 제6조는 개인사업주 또는 경영책임자등이 동 법 제4조 및 제5조에 따른 안전 및 보건 확보의무를 위반하여 중대산업재해에 이르게 한 경우 처벌하므로 안전 및 보건 확보의무는 중대재해처벌법의 핵심 사항이다.

③ 사업 또는 사업장에서 종사자의 안전·보건상 유해 또는 위험을 방지하기 위해 사업 또는 사업의 특성 및 규모 등을 고려하여 조치해야 하는 "안전 및 보건 확보의무"에는 다음과 같은 것이 있다.

---

27) 「중대재해처벌법 해설, 고용노동부(업무편람·지침)」(2021.11.17. P. 35. 참조)
28) 「중대재해처벌법 해설, 고용노동부(업무편람·지침)」(2021.11.17. PP. 31~38. 인용)

Ⓐ 재해예방에 필요한 안전보건관리체계의 구축 및 이행

Ⓑ 재해 발생 시 재발 방지 대책의 수립 및 이행

Ⓒ 중앙행정기관·지방자치단체가 관계 법령에 따라 개선 시정 등을 명한 사항의 이행

Ⓓ 안전·보건 관계 법령에 따른 의무이행에 필요한 관리상 조치임

(2) 보호 대상

① 안전·보건상 유해 또는 위험의 방지는 '종사자'를 대상으로 하며, 종사자는

Ⓐ 개인사업주나 법인 또는 기관이 직접 고용한 근로자뿐만 아니라,

Ⓑ 도급, 용역, 위탁 등 계약의 형식에 관계없이 대가를 목적으로 노무를 제공하는 자 Ⓒ 각 단계별 수급인, 수급인의 근로자와 수급인에게 대가를 목적으로 노무를 제공하는 자 모두를 포함하는 개념이다.

(3) 개인사업주나 법인 또는 기관이 실질적으로 지배·운영·관리하는 사업 또는 사업장

① "개인사업주나 법인 또는 기관"이란?

사업주로서 자신의 사업을 영위하는 자, 타인의 노무를 제공받아 사업을 하는 자로 사업 운영에 따른 경영상 이익의 귀속 주체를 의미한다.

② "실질적으로 지배·운영·관리하는"이란?

하나의 사업 목적 하에 해당 사업 또는 사업장의 조직, 인력, 예산 등에 대한 결정을 총괄하여 행사하는 경우를 의미한다.

③ 개인사업주 또는 경영책임자등은 개인사업주나 법인 또는 기관이 실질적으로 지배·운영·관리하는 사업 또는 사업장의 종사자라면 계약의 형식에 관계없이 대가를 목적으로 노무를 제공하는 자, 각 단계별 수급인 그리고 수급인의 근로자와 수급인에게 대가를 목적으로 노무를 제공하는 자 모두의 안전과 건강을 위하여 안전 및 보건 확보의무를 이행하여야 한다.

(4) 안전 및 보건확보의무 이행[29]

① 법 제4조(사업주와 경영책임자 등의 안전 및 보건확보의무 체계)

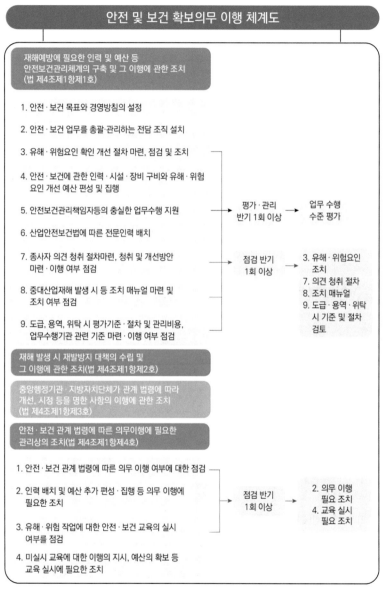

자료출처: 「중대재해처벌법 따라하기, 고용노동부(산재예방지원과)」[30]

---

29) 「중대재해처벌법 따라하기, 고용노동부(산재예방지원과)」(2022.3.6. P. 21. 인용)
30) 「중대재해처벌법 따라하기, 고용노동부(산재예방지원과)」(2022.3.6. P. 21. 인용)

② 실행 방법

　　○ 경영책임자는 경영방침에 사업장 내 모든 종사자에게 안전하고 건강한 환경을 제공한다는 확고한 의지와 신념을 반영해야 한다.

　　－ 중소규모 기업일수록 경영책임자 1인의 관심과 실천 여부에 따라서 안전보건 관리체계 구축의 성과가 좌우된다.

　　－ 경영방침의 내용은 종사자와 협의하여 작성할 필요가 있고 경영책임자가 서명하고 그 내용을 행동으로 옮김으로써 의지를 강조해야 한다.

　　○ 안전·보건 목표는 기업 전체, 본사, 부서별로 설정하고 최종목표 이외에 과정 중심(재해 예방 활동) 목표를 포함하여 측정 및 평가가 가능하도록 설정해야 한다.

　　○ 중소기업의 경우 중대재해가 발생할 가능성이 높은 위험요소를 1~2개로 특정할 수 있다면 이에 대한 예방 활동을 목표로 설정한다.

2) 안전보건관리체계의 구축 및 그 이행에 관한 조치

(1) 의의

① 안전보건관리체계의 구축 및 이행

　　Ⓐ "안전보건관리체계의 구축 및 이행"이란 근로자를 비롯한 모든 일하는 사람의 안전과 건강을 보호하기 위해 기업 스스로 유해하거나 위험한 요인을 파악하여 제거·대체 및 통제 방안을 마련·이행하며, 이를 지속적으로 개선하는 일련의 활동을 의미한다.

　　Ⓑ 중대재해처벌법의 '안전보건관리체계'는 산업안전보건법 제2장 제1절의 '안전보건관리체제'와는 구별된다.

　　－ 산업안전보건법에서 규정한 '체제'는 사업장의 안전보건관리에 관여하는 조직의 구성과 역할을 규정할 때 사용하는 용어이고, '체계'는 조직 구성과 역할을 넘어서 사업장의 안전보건 전반의 운영 또는 경영을 정할때 사용하는 용어다.

- 따라서 중대재해처벌법이 개인사업주 또는 경영책임자등에게 요구하는 바는 단순히 조직의 구성과 역할 분담을 정하라는 의미에 한정되는 것이 아니라 종사자의 안전과 보건이 유지되고 증진될 수 있도록 사업 전반을 운영하라는 의미로 이해해야 한다.

(2) 중대재해처벌법 시행령에서는 그 내용을 아래의 9가지로 구성한다.

① 안전·보건 목표와 경영방침의 설정

② 안전·보건 업무를 총괄·관리하는 전담 조직 설치

③ 유해·위험요인 확인 개선 절차 마련, 점검 및 필요한 조치

④ 재해예방에 필요한 안전·보건에 관한 인력·시설·장비 구비와 유해·위험요인 개선에 필요한 예산 편성 및 집행

⑤ 안전보건관리책임자등의 충실한 업무수행 지원(권한과 예산 부여, 평가기준 마련 및 평가·관리)

⑥ 산업안전보건법에 따른 안전관리자, 보건관리자 등 전문인력 배치

⑦ 종사자 의견 청취 절차 마련, 청취 및 개선방안 마련·이행 여부 점검

⑧ 중대산업재해 발생 시 등 조치 매뉴얼 마련 및 조치 여부 점검

⑨ 도급, 용역, 위탁 시 산재예방 조치 능력 및 기술에 관한 평가기준·절차 및 관리비용, 업무수행기관 관련 기준 마련·이행 여부 점검

(3) 중대재해처벌법과 안전보건관리체계 구축

① 중대재해처벌법의 근본적인 목적은 중대재해의 예방임

  Ⓐ 따라서 1차적으로 사업 또는 사업장의 재해 이력, 현장 종사자의 의견 청취, 동종업계의 사고 발생 사례 및 전문가 진단 등을 통해 중대산업재해를 유발할 수 있는 '유해·위험요인의 확인'이 무엇보다도 중요하다.

  Ⓑ 나아가 확인된 유해·위험요인을 원천적으로 제거하거나 지속적으로 통제하기 위한 수단 및 절차를 마련하고, 현장에서 안전조치 및 보건조치의 확

실한 이행을 뒷받침할 수 있는 적정한 조직·인력, 예산의 투입과 모니터링 체계를 갖추어야 한다.

② 안전보건관리체계 구축에 관한 9가지 의무사항의 이행은?

면밀하게 파악된 의무사항은 유해·위험요인을 중심으로 유기적으로 연계되어야 한다. 모든 기업 기관은 사업 또는 사업장의 규모 특성 등에 따른 각기 다른 유해·위험요인을 가지고 있고 인력 및 재정 사정 등도 다르므로 유해·위험 요인을 통제하는 구체적 수단 방법을 일률적으로 정하기 어려우며 기업 여건에 맞게 자율적인 판단이 이루어져야 한다.

3) 사업 또는 사업장의 안전 및 보건에 관한 목표와 경영방침을 설정할 것[31]

> 시행령 제4조제1호 사업 또는 사업장의 안전·보건에 관한 목표와 경영방침을 설정할 것

(1) 의의

① 개인사업주 또는 경영책임자등은?

개인사업주나 법인 또는 기관이 실질적으로 지배·운영·관리하는 사업 또는 사업장의 특성 및 규모 등을 고려하여 종사자의 안전·보건상 유해 또는 위험을 방지하기 위한·안전 보건에 관한 목표와 경영방침을 설정하여야 한다.

② 개인사업주 또는 경영책임자등의 안전과 보건에 관한 인식 및 정책에 관한 결정 방향에 따라 안전 및 보건에 관한 조직, 인력, 예산 등 안전보건관리체계구축, 이와 연계된 각 사업장의 안전 조치 및 보건조치까지 종국적으로 영향을 받게 되는 구조이므로, 중대산업재해 예방을 위해서는 경영책임자등의 안전·보건 중심의 경영시스템 마련에 대한 전반적인 인식과 역할이 중요하다.

---

31) 「중대재해처벌법 해설, 고용노동부(업무편람·지침)」(2021.11.17. P. 44. 인용)

③ 안전·보건에 관한 목표와 경영방침은 산업안전보건법 제14조가 규정하는 대표 이사의 안전 및 보건에 관한 계획과 상당 부분 중복될 수 있다.

다만 대표이사가 수립하여 보고하는 안전보건계획은 '매년' 사업장의 상황을 고려한 안전보건 경영계획이라면 중대재해처벌법이 요구하는 '안전·보건에 관한 목표'와 '경영방침'은 사업을 수행하면서 각 부문에서 항상 고려하여야 하는 안전보건에 관한 기본적인 경영철학과 의사결정의 일반적인 지침이 담겨 있어야 한다.

(2) 안전·보건에 관한 목표와 경영방침[32]

① "안전·보건에 관한 목표와 경영방침"이란?

사업 또는 사업장의 안전·보건에 관한 지속적인 개선 및 실행 방향을 의미한다. 경영책임자의 안전·보건에 관한 목표와 의지 그리고 철학을 넘어서서 안전·보건에 관한 지속적인 개선 노력 등이 종사자에게 효과적으로 전달될 수 있다고 평가될 때 비로소 안전·보건에 관한 목표와 이를 위한 경영방침 수립 등을 안전 및 보건확보의무의 이행으로 평가할 수 있다.

② 안전·보건에 관한 목표와 경영방침은?

목표와 경영방침은 자율적으로 설정하되, 추상적이고 일반적인 내용에 그쳐서는 안 되고, 사업 내 개별사업 또는 사업장의 특성, 유해·위험요인 규모 등을 고려한 실현 가능한 구체적인 내용을 담고 있어야 한다.

Ⓐ 안전·보건에 관한 목표 중 단기적으로 달성될 수 없는 것이 있다면 중장기적 관점에서의 시계열적 목표를 설정하고 그 구현을 위한 세부적인 로드맵을 담는 것이 바람직하다.

Ⓑ 안전·보건에 관한 목표와 경영방침은 종사자 등 구성원이 공감하고 인식할 수 있도록 하여야 하며, 목표실행을 위해 함께 노력하도록 하여야 한다. 따라서 개인사업주 또는 경영책임자등은 목표와 경영방침 수립과정에서 종사자 등 구성원들과의 협의 등 의견수렴 절차를 거치는 것이 바람직하다.

또한 안전·보건에 관한 목표와 경영방침을 수립하는 것에서 그치는 것이 아

---

32) 「중대재해처벌법 해설, 고용노동부(업무편람·지침)」(2021.11.17. P. 44. 인용)

니라 사업 또는 사업장의 종사자 모두가 그 목표와 경영방침을 인식하고 실천할 수 있도록 사업장 내 게시하는 등의 방법으로 알려야 한다.

ⓒ 특히 반복적인 재해 등에도 불구하고 이를 감소하기 위한 경영적 차원에서의 노력이나 구체적인 대책 방안 등을 반영한 목표나 경영방침을 수립하지 아니한 경우에는 안전 및 보건을 확보하기 위한 수단으로서의 목표나 경영방침 수립을 명백히 해태한 것으로 볼 수 있다.[33]

<u>안전·보건에 관한 목표와 경영방침 수립시 고려할 사항</u>

❍ 사업 또는 사업장의 유해·위험 요인 등 특성과 조직 규모에 적합한 것으로 수립하여야 한다.

❍ 달성 가능한 내용으로서 측정 가능하거나 성과평가가 가능한 것으로 수립하여야 한다.

❍ 안전·보건에 관한 목표와 경영방침 간에는 일관성이 있어야 한다.

❍ 종사자 및 이해관계자 등이 공감할 수 있어야 하며, 종사자와의 협의를 통해 수립하는 것이 바람직하며 종사자가 인식하고 함께 노력하여야 한다.

❍ 목표를 수정할 필요가 생겼을 때는 필요에 따라 목표를 수정하여 추진하는 것이 합리적이다.

4) 안전·보건에 관한 업무를 총괄·관리하는 전담 조직을 둘 것[34]

시행령 제4조제2호 「산업안전보건법」 제17조부터 제19조까지 및 제22조에 따라 <u>두어야 하는 인력이 총 3명 이상이고</u>, 다음 각 목의 어느 하나에 해당하는 사업 또는 사업장인 경우에는 안전·보건에 관한 업무를 총괄·관리하는 전담 조직을 둘 것. 이 경우 나목에 해당하지 않던 건설사업자가 나목에 해당하게 된 경우에는 공시한 연도의 다음 연도 1월 1일까지 해당 조직을 두어야 한다.

---

33) 「중대재해처벌법 해설, 고용노동부(업무편람·지침)」(2021.11.17. P. 46. 인용)
34) 「중대재해처벌법 해설, 고용노동부(업무편람·지침)」(2021.11.17. P. 47. 인용)

가. 상시 근로자 수가 500명 이상인 사업 또는 사업장

나.「건설산업기본법」제8조 및 같은 법 시행령 별표 1에 따른 토목건축공사업에 대해 같은 법제23조에 따라 평가하여 공시된 시공능력의 순위가 상위 200위 이내인 건설사업자

(1) 의의

① 개인사업주나 법인 또는 기관이 모든 사업장에 두어야 하는 Ⓐ **안전관리자**, Ⓑ **보건관리자**, Ⓒ **안전보건관리담당자**, Ⓓ **산업보건의가 총 3명 이상**이며,

② 상시 근로자 수가 500명 이상인 사업 또는 사업장이거나 시공능력 순위가 상위 200위 이내인 종합건설업체의 개인사업주나 경영책임자등은, 사업 또는 사업장의 안전·보건에 관한 업무를 총괄·관리하는 전담 조직을 두어야 한다.

(2) 안전·보건에 관한 업무를 총괄·관리하는 전담 조직

① 전담 조직은 경영책임자의 안전 및 보건 확보의무 이행을 위한 집행 조직 으로서 실질적으로 법 제4조 및 제5조에 따른 의무를 총괄하여 관리할 수 있어야 한다.

– 구체적으로는 사업 또는 사업장의 안전보건관리체계를 관리·감독하는 등 개인사업주 또는 경영책임자등을 보좌하고 개인사업주나 법인 또는 기관의 안전·보건에 관한 컨트롤타워로서의 역할을 하는 조직을 의미한다.

② '안전·보건에 관한 업무를 총괄·관리한다'는 것의 의미는,

– 중대재해처벌법령 및 안전·보건 관계 법령에 따른 종사자의 안전·보건상 유해·위험 방지 정책의 수립이나 안전·보건 전문인력의 배치, 안전·보건 관련 예산의 편성 및 집행관리 등 법령상 필요한 조치의 이행이 이루어지도록 하는 등 사업 또는 사업장의 안전 및 보건확보의무의 이행을 총괄 관리하는 것을 말한다.

- 다만 사업장의 모든 안전조치 및 보건조치 등 안전 및 보건에 관한 업무를 전담 조직에서 직접적으로 수행하라는 뜻은 아니다.

③ 전담 '조직'이란 특정한 목적을 달성하기 위한 집단으로 다수인의 결합체를 의미한다.
- 전담 조직의 구성원은 '2명 이상'이어야 하되, 안전·보건에 관한 업무를 총괄·관리하는 조직의 인원, 자격 등 구성 방법에 관하여 규정하고 있지 않으므로, 사업 또는 사업장의 특성, 규모 등을 고려하여 법 제4조 및 제5조에 따른 안전·보건에 관한 업무를 총괄·관리할 수 있는 합리적인 인원으로 구성된 조직을 두어야 한다.
- 개인사업주 또는 경영책임자등은 사업장이 여러 곳에 분산되어 있는 경우에 사업장 현장별로 두어야 하는 안전관리자 등 외에 개인사업주나 법인 또는 기관 단위에서 별도의 인력으로 조직을 구성하여야 한다.
- 전담 조직의 구체적인 권한과 조직원의 자격 및 인원 등은 사업 또는 사업장의 특성과 규모 등을 종합적으로 고려하여 자율적으로 정할 수 있으나 단지 형식적인 수준에 그쳐서는 안 된다.

④ '전담' 조직으로 두도록 규정하고 있으므로
- 해당 조직은 부서장과 해당 부서원 모두 안전·보건에 관한 업무만 총괄·관리하여야 하며 안전 보건과 무관하거나 생산관리 일반 행정 등 안전·보건과 목표의 상충이 일어날 수 있는 업무를 함께 수행할 수 없다.
- 안전·보건에 관한 업무를 총괄·관리하는 전담 조직은 특정 사업장의 안전·보건이 아닌 전체 사업 또는 사업장을 총괄·관리하여야 한다.
- '전담 조직'은 안전보건관리책임자 등이 안전조치 및 보건조치 등 각 사업장의 안전·보건 관리를 제대로 하고 있는지를 확인함은 물론 이를 지원하는 등 총괄하고 관리하는 역할을 수행하여야 한다.

(3) 안전·보건에 관한 업무를 총괄·관리하는 전담 조직을 두어야 하는 사업 또는 사업장의 범위35)

① 개인사업주나 법인 또는 기관이 개별 사업장에 두어야 하는 안전관리자, 보건관리자, 안전보건관리담당자, 산업보건의의 수를 개인 사업주나 법인 또는 기관 단위에서 합산하여 총 3명 이상인 사업 또는 사업장일 것

   Ⓐ 안전관리자:「산업안전보건법」제17조 및「산업안전보건법 시행령」별표3

   Ⓑ 보건관리자:「산업안전보건법」제18조 및「산업안전보건법 시행령」별표5

   Ⓒ 안전보건관리담당자:「산업안전보건법」제19조 및「산업안전보건법 시행령」제24조

   Ⓓ 산업보건의:「산업안전보건법」제22조 및「산업안전보건법 시행령」제29조

❍ 금융 및 보험업, 사회복지 서비스업 등과 같이 산업안전보건법의 안전관리자 등 전문인력의 배치 의무가 없는 사업 또는 사업장인 경우에는 안전·보건에 관한 업무를 총괄·관리하는 전담 조직을 두지 않을 수 있다.36)

* 【예시】

  금융 및 보험업(대분류), 사회복지 서비스업(대분류), 광업지원서비스업(중분류), 컴퓨터 프로그래밍·시스템 통합 및 관리업(중분류), 정보서비스업(중분류), 전문 서비스업(중분류), 건축기술·엔지니어링 및 기타 과학기술 서비스업(중분류) 등

  ※ 기타 상세한 내용은 별첨 안전관리자, 보건관리자, 산업보건의 및 안전보건관리 담당자의 배치기준 참조

❍ 사업 또는 사업장에 안전관리자 등 전문 인력을 두도록 할 것인지 여부는 해당사업 또는 사업장의 규모와 위험도를 고려한 것으로,

– 안전관리자의 업무를 안전관리전문기관에 위탁하여 각 사업장에 안전관리자를 실제로 배치하지 않은 경우에도 안전관리자 등을 배치하여야 하는 기준에 따라 해당 사업 또는 사업장인지를 판단하여야 한다.

---

35)「중대재해처벌법 해설, 고용노동부(업무편람·지침)」(2021.11.17. P. 50. 인용)
36)「중대재해처벌법 해설, 고용노동부(업무편람·지침)」(2021.11.17. P. 50. 인용)

- **도급인이 관계수급인 근로자의 전담 안전관리자를 선임한 경우**, 수급인이 해당 사업장에 대해 안전관리자를 별도로 둘 필요는 없으나, 수급인의 안전관리자 배치 의무 자체가 없어지는 것은 아니므로 수급인도 요건을 충족하는 경우 전담 조직을 두어야 한다.[37]

* 산업안전보건법 시행규칙 제10조(도급사업의 안전관리자 등의 선임) 안전관리자 및 보건관리자를 두어야 할 수급인인 사업주는 영 제16조제5항 및 제20조제3항에 따라 도급인인 사업주가 다음 각 호의 요건을 모두 갖춘 경우에는 안전관리자 및 보건관리자를 선임하지 않을 수 있다.
  1. 도급인인 사업주 자신이 선임해야 할 안전관리자 및 보건관리자를 둔 경우
  2. 안전관리자 및 보건관리자를 두어야 할 수급인인 사업주의 사업의 종류별로 상시 근로자 수(건설공사의 경우에는 건설공사 금액을 말한다. 이하 같다)를 합계하여 그 상시 근로자 수에 해당하는 안전관리자 및 보건관리자를 추가로 선임한 경우

○ 특히 산업안전보건법에 따라 배치해야 하는 안전관리자 등 전문 인력의 수와 실제 배치한 전문 인력의 수가 다른 경우에도,

- 시행령 제4조 제2호는 같은 조 제6호와는 다르게 "다른 법령에 달리 정한 경우 이에 따른다."는 내용을 규정하고 있지 않으므로 모든 사업장에 두어야 하는 안전관리자 등의 수의 합이 3명 이상인 경우에는 전담 조직을 두어야 한다.

- 따라서 기업 활동 규제완화에 관한 특별조치법에 따라 '배치한 것으로 간주되는 산업안전보건법에 따른 안전관리자 등 전문 인력도 개인사업주나 법인 또는 기관이 모든 사업장에 두어야 하는 전문 인력의 수 산정 시 포함하여야 한다.

---

37) 「중대재해처벌법 해설, 고용노동부(업무편람 · 지침)」(2021.11.17. P. 51. 인용)

② 상시 근로자 수가 500명 이상인 사업 또는 사업장 또는 「건설산업기본법」
제8조 및 같은 법 시행령 별표 1에 따른 토목건축공사업에 대해 같은 법
제23조에 따라 평가하여 공시된 시공능력의 순위가 상위 200위 이내인
건설사업자일 것

○ "상시 근로자 수가 500명 이상인 사업 또는 사업장일 것"

- 상시 근로자 수는 사업 또는 사업장 단위이므로 개인사업주나 법인 또
  는 기관이 여러 사업장으로 구성된 경우, 개인사업주나 법인 또는 기관
  의 모든 사업장의 상시 근로자 수의 합이 500명 이상인지 여부를 판단
  하여야 한다.

- 도급, 용역, 위탁 등을 행한 제3자의 근로자나 근로기준법상의 근로자가
  아닌 노무를 제공하는 자는 개인사업주나 법인 또는 기관의 상시 근로
  자 수 산정에는 포함하지 않는다.

○ 건설산업기본법 제8조 및 같은 법 시행령 별표 1에 따른 토목건축공사업
  에 대해 같은 법 제23조에 따라 평가하여 공시된 "시공능력의 순위가 상위
  200위 이내인 건설사업자"일 것

* 건설산업기본법 제8조 및 같은 법 시행령 별표 1에 따른 토목건축공사업에 대해 같은
  법 제23조에 따라 평가하여 공시된 시공능력의 순위가 상위 200위 이내인 건설사업자
  (시행령 제4조제2호나목) ※국토교통부 건설정책과에서 매년 7월 말 발표

- 다만, 건설사업자의 경우 전년도 시공능력 순위가 200위 범위 밖에 있다가
  200위 이내로 평가된 경우에는 시공능력 순위를 공시한 연도의 다음 연도
  1월 1일까지 전담 조직을 두어야 한다.

- 시공능력 순위가 상위 200위가 되지 않는 건설사업자인 경우에도 해당 건
  설사의 상시 근로자 수가 500명 이상인 경우는 전담 조직을 두어야 한다.

(4) 사업 또는 사업장의 유해·위험요인의 확인·개선에 대한 점검[38]

> **시행령 제4조제3호** 사업 또는 사업장의 특성에 따른 유해·위험요인을 확인하여 개선하는 업무절차를 마련하고, 해당 업무절차에 따라 유해·위험요인의 확인 및 개선이 이루어지는지를 반기 1회 이상 점검한 후 필요한 조치를 할 것. 다만, 「산업안전보건법」 제36조에 따른 위험성 평가를 하는 절차를 마련하고, 그 절차에 따라 위험성평가를 직접 실시하거나 실시하도록 하여 실시 결과를 보고받은 경우에는 해당 업무절차에 따라 유해·위험요인의 확인 및 개선에 대한 점검을 한 것으로 본다.

① 의의
○ **개인사업주 또는 경영책임자등은?**
- 사업 또는 사업장의 특성에 따른 유해 위험요인을 확인·개선하는 업무 절차를 마련하고, 해당 절차에 따라 유해·위험요인이 확인·개선되고 있는지를 반기 1회 이상 점검한 후 점검 결과에 따라 필요한 조치를 하여야 한다.
- 다만 산업안전보건법 제36조에서 위험성평가를 하는 절차를 마련하고, 그 절차에 따라 위험성평가를 실시한 경우에는 위의 업무절차에 따른 유해·위험요인의 확인 및 개선에 대한 점검을 한 것으로 간주한다.

○ 개인사업주 또는 경영책임자등으로 하여금 기업이 '스스로' 건설물, 기계·기구, 설비 등의 유해·위험요인을 찾아내어 그 위험성을 평가하고 유해·위험요인의 제거·대체 및 통제방안을 마련하고 이행하며 이를 지속적으로 개선하도록 하려는 것이다.
- 유해·위험요인의 확인 및 개선은 유해 위험요인을 사전에 찾아내어 위험성을 추정하고 위험성의 크기에 따라 예방 대책을 마련하는 것으로 안전보건관리체계의 첫걸음이라고 할 수 있다.

---

38) 「중대재해처벌법 해설, 고용노동부(업무편람·지침)」(2021.11.17. P. 53. 인용)

○ 유해·위험요인의 확인·점검 및 개선은 적극적으로 위험을 발굴하고, 작업방식, 안전·보건 조치의 적용에 대해 감독을 하여 위험을 최소화하기 위한 것으로

− 유해·위험요인의 점검에 그칠 것이 아니라 적극적으로 작업방식을 변경하거나 유해·위험물질을 대체하는 등 유해·위험 요인을 제거하고 통제하되, 제거나 통제가 되지 않을 때에는 작업 중지를 하거나 개인에게 적절한 보호 장구를 지급하는 등 조치를 하는 것을 모두 포함한다.

○ **개인사업주 또는 경영책임자등은?**

− 유해·위험요인의 확인 및 개선 시 대책의 적절성, 개선 진행상황 및 개선 완료 여부를 주기적으로 검토하여야 하며

− 위험요소의 제거·대체, 공학적·행정적 통제, 개인 보호구 제공여부 등을 검토하여 위험성이 합리적인 수준 이하로 감소되도록 관리하여야 한다.

> * 지난 2008년 2월 비준한 ILO '제155호 산업안전보건 협약(1981년)'에도 합리적으로 실행 가능한 한도 내에서 기업이 취해야 할 조치(위험이 없도록 보장)와 사업장 차원에서의 합의되어야 하는 사항에 대해 규정되어 있음

− 다만 경영책임자등이 사업 또는 사업장의 유해·위험요인에 대한 확인 등을 직접 하여야 하는 것은 아니며, 사업장 내 유해·위험요인에 대한 확인 및 개선이 가능하도록 하는 절차를 마련하고, 그 절차대로 사업장에서 이행되고 있는지를 점검하는 등 관리토록 하려는 것이다.

② **유해·위험요인을 확인·개선하는 업무절차의 마련**[39]

○ **"유해·위험요인을 확인·개선하는 업무절차"란?**

− 사업 또는 사업장의 특성에 따른 업무로 인한 유해·위험요인의 확인 및 개선 대책의 수립·이행까지 이르는 일련의 절차를 의미한다.

− 개인사업주 또는 경영책임자등은 업무처리 절차가 체계적으로 마련되도록 함

---

39) 「중대재해처벌법 해설, 고용노동부(업무편람·지침)」(2021.11.17. P. 55. 인용)

은 물론 각 사업장에서 그 절차가 실효성 있게 작동하고 있는지 여부를 주기적으로 점검하고 확인하도록 하는 내부 규정을 마련하는 등 일정한 체계를 구축하여야 한다.

- 또한 유해·위험요인의 확인 및 개선은 Ⓐ 기계·기구, 설비 원재료 등의 신규 도입 또는 변경 Ⓑ 건설물·기계·기구·설비 등의 정비·보수 시 및 Ⓒ 작업방법·절차의 변경 등이 실행되기 전에 실시하여 위험성을 제거한 후 작업할 수 있도록 하여야 하며, 정기적으로 확인하여 현재 관리되고 있는 위험성 감소 대책의 실효성을 지속적으로 확보할 수 있도록 하여야 한다.

○ "유해·위험요인을 확인하는 절차"는?
- 누구나 자유롭게 사업장의 위험요인을 발굴하고 신고할 수 있는 창구를 포함하여 개인사업주 또는 경영책임자등이 사업장의 유해·위험요인을 파악하는 체계적인 과정을 의미한다.
- 유해·위험요인의 확인 절차에는 사업장에서 실제로 유해·위험작업을 하고 있는 종사자의 의견을 청취하는 절차를 포함하여야 한다.
- 소속근로자뿐만 아니라 상시 노무를 제공하는 모든 종사자 및 유지보수 작업, 납품을 위해 일시적으로 출입하는 모든 사람들이 제기한 유해·위험요인을 확인하는 절차를 마련하여야 한다.
- 첫째, 사업장 내 모든 기계·기구 설비 현황을 파악하고 기계·기구·설비마다 위험 요소를 세부적으로 확인하되, 특히 해당 사업장에서 산업 재해가 발생하였던 기계·기구·설비는 반드시 위험요인으로 분류하여야 하며, 동종업계에서 발생한 산업재해도 위험요인으로 작용할 여지가 없는지 확인하는 것이 필요하다.
  둘째, 화재·폭발·누출의 위험이 있는 화학물질과 건강에 위해를 끼칠 우려가 있는 화학물질, 물리적 인자 등을 파악하되, 특히 화학물질의 경우에는 화학제품의 제조·수입자가 의무적으로 제공하는 물질안전보건자료(MSDN)에 있는 화학물질의 명칭, 유해·위험성 정보, 번호 등을 확인하는 절차를 포함하여야 하며, 이를 통해 파악한 화학제품에 함유된 물질이 고용노동부 고시 「화학물질 및 물리적인자의 노출 기준」 별표 1에 해당한다면 유해인자로 분류하여야 한다.[40]

셋째, 기계·기구·설비, 유해인자 및 재해 유형과 연계하여 위험장소와 위험작업을 파악하도록 하되, 유해·위험요인을 가장 잘 아는 현장 작업자가 참여할 수 있도록 하여야 한다.

○ "유해·위험요인을 개선하는 절차"는?

– 첫째, 확인된 유해·위험요인을 체계적으로 분류 관리하고 유해·위험 요인별로 세거·대체·통제하는 방안을 마련하여야 하며, 현장작업자, 관리감독자, 안전보건담당자와 함께 개선방안을 마련하여야 한다.

– 둘째, 해당 사업장에서 발생할 수 있는 다양한 재해유형별로 산업안전보건법령, 산업안전보건기준에 관한 규칙 등을 참고하여 위험 기계·기구·설비, 유해인자, 위험장소 및 작업 방법에 대한 안전조치 및 보건조치 여부를 확인 후 조치가 되어 있지 않으면 유해·위험요인이 제거, 대체, 통제 등 개선될 때까지는 원칙적으로 작업을 중지하고 조치가 완료된 후 작업을 개시하도록 하는 내용을 포함하여야 한다.

③ '유해·위험요인의 확인 및 개선이 이루어지는지'를 반기 1회 이상 점검[41]

○ 개인사업주 또는 경영책임자등은 각각의 사업장에서 위 업무절차에 따라 유해·위험요인을 확인하고, 확인된 유해·위험요인을 제거·대체·통제 등 개선 조치가 이루어지고 있는지 여부를 점검하여야 한다.

– 점검은 사업장마다 반기 1회 이상 실시하여야 하며, 반드시 모든 사업장에 대한 짐검을 동시에 하여야 하는 것은 아니다.

---

40)「중대재해처벌법 해설. 고용노동부(업무편람·지침)」(2021.11.17. P. 56. 인용)
41)「중대재해처벌법 해설. 고용노동부(업무편람·지침)」(2021.11.17. P. 61. 인용)

○ 한편, 해당 사업장의 안전관리책임자나 안전관리자 등 전문인력 또는 안전·보건 관리업무를 위탁받은 업체는 사업장의 유해·위험요인에 대한 확인 개선 업무를 담당하는 것이며,

− 사업장 유해·위험요인에 대한 확인·개선 업무 이행 여부에 대한 점검까지 동일한 주체에 의해 수행되는 것은 바람직하지 않다.

○ 산업안전보건법 제36조에 따른 위험성평가 제도를 도입하고 해당 절차에 따라 위험성평가를 실시하고, 개인사업주 또는 경영책임자등이 그 결과를 보고받은 경우에는 그 확인·개선 절차 마련 및 점검을 한 것으로 볼 수 있다.

− 다만 사업장이 여러 곳에 분산되어 있는 사업 또는 사업장에서 일부 사업장에 대해서만 위험성평가를 실시한 경우에는 모든 사업 사업장에 대해 유해·위험요인의 확인 및 개선에 대한 점검을 한 것으로 볼 수 없다.

④ **유해·위험요인의 확인·개선에 대한 점검 후 필요한 조치[42)]**

○ 개인사업주나 법인 또는 기관은 유해·위험요인의 확인 및 개선의 이행에 대한 점검에 그치는 것이 아니라,

− 점검 후 유해·위험요인에 대한 개선 조치가 제대로 이행되지 않은 경우에는 유해·위험요인의 제거, 대체, 통제 등 개선 될 수 있도록 하는 필요한 조치를 하여야 한다.

− '필요한 조치'는 서류상으로 기록을 남겨두는 것이 중요한 것이 아니라 해당 유해·위험 수준에 맞는 실질적인 조치가 현장에서 '직접' 이루어질 수 있도록 하여야 한다.

⑤ **산업안전보건법 제36조에 따른 위험성평가[43)]**

○ **"위험성평가"란**

− 유해·위험요인을 파악하고 해당 유해·위험요인에 의한 부상 또는 질병의 발

---

42) 「중대재해처벌법 해설, 고용노동부(업무편람 · 지침)」(2021.11.17. P. 62. 인용)
43) 「중대재해처벌법 해설, 고용노동부(업무편람 · 지침)」(2021.11.17. P. 63. 인용)

생 가능성(빈도)과 중대성(강도)을 추정·결정하고 그 결과에 따라 감소대책을 수립하여 실행하는 일련의 과정을 말한다.

- 개인사업주나 법인 또는 기관의 경영책임자가 「사업장 위험성평가에 관한 지침(제2020-53호)」에 따른 위험성평가 절차를 도입하고, 해당절차에 따라 각각의 사업장마다 유해·위험요인을 파악하고 이를 평가하여 관리 개선하는 등 위험성평가를 실시하거나 사업장에서 실시하도록 한 후 그 실시 결과를 보고받은 경우에는 위의 유해·위험요인 확인·개선에 대한 점검을 한 것으로 본다.

○ 다만 유해·위험요인 확인·개선에 대한 점검을 한 것으로 보는 경우에도, 개인사업주나 법인 또는 기관은 그 점검 결과에 따른 필요한 조치는 별도로 하여야 한다.

- 따라서 위험성평가 결과를 보고 받은 후 사업장에서 유해·위험요인의 개선 조치가 제대로 이행되지 않아 별도의 조치가 있어야 함이 확인되었음에도 필요한 조치를 하지 않은 경우에는 해당 의무를 이행한 것으로 볼 수 없다.

위험성평가(산업안전보건법 제36조)[44]

개념: 유해·위험요인을 파악하고 해당 유해·위험요인에 의한 부상 또는 질병의 발생 가능성과 중대성을 추정·결정하고 감소대책을 수립하여 시행하는 일련의 과정

실시 주체: 위험성평가는 사업주가 주체가 되어 안전보건관리책임자, 관리감독자, 안전관리자·보건관리자 또는 안전보건관리담당자, 대상 작업의 근로자가 참여하여 각자 역할을 분담하여 실시하도록 하고 있다.

절차: ① 평가대상의 선정 등 사전준비 → ② 근로자의 작업과 관계되는 유해·위험 요인의 파악 → ③ 파악된 유해·위험요인별 위험성의 추정 → ④ 추정한 위험성이 허용 가능한 위험성인지 여부의 결정 → ⑤ 위험성 감소대책 수립 및 실행 → ⑥ 위험성평가 실시내용 및 결과에 관한 기록

---

44) 「중대재해처벌법 해설, 고용노동부(업무편람·지침)」(2021.11.17. P. 64. 인용)

유형: 최초평가/ 정기평가(매년)/수시평가(시설·공정 변경 시, 산재발생 시 등)[45)]

구분	최초평가	정기평가	수시평가
실시 시기	사업장 설립일로부터 1년 이내 실시	최초평가 후 매년 정기적으로 실시	다음 각 호의 어느 하나에 해당하는 계획이 있는 경우에는 해당 계획의 실행을 착수하기 전에 실시 1. 사업장 건설물의 설치·이전·변경 또는 해체 2. 기계·기구, 설비, 원재료 등의 신규 도입 또는 변경 3. 건설물, 기계·기구, 설비 등의 정비 또는 보수 (주기적·반복적 작업으로서 정기평가를 실시한 경우에는 제외) 4. 작업방법 또는 작업절차의 신규 도입 또는 변경 5. 중대산업사고 또는 산업재해(휴업 이상의 요양을 요하는 경우에 한정한다) 발생 6. 그 밖에 사업주가 필요하다고 판단한 경우

❖ 위험성평가의 법적 근거

○ 산업안전보건법 제36조(위험성평가의 실시)

○ 산업안전보건법 시행규칙 제37조(위험성평가 실시내용 및 결과의 기록·보존)

○ ① 산업안전보건법 제15조 및 동법 시행규칙 제9조(안전보건관리책임자의 업무),

② 산업안전보건법 제16조 및 동법 시행령 제15조(관리감독자의 업무 등),

③ 산업안전보건법 제17조 및 동법 시행령 제17조(안전관리자의 업무 등),

④ 산업안전보건법 제18조 및 동법 시행령 제22조(보건관리자의 업무 등),

⑤ 산업안전보건법 제19조 및 동법 시행령 제25조(안전보건관리담당자의 업무),

⑥ 산업안전보건법 제62조 및 동법 시행령 제53조(안전보건총괄책임자의 직무 등)

○ 고용노동부고시 제2020-53호(사업장 위험성평가에 관한 지침)

---

45) 「중대재해처벌법 해설, 고용노동부(업무편람·지침)」(2021.11.17. P. 64. 인용)

【참고】 위험성평가 실시 흐름도[46]

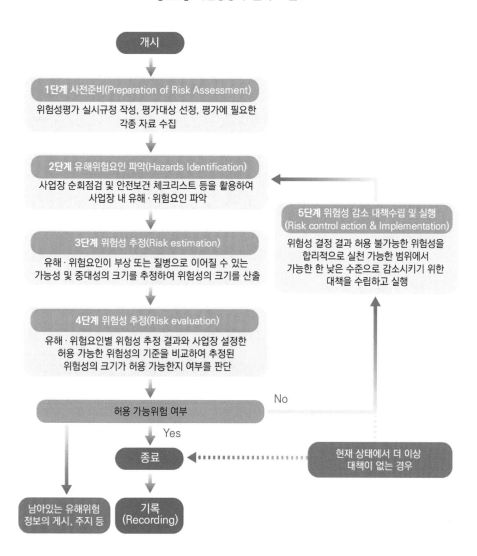

해설: 영국이나 미국의 경우도 사전에 위험도 평가를 철저하게 실시해 대형 재난을 미연에 방지하는 시스템을 취하고 있다. 진정 계획에 그치지 말고 실행하는 것이 제일 중요하다.

---

46) 「중대재해처벌법 해설, 고용노동부(업무편람 · 지침)」(2021.11.17. P. 65. 인용)

제2절

"중대시민재해" 용어 정의 및 해석 편[47)]

1. 중대시민재해(국토교통분야 중대시민재해 예방 가이드라인)[49)]

중대재해처벌법 제2조

동 법 제2조(정의) 이 법에서 사용하는 용어의 뜻은 다음과 같다.[48)]

1. "중대재해"란 "중대산업재해"와 "중대시민재해"를 말한다.

2. 2항 "중대산업재해"부분은 생략

3. "중대시민재해"란 특정 원료 또는 제조물, 공중이용시설 또는 공중교통수단의 설계, 제조, 설치, 관리상의 결함을 원인으로 하여 발생한 재해로서 다음 각 목의 어느 하나에 해당하는 결과를 야기한 재해를 말한다. 다만, 중대산업재해에 해당하는 재해는 제외한다.

   가. 사망자가 1명 이상 발생

   나. 동일한 사고로 2개월 이상 치료가 필요한 부상자가 10명 이상 발생

   다. 동일한 원인으로 3개월 이상 치료가 필요한 질병자가 10명 이상 발생

---

47) 「중대재해처벌법 중대산업재해 해설서, 고용노동부(업무편람 · 지침)」(2021.11.17).

48) https://law.go.kr/법령/중대재해처벌법(2024.6.21)

49) 이 가이드라인은 국토교통분야의 공중이용시설 및 공중교통수단을 운영하는 기업 또는 기관이 중대재해처벌법 및 같은 법 시행령에 따른 의무를 이행하는 데 참고할 사항 및 적용 예시 등을 정리한 것으로, 법적인 효력이 있는 것은 아니다. 기업 또는 기관의 특성, 공중이용시설 또는 공중교통수단의 유형 및 규모 등을 종합적으로 고려하여 활용하기 위함이다.

1) 공중이용시설 또는 공중교통수단의 중대시민재해

(1) 재해 발생 요건 및 원인

○ 중대시민재해는 공중이용시설 또는 공중교통수단의 설계, 제조, 설치, 관리상의 결함으로 인해 발생한 재해이다.

- 따라서, 법률 및 시행령에서 규정한 공중이용시설 또는 공중교통수단 외의 시설, 차량, 물체, 공작물 등을 원인으로 하여 발생한 재해는 재해 범위나 규모가 중대시민재해의 조건에 해당되더라도 중대시민재해가 아니다.

○ 또한, 설계, 제조, 설치, 관리상의 결함이란, 시설, 설비, 부품, 자재 등 그 자체의 원인에 의한 것으로,

- 이용자의 부주의가 원인이 된 사고 또는 「재난 및 안전관리 기본법」 제3조 제1호 가목의 **자연재난***으로 인한 사고 등 공중이용시설 또는 공중교통수단을 운영하는 기업 또는 기관의 관리범위를 벗어나는 사항이 중대재해를 발생하게 한 사고 원인인 경우는 일반적으로 중대시민재해에 해당하지 않는다.

※ 자연재난: 태풍, 홍수, 호우, 강풍, 풍랑, 해일, 대설, 한파, 낙뢰, 가뭄, 폭염, 지진, 황사, 조류 대발생, 조수, 화산활동, 소행성·유성체 등 자연우주물체의 추락·충돌, 그 밖에 이에 준하는 자연현상으로 인하여 발생하는 재해

※ 다만, 공중이용시설 또는 공중교통수단의 설계, 설치, 제조, 관리상의 결함과 이용자의 부주의, 자연재난 등이 중첩적으로 작용하여 중대재해 발생의 원인이 된 경우에는 경우에 따라 중대시민재해에 해당할 수 있다.

(2) 재해 발생 대상(재해자)의 범위

○ 법률 또는 시행령에서 재해자의 범위를 공중이용시설 또는 공중교통수단의 이용자로 한정하지 않고, 법률 제정 목적을 '시민의 생명과 신체를 보호'로 하며(법률 제1조),

○ 사업주와 경영책임자등에 안전 및 보건 확보의무를 부과하는 목적을 '공중이용시설 또는 공중교통수단의 설계, 설치, 관리상의 결함으로 인한 그 이용자 또

는 그 밖의 사람의 생명, 신체의 안전을 위하여'로 규정하였다(법률 제9조제2항).

○ 따라서, 중대시민재해 재해자의 범위는 '공중이용시설 및 공중교통수단의 이용자 또는 그 밖의 사람'으로 폭넓게 해석할 수 있다.

– 다만, 중대산업재해(종사자에게 발생하는 사망·상해사고)에 해당하는 재해는 중대시민재해에서 제외하도록 규정하였다(법률 제2조제3호).

2) 중대시민재해 발생 시 참고사항

(1) 사망자 1명 이상 발생

○ 다른 요건을 규정하고 있지 않으므로, 공중이용시설 또는 공중교통수단의 설계, 제조, 설치, 관리상의 결함이 그 이용자 또는 그 밖의 사람을 1명 이상 사망하게 한 경우 중대시민재해에 해당한다.

(2) 동일한 사고로 2개월 이상 치료가 필요한 부상자 10명 이상 발생

○ 동일한 사고 하나의 사고 또는 장소적·시간적으로 근접성을 갖는 일련의 과정에서 발생한 사고로 인하여 2개월 이상 치료가 필요한 부상자가 10명 이상 발생한 경우를 말한다.

※ 사고가 발생하게 된 원인이 같은 경우라도 시간적·장소적 근접성이 없는 경우 각각의 사고가 별개의 사고에 해당할 뿐 '동일한 사고'에 해당하지 않는다.

○ 2개월 이상 치료가 필요한 부상 해당 부상과 부상으로 인한 합병증 등에 대한 직접적치료 행위가 2개월 이상 필요한 경우를 의미하며, 재활에 필요한 기간 등은 원칙적으로 포함하지 않는다.

※ 치료기간이 최초 진단일에는 2개월 미만이었으나, 치료과정에서 기간이 늘어남으로 인해, 2개월 이상 치료가 필요한 부상자가 10명 이상 발생하게 된 경우 그 시점에서 중대시민재해가 발생한 것으로 판단한다.

(3) 동일한 원인으로 3개월 이상 치료가 필요한 질병자 10명 이상 발생

○ 동일한 원인 하나의 사업주, 법인·기관에서 관리·통제하는 재해요인 중 같은
   원인으로 인하여 3개월 이상 치료가 필요한 질병자가 10명 이상 발생한 경우
   를 말한다.

○ 3개월 이상 치료가 필요한 질병 해당 질병과 질병으로 인한 합병증 등에 대한
   직접적 치료 행위가 3개월 이상 필요한 경우를 의미하며, 재활에 필요한 기간
   등은 원칙적으로 포함하지 않는다.

2. 공중이용시설[50]

중대재해처벌법 제2조

제2조(정의) 이 법에서 사용하는 용어의 뜻은 다음과 같다.

4. "공중이용시설"이란 다음 각 목의 시설 중 시설의 규모나 면적 등을 고려하여 대통령
   령으로 정하는 시설을 말한다. 다만, 「소상공인 보호 및 지원에 관한 법률」 제2조에
   따른 소상공인의 사업 또는 사업장 및 이에 준하는 비영리시설과 「교육시설 등의 안
   전 및 유지관리 등에 관한 법률」 제2조제1호에 따른 교육시설은 제외한다.

   가. 「실내공기질 관리법」 제3조제1항의 시설(「다중이용업소의 안전관리에 관한 특별
       법」제2조제1항제1호에 따른 영업장은 제외한다)

   나. 「시설물의 안전 및 유지관리에 관한 특별법」 제2조제1호의 시설물(공동주택은 제
       외 한다)

   다. 「다중이용업소의 안전관리에 관한 특별법」 제2조제1항제1호에 따른 영업장 중
       해당 영업에 사용하는 바닥면적(「건축법」 제84조에 따라 산정한 면적을 말한다)
       의 합계가 1천 제곱미터 이상인 것

   라. 그 밖에 가목부터 다목까지에 준하는 시설로서 재해 발생 시 생명·신체상의 피
       해가 발생할 우려가 높은 장소

---

50) 「중대재해처벌법 해설, 중대시민재해(시설물·공중교통수단), 고용노동부」(2022.1.28. P. 12. 인용)

1) 일반 사항

(1) 공중이용시설 개념

ㅇ 공중이용시설은 그 설계, 제조, 설치, 관리상의 결함을 원인으로 중대시민재해가 발생하지 않도록 사업주 또는 경영책임자등이 안전·보건 확보 의무를 이행하도록 정한 대상이다.

(2) 공중이용시설 범위(포함 또는 제외 대상)

☞ 공중이용시설의 세부 범위에 대하여는 가이드라인에서 붙임, 공중이용시설의 범위 참고

ㅇ 법률에서 위임한 실내공기질관리법상 시설, 시설물안전법상 시설, 다중이용업소법상 영업장 중 대상의 공중이용성, 규모, 유형 등을 고려하여 경영책임자등이 안전보건 확보의무를 이행할 대상(공중이용시설)의 범위를 정한다(시행령 제3조 및 별표2, 별표3).

－ 또한, 법률 제2조제4호 라목의 '그 밖에 재해 발생 시 생명·신체상의 피해가 발생할 우려가 높은 장소'는 준공 후 일정 시간이 경과된 토목시설과 일정 규모 이상 주유소·가스충전소, 유원시설로 정한다.

ㅇ 다만, 소상공인의 부담이나 경영책임자등의 특정가능성 등을 고려하여 소상공인이 운영하는 사업(장)과 이에 준하는 비영리시설, 교육시설법에 따른 교육시설, 공동주택(주상복합 포함) 등은 제외한다.

분류	공중이용시설 대표 예시
실내공기질관리법상 시설 (시행령 별표2, 22~23p)	철도역사 시설 중 대합실(연면적 2천제곱미터 이상) 「도서관법」 제2조제1호의 도서관(연면적 3천제곱미터 이상)
시설물안전법상 시설 (시행령 별표3, 24~26p)	연장 100미터 이상의 도로교량, 다목적댐, 발전용댐, 홍수전용댐 등 토목시설물
다중이용업소법상 영업장(21p)	노래연습장, PC방(연면적 1천제곱미터 이상)

이에 준하는 시설 (21p)	주유소, 가스충전소(대지면적 2천제곱미터 이상) 준공 후 10년이 경과된 도로터널·철도터널·철도교량 준공 후 10년이 경과된 도로교량(20m 이상)

자료출처: 「중대재해처벌법 해설, 중대시민재해(시설물·공중교통수단)」[51]

2) 국토교통분야 공중이용시설

공중이용시설의 분류

◯ 국토교통분야의 공중이용시설은 대부분 시설물안전법에 따라 안전관리를 수행 중인 제1·2종 시설물로(시행령 별표3, 24~26p),

－ ① 도로시설(도로교량, 도로터널) ② 철도시설(철도교량, 철도터널) ③ 항만시설 ④ 댐시설 ⑤ 건축물 ⑥ 하천시설 ⑦ 상하수도시설 ⑧ 옹벽 및 절토사면 등이다.

◯ 준공 후 10년이 경과된 토목시설(시행령 제3조제4호 가목~라목)은 '시설물안전법에 따른 도로시설 또는 철도시설'(①, ②)과 유사하며,

－ 실내공기질관리법 상 시설 중 지하역사 또는 각종 여객터미널도 '시설물안전법에 따른 건축물'(⑤)과 유사하므로, 이 가이드라인에서 마련한 사항을 참고하여 적용 가능하다.

3) 대상여부 확인방법

(1) 시설물안전법상 제1·2종 시설물

시설물안전법 대상 공중이용시설의 경우 시설물통합정보관리시스템(FMS)을 통해 관리 중이므로, 제1·2종 시설물의 경우 FMS에서시설물의 유형과 세부 분류, 주요 제원 등 정보를 확인하여 공중이용시설의 범위에 해당하는지 확인할 수 있다.

---

51) 「중대재해처벌법 해설, 중대시민재해(시설물·공중교통수단), 고용노동부」(2022.1.28. P. 13. 인용)

```
┌─────────┐      ┌─────────────┐      ┌─────────────┐
│  FMS    │ ───▶ │   시설물     │ ───▶ │  시설물 종류, │
│  접속   │      │  안전관리현황 │      │  주요제원 확인 │
│         │      │   정보공개    │      │             │
└─────────┘      └─────────────┘      └─────────────┘
```

※ 시설물통합정보관리시스템(FMS): https://www.fms.or.kr[52]

(2) 도로시설(준공 후 10년이 경과된 도로터널 · 도로교량 등)

「도로법」 제56조에 따라 작성하여 보관 중인 도로대장에서 준공년도 등 정보를 확인하여 공중이용시설의 범위에 해당하는지 확인할 수 있다.

(3) 건축물

건축물대장에서 용도, 연면적등 정보를 확인하여 공중이용시설의 범위에 해당하는지 확인할 수 있다.

3. 공중교통수단[53]

중대재해처벌법 제2조

제2조(정의) 이 법에서 사용하는 용어의 뜻은 다음과 같다

5. "공중교통수단"이란 불특정다수인이 이용하는 다음 각 목의 어느 하나에 해당하는 시설을 말한다.

　가. 「도시철도법」 제2조제2호에 따른 <u>도시철도의 운행에 사용되는 도시철도차량</u>

　나. 「철도산업발전기본법」 제3조제4호에 따른 철도차량 중 동력차 · 객차(「철도사업법」 제2조제5호에 따른 전용철도에 사용되는 경우는 제외한다)

　다. 「여객자동차 운수사업법 시행령」 제3조 제1호 라목에 따른 <u>노선 여객자동차 운송사업에 사용되는 승합자동차</u>

　라. 「해운법」 제2조제1호의2의 <u>여객선</u>

　마. 「항공사업법」 제2조제7호에 따른 항공운송사업에 사용되는 <u>항공기</u>

---

52) 「중대재해처벌법 해설, 중대시민재해(시설물 · 공중교통수단), 고용노동부」(2022.1.28. P. 15. 인용)

1) 일반사항

공중교통수단 개념

❍ 공중교통수단은 그 설계, 제조, 설치, 관리상의 결함을 원인으로 중대시민재해가 발생하지 않도록 법률에서 경영책임자에 안전·보건 확보의무를 수행하도록 정한 대상이다.

❍ 도시철도 차량(법률 제2조제5호 가목), 철도 차량(나목), 시외버스 차량(다목), 여객선(라목), 운송용항공기(마목)로 구분된다.

2) 국토교통분야 공중교통수단

❍ 국토교통분야의 공중교통수단은 ① 철도차량(도시철도차량 포함), ② 시외버스 차량, ③ 운송용 항공기이다.

분류	세부대상
도시철도차량	• 「도시철도법」 제2조제2호에 따른 도시철도*의 운행에 사용되는 도시철도차량 * 도시교통의 원활한 소통을 위하여 도시교통권역에서 건설·운영하는 철도·모노레일·노면전차·선형유도전동기·자기부상열차 등 궤도에 의한 교통시설 및 교통수단
철도차량	• 「철도산업발전기본법」 제3조제4호에 따른 철도차량* 중 동력차·객차(전용철도 제외) * 선로를 운행할 목적으로 제작된 동력차·객차·화차 및 특수차
시외버스	• 「여객자동차 운수사업법 시행령」 제3조제1호라목에 따른 노선 여객자동차운송사업에 사용되는 승합자동차 * 운행계통을 정하고 중·대형 승합자동차를 사용하여 여객을 운송하는 사업으로, 시외우등고속버스, 시외고속버스, 시외고급고속버스, 시외우등직행버스, 시외직행버스, 시외고급직행버스, 시외우등일반버스, 시외일반버스 등이 해당
운송용 항공기	• 「항공사업법」 제2조제7호에 따른 항공운송사업*에 사용되는 항공기 * 국내항공운송사업, 국제항공운송사업, 소형항공운송사업

자료출처: 「중대재해처벌법 해설, 중대시민재해(시설물_공중교통수단, 고용노동부」(17).pdf(2024.6.22)

---

53) 「중대재해처벌법 해설, 중대시민재해(시설물_공중교통수단), 고용노동부」 (17).pdf(2024.6.22)

4. 사업주, 경영책임자등[54]

1) 사업주(개인사업주)

일반사항

> **중대재해처벌법 제2조**
>
> 제2조(정의) 이 법에서 사용하는 용어의 뜻은 다음과 같다.
>
> 8. "사업주"란 자신의 사업을 영위하는 자, 타인의 노무를 제공받아 사업을 하는 자를 말한다.
>
> 9. "경영책임자등"이란 다음 각 목의 어느 하나에 해당하는 자를 말한다.
>
>   가. 사업을 대표하고 사업을 총괄하는 권한과 책임이 있는 사람 또는 이에 준하여 안전 보건에 관한 업무를 담당하는 사람
>
>   나. 중앙행정기관의 장, 지방자치단체의 장, 「지방공기업법」에 따른 지방공기업의 장, 공공기관의 운영에 관한 법률」 제4조부터 제6조까지의 규정에 따라 지정된 공공기관의 장

○ '사업주'란 자신의 사업을 영위하는 자, 타인의 노무를 제공받아 사업을 하는 자를 말한다.

○ 이때 '자신의 사업을 영위하는 자'란 타인의 노무를 제공받음이 없이 자신의 사업을 영위하는 자를 말하므로, 중대재해처벌법에 따른 사업주는 "근로자를 사용하여 사업을 하는 자"로 한정하고 있는 산업안전보건법에 따른 사업주보다 넓은 개념이다.

---

54) 「중대재해처벌법 해설, 중대시민재해(시설물·공중교통수단), 고용노동부」(2022.1.28. P. 14. 인용)

2) 경영책임자등

(1) 일반 사항

○ '경영책임자등'이란, 사업을 대표하고 사업을 총괄하는 권한과 책임이 있는 사람 또는 이에 준하여 안전보건에 관한 업무를 담당하는 사람을 말한다.

− '사업을 대표하고 사업을 총괄하는 권한과 책임이 있는 사람'이란 대외적으로 해당 사업을 대표하고, 대내적으로 해당 사업의 사무를 총괄하여 집행하는 사람을 말하며, 통상적으로 기업의 경우에는 원칙적으로 상법상의 대표이사를 말한다.

   ※ 상법 제389조(대표이사) ① 회사는 이사회의 결의로 회사를 대표할 이사를 선정하여야 한다.

− 다만, 형식상의 직위 명칭에 관계없이 '실질적으로' 사업을 대표하고 전체 사업을 총괄하는 권한과 책임이 있는 사람이 안전·보건 확보의무 이행에 관한 최종적인 의사결정권을 가진다고 볼 수 있는 경우에는 그가 경영책임자에 해당할 수 있다.

− 따라서 해당 사업에서의 ① 직무 ② 책임과 권한 ③ 기업의 의사결정 구조 등을 종합적으로 고려하여 최종적으로 경영책임자에 해당하는지를 판단하여야 한다.

○ '이에 준하여 안전보건에 관한 업무를 담당하는 사람'이란 사업 또는 사업장 전반의 안전 및 보건에 관한 조직·인력·예산 등에 관하여 총괄하여 권한과 책임이 있는 사람으로서 대표이사 등 최고경영책임자에 준하여 전적인 권한과 책임을 가지는 등 최종 결정권을 가진 사람을 의미한다.

(2) 공공부문 적용

○ 중앙행정기관의 장, 지방자치단체의 장, 「지방공기업법」에 따른 지방공기업의 장, 「공공기관의 운영에 관한 법률」 제4조부터 제6조까지의 규정에 따라 지정된 공공기관의 장

– '중앙행정기관의 장'은 「정부조직법」 제2조제2항에 따라 설치된 부·처·청과 방송통신위원회, 공정거래위원회, 국민권익위원회, 금융위원회, 개인정보보호위원회, 원자력안전위원회 등 행정기관의 '장'을 의미한다.

   ※ 정부조직법에서 '중앙행정기관'으로 포괄하지 않는 대법원, 국회 등 헌법기관의 경우에는 중대재해처벌법 제2조 제9호 가목에 따라 경영책임자를 판단하여야 한다.

– '지방자치단체의 장'은 「지방자치법」 제2조제1항의 특별시, 광역시, 특별자치시, 도, 특별자치도 및 시, 군, 구의 '장'을 의미한다.

– '공공기관'의 경우 「지방공기업법」에 따른 지방공기업의 장, 「공공기관의 운영에 관한 법률」 제4조부터 제6조까지의 규정에 따라 지정된 공공기관의 장이 경영책임자에 해당한다.

5. 실질적으로 지배운영관리

❍ 중대재해처벌법은 사업주나 법인 또는 기관이 실질적으로 지배·운영·관리하는 공중이용시설 또는 공중이용수단에서 중대재해가 발생하지 않도록 사업주나 경영책임자등에 안전 및 보건 확보의무를 부여한다.

❍ 사업주, 법인 또는 기관이 공중이용시설이나 공중교통수단에 대해
   ① 소유권, 점유권, 임차권 등 장소, 시설, 설비에 대한 권리를 가지고 있거나,
   ② 공중이용시설 또는 공중교통수단의 유해·위험요인을 통제할 수 있거나,
   ③ 보수·보강을 실시하여 안전하게 관리해야 하는 의무를 가지는 경우 등을 일반적으로 실질적인 지배·운영·관리하는 경우로 본다.

6. 안전 및 보건 확보의무

중대재해처벌법 제9조

② 사업주 또는 경영책임자등은 사업주나 법인 또는 기관이 실질적으로 지배·운영·
관리하는 공중이용시설 또는 공중교통수단의 설계, 설치, 관리상의 결함으로 인한
그 이용자 또는 그 밖의 사람의 생명, 신체의 안전을 위하여 다음 각 호에 따른 조
치를 하여야 한다.

1. 재해예방에 필요한 인력·예산·점검 등 안전보건관리체계의 구축 및 그 이행에
   관한 조치
2. 재해 발생 시 재발방지 대책의 수립 및 그 이행에 관한 조치
3. 중앙행정기관·지방자치단체가 관계 법령에 따라 개선, 시정 등을 명한 사항의
   이행에 관한 조치
4. 안전·보건 관계 법령에 따른 의무이행에 필요한 관리상의 조치

개념

❍ 중대재해 예방을 위해 사업주와 경영책임자등이 준수하도록 한 사항으로, 대
부분 현장에서 이행되어야 하는 안전조치, 재발방지대책 수립 등이 원활히 진
행되도록 체계를 마련하고 관리상의 조치를 할 것을 규정한 것이다.

❍ 종전 안전법령이 대부분 '현장에서 직접 이행되어야 하는 안전조치 또는 행위'
를 규정한 것과는 다르게, 인력과 예산 등 핵심요소의 배치를 결정하는 권한
과 책임을 가진 사람이 중대재해 예방을 위한 사항을 반영하여 기업 또는 기
관을 경영하도록 하려는 취지이다.

❍ 특히, '재해예방에 필요한 인력·예산·점검 등 안전보건관리체계의 구축 및
이행에 관한 조치'와 '안전·보건 관계법령에 따른 의무 이행에 필요한 관리상
의 조치'는 경영책임자의 주요 의무사항으로 자세히 안내하고 있다.

☞ 경영책임자의 주요 의무사항에 대하여는 가이드라인 27p ~ 68p 참고

7. 붙임. 공중이용시설의 범위[55]

중대재해처벌법 시행령 제3조

제3조(공중이용시설) 법 제2조제4호 각 목 외의 부분 본문에서 "대통령령으로 정하는 시설"이란 다음 각 호의 시설을 말한다.

1. 법 제2조제4호가목의 시설 중 별표 2에서 정하는 시설

2. 법 제2조 제4호 나목의 시설물 중 별표 3에서 정하는 시설물. 다만, 다음 각 목의 건축물은 제외한다.

   가. 주택과 주택 외의 시설을 동일 건축물로 건축한 건축물

   나. 건축물의 주용도가 「건축법 시행령」 별표 1 제14호 나목2)의 오피스텔인 건축물

3. 법 제2조 제4호 다목의 영업장

4. 법 제2조 제4호 라목의 시설 중 다음 각 목의 시설(제2호의 시설물은 제외한다)

   가. 「도로법」 제10조 각 호의 도로에 설치된 연장 20미터 이상인 도로교량 중 준공 후 10년이 지난 도로교량

   나. 「도로법」 제10조제4호부터 제7호까지에서 정한 지방도·시도·군도·구도의 도로 터널과 「농어촌도로 정비법 시행령」 제2조제1호의 터널 중 준공 후 10년이 지난 도로 터널

   다. 「철도산업발전기본법」 제3조제2호의 철도시설 중 준공 후 10년이 지난 철도교량

   라. 「철도산업발전기본법」 제3조제2호의 철도시설 중 준공 후 10년이 지난 철도터널 (특별시 및 광역시 외의 지역에 있는 철도터널로 한정한다)

   마. 다음의 시설 중 개별 사업장 면적이 2천제곱미터 이상인 시설

      1) 「석유 및 석유대체연료 사업법 시행령」 제2조제3호의 주유소

      2) 「액화석유가스의 안전관리 및 사업법」 제2조제4호의 액화석유가스 충전사업의 사업소

   바. 「관광진흥법 시행령」 제2조제1항제5호가목의 종합유원시설업의 시설 중 같은 법 제33조 제1항에 따른 안전성검사 대상인 유기시설 또는 유기기구

---

55) 「중대재해처벌법 해설, 중대시민재해(시설물·공중교통수단), 고용노동부」(2022.1.28. PP. 21~26. 인용)

【동법 제2조제4호가목의 시설 중 공중이용시설(시행령 별표 2)】[56]

1. 모든 지하역사(출입통로·대합실·승강장 및 환승통로와 이에 딸린 시설을 포함)

2. 연면적 2천 제곱미터 이상인 지하도상가(지상건물에 딸린 지하층의 시설을 포함한다. 이하 같다). 이 경우 연속되어 있는 둘 이상의 지하도상가의 연면적 합계가 2천 제곱미터 이상인 경우를 포함한다.

3. 철도역사의 시설 중 연면적 2천 제곱미터 이상인 대합실

4. 「여객자동차 운수사업법」 제2조제5호의 여객자동차터미널 중 연면적 2천 제곱미터 이상인 대합실

5. 「항만법」 제2조제5호의 항만시설 중 연면적 5천 제곱미터 이상인 대합실

6. 「공항시설법」 제2조 제7호의 공항시설 중 연면적 1천 5백 제곱미터 이상인 여객터미널

7. 「도서관법」 제2조 제1호의 도서관 중 연면적 3천 제곱미터 이상인 것

8. 「박물관 및 미술관 진흥법」 제2조제1호 및 제2호의 박물관 및 미술관 중 연면적 3천 제곱미터 이상인 것

9. 「의료법」 제3조제2항의 의료기관 중 연면적 2천 제곱미터 이상이거나 병상 수 100개 이상인 것

10. 「노인복지법」 제34조 제1항제1호의 노인요양시설 중 연면적 1천 제곱미터 이상인 것

11. 「영유아보육법」 제2조 제3호의 어린이집 중 연면적 430제곱미터 이상인 것

12. 「어린이놀이시설 안전관리법」 제2조 제2호의 어린이놀이시설 중 연면적 430제곱미터 이상인 실내 어린이놀이시설

13. 「유통산업발전법」 제2조제3호의 대규모점포. 다만, 「전통시장 및 상점가 육성을 위한 특별법」 제2조제1호의 전통시장은 제외한다.

14. 「장사 등에 관한 법률」 제29조에 따른 장례식장 중 지하에 위치한 시설로서 연면적 1천 제곱미터 이상인 것

15. 「전시산업발전법」 제2조제4호의 전시시설 중 옥내시설로서 연면적 2천 제곱미터 이상인 것

16. 「건축법」 제2조 제2항 제14호의 업무시설 중 연면적 3천 제곱미터 이상인 것. 다만, 「건축법 시행령」 별표 1 제14호 나목2)의 오피스텔은 제외한다.

17. 「건축법」 제2조제2항에 따라 구분된 용도 중 둘 이상의 용도에 사용되는 건축물로서 연면적 2천 제곱미터 이상인 것. 다만, 「건축법 시행령」 별표 1 제2호의 공동주

택 또는 같은 표 제14호 나목2)의 오피스텔이 포함된 경우는 제외한다.

18. 「공연법」 제2조제4호의 공연장 중 객석 수 1천석 이상인 실내 공연장

19. 「체육시설의 설치·이용에 관한 법률」 제2조제1호의 체육시설 중 관람석 수 1천석 이상인 실내 체육시설 비고: 둘 이상의 건축물로 이루어진 시설의 연면적은 개별 건축물의 연면적을 모두 합산한 면적으로 한다.

【동 법 제2조 제4호 나목의 시설물 중 공중이용시설(시행령 별표 3)】

1. 교량	
가. 도로교량	1) 상부구조형식이 현수교, 사장교, 아치교 및 트러스교인 교량 2) 최대 경간장 50미터 이상의 교량 3) 연장 100미터 이상의 교량 4) 폭 6미터 이상이고 연장 100미터 이상인 복개구조물
나. 철도교량	1) 고속철도 교량 2) 도시철도의 교량 및 고가교 3) 상부구조형식이 트러스교 및 아치교인 교량 4) 연장 100미터 이상의 교량
2. 터널	
가. 도로터널	1) 연장 1천미터 이상의 터널 2) 3차로 이상의 터널 3) 터널구간이 연장 100미터 이상인 지하차도 4) 고속국도, 일반국도, 특별시도 및 광역시도의 터널 5) 연장 300미터 이상의 지방도, 시도, 군도 및 구도의 터널
나. 철도터널	1) 고속철도 터널 2) 도시철도 터널 3) 연장 1천 미터 이상의 터널 4) 특별시 또는 광역시에 있는 터널
3. 항만	
가. 방파제, 파제제 및 호안	1) 연장 500미터 이상의 방파제 2) 연장 500미터 이상의 파제제

56) 「중대재해처벌법 해설, 중대시민재해(시설물·공중교통수단), 고용노동부」(2022.1.28. PP. 22~23. 인용)

	3) 방파제 기능을 하는 연장 500미터 이상의 호안
나. 계류시설	1) 1만톤급 이상의 원유부이식 계류시설(부대시설인 해저송유관을 포함한다) 2) 1만톤급 이상의 말뚝구조의 계류시설 3) 1만톤급 이상의 중력식 계류시설
4. 댐	1) 다목적댐, 발전용댐, 홍수전용댐 2) 지방상수도전용댐 3) 총저수용량 1백만톤 이상의 용수전용댐
5. 건축물	1) 고속철도, 도시철도 및 광역철도 역 시설 2) 16층 이상이거나 연면적 3만제곱미터 이상의 건축물 3) 연면적 5천 제곱미터 이상(각 용도별 시설의 합계를 말한다)의 문화·집회시설, 종교시설, 판매시설, 운수시설 중 여객용 시설, 의료시설, 노유자시설, 수련시설, 운동시설, 숙박시설 중 관광숙박시설 및 관광휴게시설

6. 하천
  가. 하구둑
  나. 제방
	1) 하구둑
	2) 포용조수량 1천만톤 이상의 방조제
	국가하천의 제방[부속시설인 통관(通管) 및 호안(護岸)을 포함한다]

7. 상하수도
  가. 상수도
  나. 하수도
	1) 광역상수도
	2) 공업용수도
	3) 지방상수도
	공공하수처리시설 중 1일 최대처리용량 500톤 이상인 시설

8. 옹벽 및
  절토사면
  (깎기
  비탈면)
	1) 지면으로부터 노출된 높이가 5미터 이상인 부분의 합이 100미터 이상인 옹벽
	2) 지면으로부터 연직(鉛直)높이(옹벽이 있는 경우 옹벽 상단으로 부터의 높이를 말한다) 30미터 이상을 포함한 절토부(땅깎기를 한 부분을 말한다)로서 단일 수평연장 100미터 이상인 절토사면

비고[57]

1. "도로"란 「도로법」 제10조의 도로를 말한다.

2. 교량의 "최대 경간장"이란 한 경간(徑間)에서 상부구조의 교각과 교각의 중심선 간의 거리를 경간장으로 정의할 때, 교량의 경간장 중에서 최댓값을 말한다. 한 경간 교량에 대해서는 교량 양측 교대의 흉벽 사이를 교량 중심선에 따라 측정한 거리를 말한다.

3. 교량의 "연장"이란 교량 양측 교대의 흉벽 사이를 교량 중심선에 따라 측정한 거리를 말한다.

4. 도로교량의 "복개구조물"이란 하천 등을 복개하여 도로의 용도로 사용하는 모든 구조물을 말한다.

5. 터널 및 지하차도의 "연장"이란 각 본체 구간과 하나의 구조로 연결된 구간을 포함한 거리를 말한다.

6. "방파제, 파제제 및 호안"이란 「항만법」제2조 제5호 가목2)의 외곽시설을 말한다.

7. "계류시설"이란 「항만법」제2조 제5호 가목4)의 계류시설을 말한다.

8. "댐"이란 「저수지·댐의 안전관리 및 재해예방에 관한 법률」제2조 제1호의 저수지·댐을 말한다.

9. 위 표 제4호의 지방상수도 전용댐과 용수 전용댐이 위 표 제7호 가목의 광역상수도·공업용수도 또는 지방상수도의 수원지시설에 해당하는 경우에는 위 표 제7호의 상하수도 시설로 본다.

10. 위 표의 건축물에는 그 부대시설인 옹벽과 절토사면을 포함하며, 건축설비, 소방설비, 승강기설비 및 전기설비는 포함하지 않는다.

11. 건축물의 연면적은 지하층을 포함한 동별로 계산한다. 다만, 2동 이상의 건축물이 하나의 구조로 연결된 경우와 둘 이상의 지하도상가가 연속되어 있는 경우에는 연면적의 합계로 한다.

12. 건축물의 층수에는 필로티나 그 밖에 이와 비슷한 구조로 된 층을 포함한다.

13. "건축물"은 「건축법 시행령」별표 1에서 정한 용도별 분류를 따른다.

14. "운수시설 중 여객용 시설"이란 「건축법 시행령」별표 1 제8호의 운수시설 중 여객자동차 터미널, 일반철도역사, 공항청사, 항만여객터미널을 말한다.

15. "철도 역 시설"이란 「철도의 건설 및 철도시설 유지관리에 관한 법률」제2조 제6호 가목의 역 시설(물류시설은 제외한다)을 말한다. 다만, 선하역사(시설이 선로 아래 설치되는 역사를 말한다)의 선로구간은 연속되는 교량시설물에 포함하고, 지하역사의 선로구간은 연속되는 터널시설물에 포함한다.

16. 하천시설물이 행정구역 경계에 있는 경우 상위 행정구역에 위치한 것으로 한다.

17. "포용조수량"이란 최고 만조(滿潮) 시 간척지에 유입될 조수(潮水)의 양을 말한다.

18. "방조제"란 「공유수면 관리 및 매립에 관한 법률」제37조, 「농어촌정비법」제2조 제6호, 「방조제 관리법」제2조 제1호 및 「산업입지 및 개발에 관한 법률」제20조 제1항에 따라 설치한 방조제를 말한다.

19. 하천의 "통관"이란 제방을 관통하여 설치한 원형 단면의 문짝을 가진 구조물을 말한다.

20. 하천의 "다기능 보"란 용수 확보, 소수력 발전이나 도로(하천을 횡단하는 것으로 한정한다) 등 두 가지 이상의 기능을 갖는 보를 말한다.

21. 위 표 제7호의 상하수도의 광역상수도, 공업용수도 및 지방상수도에는 수원지시설, 도수관로·송수관로(터널을 포함한다) 및 취수시설을 포함하고, 정수장, 취수·가압펌프장, 배수지, 배수관로 및 급수시설은 제외한다.

8. 중대재해처벌법 주요 의무사항 이행 가이드라인

1) 중대재해 예방을 위한 주요 의무사항[58]

1) 재해예방을 위해서는 다음의 도표대로 의무사항을 철저히 지켜야 재해를 사전에 예방할 수 있고, 또한 그 피해도 최소화 할 수 있다. 특히, ① 예방 인력의 확보 ② 예산의 확보와 집행 ③ 안전점검 계획수립과 수행 ④ 안전계획 수립 이행 ⑤ 재해예방업무처리 절차 마련 이행 ⑥ 도급, 용역, 위탁 기준과 절차마련 이행이 있다. **여기에서 가장 중요한 것은 철저한 점검 후 재발방지를 위한 신속한 후속 조치가 필요하다.**

57) 「중대재해처벌법 해설, 중대시민재해(시설물·공중교통수단), 고용노동부」(2022.1.28. P. 25. 인용)
58) 「중대재해처벌법 해설, 중대시민재해(시설물·공중교통수단), 고용노동부」(2022.1.28. P. 28. 인용)

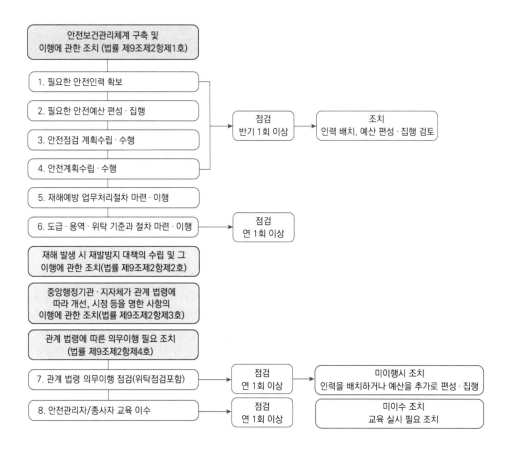

2) 안전 · 보건관리체계 구축 및 이행에 관한 조치

〈대상별 안전 · 보건 관계법령〉[59]

중대재해처벌법 시행령 제11조

제11조 (공중이용시설·공중교통수단 관련 안전·보건 관계 법령에 따른 의무이행에 필요한 관리상의 조치) ① 법 제9조제2항제4호에서 "안전·보건 관계 법령"이란 해당 공중이용 시설·공중교통수단에 적용되는 것으로서 이용자나 그 밖의 사람의 안전·보건을 확보하는데 관련되는 법령을 말한다.

---

59) 「중대재해처벌법 해설, 중대시민재해(시설물 · 공중교통수단), 고용노동부」(2022.1.28. P. 29. 인용)

(1) 안전·보건 관계법령의 기준

○ 안전·보건 관계 법령은 해당 공중이용시설·공중교통수단에 적용되는 것으로서 이용자나 그 밖의 사람의 안전·보건을 확보하는 데 관련되는 법령을 말한다.

— 구체적으로는

① 공중이용시설 또는 공중교통수단의 안전 확보를 목적으로 하는 법률,

② 대상을 이용하는 국민의 안전을 위해 의무를 부과하는 법률,

③ 공중이용시설 및 공중교통수단을 구성하는 구조체, 시설, 설비, 부품 등의 안전에 대하여 안전점검, 보수·보강 등을 규정하는 법률,

④ 이용자의 안전을 위해 관리자, 종사자가 관련 교육을 이수토록 규정하는 법률 등을 안전·보건 관계법령으로 보고자 한다.

○ 공중이용시설 또는 공중교통수단의 구조안전, 이용안전, 화재안전 등이 아닌 효율적인 이용, 원활한 교통흐름, 경제적인 가치를 고려한 성능개선 등 부가적인 목적을 가진 법령은 일반적으로는 안전·보건 관계법령에 해당하지 않는다.

— 또한, 공중이용시설 및 공중교통수단을 구성하는 요소 외에, 안전 외 목적을 위해 부가로 설치된 부대시설, 공작물 등에 대해 규정하는 법령도 일반적으로 해당하지 않는다.

(2) 공중이용시설 대상별 안전·보건 관계법령의 예시[60]

① 도로시설(도로교량, 도로터널)

분류	세부 분류	관계법령
도로교량	1) 상부구조형식이 현수교, 사장교, 아치교 및 트러스교인 교량 2) 최대 경간장 50미터 이상의 교량 3) 연장 100미터 이상의 교량 4) 폭이 6미터 이상이고 연장 100미터 이상인 복개구조물	시설물안전법

---

60)「중대재해처벌법 해설, 중대시민재해(시설물·공중교통수단), 고용노동부」(2022.1.28. PP. 30~31. 인용)

분류	세부 분류	관계법령
도로터널	1) 연장 1천미터 이상의 터널 2) 3차로 이상의 터널 3) 터널구간이 연장 100미터 이상인 지하차도 4) 고속국도, 일반국도, 특별시도 및 광역시도의 터널 5) 연장 300미터 이상의 지방도, 시도, 군도 및 구도의 터널	

② 철도시설

○ 철도 교량, 철도터널

분류	세부 분류	관계법령
철도교량	1) 고속철도 교량 2) 도시철도의 교량 및 고가교 3) 상부구조형식이 트러스교 및 아치교인 교량 4) 연장 100미터 이상의 교량	시설물안전법, 철도건설법, 철도안전법
철도터널	1) 고속철도 터널 2) 도시철도 터널 3) 연장 1천미터 이상의 교량 4) 특별시 또는 광역시에 있는 터널	

○ 철도역사, 대합실 등

분류	세부 분류	관계법령
철도 역 시설	1) 고속철도, 도시철도 및 광역철도 역 시설 2) 연면적 5천제곱미터 이상 운수시설 중 여객용 시설	시설물안전법, 건축물관리법

③ 공항시설(여객터미널): 시설물안전법, 건축물관리법

④ 항만시설(방파제, 파제제, 호안): 시설물안전법, 항만법

⑤ 댐시설(다목적, 발전용, 홍수전용댐 등): 시설물안전법, 댐건설관리법, 저수지댐법

⑥ 건축물

분류	세부 분류	관계법령
건축물	1) 고속철도 도시철도 및 광역철도 역 시설 2) 16층 이상이거나 연면적 3만제곱미터 이상의 건축물 3) 연면적 5천제곱미터 이상(각 용도별 시설의 합계를 말한다)의 문화·집회 시설, 종교시설, 판매시설, 운수시설 중 여객용 시설, 의료시설, 노유자시설, 수련시설, 운동시설, 숙박시설 중 관광숙박시설 및 관광휴게시설	시설물안전법, 건축물관리법, 초고층재난 관리법*

* 초고층재난관리법은 층수가 50층 이상 또는 높이가 200m 이상인 건축물 등에 적용

⑦ 하천시설(하구둑, 제방·보): 시설물안전법, 하천법

⑧ 상하수도시설: 시설물안전법, 수도법, 하수도법

⑨ 옹벽 및 절토사면: 시설물안전법

분류	세부 분류	관계법령
옹벽	지면으로부터 노출된 높이가 5미터 이상인 부분의 합이 100미터 이상인 옹벽	시설물 안전법
절토사면	지면으로부터 연직(鉛直)높이(옹벽이 있는 경우 옹벽 상단으로부터의 높이를 말한다) 30미터 이상을 포함한 절토부(땅깎기를 한 부분을 말한다)로서 단일 수평연장 100미터 이상인 절토사면	

(3) 공중교통수단 대상별 안전·보건 관계법령

① 철도 분야(도시철도 차량, 철도 차량): 철도안전법

② 버스 분야(시외버스): 교통안전법, 여객자동차 운수사업법, 자동차관리법

③ 항공 분야(운송용 항공기): 항공안전법

이러한 관계법령에 따라 관계 기관에서는 영국이나 일본과 같이 철저한 점검이 이루어져야 대형 재해를 막을 수 있다.

이하 Ⓐ 예방 인력의 확보 Ⓑ 예산의 확보와 집행 Ⓒ 안전점검 계획수립과 수행 Ⓓ 안전계획 수립 이행 Ⓔ 재재예방업무처리 절차 마련 이행 Ⓕ 도급, 용역, 위탁 기준과 절차마련 부분은 생략하고 점검부분에 집중해 보고자 한다.

3) 관계법령에 따른 안전점검 수행의무

> **중대재해처벌법 시행령 제11조**
>
> 3. 공중이용시설 또는 공중교통수단에 대한 법 제9조제2항제4호의 안전·보건 관계 법령에 따른 안전점검 등을 계획하여 수행되도록 할 것.

(1) 안전점검의 정의

❍ 사업주 또는 경영책임자 등은 안전·보건 관계법령에 따른 안전점검이 수행될 수 있도록 하여 운영 대상의 안전상태를 확인하고, 재해를 유발할 수 있는 요소를 사전에 파악하고 관리할 수 있도록 해야 한다.

❍ 사업주 또는 경영책임자 등은 안전점검의 계획 수립과 수행에 관련된 사항을 반기 1회 이상 점검하고, 직접 점검하지 않은 경우에는 점검이 끝난 후 지체 없이 점검 결과를 보고받아야 한다.

– 또한, 점검 또는 보고 결과에 따라 안전점검 이행을 지시하는 등 중대시민재해 예방에 필요한 조치를 해야 한다.

(2) 공중이용시설의 대상별 안전점검 예시

① 철도시설

❍ 철도교량, 철도터널

관계법령	관련 조항 및 의무		점검주기
시설물안전법	제11조	정기안전점검	A·B·C등급: 반기에 1회 이상 D·E등급: 연 3회 이상
		정밀안전점검	A등급: 3년에 1회 이상 B·C등급: 2년에 1회 이상 D·E등급: 1년에 1회 이상
	제12조	정밀안전진단	A등급: 6년에 1회 이상 B·C등급: 5년에 1회 이상

			D·E등급: 4년에 1회 이상
철도건설법	제29조	정기점검	시설별 별도주기 결정
	제31조	정밀진단	〈10년 경과 철도시설물 대상〉 A등급: 6년에 1회 이상 B·C등급: 5년에 1회 이상 D·E등급: 4년에 1회 이상

○ 철도역사, 대합실 등

관계법령	관련 조항 및 의무		점검주기
시설물안전법	제11조	정기안전점검	A·B·C등급: 반기에 1회 이상 D·E등급: 연 3회 이상
		정밀안전점검	A등급: 4년에 1회 이상 B·C등급: 3년에 1회 이상 D·E등급: 2년에 1회 이상
	제12조	정밀안전진단	A등급: 6년에 1회 이상 B·C등급: 5년에 1회 이상 D·E등급: 4년에 1회 이상
건축물관리법	제13조	정기점검	최초 5년 이후 3년 단위
	제16조	안전진단	필요 시

② 항만시설(방파제, 파제제, 호안)

관계법령	관련 조항 및 의무		점검주기
시설물안전법	제11조	정기안전점검	A·B·C등급: 반기에 1회 이상 D·E등급: 연 3회 이상
		정밀안전점검	A등급: 3년에 1회 이상 B·C등급: 2년에 1회 이상 D·E등급: 1년에 1회 이상
	제12조	정밀안전진단	A등급: 6년에 1회 이상 B·C등급: 5년에 1회 이상 D·E등급: 4년에 1회 이상

③ 건축물

관계법령	관련 조항 및 의무		점검주기
시설물안전법	제11조	정기안전점검	A·B·C등급: 반기에 1회 이상 D·E등급: 연 3회 이상
		정밀안전점검	A등급: 4년에 1회 이상 B·C등급: 3년에 1회 이상 D·E등급: 2년에 1회 이상
	제12조	정밀안전진단	A등급: 6년에 1회 이상 B·C등급: 5년에 1회 이상 D·E등급: 4년에 1회 이상
건축물관리법	제13조	정기점검	최초 5년 이후 3년 단위
	제16조	안전진단	필요 시

④ 하천시설(하구둑, 제방·보)

관계법령	관련 조항 및 의무		점검주기
시설물안전법	제11조	정기안전점검	A·B·C등급: 반기에 1회 이상 D·E등급: 연 3회 이상
		정밀안전점검	A등급: 3년에 1회 이상 B·C등급: 2년에 1회 이상 D·E등급: 1년에 1회 이상
	제12조	정밀안전진단	A등급: 6년에 1회 이상 B·C등급: 5년에 1회 이상 D·E등급: 4년에 1회 이상
하천법	제13조	안전점검	연 2회 이상
	제74조	하천관리상황 점검	매년 6월 이전

○ 그 외에 도로시설(도로교량, 도로터널), 항만시설, 상하수도시설, 옹벽 및 절토사면은 시설물안전법에 따른 정기안전점검, 정밀안전점검, 정밀안전진단을 필수 안전점검으로 본다.

관계법령	관련 조항 및 의무		점검주기
시설물안전법	제11조	정기안전점검	A·B·C등급: 반기에 1회 이상 D·E등급: 연 3회 이상
		정밀안전점검	A등급: 3년에 1회 이상 B·C등급: 2년에 1회 이상 D·E등급: 1년에 1회 이상
	제12조	정밀안전진단	A등급: 6년에 1회 이상 B·C등급: 5년에 1회 이상 D·E등급: 4년에 1회 이상

(3) 공중교통수단 대상별 안전점검의 예시

① 철도 분야(도시철도 차량, 철도 차량)

관계법령	관련 조항 및 의무		점검주기
철도안전법	제38조의12	정밀안전진단	5년 단위

② 버스 분야(시외버스 차량)

관계법령	관련 조항 및 의무		점검주기
자동차관리법	제43조	정기검사	1년 단위(차령 8년 이하) 6개월 단위(차령 8년 초과)

③ 항공 분야(운송용 항공기)

관계법령	관련 조항 및 의무		점검주기
항공안전법	제90조	안전운항체계 검사	운항시작 전

9. 중대시민재해 예방 업무처리절차[61]

중대재해처벌법 시행령 제10조

7. 중대 시민재해 예방을 위해 다음 각 목의 사항이 포함된 업무처리절차를 마련하여 이행할 것. 다만, 철도운영자가 「철도안전법」 제7조에 따라 비상대응계획을 포함한 철도 안전관리체계를 수립하여 시행하거나 항공운송사업자가 「항공안전법」 제58조제2항에 따라 위기대응계획을 포함한 항공안전관리시스템을 마련하여 운용한 경우로서 사업주 또는 경영책임자등이 그 수립 여부 및 내용을 직접 점검하거나 점검 결과를 보고받은 경우에는 업무처리절차를 마련하여 이행한 것으로 본다.

가. 공중이용시설 또는 공중교통수단의 유해·위험요인의 확인·점검에 관한 사항

나. 공중이용시설 또는 공중교통수단의 유해·위험요인을 발견한 경우 해당 사항의 신고·조치요구, 이용 제한, 보수·보강 등 그 개선에 관한 사항

다. 중대시민재해가 발생한 경우 사상자 등에 대한 긴급구호조치, 공중이용시설 또는 공중교통수단에 대한 긴급안전점검, 위험표지 설치 등 추가 피해방지 조치, 관계 행정기관 등에 대한 신고와 원인조사에 따른 개선조치에 관한 사항

라. 공중교통수단 또는 「시설물의 안전 및 유지관리에 관한 특별법」 제7조 제1호의 제1종 시설물에서 비상상황이나 위급상황 발생 시 대피훈련에 관한 사항

1) 개념

(1) 주요 규정사항

○ 경영책임자 등이 기업 또는 기관 차원에서 중대재해를 일으킬 수 있는 유해·위험 요인을 파악하고, 발생 시 현장에서 담당자들이 잘 대응할 수 있도록 절차 또는 매뉴얼 등을 마련토록 한다.

－ 이는 경영책임자 등이 공중이용시설 또는 공중교통수단의 유해·위험요인을 직접 확인하거나 보수·보강 등 조치를 직접 수행하라는 의미보다는, 유해·위험 요인을 확인하고 이를 신고 또는 조치요구하여, 보수·보강이 적절히 수행됨으로써 중대시민재해를 예방할 수 있도록 체계와 절차를 마련하라는 취지이다.

---

61) 「중대재해처벌법 해설, 중대시민재해(시설물·공중교통수단), 고용노동부」(2022.1.28. P. 53. 인용)

(2) 업무처리절차 마련·이행을 갈음할 수 있는 조건

○ 또한, 「철도안전법」 제7조에 따라 비상대응계획을 포함한 철도안전관리체계를 수립·시행하는 경우는, 별도의 업무처리절차 작성 없이도 각 문서를 직접 확인하거나 보고받음으로써 해당 의무를 갈음할 수 있다.

○ 「항공안전법」 제58조 제2항에 따라 위기대응계획을 포함한 항공안전관리시스템을 마련하여 운용한 경우는 별도의 업무처리절차 작성 없이도 그 수립 여부 및 내용을 직접 점검하거나 점검 결과를 보고받음으로써 해당 의무를 갈음할 수 있다.

2) 업무처리절차 표준예시[62]

(1) 유해·위험요인의 확인 점검에 관한 사항(가목)

○ 일반적으로 공중이용시설 또는 공중교통수단에 대한 점검 또는 육안관찰을 통해 유해·위험요인을 확인할 수 있으므로,

− 안전·보건 관계 법령에 따라 상반기, 하반기 또는 해빙기, 장마기간 등 공중이용 시설·공중교통수단의 특성에 따라 일정 기간을 정하여 정기적으로 실시하는 정기 점검 또는 안전 업무 수행자의 판단에 따라, 재해 예방 및 이용안전을 위해 수시로 실시하는 육안관찰(수시점검) 등의 절차를 세부적으로 규정하여 의무를 이행할 수 있다.

○ 이러한 점검·관찰 등을 통해 공중이용시설 또는 공중교통수단에 어떤 유해·위험 요인이 있는지 파악하고, 이를 원인으로 하여 중대시민재해가 발생하지 않도록 철저히 대상을 관리할 필요가 있다.

(2) 유해·위험요인 발견 시 개선에 관한 사항(나목)[63]

○ 유해·위험요인 신고 또는 조치요구 시, 시설관리자는 유해·위험요인을 확인하고, 경미한 경우 자체 개선 후 신고자에게 조치결과를 통보한다.

---

62) 「중대재해처벌법 해설, 중대시민재해(시설물·공중교통수단), 고용노동부」(2022.1.28. P. 54. 인용)
63) 「중대재해처벌법 해설, 중대시민재해(시설물·공중교통수단), 고용노동부」(2022.1.28. P. 56. 인용)

○ 유해·위험요인이 중대시민재해 발생우려가 있는 경우, 시설관리자는 경영책임자 등에게 보고하고, 경영책임자등은 보수·보강 지시 및 조치결과를 확인한다.

〈유해·위험요인 발견 시 개선철자 예시〉

```
┌─────────────────────────┐          ┌──────────────┐
│   유해·위험요인 발견      │◀─────────│  조치결과     │
│      (신고자)            │          │   통보        │
└─────────────────────────┘          └──────────────┘
             │                                 ▲
             ▼              경미한 경우          │
┌─────────────────────────┐          ┌──────────────┐
│    시설관리담당자        │─────────▶│  자체개선     │
└─────────────────────────┘          │ (보수·보강 등) │
             │                        └──────────────┘
             ▼
┌─────────────────────────┐
│      접수 및 확인         │
│ • 유해·위험요인 확인(현장점검 등) │
│   경영책임자에게 보고      │
└─────────────────────────┘
  중대시민재해
  발생우려가 있는 경우
             │
             ▼
┌─────────────────────────┐
│      경영책임자          │◀─────────┐
└─────────────────────────┘          │
             │                        │
             ▼                        │
┌─────────────────────────┐   ┌──────────────┐
│      점검 및 지시         │   │  조치결과     │
│ • 유해·위험요인 확인      │   │   보고        │
│ • 보수·보강 지시          │   └──────────────┘
│ • 조치결과 확인          │
└─────────────────────────┘
             │
             ▼
┌─────────────────────────┐
│    시설관리담당자        │
└─────────────────────────┘
             │
             ▼
┌─────────────────────────────────────┐
│           개선 및 조치               │
│ • (필요 시) 긴급안전조치, 긴급안전진단  │
│ • 유해위험시설·설비·장비의 보수·보강 및 교체 시행 │
│ • 조치결과 보고(경영책임자) 및 통보(신고자) │
└─────────────────────────────────────┘
```

자료출처: 「중대재해처벌법 해설, 중대시민재해(시설물·공중교통수단), 고용노동부, P. 56.」

(3) 중대시민재해 발생 시 추가 피해방지조치, 원인조사에 따른 개선조치에 관한 사항(다목)

○ 중대시민재해가 발생한 경우, 안전관리 담당자는 경찰서, 소방서에 신고하고, 관계 행정기관에 상황을 보고하며 재해자에 대하여 긴급구호조치, 긴급안전조치 등을 시행하고, 중대 시민재해 발생 상황을 경영책임자등에게 보고해야 한다.

○ 경영책임자등은 안전관리 담당자의 대응상황 및 조치사항을 보고받고 필요시 추가 피해방지 조치를 지시하며, 상황 종료 후 피해 원인조사 및 개선대책 등 재발방지대책마련 지시해야 한다.

○ 안전관리 담당자는 경영책임자등의 지시사항을 이행하고, 조치 결과를 경영책임자 등, 관계행정기관 등에 보고해야 한다.

중대시민재해 발생 시 대응조치절차 예시[64]

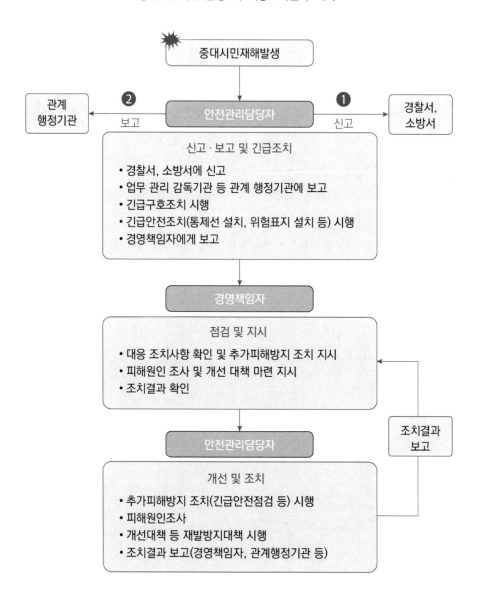

자료출처: 「중대재해처벌법 해설, 중대시민재해(시설물 · 공중교통수단), 고용노동부」

---

64) 「중대재해처벌법 해설, 중대시민재해(시설물 · 공중교통수단), 고용노동부」(2022.1.28. P. 57. 인용)

(4) 대피훈련에 관한 사항(라목)

○ 시설물안전법 상 제1종 시설물 또는 공중교통수단에 대하여, 비상상황이나 위급상황 발생 시를 대비하여 대피훈련(비상대응계획 등)을 실시하는 절차를 마련해야 하며,

○ 대피훈련의 시기, 장소 및 훈련목표, 참여 범위와 시나리오, 대피훈련 결과에 따라 개선사항을 도출하고 이를 대피훈련 계획의 수정, 개선에 다시 반영하는 방안 등을 포함할 수 있다.

중대재해처벌법 적용 사례 연구

1. 도로분야(국도 · 고속국도 등) 법 적용 사례

1) 도로교량 붕괴로 인한 시민 사망사고(가상사례)[65]

(1) 사고개요

○ 지방도로 위의 균열로 인해 연장 500m인 도로교량이 붕괴되어, 해당 교량 위를 주행하던 차량이 낙하하여 운전자 1명이 사망한 사고

※ (시설물 소유자 및 관리자) A 지자체

(2) 중대재해처벌법 적용 검토

○ 법 적용 여부: 중대시민재해 범위로, 원인과 재해규모가 충족됨
- ① 범위 붕괴된 교량은 시행령 제3조 제2호(별표3)에 따른 공중이용시설
- ② 원인 도로교량의 설계, 제조, 설치, 관리 상의 결함으로 발생
- ③ 재해규모 사망자 1명 이상 발생

○ 의무 및 위반사항
- (시설물안전법) 도로 노선 및 도로 시설물에 대해 관리책임을 지는 A 지자체는 소관 시설물의 안전과 기능을 유지하기 위해 도로교량에 대해 정기

---

65) 「중대재해처벌법 해설, 중대시민재해(시설물 · 공중교통수단), 고용노동부」(2022.1.28. P. 79. 인용)

적으로 안전점검을 실시하여야 한다(제11조).

→ (조사 내용) 안전점검이 적기 이행되지 않아 도로교량의 균열이 보수·보강 등 조치 없이 2년 이상 방치된 것으로 파악되었으며, 안전점검을 이행하지 않은 것이 도로교량의 직접적인 붕괴 원인으로 조사됐다(경찰 등).

─ (중대재해처벌법) A 지자체의 경영책임자인 지자체장은 도로교량 안전점검이 수행되도록 조치했어야 하고, 이러한 사항이 잘 이행되고 있는지 반기 1회 이상 점검하고 개선을 지시해야 한다(시행령 제10조 제3·5·6호).

→ (조사 내용) A 지자체장은, 관할 도로교량 등에 대해 안전점검의 이행상황을 2년째 보고받지 않았고, 개선지시 등을 일체하지 않은 것이 지자체가 안전점검을 이행하지 않은 주요 요인으로 조사됐다(경찰 등).

☞ A 지자체(기관)에는 시설물안전법 위반사항(안전점검 실시 지연)에 대해 300만원~1,000만원의 과태료가 부과될 수 있음
☞ A 지자체장(개인)에는 중대재해법 위반사항(안전점검 수행 관리조치 미이행, 개선조치 미지시)으로 중대재해가 발생한 것에 대해 1년 이상의 징역 또는 10억원 이하의 벌금 부과 가능

2) 도로터널 내 차량 연쇄 추돌사고로 화재로 인한 사망사고(가상 사례)[66]

(1) 사고개요

○ 4차로인 지방도의 터널 내부에서 이용자의 과속 운전으로 연쇄 추돌사고가 발생하여 이로 인한 화재로 일반 시민 2명이 사망했다.

※ (시설물 소유자 및 관리자) B 지자체

---

66) 「중대재해처벌법 해설, 중대시민재해(시설물·공중교통수단), 고용노동부」(2022.1.28. P. 80. 인용)

(2) 중대재해처벌법 적용 검토

○ 법 적용 여부: 중대시민재해 범위, 원인, 재해규모를 미충족
  - ① 범위 화재가 발생한 터널은 시행령에 제3조 제2호(별표 3)에 따른 공중
    이용시설
  - ② 원인 차량 운전자의 과속운전으로 추돌사고가 발생하였고, 이로 인해
    유출된 차량 내부의 발화요인 등이 화재의 직접적인 원인인 것으로 조
    사(경찰 등)
  - ③ 재해규모 사망자 1명 이상 발생

☞ 공중이용시설인 도로터널의 설계, 제조, 설치, 관리 상 결함이 아닌 이용자의 과실이
  직접적인 원인이 되어 발생한 사고로,
- 중대재해처벌법의 적용 대상이 아니므로 경영책임자가 법에 따른 안전 · 보건 확보
  의무를 이행했는지 여부와 무관하게 처벌을 받지 않을 것으로 보여짐.

---

2. 철도분야(철도 · 고속철도 · 도시철도)

1) 역사 천정의 낙마물로 인한 시민 사망사고(가상사례)[67]

(1) 사고개요

○ 천장 부근 균열(중대한 결함)이 있음에도 위험 표지판이 설치되지 않은 철도역
  사 대합실에서, 천장에서 떨어진 낙하물에 맞아 시민 1명 사망
  ※ (경영책임자) 철도 역사를 운영하는 기관에 대하여 경영 일체에 대한 최종
    결정권이 있거나, 해당 철도역사의 운영 사업에 대해 예산 · 인력 등 투입
    권한이 있는 자 중

---

67) 「중대재해처벌법 해설, 중대시민재해(시설물 · 공중교통수단), 고용노동부」(2022.1.28. P. 94. 인용)

(2) 중대재해처벌법 적용 검토

○ 법 적용 여부: 중대시민재해 범위, 원인, 재해규모를 모두 충족
 - ① 범위 철도역사는 시행령에 제3조 제2호(별표 3)에 따른 공중이용시설
 - ② 원인 철도역사의 설계, 제조, 설치, 관리상의 결함으로 발생
 - ③ 재해규모 사망자 1명 이상 발생

○ 의무 및 위반사항
 - (시설물안전법) 철도역사에 대해 관리책임을 지는 A공사는 안전점검을 실시한 결과 역사 시설물에 중대한 결함이 있다고 통보받은 경우 해당 시설물의 보수·보강, 위험 표지 설치 등 안전조치를 실시해야 한다(제24·25조).
  → (조사 내용) 중대한 결함의 통보에도 불구하고, 적정한 보수·보강이 실시되지 않았고 위험표지판을 설치하여 이용을 제한하는 등 시민의 안전 확보를 위한 조치가 매우 부족했던 것으로 조사됐다(경찰 등).
 - (중대재해처벌법) A공사의 경영책임자는 철도역사의 안전점검 이행현황 등을 보고 받고, 그 결과에 따라 중대시민재해 예방에 필요한 조치를 해야 한다(시행령 제10조 제3·5·6호).
  → (조사 내용) A공사의 경영책임자는 철도역사에 대해 안전점검 결과를 보고 받고, 중대한 결함이 통보된 사안에 대해서 보수·보강 실시, 위험표지 설치 등의 조치를 하도록 지시하였으나, 직원의 근무태만으로 이행되지 않은 것으로 조사됐다(경찰 등).

☞ A공사(기관)에는 시설물안전법 위반사항(위험표지 미설치)에 대해 300만원~1,000만원의 과태료가 부과될 수 있다.

☞ A공사 사장(개인)은 중대재해처벌법상 의무사항을 준수하였으며, 의무 위반사항이 없으므로 처벌이 이루어지기 어렵다.

2) 철도차량 정비불량으로 인한 시민 상해사고(가상사례)[68]

(1) 사고개요

❍ 호우 및 강풍으로 인해 광역 철도차량의 주요부품이 파손되었는데, 이를 인지하고도 별도 조치 없이 차량을 운행하다가 사고가 발생하여 승객 1명이 사망하고 14명이 부상을 입었다.

※ (경영책임자) 철도차량을 운영하는 기관에 대하여 경영 일체에 대한 최종 결정권이 있거나, 해당 철도차량의 운행·운영 사업에 대해 예산·인력 등 투입 권한이 있는 자

(2) 중대재해처벌법 적용 검토

❍ 법 적용 여부: 중대시민재해 범위, 원인, 재해규모를 충족

－ ① 범위 사고 철도차량은 법률 제2조 제5호 나목에 따른 공중교통수단

－ ② 원인 자연재난으로 인해 주요부품이 파손되기는 하였으나, 별도 보수·교체 등 없이 방치하여 사상사고가 발생한 것이므로 철도차량의 설계, 제조, 설치, 관리상의 결함으로 인해 재해가 발생한 것으로 볼 수 있다.

－ ③ 재해규모 사망자 1명 이상 발생

❍ 의무 및 위반사항

－ (철도안전법) 철도차량 소유자등은 철도차량 제작시점부터 일정기간 내에 물리적 사용 가능 여부 및 안전성능 등에 대한 진단을 받아야 한다(제38조의12)

→ (조사 내용) 법률에 따른 진단을 적기에 받았으며, 주요부품이 파손되어 추가 조치가 필요하다는 진단을 받은 것으로 조사되었다(경찰 등).

－ (중대재해처벌법) 철도차량을 운영하는 기관의 경영책임자는, 종사자나 이용자가 철도 차량에 대한 유해·위험 요인을 확인·점검하고, 이를 발견한 경우 신고 및 조치요구, 보수·보강 등이 실시되도록 기관 내에 업무처리 절차를 마련하여야 한다.

---

68) 「중대재해처벌법 해설, 중대시민재해(시설물·공중교통수단), 고용노동부」(2022.1.28. P. 95. 인용)

→ (조사 내용) 경영책임자는 유해·위험요인이 발견되었을 때 이를 개선할 수 있는 업무처리절차를 마련하지 않아, 자연재난으로 인해 파손된 주요부품에 정비나 교체가 필요함에도 적절한 조치를 취하지 못한 것으로 조사됐다 (경찰 등).

☞ 공중교통수단(철도차량)의 파손 원인이 자연재해로 인한 것이더라도, 이를 개선하는 절차를 마련하지 않았거나, 파손 상황 등을 보고받았음에도 그대로 방치하였다가 이를 원인으로 중대시민재해가 발생한 경우에는 중대재해처벌법에 따라 경영책임자가 처벌될 수 있다.

3. 항공분야(여객터미널, 항공기)

1) A항공이 착륙 도중 기체결함으로 인해 추락사고(가상 사례)[69]

(1) 사고개요

○ A항공이 착륙 도중 기체결함으로 인해 추락하여 이용자 1명 사망, 5명 부상
  ※ (공중교통수단 소유자) A항공, (공중교통수단 운영자) A항공

(2) 중대재해처벌법 적용 검토

○ 법 적용 여부: 중대시민재해 범위, 원인, 재해규모를 충족
 － ① 범위 추락한 항공기는 법률 제2조 제5호에 따른 공중교통수단
 － ② 원인 항공기의 설계, 제조, 설치, 관리상의 결함으로 발생
 － ③ 재해규모 사망자 1명 이상 발생

---

69) 「중대재해처벌법 해설, 중대시민재해(시설물·공중교통수단), 고용노동부」(2022.1.28. P. 110. 인용)

○ 의무 및 위반사항

- (항공안전법) 항공기에 대해 관리책임을 지는 A항공은 항공기 사고 등의 예방 및 비행안전의 확보를 위한 항공안전관리시스템을 구축하여야 한다(제58조 제2항).

  → (조사 내용) 항공기 사고 등의 예방 및 비행안전의 확보가 적기 마련되지 않아 항공기의 기체결함이 보수·보강 등 조치 없이 운항된 것으로 파악되었으며, 항공안전관리 시스템을 구축하지 않은 것이 항공기의 직접적인 추락 원인으로 조사됐다(경찰 등).

- (중대재해처벌법) A항공의 경영책임자인 대표이사는 항공기의 항공안전관리시스템이 구축되도록 조치했어야 하고, 이러한 사항이 잘 이행되고 있는지 반기 1회 이상 점검하고 개선을 지시해야 한다(시행령 제10조 제3·5·6호).

  → (조사 내용) A항공 대표이사는, 항공기에 대한 항공안전관리시스템의 구축상황을 보고 받지 않았고, 개선지시 등을 일체하지 않아 A항공이 항공안전시스템을 구축하지 않은 주요 요인으로 조사됐다(경찰 등).

☞ A항공(기업)에는 항공안전법 위반사항(항공안전관리시스템 구축 미조치)에 대해 500만원 이하의 과태료가 부과될 수 있다.

☞ A항공 대표이사(개인)에는 중대재해법 위반사항(안전점검 수행 관리조치 미이행, 개선조치 미지시)으로 중대재해가 발생한 것에 대해 1년 이상의 징역 또는 10억원 이하의 벌금이 부과될 수 있다.

☞ 2024년 12월 29일 오전 9시 3분 '제주항공 – 무안공항참사'로 179명이나 희생되는 대형참사가 일어났다. 이는 항공법 위반으로 중대재해처벌법 대상이다. 즉, 항공기안전관리나 수리 등 조종사의 과실일 때는 항공사가, 공항안전관리 미비나 둔덕 등이 문제이면 공항관리공단 측이, 새떼 등 관제관리 과실일 때는 담당항공청이 각각 책임을 져야 할 것으로 보인다.

4. 하천분야(하구둑·제방·보)

1) 금강 제방의 사면유실로 인한 이용자 사고(가상사례)[70]

(1) 사고개요

❍ 국가하천의 제방의 모래 둑이 유실되어 산책 중이던 이용자가 매몰되어 1명 사망

※ (시설물 소유자 및 관리자) 국가(소유자), 하천관리청(관리자)

(2) 중대재해처벌법 적용 검토

❍ 법 적용 여부: 중대시민재해 범위, 원인, 재해규모를 충족

— ① 범위 유실된 사면의 제방은 시행령 제3조 제2호(별표 3)에 따른 공중이용시설

— ② 원인 제방 사면의 설계, 제조, 설치, 관리상의 결함으로 발생

— ③ 재해규모 사망자 1명 이상 발생

❍ 의무 및 위반사항

— (시설물안전법) 제방에 대해 관리책임을 지는 하천관리청은 안전점검을 실시한 결과 제방 시설물에 중대한 결함이 있다고 통보받은 경우 해당 시설물의 보수·보강, 위험 표지 설치 등 안전조치를 실시해야 한다(제24·25조).

→ (조사 내용) 중대한 결함의 통보에도 불구하고, 적정한 보수·보강이 실시되지 않았고 위험표지판을 설치하여 이용을 제한하는 등 시민의 안전 확보를 위한 조치가 매우 부족했던 것으로 조사됐다(경찰 등).

— (중대재해저벌법) 하천관리칭의 장은 제방의 안전점검 이행현황 등을 보고받고, 그 결과에 따라 중대시민재해 예방에 필요한 조치를 해야 한다(시행령 제10조 제3·5·6호).

→ (조사 내용) 하천관리청의 장은 제방에 대해 안전점검 결과를 보고받고,

---

70) 「중대재해처벌법 해설, 중대시민재해(시설물·공중교통수단), 고용노동부」(2022.1.28. P. 117. 인용)

중대한 결함이 통보된 사안에 대해서 보수·보강 실시, 위험표지 설치 등의 조치를 하도록 지시하지 않은 것으로 조사됨(경찰 등).

☞ 하천관리청(기관)에는 시설물안전법 위반사항(위험표지 미설치)에 대해 300만원~1,000만원의 과태료가 부과될 수 있다.
☞ 하천관리청의 장(개인)에는 중대재해법 위반사항(안전점검 수행 관리조치 미이행, 개선조치 미지시)으로 중대재해가 발생한 것에 대해 1년 이상의 징역 또는 10억원 이하의 벌금이 부과될 수 있다.

5. 건축분야(업무시설 등)

1) 내화구조부 불법 변경한 업무시설의 화재사고(가상사례)[71]

(1) 사고개요

○ 업무시설(민간, 연면적 3,000㎡ 이상) 내화구조부 불법 수선·변경한 시설 화재로 이용자 2명 사망, 2명 부상

※ (업무시설 소유자) A회사, (관리자) B회사(「건축물관리법」에 따른 관리자) A·B회사는 상시근로자 50인 이상 기업이다.

(2) 중대재해처벌법 적용 검토

○ 법 적용 여부: 중대시민재해 범위, 원인, 재해규모를 충족
- ① 범위 업무시설(건축물)은 시행령 제3조 제1호(별표 2)에 따른 공중이용시설
- ② 원인 건축물의 설계, 제조, 설치, 관리상의 결함으로 발생
- ③ 재해규모 사망자 1명 이상 발생

---

71) 「중대재해처벌법 해설, 중대시민재해(시설물·공중교통수단), 고용노동부」(2022.1.28. P. 126. 인용)

○ 의무 및 위반사항

- (건축물관리법) B회사(관리자)는 건축물의 내화구조, 방화벽 등을 건축법 기준에 따라 적합하게 관리하여야 하며, 정기적으로 점검하여야 한다(제12조 제1항, 제13조 제1항).

  → (조사 내용) 업무시설에 대한 정기점검을 적기 이행하지 않아 내화구조부 불법 수선·변경에 대한 원상복구 등 보수·보강 조치 없이 2년 이상 방치된 것으로 조사됐다(경찰 등).

- (중대재해처벌법) A회사의 경영책임자인 대표는 제3자(B회사)에게 도급·용역·위탁한 경우 업무시설 정기점검이 수행되도록 했어야 하고(시행령 제9조 제3항), 이러한 사항이 잘 이행되고 있는지 반기 1회 이상 점검하고 개선을 지시해야 한다(시행령 제10조 제 3·5·6호).

  → (조사 내용) A회사 대표는 업무시설에 대해 정기점검의 이행상황을 점검하지 않았으며, B회사도 건축법 기준에 따라 업무시설을 적합하게 관리하지 않은 것이 주요 요인으로 조사됐다(경찰 등).

☞ 건축물관리자인 B회사(기업)는 건축물관리법 위반사항(건축물 유지·관리 미이행)에 대해 1,000만원 이하의 과태료가 부과될 수 있다.

☞ A회사, B회사 대표(개인)에는 중대재해법 위반사항(정기점검 미수행, 건축물 유지·관리 미이행)으로 중대재해가 발생한 것에 대해 1년 이상의 징역 또는 10억원 이하의 벌금이 부과될 수 있다.

6. '중대재해처벌법' 중에서 "중대시민재해"의 처벌범위의 광역성 문제

1) '중대재해처벌법'상 '중대시민재해'란?

'중대재해처벌법' 중에서 '중대시민재해'에 대한 처벌 규정이나 처벌 범위가 너무 포괄적이고 광범위해서 집단소송 가능성이 매우 높은 편이다. 특히, 향후 지방자치단체장이나 공공기관장은 '중대시민재해처벌 규정에 대해서 각별히 주의를 기울여야 할 것이다. 예를 들면, 관내 산불이 났을 때 적시에 신속하게 대응하지 못해 제3의 공공시설물이나 주택가 등에 인명피해가 발생한다면, 관리기관장이나 지자체장이 책임져야 할 경우도 있을 수 있다. 이와 같이 산불이라도 관계 당국의 부주의나 대응방법 등의 실패로 화학제품의 폭발이나 독극물 유출 등 안전사고가 발생해 대형사고로 이어질 경우에는 안전관리 미비로 관리자나 기관단체장은 '중대시민재해'의 책임에서 자유로울 수가 없을 것이다.

2) '중대시민재해'의 처벌 규정과 적용 대상

첫째, '중대재해처벌법'상 '중대시민재해'란 "특정 원료 또는 제조물, 공중이용시설 또는 공중교통수단의 ① 설계 ② 제조 ③ 설치 ④ 관리상의 결함 등을 원인으로 (1) 사망자가 1명 이상 발생하거나, (2) 동일한 사고로 2개월 이상 치료가 필요한 부상자가 10명 이상 발생 (3) 동일한 원인으로 3개월 이상 치료가 필요한 질병자가 10명 이상 발생한 경우에는 '중대재해처벌법 제2조 제3호'의 적용대상이 된다. 법규상으로 보면, 사업주나 경영책임자 등은 법에서 정한 안전 및 보건 확보의무를 이행하지 않은 상황에서 사망 등 인명피해가 발생하면, 기업주는 최고 1년 징역, 10억 원 이하 벌금에, 법인 또는 기관에는 50억 원 이하의 벌금까지 부과되는 책임까지 져야 하는 양벌규정이다.

둘째, **법인 또는 사업주는 그들이 실질적으로 지배·운영·관리하는 사업** 또는 **사업장에서 생산·제조·판매·유통 중인 원료나 제조물의 설계, 제조, 설치, 관**

리상의 결함으로 인해 그 이용자 또는 그 밖의 사람의 생명, 신체의 안전을 위하여 필요한 조치를 취할 의무가 있다(동조 제9조제1항). 또, '중대재해처벌법' 제9조 제1항에서는 사업주 및 경영책임자 등의 의무와 관련하여 생산, 제조뿐만 아니라 판매, 유통 중 제조물의 결함으로 인한 사고 예방 의무도 함께 규정하고 있다. 따라서 '판매'나 '유통'을 한 사업주나 경영책임자 등의 경우도 판매나 유통 과정에서 안전 및 보건확보 의무를 다하지 않으면, '중대시민재해'로 처벌받을 수 있다.

셋째, '중대재해처벌법' 중에서, '중대산업재해'는 어떠한 형태로든 노무를 제공하여 발생한 재해로 상시 근로자가 5인 이상의 사업장이어야 한다. 하지만, '중대시민재해'는 근로자가 없너라도 상근 근로자의 숫자와는 상관없이 발생 장소에 따라서 '중대시민재해'가 적용될 수 있다. 또한, '중대시민재해'는 공중이용시설에서 <소상공인 보호 및 지원에 관한 법률> 제2조에 따라 소상공인의 사업 또는 사업장 및 이에 준하는 비영리시설과 <교육 시설 등의 안전 및 유지관리 등에 관한 법률> 제2조 제1호에 따라 교육 시설은 적용에서 제외된다. 여기서는 소상공인에 대한 판단기준도 상당히 애매할 뿐만 아니라, 교육시설 등 비 영리시설도 제외되어 대형학교나 연구실 등에는 중대시민재해 사각지역에 놓이게 되었다.

구체적으로 지적하면, '중대시민재해'는 요건상 소상공인은 <소상공인기본법> 제2조에 따라 <중소기업기본법> 제2조 제2항에 따른 소기업(小企業) 중 상시 근로자 수가 10명 미만일 것, 업종별 상시 근로자 수 등이 대통령령으로 정하는 기준에 해당한다고 규정하고 있다. 하지만, 현대 재난은 단순한 재난이 아니라, 복합재난이 대부분이다. 예를 들면, 고의, 과실, 실수 등으로 일어난 산불의 경우도 지자체장의 대응미숙이나 장비결함, 신속한 대응 등 전문성 부족 등으로 인해 순식간에 대형 재난으로 확대될 수 있다. 즉, 산불 예방이나 진화 등 판단미스로 삽시간에 확대되어 전신주가 불에 타고, 학교나 공공시설물 등이 큰 피해를 입거나, 전기 누전 등으로 공장과 기업 가동이 멈추는 복잡한 재난형태로 번질 수 있다. 특히 학교 같은 공공장소의 경우도, 재난발생시는 안전관리시설 등의 결함으로 신속하게 대응하지 못해 정전이나 화재, 유독 가스 폭발 등 대형재난으로 이어질 가능성은 충분히 예상되는 곳이다.

뿐만 아니라, 우리나라도 이제는 지진이나 태풍 등에서 안전지대가 아니다. 지진의 경우, 내진설계나 보강설계 등의 미비로 대형 공공건물이 손상되어 인명피해가 일어날 수도 있다. 그 밖에 태풍이나 홍수 등 재연재해도 점점 더 다발하고 있어서 공공건물도 철저하게 관리하지 않으면 더 큰 복합 재난이 일어날 수도 있다. 예를 들면, 어떤 강변에 부실건물이 지어졌는데 홍수로 인해 떠내려간 경우, 건물의 설계, 설치, 제조, 관리 등의 관리감독 및 인허가 과정에 이르기까지 전 건설과정에서 피해의 원인을 찾아야 할 것이다. 만약, 삼풍백화점이나 성수대교, 세월호 참사가 '중대시민재해법'의 적용 대상이 되었다고 한다면 복합재난으로 그 적용 범위가 아주 방대해질 수 있다. 따라서 향후 <u>'중대시민재해'의 적용대상에서 단순한 법규적인 문구 해석뿐만이 아니라, 재난 예방에서부터 발생, 대비, 대응, 점검대비, 복구 등 재난 대응 전 과정을 면밀히 검토 분석한 후에 처벌 수위를 결정해야 할 것으로 보인다.</u>

따라서 본고에서는 '중대시민재해'에 해당될 수 있는 사고의 유형을 (1) 특정 원료 또는 제조물의 생산, 유통 등의 안전과 위생관리 등 (2) 공중이용시설물의 안전관리와 위생관리 등 (3) 공중교통수단과 역사(대합실) 등의 안전관리와 위생 상태 점검 등 (4) 학교, 공원, 산이나 숲 등 공공시설물의 안전관리와 위생상태 등 구체적으로 세분해 분석해 보고자 한다.

(1) 특정 원료 · 제조물의 생산, 유통 등의 안전관리와 위생 상태 등

'특정 원료 또는 제조물'과 관련하여 발생할 수 있는 중대시민재해는 대표적으로 ① 화학제품 내 함유된 유해성분으로 인한 사고, ② 제품 내 부품의 이상으로 인한 발열, 폭발 사고 등을 생각해 볼 수 있다. 특히, ①과 같은 경우, 해당 제품을 직접 제조한 제조업자 이외에, 해당 원료를 제조한 사업주 및 경영책임자 등도 책임을 져야할 가능성이 있다. 또한, 제품의 판매·유통 사업주 및 경영책임자도 제품의 위험성 등을 소비자에게 충분히 고지하는 시스템을 구축하지 못하고, 안전·보건 위생 관계 법령에 따른 조치를 취하지 못하였다면 중대재해처벌법에 저촉될 가능성을 배제할 수 없다. 그 밖에 독성 가스나 농약, 살생물질뿐만 아니라, 음식물 등 모든 원료·제조물이 중대시민재해 적용대상에 해당한다. 가습기살균제 등에 대해서도 제

품의 설계·제조상의 결함 등으로 질병이나 인명피해를 발생하게 한 경우에도 이에 해당된다.[72]

따라서 (1) 특정 원료·재조물의 생산, 유통 등의 안전관리에 관한 부분은 아래 도표와 같이 면밀하게 유통과정을 분석해 봐야 할 것이다.

① 제조물의 원료 ⇨ ② 생산 ⇨ ③ 보관 ⇨ ④ 유통 ⇨ ⑤ 소비자 ⇨ ⑥ 효과 반응

① 제조 원료의 경우, 폭발성, 휘발성, 유해성, 안전성, 청결성, 효능성 등을 따져서 점검해봐야 한다.

② 제조 원료를 정확하게 사용하고, 정해진 규격이나 용량성분 등을 사용했는지를 체크해서 생산하고 있는지를 확인해야 한다.

③ 2024년 수원 화성 리튬 화재사고에서 보았듯이 생산제품을 안전하게 보관해서 제품이 변질 또는 폭발 내지는 훼손되지 않도록 잘 보관하고 있는지도 법규 적용의 대상이 될 수 있다.

④ 또한, 생산자는 제조물의 보관·유통 시 변질되지 않고 소비자에게 전달하는 전 유통과정도 안전하게 전달하도록 노력하여야 한다. 특히, 폭발물이나 독극물 등 위험물질의 경우, 생산자는 **영국의 사례에서 보았듯이** 제조물에 대한 충분한 취급상의 주의 레벨과 안내문을 붙여서 유통업자나 사용자에게 충분히 고지해야 한다.

⑤ 유통업자도 본 제조물을 유통과정은 물론, 소비자에게 안전하게 전달하고, 위험물일 경우에는 사용상의 주의와 위험성 등을 소비자에게 충분히 전달해야 한다.

⑥ 마지막 최종소비자가 사용해도 문제가 없는 제품이어야 생산자가 책임을 면할 수 있다.

---

72) https://www.seoullabor.or.kr/portal/bbs/selectBbs.do?bbs_code=A1001&bbs_seq=1295

(2) 공중이용시설물의 안전관리와 위생관리 청결 등

'중대재해처벌법'의 제정목적은 사업 또는 사업장, 공중이용시설 또는 공중교통수단 등에서 중대재해가 발생하지 않도록 하는 것이며 그것을 위해서는 경영자의 경영상 판단에 따라 안전 인력, 안전 예산 등의 투입이 핵심적으로 요구되는 요소라고 할 수 있다. 종전의 안전·보건 관계법령은 대부분 현장에서 이행되어야 하는 안전조치 또는 행위 위주의 규정이기 때문에 중대재해의 예방에는 한계가 있었다. 이에 금법의 중대재해처벌법은 기업 또는 기관을 경영하면서 인력과 예산 등 핵심요소의 배치를 결정하는 권한과 책임을 가진 사람("경영책임자" 등)에게 안전·보건 확보 의무를 부과하고 있다.

'공중이용시설'과 관련하여 발생할 수 있는 '중대시민재해'로는 대표적으로 ① 삼풍백화점과 같이 대형 백화점 등 건축물 붕괴나 화재 사고 ② 공연장 안전사고 ③ 의료기관 내 전염병 확산 사고 등을 들 수 있다. '공중이용시설'의 범위는 지하역사, 지하장례식장, 대규모점포, 실내 영화상영관 및 일정 규모 이상의 항만시설 대합실, 도서관, 박물관, 실내공연장, 미술관, 대규모 점포, 지하도 상가, 철도역사, 여객자동차터미널 대합실, 옥내 전시시설, 실내주차장, 복합건축물, 의료기관, 공항시설 여객터미널, 실내 공연장, 실내 체육시설, 어린이집, 실내어린이 놀이터, 다중이용업소 등이 포함될 수 있다. 즉, 다중이용시설의 설치·관리상 결함이나 건축물의 설계, 시공, 유지관리 부분도 처벌 대상에 포함된다. 또한, 그 적용 범위도 상당히 광범위하여 이러한 유형의 시설물을 운영하는 사업주 및 경영책임자의 경우, 현재 운영 중인 시설물이 중대재해처벌법상 공중이용시설에 해당하는지에 대한 여부도 살펴봐야 한다. 해당 시설물의 운영과 관련된 안전·보건 관련 법령상의 의무를 이행할 수 있도록 안전보건관리체계를 구축하고, 이를 위한 충분한 인력과 예산을 배정하는 등의 조치를 취해야 할 것이다.[73]

'공중이용시설' 중에서 "중대 시민재해대상"은 ① 건축법상 연면적 3,000㎡ 이상 업무시설 ② 의료법상 2,00㎡ 이상 의료기관 ③ 다중이용법상 영업바닥면적 1,000㎡ 이상 영업장 등이 이에 해당한다.

---

73) https://www.kimchang.com/ko/insights/detail.kc?sch_section=4&idx=23323

(3) '공중교통수단'과 역사(대합실) 등의 안전관리와 위생관리와 청결 상태 점검 등

'공중교통수단'이란 불특정다수인이 이용하는 교통수단으로 그 설계에서부터 제조, 설치, 관리상의 결함을 원인으로 중대재해가 발생하지 않도록 법률로 경영책임자에게 안전·보건 확보의무를 수행하도록 규정하고 있다. 즉, 도시철도차량, 철도차량 중 동력차·객차, 노선 여객자동차, 여객선, 항공기 등이 포함되는데, 이와 관련하여 발생할 수 있는 '중대시민재해'는 대표적으로 ① 시내버스 부품의 하자 또는 정비 소홀로 인해 교통사고가 발생한 경우 ② 전동차 화재, 유독가스로 인한 사고 등을 들 수 있다. 특히 부품하자나 정비소홀 등과 같은 사고의 경우는, 그 사고의 발생 원인에 따라 차량을 제조한 제조 사업자와 운송 사업을 영위하는 사업주 및 경영책임자 모두가 책임을 질 가능성이 있다. 따라서 사업주 및 경영책임자 등은 '공중이용시설'의 제조나 운영과 관련하여, 안전·보건 법령상의 의무를 이행할 수 있도록 안전·보건관리체계를 구축하고, 이를 위한 인력과 예산을 확보해 현장에 배정하는 등의 조치가 필요하다.

'공중교통수단' 중에서 '중대 시민재해' 대상에는 ① 여객자동차 운수사업법 시행령상 시외버스 운송사업 ② 해운법상 이상 여객을 운송할 수 있는 선박이다. 선박 관리 소홀 및 사고발생 후 승객 대피·구호조치 미시행 시에도 처벌대상이 된다. 시내버스나 마을버스는 시민재해에서 제외된다. '중대재해처벌법에 따라 경영책임자 등이 이행하여야 하는 안전보건 확보의무의 핵심은 법령에 따라 적정한 안전보건 관리체계를 구축하고, 그 체계가 충실히 작동하도록 주기적으로 점검 및 개선하여 중대재해를 예방하는 것이다. 중대재해처벌법은 구체적으로, 경영책임자등이 (1) 재해예방에 필요한 인력 및 예산 등 안전보건관리체계의 구축 및 그 이행에 관한 조치 (2) 재해 발생 시 재발방지 대책의 수립 및 그 이행에 관한 조치 (3) 중앙행정기관·지방자치단체가 관계 법령에 따라 개선, 시정 등을 명한 사항의 이행에 관한 조치 (4) 안전·보건 관계 법령에 따른 의무이행에 필요한 관리상의 조치를 하도록 규정하고 있다(법 제4조, 제9조).[74]

---

74) 세종 https://www.shinkim.com/kor/media/newsletter/2309

국내 중대재해 사고 중 상당수는 기존에 법 적용을 받지 않던 상시 근로자 50명 미만 사업(공사금액 50억 원 미만 공사)에서 발생하는 것으로 알려져 있다. 따라서 이번 법 적용 범위 확대에 따라 중대재해처벌법 적용을 받게 되는 회사의 경우, 중대재해처벌법에 따른 의무이행 현황을 점검하고 미비한 점이 확인될 경우 이를 신속히 보완할 필요가 있다. 특히 재해발생 시 재발방지 대책을 수립하고 이에 관한 조치도 취해야 한다. 회사의 업무 현황, 규모, 조직체계 및 사업의 특성을 고려하여 그에 적합한 수준의 안전보건 관리시스템을 구축하고 이를 주기적으로 점검해 나가는 것이 필요하다.[75] 결국, 안전보건관리시스템이나 인력 확보에 대한 예산을 불합리하게 절약했을 경우 대형사고를 초래하여 회사가 문을 닫아야 하는 상황까지 이를 수 있다는 경각심을 지녀야 할 것이다.

(4) 산이나 숲, 공원 등 자연환경과 학교 등 공공시설물에도 '중대시민재해처벌법' 적용가능

코로나 이후 국민들의 웰빙과 워라밸 의식이 한층 높아졌다. 따라서 시민의 휴식처인 산이나 강, 바다, 공원 등 자연환경에는 계절이나 시간에 관계없이 언제 어디서나 인파가 몰려들고 있다. 뿐만 아니라, 공공시설물의 개방정책 등에 따라 인근 학교나 도서관, 전시관, 공연장 등 공공기관에는 수시로 시민들이 몰려들어 나름대로의 휴식을 즐기고 있다. 이러한 곳에는 사람들의 상근 인원수에 관계없이 자연환경의 훼손이나 변형 또는 파괴 등으로 순식간에 시민의 안전이 심각하게 위협받아 '중대시민재해'가 일어날 수도 있다. 또한, 일정한 건물의 규모에 따라 중대시민재해가 적용될 수도 있지만, 관리자의 잘못이나 시설물의 결함 등으로 인해 '중대시민재해'가 발생할 수도 있다. 이와 같이 자연환경이나 공공기관에서도 관리기관장이나 시도지사 및 지자체장의 안전관리 부실이나 시설물 결함 등 관리소홀 등으로 인해 손해배상청구나 '중대시민재해법'이 적용될 수도 있다.

앞에서도 이미 언급했지만, 중대재해처벌법은 원래 법안대로라면 상시근무 5인 이상이라는 인원수 기준이 있지만, 산불의 경우는 상근 인원수와는 관계가 없어도

---

75) https://www.kimchang.com/ko/insights/detail.kc?sch_section=4&idx=28857

중대재해처벌법에 적용될 수도 있다. 예를 들면, 주민의 실수나 과오로 대형 산불이 발생해 막대한 삼림이 훼손되었다고 하자. 그런데 관계 지자체의 복구부실로 인해 홍수나 산사태 등 2차 피해가 일어날 가능성이 충분히 있는 상태다. 뿐만 아니라, 산을 절개하거나 채석, 강가의 준설공사, 도로건설 등으로 삼림이나 강둑을 훼손하게 되면, 홍수 등에는 매우 취약한 기반이 된다. 2023년 청주 오송 지하차도 참사가 그 사례 중 하나다. 그 밖에 골프장 건설이나 리조트, 관광지 건설 등으로 자연환경을 훼손하는 경우가 점점 많아지고 있는데, 이로 인해 일어나는 대형재난은 중대시민재해로 이어질 수 있다. 또한, 대학이나 학교의 경우도 운동장이나 연구실, 실험실 등에서 운동 중 또는 실습 중 사고가 발생나면 고의든 실수든 손해배상책임과 함께 기관장의 책임 또한 회피하기 어려울 것이다.[76]

7. 외국인 노동자에 대한 철저한 노동안전위생교육 실시

1) 2024년 6월 24일 「경기도 화성시 리튬전지(아리셀) 화재참사와 안전위생 교육」

(1) 화성 리튬전지 화재참사 발생과 '중대재해처벌법'

2024년 6월 24일 오전 10시 31분경 경기도 화성시 서신면 리튬전지 업체 '아리셀'의 공장내 3동 2층에서 원통형 리튬 베터리가 화재로 폭발하는 대 참사가 일어났다. 이 화재로 23명이 사망하는 중대재해가 발생했다. 사망자는 23명으로 그중에는 한국인이 5명(남 3명, 여 2명), 외국인이 18명, 라오스인이 1명으로 나타났다. 외국인이 제일 많이 희생된 나라는 중국인으로 17명(남 3명, 여 14명)인데 대부분이 우리 중국인 동포라고 한다. 나머지 한 사람이 라오스인(여)으로 밝혀졌다. 여기에서 가장 중요한 것은 리튬 배터리가 불이 났을 때 이 전지에 불을 끌 수 있는 마땅한 소화기조차도 아직 개발되지 않았다는 것이다. 뿐만 아니라, 외국인에 대한 안전교

---

76) 『궁금한 중대재해처벌법』, 한국경제신문, 2021년, pp. 66~67.

육도 하지 않았다는 회사의 후진적인 책임 소홀도 있었다. 전년도 2023년부터 산업안전재해를 줄이기 위해 '중대재해처벌법'까지 제정해 실시하고 있는데도 불구하고 실제 산업현장에서는 아직까지도 원시적인 대응방법에 머무르고 있었다는 안타까운 현실이다.

앞에서 언급했지만 일본정부의 '**외국인 노동자에 대한 노동안전위생교육**' 부분에 우리는 참고할 만한 부분이 많다고 하겠다. 지금 우리나라처럼 일손이 부족해 일본도 1980년대부터 동남아시아 지역으로부터 노동자들을 초청해 산업현장에 투입하고 있다. 이들이 처음에는 언어가 제대로 통하지 않아서 어려움을 겪었는데, 후생노동성 노동기준국이 중심이 되어 철저하게 다국어로 교재와 안전지침서도 만들어서 안전교육을 열심히 실시해 극복하고 있는 것을 볼 수 있다. 심지어는 일본어가 이해되지 않은 노동자에 대해서는 본국의 통역자를 섭외하거나 노동자가 잘 아는 가까운 지인들을 통해서라도 외국인 노동자에 대해서 노동안전위생교육을 강화시키는 것을 볼 수 있다.

이제 우리도 경제 선진국이라고 자랑만 할 것이 아니라, 여기에 어울리는 재난안전위생교육도 국제적인 매뉴얼과 기준에 맞게 교육을 실시하여 외국인 노동자를 불러들여야만 안전사고를 줄이고 국제적이라고 자부할 수 있을 것이다.

참고 문헌

〈국외 문헌〉

- Richard Card, Card, Cross and Jones Criminal Law (15th ed., 2001).
- C.M.V. Clarkson & H.M. Keating, Criminal Law: Text and Materials (5th ed., 2003).
- Health and Safety Executive, Blackspot Construction: A Study of Five Years' Fatal Accidents in the Building and Civil Engineering Industries 4 (1988).
- Home Office, Corporate Manslaughter and Corporate Homicide: A Regulatory Impact Assessment of the Government's Bill (London: Home Office, 2006).
- John Smith, Smith and Hogan Criminal Law (10th ed., 2002).
- Michael Allen, "Health and Safety Update" (2001), 145 Solocitors Journal 1105.
- Patrick Allen, "Corporate Manslaughter" (2002), 146 Solicitor Journal 698.
- N. Cavanagh, "Corporate Criminal Liability: an Assessment of the Models of Fault" (2011), Journal of Criminal Law 75(5).
- Comment, "Hobson's choice" (2000), Solicitors Journal, 14 January 6.
- Michael Elliker, "Health & Safety update" (2000), 144 Solicitors Journal 777.
- Manslaughter and Corporate Homicide Act 2007—lus ç change?" (2013),
- JJ. Gobert, "The Corporate Manslaughter and Corporate Homicide Act 2007 –
- D. McCluskey, "Legal Update: Corporate Manslaughter" (2011.3), Law Society Gazette.
- ACAS (2015) "Annual report and Accounts 2014/15"
- HSE (2013) "A guide to health and safety regulation in Great Britain"
- HSE (2016a) "Annual Report and Accounts 2015/16"
- HSE (2016b) "Enforcement in Great Britain 2016"

- HELA (2015) "Data Collection – analysis of LAE1 2014/15 data from Local Authorities"
- HMRC (2013) "National Minimum Wage compliance in the social care sector" National Audit Office (2016) "Ensuring employers comply with National Minimum Wage regulations
- Citation, commencement and interpretation(section 1)
- Disapplication of these Regulations(Section2)
- Risk assessment(section3)
- Principles of prevention to be applied(section4)
- Health and safety arrangements(section5)
- Health surveillance(section6)
- Health and safety assistance(section 7)
- Procedures for serious and imminent danger and for danger areas(section8)
- Contacts with external services(section9)
- Information for employees(section10)
- Co－operation and co－ordination(section11)
- House of Commons Library (2016) "Business Statistics"(2024.6.10)
- https://www.jisha.or.jp/international/sougou/pdf/uk_04.pdf(2024.6.9)
- uk_04.pdf (jisha.or.jp) (2024.6.9)
- https://www.hse.gov.uk/(2024.4.28)
- HSE Guidance;http://www.hse.gov.uk/guidance/index.htm(2024.1.29)
- http://www.hse.gov.uk/pubns/books/l5.htm(2024.1.29)
- http://www.hse.gov.uk/construction/resources/turning－concern－into－ac－tion.htm
- https://breathefreely.org.uk/protecting－workers－health－in－construction/ (2024.5.6)
- http://www.hse.gov.uk/pubns/books/hsg268.htm(2024.2.4)
- http://www.hse.gov.uk/legislation/statinstruments.htm(2024.2.1)
- https://www.legislation.gov.uk/uksi/1999/3242/contents/made(2024.2.3)
- http://www.hse.gov.uk/legislation/acts.htm(2024.2.1)

- http://www.legislation.gov.uk/ukpga/1974/37/contents(2024.1.29)
- http://www.hse.gov.uk/pubns/indg163.htm(2024.2.3)
- https://www.hse.gov.uk/enforce/our−role−as−regulator.htm(2024.6.10)
- https://www.hse.gov.uk/aboutus/assets/docs/the−hse−strategy.pdf(2024.6.10)
- https://www.hse.gov.uk/aboutus/the−hse−business−plan.htm(2024.6.10)
- http://www.legislation.gov.uk/uksi/2004/3386/made
- http://www.legislation.gov.uk/uksi/2003/978/made
- https://www.hse.gov.uk/guidance/index.htm(2024.6.10)
- https://www.jil.go.jp/foreign/labor_system/2018/04/uk.html#link_07
- https://www.hse.gov.uk/statistics/tables/index.htm(2024.6.10)
- https://www.hse.gov.uk/statistics/tables/index.htm/Statistics−Indexof tables(hse.gov.uk)
- http://www.hse.gov.uk/enforce/enforcepolicy.htm/(2024.6.10)
- http://www.hse.gov.uk/enforce/enforcement−management−model.htm (2024.6.10)
- https://www.hse.gov.uk/asbestos/introduction/index.htm(2024.6.10)
- https://www.hse.gov.uk/radiation/introduction.htm(2024.6.10)
- https://www.hse.gov.uk/work−at−height/ladders/types−of−ladder.htm(2024.6.10)
- https://www.hse.gov.uk/radiation/introduction.htm(2024.6.10)
- https://www.hse.gov.uk/fireandexplosion/fire−safety.htm(2024.6.10)
- https://www.hse.gov.uk/fireandexplosion/about.htm(2024.6.10)
- https://www.hse.gov.uk/radiation/introduction.htm(2024.6.10)
- https://www.hse.gov.uk/msd/dse/index.htm(2024.6.11)
- https://www.hse.gov.uk/msd/manual−handling/index.htm(2024.6.11)
- https://www.hse.gov.uk/simple−health−safety/risk/common−workplace−risks. htm(2024.6.1)
- https://www.hse.gov.uk/corpmanslaughter/about.htm(2024.6.11)
https://world.moleg.go.kr/web/wli/lgslInfoReadPage.do?CTS_SEQ=12415&AST_SEQ =305&nationReadYn=Y&ETC=1&searchNtnl=UK(2007, 2024.6.11)
https://www.sja.org.uk/course−information/guidance−and−help/the−corporate−m

anslaughter−act/ (2024.6.11)

- Corporate Manslaughter and Corporate Homicide Act 2007//

https://app.croneri.co.uk/topics/corporate−manslaughter−and−corporate−homicide
−act−2007/indepth(2024.6.11)

https://press.hse.gov.uk/2023/05/15/birmingham−wall−collapse−deaths−directors
−jailed−after−five−men−lost−their−lives/(2024.5.7)

https://press.hse.gov.uk/2023/11/23/company−fined−after−worker−dies−from−fa
ll/(2014.5.7)

https://press.hse.gov.uk/2023/12/19/company−and−director−sentenced−after−wo
rker−fractures−arm−and−leg/(2024.5.6)

https://press.hse.gov.uk/2024/04/02/company−fined−after−worker−crushed−to−
death−3/(2024.5.7)

https://press.hse.gov.uk/2024/03/15/construction−firm−fined−after−worker−dies
−from−fall/(2024.5.7)

- https://www.hse.gov.uk/pubns/indg417.pdf (2024.6.11)

- https://www.hse.gov.uk/news/index.htm(2024.5.6)

- https://books.hse.gov.uk/(2024.6.11)

- https://www.hse.gov.uk/simple−health−safety/risk/common−workplace−risks.
htm(2024.6.10)

- https://www.jstage.jst.go.jp/article/safety/40/2/40_121/_pdf/−char/ja 안전방재법령

- https://www2.deloitte.com/jp/ja/pages/risk/articles/cr/global−cybersecurity−
news−142.html 영국보건안전보장청

- 川崎友巳, 企業の刑事責任, 成文堂, 2004.

- 労働安全衛生総合研究所「建設業における英国の安全衛生の考え方-英国を調査して」
(2015), 2020
東京オリンピックの会場整備、インフラ整備等の事業調査報書.
https://www.jisha.or.jp/international/sougou/pdf/uk_04.pdf

- 中央労働災害防止協会ウェブサイト🔗
https://go.chatwork.com/ja/column/efficient/efficient−460.html, 労働安全衛生法と
は?企業が守るべき重要事項や罰則例、違反事件を解説/ビジネスチャットなら

Chatwork(2024.2.18)

- https://elaws.e－gov.go.jp/document?lawid＝347AC0000000057，労働安全衛生法 /e－Gov 法令検索(2024.6.3)

- 労働安全衛生法施行令/
  https://elaws.e－gov.go.jp/document?lawid＝347CO0000000318(2024.5.10)
  https://www.kirameki－sr.jp/foreign－workers－course－conditions

- 労働安全衛生法施行令/
  https://elaws.e－gov.go.jp/document?lawid＝347CO0000000318(2024.5.12)

- 外国人労働者に対する安全衛生教育の実施について ｜ きらめき労働オフィス (kirameki－sr.jp)000520596.pdf（mhlw.go.jp）

- https://go.chatwork.com/ja/column/work_evolution/work－evolution－195.html,ストレスチェック制度とは?職場における実施義務化について解説/ビジネスチャットならChatwork(2024.5.1)

- ストレスチェック制度導入ガイド,
  https://www.mhlw.go.jp/bunya/roudoukijun/anzeneisei12/pdf/160331－1.pdf
  (2023.2.19)
  https://www.dodadsj.com/content/210325_industrial－safety－and－health－act/
  (2023.9.1) 安全衛生関係リーフレット等一覧 ｜厚生労働省（mhlw.go.jp）

- 労働安全衛生法の施行について(2024.5.28),
  https://www.mhlw.go.jp/web/t_doc?dataId＝00tb2042&dataType＝1&pageNo＝1(2024.5.1)000815300.pdf（mhlw.go.jp）外国人労働者災害安全教育必要性

- 内閣府,日本の災害対策http://www.bousai.go.jp/1info/pdf/saigaipanf.pdf

- 厚生労働省, https://anzeninfo.mhlw.go.jp/yougo/yougo101_1.html(2024.5.19)

- 労働安全衛生総合研究所
  https://www.jniosh.johas.go.jp/publication/mail_mag/2015/84－column－3.html

- 建設業における英国の安全衛生の考え方–英国を調査して–
  【よくわかる】労働安全衛生法とは?違反しないために企業は何をするべき?重要点を解説 ｜ d's JOURNAL（dsj）－ 採用で組織をデザインする ｜ 人事労務・法務 (dodadsj.com)
  https://www.dodadsj.com/content/210325_industrial－safety－and－health－act/

- 労働災害が発生したとき ｜厚生労働省（mhlw.go.jp）,

- 外国人労働者に対する安全衛生教育の実施について｜きらめき労働オフィス (kirameki－sr.jp)(2024.6.3)
- 「外国人労働者の雇用管理の改善等に関して事業主が適切に対処するための指針」(平成19年08月03日厚生労働省告示第276号)(mhlw.go.jp)(2024.5.1)
- 2019年労働安全衛生法の改正ポイントhttps://greenfile.work/articles/2535#i
- 労働災害が発生したとき ｜厚生労働省 (mhlw.go.jp) https://www.mhlw.go.jp/stf/seisakunitsuite/bunya/koyou_roudou/roudoukijun/zigyonushi/rousai/index.html(2024.5.1)
- https://www.jisha.or.jp/international/sougou/pdf/uk_04.pdf
- 「厚生労働省労働基準局長」000571530.pdf (mhlw.go.jp)(2024.5.1)
- 「外国人の日本語の理解力に配慮した技能講習の実施について」(令和02年03月31日基発第 330043号) (mhlw.go.jp)(2024.6.3)
- https://www.mhlw.go.jp/file/05－Shingikai－11201000－Roudoukijunkyoku－Soumuka/0000142646.pdf(2023.9.1)
- 中央労働災害防止協会.https://www.jaish.gr.jp/information/question.html, (2024.6.2)
- 「厚生労働省」職場のあんぜんサイト (mhlw.go.jp)(2024.6.1)
- 「高度安全機械等導入支援補助金」(mhlw.go.jp)(2024.6.1)
- 「エイジフレンドリー補助金について｜厚生労働省」(mhlw.go.jp. 2024.6.3)
- 「労働安全衛生担当者のための法律学入門（２）労働災害が発生したときの責任：刑事罰編」(osh－management.com)(2024.5.30)
- 労働安全衛生法違反の刑事責任と必要な対応を事例をもとに解説｜咲くやこの花法律事務所 (kigyobengo.com, 2023.9.7)
- 熱中症は安全配慮義務違反?違反になるケースや企業ができる対策など：福祉共済ブログ：神奈川県福祉共済協同組合 (fukushikyosai.or.jp)
- 労働安全衛生法違反の刑事責任と必要な対応を事例をもとに解説｜咲くやこの花法律事務所 (kigyobengo.com, 2023.9.7)
- 「海難事故が起こった場合の海難審判・裁判への対応について解説」｜ アトム法律事務所弁護士法人 https://atomfirm.com/jiko/46662(2024.5.3) https://osh－management.com/essay/information/kazu1/#gsc.tab＝0

- 運輸委員会によるKAZU I 事故の経過報告書（調査中間報告）と予見可能性（osh－management.com）(2024.6.4)
- 国土交通省第「知床遊覧船事故対策検討委員会会議資料」、2022年5月27日付け。
  運輸委員会によるKAZU I 事故の経過報告書（調査中間報告）と予見可能性（osh－management.com）(2024.6.4)
- 運輸安全委員会，「船舶事故調査報告書」、2021年03月24日付け。
- 『時事通信社』「乗客家族 'きちんと説明を' 運航会社、ようやく会見へ 知床観光船事故・北海道」、2022年4月26日付け。
- 『日テレニュース』「国交省 '条件付き運航' という考え方はない. 運航会社社長の説明受け」、2022年04月27日付け。
- 『朝日新聞DIGITAL』 「事業許可取り消し '受け入れる' 知床遊覧船社長がコメント」、2022年06月17日付け。
- 運輸安全委員会 「旅客船KAZU I 浸水事故」、2022年12月15日,
- 『時事通信』「水密隔壁」設置求めず船内の穴、検査で一部未確認─知床観光船事故で国交省」、2022年
- 国土交通省第「知床遊覧船事故対策検討委員会会議資料」、2022年5月27日付け。
- 労働安全衛生総合研究所
  https://www.jniosh.johas.go.jp/publication/mail_mag/2015/84－column－3.html
- 建設業における英国の安全衛生の考え方-英国を調査して-
- 知床遊覧船事故対策検討委員会，「事故調査の過程で得られた情報の提供」、2022年09月28日付け。
- 『読売新聞オンライン』「荒天予報の海、社長と船長「行ける」「荒れたら戻ればいい」…漁師の忠告に耳貸さず」、2022年05月22日付けなど。
- 『共同通信』「知床、エンジン減らし船底改造 専門家 '不適格な部分多い'」、2022年06月11日付け。
- リスクアセスメントとは?必要性や進め方をわかりやすく解説,
  https://go.chatwork.com/ja/column/work_evolution/work－evolution－097.html (2024.5.26)
- 『NHK北海道NEWS WEB』「運航会社元従業員が証言 安全教育・出航判断の実情」、2022年05月23日付け。

- 「船舶安全法」https://elaws.e－gov.go.jp/document?lawid＝308AC0000000011 (2024.6.7)

- 『産経新聞』「'社長の過失責任否定は困難'捜査は長期化の様相知床事故 1 年」, 2023 年04月22日付け。

- https://www.npa.go.jp/hanzaihigai/suisin/kentokai/kentokai1/data1/shiryo4. pdf(2024.6.8)

- 労働者災害補償保険法 ｜ e－Gov法令検索(2024.6.3)

- 労災保険とは?補償の種類と労災保険料の計算方法について解説 Business Navi～ビジネスに役立つ情報～：三井住友銀行（smbc.co.jp)(2024.6.3)

- 労働者災害補償保険法とは? 対象となる労働者や労働災害について解説｜コラム｜労働災害労災）の弁護士無料相談ならベリーベストの専門チームへ｜(roudousaigai.jp)

- 労働保険とは労災保険・雇用保険の総称! 制度と仕組みの違いを解説｜コラム｜労働災害（労災）の弁護士無料相談ならベリーベストの専門チームへ｜(roudousaigai.jp. 2024.6.1)

- 労働災害による死亡事故で、遺族が受け取ることができる給付金と申請方法｜コラム｜労働災害（労災）の弁護士無料相談ならベリーベストの専門チームへ｜(roudousaigai.jp, 2024.6.2)

- 「労災事故で慰謝料を請求できる?相場額は?仕事中の怪我による精神的苦痛」,

- https://atomfirm.com/jiko/38881#1(2024.6.2)

- 「労災事故で慰謝料を請求できる?相場額は?仕事中の怪我による精神的苦痛」,

- https://atomfirm.com/jiko/38881#1(2024.6.2)

- 『朝日新聞』2024年4月23日付け. https://osh－management.com/legal/information/legal－introduction－02/#google_vignette(2024.6.7)

- 「警備業法」https://elaws.e－gov.go.jp/document?lawid＝347AC0000000117 (2024.6.9)

〈국내 문헌〉

- 이 연, 『국가위기관리와 긴급재난경보』, 박영사, 2023.
- 이 연, 『국가위기관리와 재난정보』, 박영사, 2016.
- 이 연, 『국가와 기업의 위기관리커뮤니케이션』, 박영사, 2010.
- 이 연, 『위기관리와 매스미디어』, 학문사, 2006.
- 이 연, 『위기관리와 커뮤니케이션』, 학문사, 2003.
- 중대재해처벌법 해설 중대시민재해(시설물_공중교통수단) (17).pdf
  https://www.moel.go.kr/news/notice/noticeView.do?bbs_seq=20220300855
- 중대재해처벌법의 주요 내용과 개선방안에 관한 연구(上)
  https://www.knia.or.kr/file−manager/104482
- 중대재해처벌법 해설 중대시민재해(시설물_공중교통수단) (4).pdf
  https://www.molit.go.kr/USR/policyData/m_34681/dtl.jsp?search=&srch_dept_nm
  =&srch_dept_id=&srch_usr_nm=&srch_usr_titl=Y&srch_usr_ctnt=&search_regd
  ate_s=&search_regdate_e=&psize=10&s_category=&p_category=&lcmspage=1
  &id=4601
- 중대산업재해와 중대시민재해의 차이
  중대산업재해, 중대시민재해 정의, 법규, 차이, 기준, 처벌, 벌금, 과태료: 네이버 블로
  그(naver.com)
- 붙임 중대재해처벌법 대응 매뉴얼.pdf (scak.or.kr) 대한건설협회
- 중대재해처벌법 주요사항 안내 교안PPT (tistory.com)고용노동부
- 중대재해처벌법해설서(중대산업재해) (1).pdf고용노동부
- 중대재해처벌법 주요내용.pdf고용노동부
- 중대재해처벌법 주요사항 안내 교안PPT (tistory.com)고용노동부
- 220120중대재해처벌법_중대산업재해_해설_법률원_최종.pdf (cnwcenter.org)
- 중대재해처벌법 주요내용 (7).pdf
- 중대재해처벌법 요약과 주요내용사항 교육용 교안(PPT), 산업안전보건과의 비교
  자료: 고용노동부: 2021 교육혁신실−25
- 김재윤, "현대형법의 위기와 과제", 전남대학교출판부, 2009.
- 김호기, "기업의 경제활동에 관한 형사법제연구(Ⅱ)": 주요 국가의 기업의 형사처벌
  방법에 대한 연구, 한국형사정책연구원, 2010.

- 송기동, "영미 기업범죄 형사책임의 전개", 「형사정책」, 제20권 제2호, 2008.
- 심재진, "영국의 2007년 기업과실치사법과 그 시사점", 산업사망 처벌 및 원청 책임 강화법 개정 방안 토론회 자료집, 2013.
- 김종구, "기업살인법과 규제 개혁", 「법학연구」, 제55집, 2014.
- 강문대, "산재사망사고의 처벌 실태 및 특별법 제정 방안", 산업사망 처벌 및 원청 책임강화법 개정 방안 토론회 자료집, 2013.
- 김가람, "산재사망 특별법 제정, 산재사고는 범죄라는 사회적 여론에 기여할 것", 산업사망 처벌 및 원청 책임강화법 개정 방안 토론회 자료집, 2013.
- 김종구, "기업살인법과 규제 개혁", 「법학연구」, 제55집, 2014.

색인

[기타]

저자 소개

이 연(李 鍊)

이 연 교수는 선문대학교 미디어커뮤니케이션학부 명예교수로 재직하고 있으며, 한국재난정보미디어포럼 회장과 재난방송중앙협의회 위원, 중앙재난관리평가위원, 재난방송 과태료 심의위원 등을 맡고 있다.

그가 위기관리 커뮤니케이션에 관심을 갖게 된 것은 1984년 일본의 上智大学(Sophia University) 대학원 신문학연구과에 유학하면서부터이다. 동 대학 석사, 박사과정(신문학박사)을 졸업하고 1995년 고베지진을 계기로 본격적으로 '위기관리와 재난안전'에 대해 연구하게 된다. 특히, 東京大学 히로이 오사무(広井脩) 교수와 함께 '관동대지진과 조선인 학살사건'을 공동 연구하면서 위기관리와 재난안전시스템 연구에 주력하게 되었다.

경력으로는 선문대학교 사회과학대학장, 중앙도서관장, 행정대학원장, 대학언론사 주간, 행정안전부 자문교수·기획위원, 국민안전처 자문교수, 소방방재청 자문교수, 기상청 자문교수, 방송통신위원회 책임교수 및 자문교수, 한국기자협회 재난보도준칙 제정위원장, 언론중재위원, 일본의 上智大学 신문학연구과 객원교수 등이 있다.

〈저서 및 관련 연구서〉

- <국가위기관리와 긴급재난경보>(2022, 박영사)
- <일제강점기 조선언론통제사>(2021, 박영사)
- <정부와 기업의 위기관리 커뮤니케이션>(2010, 박영사)
- <국가위기관리와 재난정보>(2016, 박영사)
- <위기관리와 커뮤니케이션>(2003, 학문사)
- <위기관리와 매스미디어>(2007, 학문사)

- <재난상황, 언론대응 및 수습과 홍보>(2015, 국민안전처)
- <재난 홍보시스템방안 연구>(2008, 행정안전부)
- <재난방송과 홍보의 이해>(2008, 국립방재교육연구원)
- <한국적인 재난방송시스템에 관한 연구>(2004, 방송위원회)
- <일본의 방송과 방송문화사>(2006, 학문사)
- <신문, 텔레비전의 소멸>(2010, 아카넷, 역서)
- <일본의 케이블TV>(1997, 영풍문고 : 공저)
- <일본 대중문화 베끼기>(1998, 나무와 숲 : 공저)
- <朝鮮言論統制史>(2002, 日本 信山社)
- <グローバル社會とメディア>(2003, ミネルバー : 共著)
- <サッカー文化の構図>(2004, 道和書院 : 共著)
- <マス・メディアと冷戦後の東アジア>(2005, 学文社 : 共著)
- <メディアと文化の日韓関係>(2016, 新曜社 : 共著)

중대재해처벌법과 재난관리
- 일본·영국·한국을 중심으로 -

초판발행	2025년 1월 31일
지은이	이 연
펴낸이	안종만·안상준
편 집	장유나
기획/마케팅	정연환
표지디자인	BEN STORY
제 작	고철민·김원표
펴낸곳	(주) **박영사**
	서울특별시 금천구 가산디지털2로 53, 210호(가산동, 한라시그마밸리)
	등록 1959. 3. 11. 제300-1959-1호(倫)
전 화	02)733-6771
f a x	02)736-4818
e-mail	pys@pybook.co.kr
homepage	www.pybook.co.kr
ISBN	979-11-303-4809-4 93360

정 가   42,000원